Michael Iwanowski

Städte, Strände und Gebirge

Reise-Handbuch
USA/Ostküste

Aktuelle Informationen und Reisetips für
die interessantesten Gebiete zwischen
New York und Florida

Für Andrele

**Bitte beachten Sie
unsere
aktuellen
blauen
Telex - Seiten !**

1. Auflage 1991/92
2. aktualisierte Auflage 1992/93
3. Auflage 1994/95

© Vertrieb und Service, Reisebuchverlag, Reisevermittlung,
Im- und Export Iwanowski GmbH
Raiffeisenstraße 21 · D 41540 Dormagen
Telefon 02133/61919 · Fax 02133/63130
Telex 8517396 vsd d

Alle Informationen und Hinweise
ohne jede Gewähr und Haftung

Alle Farb- und Schwarzweißbilder:
Michael Iwanowski und Ulrich Quack (New York)

Zeichnungen, redaktionelle Überarbeitungen: Michael Iwanowski

Karten: Günter Kloppenburg und Michael Iwanowski

Gesamtherstellung: F. X. Stückle, D-77955 Ettenheim
Printed in Germany

ISBN 3-923975-23-6

INHALTSVERZEICHNIS

Inhaltsverzeichnis

EINLEITUNG

Eine Reise entlang der Ostküste der Vereinigten Staaten unter Einbezug der hier liegenden Nationalparks Shenandoah und Smoky Mountains entbehrt vielleicht auf den ersten Blick der landschaftlichen Dramatik, wie sie so einzigartig der Westen der USA zu bieten hat. Wie gesagt, auf den ersten Blick... Und die meisten Übersee-Urlauber stürzen sich auf die vermeintlichen "Highlights" - und überfliegen dabei im wahrsten Sinne des Wortes die Wurzeln und die Seele Amerikas.

Hier an der Ostküste setzten die ersten Weißen Fuß auf amerikanischen Boden, und diesen weißen Entdeckern folgten die Pilgerväter und Kolonisten. Ein Hauch historischer Romantik, ein Flair von Nostalgie werden uns auf der Reise begleiten. Auf Schritt und Tritt werden wir der amerikanischen Geschichte begegnen und jene Stellen aufsuchen können, wo in besonderer Weise die Kolonialzeit, der Unabhängigkeitskampf oder der amerikanische Bürgerkrieg lebendig werden. Aber es ist nicht nur die Fülle historisch bedeutsamer Stätten wie etwa Philadelphia oder Jamestown, Charleston oder St. Augustine... Es ist das Erlebnis einer wahrnehmbaren Harmonie menschlich-dimensionierter Landschaften und pitoresker Städtchen, es ist ein Gleichklang von Natur und Kultur, von spannenden Besichtigungen bis zu entspannenden Aktivitäten an einsamen Badestränden. Nicht Weite wie im Westen, sondern eher Verschwiegenheit und Intimität sind Charakteristika des beschrieben Reise-Gebietes.

Eine klare geographische Abgrenzung dessen, was man als d e n Osten der USA bezeichnen könnte, gibt es nicht. So folgen wir hier eher einer kulturhistorischen Entwicklung, und es sei gestattet, eine Zäsur in Höhe von New York zu setzen. Dies hat einen pragmatischen (die Einbeziehung der nördlich von New York liegenden Gebiete würde den Rahmen dieses Reise-Handbuches sprengen), aber auch einen eher kulturhistorischen Grund: Während die nordöstlichen Gebiete in ihrem Lebensstil eher puritanisch, in Lebensweise und Architektonik eher von der den Neuengland-Staaten eigenen maßhaltenden Strenge geprägt sind, so tritt in den weiter südlich gelegenen Staaten der offene, lebensbejahende Charme des Südens, seinen Ausdruck sowohl in Bauweise als auch in der Lebensart der Menschen findend. Eine kulturhistorische Variante bildet hierbei das von den Spaniern geprägte Florida.

Eine Erkundungsreise von New York bis nach Miami nimmt mit entsprechenden Abstechern in das Landesinnere etwa 3 - 4 Wochen in Anspruch, eine etwas längere Zeitspanne allerdings trägt durch einen dann möglich werdenden Rhythmus zwischen Anstrengung und Muße einem tieferen Erlebnis Rechnung. Von der Reise-Logistik ist New York aufgrund der vielen Flugverbindungen ein idealer Startpunkt einer Ostküsten-Erkundung, während vom südlichen Miami günstige Rückreise-Kombinationen nach Europa bestehen (entweder direkt oder über New York). Lassen wir das zu Erwartende kurz Revue passieren:

Das pulsierende **New York**, bunt und bizarr, rastlos und gigantisch, ist sicherlich ein "Muß". Das ländlich geprägte **Princeton** mit seiner renommierten Universität sowie das historische **Philadelphia**, wo die Unabhängigkeitserklärung unterzeichnet wurde, bilden die ersten Kontraste. Und ein Besuch im Lande der Amish im Dutch Country bei **Lancaster** führt uns in längst vergangene Zeiten zurück, die bis heute im Alltagsbild der hier lebenden Menschen nachvollziehbar sind. In Maryland wartet das charmante **Annapolis** auf unseren Besuch, kurz vor den Toren des großzügig angelegten **Washington**, der Macht- und Schaltzentrale der USA. Auf den Spuren George Washingtons wandeln wir nicht nur hier, sondern auch in **Mount Vernon**, dem Wohnsitz des ersten Präsidenten. Weiter im **Shenandoah National Park** staunen wir, daß in der Nähe der Hauptstadt ein wahres Naturparadies erhalten werden konnte, wo statt Blechlawinen Bären zu Hause sind. **Monticello** und **Ashlawn**, Wohnsitze der Präsidenten Jefferson und Monroe, lohnen Besichtigungen, bevor wir **Williamsburg** erreichen, ein Musterbeispiel für die Restaurierung historischer Bausubstanz. Und südlich davon - schon in North Carolina gelegen - können wir uns an den Atlantikdünen von **Kitty Hawk** ein Bild von den ersten Flugzeugversuchen der Gebrüder Wright machen, die an diesem Ort den ersten Motorflug der Menschheitsgeschichte realisierten. Hier auf den **Outer Banks**, einer idyllischen, dem Festland vorgelagerten Inselkette, mag man verweilen und Strandurlaub genießen wollen. Im Westen locken die **Great Smokies**, der höchste Teil der Appalachen, südlich davon **Atlanta**, die Hauptstadt des "Neuen Südens", Austragungsort der Olympischen Sommerspiele 1996 und Geburtsstätte von Martin Luther King. Der "Alte Süden" wird jedoch besonders in **Savannah** und **Charleston** lebendig: beispielhaft restaurierte Häuser und anmutige Plantagen wecken Reminiszenzen an "Vom Winde verweht". Auf dem Weg nach Südflorida machen wir Station im spanisch geprägten **St. Augustine** und im 'mickeymouse'-bestimmten **Orlando** mit seinem Walt Disney World-Komplex und weiteren, vielleicht für den europäischen Geschmack eher zweifelhaften Attraktionen... Der Weltraumbahnhof **Cape Canaveral** und das vielseitige **Miami** mit seinem sehenswertem Art Deco-Bezirk runden unsere Ostküstenerkundung ab.

Bekanntes und weniger Bekanntes erwartet uns also, nicht "Geheimtips" sollen gehandelt, sondern Verständnis soll geweckt werden, was Amerika ausmacht. Hier an der Ostküste hat der Besucher die Chance, intensiver als im Westen diesem Ziel näherzukommen!

Ziel dieses Reise - Handbuchs ist es, Ihnen individuelles Reisen und Erkunden zu ermöglichen. Die getroffene Auswahl basiert auf der eigenen Reiseerfahrung, die in Teilen doch eine subjektive Handschrift trägt. "Objektivität" hieße aber, Sie, lieber Leser, in einer nicht zu entwirrenden lexikalischen Fülle ersticken zu lassen. So möchte ich Ihnen Alternativen aufzeigen, aber keineswegs vorschreiben - Ihr Interesse und Ihr Reiserhythmus sind es, die die Reiseroute vom Verlauf und der zeitlichen Einteilung dimensionieren.

Bei den praktischen Hinweisen habe ich mich um größtmögliche Aktualität bemüht, doch bei der Fülle der Informationen und der Schnell-Lebigkeit touristischer Angebote mag sich inzwischen das eine oder andere geändert haben. Bitte schreiben Sie mir, was Ihnen aufgefallen ist - es ist eine Hilfe, um dieses Buch bei den nächsten Auflagen aktuell zu halten.

Bei den Übernachtungs- und Restauranttips habe ich eine Auswahl treffen müssen. Hinsichtlich der Hotels und Motels wurden "besondere" Stellen hervorgehoben, oft aber auch jene empfohlen, die ein ausgezeichnetes Preis-Leistungs-Verhältnis bieten. Bei den Restaurants bemühte ich mich um die Empfehlung jener Häuser, wo man "keinen Reinfall" erleben dürfte und die etwas Besonderes bieten. Billige(re) Übernachtungen und Fast-Food-Restaurants habe ich bewußt nur sparsam aufgegriffen, da man über sie allenthalben stolpert: Entlang der Highways werden Sie mit Billigangeboten von Motels/Hotels und Burger-Restaurants überschüttet, die als "Wegelagerer" mit schreiender Reklame keiner zusätzlichen Erwähnung in einem Reiseführer bedürfen.

Wenn Sie den Spuren den Reise-Handbuchs USA/Osten folgen und genügend Zeit mitbringen, dann werden Sie von der Vielseitigkeit dieses Teils der Vereinigten Staaten begeistert sein. Und Sie werden sehen, daß Erlebnis und Erholung, Gegenwart und Geschichte sich in besonderer Weise in diesem Raum verbinden. Wenn Sie Ihre Ferientage richtig zwischen Bemühen und Genießen ansiedeln und sich von der Philosophie des "Weniger ist Mehr" leiten lassen, wird Ihr USA-Aufenthalt ein persönlicher Gewinn!

Dormagen, im April 1994

 **Iwanowski's**

**Highlights
Supertips
Warnungen**

HIGHLIGHTS

- In New York: Besuch eines schwarzen Gottesdientes in Harlem (Seite 147) und Ausblick vom Observation Deck des Two World Trade Centers (Seite 151).
- Fahrt auf dem idyllischen Kanal von Georgetown/Washington (Seite 306)
- Ausflug in die Gegend von Lancaster, um das Leben der Amish People zu erfahren (Seite 234ff)
- Kanufahrten in den Okefenokee Swamps (Seite 448f)

SUPERTIPS

- **Sehenswürdigkeiten**
- – In Philadelphia: Independence Hall (Seite 221f)
- – Washington: Besuch des Weißen Hauses (Seite 273ff), des Kapitols (Seite 276ff), des Vietnam Veterans Memorial (Seite 286f) und des Lincoln Memorial (Seite 287ff).
- – Außerhalb von Washington: Arlington National Cemetery (Friedhof, auf dem John F. Kennedy begraben ist) (Seite 299ff)
- – Georgetown (Teil von Washington): Schlendern in den gemütlichen Straßen (303ff)
- – Besuch von Mount Vernon, dem idyllischen Landsitz von George Washington (Seite 309ff)
- – Erkunden der grandiosen Luray Caverns/Tropfsteinhöhlen in Virginia (Seite 323f)
- – Besuch von Monticello, dem herrlichen Wohnsitz von Thomas Jefferson bei Charlottesville/Virginia (Seite 335)
- – Eintauchen in die restaurierte Historie von "Colonial Williamsburg" (Seite 343ff)
- – Besuch des historischen Bezirks von Savannah mit herrlichen Beispielen der Architektur um 1800 – 1850 (Seite 419ff)
- – Aufenthalt im gepflegten Charleston mit seiner perfekt restaurierten Innenstadt (Seite 430ff)
- – Besuch der alten Südstaaten-Plantagenhäuser um Charleston (Seite 439ff)
- – Besichtigung des spanisch geprägten St. Augustine (Seite 449ff)
- – Ein Muß: der Besuch des Kennedy Space Center (Seite 456ff)
- – Für "alle Altersklassen": Magic Kingdom und Epcot Center in Orlando
- – In Miami: Coral Gables, Venetian Pools und Coconut Grove (Seite 524ff)

- **Museen**
- – In New York: Guggenheim Museum/Moderne Kunst (Seite 193f)
- – In Philadelphia: Franklin Institute Science Museum and Planetarium/sehr lebendiges Museum für alle Technik-Liebhaber (Seite 227f)

- Philadelphia Museum of Art/eine der bedeutendsten Kunstsammlungen der USA (Seite 229)
- Washington: je nach individuellem Interesse Besuch der Museen im Gebiet der Mall:
  - National Gallery of Art (Seite 291f), National Air & Space Musem (Seite 291f), Hirschhorn Museum and Sculpture Garden (Seite 293), Smithsonian Institution (Seite 293ff, National Museum of Natural History (Seite 296) und National Museum of American History (Seite 296ff)
- In Atlanta: besonders für das SciTrek Science and Technology Museum ist für Kinder und Jugendliche ein besonderer Tip (Seite 408)
- Besuch des Wright Brothers National Memorial an den atlantischen Outer Banks/Pioniermuseum der motorisierten Luftfahrt: Hier fanden die ersten Flugversuche statt (Seite 360ff)

● **Hotels**
- New York: nach wie vor das Waldorf-Astoria (Seite 130) sowie "The Pierre" (Seite 131)
- Philadelphia: Four Seasons Hotel und The Latham (Seite 216)
- Washington: Mayflower, Phoenix Park Hotel (Seite 265)
- Williamsburg: Williamsburg Inn (Seite 333)
- Charlotte: Mariott-City Center (Seite 374)
- Atlanta: Hyatt Regency Atlanta (Seite 396)

● **Kleinere, idyllische Unterkünfte auf dem Lande/in kleineren Städten**
- Princeton: The Nassau Inn (Seite 210)
- Lancaster: Swiss Woods (Seite 235)
- Bei Asheville: Cataloochee Ranch (Seite 382)
- Highlands (North Carolina): Colonial Pines Inn (Seite 396)
- Savannah: President's Quaters (Seite 416)
- Charleston: Two Meeting Street Inn (Seite 428)
- St. Augustine: Wescott House, St. Francis Inn (Seite 446)
- Orlando: Contemporary, Port Orleans Resort, Walt Disney Swan oder Walt Disney Dolphin (Seite 470)

● **Restaurants**
- New York: Windows of the World, des Superausblicks wegen (Seite 133). Beste Küche im Le Cirque (Seite 132) und im Chanterelle (Seite 132)
- Philadelphia: das Bookbinder's Seafood House (Seite 216) und das "Garden (Seite 217)
- Lancaster: Windows on Steinman Park (Seite 236)
- Annapolis: Treaty of Paris (Seite 257)
- Washington: Le Lion d'Or, Powercourt Restaurant (Seite 266)
- Charlotte: Bobby Mc Gee's (Seite 374)
- Highlands (North Carolina): On the Verandah (Seite 397)
- Atlanta: Avanzare, Morton's of Chicago (Seite 397)
- Savannah: Olde Pink House Restaurant (Seite 416)
- Charleston: Robert's of Charleston, Barbadoes Room (Seite 428)
- St. Augustine: Columbia (Seite 446)
- Miami: Reflections on the Bay (Seite 511), Dominique's (Seite 531), Joe's Stone Crab (Seite 531)

● **Wanderungen**
– Wanderungen im Shenandoah National Park, besonders im "Indian Summer" (also im Herbst), Seite 322ff
– Wanderungen im Gebiet des Great Smoky Mountains National Park (Seite 384ff)

● **Strände**
– Wunderschöne Sandstrände (einsam) an den Outer Banks (Seite 365ff)
– Hilton Head Island mit herrlichen Sandstränden und vielen Angeboten für Aktivitäten (Seite 424ff)

WARNUNGEN

● **Kriminalität:**
Insbesondere der Großraum Miami geriet 1993 aufgrund einiger grauenhafter Überfälle in Verruf. Generell sollte für Großstädte gelten, daß Sie nie abends oder nachts zu Fuß oder per Auto auf Suche gehen, denn Sie könnten in eine gefährliche "no-go"-area kommen. Besser ist es dann, ein registriertes Taxi zu benutzen. In den Großstädten wie New York und Washington sollten Sie bei Dunkelheit auch nicht öffentliche verkehrsmittel (vor allem U-Bahnen) benutzen). Folgende Hinweise gelten insbesondere für den Großraum Miami, sollten aber in den nicht-regional bezogenen allgemeinen Punkten auch in den anderen Städten berücksichtigt werden:
① Lassen Sie nie Ihr Gepäck unbeaufsichtigt.
② Übernehmen Sie Ihren Leihwagen nicht direkt am International Airport Miami, sondern erst am nächsten Morgen an ihrem Zielhotel in Miami bzw. Miami Beach. Fahren Sie also mit dem Taxi oder Hotel-Shuttle-Bus zum Hotel.
③ Das Nummernschild am Leihwagen kann Sie als (wohlhabenden) Touristen entlarven. Bestehen Sie deshalb darauf, daß Ihr Nummernschild nicht mit einem Y oder Z beginnt. Achten Sie ebenfalls darauf, daß der Wagen keinen Aufkleber der Mietwagengesellschaft aufweist.
④ Falls Sie dennoch Ihren Wagen am Flughafen abholen müssen, tun Sie dies bitte nur zur Tageszeit und auf keinen Fall in der Dunkelheit. Besorgen Sie sich direkt vom Autovermieter einen Stadtplan. Nach Miami Beach führen der Expressway 836 East und 112 East Richtung Highway I 95 (es gibt seit kurzem auch die Hinweisschilder "To beaches").
⑤ Vermeiden Sie Fahrten in den Vierteln Liberty City (nördlich des Flughafens), Overtown (zwischen Expressway 112 und 836, östlich Interstate I 95), das Viertel um den Flughafen und die Gegend südlich von Coconut Grove.
⑥ Schließen Sie von innen den Wagen ab. Bei Cabrios: Bitte nicht in der Gegend um Miami im offenen Wagen herumfahren.
⑦ Vermeiden Sie beim Interstate I - 95 die Afahrten ("exits") 5 A, 8, 9 A, 9.
⑧ Halten Sie auch bei Aufforderung nicht an, auch nicht bei einem Auffahrunfall. Dieser könnte fingiert sein! Stattdessen fahren Sie davon, möglichst an eine vielbesuchte Tankstelle. Fahren Sie – vorsichtig – bei "Rot" einfach weiter, wenn sich jemand gezielt Ihrem Wagen nähert (Rechtsabbiegen ist bei Rot erlaubt).
⑨ Geben Sie Fotokopien von Paß, Visum, Führerschein und Flugticket an eine sichere Stelle (das erleichtert das Wiederbeschaffen).
⑩ Nehmen Sie nur begrenzt Bargeld mit (um 50 - 100 $) – den Rest als Reiseschecks. Rücken Sie beim Überfall Bargeld und sonstige Wertsachen, die von Ihnen verlangt werden, ohne Diskussion heraus.

● **Hohe Sonneneinstrahlung**

Die Sonneneinstrahlung ist vor allem im südlichen Teil des Reisegebietes (Florida) auch in den Übergangsmonaten (September/Oktober und März/April) z.T. unbarmherzig. Nehmen Sie deshalb eine Sonnenschutzcreme mit hohem Schutzfaktor mit. Bedenken Sie auch, daß praktisch alle Strände an der Ostküste einschließlich Florida fast schattenlos sind.

● **Zeitverschiebung**

Der Zeitunterschied zur MEZ beträgt an der Ostküste 6 Stunden; das bedeutet, daß Ihr erster Tag in Amerika um 6 Stunden länger ist. Deshalb: Nach Ankunft am Zielflughafen sollten Sie am Ort bleiben und keine Weiterfahrt planen. Versuchen Sie, bis zum Abend wach zu bleiben, um so schneller kommen Sie in den Tagesrhythmus vor Ort.

● **Billigangebote**

Immer wieder gibt es sensationell billige Angebote für Reisen nach Florida. Prüfen Sie deshalb, was das Angebot wirklich umfaßt und ob es gezieltem Nachfragen standhält:

– Ist der Veranstalter bekannt bzw. handelt es sich um einen renommierten (durchaus kleineren) Spezialveranstalter?
– Fragen Sie nach dem Namen der Airline, mit der geflogen werden soll!
– Wenn in einem "Paketangebot" Hotel und Mietwagen enthalten sind, so fragen Sie nach der Mietwagenfirma sowie dem konkreten Hotel (fordern Sie eine Beschreibung).
– Je niedriger der Preis, desto mehr sollte man sich nach der Seriosität des Veranstalters erkundigen!

● **Entfernungen**

Sie sollten bei Ihrer Routenplanung die z. T. doch enormen Entfernungen berücksichtigen (alleine von Orlando nach Miami knapp 400 km, von Key West nach Tallahassee etwa 1.000 km). Auf den Landkarten sind fast immer die Entfernungen in Meilen (1 Meile = 1,6 km) angegeben. Außerdem bewegt sich der Verkehr sehr behäbig (55 - 65 Meilen pro Stunde).

● **Geduld**

Amerikaner sind wesentlich geduldiger als wir Europäer, speziell Deutsche. Drängeln und Ungeduld sind in Geschäften, beim Autofahren sowie beim Schlangestehen wirklich unangemessen und zeugen von unhöflichem Verhalten.

● **Vorausbuchungen**

In den Hauptreisezeiten ist es angebracht, zumindest Mietwagen am Airport vorauszubuchen. Auch wenn Sie auf ein bestimmtes Hotel oder eine Ferienanlage erpicht sind, sollten Sie auf jeden Fall vorausbuchen.

● **Restaurant-Besuch**

Sie sollten warten, bis man Ihnen einen Platz zuweist. Auf keinen Fall ist es angebracht, geradezu in ein Restaurant zu gehen und sich selbst nach einem Platz umzusehen. Bei Trinkgeldern achten Sie bitte unbedingt darauf, daß Sie mindestens 15 % Trinkgeld liegen lassen. Bedenken Sie, daß die Bedienung praktisch vollkommen auf Trinkgelder (tips) angewiesen ist!

1 DIE USA AUF EINEN BLICK

Fläche:	9.372.614 qkm mit Alaska und Hawaii
Einwohner:	252,7 Mill
Bevölkerung:	über 200 Mill. Weiße, 30 Mill. Schwarze, 22.4 Mill. Lateinamerikaner, 7,3 Mill. Asiaten, 1,4 Mill. Indianer, 812.000 Chinesen
Staatssprache:	Englisch
Hauptstadt:	Washington, D. C.
Religionen:	79.3 Mill. Protestanten, 53.5 Mill. Katholiken, 5.9 Mill. Juden, viele Splittergruppen und Sekten
Flagge:	13 waagerechte abwechselnd rote und weiße Streifen für die 13 Gründerstaaten, im blauen oberen Eck 50 weiße Sterne, welche die Bundesstaaten repräsentieren
National - Feiertag:	4.7. (Tag der Unterzeichnung der Unabhängigkeitserklärung)
Staats- und Regierungsform:	Präsidialrepublik mit einer bundesstaatlichen Verfassung, wobei der Präsident Kabinettsmitglieder ernennen oder entlassen kann. 2-Kammer-Parlament: Senat- und Repräsentantenhaus
Regierungschef:	Bill Clinton
Städte:	New York 7.3 Mill. Ew (Metropolitan Area 18 Mill.), Los Angeles 3.3 Mill. Ew (13.5 Mill.), Chicago 3 Mill. Ew (8.2 Mill.)
Wirtschaft:	Import größer als Export - Inflation 2.7 % (1993) - hoher Anteil des Dienstleistungssektors Wichtigste Exportgüter: Maschinen- und Transportmittel 41 %; 10 % chem. Produkte, 8 % Nahrungsmittel
Arbeitslosigkeit:	7,4 %
Handelspartner:	Kanada (22 %), Japan (12 %), Mexiko (7 %), Großbritannien (6 %), Deutschland (5 %)
Problematiken:	Wachsendes Handelsdefizit, schlechter allgemeiner Ausbildungsstandard, Einwanderung, wenig qualifizierter Arbeitskräfte, Drogen, zu hoher Energieverbrauch, hohe Umweltbelastung in den dichtbesiedelten Gebieten

2 GESCHICHTLICHER ÜBERBLICK

Das beschriebene Reisegebiet ist in höchstem Maße "geschichtsträchtig": Entlang der Ostküste spielten sich die spanischen Eroberungen, die französischen Kolonisationsversuche sowie die englische Inbesitznahme ab. Der Weg zur Unabhängigkeit wurde hier gedacht und begangen. Deshalb reisen Sie durch die amerikanische Geschichte, die Ihnen auf Schritt und Tritt begegnen wird. Die Amerikaner sind stolz auf ihre - wenn auch kurze - Historie. An allen historisch besonders wichtigen Orten wie Boston, Plymouth, Philadelphia, Washington, Jamestown, Charleston oder St. Augustine erlebt der Besucher die Vergangenheit "live": Beispielhaft ausgestattete Visitors Centers, in historischen Gewanden gekleidete Führer und zum Teil simplifizierend vorgetragene geschichtliche Zusammenhänge sollen den Wissensdurst der (größtenteils amerikanischen) Touristen befriedigen.
Im folgenden Überblick soll Ihnen, wenn auch gerafft und verkürzend, die Geschichte der Vereinigten Staaten von Amerika dargestellt werden.

 Buchtip
Derjenige, der sich in besonders ausführlicher Weise mit diesem Thema beschäftigen möchte, sollte den ausführlicheren Beschreibungen im sehr empfehlenswerten Buch "Die Vereinigten Staaten von Amerika", Würzburg 1977 folgen.

2.1 DIE ERSTEN AMERIKANER: INDIANER

Eine genaue Datierung, wann Indianer den nordamerikanischen Subkontinent betreten haben, ist bislang nicht möglich. Archäologische Funde sowie Radiokarbon-Untersuchungen ergaben, daß asiatische Einwanderer eine während den Kaltzeiten bestehende Landbrücke nutzten, um den Bereich der Beringstraße trockenen Fusses zu überqueren und so von Asien auf den amerikanischen Kontinent gelangten. Die ist vor mindestens 10.000 Jahren geschehen. Kolumbus nannte diese Ureinwohner fälschlicherweise "Indianer", da er von der Annahme ausging, in Indien gelandet zu sein.

2.2 ENTDECKUNG NORDAMERIKAS

2.2.1 DIE WIKINGER ENTDECKEN DIE NORDOSTKÜSTE

Erste Kunde von der Existenz Nordamerikas drangen nach Europa durch die Entdeckungen der Wikinger. Etwa um 1000 n. Chr. gelangte **Leif Eriksson** von Grönland bis zum Mündungsbereich des St. Lorenz-Stroms. Er folgte der Küste bis in den Bereich des heutigen Bundesstaates Massachusetts. Das entdeckte Gebiet nannte er "Vinland", in Anlehnung an die angeblich gefundenen wildwachsenden Weinreben, womit aber im übertragenen Sinne eher die Fruchtbarkeit der aufgesuchten Landstriche gemeint war. Zwar folgten noch weitere Fahrten der Wikinger nach Nordamerika, doch nachdem sie ihre grönländischen Siedlungen aufgegeben hatten (Kämpfe mit Eskimos, Nahrungsmittelmangel), ging das Wissen um diese Entdeckungsfahrten verloren.

2.2.2 SPÄTERE ENTDECKUNGSFAHRTEN

Christoph Kolumbus: Der Westweg nach Indien

Die geschriebene Geschichte Amerikas beginnt mit den epochenprägenden Fahrten von Christoph Kolumbus. Der in Genua geborene Seefahrer (1451 - 1506) stand in spanischen Diensten und wollte im Glauben an die Kugelgestalt der Erde den Westweg nach Indien finden. Als er die Bahama-Insel San Salvador 1492 erreichte, glaubte er, Indien erreicht zu haben und nannte die Inselgruppe "Westindische Inseln" und ihre Einwohner "Indianer". Insgesamt überquerte Kolumbus zwischen 1492 und 1504 viermal den Atlantik:

1. Fahrt 1492/93: Entdeckung von San Salvador (Bahamas) sowie Kuba und Haiti

2. Fahrt 1493/1496: Entdeckung der Kleinen Antillen (Dominica, Guadeloupe) sowie Puerto Rico

3. Fahrt 1498/1500: Entdeckung der Nordküste Südamerikas (Orinoco - Mündung)

4. Fahrt 1502/1504: Entdeckung von Teilen der Küste Mittelamerikas (Honduras).

Kolumbus selbst setzte nie Fuß auf den nordamerikanischen Kontinent, und bis zu seinem Tode glaubte er fest daran, einen Seeweg nach Westindien gefunden zu haben!

Weitere europäische Entdecker

● **Giovanni Caboto** (1450 - 1498) stand als Venezianer in britischen Diensten. Unter seinem anglikanisierten Namen John Cabot gelangte er 1497/98 an die neufundländische Küste.

● **Ponce de Léon** (1460 - 1521), einer der Begleiter von Kolumbus, entdeckte 1513 Florida. Er glaubte, daß es sich um eine Insel handelte.

● Ebenfalls 1513 erreichte der spanische Konquistador **Vasco Núñez** die Landenge von Panama und stellte fest, daß westlich von Panama ein neues Weltmeer, der Stille Ozean, beginnt. Damit erbrachte er den Beweis, daß Amerika nicht zu Asien gehört.

● Schon etwas früher vertrat der Florentiner Geograph **Amerigo Vespucci** (1451 - 1512) die Ansicht, daß die neuentdeckten Gebiete nicht ein Teil Asiens seien. Der deutsche Kartograph Martin Waldseemüller nannte zu Ehren Vespuccis des neuen Kontinent nach dessen Vornamen Amerigo "America".

2.3 KOLONISIERUNG DES NEUENTDECKTEN AMERIKA

Der wiederentdeckte Kontinent rückte in die Interessenssphäre der europäischen Mächte. Anfangs jedoch konnten sich die Spanier alle Gebiete, die 370 Meilen westlich einer von Pol zu Pol über die Azoren verlaufenden Linie lagen, sicher wissen: Im Vertrag von Tordesillas gestand ihnen die damals größte Kolonialmacht Portugal dieses Privileg zu. Dieser Vertrag wurde sogar vom Papst, der damals völkerrechtlich bindenden Autorität, bestätigt. Doch als sich zu Beginn des 16. Jahrhunderts der Reformationsgedanke verbreitete und der Machteinfluß Spaniens nach der Niederlage gegen England (1588) schwand, änderte sich die Ausgangslage: Um Einfluß auf den amerikanischen Kontinent rangen später immer mehr europäische Nationen.

2.3.1 KOLONISIERUNG DURCH SPANIER

Spanien gelang es, als erste europäische Macht Kolonien auf dem amerikanischen Kontinent zu etablieren. Spanische Eroberer (Konquistadoren) wurden beauftragt, neues Land für Spanien in Besitz zu bringen. Es handelte sich dabei um Männer aus niedrigem Adelsstand, die versuchten, möglichst schnell zu Erfolgen zu gelangen, um damit ihren Ruhm zu steigern. Sie gingen mit den angetroffenen Kulturen nicht zimperlich um:

● **Hernando Cortez** (1485 - 1547) zerstörte das Aztekenreich in Mexiko;
● **Franzisco Pizarro** (1478 - 1541) unterwarf das Inkareich in Peru;
● **Vasco Núñez de Balboa** erreichte den Stillen Ozean und erklärte ihn zum spanischen Besitz;
● **Francisco Vásquez de Coronado** (1510 - 1544) führten Expeditionen auf der Suche nach Gold bis ins Gebiet der heutigen Bundesstaaten Arizona und New Mexico. Er war es auch, der das Pferd in Nordamerika einführte und das Grand Canyon des Colorado Rivers entdeckte. Gold allerdings fand er ebensowenig wie nach ihm folgende Expeditionen.
● **Hernando de Soto** (1500 - 1542) unterlag ebenfalls dem Glauben von sagenhaften Goldschätzen. Von der floridianischen Golfküste ausgehend, führte ihn ein langer Irrweg über 4 Jahre lang bis zum Mississippi.

• 1565 gründete Admiral **Pedro Menéndez de Avilés** in Florida St. Augustine. Dies war die erste dauerhafte spanische Siedlung auf dem amerikanischen Kontinent.

Bis 1575 gab es in Amerika annähernd 200 - zumeist kleine - spanische Siedlungen. Als Arbeitskräfte bediente man sich der einheimischen Indianer.

Gleichzeitig mit den Spaniern begannen katholische Missionare, den Glauben den "wilden Indianern" nahezubringen. Sie errichteten Schulen und waren neben der Vermittlung der Religion auch an der Förderung handwerklicher Fähigkeiten beteiligt. Aus zeitgenössischen Berichten weiß man, daß die spanischen Siedler mit den Indianern ein gutes Verhältnis pflegten und ihnen nicht mit Rassen-Vorurteilen begegneten.

Als sich immer mehr herausstellte, daß es in Nordamerika nicht jene sagenhaften Gold- und Silberreichtümer wie in Mittel- und Südamerika gab, ließ das spanische Interesse etwa ab Mitte des 16. Jahrhunderts nach und beschränkte sich nur auf wenige Siedlungen.

2.3.2 KOLONISIERUNG DURCH FRANZOSEN

Auch in Frankreich regte sich das Interesse an Amerika. Man hörte ja immer wieder von den reichen Gebieten in Mittel- und Südamerika, die in spanische Hände gelangt waren. Frankreich suchte Anschluß an diese Entwicklung und wollte auch seinen Anteil an den Reichtümern erlangen:

• 1524 erreichte der Florentiner **Giovanni da Varrazano** (1480 - 1527) mit einer französischen Mannschaft die Hudson-Mündung. Er segelte den gesamten Küsten-Abschnitt zwischen dem heutigen North Carolina und Maine entlang.
• 1534 gelangte **Jacques Cartier** (1491 - 1557) in das Mündungsgebiet des St. Lorenz-Stroms.

Frankreich versuchte allmählich, auf dem nordamerikanischen Kontinent Fuß zu fassen. In den Jahren 1562 - 1564 gelang es Jean Ribault und René Laudonnière, kleine Siedlungen in South Carolina und Florida zu gründen, die jedoch sehr schnell von Spaniern wieder zerstört wurden.

Wirtschaftlich gewann das Gebiet der Ost- und Nordostküste sowie des Landesinneren für die Franzosen an Interesse: Normannische und bretonische Fischer schätzen die reichen Fischgründe und liefen mit ihren Flotten von kleinen Stützpunkten aus. Pelzhändler drangen über den St. Lorenz-Strom in das Gebiet der Großen Seen vor. Die Besiedlung des französischen Kolonialreiches blieb allerdings sehr dünn, zu groß waren die Gebiete. Nur ein Netz von verstreut liegenden Stützpunkten hielt "Neu-Frankreich" zusammen. Erst das weitere Vordringen in den Kontinent führt zu einer eigentlichen Kolonisation:

- 1608 gründete **Samuel de Champlain** Québec;
- 1673 gelangten der Jesuit **Jacques Marquette** (1687 - 1675) und **Louis Joliet** (1645 - 1700) bis zu Mississippi. Sie beanspruchten fortan den Gesamtlauf des Mississippi von seiner Mündung bis zum Golf von Mexico, die Großen Seen sowie den St. Lorenz-Strom für Frankreich.
- 1682 erreichte **Robert Cavelier de La Salle** (1643 - 1687) die Mississippi-Mündung. Das gesamte Flußbecken nannte er "La Louisiane" und nahm es für König Ludwig XIV. in Besitz (wonach heute der Bundesstaat Lousiana benannt ist).
- 1718 gründete **Jean Baptiste le Moyne**, Sieur de Bienville (1680 - 1768) "La Nouvelle Orléans" (das heutige New Orleans).

Das Verhältnis der französischen Entdecker, Pelzhändler und Siedler zu den Indianern war gut, wofür auch in geschickter Weise die französischen Missionare sorgten.

Frankreich kontrollierte damit praktisch alle bis dahin bekannten Gebiete von Nordamerika. Doch aufgrund der europäischen Verwicklungen war es nicht in der Lage, langfristig seine Gebietsansprüche gegen die anrückenden Engländer zu verteidigen. Im Frieden von Utrecht erhielt England die Gebiete der Hudson Bay, Neuschottland und Neufundland zugesprochen. Nach dem King George's War (1744/1748) sowie dem French and Indian War (1754/1763) übernahm England die kanadischen Gebiete sowie das Territorium östlich des Mississippi. Im Jahre 1803 schließlich verschwand Frankreich ganz vom nordamerikanischem Kontinent: Die Vereinigten Staaten von Nordamerika kaufen im Rahmen des "Louisiana Purchase" das Gebiet Lousiana von Frankreich ab.

2.3.3 KOLONISIERUNG DURCH HOLLÄNDER

Das holländische Interesse an der Neuen Welt konzentrierte sich vor allem auf das heutige Gebiet von New York sowie New Jersey. Im Jahre 1609 versuchte Henry Hudson im Auftrage der Holländisch-ostindischen Kompanie eine Nordwestpassage nach Asien zu finden. Er gelangte dabei in das Mündungsgebiet des nach ihm benannten Hudson-Rivers und befuhr ihn bis in die Gegend um Albany. Wie damals üblich, beanspruchte er den Fluß sowie das Tal für seine niederländischen Auftraggeber. Nur wenige Jahre später - 1614 - erforschten die Holländer die Landschaften um Long Island und hoben hier "**Nieuw Holland**" aus der Taufe.

1626 kaufte der damalige Direktor der neugegründeten Westindischen Handelskompanie Peter Minuit den Indianern die Insel Manhattan für einen

Gegenwert von 60 Gulden ab. Hier wurde "Nieuw Amsterdam" gegründet, die Hauptstadt von Neuholland. Im Jahre 1647 wurde Peter Stuyvesant zum vierten Gouverneur von Nieuw Amsterdam berufen. 1664 schließlich endete die holländische Kolonialepisode: **Nieuw Amsterdam** wurde von den Engländern besetzt und erhielt seinen heutigen Namen New York.

2.3.4 KOLONISIERUNG DURCH SCHWEDEN

Die Schweden spielten bei den europäischen Kolonisierungsversuchen nur eine bescheidene Rolle. Sie gelangten 1638 an die Delaware-Bucht und gründeten als Hauptstadt von Neuschweden "Christina", das heutige Wilmington (südlich von Philadelphia gelegen).

2.3.5 KOLONISIERUNG DURCH ENGLÄNDER

Die sicherlich systematischste und nachhaltigste Kolonisierung führte England durch. Von Beginn an wurden die englischen Kolonien als Siedlungen angelegt und nicht nur - wie es die Franzosen taten - als Handelsstützpunkte. Von den englischen Kolonien ging auch später die Besiedlung des noch unbekannten Inneren des nordamerikanischen Kontinents aus. Hier wurden erstmals die politischen Grundstrukturen etabliert und erprobt, die zum Teil noch heute gelten. Die in großer Zahl aus dem englischen Mutterland einströmenden Einwanderer machte die Kolonien später auch fähig, sich gegen die Bevormundung durch das Mutterland zu wehren, um sich im Unabhängigkeitskampf endgültig zu verselbständigen.
England leitete seinen Anspruch auf Nordamerika durch die Entdeckungsfahrt des **John Cabot** (1497/98) ab, der zunächst eine Nordwest-Passage nach China finden sollte, stattdessen aber im Nordosten der amerikanischen Kontinents landete.

Von vornherein war die englische Kolonialpolitik auf die **Erschließung neuer Siedlungsräume** aus: Auswanderer aus dem überbevölkerten England sollten hier eine dauerhafte Bleibe finden. Handelskompanien und andere private Gesellschaften erhielten Schutzbriefe der englischen Könige. Nach Bezahlung ihrer Überfahrt an die Handelskompanien wurden die Einwanderer selbständige Eigentümer jenes Landes, das sie bebauten.

Die ersten Versuche, an der Ostküste seßhaft zu werden, starteten **Sir Humphrey Gilberts** im Jahre 1583 auf Neufundland sowie der berühmte **Sir Walter Raleigh** 1585 auf Roanoke Island an der Küste von North Carolina. Beide aber mußten aufgeben, da sie unter Kapitalmangel litten und ebenso wie die Spanier nach Gold und Gewürzen suchten, beides jedoch nicht antrafen. Auch mit den Unbilden des rauhen Klimas wurden sie nicht fertig.

Die eigentliche **Kolonisierungswelle** begann erst 1607 mit der Entsendung der Londoner Virginia-Kompanie. Etwa zu Beginn des 17. Jahrhunderts, als die Industrialisierung in Europa einsetzte und die Arbeitslosigkeit stieg, sahen sich viele Menschen gezwungen, auszuwandern. Die englische Wirtschaft erkannte in der Neuen Welt die Chance, sich Rohstoffquellen und neue Absatzmärkte zu sichern. Im Kontext dieser Entwicklung entstanden entlang der nordamerikanischen Ostküste dreizehn selbständige Kolonien, die nach dem Unabhängigkeitskrieg die Gründer der Vereinigten Staaten von Amerika wurden:

● **Virginia:** 1607 gründeten unter der Führung von John Smith Siedler der Virginia-Kompanie den Ort Jamestown. Sie waren bereit, von den Indianern zu lernen und paßten sich dem Klima sehr schnell an, so daß sie bald erste Ernten einbringen konnten.

Mayflower

● **Massachusetts:** 1620 landeten die "Pilgrim Fathers" (102 Pilgerväter) bei Plymouth. Noch auf dem Schiff, der berühmten "Mayflower", schlossen sie den "Mayflower-Vertrag", der die Gründung eines nach religiösen Vorstellungen geordneten politischen Gemeinwesens vorsah. An der Spitze ihrer Gemeinden standen gewählte Vertreter, ebenso standen an der Spitze der politischen Gemeinde gewählte Repräsentanten. 1621 brachten die Pilgerväter die erste Ernte ein. Noch heute wird in Anlehnung daran der 4. Donnerstag im November als "Thanksgiving Day" gefeiert (gesetzlich arbeitsfreier Tag). 1630 erhielt Massachusetts des Status einer Kolonie.

● 1623 wurde **New Hampshire** gegründet

● König Karl I. übergab 1629 Robert Heath das ursprünglich von den Spaniern besetzte Carolina. Im Jahre 1730 wurde Carolina durch die englische Regierung in **North** und **South Carolina** geteilt.

● 1634 wurden verfolgte Katholiken in **Maryland** durch Cecil Calvert, den 2. Lord Baltimore, angesiedelt. Maryland wurde nach Henriette Marie, der Frau Karls I., benannt. Baltimore, nach Cecil Calvert benannte Hauptstadt Marylands, wurde erster katholischer Bischofssitz auf amerikanischem Boden.

● 1635 wurde **Connecticut** gegründet.

- 1636 wurde **Rhode Island** als Kolonie ins Leben gerufen.

- 1664 besetzten die Engländer das holländische **New York, New Jersey** sowie das ehemals schwedische, inzwischen holländische **Delaware.**

- 1681 gründete der Quäker William Penn **Pennsylvania**, was soviel bedeutet wie "Penns Waldland". 1683 gründete er als Hauptstadt von Pennsylvania Philadelphia, die "Stadt der brüderlichen Liebe". In den Folgejahren - 1683 - kamen viele deutsche Siedler, meistens Mennoniten aus der Pfalz und dem Rheinland, nach Pennsylvania. U.a. riefen sie Germantown ins Leben.

- Im Jahre 1732 gründet schließlich James Oglethorpe **Georgia**, die 13. Kolonie in Nordamerika.

Die Entwicklung in den einzelnen Kolonien verlief sehr unterschiedlich. Verbindende Elemente waren die Sprache, Bräuche sowie der gemeinsame kultur-historische Hintergrund, doch man war zunehmend auf Eigenständigkeit bedacht. Die naturräumlichen Voraussetzungen in den Kolonien förderten eine eigene Entwicklung:

- In den **Neu-England-Staaten** (= Nordosten) florierten Fischfang, Holzverarbeitung (Schiffbau !), Pelzhandel und Bergbau;

- **Pennsylvania** war zumeist landwirtschaftlich geprägt und brachte es durch eine hohe Getreideproduktion zu Wohlstand;

- In den **südlichen Staaten** entstand eine prosperierende Plantagenwirtschaft mit Tabak- und Baumwollanbau. Das feucht-heiße Klima, dem europäischen Siedler weniger gelegen, führte zur Einführung der Sklaverei, der Quelle der späteren sozialen und politischen Spannungen, welche die USA an sich bis heute begleiten.

- In den Neu-England-Staaten blieb die Bevölkerung ziemlich homogen, d.h. praktisch rein englisch-abstammend. Es galten puritanische Lebensideale wie Fleiß und Sparsamkeit. Man lebte in diesen Gebieten weitgehend autark, d.h., man konnte sich selbst mit Lebensmitteln, Kleidungsgegenständen und Möbeln versorgen. Boston und New Haven mauserten sich zu Stätten einer kolonial geprägten "Aristokratie". Hier wurde auch Havard gegründet (1636), später folgte Yale (1701, New Haven).

- In den mittleren Kolonien wie **Pennsylvania, Delaware, New York** und **New Jersey** war die Gesellschafts- und Wirtschaftsstruktur bereits facettenreicher: Die Vielfalt der Bevölkerungsgruppen, der Religionen, Sekten war größer, es gab sowohl kleine Farmen als auch sehr große Landsitze (vor allem im Hudson-Tal), es wurden Ackerbau, Viehzucht sowie Obstanbau betrieben. Kaufleute, Handwerker und Spediteure sorgten für eine differenzierte Wirtschaft. In den Städten, die zu Handelsplätzen avancierten (New York, Philadelphia) kamen Freiberufler hinzu. Und immer stärker bediente man sich auch der schwarzen Arbeitskraft.

- Die südlichen Kolonien, vor allem **Virginia** und **South Carolina**, entwickelten den größten Wohlstand an der Ostküste. Hier entstanden große

Plantagen, die sich auf den Anbau von Baumwolle, Tabak, Reis und Zuckerrohr konzentrierten. Imponierende Landsitze gehörten einer dünnen Oberschicht, ein Mittelstand fehlte fast ganz. Auf der untersten Sozialstufe standen die völlig rechtlosen Negersklaven, die auf den Plantagen nahezu alles Lebensnotwendige herstellten.

In der späteren Kolonialzeit war das kulturelle Leben in den Kolonien bereits sehr rege. Neben den bereits gegründeten Universitäten wie z.b. Harvard, Yale und Princeton gab es sehr gute Privatschulen. Schon 1693 stand in Cambridge/Massachusetts die erste Druckerpresse. Kaum zu glauben, daß schon vor dem Unabhängigkeitskrieg beispielsweise fünf Zeitungen alleine in Boston erschienen, die erste Leihbibliothek durch Benjamin Franklin (1731) eröffnet und 1743 ebenfalls durch Franklin die Amerikanische Philosophische Gesellschaft gegründet wurde. Kurzum: Um 1750 lebte zwischen Boston und Charleston eine Gesellschaft, die sehr wohl mit dem europäischen Kulturgut vertraut war und mit den entsprechenden sozialen Kreisen in England oder Frankreich auf einer Stufe stand.

Kurz zu den **Einwanderern**: Die erste wirklich bedeutende Einwanderungswelle kam aus Großbritannien. Besonders viele verließen den alten Kontinent, als unter Karl II. durch die Testakte 1673 alle nicht der Hochkirche angehörenden Puritaner und Katholiken vom politischen Leben ausgeschlossen wurden. Ende des 17./Anfang des 18. Jahrhunderts kamen noch deutsche und irische Einwanderer hinzu. Der Grund für die deutsche Auswanderung war die religiöse Verfolgung Andersgläubiger und Sekten (Mennoniten, Herrnhuter). Deutsche siedelten an folgenden Stellen:

● Im Jahre 1683 gründete Franz Daniel Pastorius Germantown, ein Stadtteil des heutigen **Philadelphia.**
● Aus der Pfalz stammende Einwanderer siedelten in der Kolonie **New York** sowie im **Mohawk-Tal.**
● Die nördlichste deutsche Siedlung im 18. Jahrhundert war Waldoboro in **Maine.**
● Die südlichste Siedlung deutschsprachiger Salzburger war Ebenezer in **Georgia.**

Im Jahre 1750 lebten etwa 100.000 Deutsche in Amerika, davon etwa 70.000 in Pennsylvania.

Der Grund für die massive Auswanderung aus Irland und Schottland waren sowohl die Verfolgung sowie Enteignung der irischen Katholiken unter Cromwell als auch die Hungersnöte in Irland.

Zwischen 1600 und 1770 wanderten insgesamt über 750.000 Menschen aus Europa nach Amerika aus. Der größte Teil dieser Einwanderer konnte die Überfahrt selbst bezahlen; andere dienten die Überfahrt als "indentured servant" ab: Sie bezahlten ihre Überfahrt, indem sie der Schiffahrtsgesellschaft oder einem "Arbeitsvermittler" ihre Arbeitskraft für eine bestimmte Zeit zur Verfügung stellten. In den Kolonien wurden diese "indentured servants" wie Sklaven versteigert und verloren für eine bestimmte Zeit jede persönliche Freiheit. Nach Ablauf ihrer Dienstzeit erhielten sie die Staatsbürgerschaft und ein bestimmtes Stück Land zum Anbau.

Ab Ende des 17. Jahrhunderts wurden nach Amerika **Negersklaven** eingeführt, die billiger als die Weißen und vor allem dem schwülen Klima in den Südstaaten besser gewachsen waren. Ihre Arbeitskraft konnte der Käufer lebenslang ausnutzen. 1776 gab es bereits knapp 1/2 Million schwarze Sklaven. Aber schon viel früher regte sich der Widerstand gegen dieses Unrecht: Die Quäker in Germantown protestierten bereits 1688 dagegen.

Sklavenmarkt

2.4 DER KAMPF UM DIE UNABHÄNGIGKEIT

Die politisch-geistige Stimmung in den neuen Kolonien war geprägt durch ansatzweise das, was auch heute noch in Amerika grundlegender Zug des Staatsführung ist: Der demokratische Gedanke, wonach allen Menschen die gleichen Möglichkeiten und Rechte zustehen sollten und auch dem einfachen Menschen direkter Einfluß auf das öffentliche Leben gestattet sein müßte. Der **wirtschaftliche, soziale sowie auch kulturelle Aufstieg der Kolonien** stärkte das Selbstwertgefühl gegenüber dem englischen Mutterland. Immer mehr entfremdete man sich vom Königreich, gleichzeitig versuchte das Mutterland, die Kolonien strenger an die Zügel zu nehmen. Ein Reihe von Maßnahmen diente diesem Ziel:

● Zum Schutze der eigenen Wirtschaft **verbot England die Einfuhr** von Wolle, Wollgarn und Stoffen ins Mutterland. Die amerikanische Textilindustrie durfte ihre Waren nur in den Kolonien verkaufen.

● 1707 beschloß das britische Parlament die **volle gesetzgebende Macht auch über alle Kolonien.** Der König behielt sich das Recht vor, Gouverneure zu ernennen oder abzuberufen. Ebenso vermochte er Gesetze, welche die Kolonien beschlossen, aufzuheben.

● 1750 verbot der "**Iron Act**" ("Eisen-Gesetz") die Errichtung von Eisenhütten und Betrieben zur Eisenverarbeitung in den Kolonien. Sie durften allerdings Roheisen nach England ausführen.

● Im Jahre 1764 verbot England seinen Kolonien, eigenes Geld herauszugeben (**Currency Act**).

● 1765 wurde der "**Stamp Act**" (Stempelgesetz) eingeführt. Er schrieb vor, daß auf alle Urkunden und Druckerzeugnisse Gebührenmarken geklebt werden mußten. Im gleichen Jahre schrieb der "**Quartering Act**" (Stationierungsgesetz) den Kolonien vor, 1/3 der Kosten für das britische Militär in den Kolonien selbst zu tragen.

● 1767 erzürnte sich die Volksseele in besonderer Weise, weil bestimmte Waren wie Papier, Glas, Tee und Malerfarben mit Einfuhrzöllen belegt wurden ("**Townshend Act**").

Kein Wunder: Das Mutterland bekam bald heftigen Gegenwind zu spüren: Nach der Einführung des Stamp Act wurden schon 1765 öffentlich Stempelmarken verbrannt, so daß die englische Regierung 1766 der Rückzug antrat und dieses Gesetz zurücknahm. Die Parole der Kolonisten, "no taxation without representation" (keine Besteuerung ohne Mitspracherecht) machte die Runde. Gegen die Besteuerung der im Townshend Act benannten Güter wehrten sich die Bürger **a l l e r** Kolonien, indem sie sich zum Boykott dieser Waren entschlossen. Bis auf die Besteuerung von Tee mußte auch dieses Gesetz durch die Engländer zurückgenommen werden (1770). Durch den Boykott kam die East India Company in Schwierigkeiten. Sie erhielt daraufhin das alleinige Recht, Tee nach Amerika zu exportieren. Und an der Steuerschraube für Tee wurde weiter gedreht - der Proteststurm blieb nicht aus:

Boston Tea Party

24

Am 16. Dezember 1773 versenkten unter der Anführung von Sam Adams als Indianer verkleidete Bürger Tee von den Schiffen ins Meer. Diesen als "**Boston Tea Party**" in die Geschichte der USA eingegangenen Vorfall ließ die englische Regierung nicht auf sich beruhen: Sie schloß den Hafen von Boston solange, bis die vernichtete Teemenge bezahlt wurde (was nie geschehen ist).

Die Auseinandersetzung mit dem Mutterland schweißte die Kolonien zusammen. Sie trafen sich 1774 zu **1. Kontinentalkongreß** in Philadelphia und beschlossen, den Handelsverkehr mit dem Mutterland sowie den anderen britischen Kolonien zunächst abzubrechen (3 Monate Stop aller britischen Einfuhren - 12 Monate Stop aller Ausfuhren in britische Häfen) - nur Georgia und New York schlossen sich diesem Vorgehen nicht an. Das britische Parlament verbot daraufhin allen Kolonien, diesen Boykott umzusetzen. Alle Kolonien standen auf der Seite von Massachusetts, das durch die Boston Tea Party in besondere Ungnade gefallen war.

In Massachusetts wurde eine Bürgermiliz aufgestellt: Es handelte sich hierbei um die sog. "**Minute Men**", die sich als feurige Patrioten zum minütlichen Einsatz bereiterklärten. Am 19. April 1775 begann der Unabhängigkeitskrieg, als bei Lexington (bei Boston) britisches Militär versuchte, die kolonialen Milizverbände zu entwaffnen. Die britischen Verbände mußten sich zurückziehen: Aus dem bisherigen Kampf für die Rechte der Engländer in den Kolonien entwickelte sich der Unabhängigkeitskrieg der amerikanischen Kolonien (angelehnt an Kinzel, Entdeckung und Kolonisierung, in: Die Vereinigten Staaten von Amerika, Würzburg 1976, S. 43).

Am 10. Mai 1775 wurde in Philadelphia der **2. Kontinentalkongreß** abgehalten. Der bisher eher lockere Verband der "Minute Men" wurde zu einer "Amerikanischen Kontinentalarmee" zusammengefaßt, George Washington wurde zu ihrem Oberbefehlshaber ernannt. Die Niederlagen und Siege verteilten sich mal auf die eine, mal auf die andere Seite. Die professionell ausgebildeten und organisierten britischen Truppen konnten zunächst Widerstand leisten, der jedoch durch die Siege Washingtons in den Schlachten bei Trenton und Princeton gebrochen wurde.

Schon am **4. Juli 1776** erklärte der Kongreß in Philadelphia die **Unabhängigkeit der Kolonien von Großbritannien**. Thomas Jefferson war beim Entwurf der Unabhängigkeitserklärung federführend. Hierin wurden das Leben, die Freiheit sowie das persönliche Streben nach Glück als unveräußerliche Menschenrechte bezeichnet. Alle 13 Kolonien unterzeichneten diese Erklärung - die Vereinigten Staaten von Amerika waren somit geboren. Seither ist der 4. Juli Amerikas Nationalfeiertag.

Doch am Tage der Unabhängigkeitserklärung waren nicht alle Kolonisten für eine Loslösung vom Mutterlande. Man kämpfte auch nicht einheitlich gegen die britischen Truppen:

● In Pennsylvania verweigerten die Quäker aus religiösen Motiven die Teilnahme am Kampf.
● Die deutschen Siedler verließen nicht ihre Farmen.
● North Carolina stellte sich auf die Seite Großbritanniens.

Unterzeichnung der Unabhängigkeitserklärung

(Gemälde von John Trumbull)

Allmählich gewann jedoch die Überzeugung, daß die Unabhängigkeit am meisten den Siedlern nutzen würde, die Oberhand. Verstärkend wirkte der Aufsatz von **Thomas Paine**: In seinem "Common Sense" schrieb er, daß über dem König Freiheit und Menschenrechte stünden, die auf amerikanischem Boden verwirklicht werden sollten. Die geistige Trennung vom britischen Mutterland wurde ebenso durch die Tatsache begünstigt, daß die neue Generation bereits auf amerikanischem Boden aufgewachsen war. Zwar ließen die wohlhabenden Schichten ihre Kinder noch oft in England zur Schule gehen. Angehörige der weit breiteren ärmeren Einwanderer haben allerdings mit Europa nicht mehr viel im Sinn: Sie haben ja ihre Heimat verlassen, weil ihnen dort die Lebensbedingungen zu unerträglich wurden. Ihr Interesse richtete sich deshalb viel stärker auf den Ausbau einer guten Existenz im "Lande der Verheißung" ("God's own country").

Der Unabhängigkeitskampf war natürlich am Tage der Unabhängigkeitserklärung noch nicht beendet. **General Washington** mußte sich zunächst bei Brandywine (südlich von Philadelphia) geschlagen geben, die Engländer besetzten sogar Philadelphia, weswegen der Kongreß nach York in Pennsyl-

Marquis de Lafayette

Wilhelm von Steuben

vania ausweichen mußte. Doch Europa verfolgte mit Spannung die Entwicklung in Amerika, und half der jungen Nation:

● 1777 segelte **Marquis de Lafayette** mit einer kleinen Freiwilligenschar nach Amerika und stand Washington zur Verfügung.

● Ab 1778 half **General Friedrich Wilhelm von Steuben** Washington, dessen Truppen professioneller zu organisieren.

● Zu einem Wendepunkt wurde die Schlacht bei Saratoga, wo die amerikanischen Truppen am 7.10.1777 die Briten schlugen. Frankreich erkannte die Vereinigten Staaten nun offiziell an und erklärte Großbritannien den Krieg. 1780 folgten Spanien und 1781 die Niederlande.

Am 19.10.1781 schließlich mußten die Briten bei Yorktown kapitulieren. England gab daraufhin auch seine südlichen Häfen auf. Nach Beendigung des Unabhängigkeitskrieges flüchteten viele der etwa 100.000 Großbritannien-Wohlgesinnten nach Kanada. Sie traf nun der Zorn der Patrioten, die ihr Eigentum beschlagnahmen ließen.

Im Frieden von Paris (Treaty of Paris, 3.9.1783) erkannte Großbritannien die 13 verlorenen Kolonien endlich als frei, unabhängig und selbständig an.

2.5 GRÜNDUNG UND AUSDEHNUNG DER VEREINIGTEN STAATEN VON AMERIKA

Die junge Nation begab sich nun an die Ausarbeitung einer **Verfassung**, die schließlich am 17.9.1787 auf der verfassungsgebenden Versammlung beschlossen wurde ("Constitutional Convention"). Sie ist bis heute mit einigen Verfassungsänderungen ("Amendments") gültig und beruht auf dem Prinzip eines Bundesstaates mit großer Zentralgewalt sowie der strengen Trennung zwischen der vollziehenden (exekutiven), gesetzgebenden (legislativen) und richterlichen (judikativen) Gewalt. Diese Verfassung trat am 4.3.1789 in Kraft, und auf ihrer Grundlage wurde George Washington einstimmig zum ersten Präsidenten der USA gewählt.

Verfassung der Vereinigten Staaten von Amerika (Präambel)

"We, the people of the United States, in order to form a more perfect Union, establish justice, insure domestic tranquility, provide for the common defense, promote the general welfare, and secure the blessings of liberty to ourselves and our posterity, do ordain and establish this Constitution for the United States of America"

Übersetzt:

"Wir, das Volk der Vereinigten Staaten, widmen den Vereinigten Staaten diese Verfassung, getragen vom Willen, die Union zu vervollkommnen, Gerechtigkeit zu schaffen, inneren Frieden zu gewährleisten, für eine gemeinsame Verteidigung zu sorgen, das allgemeine Wohl zu fördern sowie uns und unseren Nachfahren den Segen der Freiheit zu bewahren."

Die damals verabschiedete Verfassung ist in ihrem Kern noch heute gültig. Bisher wurde sie durch 26 "Amendments" verändert bzw. ergänzt. Sie legt die Rolle des Präsidenten, des Kongresses sowie des Gerichtswesens fest.

Die Rolle des Präsidenten - die Exekutive

Der Präsident ist stets auf 4 Jahre gewählt und wird nicht direkt vom Volk, sondern indirekt über Wahlmänner (Elektoren) gewählt. Diese Wahlmänner legen sich jedoch bei ihrem Wahlkampf im entsprechenden Bundesstaat auf einen Präsidentschaftskandidaten fest, für den sie geworben haben. Er kann nur einmal wiedergewählt werden, bei seinem Tode rückt der Vizepräsident an seine Stelle.

Die beiden großen Parteien, Demokraten und Republikaner, bestimmen auf den Nationalkonventen im Sommer des Wahljahres ihre Präsidentschaftskandidaten. Die Wahlmänner werden ihrerseits vom Volke direkt in ihren Bundesstaaten gewählt. Ihre Zahl hängt von der Größe des entsprechenden Bundesstaates ab. In Vorwahlen, den sog. "Primaries", werden die Vertreter für die Nationalkonvente der großen Parteien direkt vom Volke gewählt. Sie sind auch die späteren Kandidaten für die Kongreßwahl, für Gouverneursämter und andere wichtige politische Positionen.

Der Präsident der USA ist gleichzeitig Staatspräsident und Ministerpräsident. Er ist für die Bildung seiner Regierung verantwortlich und kann dabei auch auf qualifizierte Frauen und Männer anderer Parteien oder auf Parteilose zurückgreifen.

Der Präsident ist Oberbefehlshaber des Militärs, doch eine eventuelle Kriegserklärung ist Sache des Kongresses (jüngst im Golfkrieg im Januar 1991 praktiziert).

Die Rolle des Kongresses - die Legislative

Der Kongreß setzt sich aus dem Senat und dem Repräsentantenhaus zusammen.

● **Senat:** Unabhängig von seiner Größe entsendet jeder Bundesstaat für jeweils 6 Jahre zwei Senatoren (insgesamt 100). Alle zwei Jahre wird jeweils 1/3 der Senatoren neu gewählt und rückt nach. Senatoren werden direkt vom Volke gewählt. Der Senat hat insbesondere bei außenpolitischen Fragen eine starke Stellung. Nur mit einer 2/3-Mehrheit des Senats darf der US-Präsident internationale Verträge abschließen. Hohe Beamte sowie Richter bedürfen der Senats-Zustimmung.

● **Repräsentantenhaus:** Im Repräsentantenhaus sind die Bundesstaaten proportional zu ihrer Bevölkerungsgröße vertreten (435 Abgeordnete, Anzahl seit 1912 konstant, Wahl der Abgeordneten stets für zwei Jahre). Es hält aufgrund seiner Stimmenmehrheit insbesondere bei Budget-Verhandlungen eine Schlüsselstellung.

Die Rolle des Gerichtswesens (Jurisdiktion)

Dem unabhängigen Gerichtswesen steht der Oberste Gerichtshof (Supreme Court) vor. Er kann im Bedarfsfalle die Verfassungsmäßigkeit aller politischen Entscheidungen überprüfen und ist damit Widerpart des Präsidenten sowie des Kongresses. Die Richter des Obersten Gerichtshofes benennt der Präsident in Beratung und Zustimmung mit dem Senat. Die Richter in den einzelnen Bundesstaaten werden dagegen gewählt. Da sie meist parteigebunden sind, ein geringes Gehalt beziehen und nur auf kurze Zeit im Amte sind, füllen sie ihre Position nicht immer zufriedenstellend aus.

1791 wurden die ersten zehn **Verfassungs-Ergänzungen** ("Amendments") verabschiedet. In der **"Bill of Rights"** wurden die grundsätzlichen Menschenrechte wie Unverletzbarkeit von Eigentum und Person, Presse- und Versammlungsfreiheit sowie freie Religionsausübung gewährleistet.

1793 wurde **George Washington wiedergewählt und** als Bundeshauptstadt Washington D.C. (District of Columbia) gegründet. Allerdings wurde

Washington erst 1800 Sitz des Präsidenten und des Kongresses. Im Jahre 1796 beendete George Washington seine Amtszeit. In seiner Abschiedsrede riet er den Amerikanern, sich nicht in europäische Angelegenheiten einzumischen.

Man muß sich vergegenwärtigen, daß in der Zeit der Wende vom 18. zum 19. Jahrhundert erst 4 Millionen Menschen in Amerika lebten. Es gab nur 5 Städte, die mehr als 10.000 Einwohner hatten.

1801 wurde **Thomas Jefferson** als Nachfolger von John Adams dritter US-Präsident. In seine Amtszeit fällt der Kauf des französischen Territoriums Lousiane ("Lousiana Purchase"), das die heutigen Bundesstaaten Arkansas, Nebraska, Missouri, Iowa, South Dakota, den größten Teil Oklahomas und Kansas sowie Teile des heutigen North Dakota, Montana, Wyoming, Colorado, Minnesota sowie Lousiana umfaßte. Auf einen Schlag konnten die Vereinigten Staaten für einen lächerlichen Betrag von 15 Millionen $ ihr Staatsgebiet verdoppeln.

Kurze Zeit später griffen europäische Auseinandersetzungen auf den amerikanischen Kontinent über. Der britisch-französische Kampf um die Vorherrschaft in Europa führte zur Kontinentalsperre (1806) sowie der britischen Gegenblockade (1807). Amerikanische Handelsschiffe konnten fortan die wichtigsten europäischen Häfen nicht mehr anlaufen, worunter die Wirtschaft der Neuen Welt immer mehr litt. Im Krieg gegen Großbritannien (1812 - 1814) versuchten die Vereinigten Staaten, Kanada einzuverleiben. Doch aufgrund der zu kleinen und schlecht ausgerüsteten Armee unterlagen die USA völlig und konnten u.a. die Besetzung von Washington D.C. nicht verhindern: Das Kapitol sowie das Weiße Haus wurden niedergebrannt. Erst der Frieden von Gent sicherte 1814 den Vorkriegszustand. Die Schmach im Norden machte die amerikanische Armee während des Kampfes bei New Orleans wett - ein wichtiger psychologischer Sieg.

Auf der Grundlage eines verstärkten Nationalbewußtseins begann nun die **Erschließung und Besiedlung des Westen.** Die "frontier", jene Grenze, bis zu der erste Siedler Land rodeten und wo sie seßhaft wurden, prägte sehr nachhaltig Amerikas Leben. Nur die Verbindung von individuellem Einsatz und demokratischen Engagement konnte ein Miteinander und ein Überleben in der "Wildnis" ermöglichen. Der große Zug gen Westen setzte etwa um 1800 ein: Der hohe Geburtenzuwachs der Staaten an der Ostküste sowie ein nicht abreißender Einwanderungsstrom förderte den Zug in die fruchtbaren, verheißungsvollen Gebiete des Mittleren und Fernen Westens (1825 wanderten mehr als 10.000, 1854 bereits 4.280.000 Menschen ein!). Die Besiedlung der zuvor nur von Indianern genutzten Gebiete vollzog sich generell in drei Phasen:
● Jäger und Trapper (Fallensteller) erkundeten das Neuland.
● Ihnen folgte in der Phase der Sicherung der neuen Gebiete die Anlage von Forts sowie die Ansiedlung von Farmern.

● Danach zogen Handwerker, Kaufleute, später Ärzte, Rechtsanwälte (also Angehörige der höheren Mittelschicht) hin.

Für diese vom Pioniergeist getragene Gesellschaft war kennzeichnend, daß **nicht Herkunft, sondern alleine Leistung zählte** - eine Merkmalskomposition, die noch heute die amerikanische Lebenseinstellung prägt. In den neuen Siedlungsgebieten vermischten sich Menschen unterschiedlicher Herkunft: Hier ließen sich "Yankees" (aus den Nordost-Staaten), Schotten, Iren, Deutsche usw. nieder.

Dies war aber auch die Zeit der großen **Auseinandersetzungen mit den Indianern**, deren Zahl in zahlreichen Kämpfen dezimiert wurde. Die Lebensbedingungen der übrig gebliebenen Indianer verschlechterten sich rapide, da die Büffelherden durch die Weißen abgeschossen wurden, neue Infektionskrankheiten sich ausbreiteten und das "Feuerwasser" (Alkohol) sein übriges tat. Ab 1840 schuf die Regierung östlich des Mississippi Reservate, in welche die Stämme der Choctaw, Cherokee, Chickasaw, Creek, Seminolen u.a. unter erheblichem Widerstand abgeschoben wurden.

Von herausragender historischer Bedeutung waren 1847 die Besiedlung Utahs durch die Ankunft des Mormonenführers Brigham Young und 1848 die **Entdeckung des ersten Goldes** durch James W. Marshall und Johann August Sutter in Kalifornien, an dessen Küste sich bereits 21 spanische Missionen der Franziskaner reihten.

Die neuen Siedlungsräume forderten **neue Verkehrsverbindungen**, um mit dem "zivilisierten" Gebiet an der Ostküste verbunden zu sein:

● Die Anlage von **Überland-Straßen** stand im Vordergrund. Die erste "West-Straße" war die Cumberland Road, die bereits 1818 Cumberland in Maryland mit Vandalia in Illinois verband.
● Der **Erie-Kanal** (Bauzeit 1817 - 1825) verband den Hudson River und den Atlantik mit den großen Seen.

Eisenbahnbau nach Westen

● Um 1850 waren bereits die Gebiete an der Ostküste mit **Eisenbahnlinien** verbunden. Man begann mit den Bau der Central-Pacific-Bahn, 1869 war die Verbindung zwischen Ost- und Westküste fertig.
● Die neuen Verkehrsadern entwickelten sich zusehends auch zu **Leitlinien der Besied-**

31

lung, an denen sich insbesondere Chicago, Buffalo, Detroit, Cleveland, Indianapolis usw. entwickelten.
● 1858 erreichte die erste **Überlandpost** die Westküste.

Parallel zu der Verkehrserschließung verlief auch der **wirtschaftliche Aufschwung,** der sich zunächst auf die Nordost- und Oststaaten beschränkte: Hier expandierten der Überseehandel, der Schiffbau sowie der Fischfang (Wale). In den Neuenglandstaaten entwickelte sich eine blühende Textilindustrie. In Massachusetts gab es bereits 1814 eine Fabrik, die Spinnerei und Weberei in einer Produktionsstätte zusammenfaßte. Die Ausweitung der industriellen Produktion wurde durch Schutzzölle forciert.
1793 erfand Eli Whitney die Baumwollentkörnungsmaschine, welche ab 1800 in Serie hergestellt wurde. Wenig später erfand Cyrus McCormick die Erntemaschine - beides immense Impulse für die expandierende Farmwirtschaft.

Sowohl die industrielle als auch landwirtschaftliche Produktion entwickelten sich unwahrscheinlich schnell. Gleichzeitig wuchs die Diskrepanz zwischen den Nordost-/Oststaaten sowie dem Süden:
● In den **Südstaaten** herrschte ein **aristokratisch anmutender Landadel,** dem riesige Ländereien gehörten und der auf pompösen Landsitzen residierte. Die Großplantagen bauten Baumwolle, Tabak und Zucker an. Ihr wirtschaftlicher Erfolg basierte auf der billigen Arbeitskraft der Sklaven.
● In den **nördlichen Staaten** war die Gesellschaftsstruktur wesentlich differenzierter: Hier lebten Geschäftsleute, Industrielle, Bankiers, Industriearbeiter und Farmer in einer **mehr demokratisch geprägten Gesellschaft.**

---

i *Informationen über die amerikanischen Sklaven*

Zu einer zentralen Streitfrage zwischen den Nord- und den Südstaaten eskalierte immer mehr die Sklaven-Frage. Die ersten Präsidenten der USA hofften auf eine allmähliche Lösung des unmenschlichen Sklavenproblems. Washington verfügte in seinem Testament die Freilassung seiner Sklaven, Jefferson verbot 1808 den Sklavenhandel.

Die ersten Sklaven wurden bereits 1619 nach Amerika gebracht, 1800 stieg ihre Zahl auf über 1 Million (= 20 % Anteil an der Gesamtbevölkerung). Sie wurden wie Ware gehandelt, die einen steigenden Marktwert hatte: Kostete ein Sklave zunächst runde 300 $, so stieg sein Preis mit dem zunehmenden Arbeitskräftemangel auf den Farmen des Südens bis zu 2.000 $ an. Sklaven besaßen keinerlei Rechte. Ihr Besitzer mußte lediglich für Unterkunft und Verpflegung sorgen und sie vor ungerechter Strafe schützen. Ebenso war er angehalten, ihnen Lesen und Schreiben beizubringen.

> *Seit 1817 bemühte sich die American Colonization Society um eine Rückführung von Sklaven nach Afrika. Sie erwarb Land an der Westküste Afrikas und siedelte ab 1822 im späteren Staate Liberia Sklaven an. Doch dies war keine Lösung, da die Geburtenrate bei den Schwarzen enorm hoch und ihr Wille, nach Afrika zurückzukehren, gering waren. Im Jahre 1852 erschien von Harriet Beecher-Stowe ihr Buch "Onkel Toms Hütte". Zum ersten Mal wurde durch die dortigen Beschreibungen eine breite Öffentlichkeit gegen die Sklavenhaltung in den Südstaaten aufgebracht.*

Eine Reihe von Bundesstaaten stimmte zunächst in der **Abschaffung der Sklaverei** mit den Nordstaaten überein (so Lousiana, Indiana, Mississippi, Illinois, Alabama). Doch als die Baumwoll- und Zuckerrohrproduktion immer größer wurde, fürchteten vor allem die Staaten mit den großen Plantagen um ihren wirtschaftlichen Wohlstand (Virginia, Georgia, North und South Carolina). Hier wurden Sklavenehen sogar gefördert, um genug Nachwuchs zu haben...

1818 gab es in den Vereinigten Staaten 10 Bundesstaaten mit Sklavenhaltung und 11 "freie" Bundesstaaten.

Die zwiespältige Haltung in der Sklavenfrage wurde deutlich, als 1820 Missouri als neuer Bundesstaat aufgenommen werden sollte. Im Missouri-Kompromiß wurde schließlich vereinbart, daß zwar in Missouri Sklaven gehalten werden durften, dies aber nördlich des 30 1/2 Grades verboten war.

Die Südstaaten waren jedoch mit diesem Kompromiß nicht einverstanden, wollten sie doch die Sklaverei als legitim im gesamten Amerika anerkannt wissen. Sie umgingen auch die Verbote, neue Sklaven einzuführen. In der Zeit um 1832/33 entstanden erste Gruppen von sog. "**Abolitionisten**", d.h. Gegner der Sklavenhaltung. 1854 gründeten die Befürworter der Abolition die Republikanische Partei.

2.6 DER AMERIKANISCHE BÜRGERKRIEG (SE-ZESSIONSKRIEG)

Als schließlich 1860 der Republikaner und Abolitionist Abraham Lincoln zum Präsidenten gewählt wurde, brach der Konflikt zwischen den Süd- und Nordstaaten in aller Schärfe aus. Aus Protest gegen seine Wahl schied zunächst Ende 1860 South Carolina aus der Union, im ersten Halbjahr 1861 folgten Mississippi, Florida, Alabama, Georgia, Lousiana, Texas, Virginia, Arkansas, Tennessee und North Carolina.

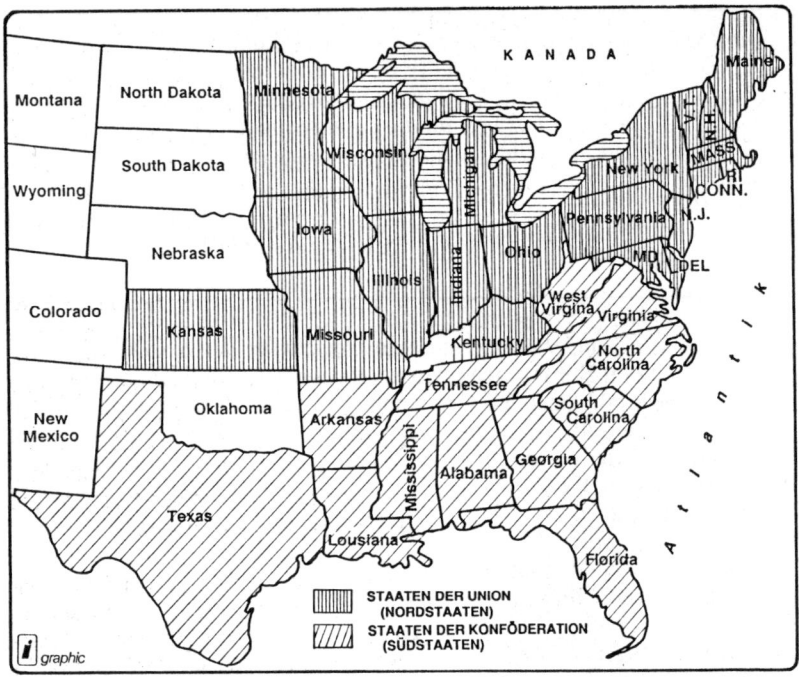

Formell wurde die Spaltung am 4. Februar 1861 vollzogen, als sich die ersten sieben Sezessionsstaaten zu den "Konföderierten Staaten von Amerika" zusammenschlossen und Jefferson Davis zum Präsidenten wählten. Hauptstadt wurde Richmond in Virginia. Als die Konföderierten schließlich am 12. April 1861 das Fort Sumter (Charleston) angriffen und die Unionstruppen weichen mußten, war der Krieg eröffnet.

Der Sezessionskrieg zog sich insgesamt über vier Jahre bis im April 1865 hin. Beide Seiten waren auf einen so langen Krieg nicht vorbereitet. Die 23 unionstreuen Bundesstaaten, wozu alle Nordoststaaten gehörten, brachten jedoch die besseren Voraussetzungen für einen Sieg mit:

● Im **Norden** lebten **22 Millionen** Menschen, im **Süden** nur **9 Millionen**.
● Die Unionstruppen waren etwa **doppelt so stark** wie die Truppen der Konföderierten.
● Der **Norden war wesentlich stärker industrialisiert**, die Rüstungsindustrie fast vollständig hier niedergelassen.
● Die **Finanzkraft** sowie das große Kapital lagen in den Händen der **Nordstaaten**.
● Die in den nördlichen Häfen stationierte **Marine** verblieb fest **in der Hand der Union**.

Die Länge des Krieges erklärt sich aus der Tatsache, daß mehrere Monate kampflos vergingen, da beide Seiten für Nachschub sorgen mußten. Die Unionstruppen hatten weite Versorgungswege zu organisieren, um an den südlichen Kampffeldern zu bestehen. Die Konföderierten hatten auch den Vorteil, bei zunächst defensiver Taktik die Kräfte der Unionstruppen aufzuzehren. Die Marine, fest in den Händen der Unionsstaaten, war zu wenig schlagkräftig, um die Häfen des Südens wirkungsvoll zu sperren. Über diese Häfen konnten die Südstaaten im Austausch gegen Rohstoffe (vor allem Baumwolle) Kriegsmaterial aus Großbritannien beziehen.

Abraham Lincoln

Im Jahre 1863 erklärte **Abraham Lincoln** alle drei Millionen Sklaven in den Südstaaten für frei (Emancipation Act). In seiner berühmt gewordenen "Gettysburg Address" anläßlich der Einweihung des Nationalfriedhofs bekannte sich Lincoln zur amerikanischen Demokratie als einer Demokratie durch alle und für alle Bürger des Landes.

Je länger die kämpferischen Auseinandersetzungen dauerten, um so stärker konnten die Unionstruppen ihre Überlegenheit ausspielen. Auf der Unionsseite war ab 1863 General Ulysses S. Grant Oberbefehlshaber, auf der Seite der Konföderierte General Robert Lee. Ein entscheidender Schritt zum Sieg gelang den Unionstruppen, als General William T. Sherman von Mai bis Juli 1864 von Georgia bis zur Atlantikküste nach Savannah und einen 100 km breiten Streifen total verwüstete, so daß die nördlichen von den südlichen Bundesstaaten getrennt waren. Im April 1865 mußte die Restarmee der Konföderierten unter General Lee kapitulieren.

Zur traurigen Bilanz des Krieges gehörten 365.000 Tote. Zu ihren Ehren wird seit 1868 der letzte Montag im Mai als nationaler Heldengedenktag (Memorial Day) gefeiert.

> Die **Ergebnisse** des Bürgerkrieges waren:
>
> ● Die **Rettung** der Vereinigten Staaten als **ganze, einheitliche Nation**;
> ● die **Abschaffung des Sklaverei**.

Doch es blieben Spannungen bestehen. Der Süden als politischer und wirtschaftlicher Verlierer auf der einen und der prosperierende Norden auf der anderen Seite waren nach Kriegsende trotzdem nicht versöhnt. Im Jahre

1865 wurde Präsident Abraham Lincoln von einem fanatischen Südstaatler in Washington D.C. erschossen. Sein Nachfolger wurde Andrew Johnson.

2.7 WIEDERAUFBAU NACH DEM SEZESSIONS-KRIEG

Der Bürgerkrieg forderte auf beiden Seiten nicht nur hohe Verluste an Menschenleben (auf Seiten der Nordstaaten 280.000, auf Seiten der Südstaaten 300.000 Tote), sondern ließ Amerika auch in eine enorme Finanz- und Wirtschaftskrise stürzen: Während 1860 die nationale Verschuldung 64.8 Millionen $ betrug, stieg sie 1866 auf 2.7 Milliarden $ an (d. H. um mehr als das Vierzigfache !).

Die **Phase des Wiederaufbaus** ("Reconstruction") gestaltete sich sehr schwierig:

● Die Südstaaten mußten eine neue politische Rolle finden und sich wieder in die Union eingliedern;
● Die gesellschaftliche Strukturierung der Südstaaten wurde durch die Abschaffung der Sklaverei am 18.12.1866 aufs massivste erschüttert.
● Ab 1869 wurde durch das 15. amendment (Verfassungsnovelle) geregelt, daß alle Bürger - unabhängig von ihrer Rasse, Hautfarbe oder ihrer Sklavenvergangenheit - wählen dürfen.

Die politische Szene in den Südstaaten änderte sich schlagartig: In den Legislaturen überwogen teilweise Neger, die weder des Schreibens noch des Lesens kundig waren. Sie wurden von politischen Zwiegestalten aus dem Norden, den sog. "carpet-baggers" - bei Abstimmungen mißbraucht. Mit den neuen Zuständen wollten sich einige Südstaatler nicht anfreunden und zogen entweder in den Norden oder in den Westen. Seit 1865 etablierte sich als "Widerstandsbewegung" gegen die "carpet baggers" sowie die von ihnen politisch benutzten Schwarze der Ku Klux Klan. Als Geheimbund agierend, verübte er zahlreiche Terroranschläge. Als 1877 die letzten Unionstruppen aus dem Süden abzogen, löste sich der Ku Klux Klan auf. Die Demokratische Partei gewann stärker an Boden und entwickelte sich zu einem gleichwertigen politischen Partner der Republikaner, die bislang auch im Süden eher die Interessen der Großunternehmer und des Kapitals vertraten. In demokratischen Partei dagegen sammelten sich die in der Landwirtschaft arbeitenden Schichten.

Nach dem Bürgerkrieg litten am meisten die ursprünglich reichen Großplantagenbesitzer. Sie verarmten zusehends und mußten ihre Besitztümer entweder versteigern oder neu parzellieren. Es fand ein **Übergang vom Großgrundbesitz zu Mittel- und Kleinbetrieben** statt, denn nun konnten ja auch die ärmeren Weißen und befreiten Sklaven Land erwerben. Die agrarische Struktur änderte sich radikal: Vor dem Bürgerkrieg betrug die durchschnittliche Betriebsgröße über 1.000 Morgen, um 1875 nur noch 153 Morgen.

Als Arbeitskräfte standen nun keine Sklaven zur Verfügung. Gleichzeitig verfügten die Landwirte über nicht genügend Kapital, um die Arbeiter zu bezahlen. Aus diesem Grund entwickelte sich eine bargeldlose Bezahlung: Die Arbeiter erhielten keinen Lohn, stattdessen aber Unterkunft und Geräte kostenlos zur Verfügung. Nach der Ernte erhielten sie einen entsprechenden Eigenanteil (share crop system).

Die **Baumwoll-Monokultur des Südens** erhielt weiteren Aufschwung, gleichzeitig wuchs auch die Textilindustrie. Auch der Tabakanbau wurde intensiviert. Kurz: Die Landwirtschaft des Südens gewann an neuem Schwung unter den veränderten Bedingungen. Es entwickelte sich allmählich auch im Süden eine breite Mittelklassengesellschaft mit sich verbessernden Bildungschancen für alle. So gelang ein stetiger Anschluß an die Nordstaaten.

Weitere wichtige politische Ereignisse dieser Zeit:

- **1867:** Die Vereinigten Staaten erwarben für 7.2 Millionen $ **Alaska** von Rußland.
- **1877:** Das **Berufsbeamtentum** wurde eingeführt. Bis dahin galt das Beutesystem: Ein neuer Präsident versorgte seine Anhängerschaft mit entsprechenden Ämtern.
- Die letzten großen bewaffneten **Indianerkämpfe** mit den Sioux und den Apachen wurden zugunsten der übermächtigen Weißen entschieden.

2.8 ZEIT DER HOCHINDUSTRIALISIERUNG (GILDED AGE)

Die Entwicklung der Vereinigten Staaten als Ganzes wurde nach Beendigung des Bürgerkrieges durch die zunehmende Erschließung des Westens geprägt. Der wirtschaftliche Aufschwung nahm in der 2. Hälfte des 19. Jahrhunderts gigantische Formen an. Eine immer bessere Verkehrserschließung, riesige Rohstoffvorkommen, immer mehr vorhandene Arbeitskräfte (durch Einwanderung), ein großen Binnenmarkt und staatliche Schutzzölle ließen den freien Wettbewerb explodieren. Viele **Erfindungen** sorgten für zusätzliche Dynamik:

- Samuel F. B. Morse erfand den **Telegraphen**;
- Alexander Graham Bell stellte 1876 den ersten **Fernsprechapparat** vor;
- Christopher L. Sholes erfand die **Schreibmaschine**, die ab 1873 bei Remington in Serie ging;
- Thomas A. Edison erfand **Bahnbrechendes auf den Gebieten der Telegraphie, des Telefons** sowie **der Elektrotechnik**;
- Henry Ford stellte 1892 sein erstes **Auto** vor;
- John B. Dunlop erfand den **pneumatischen Reifen**.

Fließband-Arbeit bei Ford - das Erfolgsmodell "T 2"

Im Kontext dieser Entwicklung kam es zu ersten Trust-Bildungen, die zunächst bei den Eisenbahngesellschaften einsetzte und später auf die Erdöl- und Stahlindustrie übergriff. 1890 griff die Regierung zum Instrument des **Anti-Trust-Law**, einer Art Kartellgesetz, das wettbewerbseinschränkende Zusammenschlüsse von Unternehmen untersagte.

Die Arbeitnehmer nahmen in gewerkschaftsähnlich organisierten Formen national bereits ab 1866 ihre Interessen wahr. Im Vordergrund stand das Interesse an einem 8-Stunden-Tag und das Verbot von Kinderarbeit. Die verschiedenen Bewegungen wurden 1886 im Dachverband "Federation of Labor" zusammengefaßt.

2.9   DIE USA WERDEN WELTMACHT

Die wirtschaftliche Dominanz ließ die Vereinigten Staaten von Amerika auch international immer stärker aktiv werden. Bislang war die Monroe-Doktrin für die amerikanische Außenpolitik maßgebend. Die 1823 von Präsident James Monroe aufgestellte Doktrin besagte, daß sich Amerika nicht in europäische Belange einzumischen habe. Ebenso dürften europäische Interessen nicht auf amerikanischem Boden ausgetragen werden ("Amerika den Amerikanern"). Doch **diese Politik des Isolationismus wurde immer mehr verlassen**, was die folgenden Ereignisse belegen:
● 1895 kam es in Kuba zu einem Aufstand gegen die spanische Kolonial-macht. Die amerikanische Wirtschaft hatte hier erheblich investiert und sah

nun ihre Einlagen gefährdet. Als das US-Schiff "Maine" 1898 im Hafen von Havanna versenkt wurde (ungeklärte Ursache), erklärten die USA Spanien den Krieg. Im Frieden von Paris (10.12.1898) verzichtete Spanien daraufhin auf Kuba, Puerto Rico und Guam.

● 1896 zeigten die USA bereits im britisch-venezolanischen Konflikt außenpolitische Schärfe, indem sie London vor einer gewaltsamen Regelung warnten.

● 1898: Die USA annektierten die Hawaii-Inseln und Puerto Rico.

● Guam und die Philippinen wurden als pazifische Stützpunkte angegliedert.

Immer mehr verstanden sich die USA in der Rolle einer **internationalen Polizeimacht:**

● 1902 mußte ihnen **Kuba** Hoheitsrechte einräumen (so z.B. Interventionsmöglichkeit zum Schutze der Unabhängigkeit, Vetorecht der USA in finanziellen und diplomatischen Beziehungen Kubas zu anderen Staaten.

● 1903 wurde **Panama** gegründet, die USA erhielten aber Schutzrechte, um den Bau des Panama-Kanals abzusichern.

1904 deklarierte Präsident Theodore Roosevelt das Recht der USA, sich auch in die **inneren Angelegenheiten lateinamerikanischer Staaten einzumischen**, um Interventionen europäischer Mächte zu verhindern. Auf der Grundlage dieser Überzeugung

● besetzen die USA die Dominikanische Republik von 1914 - 1924;

● intervenierten sie im Kontext der imperialistischen Politik des "big stick" 1914/17 in Mexico, 1921 in Guatemala, desweiteren in Honduras 1911, 1913, 1924/25, Nicaragua 1912/25 und militärische Besetzung 1927/36;

● mischten sie sich als pazifische und asiatische Ordnungsmacht ein (1900 werfen sie gemeinsam mit den europäischen Großmächten den chinesischen Boxeraufstand nieder).

Innenpolitisch sahen sich die USA um die Jahrhundertwende von starken **sozialen Spannungen** erschüttert. Die monopolistischen Zusammenschlüsse in der Wirtschaft wurden in der Präsidentenschaft von Theodore Roosevelt (1901 - 1909) heftig bekämpft. Als "trust buster" ging er in die Geschichte ein, da er gegen die konkurrenz-erstickenden Zusammenschlüsse jeden möglichen Einfluß geltend machte. In diesen Jahren hatte die Landwirtschaft ihre natürliche Tragfähigkeit erreicht und konnte den anhaltenden Zustrom von Einwanderern nicht mehr aufnehmen. Sie drängten nun in die Städte, die aus allen Nähten platzten, und die Negativ-Folgen von Aussichts- und Arbeitslosigkeit nahmen die Formen an, die z. T. auch heute noch die urbanen Gebiete der USA kennzeichnen:

● Immer mehr Menschen lebten in Slums (über 172 Million in New York!);

● Armut und Verbrechen waren in den Städten an der Tagesordnung (1/5 der verübten Straftaten geschah durch Kinder und Jugendliche);

● das organisierte Verbrechen breitete sich aus.

39

Doch die Quellen dieser sozialen Fehlentwicklungen (Korruption, schrankenloser Kapitalismus, fehlende soziale Absicherungen, Mangel an Arbeitsplätzen) wurden nicht behoben. Die Hoffnung vieler Einwanderer, in der Neuen Welt Glück und Gerechtigkeit zu finden, endete auf der Straße...

Um die Jahrhundertwende wurde in sieben Bundesstaaten der Alkoholverkauf (Alkoholismus ist ein weit verbreitetes Übel) untersagt (**Prohibition**).

Weitere **wichtige Ereignisse** bis zum Ausbruch des 1. Weltkrieges:

- **1903:** Henry Ford gründete die **erste Autofabrik.**
Im gleichen Jahr gelang den Gebrüdern Orville und Wilbur Wright der **erste Flug** mit einem Motorflugzeug.
- **1904:** In St. Louis fand die **Weltausstellung** statt.
- **1906:** San Francisco wurde durch ein verheerendes **Erdbeben** und einer dadurch ausgelösten Feuersbrunst zerstört.
- **1909:** William Howard Taft wurde als Nachfolger von Roosevelt Präsident der USA. Er führte aufsehenerregende Prozesse **gegen Trusts** vor dem Obersten Gericht und setzte die Auflösung mancher Konzerne durch.
- **1913:** Woodrow Wilson wurde Präsident. Von idealistischen Vorstellungen geprägt, initiierte er ein **New Freedom Program** (u.a. die Einsetzung einer progressiven Einkommensteuer).
- **1914:** Das erste Schiff befuhr den **Panama-Kanal.**
Im gleichen Jahr griffen die USA in den mexikanischen Bürgerkrieg ein und besetzten zeitweise Vera Cruz.

2.10 DIE ROLLE DER USA IM ERSTEN WELT-KRIEG

Beim Ausbruch des 1. Weltkrieges im Jahre 1914 blieben die Vereinigten Staaten **zunächst neutral.** War das Jahr 1913 noch von einer großen Wirtschaftsrezession gekennzeichnet, so stieg der Export aus den USA in die Alliierten-Länder wegen ihres Kriegsbedarfs an Gütern sprunghaft an.

1915 bahnte sich bereits ein Stimmungsumschwung an: Das mit Kriegsmaterial beladene britische Passagierschiff "Lusitania" und die "Arabic" wurden durch deutsche U-Boote versenkt, wobei auch einige amerikanische Staatsbürger umkamen. Als Woodrow Wilson 1916 zum Präsidenten wiedergewählt wurde, versuchte er zwischen den kriegsführenden Parteien zu vermitteln jedoch ohne Erfolg. Die USA begannen daraufhin aufzurüsten, griffen aber noch nicht ein.

Zu einem **Wendepunkt** wurde das Jahr 1917:
- Deutschland erklärte den **uneingeschränkten U-Boot-Krieg.**
- Der britische Geheimdienst konnte das sogenannte "**Zimmermann-Telegramm**" auffangen. Der deutsche Staatssekretär Zimmermann bat

darin den deutschen Botschafter in Mexico, Mexico zu einem Krieg mit den USA zu bewegen.

Beide Ereignisse führten dazu, daß die USA am 6. April 1917 dem Deutschen Reich den **Krieg erklärten.** In den USA wurden daraufhin der Lebensmittel- und Kraftstoffverbrauch rationiert sowie die allgemeine Wehrpflicht eingeführt. Bereits 1917 kämpften US-Truppen unter dem Befehl General John Joseph Pershings an der Seite der europäischen Verbündeten. Bis Kriegsende hatten die USA etwa zwei Millionen Soldaten an die Fronten geschickt, knapp 120.000 Tote waren die traurige Bilanz auf US-Seite.

Bis zum Kriegsende verfolgte Präsident Wilson seine Maxime des "Friedens ohne Sieg". In einem **14-Punkte-Programm** entwarf Wilson 1918 eine **Vision vom Weltfrieden.** Hier formulierte er Gedanken zu einer freiheitlich-demokratisch orientierten Weltordnung sowie zur Gründung eines Völkerbundes. Seine 14 Punkte beinhalteten u. a.:
● das Selbstbestimmungsrecht aller Völker;
● Räumung und Zurückgabe aller besetzten Gebiete;
● Abrüstung;
● Freiheit auf allen Weltmeeren und Abbau von Handelsbeschränkungen;
● Vertragsabschlüsse zwischen den einzelnen Nationen, um sich gegenseitig politische Unabhängigkeit sowie Staatsgebiete zu garantieren.

Der Völkerbund konnte sein friedenstiftendes Ziel allerdings nicht erreichen. Die USA traten ihm aufgrund der republikanischen Senats-Verweigerung nicht bei.

2.11 ZWISCHEN DEN BEIDEN WELTKRIEGEN

Aus dem 1. Weltkrieg gingen die USA als Gewinner hervor: Ihre Stellung als führende Industriemacht der Erde war unangefochten.
Die folgenden "goldenen zwanziger Jahre" **(the fabulous twenties)** führten zu einem weiteren wirtschaftlichen Aufschwung. Gemäß der Sprüche des Präsidenten Coolidge ("Amerikas Geschäft ist das Geschäft" sowie "Reichtum ist der Hauptzweck des Menschen") wurden die ohnehin **privilegierten Kreise weiter begünstigt:**

● zwischen 1926 und 1928 wurden die **Steuern für Großverdiener** gesenkt;
● **Antimonopolgesetze** wurden z.T. **wieder aufgegeben** und die Bildung großer Aktiengesellschaften ermöglicht.
● **Rationalisierungen, Fließbandherstellung und Massenproduktion,** Einführung von Teilzahlungskäufen etc. stimulierten die Ökonomie.

Vor ausländischen Konkurrenten schützte sich Amerika vor allem durch hohe Zölle. Dadurch wurde zwar der Binnenmarkt geschützt, gleichzeitig erschwerte sich für das Ausland die Rückzahlung von Schulden in den USA. Immer mehr wurde deutlich, daß die Vereinigten Staaten sich einer Wirtschaftsstruktur verschrieben hatten, die national und international nicht harmonisierte: Die Landwirtschaft litt aufgrund von Überproduktion, Erosionsschäden und Verschuldung von Farmen enorm (ihr Anteil am Bruttosozialprodukt sank von 16 % im Jahre 1919 auf 9 % im Jahre 1929!).

Die **soziale Disharmonie** spiegeln auch andere Vergleiche wieder:

● 36.000 der reichsten Familien der USA brachten es auf einen Anteil von 42 % des Volkseinkommens. 12 Millionen Familien, die unterhalb des Existenzminimums lebten, brachten als Masse den gleichen Anteil zusammen...
● die Unternehmensgewinne schnellten von 1923 - 1929 um 65 %, die der arbeitnehmenden Bevölkerung nur um 11 %...

Ende der zwanziger Jahre war der Binnenmarkt durch Massenproduktion weitgehend gesättigt, der Kreditmarkt aufgebläht.. Infolgedessen gingen die Aktienkurse zurück.

Am 24. Oktober 1929 brach dann das wirtschaftliche Kartenhaus zusammen: Als "**schwarzer Freitag**" ging der Absturz der Aktien an der New Yorker Börse in die Geschichte ein. Eine bisher nicht dagewesene Depression erschütterte die USA und in der Folge natürlich auch die anderen führenden Wirtschaftsmächte. In den USA
● sank das **Bruttosozialprodukt** von 85 Milliarden $ im Jahre 1929 auf 37 Milliarden $ im Jahre 1932;
● 1/3 der Beschäftigten **verlor seinen Arbeitsplatz**. 1930 gab es 8 Millionen Arbeitslose, 1932 bereits 15 Millionen.

Präsident Franklin D. Roosevelt

Präsident Hoover versuchte, mit allen ihm zur Verfügung stehenden staatlichen Mitteln die Rezession einzudämmen. Großbauten wie der Hoover Damm in Colorado wurden in Angriff genommen, staatliche Kredite den Unternehmen gewährt sowie Zölle erneut erhöht - doch all das half nicht viel weiter. Erst mit der Präsidentschaft des Demokraten **Franklin Delano Roosevelt** wendete sich 1933 das Blatt.

Roosevelt verkündete das **New Deal Program** (Neuverteilung der Spielkarten). Erstmals in der US-Geschichte griff der Staat lenkend in die Wirtschaft ein. Die wesentlichen Maßnahmen waren:

● Dem drohenden Zusammenbruch des Bankwesens durch Abzug zu starker Einlage wurde durch die **Einrichtung von "Bankfeiertagen"** begegnet.

● Große **finanzielle Transaktionen kontrollierte der Staat.**

● Bankeinlagen bis 10.000 $ wurden **durch die Regierung garantiert.**

● **Förderung des Großprojektes Tennessee Valley Authorithy** (Bau von Staudämmen, Wasserkraftwerken, Neuansiedlung von Industrie) im bis dahin als Notstandsgebiet geltenden Tennessee-Tal.

● **Abwertung des US Dollars** auf 59 % seines bis dahin geltenden Wertes (1.2.1934).

● **Bau bzw. Sanierung öffentlicher Gebäude** wie Schulen, Krankenhäuser, Sportanlagen.

● **Massive Hilfen für die notleidende Landwirtschaft:** Produktionsbeschränkung für bestimmte Produkte, bei denen ein Überangebot herrschte; Maßnahmen zur Beseitigung der Bodenerosion; staatliche Kredite an Landwirte.

● **Verbesserung der Sozialgesetzgebung:** Einführung der Social Security (Arbeitslosen-, Invaliden-, Alter- und Hinterbliebenenversorgung, finanziert durch Besteuerung der Betriebe, öffentliche Zuschüsse sowie Beteiligung des Arbeitnehmers).

● **Höhere Besteuerung der Besserverdienenden.**

● **Verhinderung von Monopolstellungen** von Elektrizitätsgesellschaften.

Die Folge dieser Politik war natürlich ein starker Widerstand von Seiten der Unternehmerschaft und der Besitzenden.

Weitere **wesentliche Ereignisse** zwischen den beiden Weltkriegen:

● **1920:** Die **Prohibition** verbot die Herstellung, den Verkauf und Vertrieb sowie den Im- und Export von Alkohol.

● **1921: Warren Gamaliel Harding** wurde US-Präsident. Im gleichen Jahr wurde im Rahmen des Berliner Sonderfriedens das Kriegsbeil mit dem Deutschen Reich, Österreich und Ungarn begraben.

● **1924:** Im sogenannten "Dawes-Plan" (nach dem amerikanischen Finanzpolitiker Charles Gates Dwes genannt) wurden die deutschen Reparationsverpflichtungen aus dem 1. Weltkrieg festgelegt.

● **1924:** Alle **Indianer** der USA erhielten die amerikanische Staatsbürgerschaft. Im gleichen Jahr wurde die drastische Begrenzung von Einwanderern beschlossen, wobei Japaner und Chinesen völlig ausgeschlossen wurden.

● **1927: Charles A. Lindbergh** überquerte als erster Pilot innerhalb von 33 Stunden am 20. und 21. Mai den Atlantik zwischen New York und Paris.

● **1936:** Die USA beschlossen, fortan **neutral** zu sein. Präsident Roosevelt wurde trotz erheblichem Widerstand aus den Wirtschaftskreisen wiedergewählt. Doch wirtschaftliche

Interessen ließen die Neutralität verwässern. Denn auf die Lieferung an Gütern, die zwar nicht Kriegsmaterial im primären Sinne sind, wollte man nicht verzichten: In einer Cash and Carry-Klausel beschlossen die USA, wichtige Güter an kriegsführende Staaten dann zu liefern, wenn sie über eine entsprechende Seemacht und über entsprechenden Schiffsraum verfügten. Man dachte ursprünglich nur daran, Großbritannien zu helfen, doch kam dieses Gesetz auch Japan zugute, das im Sommer 1937 den Krieg gegen China begann.

● **1937**: Die USA verließen wieder ihren selbstgewählten Isolationskurs und mischten mehr im weltpolitischen Geschehen mit. An Japan gerichtet (das ja gerade in den China-Krieg verwickelt war) richtete Roosevelt die "Quarantäne-Rede" (5.10.1937):

"Frieden, Freiheit sowie Sicherheit von 90 % der Weltbevölkerung werden von 10 % der Reststaaten bedroht, die darauf abzielen, die internationale Rechtsordnung zu zerschlagen. Die neunzig Prozent, die das Leben in Frieden vorziehen, im Einklang mit Gesetzen und moralischen Prinzipien, die im Laufe von Jahrhunderten eine beinahe allgemeine Gültigkeit errungen haben, leben wollen, können und müssen einen Weg finden, um ihre Ziele durchzusetzen...

Es sieht leider so aus, daß die Epidemie der Gesetzlosigkeit immer mehr um sich greift. Und wenn eine ansteckende Krankheit sich verbreitet, verordnet die internationale Gemeinschaft die Isolierung des Patienten, um die eigene Gesundheit vor dieser Epidemie zu schützen."

2.12 DIE ROLLE IM 2. WELTKRIEG

Auch nach dem Einmarsch der deutschen Truppen in Polen im September 1939 erklärten die USA ihre **Neutralität** auf dem europäischen Kriegsschauplatz. Als jedoch Dänemark und Norwegen von den Deutschen besetzt, Belgien, die Niederlande und Frankreich angegriffen wurden und es zum Dreimächte-Pakt (Deutschland - Italien - Japan) kam, sahen sich die Vereinigten Staaten gezwungen, ihre neutrale Haltung aufzugeben. Sie gelangten zu der Erkenntnis, daß die Kriege in Europa und Asien so stark miteinander verflochten waren, daß man sich nicht länger neutral verhalten konnte.

Die Wende in der amerikanische Haltung nahm Anfang 1941 Gestalt an. Roosevelt verkündete in seiner Neujahrsbotschaft die "**Vier Freiheiten**":
● Freiheit der Rede und Meinungsäußerung;
● Freiheit in der Religionsausübung;
● Freiheit von Hunger;
● Freiheit vor Not und Furcht.

Bald darauf wurde der Lend-Lease Act erlassen. Er gestattete dem Präsidenten, jene Länder mit kriegswichtigen Dingen zu versorgen, die für die Verteidigung der Vereinigten Staaten große Bedeutung hätten. Im Rahmen dieses Gesetzes gaben die USA bis 1946 insgesamt 50 Milliarden $ aus, vor allem für Großbritannien, später auch an die Sowjetunion.

Amerika versuchte, Japan durch wirtschaftlichen Druck aus dem Dreimächtepakt zu drängen. Doch die angespannte Rohstofflage aufgrund des Ölembargos seit dem 26. Juli 1941 drängte die Japaner immer stärker an die Wand. Am 7. Dezember 1941 kam es zum verhängnisvollen japanischen **Überraschungsangriff auf Pearl Harbour/Hawaii**. Die dort stationierte US-Marine wurde vernichtet. Aus diesem Grunde erklärten die USA bereits einen Tag später den Japanern den Krieg. Am 11. Dezember folgte die **Kriegserklärung an Deutschland und Italien**. In den USA kam es aufgrund des plötzlichen Kriegseintritts zu einer Reihe harter Maßnahmen:

● **Einführung der Wehrpflicht** für alle Männer zwischen 20 und 44 Jahren;

● **staatliche Drosslung des zivilen Verbrauchs** zugunsten der Kriegsproduktion;

● **Lebensmittelrationalisierung** und **Nachrichtenzensur**;

● 1942 Einführung einer **staatlichen Preiskontrolle**, um der galoppierenden Inflation entgegenzuwirken.

Nach dem japanischen Überfall auf Pearl Harbour

Die amerikanische Bevölkerung sowie der Kongreß unterstützten voll den Kriegseintritt. Durch die Ballung aller wirtschaftlicher und finanzieller Macht traten die USA mit einem überlegenen Potential auf die Schlachtfelder.

Anläßlich der Konferenz von Casablanca (14. - 21.1.1943) einigten sich Roosevelt und Churchill auf die Landung alliierter Truppen in Italien sowie in Frankreich. Sie beschlossen ferner, den Krieg bis zur absoluten Kapitulation des Gegners zu Ende zu führen. Im gleichen Jahr (18.11. - 1.12.1943) trafen sich auf der Konferenz von Teheran Roosevelt, Churchill und erstmals auch Stalin. Im Vordergrund standen Überlegungen zum gemeinsamen Schlagen des Gegners. **General Eisenhower wurde zum Oberbefehlshaber der alliierten Streitkräfte** ernannt.

Am 6. Juni 1944 gelang den Alliierten die Landung in der Normandie. Über 2.8 Millionen Soldaten und alles erdenkliche Kriegsgerät wurden eingesetzt. Die deutsche Wehrmacht konnte sich nur vorübergehend im Verlaufe der Ardennenoffensive (Dezember 1944) der alliierten Übermacht erwehren. Heftig wurde darüber diskutiert, wie man mit dem besiegten Deutschland umgehen sollte. Der amerikanische Finanzminister Henry Morgenthau stellte einen Plan ("**Morgenthau-Plan**") auf, nach dem die deutsche Industrie völlig vernichtet und Deutschland zu einem reinen Agrarland umgestaltet werden sollte. Roosevelt, zunächst ein Anhänger dieses Planes, mußte jedoch dem Druck seines Außenministers Hull, seines Kriegsministers Stimson sowie des britischen Außenministers Eden nachgeben und die Morgenthau-Idee aufgeben.

Das Jahr 1945 war kriegsentscheidend. Auf der Konferenz von Jalta stimmten sich Roosevelt, Churchill und Stalin ab, wurden die "Kriegsfrüchte" vorab verteilt. Anfang März überschritten US-Truppen bei Remagen den Rhein, am 25. April begegneten sich erstmals amerikanische und sowjetische Truppen an der Elbe. Schließlich kapitulierte das Deutsche Reich am 7. Mai bedingungslos. In der Zwischenzeit war Präsident Roosevelt im April verstorben, ihm folgte Vizepräsident Harry Truman.

Im Juli gelang den Amerikanern die Zündung der ersten Atombombe. Im gleichen Monat einigten sich auf der Potsdamer Konferenz (17.7. - 2.8.) Truman, Churchill und Stalin in der Aufteilung Deutschlands.

Zwischenzeitlich gingen die Kämpfe auf dem japanischen Kriegsschauplatz weiter und ließen kein Ende absehen. Um den Widerstand der Japaner endgültig zu brechen, entschlossen sich die USA zum Abwurf von Atombomben:
● Am 6.8.45 wurde **Hiroshima** vernichtet (etwa 200.000 Tote).
● Am 2.9.45 zerstörte eine 2. Atombombe **Nagasaki** (etwa 70.000 Tote).
Am gleichen Tage kapitulierten die Japaner.

Damit war der zweite Weltkrieg zu Ende. Seine Bilanz für die USA:
● Einsatz von etwa 16 Millionen Soldaten;
● annähernd 300.000 Tote, fast 700.000 Verwundete;
● finanzielle Kosten von rund 330 Milliarden $.

Schon in den beiden letzten Kriegsjahren wurde den Amerikanern bewußt, daß sich in Europa nicht nur verschiedene Nationalitäten, sondern vor allem auch Gesellschaftssysteme begegneten: der Kapitalismus und der Kommunismus.

2.13 NACH DEM 2. WELTKRIEG: AUFSTIEG ZUR WESTLICHEN ORDNUNGSMACHT

Schon bald nach dem Weltkrieg und dem unzweifelhaften Aufstieg der Vereinigten Staaten zur politisch-wirtschaftlichen Weltmacht wurde der **Ost-West-Gegensatz** immer krasser. Lange vor Beendigung des Weltkrieges entwarfen die Amerikaner Pläne für das Europa nach dem Weltkrieg. Roosevelt und seinem Außenminister Hull schwebte ein freihändlerisches, kapitalistisch geprägtes Weltwirtschaftssystem vor, das ermöglichen sollte,

gefährliche Weltwirtschaftskrisen zu verhindern und Frieden zu stabilisieren. In diesem Gedanken-System dachte man natürlich an die globale Vorherrschaft der USA.

Doch immer stärker wurde deutlich, daß sich in Gestalt der Sowjetunion ein konträres Gesellschaftssystem entwickelte, das antikapitalistisch und undemokratisch war. Truman war der erste Präsident, der diesen Gegensatz offen artikulierte und der "**Freien Welt**" den "**Weltkommunismus**" entgegenstellte. In der "**Truman-Doktrin**" sagte er 1947 allen bedrohten freien Völkern die Hilfe der Vereinigten Staaten zu. Und es begann die Phase, in der jede der beiden antagonistischen Weltmäch-

Die USA helfen Deutschland beim Wiederaufbau

te auf ihre Weise versuchte, ihre Einflußzonen vom Zugriff der anderen Seite zu sichern. Aus dem heißen Krieg wurde ein "**kalter Krieg**", der in begrenzten Konfrontationsräumen "heiß" wurde (z.B. in Korea).

Die USA bedienten sich im kalten Krieg neuer Mittel, um ihre Einflußnahme zu sichern. In diesem Zusammenhang fällt:
● die **Gründung der NATO** im Jahre 1949 (North Atlantic Treaty Organization), wo sich die USA zum ersten Mal in ihrer Geschichte militärisch

mit anderen Staaten verbinden (zunächst 10 westeuropäische Länder, ab 1954 die Bundesrepublik Deutschland);

● der nach dem amerikanischen Außenminister George Marshall benannte "**Marshall-Plan**", der massive wirtschaftliche Hilfen für die westeuropäischen Staaten vorsah (bis 1951 vergaben die USA im Rahmen dieses Projektes 13 Milliarden $).

Die wohl wichtigste außenpolitische Nachkriegsentwicklung der USA kann nicht genug hervorgehoben werden: erstmals in ihrer Geschichte gaben die Vereinigten Staaten ihre **isolationistische Position zugunsten einer Bündnispolitik auf.**

Weitere wichtige Ereignisse dieser Periode:

● **1946**: Im Gegensatz zu Morgenthau trat der US-Außenminister James Francis Byrnes für eine **Wirtschaftshilfe an Deutschland** ein. In den Kriegsverbrecherprozessen von Nürnberg waren die USA Hauptankläger.

● **1947**: Die UdSSR blockierte den Zugang zum Westsektor von Berlin. Gemeinsam mit den Briten richteten die Amerikaner eine **Luftbrücke** ein.

● **1948**: Als erster Staat erkannten die USA das neugegründete **Israel** an.

● **1949**: Präsident Truman wurde wiedergewählt und setzte sich im Rahmen eines neuen Sozialprogrammes ("**Fair Deal**") für Mindestlöhne, Sozialversicherung, Arbeitsplatzsicherung und Unterstützung der Farmer ein.
Im gleichen Jahr siegte in China Mao Tse-tung und gründete die Volksrepublik China. Der von den Amerikanern unterstützte **Tschiang Kai-sckek** mußte nach Nationalchina (Taiwan) fliehen.

● **1950**: Truman gestattete die Herstellung von **Wasserstoffbomben.**
Unter General Douglas MacArthur griffen die USA aktiv in **Korea** ein, nachdem das kommunistische Nordkorea nach Südkorea vordrang. Gegen "Rotchina" wurde eine Seehandelsblockade errichtet.

● **1951**: Wende im Korea-Krieg. Oberbefehlshaber MacArthur wurde abberufen, da er den Korea-Krieg auch auf die Volksrepublik China ausdehnen wollte. Einleitung erster Waffenstillstands-Verhandlungen.

● **1952**: Die Westalliierten USA, Frankreich und Großbritannien schlossen mit der Bundesrepublik Deutschland ein **Friedensabkommen.**

● **1953**: Im **Korea-Krieg** wurde der **Waffenstillstand** vereinbart. Im Verlauf dieser militärischen Auseinandersetzung nahmen 5.7 Millionen Amerikaner teil. Über 54.000 Tote sowie über 100.000 Verletzte waren auf US-Seite zu beklagen.

● **1954**: Das oberste Bundesgericht verwarf die **Rassentrennung** in den Schulen als **verfassungswidrig.**

● **1955**: Die UdSSR sowie die mit ihr assoziierten Staaten gründeten als Pendant zur NATO den **Warschauer Pakt.**

2.14 USA UND UDSSR IM GEGENSEITIGEN WETTSTREIT

Die Etablierung der neuen Militärbündnisse (NATO im Westen, Warschauer Pakt im Osten) führte dazu, das ein Wettrüsten auf beiden Seiten stattfand. Um das vielzitierte "**Gleichgewicht des Schreckens**" aufrechtzuerhalten, glitten beide Machtblöcke in eine kostenintensive Phase der Hochrüstung: Atombomben, Langstreckenbomber, allerlei sonstiges Kriegsgerät für Luft, Wasser und Land wurden entwickelt, um jeweils der anderen Seite Stärke und Überlegenheit zu demonstrieren.

Spektakulär zog technologisch für kurze Zeit die UdSSR an den USA vorbei, als 1957 **Spuktnik I** als erster künstlicher Satellit die Erde umkreiste. Erst 1958 zogen die USA mit dem "Explorer I" nach. 1961 schickte die Sowjetunion den ersten Menschen (12. April, Juri Gagarin) ins All, kurz danach folgten die USA (5. Mai, Alan B. Shepard). 1969 hatten die USA mit der ersten Astronauten - Landung auf dem Mond wieder die Nase vorn.

Sowohl die sowjetische Aufrüstung als auch ihre spektakulären Weltraumerfolge verunsicherten die Amerikaner zutiefst, waren sie doch bislang von ihrem Vorsprung überzeugt. Die Politik der UdSSR blieb auch nach Stalins Tod im Jahre 1953 nichtimperialistisch und auf eine friedliche Koexistenz der Völker ausgerichtet, wenn auch von der Überzeugung getragen, daß der kommunistische Weg der langfristig erfolgreichere sei.

John F. Kennedy

Eine neue, wenn auch kurze Ära begann mit der Wahl **John F. Kennedys**, dem wohl charismatischsten US-Präsidenten der Nachkriegszeit. Mit seinem "**New Frontier**"-Programm wollte er die globalen Gegensätze entschärfen, entwarf eine Vision der Gerechtigkeit und besserer Lebensbedingungen für alle Amerikaner. Kennedy hatte nicht nur eine Überwindung der sozialen Gegensätze im eigenen Lande im Auge, sondern plante auch, den armen Entwicklungsländern in Asien, Mittelamerika und Afrika zu helfen.

2.15 DIE KRISEN DER USA

Eine Reihe von Krisen erschütterte die USA im Verlaufe der 60er und siebziger Jahre:

● Im Jahre 1961 scheiterte der von Exilkubaner angeführte und von den USA unterstützte (von Kennedy jedoch mit Bedenken begleitete) **Invasionsversuch an der Schweinebucht/Kuba.**

● 1962 eskalierte die **Kubakrise** und führte an den Rand des 3. Weltkrieges. Hintergrund: Die USA hatten ein Handelsembargo gegen Kuba verhängt. Amerikanische Marineschiffe wurden von Kubanern beschossen. Im gleichen Jahre gestattete Kuba der Sowjetunion, Häfen für die Fischereiflotte der UdSSR bereitzustellen. Die USA betrachteten dies als Ermöglichung der Errichtung eines sowjetischen Militärstützpunktes und antworteten mit einer Teilblockade. Im Oktober verkündete Kennedy, die USA verfügten über Fotobeweise, die den Bau von Raketenabschußrampen belegten. Alle Kuba anlaufenden Schiffe sollten fortan durch US-Marinetruppen auf Waffenlieferungen untersucht werden. Auf keinen Fall wollten die USA den Aufbau einer nuklearen Offensivmacht vor ihrer Haustüre dulden. Im letzten Augenblick konnten sich Kennedy und Chruschtschow auf den Abzug der sowjetischen Bomber und den Abbau der Raketenbasen einigen.

● Der **Vietnamkrieg**, der "Nachlaß" der Regierungen Eisenhower und Kennedy, wurde immer mehr von den Amerikanern als eine Auseinandersetzung der konkurrierenden Systeme Kapitalismus - Kommunismus gesehen. Am 7. August 1964 eskalierte die Auseinandersetzung, als im Golf von Tonking amerikanische Schiffe angegriffen wurde. Dieser "Tonking-Zwischenfall" führte den Krieg in eine neue Dimension: Der Kongreß ermächtigte den Präsidenten, unbeschränkt militärisch zu intervenieren. Nordvietnam wurde massiv von der Sowjetunion sowie der Volksrepublik China unterstützt. Gerade im Vietnam-Krieg wollten sich die USA als globale Macht darstellen, doch der Krieg konnte trotz immer größerem Einsatz nicht gewonnen werden, so daß 1968 die Luftangriffe eingestellt wurden. Es ging in der Vietnam-Auseinandersetzung den USA vor allem um ihr Prestige, weniger darum, ein Territorium zu verlieren oder dem südvietnamesischen Volk die Freiheit zu sichern. 1973 wurde endlich zwischen den USA, Nordvietnam und der Provisorischen Revolutionsregierung in Paris der Waffenstillstand vereinbart. Die Verluste (1964 -. 1973) betrugen auf amerikanischer Seite etwa 56.000 Tote und mehr als 300.000 Verwundete. Der Vietnam-Krieg ließ die USA in ihrem Inneren stark erschüttern. Immer mehr Amerikaner waren nicht mehr geneigt, dieses Engagement zu billigen. Der steigende "menschliche" Einsatz mit den verbundenen Opfern ließ berechtigterweise in breiten Kreisen moralische Skrupel aufkommen. Demonstrationen nicht nur von Studenten und Intellektuellen übten großen Druck auf die Regierung aus. Der Kongreß baute in der Folgezeit die Sonder-

Machtbefugnisse des Präsidenten wieder ab: Im War Powers Act (1973) wurde festgelegt, daß ein Präsident ohne Zustimmung des Kongresses US-Truppen nur 60 Tage lang einsetzen darf.

Vietnam: ein Trauma (nicht nur) für die USA

● In den sechziger und zu Beginn der siebziger Jahre erschütterten zahlreiche **Rassenunruhen** die Vereinigten Staaten:
* Im August 1963 führte der schwarze Bürgerrechtler und Geistliche **Martin Luther King** in Washington D.C. einen Protestmarsch für die Rassen-Gleichheit an, an dem zumeist Farbige teilnahmen.
* 1965 führte Martin Luther King Tausende von Protestierenden von Selma nach Montgomery. Im gleichen Jahr kamen bei Rassenunruhen in Los Angeles (August) 35 Menschen um.
* Im Sommer 1967 eskalierten Rassenunruhen in Newark/New Jersey und Detroit/Michigan derart, daß sogar Bundestruppen eingesetzt werden mußten (66 Tote).
* 1968 gab es in vielen US-Bundesstaaten Rassenunruhen. In Memphis (Tennessee) wurde Martin Luther King ermordet.

● Die **Watergate Affäre**, bei der am 17. Juni 1972 enge Mitarbeiter Nixons und seines Wahlkomitees in das Wahl-Hauptquartier der Demokraten einbrachen, erschütterte die Nation auf's Neue. Zwar beteuerte Nixon seine Unschuld und sein Unwissen über den Einbruch, doch er wurde durch die Einbrecher selbst schwer belastet. Er kam einem Amtsenthebungsverfahren ("impeachment") durch freiwilligen Rücktritt zuvor.

● Auch **wirtschaftlich mußten die USA zurückstecken.** Der Aufschwung Westeuropas, vor allem im Rahmen der EG sowie der komethafte Aufstieg der Wirtschaftsmacht Japan führte im Verlaufe der Präsidentenschaft Nixons zur Stagnation, Geldentwertung, Arbeitslosigkeit. Der Dollarverfall hat sich - von Pausen und zeitweisen Erholungsphasen abgesehen - bis heute nicht aufhalten lassen (kostete ein Dollar in den 60er Jahren noch annähernd 4 DM, so ist sein Wert 1991 auf unter 1.50 DM gefallen).

● Als weitere krisenhafte Entwicklungen, welche die USA schwächten und schwächen, gelten:
* der weitverbreitete **Drogenmißbrauch;**
* das um sich greifende **organisierte Verbrechertum;**
* das **niedrige Ausbildungsniveau;**
* das **enorme Handelsdefizit.**

Diese Krisen ließen die Amerikaner immer stärker an der Leistungsfähigkeit und der **Überlegenheit des "American Way of Life" zweifeln.** Das Vietnamtrauma sowie die zwielichtige Watergate-Affäre hatten so starke Zweifel an der politischen Führung hervorgerufen, die bis heute nachwirken. Die wirtschaftlichen Mißerfolge (permanente Dollarabwertung, steigendes Handelsdefizit) ließen die Selbstzweifel eher steigen.

Weitere wichtige Ereignisse:

● Am 22. November 1963 wurde John F. **Kennedy** in Dallas **ermordet.** Sein Nachfolger wurde Lyndon B. Johnson.

● 1964 wurde ein neues **Bürgerrechtsgesetz** verabschiedet, das die Chancengleichheit der Schwarzen fördern sollte.

● Als Johnson im Jahre 1965 wiedergewählt wurde, verkündete er im Rahmen seines "Great Society"-Programms ein **stärkeres sozialen Engagement** an (Bekämpfung von Armut und Arbeitslosigkeit, Verbesserung der Altersversorgung, Beseitigung der Rassendiskriminierung).

● Der sowjetische Ministerpräsident Kossygin und der amerikanische Präsident Johnson trafen sich im Rahmen eines **Gipfeltreffens in Glassboro/New Jersey.** Sie tauschten ihre grundsätzlich unterschiedlichen Standpunkte in den weltpolitischen Fragen aus, stimmten allerdings darin überein, daß ein Atomkrieg nie geführt werden dürfe.

● Im Jahre 1968 wurden **Martin Luther King** und Senator **Robert F. Kennedy** von Attentätern **erschossen.**

● 1969 entschied das Oberste Bundesgericht, daß eine **Kriegsdienstverweigerung** nicht nur aus religiösen, sondern auch **wegen moralischen Bedenken** rechtens ist.

● Am 5. März 1970 schlossen die UdSSR und die USA einen **Vertrag über die Nichtweiterverbreitung von Atomwaffen.**

● 1971 wurde das **Wahlalter auf 18 Jahre** hinabgesetzt.

● Präsident Nixon besuchte im Februar 1972 die Volksrepublik China, anschließend die Sowjetunion. Im gleichen Jahr unterzeichneten beide Weltmächte einen **Vertrag über die Rüstungsbegrenzung für strategische Waffen** (insbesondere Raketen).

● Aufgrund der heftigen Widerstände der Bevölkerung gegen den geführten Vietnamkrieg wurde 1973 die **allgemeine Wehrpflicht abgeschafft.** Die Ölpreiserhöhungen,

durch das Erdölembargo hervorgerufen, führten zu einer Reihe einschneidender Maßnahmen (Senkung der Höchstgeschwindigkeit, Drosselung der Klimaanlagen).
● Im Jahre 1976 feierten die USA den 200. Geburtstag (Bicentennial). Im Juli landete die **Raumsonde Viking I auf dem Mars.** Im gleichen Jahr löste Carter Präsident Ford ab.
● Auf Initiative Carters begannen in Camp David die **Verhandlungen zwischen Israel** (Begin) **und Ägypten** (Sadat).
● 1979 nahmen die USA **diplomatische Beziehungen zur Volksrepublik China** auf und unterbrachen ihre Kontakte zu Taiwan. Im November nahmen iranische Revolutionäre 66 US-Diplomaten in der Botschaft von Teheran gefangen. Sie sollten gegen die Auslieferung des Schah von Persien freigelassen werden.
● 1980 reagierten die USA auf den Einmarsch der UdSSR in Afghanistan mit einem **Getreideembargo.**
● 1981 trat **Ronald Reagan** seine Präsidentenschaft an. Im Rahmen seines Wirtschaftsprogramms senkte er die **Steuern** sowie die **Staatsausgaben, erhöhte** dagegen den **Rüstungsetat** ("Reaganomics").
● Wie in Europa, so gewann auch in den USA die **Friedensbewegung** an Schwung. Unter dem Motto "Freeze Nuclear Arms" (1982) wurden die Regierungen in Ost und West aufgefordert, ihre Atomwaffenpotentiale nicht weiter aufzubauen (im Juni alleine gab es in Washington eine Protestkundgebung, an der über 1/2 Million Menschen beteiligt waren).
● Das Tauwetter zwischen den Machtblöcken wurde besonders 1983 deutlich, als die USA mit der UdSSR ein neues **Getreideabkommen** schlossen.
● Die **Abrüstungsgespräche,** seit 1982 als START-Verhandlungen geführt (Strategic Arms Reduction Talks) führten zwar 1983 in eine Sackgasse (in Genf durch die UdSSR abgebrochen), wurden aber durch Abrüstungsgespräche 1985 in Genf **wiederbelebt.**
● Bei den **Olympischen Sommerspielen** in Los Angeles 1984 nahmen die UdSSR sowie die meisten Ostblockländer **nicht teil.**
● Am 28. Januar 1986 ereignete sich das **Challenger-Unglück.** Kurz nach ihrem Abheben explodierte die Raumfähre, wobei alle sieben Astronauten ums Leben kamen.

2.16 EINE WELTMACHT SUCHT NACH NEUER IDENTITÄT

Im Jahre 1989 wurde George Bush 41. US-Präsident in einer Zeit vielschichtigen Umbruchs.

Am Ende der 80er Jahre standen die USA vor einer neuen Situation, die von folgenden Umständen gekennzeichnet ist:
● Im Verlaufe der Reagan-Administration wurde eine Oberklassenherrschaft angestrebt. Ergebnis: Die Reichen wurden reicher, die Armen ärmer, wodurch die **soziale Problematik noch krasser** wurde.
● Die einstige wirtschaftliche Vormachtstellung ist zerbröckelt und infolgedessen sind der Dollar weiter verfallen und das **Handelsdefizit gestiegen.** Die Gründe hierfür sind vor allem
* Der **Mangel an einer staatlichen Energiepolitik,** der anhaltenden Verschwendungssucht und der dadurch bedingten Abhängigkeit vom Nahost-Öl (dazu wurde ein nationaler Plan im Februar 1991 vorgestellt).

* Der **Verzicht auf eine Technologie- und Industriepolitik** bei gleichzeitigem **Ausufern des Dienstleistungssektors** und weiterem ökonomischen Vorpreschen vor allem der Japaner, aber auch der Europäer.

* Die **verfehlte Einwanderungspolitik**, welche billigen Arbeitskräften aus Lateinamerika den Zuzug erlaubte, aber qualifizierten Facharbeitern und Ingenieuren den Weg versperrte. Erst im Oktober 1990 sah das Repräsentantenhaus diesen Fehler ein und erließ ein Gesetz, das gut ausgebildeten Einwanderern den Vortritt läßt.

● Durch die **weitgehende Entschärfung des West-Ost-Konfliktes** und die Entwicklung in Osteuropa sucht die US-Außenpolitik nach neuen Konturen.

Die federführende Rolle der USA im Verlauf des **Golfkonfliktes** sowie ihr Oberkommando im Rahmen der Alliierten Streitkräfte im Golfkrieg unterstreicht den Anspruch der USA als Weltmacht. Die konsequente Haltung der Regierung Busch sowie der militärische Erfolg dank eines "High Tech" - Krieges vereitelte die langfristige Inbesitznahme Kuweits durch die Iraker.

Präsidenten der USA		
Nr.	**Name, Vorname, Geb.Datum u. Sterbedatum** — **Amtszeit**	**Partei**

Nr.	Name, Vorname, Geb.Datum u. Sterbedatum	Amtszeit	Partei
01	Washington, George (1732 - 1799)	1789 - 1797	Föderalisten
02	Adams, John (1735 - 1826)	1797 - 1801	Föderalisten
03	Jefferson, Thomas (1743 - 1826)	1801 - 1809	Demokratischer-Republikaner
04	Madison, James (1751 - 1836)	1809 - 1817	Demokratischer-Republikaner
05	Monroe, James (1758 - 1831)	1817 - 1825	Demokratischer-Republikaner
06	Adams, John Quincy (1767 - 1848)	1825 - 1829	Demokratischer-Republikaner
07	Jackson, Andrew (1767 - 1845)	1829 - 1837	Demokraten
08	van Buren, Martin (1782 - 1862)	1837 - 1841)	Demokraten
09	Harrison, William Henry (1773 - 1841)	4.3. - 4.4.1841	Whig (Gegner der Demokraten)
10	Tyler, John (1790 - 1862)	1841 - 1845	Whig
11	Polk, James Knox, ((1795 - 1849)	1845 - 1849	Demokraten
12	Taylor, Zachary (1784 - 1850)	1849 - 1850	Whig
13	Fillmore, Millard (1800 - 1874)	1850 - 1853	Whig
14	Pierce, Franklin (1804 - 1869)	1853 - 1857	Demokraten
15	Buchanan, James (1791 - 1868)	1857 - 1861	Demokraten
16	Lincoln, Abraham (1809 - 1865)	1861 - 1865	Republikaner
17	Johnson, Andrew (1808 - 1875)	1865 - 1869	Demokraten
18	Grant, Ulysses Simpson (1822 - 1885)	1869 - 1877	Republikaner
19	Hayes, Rutherford Birchard (1822-1893)	1877 - 1881	Republikaner
20	Garfield, James Abram (1831 - 1881)	4.3.-19.9.1881	Republikaner
21	Arthur, Chester Alan (1830 - 1886)	1881 - 1885	Republikaner
22	Cleveland, Stephen Grover (1837-1908)	1885 - 1889	Demokraten

Präsidenten der USA
(Fortsetzung)

Nr.	Name, Vorname, Geb.Datum u. Sterbedatum	Amtszeit	Partei
23	Harrison, Benjamin (1833 - 1901)	1889 - 1893	Republikaner
24	Cleveland, Stephen Grover (1837 - 1908)	1893 - 1897	Demokraten
25	McKinley William (1843 - 1901)	1897 - 1901	Republikaner
26	Roosevelt, Theodore (1858 - 1919)	1901 - 1909	Republikaner
27	Taft, William Howard (1857 - 1930)	1909 - 1913	Republikaner
28	Wilson, Thomas Woodrow (1856 - 1924)	1913 - 1921	Demokraten
29	Harding, Warren Gamaliel (1865 - 1923)	1921 - 1923	Republikaner
30	Coolidge, Calvin (1872 - 1933)	1923 - 1929	Republikaner
31	Hoover, Herbert Clark (1874 - 1964)	1929 - 1933	Republikaner
32	Roosevelt, Franklin Delano (1882 - 1945)	1933 - 1945	Demokraten
33	Truman, Harry S. (1884 - 1972)	1945 - 1953	Demokraten
34	Eisenhower, Dwight David (1890 - 1969)	1953 - 1961	Republikaner
35	Kennedy, John Fitzgerald (1917 - 1963)	1961 - 1963	Demokraten
36	Johnson, Lyndon Baines (1908 - 1973)	1963 - 1969	Demokraten
37	Nixon, Richard Milhous (1913 -)	1969 - 1974	Republikaner
38	Ford, Gerald Rudolph (1913 -)	1974 - 1977	Republikaner
39	Carter, James Earl (1925 -)	1977 - 1981	Demokraten
40	Reagan, Ronald Wilson (1911 -)	1981 - 1989	Republikaner
41	George Bush (1924 -)	1989	Republikaner

3 GEOGRAPHISCHER ÜBERBLICK

3.1 ALLGEMEINER ÜBERBLICK

Obwohl in diesem Reisehandbuch nur der Ostteil der Vereinigten Staaten beschrieben wird, sei ein kurzer Überblick über die Landschaften der gesamten USA gestattet, um den Zusammenhang deutlich werden zu lassen.

Es gibt fünf **markante geographische Merkmale**, die die kontinentale USA von Ost nach West gliedern:

- die **Atlantische Küstenebene**, die sich nach Süden hin verbreitert;
- das **Appalachengebirge**, das von Südwesten nach Nordosten verläuft;
- die weiten inneren **Prärien** und **Great Plains**;
- die sogenannten "**intermontanen Becken**" zwischen den Rocky Mountains und der Küstenkette;
- die in den Küstenketten liegenden **Längstäler** (Kalifornisches Längstal, das sich im Norden im Williamette-Tal sowie dem Puget-Sund fortsetzt.

Die grundsätzlich von Süden nach Norden verlaufenden Gebirge (Rocky Mountains, Appalachen) sind auch für das Klimageschehen entscheidend: kalte Luftmassen aus dem Norden können - von Gebirgsketten nicht aufgehalten - weit nach Süden vordringen (Frostmöglichkeit in Florida!), heißfeuchte Luftmassen aus dem Süden (Golf von Mexico) können extrem weit nach Norden ziehen.

3.2 LANDSCHAFTEN UND GEOLOGISCHE ENT-WICKLUNG

Drei Landschaftselemente bestimmen das Reiseerlebnis in den östlichen Teilen der Vereinigten Staaten:

- das aus Kanada in den Nordosten der Staaten reichende **Kanadische Schild** (auch als Laurentisches Plateau bezeichnet);
- die **atlantische Küstenebene**;
- das **Appalachengebirge**.

Das **Kanadische Schild**, das bis ins Gebiet der Großen Seen reicht, besteht aus uralten, sog. präkambrischen Gesteinen, den ältesten auf der Erde überhaupt. Bedeutsam ist, daß hier nur dicht unter der Oberfläche große Bodenschatzvorkommen liegen (vor allem Eisen). Die Großen Seen selbst sind im Zuge des Abschmelzens der eiszeitlichen Gletscher entstanden.

Die **Atlantische Küstenebene** ist in den Neuengland-Staaten sehr schmal ausgebildet, gewinnt aber an Breite, je weiter man in die südlichen Oststaaten reist. Im Süden geht sie schließlich in die Golfebene über. Sie ist geologisch jüngeren Ursprungs (Tertiär und Pleistozän). Große Flußtäler gliedern diese Ebene:

● Im Norden liegt der St. Lorenz Strom.
● Im mittleren Teil reichen die Delaware - und vor allem die Chesapeake Bay weit ins Land hinein.

Der Ostküste sind **Nehrungen** vorgelagert, die häufig unterbrochen sind und dann Inselcharakter haben (z.b. die Sea Islands in Georgia). Hinter der Nehrungskette liegt der relativ ruhige Bereich der Haffs, der als Intercoastal Waterway genutzt wird. Die Strände selbst sind fast ausschließlich feinsandig und gestatten, je weiter man nach Süden kommt, fast ganzjährigen Badebetrieb.

Landeinwärts - ziemlich parallel zur Atlantikküste - zieht sich das **Appalachengebirge** entlang. Vom Charakter sind die Appalachen ein Mittelgebirge, das sich von Südwesten (Alabama) bis Nordosten (Neuengland-Staaten) hinzieht. Eher lieblich als bizarr, erheben sie sich bis 1917 m in den White Mountains des Nordostens (Mount Washington) und bis 2000 m in der Blue Ridge des Südwestens (Mount Mitchell). Geologisch besteht das Gebirge aus kristallinem Urgestein (Granit, Gneis) sowie Sedimentgesteinen (u.a. Kalk).

Wenn man die Appalachen vom Atlantik aus kommend überquert, kann man in allen Teilen dieses Gebirgszuges folgende **Landschaftsabfolge** beobachten:

● Dem Gebirge ist eine wellige "**Fußzone**", der **Piedmont** vorgelagert.
● Dem Piedmont schließt sich die relativ **steil aufragende Kette** der **Blue Ridge** an.
● Danach folgt das **Appalachental** (als Valley and Ridge - Province bezeichnet.
● Das **Appalachenplateau** selbst wird über eine **markante Steilstufe** erreicht ("Allegheny Front"). Beim Reisen wird dies deutlich, wenn man z.B. zur Hochstraße hinauffährt, die entlang des Shenandoah National Parks führt).

Der wohl schönste Teil dieses über 2.000 km langen Gebirgszuges liegt im Bereich der **Great Smoky Mountains**, die an der Grenze Tennessee/North Carolina liegen. Malerisch sind aber auch die großen Quertäler, welche das Gebirge durchziehen, vor allem entlang der Flußläufe des Hudson, Delaware, Susquehanna und Potomac.

3.3 KLIMA

Das Klima der Vereinigten Staaten ist im wesentlichen durch den Verlauf der Gebirge bestimmt: Sowohl die Rocky Mountains im Westen als auch die Appalachen im Osten weisen einen grundsätzlich Nord-Südverlauf auf. Das bedeutet, daß dem Luftaustausch von südlich gelagerten warm-feuchten sowie nördlich gelagerten kühlen Luftmassen kein Hindernis entgegensteht (in Europa verhindern die ost-west-verlaufenden Alpen ungehinderte Luftmassentransporte). Da sich das amerikanische Festland von Norden nach Süden verjüngt, ist der Anteil am gemäßigten, kontinentalen Klima größer als am subtropischen.

Die Nordost- und Oststaaten der USA sind im Vergleich zu den Landschaften im Inneren des Kontinents relativ feucht. In den Sommermonaten dringen feucht-heiße Warmluftmassen vom Golf von Mexico weit bis nach Norden, während im Winter kalte Luftvorstöße ("Northers") bis nach Florida möglich sind (selbst Schnee gibt es in den südlichen Gefilden ab und zu!). In den Sommermonaten können tropische Wirbelstürme (Hurricans) bis weit nach Norden entlang der Ostküste vordringen (große Verwüstungen richtete "Hugo" bei Charleston 1989 an). Diese Wirbelstürme sind tropischen Ursprungs, entstehen zumeist im karibischen Tiefdruckgebiet und ziehen nordwestwärts in Richtung Florida sowie die Golfstaaten, manchmal aber auch bis Virginia. Sobald sie in den Bereich der Westwindzone gelangen, drehen sie dann nach Osten auf den offenen Atlantik ab.

Der **Nordosten** gilt als eine **gemäßigte Klimazone** mit einer durchschnittlichen Niederschlagsmenge von 900 mm. Im Bundesstaat New York und in New England können starke Nord- und Nordostwinde dafür sorgen, daß es sehr kalt wird. Im Sommer dagegen sind die Temperaturen durchaus warm, bei südlichen Winden sogar heiß. In den **Küstenstädten** wie New York kann es u.U. sehr **schwül** werden. In der Winterzeit müssen alle **Neuenglandstaaten** mit **Schneefällen** rechnen.

Die Bundesstaaten **südlich von New York** leiden durchweg im Sommer unter großer Hitze, z.T. auch **Schwüle**. Die Winter werden mit zunehmend südlicher Lage immer milder, nur die **Gebirgsregionen der Appalachen** erhalten **Schnee**.

KLIMADATEN NEW YORK

Monat	Temperatur in °C		Niederschlag in mm		Mittl. Luftfeuchtigkeit in %		Mittl. tägl. Sonnenscheindauer in h
	Mittl. tägl. Maximum	Mittl. tägl. Minimum	Mittl. Monatsmenge	Mittl. Anzahl der Tage mit Niederschlag	Relative Feuchtigkeit morgens	Relative Feuchtigkeit nachmittags	
Januar	4,2	- 2,9	84	11	68	60	4,5
Februar	4,6	- 3,1	72	10	68	58	5,9
März	8,8	0,7	102	12	67	55	6,8
April	15,4	6,2	87	11	68	52	7,9
Mai	21,9	11,9	93	11	71	53	8,3
Juni	26,8	16,4	84	10	73	55	9,5
Juli	29,6	20,1	94	11	75	55	9,2
August	28,5	19,3	113	10	78	57	8,4
September	24,9	15,7	98	8	79	58	7,5
Oktober	19,1	10,2	80	8	76	55	6,5
November	12,0	4,6	86	9	73	59	5,4
Dezember	5,7	- 1,3	83	10	70	60	4,3
Januar - Dezember	16,9	8,1	1 076	121	72	56	7,0 / 2 555

KLIMADATEN CHARLESTON

Monat	Temperatur in °C		Niederschlag in mm		Mittl. Luftfeuchtigkeit in %		Mittl. tägl. Sonnenscheindauer in h
	Mittl. tägl. Maximum	Mittl. tägl. Minimum	Mittl. Monatsmenge	Mittl. Anzahl der Tage mit Niederschlag	Relative Feuchtigkeit morgens	Relative Feuchtigkeit nachmittags	
Januar	16,2	3,5	65	10	84	55	5,7
Februar	16,9	4,7	84	9	82	52	6,6
März	20,0	7,4	100	11	83	50	7,6
April	24,9	11,5	73	8	84	50	9,2
Mai	28,8	16,6	92	9	84	54	9,4
Juni	31,8	20,6	126	11	86	59	9,8
Juli	31,8	22,2	196	15	88	64	9,1
August	31,6	21,3	168	13	91	63	8,6
September	29,4	19,0	148	9	91	63	8,1
Oktober	25,1	12,8	72	6	89	56	7,9
November	19,9	6,6	53	7	87	51	6,9
Dezember	16,3	3,7	72	8	84	54	5,5
Januar - Dezember	24,4	12,5	1 249	116	86	56	7,9 / 2 884

KLIMADATEN MIAMI BEACH

Monat	Temperatur in °C		Niederschlag in mm		Mittl. Luftfeuchtigkeit in %		Mittl. tägl. Sonnenscheindauer in h
	Mittl. tägl. Maximum	Mittl. tägl. Minimum	Mittl. Monatsmenge	Mittl. Anzahl der Tage mit Niederschlag	Relative Feuchtigkeit morgens	Relative Feuchtigkeit nachmittags	
Januar	23,4	17,7	52	5	86	55	7,5
Februar	23,8	17,9	47	5	85	56	8,5
März	24,8	19,1	58	5	83	55	8,7
April	26,4	21,2	99	6	81	56	9,3
Mai	28,0	23,3	164	8	81	59	9,1
Juni	29,7	24,8	187	10	83	63	8,5
Juli	30,6	25,4	171	12	84	64	8,4
August	31,0	25,6	177	12	86	63	8,3
September	30,0	25,1	241	15	88	65	7,3
Oktober	28,3	23,2	209	12	88	64	6,8
November	25,8	20,7	72	7	87	60	7,5
Dezember	24,1	18,3	42	6	86	59	6,9
Januar - Dezember	27,1	21,9	1 519	103	85	60	8,1 / 2 957

4 WIRTSCHAFT

4.1 ALLGEMEINER ÜBERBLICK

Zum Verständnis der Vereinigten Staaten gehört - mehr als bei anderen Ländern - eine kurze Auseinandersetzung mit der Wirtschaft. Als Basisland des freien und ungezügelten Unternehmertums wird sie dem Besucher in vielfältiger Form begegnen:

● Ein schier **unüberschaubares Angebot an Gütern** aller Art.

● **Riesige Verbrauchermärkte** in gnadenloser Konkurrenz zueinander, meistens sieben Tage in der Woche geöffnet.

● **Schreiende Reklame und Werbung** allerorten, die auch den letzten potentiellen Kunden einfangen möchten.

● Ein **immenser Gegensatz zwischen Arm und Reich**: Glitzernde Pracht-boulevards liegen in unmittelbarer Nachbarschaft zu herabgekommenen Stadtvierteln.

● **Job-Wechsel** ist ebenso an der Tagesordnung wie das **Ausüben mehrerer Tätigkeiten gleichzeitig.**

Lange Jahre galten die USA als Wirtschaftsmacht Nr. 1. Einst war der amerikanische Lebensstandard der höchste der Welt. In der Zwischenzeit sind die USA hier auf den 5. Rangplatz verwiesen (hinter der Schweiz, Dänemark, Deutschland und Schweden). Ein rapide gesunkener Dollarkurs und ein steigendes Handelsdefizit gehören zu den aktuellen Wirtschafts-nachrichten.

Den früheren wirtschaftlichen Erfolg hatten die Vereinigten Staaten vor allem folgenden Faktoren zu verdanken:

● Die **ersten Einwanderer-Generationen** verbanden ein hohes Sendungs-bewußtsein mit einer grundsoliden Arbeitshaltung (Disziplin, Fleiß, Quali-tätsbewußtsein, Sparsamkeit). Diese **puritanische Haltung** ließ Wirtschafts-zentren nicht nur im klimatisch dem Europäer eher zugeneigten Osten entstehen. Auch in den Weiten der Prärien oder im heiß-trocknen Klima Kaliforniens wurde man erfolgreich.

● Die Neue Welt verfügte nahezu über alle **Rohstoffe**, die für industrielle Produkte nötig waren.

● Die **Landwirtschaft** traf in den Oststaaten, im Süden sowie im Mittleren Westen auf eine **hohe Naturgunst**. Wo z.B. Wasser fehlte, baute man riesige Staudamm- und Kanalsysteme (Kalifornien), wo das Klima zu kalt und die Vegetationszeit nur kurz war, setzte man neugezüchtete Saatgut ein (Som-merweizen mit kurzer Reifedauer im nördlichen Mittleren Westen).

● Schon früh begann man mit dem **Bau günstiger Verkehrsverbindungen**:
* An der Atlantikküste entstanden schon gleich nach Ankunft der ersten europäischen Siedler Häfen. In Neuengland wurden Schiffe hergestellt,

welche die Weltmeere befuhren. Der Handel mit Holz im Austausch mit Rum der karibischen Inseln florierte. Und diesen Rum brachte man an die Westküste Afrikas, wo Stammesfürsten dafür Arbeitskräfte hergaben. In Amerika als Sklaven versteigert, bildeten sie das Arbeitskräftepotential auf den Baumwollfeldern des Südens (Dreiecks-Handel).

* Den ersten Siedlern, welche die Appalachen überwanden und die neue Siedlungsräume erschlossen, folgte unmittelbar die Anlage eines Straßensystems.

* Der Ausbau von Schiffahrtswegen ins Landesinnere wurden forciert. 1825 wurde der Erie-Kanal eröffnet, der die Atlantikküste mit den Großen Seen verband und damit eine wirtschaftliche Erschließung des Mittleren Westens begünstigte.

* Der Eisenbahnbau begann bereits 1828 und verband bereits 1869 die Ost- mit der Westküste.

* Schon 1926 wurde der Linienverkehr für Passagiere eröffnet. Heute verfügen die USA über ein extrem feines Netz an Flugverbindungen.

● Immer wieder waren die USA in der Lage, über **billige Arbeitskräfte** zu verfügen: Neben den Sklaven wanderten Millionen von Arbeitssuchenden aus der Alten Welt ein, bereit, für jeden Lohn ihren Lebensunterhalt zu verdienen. Heute sind es die "Latinos", die z.B. illegal für wenig Geld arbeiten.

● **Bahnbrechende Erfindungen** (siehe Kapitel 4.3) sorgten für stete wirtschaftliche Stimulans.

● Die **Einführung moderner Arbeitsmethoden** (u.a. Fließband) ließ schon früh eine rationelle Massenfertigung zu.

● Am Ende des vergangenen Jahrhunderts wurde bereits der **Austausch-Bau** eingeführt. Das bedeutete, daß nunmehr **Einzelteile** einer komplizierten Maschine rasch ersetzt werden konnten (Vorteile: Fortgang der Produktion, geringe Betriebskosten). Voraussetzung für den Bau von Austauschteilen waren neue Werkzeugmaschinen, die äußerst präzise die gleichen Teile herstellen konnten.

● Ebenfalls gegen Ende des vergangenen Jahrhunderts gingen die amerikanischen Ingenieure zum **Großbau** über. Erste Beispiele hierfür waren die riesige Corliss-Dampfmaschine sowie der Bau von Wolkenkratzern (Stahl - Skelettbauweise).

● Ein riesiger, **stetig wachsender Binnenmarkt** sowie eine hohe Nachfrage nach amerikanischen Produkten ließ - von Wirtschaftskrisen abgesehen - die Produktion stetig steigen.

4.2 NATÜRLICHE GRUNDLAGEN

Noch immer sind die USA das Land mit der größten Vielfalt und Menge an Bodenschätzen. Sie gehören zu den größten Exporteuren vieler Grundnahrungsmittel sowie Bodenschätze. Trotzdem sind die USA auf die Einführung bestimmter Rohstoffe, vor allem Erdöl, angewiesen. Wie die Besetzung

Kuwaits und die dadurch ausgelöste Golfkrise zeigten, ist die Sicherung der erdölliefernden Länder eines der wichtigsten außenpolitischen Ziele. Während der Golfkrise, als ich in den USA weilte, gab es täglich nur eine Hauptsorge: Steigende Öl- und Benzinpreise (obwohl selbst im November 1990 ein Liter Benzin an der Ostküste ca. 50 Pfennig kostete!). Sadam Hussein beherrschte die Schlagzeilen, nicht der erneut rapide gefallene Dollar oder die sich immer weiter verfestigende Stagflation...

Im Gebiet der Oststaaten liegen bedeutende Steinkohle-Vorkommen in den Appalachen sowie Eisenerzlagerstätten in den Bundesstaaten New York, New Jersey, Virginia und Georgia. Ebenso werden Bauxit (Grundstoff zur Aluminium-Herstellung) sowie Phosphate und Kalisalze gefördert.

4.3 BAHNBRECHENDE ERFINDUNGEN

Eine wesentliche Rolle beim Aufbau der amerikanischen Wirtschaft spielten bahnbrechende Erfindungen. Geschichtlich bedeutsam war dabei sicherlich die Aktivität der Puritaner. Beim Vordringen von der Ostküste in die Weiten des Westens war man bei der Überwindung der Entfernungen schon früh auf technische Innovationen angewiesen. Die neu erschlossenen Landwirtschaftsgebiete verlangten ebenso wie die entdeckten Rohstoffvorkommen nach dem Ausbau des Transportsystems. Die boomende Gold- und Silberproduktion sorgte für das nötige Kapital. Dem Erfindergeist war im Zuge der Landerschließung sowie der Steigerung der Produktivität keine Grenzen gesetzt. Und als 1876 die erste Weltausstellung in Amerika (Philadelphia) stattfand, konnten die Amerikaner stolz ihren Erfindergeist vorzeigen.

Seit dem Beginn der Industriellen Revolution waren viele Amerikaner an Erfindungen beteiligt:

Jahr	Erfinder/ Erfindung	Jahr	Erfinder/ Erfindung
1752	B. Franklin Blitzableiter	1870	B. Tilghman Sandstrahlgebläse
1793	E. Whitney Baumwollentkern-Maschine	1872	G. Westinghouse Automatische Druckluftbremse
1795	O. Evans Automatische Getreidemühle	1876	G. Bell Telefon
1807	R. Fulton Dampfschiff	1877	Th. A. Edison Phonograph
1831	S. Colt Walzenrevolver	1879	Th. A. Edison Elektrische Glühlampe
1831/32	J. Stephenson Stadtstraßenbahn (New York - Harlem)	1882	Th. A. Edison Elektrisches Kraftwerk (New York)

Jahr	Erfinder/ Erfindung	Jahr	Erfinder/ Erfindung
1832/43	S.F.B. Morse Elektromagnet, Telegraph	1884	O. Mergenthaler Setzmaschine
1834	C. McCormick Mähmaschine	1884	L. Pelton Freistrahlturbine
1839/52	C. Goodyear Vulkanisieren des Gummis	1885	H. Hollerith Lochkarte zur statistischen
1845	St. Fitch Revolverdrehbank	1890	Auswertung G. Eastman
1845/46	E. Howe Nähmaschine (Doppelsteppstich)	1896	Rollfilm Ch. G. Curtis
1849	J.B. Francis Überdruck - Wasserturbine		Dampfturbine (Gleichdruckverfahren)
1864	G.M. Pullman Schlafwagen (Seiteneingang, Längsbetten)	1903	O. und W. Wright Motorflug
1866	C.W.Field Atlantikkabel	1905	M.J. Owens Flaschenblasmaschine
		1906	R. von Lieben/Lee de Forest
1867	Chr.Sholes/S.W.Soule/ C.S.Glidden Schreibmaschine	1907	Verstärkerröhre Th. A. Edison
1867	Thomson Elektrische Schweißung	1930	Betongießverfahren E.O.Lawrence
1869	J.W. Hyatt Zelluloid	1938	Cyclotron W. Carothers Vollsyntetische Nylonfaser

4.4 INDUSTRIE

Die industrielle Entwicklung der Vereinigten Staaten fand ihren Beginn in den Oststaaten, und noch heute ist dieses Gebiet das wirtschaftlich stärkste. Der sogenannte "Manufactoring Belt" zieht sich von den Neuenglandstaaten nach Süden und Südwesten bis zum Potomac und Ohio. Im Gebiet von Boston - Philadelphia sind fast alle Industriezweige vertreten.

4.5 LANDWIRTSCHAFT

Die US-Landwirtschaft hat in den vergangenen Jahrzehnten rapide Wandlungen hinter sich gebracht. Von 1950 bis 1985 hat sich die Anzahl der Höfe halbiert, während sich die durchschnittliche Größe auf 450 ha verdoppelte. Heute wird die Landwirtschaft von Großbetrieben beherrscht, wobei etwa die Hälfte der Farmen einen Jahresumsatz von 500.000 $ macht.

Amerika kann sich mit den meisten landwirtschaftlichen Erzeugnissen selbst versorgen. Darüber hinaus sind die USA einer der größten Exporteure der Welt, vor allem beim Getreide. In den vergangenen Jahren hat sich die Lage jedoch sehr gewandelt. Gesunkene Weltmarktpreise für Getreide, Überproduktion sowie der Wertverfall der entsprechenden Betriebe zwangen viele Bauern in den Konkurs. Betroffen waren vor allem jene, die zu Beginn der 60er Jahre Land auf Kredit gekauft hatten. Im Zuge dieser Pleitewelle wurden auch viele Banken ernstlich gefährdet.

Im **Nordosten** der Staaten dominiert die Milchwirtschaft. Weiden und Grünfutterflächen, in denen im Wechsel Luzerne- und Silomais angebaut werden, bestimmen das Bild hinter den Riesenstädten. In den vergangenen Jahren hat hier auch die Rinder- und Schweinemast auf der Basis von Mais und Sojabohnen zugenommen.
In den südlicheren Gebieten der **Ostküste** werden Tabak, Reis, Zuckerrohr, Sojabohnen und Erdnüsse angebaut. Natürlich ist in diesen südlichen Gefilden noch immer die Baumwolle heimisch, aber nicht mehr so dominierend wie früher.
In den **Mittelgebirgs-Regionen** von Virginia und North Carolina ist das Mix-Farming verbreitet (Viehzucht und Ackerbau)

4.6 WIRTSCHAFTSMENTALITÄT

So vieles ist anders als in Europa! In einem Land, das keinen Geschichts-, sondern nur den Geldadel kennt, gilt wirtschaftlicher Erfolg über alles. Die Gesellschaft erkennt ohne Neid diejenigen an, die durch Geschäfte reich wurden, ja, sie bewundert sie. Am meisten in der Publikumsgunst stehen die, welche ohne einen Pfennig in der Tasche Karriere machten und Spitzenverdiener wurden. Natürlich spielen heute Ausbildungsvoraussetzungen vor allem bei der Besetzung sehr wichtiger Stellungen eine große Rolle, doch die besonders begehrten Ausbildungswege auf den Renommieruniversitäten stehen nur dem Nachwuchs sehr wohlhabender Familien zur Verfügung.

Einige wichtige Faktoren, welche die Struktur sowie die Einstellungen zur Arbeit kennzeichnen, sollen kurz umrissen werden:

● **Mobilität:** Viel mehr als der europäische Arbeitnehmer wechselt der Amerikaner seinen Arbeitsplatz, sei es, da er gefeuert wurde, sei es, da er eine lukrativere Möglichkeit findet. Nur in den Großfirmen ist die Verweildauer größer. Man findet sehr selten Menschen, die 10 oder 20 Jahre in ein und dergleichen Firma arbeiten. Die Mobilität spiegelt sich auch im Räumlichen wieder: Amerikaner sind ohne große Einschränkung bereit, oft weit entfernt eine neue Arbeitsstelle anzunehmen (deshalb wird das Eigenheim nicht als eine "Sache auf Lebenszeit" begriffen, sondern unterliegt dem schnellen Kauf und Verkauf, ähnlich einem Auto).

● **Arbeitsdisziplin:** Typisch ist - vor allem in höheren Chargen - eine sehr strenge Arbeitsdisziplin. Manager selbst auf den unteren Stufen sind stets korrekt gekleidet und praktizieren sehr höfliche Umgangsformen.

● **Stabilität des Arbeitsplatzes:** Je bedeutungsvoller die Position, desto schneller kann man auch wieder gefeuert werden. (Kurzfristige!) Effektivität ist der einzige Maßstab. Amerikanische Unternehmen sind viel geneigter als europäische, radikal ganze Riegen zu entlassen.

● **Arbeitszeiten:** Im Durchschnitt arbeitet der Amerikaner wesentlich länger als sein deutscher Kollege. Viele Menschen, die in ihrem Hauptjob nur wenig verdienen, gehen noch weiteren Tätigkeiten nach, so daß sie oft 7 Tage in der Woche arbeiten und es auf eine tägliche Arbeitszeit von 10 - 14 Stunden bringen. Auch die Ferienzeiten sind wesentlich kürzer. Die meisten Amerikaner schätzen sich glücklich, wenn sie pro Jahr 14 Urlaubstage an einem Stück verbringen können.

● **Qualifikationsniveau:** Im Vergleich zu Deutschland haben nur wenige Amerikaner im klassischen Sinne einen Beruf erlernt. Ausnahme bilden Handwerker, Facharbeiter und alle Hochschulabsolventen. Die meisten haben ihre Fähigkeiten während der konkreten Job-Ausübung erworben, und da sie im Verlauf des Arbeitslebens viele Jobs ausübten, ist auch ihre "Einsatzpalette" entsprechend groß. Prestige-Denken spielt dabei keine Rolle: Ein Lehrer arbeitet ohne weiteres nebenbei als Maler (man stelle sich das in Deutschland bei einem Oberstudienrat vor!).

● **Fehlende Komplexität:** Da die Fluktuation sehr hoch ist, sind komplexere Arbeitsvorgänge, für die bei uns ein und die gleiche Person qualifiziert ist, in Amerika viel stärker unterteilt. Sehr deutlich wird das beim Hausbau: Ein Maler, der anstreicht, kann meistens nicht tapezieren; jemand, der Betonplatten gießt, kann keine Mauer hochziehen; der Dachdecker hat wiederum nichts mit dem Anbringen von Regenrinnen zu tun. Der Vorteil der Untergliederung eines komplexeren Bereichs in kleine Teilbereiche liegt auf der Hand: man kann eine ungelernte Kraft im "on job training" sehr schnell anlernen. Auch beim Einkaufen vermißt man oft die Fachkraft. Wenn man z.B. in einen großen Supermarkt mit einer Fahrradabteilung geht, wird man meist vergeblich nach einer guten Fachberatung suchen.

● **Frauen im Geschäft:** In den vergangenen Jahren haben immer mehr Frauen auch die Führungsebenen von Unternehmen erreicht (im mittleren Management beträgt der Frauenanteil heute 40 %).

4.7 WIRTSCHAFTLICHE EINZELASPEKTE

4.7.1 ARBEITSKRÄFTE

Die Arbeitslosigkeit beträgt z.Zt. knapp 5 %. Jedes Jahr steigt das Arbeitskräfte-Potential um etwa 3 %, viel schneller als in vergleichbaren Industrieländern. Das Angebot an Arbeitsplätzen hält mit dieser Entwicklung nicht Schritt.

Während immer weniger Fabrikarbeiter gebraucht werden, steigt der Bedarf an Arbeitskräften in Dienstleistungsbetrieben. Die Realeinkommen der Familien sind aufgrund der Umstrukturierung gesunken: Der Stellenabbau fand auf Kosten der gut bezahlten, gelernten und handwerklichen Berufen statt - die neuen "Ersatz-Jobs" sind nur Teilzeitjobs mit schlechter Bezahlung. Man stelle sich vor: 97 % der zwischen 1979 und 1984 von Weißen übernommenen Jobs brachten ein Jahreseinkommen von weniger als 7.000 $ ein (Existenzminimum damals: 11.000 $).

Ein Beispiel: Eine Verkäuferin in einem Supermarkt in New York bringt es auf etwa 6 $, in Florida vielleicht auf 3.80 - 4.00 $. 97 % der neu angebotenen Stellungen gehören zur untersten Lohngruppe.

Diese Entwicklung begünstigt nur den Arbeitgeber. Die Macht der Gewerkschaften ist gering:

● Tarifverhandlungen werden fast nur für einzelne Werke, bestenfalls für einen Bundesstaat geführt. Es gibt fast **keine USA-weiten Vereinbarungen.**

● In den **gutverdienenden High-Tech-Firmen Kaliforniens** herrscht aufgrund der hohen Löhne und der attraktiven Rahmenbedingungen Sozialfrieden.

● Nur **1/5** der amerikanischen Arbeiter ist **gewerkschaftlich organisiert.** Am meisten noch wahren Gewerkschaften die Interessen der Arbeitnehmer in den alten Industrieregionen New Yorks, Michigans und Pennsylvanians.

● Die **Chancengleichheit** ist zwar durch verschiedene Gesetze gewährleistet, wird aber in der Realität **nicht praktiziert:**

* Frauen und Schwarze finden meistens nur gering bezahlte Stellungen.

* 1/3 der Langzeitarbeitslosen sind Schwarze.

* 2/3 aller Stellen, welche Schwarze annehmen, tragen nicht zur Deckung des Existenzminimums bei.

* Die meisten der illegal über die Südgrenze der USA eingereisten Hispanics/Latinos werden gnadenlos als billige Arbeitskräfte ausgebeutet.

Ein Beispiel: In Georgia beobachtete ich zwei illegal eingereiste Mexikaner, die das von Bäumen herabhängende "Spanische Moos" abpflückten, indem sie in die Baumkronen kletterten. Dafür bekamen sie nach Arbeitsleistung zwischen 40 - 60 DM/Tag als "Selbständige"; denn sie verkauften die Pflanzen, die man u.a. als Füllstoff für Kissen benötigt, für etwa 20 cents pro Pfund an einen Händler weiter.

4.7.2 AUSSENHANDEL

Nach wie vor sind die Vereinigten Staaten die größte Handelsmacht der Welt, auch wenn ihre einst beinahe unangefochtene Stellung in Anbetracht der Wirtschaftsmacht der EG-Staaten sowie der Japaner wankt.

Seit Beginn der 80er Jahre stieg das Handelsdefizit. Mit anderen Worten: Die Amerikaner haben in zunehmendem Maße mehr Dinge aus dem Ausland gekauft als an das Ausland verkauft. Besonders stark war der Rückgang im Export von Fertiggütern. Der Import vor allem von Autos, Unterhaltungselektronik, Eisen, Stahl und Bekleidung wuchs. Den Löwenanteil an Importen konnten die Japaner für sich verbuchen, und gegenüber Japan verbuchen auch die Amerikaner das größte Handelsdefizit.

Im diesem Zusammenhang wird natürlich immer stärker der Ruf nach Schutzmaßnahmen vor der Importflut laut. Parolen wie "Buy American" werden verbreitet. Viele Zollschranken sowie Quotenvereinbarungen sind bereits in Kraft, doch all das half bislang nichts. Der zur Zeit niedrige Dollarkurs mag aber wieder amerikanische Waren im Ausland attraktiver zu machen.

Die wichtigsten Exportmärkte der USA liegen nicht mehr in Europa. Zum wichtigsten Lieferant der USA ist (hinter Kanada) Japan geworden. Ebenso sind die Außenhandelsbeziehungen zu Südkorea, Hongkong und Taiwan intensiver geworden.

Trotz aller Schwierigkeiten stammen noch immer knapp 20 % aller weltweit gehandelten Fertigwaren aus den USA. Auf einigen Gebieten sind sie sogar besonders erfolgreich, so beim Export von Flugzeugen, Rüstungsgütern, Computern. Verloren zu gehen scheinen immer mehr die Exportmärkte für landwirtschaftliche Erzeugnisse, da in der Welt insgesamt immer mehr Nahrungsmittel erzeugt werden.

4.7.3 AKTUELLE WIRTSCHAFTSPROBLEME

Die aktuellen Wirtschaftsprobleme (Handelsdefizit, Verfall des Dollar, Stagflation/Stagnation der Wirtschaft bei anhaltender Inflation) hat nach Meinung von Experten unterschiedliche Ursachen:
● **Konservative Kreise** machen die Regierung verantwortlich, die durch Anhebung von Sozialleistungen puritanische Tugenden zu untergraben half. Hohe Steuern sowie ein Erstarken der Gewerkschaften hätten ihr übriges dazugetan. Die Durchsetzung hoher Löhne sowie kürzerer Arbeitszeiten in den 60er Jahren ließen die Schwerindustrie langsam Konkurrenz - unfähig werden.
● Andere Wirtschaftsanalytiker führen zu Felde, daß die US-Manager **nicht langfristig genug planen**. Statt Basis-Veränderungen vorzunehmen (Forschung, Entwicklung neuer Produkte, Modernisierung der Fabriken) hätten sie durch Übernahme anderer Firmen oder Fusionen die wirklichen Kernprobleme nicht angepackt.

Dem enorm angewachsenen Handelsdefizit versucht die Regierung Bush durch Steuererhebungen vor allem der Besserverdienenden, Sondersteuern für Millionäre, Steuern auf Luxusgüter sowie Kürzung der Staatsausgaben (auf dem Sektor der Erziehung, Bildung sowie des Gesundheitswesens) zu begegnen. Hohe Belastungen für das Budget werden sicherlich durch den Golfkrieg verursacht.

4.7.4 ZUKUNFTSTENDENZEN

Schon seit der Jahrhundertwende ist ein Trend zu beobachten: der produktive Sektor nimmt ab, der Dienstleistungsbereich nimmt stetig zu. In den vergangenen Jahrzehnten sind immer mehr "Multis" dazu übergegangen, ihren Unternehmensbereich auf sehr unterschiedliche Arbeitsfelder zu verteilen (Diversifikation). Der als Ölmulti bekannte Exxon-Konzern ist mittlerweile ebenso auch an der Produktion von Mikrochips beteiligt als auch auf dem Sektor des Immobilien-Verkaufs.

Mittlerweile haben die Dienstleistungsunternehmen (Medien- und Kommunikationsunternehmen, Banken, Handel etc.) einen höheren Anteil am Bruttosozialprodukt (etwa 68 %) als die Fertigungsindustrien mit 32 % (Landwirtschaft/Industrie/Bergbau). Die post-industrielle Gesellschaft wurde in den USA schon 1981 Wirklichkeit, als mehr Menschen im Dienstleistungsbetrieben beschäftigt waren als in der Produktion.

Die große Hoffnung und die wesentliche Stütze der Wirtschaft sind die sogenannten "High-Tech"-Industrien. Während das Volumen der anderen Exporte fiel, stieg in den vergangenen Jahren stetig der Export von Computern, Microchips, Fernmeldeanlagen, speziellen Kunststoffen und Medikamenten. Die High-Tech-Industrien konnten stets für sich eine positive Handelsbilanz registrieren und aus Phasen des Dollar-Verfalls profitieren.

Doch auch in den "alten" Industrien tut sich was. Man hat erhebliche Anstrengungen unternommen, die Betriebsanlagen zu modernisieren, um die Produktivität zu erhöhen. Den großen Autoherstellern GM, Ford und Chrysler gelang zwischen 1983 und 1985 eine Produktivitäts-Steigerung von 40 %. Anderes

Ein Beispiel: Brauchte 1982 in den Stahlwerken ein Arbeiter zur Herstellung einer Tonne Stahl noch 10.5 Stunden, so ist diese Zeit auf sieben Stunden gesunken.

 Wer sich für Wirtschaftsfragen in besonderer Weise interessiert oder eine Geschäftsreise in die USA unternimmt, dem sei das Handelsblatt "Business Traveller's Guide USA" empfohlen. Frankfurt/Düsseldorf 1987

5 GESELLSCHAFTLICHER ÜBERBLICK

5.1 BEVÖLKERUNG UND SIEDLUNGSSTRUK-TUR

Allgemeine Informationen

Das beschriebene Reisegebiet gehört zu den am dichtesten besiedelten Gebieten der USA. In der urbanen Region zwischen Washington und Boston, oft als "Megalopolis" bezeichnet, leben etwa 20 % der US-Bürger. Die meisten Menschen wohnen in Washington D.C.: 3.497 pro Quadratkilometer.
In den Nordoststaaten, die nur etwa 20 % der Gesamtfläche des Landes ausmachen, leben beinahe 50 % aller Amerikaner. Doch je weiter wir nach Süden fahren, desto weniger besiedelt (besser: zersiedelt) ist die Landschaft, obwohl die Staaten des "Sunbelt" (= Sonnengürtel) sich eines überdurchschnittlichen Zuzugs erfreuen (in unserem Reisegebiet u.a. South Carolina, Georgia und Florida).

Amerikanische Städte leiden in der Regel darunter, daß sie schachbrettartig angelegt sind und dadurch monoton wirken. Für den Autofahrer ist ein solches Straßennetz allerdings ideal, ermöglicht es doch eine schnelle Orientierung. Die historischen Städte Neuenglands und entlang der Ostküste stellen jedoch oft eine willkommene Ausnahme dar.

Durch die enorme Verstädterung gab und gibt es starke soziale Gefälle: Die Wohlhabenden bevorzugen citynahe Gebiete zum Wohnen, während sich in den Innenstädten die Qualität der Wohnungsbedingungen immer mehr verschlechtert und dadurch die Slumbildung gefördert wird. Hier leben die finanziell Schwachen (vor allem Schwarze, aber auch zunehmend Latinos), hier befinden sich die Brutstätten der Kriminalität und des Drogenhandels (Beispiele auf unserer Reiseroute: Washington - New York).

Auch auf dem Lande treffen wir auf eine Siedlungsstruktur, die von unseren mitteleuropäischen Verhältnissen abweicht: Es gibt nicht Dörfer im eigentlichen Sinne, denn die Farmer leben weit verstreut auf Einzelhöfen. An Verkehrsknotenpunkten sind zentrale Orte entstanden, welche die Versorgungsfunktion für ein größeres ländliches Gebiet übernehmen (Beispiele auf unserer Reiseroute: Lancaster in Pennsylvania.) Eine Ausnahme bilden die Dorfgemeinschaften in den Neuengland - Staaten.

71

Bevölkerung in den Bundesstaaten der Ostküste

Bundesstaat	Einwohner	Ew/qkm	Bundesstaat	Einwohner	Ew/qkm
Maine	1.2 Mill	13.6	Pennsylvania	11.9 Mill	99.7
Vermont	541000	21.7	Delaware	633000	119.6
Massachusetts	5.8 Mill	271.8	Maryland	4.5 Mill	164.7
Rhode Island	975000	310.6	Virginia	5.8 Mill	54.8
Connecticut	3.2 Mill	245.4	N. Carolina	6.4 Mill	46.4
New Hampshire	1.05 Mill	42.7	S. Carolina	3.4 Mill	41.9
New York	17.8 Mill	130.1	Georgia	6.1 Mill	40.0
New Jersey	7.6 Mill	377.8	Florida	11.7 Mill	76.8

Oft wird die amerikanische Gesellschaft als ein Schmelztiegel (= "melting pot") bezeichnet. Damit wird suggeriert, daß hier in der Neuen Welt die Integration der so verschiedenartigen Völker und Rassen gelungen sei. In Wirklichkeit kann man von einer Integration nur im Zusammenhang mit den Einwanderern und deren Nachkommen sprechen, die aus West-, Nord- und Südeuropa stammen. Ausgenommen davon sind weiter die Schwarzen (etwa 12 % der Gesamtbevölkerung) sowie die sog. "Latinos" (eingewanderte Menschen aus Lateinamerika, 7 % Anteil an der Gesamtbevölkerung).

Die Frage der Integration der Indianer stellt sich paradoxerweise nicht: Sie leben zu 70 % in Reservaten "unter sich". Die Asiaten (Chinesen, Japaner) leben in den Großstädten oft in eigenen Vierteln, sind durchweg wirtschaftlich erfolgreich und leben in sozial festen Ordnungen. Ihr Integrationsbestreben ist eher als gering zu bezeichnen. Insgesamt also kann man vielmehr von einer partiell integrierten Gesellschaft sprechen.

Die **Indianer** spielen in den Staaten des Ostens nur eine untergeordnete Rolle. Sie wurden von ihrem eigentlichen Siedlungs- und Nutzungsraum vertrieben. Im östlichen Gebiet der Großen Seen lebten einst die Irokesen, an der atlantischen Küste die Algonkin, im Süden die Creek, Cherokee, Choctaw und Chickasaw. Heute sind sie in kleine Reservate zurückgedrängt, ihre einstige Kultur ist auf touristische Zurschaustellung beschränkt (z.B. im Cherokee Village in den Great Smoky Mountains).

Schwarze stellen in vielen Städten des Ostens die Mehrheit dar, so in Washington DC (über 70 %), in Baltimore (54 %) oder Atlanta (67 %). Die ersten nach Amerika gekommenen Schwarzen waren Fronarbeiter, nicht Sklaven, die ihre Überfahrtskosten abarbeiteten. Erst nach 1660 entstand der Sklavenhandel, der im 18. Jahrhundert seinen Höhepunkt erreichte. Die Schwarzen arbeiteten zunächst auf den Plantagen des Südens, nach ihrer Befreiung wanderten viele in die nördlichen Staaten (ab 1865).
Von Gleichheit zwischen Weiß und Schwarz kann man jedoch auch heute noch lange nicht sprechen:

● Das durchschnittliche Einkommen einer Schwarzenfamilie beträgt nur etwa 60 % des Einkommens einer Weißenfamilie.

● In fast allen Lebensbereichen nehmen Neger weiter stets die ungünstigsten Stellungen ein: Ihre Arbeitslosenquote ist sehr hoch, der Ausbildungsstand im Vergleich zu Weißen geringer, ihre Wohnverhältnisse eindeutig schlechter.

Ein allmählicher Wandel zeichnet sich im schon zitierten 'Sunbelt' ab: Insbesondere in Georgia entsteht eine wohlhabendere schwarze Mittelschicht, und wohl am ehesten hier bahnt sich so etwas wie ein rassenübergreifendes Miteinander an (Beispiel: Atlanta).

Städte mit relativ hohem Schwarzen - Anteil					
Philadelphia	38 %	Savannah	49 %	Atlanta	67 %
Washington	70 %	Charlotte	31 %		

Die **Einwanderer aus Lateinamerika**, vor allem aus Puerto Rico (Anteil an der Bevölkerung von New York: 12 %) und Kuba (insbesondere um Miami), haben dahingehend gesellschaftliche Veränderungen bewirkt, als daß Spanisch z.B. in weiten Teilen Floridas Zweit-Sprache geworden ist. Grund: Im Gegensatz zu den anderen Einwanderungsgruppen haben die spanischsprechenden Bevölkerungsteile ihre Sprache beibehalten.

Die **Weißen** kommen aus fast "allen Herren Länder". Die meisten jedoch sind englischer (21.8 %), deutscher (21.7 %) und irischer (17.7 %) Abstammung.

5.2   SOZIALE LAGE

Wenn man die sozialen Bedingungen der USA mit denen in Deutschland sowie denen der westeuropäischen Ländern vergleicht, so werden große Defizite sichtbar. Die Vereinigten Staaten sind - grob gesagt - kein Sozialstaat. Das mag man aus europäischer Sicht kopfschüttelnd feststellen, doch sollte man um die Wurzeln dieser Entwicklung wissen.

In der Geschichte der USA spielten stets Gruppen und Einzelmenschen eine Rolle, die mit den neuen Lebensbedingungen fertig werden mußten: ob Pilgerväter, Puritaner, die ersten Siedler, Pioniere auf dem Weg in den Westen - sie alle zeichneten sich durch Eigenschaften aus, die der Amerikaner noch heute schätzt: Eigeninitiative, energisches Anpacken, Selbstverantwortlichkeit, Beharrlichkeit. Sich auf den Staat zu verlassen, das ist dem Amerikaner auch noch heute eher fremd. Lieber verläßt er sich auf seinen individuellen Einsatz und erwartet auch vom Mitmenschen, daß er es genauso sieht. Nur in Not ist er bereit zu helfen, dann aber freiwillig und meist auch sehr großzügig (das zeigen die vielen "Foundations" und Selbst-hilfevereine in den Staaten).

Trotzdem gibt es eine Reihe von **sozialen Errungenschaften**, von denen eine zunehmende Anzahl Amerikaner profitiert:

● **Rentenversicherung:** Heute sind die meisten Arbeitnehmer rentenver-sichert. Allerdings sind die Renten sehr niedrig, da die Beiträge auch relativ gering sind. Doch auch hier sind Verbesserungen eingetreten, so daß die jetzige Generation im Alter wohl mit vergleichbaren Rentenbezügen rech-nen kann wie Arbeitnehmer in Europa. Die Rentenversicherung wird durch die Social Security-Steuer finanziert, die anteilig Arbeitnehmer und Arbeit-geber zahlen. Die Social Security garantiert heute jedem Arbeitnehmer - sofern er genug eingezahlt hat - 42.4 % seines letzten Netto-Einkommens als Rente. Im Gegensatz zur deutschen Rentenversicherung verfügt die ameri-kanische Social Security über einen stetig wachsenden Rentenfond, bedingt durch den späten Start dieser Versicherung (seit Franklin Roosevelt) und dem Babyboom nach dem 2. Weltkrieg. Im Jahre 2008 wird der Rentenfond die Höhe der Staatsverschuldung überschreiten.

● **Krankenversicherung:** Während des Arbeitslebens muß sich der Amerikaner selbst, d.h. privat versichern. Viele allerdings verdienen zu wenig Geld, um sich eine Versicherung zu leisten. Eher als bei uns sind viele Menschen bereit, das Risiko einer Krankheit und der damit verbundenen Kosten zu tragen,: 37 Millionen Amerikaner sind nicht versichert! Beamte dagegen sind durch entsprechende Bundesgesetze abgesichert. Die privaten Versicherungen sind auch sehr teuer und steigern drastisch ihre Prämien, wenn man sie in Anspruch genommen hat (so kann nach einer Operation der Jahresbeitrag von etwa 900 $ auf über 6.000 $ steigen!).

● **Medicare:** Das ist die Krankenversicherung für Rentner, seit 1965 eingerichtet. Medicare wird durch eine zweckbestimmte Lohnsummensteu-er finanziert, welche ebenso wie die Sozialversicherungsbeiträge zur Hälfte vom Arbeitgeber sowie vom Arbeitnehmer finanziert wird. Allerdings müssen die Patienten etwa 20 % aller Krankenhaus-, Arzt- und Behandlungs-kosten tragen.

● **Medicaid:** Diese Krankenversorgung, für Arme und Bedürftige geschaf-fen, trägt alle Krankheitskosten.

● **Arbeitslosenunterstützung:** Sie wird nicht so großzügig wie bei uns gehandhabt. Ein Arbeitsloser kann zwischen 26 bis 39 Wochen eine Unter-stützung erhalten, die zwischen 30 - 50 % seines letzten Arbeitslohnes liegt (bundesstaatlich gibt es hier große Unterschiede).

● **Sozialhilfe:** Sie wird jenen Menschen gewährt, deren Einkommen unter der offiziellen Armutsgrenze liegt (1990: 6.200 $ bei Ledigen, 12.675 $ bei Familien mit zwei Kindern). Neben Medicaid erhalten die Bedürftigen Food Stamps (= Lebensmittelmarken), Kostenbefreiung bei Kindergarten- und Schulbesuch und Mietzuschuß.

● **Armutsgrenze:** 30 % der Schwarzen, 26 % der Latinos, aber nur 10 % der Weißen (ihr Anteil steigt) leben unter der gesetzlich definierten Armuts-grenze.

In den vergangenen 10 Jahren haben sich die Lebensbedingungen für viele Amerikaner drastisch verschlechtert. Während der Reagan-Administration hat die Militarisierung ihren Höhepunkt erreicht. Unter der Führung der USA hat der Westen zwar den Kalten Krieg für sich entschieden, Amerika als "Weltpolizist" ist dabei allerdings sozusagen Pleite gegangen. In der gegenwärtigen Gesellschaft liegt eine pessimistische Grundstimmung vor. Die meisten der sonst so optimistisch in die Zukunft schauenden Amerikaner glauben inzwischen nicht mehr, daß ihre eigenen Kinder einen besseren Lebensstandard als sie erreichen können. Statistiken belegen, daß etwa 25 % aller Kinder (darunter 50 % Schwarze) unter der Armutsgrenze leben müssen. Die entsprechenden Sozialisationsbedingugen sind katastrophal: jährlich verlassen 2 Millionen junge Menschen, die nicht lesen und schreiben können, die Schulen! Eine neue Wirtschaftsstatistik belegt auch die wachsende Kluft zwischen den Armen und Reichen: In den vergangenen 10 Jahren ist das Durchschnittseinkommen der oberen 5 % der amerikanischen Gesellschaft von 120.000 auf 148.000 $ gestiegen; im gleichen Zeitraum sank bei der Gruppe der Ärmsten (20 % der Gesellschaft) das Jahreseinkommen von 9.990 $ auf 9.400 $.

5.3 BILDUNGSWESEN

Allgemeine Struktur

Das amerikanische Bildungssystem war seit Beginn seiner Entwicklung auf Pragmatik ausgerichtet und hatte nie den Anspruch auf eine humanistisch geprägte Allgemeinbildung erhoben. Den Siedlern und Pionieren reichten Basisfertigkeiten wie Lesen, Schreiben und Rechnen (als die 3 "R" bezeichnet: reading, (w)riting, (a)rithmetic). Das Schulwesen lag von Anfang an in den Händen der Region, in der die Kinder lebten. Folge war eine immense Zersplitterung in landesweit 128.000 regionale Schuldistrikte (1930), die nun zu 16.000 gestrafft sind. Die Qualität der Schulen ist weitgehend von der sie umgebenden Sozialstruktur abhängig. Sie werden durch die Grundstückssteuer finanziert: Handelt es sich um eine "gute" Wohngegend, so fallen die Steuern hoch aus; handelt es sich um ein Slumgebiet, tendiert das Steueraufkommen nach unten. Die Folge ist eine sehr stark unterschiedliche Ausstattung der Schulen sowie Bezahlung der Lehrer. Und auch später spielt das vorhandene Vermögen eine starke Rolle. Denn nur wenige können es sich leisten, ihren Kindern den Besuch einer Eliteuniversität zu ermöglichen, wo das Studienjahr (inklusive Unterbringung) mehr als 20.000 $ kostet. Zu diesen Eliteuniversitäten zählen die Unis der "Efeu"-Liga" = Ivy League (so benannt nach den efeu-umrankten ehrwürdigen Gebäuden): Yale, Harvard, Princeton und Stanford.
Die riesigen Qualitätsunterschiede im Bildungsangebot haben in Amerika zu einer regelrechten Bildungsmisere geführt, die durch folgende Fakten untermauert wird:

- Die geographische Allgemeinbildung ist unglaublich: 24 Millionen der erwachsenen US-Bürger können die USA auf einem Globus nicht ausfindig machen (Studie von 1989 der National Geographic Society).
- 75 % der College-Studenten wissen nicht den **Grund, der zum Ausbruch des Bürgerkriegs geführt hat** (Studie des National Assessment of Educational Progress).
- Seit 1985 gehen 25 % der Schüler der High School (etwa mit unserer Realschule vergleichbar) **ohne Abschluß** ab.
- Das **Analphabetentum** steigt, etwa 30 Millionen Amerikaner können nur ansatzweise lesen, was für eine halbwegs qualifizierte Arbeit nicht ausreicht.
- Das amerikanische Schuljahr hat nur **180 Schultage** (in Westeuropa 220, in Japan 240 und Korea 250).
- 50 % aller **wissenschaftlichen Assistenten**, die unter 35 Jahre alt sind, sind **Ausländer.**
- Nur 25 % der High School-Absolventen können ein **mathematisches Problem** lösen, das mehrere Lösungsschritte erfordert.
- Während sich 1960 10 % aller Schulabgänger für ein **naturwissenschaftliches Studium** entschlossen, waren es 1990 nur noch 5 %.

Je länger man in Amerika weilt, desto mehr wird man das Ausmaß und die Folgen der Bildungsmisere erfahren. Der Reisende wird oft über die rechnerischen (Un-)Fähigkeiten staunen, der Einheimische beispielsweise über die Qualität der Handwerker klagen: Es gibt keine "Lehre" in unserem Sinne, sondern man lernt ein Handwerk durch Nachahmung. Wer gut ist, behält dabei den Job; wer schlecht ist, hat halt keine Kundschaft.

Während der Schulzeit liegt ein Schwerpunkt auf der **Förderung des sozialen Verhaltens.** Kein Wunder bei einem Einwanderungsland, da man ja mit vielen Nationalitäten und Kulturen auskommen muß. Außerdem spielen "außerschulische" Aktivitäten wie Sport, Musikbands oder Fahrschule eine große Rolle, was ja im Rahmen der Ganztagsschule organisatorisch leichter möglich ist. Die Lehrinhalte konzentrieren sich zum größten Teil auf den eigenen Kontinent. Fremdsprachen - abgesehen von den südlichen Staaten - werden kaum gelernt. Das Wissen um Amerikas Stellung im Vergleich zu anderen Ländern beschränkt sich auf plakatives, äußerst oberflächliches Wissen. Die Konzentrierung auf die eigene Nation - ein gefährliches Unterfangen - findet u.a. im weitverbreiteten täglichen Fahnengelöbnis ihren Ausdruck (bei uns würde man dies als Nationalismus verschreien).

Die Motivation der Schüler ist in der Regel nicht die allerbeste. Durch Fernsehen und "Jobben" gestört, wird wenig Sinn im Lernen für die Zukunft gesehen. Ein jüngst durchgeführter Nationalitätenvergleich zeigte, daß dagegen die Kinder der Neueingewanderten - besonders Asiaten - mit Bestleistungen glänzen, da sie sich mit großem Eifer auf das Lernen stürzen.

AUFBAU DES AMERIKANISCHEN BILDUNGSSYSTEMS

Lebensalter			Abschluß	
	Postgraduate Studies			
24				19
23	Professional	University	M.A.	18
22			M.S. B.A.	17
21		College	B.S.	16
20	School		A.A.	15
19		Junior College	A.S.	14
18				13
17		Senior Highschool		12
16	Junior & Senior Highschool			11
15		Highschool		10
14		– 8 - 4 - Modell – Junior Highschool		9
13				8
12	– 6 - 6 - Modell –	6 - 3 - 3 – Modell –		7
11				6
10	Elementary/Primary School			5
9				4
8				3
7				2
6				1
5	Kindergarten			
4		Nursery School		
3				

Higher Education · Secondary Education · Elementary/Primary School · Schulpflicht

Als Verfasser dieses Reise-Handbuchs hoffe ich, daß es Ihnen bei der Reiseplanung und -durchführung nützliche Dienste leistet.

Seit mehr als 18 Jahren bereise ich die USA, lerne immer wieder Neues kennen - und erfahre Veränderungen, gerade auf dem touristischen Sektor. Deshalb weiß ich: Kein Reiseführer ist fehlerfrei, zu rasch können sich die Qualität eines Hotels oder Restaurants ändern.

Vielleicht entdecken Sie etwas besonders Sehens- und Erlebenswertes: vielleicht stellen Sie fest, daß Hinweise und Angaben berichtigt oder ergänzt werden müssen – dann helfen Sie bitte mit, dieses Buch in den weiteren Auflagen mit Ihren persönlichen Erfahrungen zu bereichern !

Für jede Anregung und jeden Tip werde ich mich bei Ihnen mit einem kleinen Geschenk bedanken. Viel Freude und gutes Reisen entlang der amerikanischen Ostküste!

Michael Iwanowski

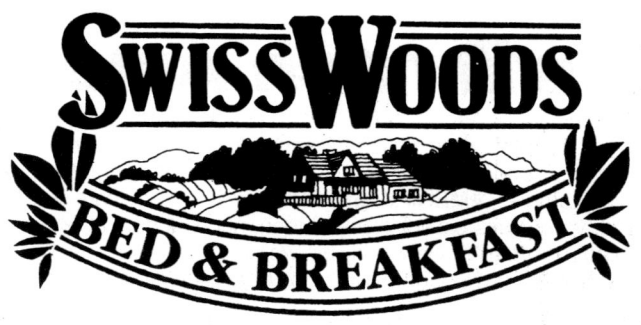

Wenn Sie ein paar Tage weg wollen um ein Jubiläum zu feiern oder Ferien zu machen, bietet „Swiss Woods" eine angenehme ruhige Lage für diese besonderen Anlässe. Swiss Woods befindet sich im nördlichen Teil des Bezirkes Lancaster. Es ist ein idealer Platz um Lancasters Bauernmärkte, die amishen Farmen, und eine Vielzahl von Sportarten zu genießen. Ein großer Teil der Bevölkerung ist Amish. Sie leben noch im selben alten Stil des 17. Jahrhunderts, ohne Elektrizität und nur mit Pferdekutschen. Natürlich ist auch die bekannteste Kunst der Amish − die Quilts − hier erhältlich.

Wir wohnen am Waldrand und überblicken den Speedwell Forge See. So bieten sich reichliche Gelegenheiten zum Wandern, Fischen, Vögel beobachten, Radfahren und vieles mehr. Unser Haus, im Schweizer Stil gebaut, hat sieben geräumige Zimmer, jedes mit privatem Bad und Terrasse. Alle sind gemütlich und einzigartig eingerichtet um Ihrem Aufenthalt das „gewisse Etwas" zu verleihen.

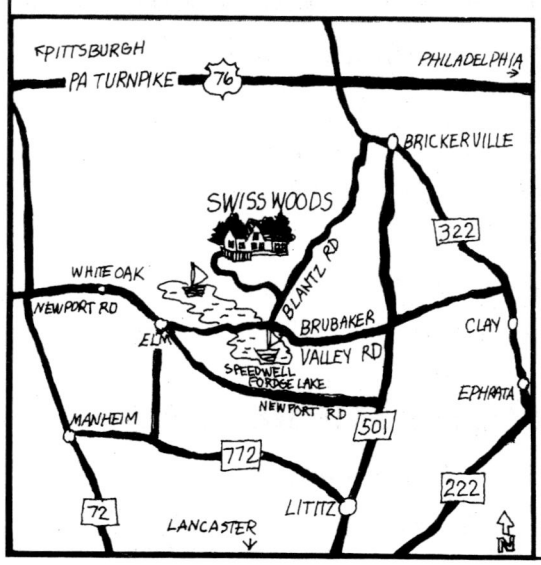

**Werner & Debrah Mosimann
500 Blantz Road, Lititz,
PA 17543 USA**

Aus Übersee: Internationaler Code u. 717-627-3358
In den USA: 1-717-627-3358
Lokale Anrufe: 627-3358
Gebührenfrei in USA:
1-800-594-8018

Wir senden Ihnen gerne ein Gratis-Magazin mit einer Fülle von Informationen über Sehenswürdigkeiten, Vergnügungsparks, eine lokale Landkarte und vieles mehr.

Da unsere Zimmerzahl begrenzt ist, werden Reservationen empfohlen.

Ich will nach Amerika

Ein Kontinent liegt Ihnen zu Füßen: Amerika – das Land der unbegrenzten Möglichkeiten. Unbegrenzt sind auch die Möglichkeiten, die Ihnen im Rahmen unseres Programmes **AMERIKA SPEZIAL** für Ihre Urlaubsreise in die USA offenstehen, von Alaska bis tief in den Süden, nach Florida, aber auch Hawaii, von der Stadt der Städte, New York bis weit in den Westen nach Kalifornien. Planen Sie mit uns Ihren Urlaub, Sie werden begeistert zurückkommen!

Wir bieten Ihnen:

 * **Preisgünstige Linienflüge** mit renommierten Fluggesellschaften von allen deutschen Flughäfen zu allen Flughäfen in den USA. Fliegen Sie beispielsweise nach New York und zurück von San Franzisco, oder Miami, oder Seattle – nützen Sie den Vorteil der **Linienflüge**. Abflüge sind täglich möglich – ein weiterer Vorteil des Linienfluges.

 * **Mietwagen** in allen Kategorien, vom preiswerten Kleinwagen bis zum luxuriösen Kabriolet, vom Minivan bis zum Kleinbus mit 15 Plätzen. Für Paare, Familien und Kleingruppen.

 * **Wohnmobile** in allen Größen, für 2 Personen bis zu 6 Personen, von einfach bis luxuriös. Einschließlich der ersten Übernachtung bei Ankunft in den USA. Wohnmobile, die nicht älter als 2 Jahre sind, von Go vacation, einem der größten Anbieter in den USA.

 * **Hotels.** Wir können für Sie in allen Städten und Nationalparks der USA und Kanadas Hotels, Motels oder Lodges buchen. Bitte geben Sie uns die gewünschte Zahl der Zimmer an und die Zimmereinteilung (Einzelzimmer, Doppelzimmer, Dreibettzimmer). Die in den USA üblichen Hotel-Kategorien:
T = Tourist   M = Moderate   F = 1. Klasse   DL = Luxus

* **Die Reise-Rücktrittskosten-Versicherung** ist stets bei Buchung von Arrangements in unseren Preisen eingeschlossen. Ihr persönlicher Schutz bei Rücktritt aus wichtigem Grund!

Beratung und Information durch uns

 **Karawane Studienreisen**

Postfach 909 · 71609 Ludwigsburg
Telefon (07141) 87430 · FAX (07141) 874338

Ihr konkretes Angebot

Bitte schneiden Sie dieses Formular aus oder senden Sie uns eine Kopie zu.

Name: _____ Vorname: _____

Name: _____ Vorname: _____

Name: _____ Vorname: _____

Name: _____ Vorname: _____

Straße: _____ Wohnort: _____

Tel. Nr.: _____

1. Flüge:

Hinflug am _____ (oder: _____) von _____ nach _____

Rückflug am _____ (oder: _____) von _____ nach _____

2. Wagenmiete

Kategorie PKW ☐ kleinstmöglich ☐ Mittelklasse ☐ Van / Stationwagon

Von _____ bis _____
   (Ort, Datum)   (Ort, Datum)

Kategorie Camper ☐ für 2 Personen ☐ für 4 Personen

Von _____ bis _____
   (Ort, Datum)   (Ort, Datum)

3. Sonstige Wünsche

_____

_____

 Bitte einsenden an:

 **Karawane Studienreisen**

Postfach 909 · 71609 Ludwigsburg
Telefon (0 71 41) 8 74 30 · FAX (0 71 41) 87 43 38

Atemberaubend: New York, New York

Philadelphia: Stadt der „brüderlichen Liebe"

Philadelphia: Elfreth's Alley

Philadelphia: Old Bookbinder's Fischrestaurant

Friedlich: Farmerland bei Lancaster

Amische: Bewahrte Religiosität

Washington: 4. Juli am Kapitol

Annapolis: Heimliche Seglerhauptstadt der USA

Zu Gast beim Präsidenten: Weißes Haus

Naturidylle: Am Delaware

Wanderparadies: Herbst im Shenandoah

Architektonisches Kleinod: Monticello

Konservierte Geschichte: Williamsburg

Historie live: Williamsburg

„Patinierte" Schönheit: Savannah

Prächtig: Orton Plantation

Wolkenverhangen: Great Smoky Mountains

Verspielt: Straßenlädchen in der Blue Ridge

Olympiastadt 1996: Atlanta

„Seeräuber-Idylle": Hafen von Jamestown

Schwarze in der Mehrzahl: Atlanta

Perle der Architektur: Charleston

„Vom Winde verweht": Boone Plantation

Regenbogen-Tunnel: Epcot Center

Älteste europäische Festung: St. Augustine

Baukunst oder Kunst am Bau: Art Deco

Start vom Kennedy Space Center: Space Shuttle

6 DIE USA ALS REISELAND

6.1   PRAKTISCHE REISETIPS VON A - Z

A **Ärzte**

siehe unter Stichwort "**Gesundheit**"

➤➤ **Alkohol**

Während der Prohibitionszeit (1919 - 1933) waren alle Alkoholika verboten. Heute kann man Bier in vielen Supermärkten kaufen; Wein und andere Alkoholika werden in speziell lizenzierten "liquor stores" angeboten. In fast allen Coffee-Shop-Ketten am Highway gibt es keine alkoholischen Getränke. In den teureren Restaurants dagegen (fully licenced) werden alle alkoholischen Getränke ausgeschenkt.

➤➤ **Autofahren**

Insgesamt gesehen fährt man in den USA viel weniger hektisch als in Europa und insbesondere in der Bundesrepublik. Amerika hat gegenüber Europa einen 2-Generationen-Vorsprung im Bereich des Autofahrens. So ist die Einstellung zum "rollenden Blech" eher nüchtern, zweckorientiert. Man bewegt sich gemächlich, überholt auf den Highways im Zeitlupentempo, ißt und trinkt während der Fahrt. Viele Autos haben am Armaturenbrett Halterungen für Dosengetränke...

Wenn man während der heißen Jahreszeit eine Rundreise mit dem Mietwagen unternimmt, empfiehlt es sich, gleich zu Beginn eine Kühlbox zu kaufen. In vielen Hotels oder Motels bekommt man sogar kostenlos Eis, und auf den Ausflügen ist man froh, wenn gut gekühlte Getränke vorhanden sind.

Das gleichmäßige Dahingleiten allerdings macht auch schnell müde. Deshalb ist es ratsam, öfters anzuhalten oder einen Fahrerwechsel vorzunehmen. Eine andere Angewohnheit müssen Sie ebenfalls miteinkalkulieren: der Fahrbahnwechsel wird sehr selten durch Blinken angezeigt.

Einige besondere Verkehrsregeln sollten Sie beachten:

● Generell gilt **rechts vor links**. Größere Kreuzungen sind, wenn nicht durch Ampeln gesichert, mit 4 Stop-Schildern versehen. Also jede in die Kreuzung mündende Straße hat ein Stop-Schild. Regel: Wer zuerst die Kreuzung erreicht und hält, kann als erster fahren.

● Seit 1987 ist die **Höchstgeschwindigkeit auf den Highways** in den manchen Bundesstaaten der USA von 55 mph (= 88 km/h) auf 65 mph (= 105 km/h) erhöht worden. In der Regel wird diese Geschwindigkeitsbegrenzung sehr beachtet, allerdings gibt es einige, die mit mehr als 75 mph "rasen". Dem Übertreter winken deftige Geldstrafen - zahlbar cash an Ort und Stelle.

● Anders als bei uns ist das generell **erlaubte Rechtsabbiegen bei Rot**. Nur in Ausnahmefällen ist dies verboten, dann steht allerdings an der Ampel "No right turn" bzw. "Right turn only on green arrow".

● Hat eine Straße mehrere Spuren, so ist das **Rechts-Überholen erlaubt**.

Man darf die Spur dann wechseln, wenn der Verkehr hinter einem es zuläßt. Allerdings nicht abrupt zum Fahrbahnwechsel ansetzen, damit rechnet der Amerikaner nicht.

- Das **Anlegen von Sicherheitsgurten** ist gesetzlich vorgeschrieben.
- **Highway-Fahrten:** Passen Sie sich dem Verkehrsfluß an. Am besten, Sie benutzen bei 3-spurigen Bahnen die mittlere Spur. Vergessen Sie nicht, möglichst lange vorher auf die rechte Spur zurückzufahren, wenn Sie sich Ihrer Ausfahrt nähern. Ebenso müssen Sie aufpassen, wenn Sie langsam auf der rechten Fahrspur fahren: Sehr oft heißt es dann "this lane must turn right" (auf dieser Fahrbahn muß rechts abgebogen werden). Sie müssen also rechtzeitig wieder auf die linke, in der Regel mittlere Spur zurück.

Die Ost- und Nordstaaten der USA besitzen ein dichtes Straßennetz. Obwohl die Höchstgeschwindigkeit maximal 65 mph/ca. (= 105 km/h) beträgt, kommt man zügig voran, da es aufgrund der breiten Highways kaum Staus gibt. Allerdings sollte man Fernstraßen meiden, die durch die Ortschaften führen, denn eine "grüne Welle", wie wir sie kennen, gibt es nicht, und man muß pausenlos anhalten.

Turnpikes sind gebührenpflichtige Highways, die stets an den Städten vorbeiführen. Die Höhe der Benutzungsgebühr richtet sich nach der gefahrenen Strecke (es gibt den Massachusetts -, Maine -, Thruway -, Pennsylvania -, New Jersey - und Florida - Turnpike).

Eine erfreuliche Tatsache: Es gibt trotz der Größe der Wagen sehr selten Parkprobleme, fast überall ist großzügiger Parkraum vorhanden.

s. auch Stichwort **Führerschein**

➡ Automobilclub

Der größte amerikanische Automobilclub heißt "American Automobile Association", abgekürzt AAA (auch "Triple A" genannt). Ausländischen Touristen hilft AAA vor allem dann, wenn man den Mitgliedsausweis des heimischen Autoclubs (z.B. ADAC) vorweist. Ebenfalls zeichnet die AAA bestimmte Hotels und Motels mit ihren Schildern aus. In diesem Falle handelt es sich durchgängig um besonders zuverlässige Häuser.

Über die gebührenfreie Telefonnummer 1-800-336 HELP erhalten Sie Hinweise auf die nächste AAA-Pannenhilfe.

➡ Autoverleih

An jedem internationalen Flughafen sind die großen Mietwagenfirmen vertreten. Vor den großen Flughäfen (z.B. Washington, Atlanta, Miami) fahren die Busse der Mietwagengesellschaften vor, die Sie dann zum oft weit entfernten Büro und Parkgelände des Unternehmens bringen. Die Konkurrenz ist groß, doch trotzdem kann es gerade in der Hochsaison vorkommen, daß man Schwierigkeiten hat, den gewünschten Mietwagen zu erhalten.

Genereller Rat: Sie sollten bei den großen Mietwagen-Firmen mieten, die usa-weit Niederlassungen haben. Preiswerte, aber nur lokale Vermieter sind

nicht zu empfehlen, da Sie sich im Schadensfalle selbst ums Fortkommen kümmern müssen und eventuell Kosten für Reparaturen zu bezahlen haben, die Sie vom Vermieter nicht zurückerhalten.
Am günstigsten ist eine **Wagenmiete zusammen mit der Flugbuchung.** Die hier anzuwendenden Tarife sind wesentlich niedriger als die Preise, die Sie vor Ort in den USA bezahlen müßten. Sie sind dann auch sicher, daß Ihr Auto für Sie bereitsteht. Im Falle, daß Sie Probleme mit Ihrem Wagen haben, steht das deutsche Reiserecht auf Ihrer Seite und Sie können Ihre Ansprüche gegenüber dem Veranstalter geltend machen, vor allem dann, wenn Flug und Auto zusammen gebucht wurden. Unabdingbar ist eine Kreditkarte (Visa, Diners, Eurocard o.ä.) bei der Anmietung eines Fahrzeugs. Sie sollten in den USA auf jeden Fall eine Vollkaskoversicherung abschließen (ca. US $ 10 pro Tag), heute oft im Wagenmietpreis enthalten.
Achten Sie bei der Anmietung darauf, ob der Tank vollgefüllt ist!

Zu den amerikanischen Mietwagen ist folgendes zu bemerken:
Die großen Vermieter besitzen neuwertige Fahrzeugflotten, so daß es kaum Probleme mit Pannen gibt. Alle Wagen haben Automatik und Klimaanlage (letzteres ist für die Sommerzeit sowie für die südlichen Staaten unabding-bar). Folgende Fahrzeug-Klassen werden angeboten:
- **Economy (A):** Kleinwagen (vergleichbar mit Golf)
- **Compact (B):** untere Mittelklasse
- **Intermediate (C):** obere Mittelklasse
- **Full size (D):** Luxusklasse
- **Station Wagon (E):** Kombiwagen
- **Van:** Kleinbus (vergleichbar mit dem VW Microbus)

Die wichtigsten Autovermieter sind (zentrale Reservierungen - **gebühren-freie** Telefon-Nummern innerhalb der USA (außer Alaska und Hawaii):
- **Alamo Rent-A-Car**, 1-800-327-9633 (auch Kanada)
- **Avis-Reservations Center**, 1-800-331-1212 (auch Kanada)
- **Budget Rent-A-Car**, 1-800-527-0700 (auch Kanada)
- **Dollar Rent-A-Car**, 1-800-421-6868 (auch Kanada)
- **General Rent-A-Car**, 1-800-327-7607
- **Hertz Corporation**, 1-800-6543131 (außer Oklahoma)
  Oklahoma: 1-800-522-3711
- **National Car Rental**, 1-800-CAR-RENT, (auch Kanada)
- **Payless Rent-A-Car Inc.**, 1-800-237-2804
- **Thrifty Rent-A-Car**, 1-800-367-2277 (auch Kanada)
- **U-Haul International RV Rentals**, 1-800-821-2712 (außer Arizona)
- **Value Rent-A-Car**, 1-800-327-2501 (auch Kanada)

Wenn Sie noch nie mit einem **Automatik-Wagen** gefahren sind, sollten Sie folgendes wissen: Zunächst einmal müssen Sie sich daran gewöhnen, daß der linke Fuß "still" bleibt und nichts zu tun hat, denn in Automatik-Wagen gibt es nur Bremse und Gas. Als Handbremse gibt es oft ein weiteres, links oben gelegenes Pedal. Die Symbole des Automatikgetriebes bedeuten:

P   Parken. Das Getriebe ist während dieser Stufe blockiert. Wagen startet bei P, ebenso kann man den Zündschlüssel nur in der Stellung "P" abziehen. Bei manchen Modellen müssen Sie zusätzlich einen Knopf an der Lenksäule drücken.

N   Neutral; bedeutet: Leerlauf

R   Rückwärtsgang

D   Drive = Fahrstufe. Das ist die Stufe, mit der Sie praktisch in der Ebene stets fahren können. Um schnell zu beschleunigen, müssen Sie das Gaspedal durchdrücken.

2   entspricht einem **2. Gang**, bei **mittleren Steigungen** zu empfehlen. Eine Höchstgeschwindigkeit von 50 mph sollte nicht überschritten werden.

1   entspricht einem **ersten Gang** - nur für **steile Steigungen** und **Gefälle**. Eine Höchstgeschwindigkeit von 25 mph sollte nicht überschritten werden.

Hinweis für das **Losfahren**:
Bremspedal treten - auf P starten - auf D einstellen - Bremspedal loslassen - Gasgeben - ab geht die Fahrt!

B   Banken

Normalerweise sind die Banken von Montag bis Freitag von 09.00 - 14.00 h, z.T. bis 16.00 bis 17.00 h geöffnet. An Samstagen, Sonntagen und National-feiertagen sind sie ganztägig geschlossen.

➤➤   Behinderte

Insgesamt betrachtet sind die USA sehr behinderten-freundlich. Alle großen Vergnügungsparks (attractions) sowie Naturparks bieten Rollstühle (kosten-los) an. Stets findet man auch Parkplätze für Behinderte (parking for handicapped persons). Die Zugänge zu öffentlichen Gebäuden, Warenhäu-sern, Hotels und Motels weisen Rampen auf. In den Städten sind im Bereich der Kreuzungen die Bordsteinkanten abgesenkt. Immer häufiger trifft man auch auf Toiletten für Behinderte (restrooms for handicapped persons). Auch gibt es immer häufiger behinderten-gerechte Telefonzellen. Insgesamt tritt man dem Behinderten sehr freundlich, natürlich und hilfsbereit gegenüber.

➤➤   Benzin

Folgende Benzinarten werden in den USA angeboten:
Regular (Normalbenzin), **Premium** (Superbenzin), **Unleaded** (Bleifreies Benzin - das benötigen praktisch alle Mietwagen, Katalysator!).
An der Zapfsäule wird das Benzin in Gallonen angezeigt (1 US Gallone = 3.78 l). Natürlich schwanken die Benzinpreise stark. Beinahe alle Tankstellen akzeptieren eine Bezahlung mit Reiseschecks (Travellers Cheques) oder Kreditkarten. Wie bei uns sind die Selbstbedienungs-Tankstellen billiger.
Preisbeispiel für 1 Gallone unleaded 1994: ca. 1.10 US $ (Durchschnitts-preis)

Abends gibt es an den meisten Tankstellen aus Sicherheitsgründen keine Wechselkasse mehr - bezahlt werden kann dann nur noch mit Kreditkarte. Manchmal muß **vor** dem Tanken gezahlt werden.

➡ Botschaften

In der BRD: Deichmanns Aue, D 53179 Bonn
In Österreich: Boltzmanngasse 16, A 1091 Wien IX
In der Schweiz: Jubiläumsstraße 93, CH 3005 Bern

➡ Busse

Die USA verfügen über ein ausgezeichnetes Busnetz. Noch immer ist der Bus das billigste Verkehrsmittel. Die größte Busgesellschaft ist **Greyhound** (Vertretung in Deutschland durch DER Frankfurt, Tel.: 069/1566320). Greyhound bietet die Netzkarte Ameripaß an, die dem Reisenden das unbegrenzte Reisen auf allen Greyhoundstrecken und den Routen der angeschlossenen Gesellschaften in den USA und teilweise in Kanada während der Gültigkeitsdauer ermöglicht. Vollständig unbenutzte Tickets können innerhalb eines halben Jahres nach Erwerb gegen eine Bearbeitungsgebühr von DM 25.- erstattet werden. Die Preise für den Ameripaß:

7-Tage-Ameripaß	15-Tage-Ameripaß	30-Tage-Ameripaß
DM 225	DM 360	DM 450
je Verlängerungstag DM 30		

Vorteil des Busfahrens ist die Möglichkeit, Kontakte zu Amerikanern zu knüpfen. Nachteilig sind aber die getönten Scheiben, die kein Fotographieren erlauben. Ebenso nachteilig ist die oft nicht zentrale Lage der Busterminals. Die Nationalparks sind per Bus ebensowenig erreichbar wie kleine Orte.

C Camper

Es ist sehr populär geworden, insbesondere die einsamen Weiten des US-Westens mit einem Camper, auch Motorhome genannt, zu bereisen. Allerdings sind die Oststaaten relativ stark besiedelt und man findet überall Unterkünfte. Es ist nicht erlaubt, wild irgendwo am Straßenrand oder auf Parkplätzen zu campieren.

● **Vorteile**: Der Camperurlaub dürfte für all diejenigen ideal sein, die des laufenden Kofferpackens müde sind. Auch für Familien mit Kindern ist ein Camper ideal: Während den Fahrzeiten können die Kleinen im Wohnteil spielen oder schlafen.

● **Nachteile**: Camper schlucken sehr viel Benzin (20 - 25 l auf 100 km). Ebenso sollte man - zumindest zwischen April und September - auf jeden Fall einen Camper mit Klimaanlage mieten. Zeitaufwendig ist auch die tägliche Wartung: Man muß ab und zu die Abwässer an erlaubter Stelle am Campingplatz ablassen; Herd-, Kühlschrank und "Badezimmer" pflegen, Wassertanks auffüllen etc.. Leider muß auch gesagt werden, daß die Camper oft ziemlich heruntergewirtschaftet sind.

Bei einer Camper-Miete müssen Sie wissen, daß alle Längenangaben in foot (1 foot = 30,5 cm) gemacht werden. Bei den größeren Campern, Motorhomes genannt, bezieht sich die Längenangabe stets auf das ganze Fahrzeug (Fahrerkabine + Wohnteil), bei den kleineren Fahrzeugen (Camper) beziehen sich diese Angaben nur auf den Wohnteil.

Die wichtigsten Camper-Typen sind:

● **VW Camper:** Schlafmöglichkeit für 2 Erwachsene und ein Kind. Vorteile: geringer Benzinverbrauch 12 - 16 l/100 km, gute Bodenfreiheit

● **Van Conversion:** größer als der VW Camper und stärker motorisiert. Schlafmöglichkeiten für 2 Erwachsene und 1 Kind. Servolenkung, Automatik, z.T. mit chemischer Toilette und Dusche. Hoher Verbrauch (18 - 24 l/100 km).

● **Pick - up - Camper:** 8 - 10 ft: Der Wohnteil ist auf die Ladefläche eines Kleinlastwagens aufgebaut. Ideal für 2 - 3 Erwachsene und 1 Kind.

Motorhome - Typen sind:

● **Mini - Motorhomes:** 17 ft lang, Stehhöhe 1.80 - 190 m, Durchgang zur Fahrerkabine, Verbrauch ca. 15 - 20 l/100 km.

● **Motorhome :** 19 - 21 feet: Groß genug für 2 Erwachsene und 2/3 Kinder. Sehr komfortabel ausgestattet mit Dusche, Toilette, Waschraum. Starker Motor, Servolenkung, aber hoher Verbrauch: 25 bis weit über 30 l/100 km.

● **Full - Size Motorhome:** (23 - 40 ft): Riesiges Gefährt für 2 Erwachsene und 4 Kinder. Separater 2 - Taktmotor für Klimaanlagenbetrieb, wenn kein Elektroanschluß vorhanden ist. Mit allem Komfort ausgestattet (Toilette, Waschraum, Dusche, Backofen etc.).

Eine Direktbuchung eines Campers in den USA mag auf den ersten Blick verlocken, da sie eventuell billiger erscheint. Aber das Risiko ist relativ groß: Wenn die Camperfirma dichtmacht und Sie Ihre Anzahlung geleistet haben, können Sie Ihr Geld abschreiben. Besser ist es, wenn Sie über einen deutschen Veranstalter Ihr Fahrzeug mieten, denn dann haben Sie auch die Gewähr, daß Ihre Camperfirma solide ist.

➡ Camping

Überall gibt es Campingplätze, wenn auch unterschiedlicher Qualität. Generell kann man sagen, daß die Plätze gepflegt sind und vor allem über saubere sanitäre Einrichtungen verfügen. Die schönsten Campingplätze findet man in den National Forests und Nationalparks. Die Stellplätze sind im Vergleich zu Europa sehr großzügig bemessen.

Sehr weit verbreitet sind die KOA-Campingplätze ("KOA = Kampgrounds of America). Doch wirken diese Anlagen immer gleich und liegen "zentral", was im Klartext "laut" bedeutet. In den Hauptferienzeiten sind die Campingplätze sehr stark besucht, und eine Vorreservierung ist dringend ratsam.

D Devisen

Die Ein- und Ausfuhr von fremden Währungen und der US-Währung sind unbeschränkt möglich. Allerdings müssen bei der Ein- oder Ausreise alle Zahlungsmittel (Bargeld, Schecks u.ä.), die einen Gegenwert von mehr als 10 000 US $ haben, deklariert werden.

E Einreise

Ihr Reisepaß muß nach dem Reiseende noch eine Gültigkeit von 6 Monaten aufweisen. Die **Visapflicht für deutsche Staatsangehörige** ist seit dem 15. Juli 1989 **abgeschafft**. Über die Einreise wird allerdings erst bei der Ankunft entschieden. Bei Ablehnung muß der Rückflug umgehend auf eigene Kosten angetreten werden. Es gibt 33 Ablehnungsgründe, so z.B. politisch und sozial unerwünschte Personen (Kommunisten, Nazis, Vorbestrafte, Drogensüchtige und Menschen, welche die Gesundheit und nationale Sicherheit der USA gefährden oder unmoralisches Verhalten an den Tag legen....).
(siehe auch Stichwort **Visum, Konsulate**)

➻ Eisenbahn

Ähnlich wie Greyhound bietet AMTRAK ein Rail-Paß-System an. Der USA-Rail-Paß bzw. Regional-Paß selbst berechtigen nicht zur Fahrt. Innerhalb eines Jahres ab Ausstellungsdatum muß der Paß bei einer AMTRAK-Fahrkarten-Ausgabe vorgelegt und gültig gestempelt werden. Vor Reiseantritt werden gegen Vorlage des Passes Fahrausweise ohne Preisberechnung für die gewünschte Strecke in der coach class (Sitzwagen-Einheitsklasse) ausgestellt. Zuschläge für die Benutzung von Schlafwagen sind in voller Höhe zu zahlen. Weitere Einzelheiten erfahren Sie bei DER Frankfurt, Tel.: 069 / 1566320

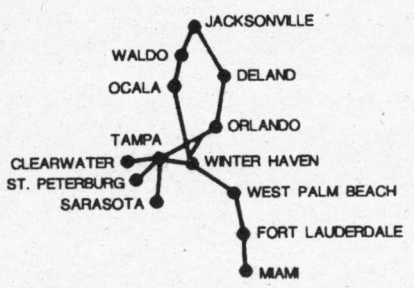

USA-Rail-Paß für das Gesamtnetz	Regional USA-Rail-Pässe	
	Eastern Regional	Florida USA-Rail-Paß
US $ 299	US $ 179	US $ 69
Gültigkeit: jeweils 45 Tage Kinder von 2 bis 11 Jahren erhalten 50 % Ermäßigung.		

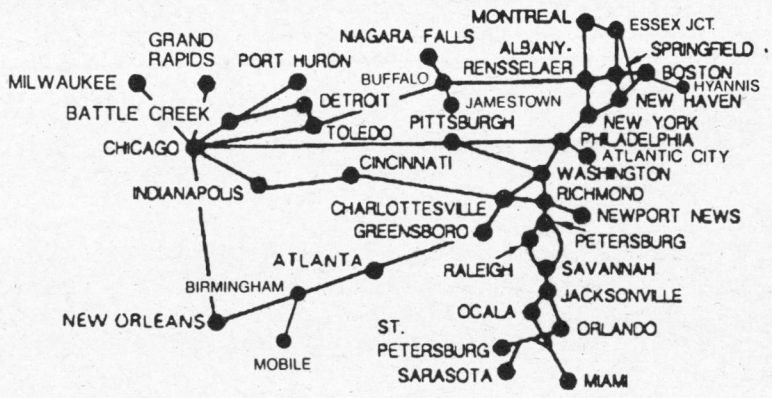

➼ Essen

Über das Essen in den Vereinigten Staaten gibt es eine Menge (Vor-) Urteile. Die amerikanischen Restaurants vermögen heute jeden Geschmack zu befriedigen: vom einfachen Snack über Hamburger bis hin zu raffinierten Gerichten beispielsweise der französischen oder italienischen Küche. Es hängt vom Geldbeutel und vom Geschmack ab, ob man halt für ein Essen im Coffeeshop am Highway $ 4 zahlt oder in einem feudalen Restaurant für 40 $ und mehr diniert. Die Gastronomie bietet für jeden Geldbeutel und jeden Geschmack gute Gegenwerte.

Zunächst einmal sei gesagt, daß das Essen im Restaurant oder Coffeeshop für den Amerikaner etwas Alltägliches ist. Schon zum Frühstück sind die Tische vor allem in Restaurants der Ketten gut gefüllt. Wer abends gut speisen möchte, kann dies entweder in einem der Restaurants der großen Hotels tun oder in einen speziellen "Eßtempel" gehen, wo er sicher nicht enttäuscht wird.

Was **"typisch" amerikanisch** ist, wenn's um's Essen geht, läßt sich kurz zusammenfassen:

● Der Amerikaner akzeptiert - viel stärker als es der Europäer tut - das **Angebot einer standardisierten Küche** und der damit verbundenen Geschmacks-Gleichschaltung. Die Küchen der Schnellrestaurants sind auf eine Einheits-Speisekarte landesweit programmiert - Variationen ausgeschlossen.

● In den meisten Restaurants - das betrifft vor allem die Ketten - wird schnell gegessen. **Ein Verweilen**, wie wir es von Europa her kennen, **ist die Ausnahme.**

● Schon beim Eintritt in ein Restaurant fallen Unterschiede auf: Sie müssen warten, bis man Ihnen **einen Platz zuweist** ("wait to be seated")

● Die meisten Amerikaner essen nicht gleichzeitig mit Messer und Gabel. Mit dem Messer schneidet man vor dem Essen das Fleisch klein - dann ißt

man nur mit der Gabel weiter. Angeblich stammt diese Sitte aus den Zeiten des Wilden Westens, wo man stets eine Hand frei haben mußte, um schnell den Colt zu ziehen.

● Auf den Speisekarten gibt es oft sehr **blumige Beschreibungen**, die das Gericht - meist unberechtigt - zu einer ausgesprochenen Delikatesse hochbefördern. Wenn Sie da von "special garden grown peas" lesen, sind das schlicht und einfach grüne Erbsen.

● Der **Kaffee ist wesentlich dünner** als bei uns, dafür bekommt man ihn stets **kostenlos nachgegossen**.

● Erfreulich sind die **Salat-Buffets** (salad bars), an denen man sich nach Herzenslust bedienen kann. Ebenso stehen eine Reihe von Dressing-Saucen zur Auswahl.

● Als **Trinkgeld** erwartet der Kellner - falls nicht schon im Preis inbegriffen - etwa **15 %** (service charge, tip oder gratuity genannt). Man hinterläßt es entweder auf dem Tisch oder läßt es auf die Abrechnung des Kreditkarten-Formulars setzen.

● Die **Butter** ist in der Regel **gesalzen.**

● Vorwiegend wird **Weiß- und Toastbrot** serviert, nur in seltenen Fällen und dann stets in teureren Restaurants dunkles Brot.

● Das **Frühstück** ist in aller Regel **nicht im Übernachtungspreis** einbegriffen. Sie können zwischen einem Continental Breakfast und einem American Plan bzw. American Breakfast wählen.

Das **Continental Breakfast** besteht aus Kaffee/Tee, Butter Toast/Croissant und Marmelade. Das **American Breakfast** umfaßt Saft, Cornflakes, Eier jeder Zubereitungsart, warme Würstchen, Steak, Schinken, Speck... wenn Sie dabei richtig zulangen, dürften Sie am Ende Ihres Urlaubs einige Pfunde zugelegt haben.

● Am **Sonntag** bieten viele Restaurants ein **"Brunch"** an. Dabei handelt es sich um ein Zwischending zwischen Frühstück (breakfast) und Mittagessen (Lunch). Brunch gibt's zwischen 11.00 - 14.00 h, und man kann zu einem Pauschalpreis zwischen den unterschiedlichsten kalten und warmen Gerichten wählen.

● **Lunch** (Mittagessen) wird merklich **preiswerter** angeboten als das **Dinner** (Abendessen).

● **Preiswert** werden die sogenannten **"early bird-Dinners"** angeboten. Ab etwa 16.30 - 18.00 h kann man dann zum Teil nur für 50 % des normalen Preises das Abendessen einnehmen. Diese Alternative wird sehr gerne von den vielen Rentnern in Florida aufgegriffen.

● Es empfiehlt sich, beim Betreten der Restaurants auf die **Größe der Portionen** zu achten. Teilweise sind - auch in besseren Restaurants - die Portionen derart groß, daß zwei normale Esser davon satt werden können. Ohne schief angesehen zu werden, können Sie ein Menu mit zwei Gedecken bestellen.

Die **gängigsten Restaurantketten** - meist an den Highways und Ausfallstraßen gelegen, wo sich Motel an Motel reiht, sind:

> Burger King (Hamburger)   Taco Bell (mexikanische Speisen)
> Dairy Queen (Milchprodukte)   Wendy's (Hamburger)
> Howard Johnson's   Kentucky Fried Chicken (Hähnchen)
> Jack-in-the-Box   McDonald's (Hamburger)
> Pizza Hut (Pizzas)   Ponderosa (Steaks)
> Sambo's   Mister Donut (in Fett ausgebackene Kringel)
> International House of Pancakes (u.a. Pfannkuchen).

Preiswert kann man auch in den Imbißabteilungen der Warenhäuser essen. Doch Vorsicht: Das Essen dieser Ketten ist in aller Regel sehr kalorienreich und vitaminarm. Natürlich kann man sich auf diese Weise - billig - ernähren, doch man legt sicherlich einige Pfunde zu und kommt mit dem Eindruck nach Hause, daß man in Amerika "nur so" essen kann. Gute Restaurants finden Sie stets bei den regionalen Beschreibungen aufgelistet.

F   Fahrradfahren

In allen Touristenorten kann man über spezielle Vermieter oder Hotels Fahrräder und z.T. Mopeds leihen.

➽   Feiertage

> 01. Januar   New Year's Day (Neujahr)
> 03. Montag im Januar   Martin Luther King Day
> 12.Februar   George Washington's Birthday
> Letzter Montag im Mai   "Memorial Day" (Heldengedenkstag)
> 04. Juli   Independence Day (Unabhängigkeitstag)
> Erster Montag im   Labor Day (Tag der Arbeit)
>   September
> 02. Montag im Oktober   Columbus Day
> 11. November   Veteran's Day (Soldatengedenktag)
> Vierter Donnerstag im   Thanksgiving Day (Erntedankfest)
>   November
> 25. Dezember   Weihnachten

Wichtig zu wissen - und praktisch für Arbeitnehmer: Wenn ein Feiertag auf einen Sonntag fällt, dann ist der nachfolgende Montag arbeitsfrei. An den öffentlichen Feiertagen sind alle öffentlichen Institutionen geschlossen.

➽   Fernsehen

Fast rund um die Uhr kann man berieselt werden. Zu empfangen sind zunächst einer der drei großen Sender ABC, CBS oder NBC. Der Kanal von PBS (Public Broadcasting Service) sendet ein anspruchsvolles Programm ohne Reklameeinblendungen. Daneben gibt es zahlreiche regionale Programme, die sich durch Werbung finanzieren.

➤➤ Flüge

Nichts ist verwirrender als Flüge in die USA... Unterschiedliche Saisonzeiten, unterschiedliche Airlines (Linie/Charter), unterschiedliche Abflugorte (Deutschland/Benelux) und unterschiedliche Routenführung und Flugabwicklung (Direktflug - Nonstop-Flug, Umsteigeverbindung) führen zu... unterschiedlichen Preisen. Auch der Ruf der Airline spielt eine Rolle.

Folgende **Flugverbindungen** kann man grundsätzlich unterscheiden:

● **Charterflüge**: Die bewährtesten deutschen Carrier sind Condor und LTU.
● **Linienflüge**: Die bewährtesten Fluglinien sind hierbei Lufthansa, American Airlines, Delta Airlines, United, Icelandair (ab Luxemburg mehrmals wöchentlich mit einem Zwischenstop in Island nach Washington bzw. Orlando).
● Für Ihre USA-Ostküstenreise ist sicherlich ein Hinflug nach New York und ein Rückflug z.B. ab Miami empfehlenswert. Solche Gabelflüge (Preisbeispiel 1991: 1.009 DM - 1.222 DM) sind möglich. Erkundigen Sie sich bei Ihrem Reisebüro nach aktuellen Flugmöglichkeiten und Kombinationen.

➤➤ Fotografieren

Alle großen Fotofirmen sind in den großen Städten vertreten, so daß im Notfalle auch Ersatzteile zur Verfügung stehen und Reparaturen durchgeführt werden können. In den Geschäften werden u.a. die gängigen Filmsorten von KODAK, FUJI etc. verkauft. Filme können fast überall schnell und qualitativ gut entwickelt werden.
Sie sollten allerdings Ihr Filmmaterial aus Deutschland mitbringen, was billiger ist, da bei uns die Entwicklungskosten eingeschlossen sind.
Aufgrund des sonnenreichen Klimas sind nicht allzu lichtempfindliche Filme zu empfehlen (also DIN 18/19) und weniger. Ich selbst bevorzuge KODAK DIN 15 als Diafilm aufgrund seiner fast unübertroffenen Feinkörnigkeit.
Altes Traveller-Leid: die Flughafen-Kontrollen. Im Zweifelsfalle bitten Sie um eine Handkontrolle Ihrer Filmutensilien.
Und noch ein Tip: Lassen Sie Ihre Filme nicht im Auto liegen - während des Parkens steigt die Innentemperatur bis über 50 Grad C und verdirbt Ihre Filme.

➤➤ Fremdenverkehrsamt

Das Fremdenverkehrsamt der USA verschickt u.a. die Broschüre "USA - Reisen und Informationen": Fremdenverkehrsamt der USA (USTTA), Bethmannstraße 56, D 60311 Frankfurt/M., Tel.: 069/295211 (auch für Österreich und die Schweiz zuständig).

➤➤ **Führerschein**

Man benötigt nur den nationalen Führerschein. Kleinere Vermieter wollen manchmal aber auch zusätzlich einen Internationalen Führerschein vorgelegt bekommen.

G Geld

Folgende **Münzen** sind z.Zt. im Umlauf:
1 Cent (= Penny)   25 Cents (= Quarter) ·
5 Cents (= Nickel, größer als der Dime) 50 Cents (half dollar, sehr selten)
10 Cents (= Dime, kleiner als der Nickel) 1 Dollar (sehr selten)
Daneben gibt es folgende **Banknoten:**
1, 2, 5, 10, 20, 50, 100, 500 und 1000 $.

Das Teuflische an den US-Banknoten ist, daß alle gleich groß und grün sind und sich lediglich durch die aufgedruckte Zahl und die abgebildete Person unterscheiden. Man kann sich also sehr leicht irren. Das bedeutet: Wenn Sie ein Trinkgeld geben, schauen Sie sich die Banknoten genau an...
Doch das Zahlen mit Bargeld ist in den USA sehr selten. Wenn, dann zahlt man bestenfalls kleine Summen in bar, ansonsten bedient man sich des "Plastikgeldes", der Kreditkarten. Wer große Beträge bar bezahlt, gilt als suspekt. Der Amerikaner besitzt mehrere Kreditkarten, statt im Portemonaie Münzen und Geldscheine mit sich zu führen.
Als Tourist kommen Sie manchmal nicht ohne Kreditkarte aus. Wenn Sie z.B. einen Leihwagen mieten wollen, müssen Sie in den meisten Fällen eine Kreditkarte vorweisen. Auch wenn Sie in ein Hotel einchecken, wird man von Ihnen zuerst einen Abzug der "credit card" verlangen. Also - Sie kommen nicht umhin, sich eine Kreditkarte anzulegen, falls Sie nicht schon im Besitz einer solchen sind. Ebenso kann man abends und nachts an Tankstellen nur mit Kreditkarten bezahlen, da aus Sicherheitsgründen die Kasse geschlossen ist.
Die beste Kreditkarte, da am meisten akzeptiert, ist die **Eurocard**, die in Amerika mit der **Mastercard** kooperiert. Sie können mit einer solchen Karte Ihren fast gesamten Urlaub bestreiten - zu Hause allerdings erwartet Sie die Abrechnung. Um nicht den Überblick zu verlieren, sollten Sie sich alle Bezahlungen in eine Liste eintragen, damit Sie nicht später über die Höhe Ihrer Spesen überrascht sind. Erfahrungsgemäß zahlt man mit einer Plastikkarte leichter. Neben der Eurocard sind natürlich auch **American Express, Diners, Visa** usw. vertreten. Manche Kreditkarteninstitute ermöglichen es dem Reisenden, in den USA in den Niederlassungen der Firma gegen Vorlage der Karte Bargeld abzuheben.
Trotzdem ist ratsam, neben der Kreditkarte auch **Reiseschecks** mitzunehmen. Am gebräuchlichsten sind die American Express Reiseschecks, in jeder Bank und Sparkasse erhältlich. Sie können z.B. mit einem 100 $-Scheck eine Rechnung von nur 10 $ bezahlen und erhalten anstandslos 90 $ in Bargeld zurück.

Wichtig für Selbstversorger:
Die großen Einkaufsketten wie Publix oder Winn Dixie akzeptieren die Bezahlung mit Kreditkarten **nicht**, sondern verlangen "harte" Dollars.

➤➤ Geschäfte

Es gibt kein verbindliches Ladenschlußgesetz. Manche Geschäfte - vor allem kleinere Supermärkte - werben mit "24 hours year around" (24 Stunden ganzjährig offen).
Die meisten Läden haben Montag - Samstag von 10.00 h - 21.00 h, Sonntag manchmal auch von 10.00 h - 18.00 h geöffnet.
Die großen Einkaufszentren liegen stets an den Ausfallstraßen und bieten riesige Parkflächen. In diesen Shopping Centers gibt es außer überdimensionalen Supermärkten (z.B. die Kette Publix oder Safeway) auch Ansammlungen kleinerer Spezialgeschäfte, Friseursalons und Coffee Shops.
Shopping Malls sind Anlagen, wo man unter einem Dach sehr viele Einzelgeschäfte findet.
Es wird Sie erstaunen, daß in den Geschäften, obwohl es so viel Konkurrenz gibt, sehr selten qualifiziertes Personal zur Beratung zur Verfügung steht.
Die meisten, die in den Geschäften "jobben", tun dies nur kurze Zeit, um bei nächstbester Gelegenheit in einer eventuell völlig anderen Branche zu arbeiten.

➤➤ Gesundheit

Es gibt keine besonderen Gesundheitsrisiken für die Ostküsten-Staaten. Folgende Empfehlungen sollten Sie aber berücksichtigen:
● Aufgrund des Zeitunterschiedes sollten Sie sich in den ersten Tagen nicht allzuviel vornehmen. So kann sich Ihr Körper auf die **Klima- und Zeitdifferenzen** besser einstellen.
● Die **Sonne** insbesondee der Staaten südlich von Virginia brennt unwahrscheinlich stark. Deshalb sollten Sie sich besonders in den ersten Tagen im Schatten aufhalten und ein Sonnenschutzmittel mit einem hohen Schutzfaktor benutzen.
Die Empfehlung also: Bitte behutsam Sonnenbaden, denn Wasser und Sand verstärken die ohnehin starke Sonneneinstrahlung. Auch bei bedecktem Himmel kann man einen Sonnenbrand abbekommen, da die **Ultraviolett-Strahlung** durch die Wolken dringt. Insbesondere Menschen mit heller Hautfarbe, Babies, Kinder und Ältere sind gefährdet. Erwischt Sie trotzdem ein Sonnenbrand, helfen ein kühles Bad und ein Hautpflegemittel. Bei starken Verbrennungen (Bläschenbildung oder gar abgestorbene Haut) sollte man einen Arzt konsultieren.
● Besonders in den sumpfreichen Gebieten wie den Okefenokee Swamps, aber auch in Teilen Floridas können **Mücken** (vor allem in den regenreicheren Sommermonaten) zur Plage werden. Hilfe leisten hierbei die überall an den "geplagten" Stellen angebotenen Schutzmittel gegen Moskitos.

Der **Arzt- und Krankenbesuch** in den USA kann sehr teuer werden. Vor Ihrer Abreise sollten Sie deshalb bei Ihrer Versicherung Erkundigungen über Ihren Kranken- und Unfallschutz in den USA einholen. Sie können eine Auslandskranken- und Unfallversicherung abschließen, die Sie vor finanziellen Risiken schützt. Da man in den USA keine gesetzliche Krankenversicherung kennt, muß man alle Kosten sofort bezahlen.

Apotheken in unserem Sinne gibt es nicht. Der Amerikaner holt seine Medikamente in den "Pharmacies", die Teil eines Drugstores sind. Hier gibt es zunächst ohne Rezept alle Medikamente gegen harmlose Erkrankungen, von Aspirin angefangen bis zum Mittel gegen Verstopfung.

Die **Rezeptpflicht** wird sehr ernst genommen. Rezeptpflichtige Medikamente sollten Sie auf jeden Fall aus Deutschland mit einführen. Für die Einfuhr benötigen Sie dazu eine ärztliche Verordnung in englischer Sprache. Bei der Einnahme von Medikamenten, die Sie ständig einnehmen, müssen Sie den Zeitunterschied mitberücksichtigen.

H Hotels

siehe Stichwort Unterkunft

I Impfungen

Es gibt keinerlei Impfvorschriften. Es sind lediglich Schutzimpfungen gegen Pocken, Gelbfieber u.a. vorgeschrieben, sofern man aus Infektionsgebieten einreist.

➤➤ Informationen

siehe unter Stichwort Fremdenverkehrsamt

J Jugendherbergen

Die AYH (American Youth Hostels) bieten mit den ihnen assoziierten privaten Herbergsunternehmen viele Übernachtungsmöglichkeiten. In den Großstädten wird man stets auf ein oder sogar mehrere Möglichkeiten stoßen, dagegen nicht auf dem "Lande" oder in der Nähe der Nationalparks. Die Youth Hostels können nicht nur Jugendliche, sondern auch Ältere benutzen (Internationaler Jugendherbergsausweis erforderlich!). Übernachtungspreis in Mehrbettzimmern: um 6 - 13 $, manche Häuser bieten auch Doppel- oder Einzelzimmer an.

Verzeichnisse sind erhältlich:

● **Deutsches Jugendherbergswerk**, Bismarckstr. 8, Postfach 220, 32756 Detmold

● **AYH - Association**, Dept. 801, P. O. Box 37613, Washington D. C., 20013

Weitere preiswerte Übernachtungen bieten:

● **YMCA** (= Young Men's Christian Association) und **YWCA** (= Young Women's Christian Association) - kurz als "Y's" bezeichnet. Insgesamt handelt es sich im Vergleich zu besseren, wenn auch teureren Alternativen zu Jugendherbergen. Da es sich auch um kommunale Begegnungszentren handelt, kommt man leicht mit Amerikanern in Kontakt. Nichtmitglieder zahlen etwas mehr. YMCA's stehen für Frauen und Männer offen, YWCAs nur für Frauen. Verzeichnisse sind erhältlich:

● **The Y's Way**, 356 W 34th St., New York, NY 10001
● **YWCA National Board**, 726 Broadway, New York, NY 10003.

Ebenso gute Adressen für preiswerte Unterkünfte findet man im **Let's Go USA** (jährlich aktualisierte Auflagen).

K Kartenmaterial

Gutes Kartenmaterial über die Vereinigten Staaten erhalten Sie beim **ILH/ GeoCenter**, Postfach 800830, D 70508 Stuttgart, Tel. 0711/78893-40; u.a. sind folgende Karten zu beziehen:

● amtliche topographische Karten 1 : 250 000
● amtliche Straßenkarten (mit Höhenlinien) 1 : 500 000
● Karten der National Geographic Society, Serie Close Up, 1 : 1 331 000
● Rand Mc Nally Straßenkarte 1 : 1 100 000

➤➤ Kinder

Amerika ist kinderfreundlich und auf Reisende mit Kindern eingestellt. Es gibt wesentlich mehr Spielplätze als bei uns - viele sind Restaurants oder Hotels/Motels angegliedert. So hat beispielsweise McDonald häufig einen Kinderspielplatz - und die Eltern haben ihre Ruhe beim Essen. Überall, wo es einen Swimmingpool gibt, gibt es auch ein Kinderplantschbecken. In den Restaurants sind die Bedienungen viel mehr als bei uns auf Kinder eingestellt: Für die ganz Kleinen gibt es stets Babystühle, für die Noch-Kleinen einen Aufsatz (booster). Immer gibt es spezielle Kindergerichte, die sehr preiswert sind. Kleinkinder dürfen durchgängig kostenlos bei den Eltern mitessen.

Das milde Klima der Ostküste insbesondere zwischen Frühjahr und Herbst sowie die allgegenwärtige Nähe zu Wasser und Sand machen einen Ferienaufenthalt auch für die Kleinen zu einem schönen Erlebnis. Vorsicht ist nur bei der z.T. starken Sonneneinstrahlung geboten.

➤➤ Klima

Das beschriebene Reisegebiet hat eine enorme Nord - Südausdehnung: New York City liegt beinahe am 41. Breitengrad, Miami am 25. Breitengrad. Je weiter wir also nach Süden kommen, desto länger ist die Reisesaison. Für Detailangaben eignen sich die im Klimateil abgedruckten Klimatabellen

von New York, Charleston und Miami Beach. Doch ganz generell sollten Ihnen einige Angaben die Wahl der Reisezeit erleichtern:
● Das gesamte Reisegebiet von New York bis Miami ist zwischen Mai und Oktober gut bereisbar. Die allerbeste Reisezeit sind die Monate Mai/Juni und September/Oktober In den Hochsommermonaten kann es sehr heiß und sehr schwül werden. Außerdem haben dann auch die Amerikaner Ferien, und an den touristischen Hauptsehenswürdigkeiten kann es dann leider voll werden.
● Während der Hochsommer-Monate Ende Juni bis Ende August wird es in den Städten u.U. besonders unangenehm heiß und schwül, weil sich hier die Luft staut.
● Die Nationalparks Shenandoah und Great Smoky Mountains lohnen besonders im Oktober einen Besuch, wenn die herrliche Laubfärbung einsetzt.
● In den Wintermonaten kann es im nördlichen Reisegebiet sehr kalt werden und Schnee fallen.
● Der südlichere Teil des Reisegebiets (ab South Carolina bis nach Florida) kann an sich ganzjährig gut bereist werden, allerdings ist in den Wintermonaten von November bis März auch an den südlichen Küsten das Meerwasser zu kalt.
● In den Monaten zwischen August und Oktober können an den Küsten von South Carolina bis nach Florida Hurrikans vorkommen.

➤➤ **Konsulate**

Die Konsulate sind u.a. für die Erteilung der Visa zuständig - für deutsche Staatsbürger nicht mehr zwingend vorgeschrieben. Unabhängig von Ihrem Wohnort können Sie Ihr Visum an folgenden Stellen beantragen:
● **In der Bundesrepublik Deutschland:**
* Botschaft der USA, Deichmanns Aue, 53179 **Bonn**, Tel.: 0228/893294. Öffnungszeiten: Montag bis Freitag 10.00 - 12.00 h und 14.00 - 16.00 h
* US Mission Berlin, Konsularabteilung, Clayallee 170, 14195 **Berlin** Tel.: 030/8197442. Öffnungszeiten: Montag bis Freitag 09.00 - 12.30 h und 14.00 - 16.00 h.
* US Generalkonsulat Bremen, Präsident Kennedy - Platz 1, 28203 **Bremen**, Tel.: 0421/320001. Öffnungszeiten: Mai - August: Montag bis Freitag 8.00 - 12.30 h u. 13.30 - 17.00 h, September - April: Montag bis Freitag 8.30 - 12.30 h u. 14.30 - 17.30 h
* US Generalkonsulat Frankfurt, Siesmayerstr. 21, 60323 **Frankfurt/M.**, Tel.: 069/ 740071. Öffnungszeiten: Montag bis Freitag 08.00 - 16.00 h.
* US Generalkonsulat Hamburg, Alsterufer 27 - 28, 20354 **Hamburg**, Tel.: 040/441061. Öffnungszeiten: Montag - Freitag 08.00 - 12.00 h
* US Generalkonsulat Stuttgart, Urbanstr. 7, 70182 **Stuttgart**, Tel.: 0711/ 210221. Öffnungszeiten: Montag - Freitag 10.30 - 12.30 h und 14.00 - 16.00 h.
● **In Österreich:**
* Amerikanische Botschaft Wien, Boltzmanngasse 16, A 1091 **Wien** IX, Tel.: 0222/51451-99

* Amerikanisches Generalkonsulat Salzburg, Franz - Josef - Kai 1, A 5020 **Salzburg**, Tel.: 0662/46461

● **In der Schweiz:**

* Amerikanische Botschaft Bern, Jubiläumsstr.. 93 , CH 3001 **Bern**, Tel.: 031/437011

* Amerikanisches Generalkonsulat Zürich, Zollikerstr. 41, CH 8008 **Zürich**, Tel.: 01/552566

● **Generalkonsulat der Bundesrepublik Deutschland:**

100, N. Biscayne Boulevard, Suite 1717, Miami, Fl., Tel.: (305) 350290/91

● **Generalkonsulat der Republik Österreich:**

975 Arthur Godfrey Road, Miami Beach, Fl..

➼ Kreditkarten

s. Geld

M Maßeinheiten (Umrechnung F in C: F minus 32 mal 5/9)

Umrechnungstabelle Fahrenheit/Celsius					
Fahrenheit	**Celsius**	**Fahrenheit**	**Celsius**	**Fahrenheit**	**Celsius**
107,6°	42°	78,8°	26°	50,0°	10°
105,8°	41°	77,0°	25°	48,2°	9°
104,0°	40°	75,2°	24°	46,4°	8°
102,2°	39°	73,4°	23°	44,6°	7°
100,4°	38°	71,6°	22°	42,8°	6°
98,6°	37°	69,8°	21°	41,0°	5°
96,8°	36°	68,0°	20°	39,2°	4°
95,0°	35°	66,2°	19°	37,4°	3°
93,2°	34°	64,4°	18°	35,6°	2°
91,4°	33°	62,6°	17°	33,8°	1°
89,6°	32°	60,8°	16°	32,0°	0°
87,8°	31°	59,0°	15°	30,2°	- 1°
86,0°	30°	57,2°	14°	28,4°	- 2°
84,2°	29°	55,4°	13°	26,6°	- 3°
82,4°	28°	53,6°	12°	24,8°	- 4°
80,6°	27°	51,8°	11°	23,0°	- 5°

Umrechnungstabelle Maße und Gewichte in den USA				
Gewichte				
100 g = 3,527 oz	1 kg	=	2,205 lb	
1 oz (ounce, Unze)		=	28,35 g	
1 lb (pound, Pfund)		=	453,59 g	
1 cwt (hundredweight, Zentner)	short	=	100 lb	= 45,359 kg
	long	=	112 lb	= 50,802 kg
1 tn (ton, Tonne)	short	=	907,2 kg	
	long	=	1016,0 kg	

Längenmaße

1 in (inch, Zoll)	=	2,54 cm	1 mm	= 0,039 in
1 ft (foot, Fuß)	=	30,48 cm (12 in)	1 cm	= 0,033 ft
1 yd (yard, Elle)	=	91,44 cm (3 ft, feet)	1 m	= 1,09 yd
1 mi (mile, Meile)	=	1,610 km	1 km	= 0,62 mi

Flächenmaße

1 in^2 (square inch)	=	6,45 cm^2	1 cm^2	= 0,155 in^2
1 ft^2 (square foot)	=	9,288 dm^2	1 dm^2	= 0,108 ft^2
1 yd^2 (square yard)	=	0,836 m^2	1 m^2	= 1,196 yd^2
1 acre	=	0,405 ha	1 ha	= 2,471 acres
1 mi^2 (square mile)	=	2,589 km^2	1 km^2	= 0,386 mi^2

Raummaße

1 in^3 (cubic inch)	=	16,386 cm^3	1 cm^3	= 0,061 in^3
1 ft^3 (cubic foot)	=	28,320 dm^3	1 dm^3	= 0,035 ft^3
1 yd^3 (cubic yard)	=	0,765 m^3	1 m^3	= 1,308 yd^3
1 bu (bushel)	=	35,24 l	1 m^3	= 28,38 bu

Hohlmaße

1 gill	=	0,118 l
1 pt (pint)	=	0,473 l (4 gills)
1 qt (quart)	=	0,946 l (2 pt)
1 gal (US gallon)	=	3,787 l (4 qt)

1 l = 8,474 gills = 2,114 pt = 1,057 qt = 0,264 gal

Druck

1 psi (pound/square inch) = 0,071 atü   1 atü = 14 psi

Filmempfindlichkeit

DIN	15	18	19	21	24	27	30	33
ASA	25	50	64	100	200	400	800	1600

Kleidergrößen

Herrenbekleidung

Anzüge:

Deutschland	46	48	50	52	54	56	58
USA	36	38	40	42	44	46	48

Hemden:

Deutschland	36	37	38	39/40	41	42	43
USA	14	14½	15	15½	16	16½	17

Schuhe:

Deutschland	39	40	41	42	43	44	45
USA	6½	7½	8½	9	10	10½	11

97

			Damenbekleidung				
Kleider und Kostüme							
Deutschland	40	42	44	46	48	50	52
USA	32	34	36	38	40	42	44
Damenstrümpfe/Mädchenstrümpfe							
Deutschland	0	1	2	3	4	5	6
USA	8	8½	9	9½	10	10½	11
Damenschuhe/Mädchenschuhe							
Deutschland	36	37	38	39	40	41	42
USA	5½	6	7	7½	8½	9	9½
Mädchenkleider und -kostüme							
Deutschland	38	40	42	44	46	48	
USA	10	12	14	16	18	20	
Handschuhe							
Die Größen sind gleich.							

➤➤ **Motels**

siehe Stichwort **Unterkunft**

➤➤ **Mücken**

siehe unter Stichwort **Klima.**

O **Öffnungszeiten**

siehe Stichwörter **Bank** und **Geschäfte**

P **Post**

Die Telefon- und Telexkommunikation ist in der Hand von privaten Firmen, während die "gelbe" Post ein (schlecht funktionierender) Staatsbetrieb ist. Die Laufzeiten für Briefe betragen innerhalb der USA bis zu einer Woche. Die Öffnungszeiten der Post (post office):
im allgemeinen: Montag bis Freitag 08.00 - 17.00 h
                          Samstag und Sonntag geschlossen.
Briefkästen (mail drops) sind blau.

Einige **postalische Fachbegriffe**:

first class mail: normale Briefpost **c/o general delivery:** postlagernd
air mail: Luftpost   **zip code:**   Postleitzahl
registered mail: Einschreiben

Im Gegensatz zu uns steht das Kürzel für den Bundesstaat sowie die Postleitzahl **h i n t e r** dem Ortsnamen. Bsp.: Miami, Fl. 33130

R Reisezeit

s. **Klima**

➤➤ **Restaurants**

Man kann in den USA ausgezeichnet speisen - vorausgesetzt, daß man bereit ist, dafür auch 25 - 40 $ zu zahlen. Obwohl in Amerika so vieles nach Effekthascherei aussieht, machen viele Spitzenrestaurants eine rühmliche Ausnahme: Sie gedeihen im Verborgenen und sind oft nur den Kennern bekannt. An vielen dieser Eßtempeln würde man vorbeifahren.

Daß diese Restaurants überhaupt nicht den europäischen Vergleich scheuen müssen, sollten Sie selber testen. Kein Wunder, denn von den Voraussetzungen her verfügen die Köche über allerbeste Zutaten: tropische und subtropische Früchte, phantastisch frischen Süß- und Salzwasserfisch, Hummer, erstklassige Fleischsorten (vor allem Rind) - und last not least sehr gute Weine aus den Anbaugebieten Kaliforniens und Washingtons, aber auch der Bundesstaaten New York und Virginia. Bitte beachten Sie, daß viele Restaurants am Sonntag geschlossen haben.

S Sport

Man kann im beschriebenen Reisegebiet praktisch alle Sportarten betreiben. Golfplätze gibt es praktisch in jeder kleinen Gemeinde, und jedes bessere Hotel außerhalb der Stadt hat auch einen Tennisplatz. Populär ist das Wandern in den Nationalparks Shenandoah und Smoky Moutains (hier z. T. auch Skifahren im Winter möglich).

➤➤ **Strände**

Entlang der Küsten, vor allem in Virginia, North und South Carolina, georgia und vor allem Florida gibt es hervorragende Möglichkeiten zum schwimmen. Die Strände sind durchwqeg feinsandig, und je weiter man Süden kommt, ist die Badesaison entsprechend lang (an Floridas Atlantiküste etwa 9 Monate).

Besonders schöne Strände bieten die vorgelagerten Inseln wie z. B. die Outer banks oder Hilton Head (siehe Text). Die belebten Strandabschnitte sind in der Regel von Lebensrettern bewacht.

➤➤ **Strom**

In den USA herrscht 110 V Wechselspannung. Also auf jeden Fall daran denken, Ihr Gerät umzustellen. Flachstecker sind üblich - Adapter müssen also besorgt werden.

T Telefonieren

Das Telefonwesen ist in den USA in den Händen privater Gesellschaften. Die Gebühren sind - auch nach Übersee - deutlich niedriger als umgekehrt.

Vorwahl - Nummern von den USA:
- in die **Bundesrepublik Deutschland**: 01149 + Vorwahl (ohne 0) + Teilnehmer - Nummer.
- nach **Österreich**: 01143. • in die **Schweiz**: 01141.

Man unterscheidet folgende **Arten des Telefon-Gesprächs:**
- **station to station call**: praktisch Anruf von Ihrem Anschluß zu dem gewünschten (am billigsten).
- **person to person - call**: Sie sagen dem Operator, wen Sie sprechen möchten. Erst wenn er die Person am Telefon hat, zahlen Sie.
- **collect - calls (R - Gespräche)**: Der Angerufene zahlt für Sie, nachdem er dem Operator das Einverständnis dazu gegeben hat.
- **third number calls**: Sie telefonieren über den Operator. Für Sie zahlt z.B. ein amerikanischer Freund, dessen Nummer Sie dem Operator mitteilen und der natürlich auch erst sein Einverständnis dazu geben muß.

Von der **Telefonzelle** aus kann man nur innerhalb des Ortsnetzes telefonieren. Will man nach außerhalb ein Gespräch führen, so muß man den Operator anwählen - meistens mit der "0". Von der Telefonzelle kann man also alle Gespräche führen, muß allerdings bei Fern- und Überseegesprächen viel Kleingeld dabei haben (5, 10 und 25 Centmünzen sind nur möglich...).
Praktisch alle **Hotels und Motels** haben im Zimmer ein Telefon. Meistens muß man eine "8" wählen, um in die Leitung zu kommen. Wenn Sie z.B. die Kölner Nummer 0221 - 123456 wählen wollen, müssen Sie also folgendes tun: 8 + 01149 + 221 + 123456 wählen.
Ein 3-Minuten-Gespräch nach Deutschland kostet etwa 5 - 8 $. Am preiswertesten sind station to station calls zwischen 17.00 und 05.00 h amerikanischer Ortszeit.
Für inner-amerikanische Ferngespräche verringert sich die Gebühr um 17.00 h, dann nochmals um 23.00 h. Ebenso sind die Gebühren an Wochenenden und Feiertagen niedriger. Bedenken Sie aber, daß es innerhalb der USA verschiedene Zeitzonen gibt und Sie Ihre Bekannten nicht zu früh oder zu spät anrufen.

➤➤ Trinkgeld

Trinkgeld - als tip oder auch gratuity bezeichnet - beträgt in der Regel zwischen 10 - 15 %. In der Regel ist das Trinkgeld nicht schon im Bedienungspreis inbegriffen. Man hinterläßt das Trinkgeld auf dem Tisch. Bedenken Sie, daß die amerikanische Bedienung von den Trinkgeldern zum größten Teil lebt - also bitte nicht vergessen! Es gibt jedoch einige Restaurants, die 15 - 20 % gratuity automatisch dazurechnen. Das kann an touristisch besonders frequentierten Stellen der Fall sein.

Gepäckträger erwarten ca. 75 cents/Gepäckstück; Taxifahrer erhalten in der Regel 10 % vom Fahrpreis.

➤➤ Trinkwasser

Das Wasser kann überall ohne Bedenken getrunken werden.

U Unfall/Notfall

Als nicht-beteiligter Dritter sollten Sie bei Unfällen kurioserweise besser keine Erste Hilfe leisten. Sehr leicht kann es in den USA passieren, daß Sie die Gegenseite - der Betroffene, dem Sie helfen wollten - in einen Schadensersatzprozeß verwickelt, weil Sie keine sachgemäße, optimale Hilfe geleistet haben.
Wenn Sie um Hilfe anrufen, wählen Sie am einfachsten eine "0" (= Operator), der Sie mit der richtigen Stelle verbindet.
Entlang den Highways gibt es leider keine Notrufsäulen - man ist auf die Hilfe der Vorbeifahrenden angewiesen. Im Fall von Autopannen können Sie sich direkt (gebührenfrei) mit dem AAA verbinden lassen.
siehe auch Stichwort "**Versicherung**"

➤➤ Unterkunft

Amerika ist das Land des Reisens, der Mobilität. Selbst in der Hochsaison gibt es immer noch Unterkunft, denn entlang der Highways warten ein Hotel und Motel nach dem nächsten auf die Gäste. Allerdings sind dann alle wirklich guten Häuser und schönen Strandhotels ausgebucht. Mein Rat: Auf jeden Fall - über Ihren Veranstalter - vorausbuchen.
Das Schild "**Vacancy**" bedeutet, daß es noch freie Zimmer gibt. "**Sorry**" oder "**No Vacancy**" signalisiert das Ausgebucht-Sein.
Im allgemeinen sind die Unterkünfte in den Hotels und Motels sauber. Die Zimmer verfügen über ein Bad mit Dusche, Klimaanlage, Telefon und Fernsehen. Stets gibt es frische Handtücher - manchmal in verschwenderischer Fülle. Fast alle Hotels und Motels haben einen Swimmingpool.

 Hinweis für Städte-Besuche
Viele Spitzenhotels bieten spezielle Wochenend-Raten an (Freitag - Sonntag), die Preisnachlässe von bis zu 50 % gewähren. Fragen Sie nach "weekend specials"!

Wichtig bei der Reservierung zu wissen ist der Unterschied in der **Art der Betten:**
● "**Double**" (auch queen- oder king size bed genannt) meint immer ein französisches Doppelbett.
● "**Twin**" ist stets ein Zimmer mit zwei getrennten Betten.

In den meisten Hotels finden Sie in den Zimmern zwei "doubles" vor.
Der Zimmerpreis gilt stets für 2 Personen. Kinder und Jugendliche erhalten,

sofern sie im Schlafzimmer der Eltern schlafen, entweder eine starke Ermäßigung oder sie zahlen sogar nichts.

Sobald Sie in ein Hotel "einchecken", werden von Ihnen zwei Dinge verlangt:
● Sie müssen ein Anmeldeformular ausfüllen. In der Rubrik "Fahrzeug" brauchen Sie lediglich den Hersteller (z.b. Toyota) und sonst nur "rental" zu schreiben.
● Sie müssen Ihre Kreditkarte vorlegen oder den Zimmerpreis bar oder per Reisescheck bezahlen.

Die Übernachtungspreise schwanken naturgemäß je nach Lage, Ort und Qualität der Unterkunft. Die Saison-Unterschiede sind enorm. Am preiswertesten sind die Übernachtungen in den Sommermonaten, am teuersten zwischen Weihnachten und April. Im kühleren Panhandle (Nordflorida) ist der Sommer die Hauptsaison. Generell sind Motels billiger als Hotels. Damit Sie einige Anhaltspunkte haben:
● **Luxushotels** kosten je nach Saison 100 - 200 US $/Zimmer
● **Mitteklasse-Hotels** kosten je nach Saison 60 - 100 US $/Zimmer.
● Einfache **Motels** kosten je nach Saison 40 - 60 US $
● **B & B-Häuser** schwanken zwischen 30 - 120 US & - je nach Art des Hauses.

Generell unterscheidet man in den USA **folgende Übernachtungsmöglichkeiten:**
● **Hotel**: hier reicht die Skala vom heruntergekommenen Haus bis zur Luxusherberge. Hotels verfügen in aller Regel über ein eigenes Restaurant.
● **Motel**: Motels liegen zumeist an den Hauptausfallstraßen. Man fährt mit dem Wagen faktisch bis vor das Zimmer.
● **Inn**: In der eigentlichen Bedeutung "Gasthaus", heute oft ein Haus für den gehobeneren Anspruch.
● **Lodge**: Lodges liegen meistens in der Natur, sind rustikal ländlich.
● **Resort**: Hierbei handelt es sich um ausgesprochene Ferienanlagen, die zumeist ruhig liegen und vor allem viele sportliche Möglichkeiten bieten.
● **Country Club**: Häuser mit zumeist hohem Standard, oft einem Golfplatz angeschlossen.
● **Bed and Breakfast (B & B)**: Wer an die Art von Bed & Breakfast - Häusern in England denkt und dies auf Amerika überträgt, der irrt! In aller Regel handelt es sich bei den amerikanischen Bed & Breakfast - Häusern um eine besonders kultivierte Variante des Übernachtens: Die meisten Häuser pflegen ein nostalgisches Ambiente. Bei der Mehrzahl der in diesem Reise - Handbuch beschriebenen Häuser handelt es sich um historische Bausubstanz, die liebevoll und entsprechend aufwendig restauriert wurde. Auch das Innere entspricht dann auch dem Äußeren "Touch": Die Einrichtung ist besonders gediegen und z.T. originell. Viele Besitzer von B & B - Häusern sind Architekten oder Antiquitätenhändler. Und das hat Spuren hinterlassen... (auch im Preis!). So muß man in aller Regel mit Preisen von $ 70.-

aufwärts pro DZ rechnen, oft werden 120 $ und mehr verlangt - allerdings stets mit Frühstück.

Ergänzende Informationen zu den **Motels**:
- **Sehr preiswerte Motelketten** sind z.B.: Motel 6, Comfort Inn, Red Roof Inn, Days Inn, Quality Inn.
- Zu den **gehobeneren Motelketten** gehören z.B.: Best Western, Holiday Inn, Howard Johnson's, Ramada Inn, Travelodge, Sheraton.
- Die **billigsten Motels** sind die kleinen, keiner Kette angeschlossenen Häuser, die oft auch sehr einfach und etwas heruntergekommen sind.

Zentrale Hotel-Reservierungen
(gebührenfreie Telefon-Nummern innerhalb der USA, außer Alaska und Hawaii)

Best Western International Inc.,
1-800-528-1234 (auch Kanada)
Budgetel Inns, 1-800-4-BUDGET
Clarion Hotels, 1-800-CLARION
Comfort Inns, 1-800-228-5150
Compri Hotels, 1-800-4-COMPRI
Courtyard by Marriott, 1-800-321-2211
Days Inn, 1-800-325-2525
Econo Lodges of America, 1-800-446-6900
(auch Kanada)
Embassy Suites, 1-800-362-2779
Fairmont Hotels, 1-800-527-4727
Four Seasons Hotels, 1-800-332-3442
(auch Kanada)
Hampton Inn, 1-800-HAMPTON
Hilton Hotels Corp., 1-800-HILTONS
Holiday Inns, 1-800-HOLIDAY
(auch Kanada)
Howard Johnson, 1-800-654-2000
(auch Kanada)
Hyatt Corp., 1-800-228-9000
(auch Kanada)
La Quinta Motor Inns Inc.,
1-800-531-5900
Marriott Hotels, 1-800-228-9290
Meridien, 1-800-543-4300
(außer New York)
Wyndham Hotels, 1-800-822-4200

Omni Hotels, 1-800-843-6664
(auch Kanada)
Quality Inns, 1-800-228-5151
(auch Kanada)
Radisson Hotel Corp., 1-800-333-3333
(auch Kanada)
Ramada Inns, 1-800-2-RAMADA
Red Carpet/Scottish Inns, 1-800-251-1962
(auch Kanada)
Red Roof Inns, 1-800-843-7663
(auch Kanada)
Residence Inns by Marriotts,
1-800-331-3131
Ritz-Carlton, 1-800-241-3333
(außer Chicago)
Rodeway Inns International, 1-800-228-2000
Sheraton Hotels & Inns, 1-800-325-3535
(außer Kanada)
Stouffer Hotels and Resorts,
1-800-HOTELS-1
Travelodge International Inc./Viscount Hotels, 1-800-255-3050 (auch Kanada)
Walt Disney World Resorts, 1-800-647-7900
Westin Hotels, 1-800-228-3000
(auch Kanada)

V Verkehrsregeln

s. **Autofahren**

➤➤ Versicherung

Sehr empfehlenswert ist der Abschluß einiger Versicherungen, oft zu einem "Versicherungspaket" zusammengefaßt. So bietet z.B. die Europäische Reise-Versicherung (abschließbar über Ihr Reisebüro) ein "Rat & Tat-Paket" zum Preise von 65.- DM an (Gültigkeit: 31 Tage). Dieses Paket umfaßt die Versicherung touristischer Beistandsleistungen (Rechtsanwalt) und Rücktransportkosten, einer Reisekranken- und Unfallversicherung, eine Haftpflicht und Reisegepäckversicherung.

➤➤ Visum

Für die Einreise in die USA besteht - mit Einschränkung - für deutsche Staatsangehörige keine Visapflicht mehr. Nähere Auskünfte erhalten Sie bei der Botschaft in Bonn, telephonische Informationen über die "Hot Line": 339-2454

W Wein

Mittlerweile ist die Kunde schon bis Europa gedrungen, daß in den USA hervorragende Weine produziert werden. In verdeckten Weinproben haben schon oft die kalifornischen Konkurrenten den etablierten Franzosen den Rang abgelaufen. In den Restaurants können Sie neben den Spitzenkreszenzen auch die durchgängig bekömmlichen, trockenen Karaffen-Weine probieren (weitere Informationen siehe Kapitel "Küche und Getränke").

Unbedingt probieren sollten Sie auch Weine aus Virginia sowie dem Bundesstaat Washington!

Z Zeit

Der Zeitabstand ist stets der gleiche, da während unserer Sommerzeit in den Oststaaten auch die entsprechende Sommerzeit (daylight saving time) gilt. In den USA werden die Zeiten in "ante meridiem" (= vormittags, abgekürzt a.m.) und "postmeridiem" (= nachmittags, abgekürzt p.m.) eingeteilt. So entspricht 6 am. unserer Morgenzeit 06.00 h, dagegen entspricht 6 p.m. unserer Abendzeit 18.00 h.

➤➤ Zeitungen

Überall erhältlich ist die farbige Tageszeitung "USA Today", die vor allem Landesthemen behandelt und eine gut gestaltete Wetterseite aufweist. Renommiert sind die "New York Times" sowie die "Washington Post". Auf deutsche Tageszeitungen sowie Magazine werden Sie fast nie stoßen - diese gibt es nur an ganz wenigen spezialisierten Zeitungsverkaufsstellen.

➤ Zeitzone

Das gesamte beschriebene Reisegebiet zählt zur Zone der Eastern Time (6 Stunden hinter der MEZ). D.h., wenn es in Mitteleuropa 12.00 h Mittag ist, ist es im Osten der USA 06.00 h morgens.

➤ Zoll

Zollfrei sind alle Gegenstände des persönlichen Bedarfs. Außerdem dürfen **zollfrei eingeführt werden:**
200 Zigaretten oder 50 Zigarren,
1 l alkoholische Getränke,
Geschenke im Gegenwert von 100 US $.
Zahlungsmittel im Wert von über 10 000 $ müssen deklariert werden.
Lebensmittel sowie Pflanzen dürfen nicht eingeführt werden.

Bei der **Wiedereinreise in die BRD sind zollfrei:**
200 Zigaretten, 1 l Spirituosen über 22 % oder 2 l Wein, 50 g Parfüm, sonstige Waren im Gegenwert von 115.- DM.

6.2 BEMERKENSWERTES ÜBER DAS LEBEN IN DEN USA

6.2.1 WAS DEM BESUCHER AUFFALLEN MAG

● **Freundlichkeit**

Wer das erste Mal nach Amerika kommt, wird über die allenthalben anzutreffende **Freundlichkeit** positiv erstaunt sein. Die Bedienung, der Busfahrer, die Angestellten an der Rezeption eines Hotels - stets wird man auffallend freundlich behandelt. Dem netten Umgang miteinander mag nach einer Weile die Ernüchterung folgen, daß es sich dabei um einen Ausdruck der vielen Konformismen handelt, die Amerika und seine Menschen "funktionieren" lassen. Oberflächlichkeit? Natürlich können wir die freundliche Grundhaltung des Amerikaners "hinterfragen", werden dazu sicherlich Antworten finden. Eine "Erziehung zur Kollektivität" nennt es Watzlawick in seiner "Gebrauchsanweisung für Amerika", und er bemerkt: "Vom Kindergarten an wird dem Amerikaner eingeprägt, daß er ein Teil der Gruppe ist und daß die Werte, das Verhalten und das Wohl der Gruppe maßgebend sind. Andersdenken ist verwerflich, Anderssein erst recht... Während es für Europäer eine Beleidigung ist, ein Dutzendmensch genannt zu werden, hat der Amerikaner eine große Angst davor, von der Gruppennorm abzuweichen. Anderssein bedeutet Ausstoßung aus der Gruppe, bedeutet Ächtung."(Paul Watzlawick, Gebrauchsanweisung für Amerika, München 1987, S. 143).
Das Miteinander im Alltag wird durch die gleichbleibende, standardisierte Freundlichkeit untermauert. Nicht verwunderlich, daß es in den Highschools manchmal sogar ausgesprochene Trainingskurse für höfliches Verhalten gibt... Wie dem auch sei: Für uns als Besucher hinterläßt der freundliche Umgangston spätestens dann Spuren und führt zur Nachdenklichkeit, wenn uns der manch-mal mufflige Umgangston zu Hause wieder begegnet.

● **Essen**

Schon in den ersten Stunden Ihres Aufenthaltes werden Sie bemerken, daß es in Amerika unverhältnismäßig viele extrem dicke Menschen gibt. Und bald werden Sie die Quellen der Fettleibigkeit ausmachen: Der Durchschnittsamerikaner ißt extrem kalorienreich und gleichzeitig vitaminarm. Die Kost in den am meisten besuchten Imbißketten - sei es Burger King, Pizza Hut, Kentucky Fried Chicken oder der allgegenwärtige McDonalds - ist schlicht "junk food", ernährungsphysiologisch beinahe wertlos. Wenn zu dieser ungesunden Ernährung noch Bewegungsarmut hinzukommt, ist der Weg zur raumfüllenden Verfettung geebnet. Durch das Überangebot an Essensmöglichkeiten und die Werbung für "neue" Gerichte wird der Appetit ständig angeheizt. Auf einem Automaten für Chips und Schokoladenriegel

- am Aufgang zu einem Motel installiert - entdeckte ich den unwiderstehlichen Slogan: "Don't go around hungry".

Doch wie alles in Amerika, kennt man im "Lande der unbegrenzten Möglichkeiten" auch den gegenpoligen Trend zur Bio-Kost ("health" oder "natural food" genannt). Längst gibt es Bio-Farmen und eine Vielzahl von Bio-Restaurants.

● **Aktivitäten**

Zum Glaubensbekenntnis einer "aktiven" Lebensgestaltung gehört auch die sportliche Betätigung. Entlang der Straßen und der Strände trifft man z.B. sehr viele Jogger an. Doch Jogging, von Amerikas Laufpäpsten lange Zeit als das Nonplusultra gesunder Lebensführung gefeiert, ist auf dem besten Wege, "out" zu werden. "In" dagegen ist das "walken", also das sportbetonte Gehen in entsprechend sportlich-modischer Kluft mit entsprechenden Utensilien wie beispielsweise Hanteln (!), die man beim Gehen in beiden Händen hält, um auch die Armmuskulatur zu trainieren. Dieser Trendwende, von den Medien und hier zu Worte kommenden "Fachleuten" in Gang gesetzt, gelang in erstaunlich kurzer Zeit, worin ein weiteres Charakteristikum der amerikanischen Seele offenkundig wird: die stete Bereitschaft, sich (leider) kritiklos Neuem zu öffnen und es als "Sensationsentdeckung" zu feiern.

● **Werbung**

Allgegenwärtig ist auch die Werbung, sei es im Fernsehen (wo in der Regel die laufenden Fernsehprogramme zwecks Werbeeinblendung unterbrochen werden), sei es entlang der die Highways begleitenden Schilderwälder. Dem Hang zur Übertreibung sind hier keine Grenzen gesetzt, es gibt wahre Exzesse des "wording", jener Kunst, Selbstverständliches durch hochtrabende Beschreibung zur Einmaligkeit und Sensation zu befördern. Der Besucher hat es schwer, die Werbeaussage auf ihren Wahrheitsgehalt abzuklopfen.

● **Superlative**

Mit dem Hang zum "wording" einher geht die Neigung, Superlative sehr oft zu gebrauchen. "World famous Steakhouse" nennt sich schnell irgendeine drittklassige Bratenbude...

● **Begrüßung**

Im Gegensatz zu uns reicht der Amerikaner dem Fremden nur selten die Hand. Dies ist guten Freunden und Bekannten vorbehalten. Schnell geht man auch in einer ersten Begegnung dazu über, sich beim Vornamen zu nennen. Allerdings darf man diese "Vertraulichkeit" nicht mit dem Duzen bei uns gleichsetzen - es ist wesentlich weniger gewichtig. Als ungewöhnlich mögen wir die Hemdsärmligkeit der Amerikaner empfinden, wenn sie bei einer auch nur flüchtigen Begegnung unbekümmert über ihre persönlichen Verhältnisse berichten. Dabei sind Angaben über Beruf oder Verdienst überhaupt kein Tabu.

● **Weltbild**

Erstaunlich ist das politische "Weltbild" des Durchschnittsamerikaners. Im Vergleich zu uns ist er politisch viel weniger informiert und interessiert. Europa und die Probleme anderer Erdteile sind ihm fern und damit fremd. Die Schule vermochte ihm nicht ein ansatzweise umfassendes geographisch-historisch-politisches Weltbild zu vermitteln. In diesem Lichte mögen Umfrageergebnisse nicht mehr allzu sehr erstaunen: Immerhin glauben 13 % der Amerikaner, daß die Bundesrepublik eine Monarchie sei, 25 % nennen Berlin als Hauptstadt, für knapp 20 % ist Bruno Kreisky deutscher Bundeskanzler. In den Tageszeitungen und Fernsehsendungen nehmen außeramerikanische Themen nur einen sehr geringen Teil ein. Und wenn über ausländische Problematiken und Krisenherde berichtet wird, dann eher plakativ und weniger informativ und vielschichtig, als dies bei uns der Fall ist.

● **Einstellung zu Besuchern**

Die Einstellung zum deutschen Besucher ist durchgängig positiv. Jeder sechste Amerikaner hat deutsche Vorfahren, viele waren während ihrer Militärzeit in Deutschland stationiert. Dem Deutschen werden Werte wie Fleiß, Tüchtigkeit und Wissensdrang zugesprochen. Man schwärmt von deutschen Autos und Autobahnen... und von deutschem Essen und Bier.

Obwohl die Amerikaner die Deutschen im 2. Weltkrieg besiegten, mochten die amerikanischen Soldaten nicht ein Feindbild aufbauen. Schnell bauten sie die zunächst gar nicht erwünschten Kontakte zur Bevölkerung auf, und viele brachten eine deutsche Braut nach Amerika. Daß das Deutschland-Bild des Amerikaners in unseren Augen naiv und oberflächlich ist (der deutsche trinkt Bier, ißt Weißwürste, wohnt im Fachwerkhaus und liest abends Goethe und Schiller) mag stimmen - aber er verbindet mit diesem Bild starke positive Vorstellungen wie "Gemütlichkeit" und "Treue". Dieses Bild steht im krassen Gegensatz zu einer gerade unter jungen Deutschen anzutreffenden Anti-Amerika-Haltung, die in wesentlichen Teilaspekten wohl richtig und berechtigt ist, manchen Amerikaner jedoch schmerzen mag, wenn er sich an die Care-Aktionen der Nachkriegszeit erinnert. Vielleicht sollte dem hier anzutreffenden abendländisch-abgeklärten Intellektuellen in Erinnerung gerufen werden, daß der historische Weg aus der extremen Diktatur der Nazizeit in eine freiheitliche Demokratie der Bundesrepublik maßgeblich durch Amerikas Politik erst möglich wurde. Wie schreibt doch Friedrich Geiss in seinem lesenswerten, im lockeren Stil geschriebenen Floridaführer: "Manchem besiegten Deutschen muß schon damals (am Kriegsende) bewußt geworden sein, daß... mit dem ersten Kaugummi auch ein Stückchen Freiheit vom Panzer heruntergereicht wurde" (Friedrich Geiss, Florida, Lübeck 1988, S. 36).

● **Jobwechsel**

Daß die Amerikaner im Leben Dutzende Male ihren "Job" wechseln, ist hinlänglich bekannt. Bietet sich eine neue Chance, dann wechselt man eben. Das hat Konsequenzen für den Alltag. Selten begegnet man einer wirklich fachkundigen Beratung. Die Verkäufer scheinen ebenso schnell zu wechseln wie die Ware im Geschäft umgeschlagen wird. Deshalb ist die Beratung in den Geschäften meist gleich Null, wenn nicht sogar falsch.

Die Arbeitsvorgänge sind sehr stark unterteilt. Das bedeutet, daß man neue Leute schnell anlernen kann. Da aber jeder nur einen sehr begrenzten Arbeitsbereich hat, überblickt er nicht das Ganze. Bei Problemen außer der Reihe weiß dann der Einzelne keine Lösung und verhält sich hilflos.

● **Wohnort-Wechsel**

Das rasche Wechseln des Arbeitsplatzes fördert auch den schnellen Wechsel des Wohnsitzes. Häuser werden viel schneller gekauft und wieder verkauft als bei uns. Oft findet man an zum Verkauf anstehenden Häusern ungeniert das Schild "For Sale". Bei uns wird da eher der Verkauf eines Familienhauses verheimlicht...
Die Mobilität des Amerikaners hat auch das Siedlungsbild stark geprägt. So gibt es entlang der Highways sowie am Rande der Städte große Mobile Home Parks. Mobilehomes sind überdimensionale Wagen mit mehreren Zimmern, die stationär aufgestellt werden und drinnen über allen Luxus verfügen können. Wechselt man seinen Arbeitsplatz, so läßt man sein Mobilehome zum neuen Ort hinschleppen.

● **Unterhaltungs-Bedürfnis**

Gerade in Florida wird Ihnen die Unterhaltungs-Sucht der Amerikaner auffallen. Überall gibt es "Fun-Parks" und Attraktionen, die wie Wegelagerer auf den Touristen lauern. Der Amerikaner hat Spaß an dieser Art Unterhaltung, und je mehr "Show" dabei ist, desto besser... Hier werden Probleme bewußt ausgeklammert - wozu soll man für schlechte Nachrichten bezahlen. Stattdessen wird die heile Welt der Vergangenheit, Gegenwart und Zukunft dem Besucher förmlich eingebleut - besonders offensichtlich z.B. im Epcot Center. Sehr oft münden hier banale Aussagen in noch banaleren Visionen ("When we can dream it we can do it"). In manchmal beschämender Form werden echte Probleme, über die man in Europa ernst nachdenkt und die Stirne runzelt, verharmlost. Die Aufklärung über die Zukunft der Energie beendet der Multi Exxon in seiner Epcot-Vorstellung mit der infantilen Feststellung: "There is plenty of energy" ... auf gut deutsch: Mach Dir keine Sorgen, verschwende weiter!

- **Verbindlichkeit**

Amerikaner tun sich schwer, "nein" zu sagen. Sie geben eher indirekt zu verstehen, daß sie einem Vorschlag nicht zu folgen gewillt sind. Das drückt sich darin aus, daß man die Meinung des Gegenüber als "interessant" oder gar "großartig" empfindet - daraus aber Zustimmung abzuleiten, ist in den allermeisten Fällen falsch.

- **Selbstdisziplin**

Die meisten Menschen in den Vereinigten Staaten halten sich stark an festgelegte Spielregeln oder Gesetze. So gibt es an Bushaltestellen oder im Supermarkt kein Gedrängel und keine Ungeduld. Man läßt viel eher als bei uns dem anderen den Vortritt.
Deutsche Autofahrer werden über die Fahrdisziplin erstaunt sein: Die meisten Amerikaner halten sich brav an die angegebenen Geschwindigkeits- begrenzungen (was uns Ungeduldigen vielleicht sogar auf die Nerven gehen mag...).

- **Fehlende Hektik**

Während Ihrer Reise werden Sie feststellen, daß insgesamt alles ruhiger verläuft. An der Kasse des Geschäftes oder bei der Mietwagenfirma ist der Kunde König: man läßt sich Zeit und auch bei Schlangen (die in gebühren- dem Abstand vom "Counter" warten müssen), nicht aus der Ruhe bringen. Lassen Sie sich davon anstecken und legen Sie die uns Deutschen eher typische Hektik ab.

- **"Basisdemokratie"**

Bei uns ist dies zu einem Schlagwort geworden, dem jedoch wenig Leben innewohnt. Anders in Amerika. Die Bürger sind viel eher bereit, sich - wenn der Staat dies nicht leistet oder leisten kann - sozial zu engagieren und dafür viel Zeit und auch Geld zu opfern. Ebenso sind die Amerikaner viel eher als wir bereit, für unterschiedliche Anliegen, die sie wichtig erachten, zu spenden. Viele Museen - vielleicht werden Sie das auch manchmal beobach- ten - haben als nichtbezahltes Personal sogenannte "docents". Das sind engagierte Privatpersonen, die mit viel Liebe und Detailwissen den Besu- chern zur Verfügung stehen.
Gegen Ungerechtigkeiten sind Amerikaner stets allergisch und zum öffent- lichen Engagement bereit: Wenn der lokale Bürgermeister eine unpopuläre Entscheidung getroffen hat, stehen z.B. an den Stopschildern von Straßen demonstrierende Bürger mit selbstgemalten Plakaten und beklagen das in ihren Augen begangene Unrecht. Fehlt es z.B. einer lokalen Schule an bestimmtem Unterrichtsmaterial, so ruft u.U. ein Supermarkt seine Kunden dazu auf, die Quittungen zu sammeln und in der Schule abzgeben. Für jede eingesammelte Quittung erhält die Schule dann vom Supernmarkt einen

Bonus. Folge: Die Eltern der Schule bevorzugen den Supermarkt - die Schule ihrer Kinder profitiert davon.

6.2.2 ENGLISCH IST NICHT AMERIKANISCH - UND UMGEKEHRT!

Spätestens kurz nach der Landung wird dem Besucher offensichtlich, daß die amerikanische Sprache eine besondere Variante der englischen ist. Das britische Englisch ist längst überrollt worden: Nur noch etwa 90 Millionen Briten in Großbritannien sowie die Bewohner der ehemaligen britischen Kolonien vermögen britisches Englisch zu sprechen (BE); über 200 Millionen Menschen auf der Welt sprechen dagegen amerikanisches Englisch. Sprachforscher sehen das amerikanische Englisch als einen Sprachzweig, aber nicht als einen eigenständigen Dialekt an, denn beide Englischarten verbinden starke Gemeinsamkeiten im Wortschatz, in der Grammatik sowie der Aussprache.

In der Schule lernen die amerikanischen Schüler als 1. Fremdsprache bevorzugt Spanisch, gefolgt von Französisch. Deutsch wird nur relativ selten als Fremdsprachenunterricht an den Highschools gewählt.

So salopp Amerikaner im Alltag sind, so unbekümmert gehen sie an neue Wortschöpfungen, auch Neologismen genannt. Dazu zählen Wort-Zusammensetzungen wie "drive-in-theater" oder "brunch" (entstanden aus breakfast und lunch). Auffallend sind auch die sehr oft im Alltag anzutreffenden Sprachverkürzungen:
* **Xmas** heißt Christmas,
* **4 sale** bedeutet for sale (zum Verkaufen),
* **"No U-turn"** bedeutet: Wenden nicht erlaubt.

Die folgende Tabelle verdeutlicht Ihnen die Unterschiede zwischen Amerikanischem und Britischem Englisch:

Unterschiede im Amerikanischen und Britischen Englisch		
Amerikanisches Englisch	Britisches Englisch	Deutsch
after	past	nach (zeitlich)
aisle	gangway	(Dtch-) Gang
apartment	flat	Wohnung
baggage	luggage	Gepäck
billion	milliard	Milliarde
block	—	Häuserblock
to call, to phone	to ring up	anrufen
campus	college ground	Universitätsgelände
can	tin	Konservendose

111

candy	sweets	Süßigkeiten
center	centre	Zentrum
check	bill	Rechnung
checkroom	cloakroom	Garderobe, Gepäckraum
closet	cupboard	Schrank
color	colour	Farbe
comforter	eiderdown	Steppdecke
commencement	graduation	Schulabschluß
cookies	biscuits	Kekse
cop	policeman (bobby)	Polizist
corn	maize	Mais
cute	nice, dainty	niedlich
date	appointment	Verabredung, Termin
daylight saving time	summertime	Sommerzeit
depot, station	station	Bahnhof
drugstore	chemist	Drogerie
elevator	lift	Fahrstuhl
erasor	rubber	Radiergummi
eyeglasses	spectacles	Brille
fall	autumn	Herbst
faucet	tap	Wasserhahn
to fill out	to fill in	ausfüllen
first floor	ground floor	Erdgeschoß
first name	Christian name	Vorname
to fix	to repair	reparieren
flashlight	torch	Taschenlampe
freeway	motorway	Autobahn
gas	petrol	Benzin
grain	corn	Getreide
guy	fellow, chap	Bursche, Kerl
hood	bonnet	Kühlerhaube
icebox	refrigerator	Kühlschrank
kids	children	Kinder
rest room	lavatory	Toilette
last name	surname	Familienname
long distance call	trunk call	Ferngespräch
mail	post	Post
movie	cinema	Kino
observatory	view tower	Aussichtsturm
one way ticket	single ticket	einfache Fahrt
pants	trousers	lange Hosen
Pentecost	Whitsuntide	Pfingsten
railroad	railway	Eisenbahn
round trip ticket	return ticket	Rückfahrkarte
sales girl	shop assistant	Verkäuferin
second floor	first floor	1. Stock
shoeshine	boot polish	Schuhputz
sidewalk	pavement	Bürgersteig
sticker	label	Anhänger, Aufkleber
store	shop	Geschäft

stove	cooker	Herd
streetcar	tram	Straßenbahn
subway	underground	U-Bahn
suspenders	braces	Hosenträger
tenderloin	undercut	Rinderfilet
third floor	second floor	2. Stock
track	platform	Bahnsteig
trailer	caravan	Wohnwagen
truck	lorry	Lastwagen
two weeks	fortnight	14 Tage
underpass	subway	Unterführung
vacation	holidays	Urlaub, Ferien
wrench	spanner	Schraubenschlüssel
zip code	postcode	Postleitzahl

6.2.3 KÜCHE UND GETRÄNKE

Ein kleiner Streifzug durch Amerikas Küche

Amerikas Küche ist so vielseitig wie das Land. Die Vorurteile gegenüber amerikanischen Essensgewohnheiten mögen zum Teil stimmen, sie sind aber nur ein Teilausschnitt der Wirklichkeit. Denn: neben Hamburgern und Fast Food gibt es erstklassige Restaurants.
Was sind die typischen Gerichte? Der folgende Überblick mag Ihnen eine Orientierung und Sprachhilfe sein.

● **Frühstück**

Das Frühstück ist in aller Regel nicht im Übernachtungspreis mit eingeschlossen. Generell unterscheidet man zwischen:
* dem **Continental breakfast**, das frische Früchte, Saft, Toast, Marmelade, Kaffee oder Tee einschließt, und dem
* **American breakfast**, einer üppigen Mahlzeit mit warmen und kalten Gerichten, wozu neben Saft, Toast, Marmelade vor allem alle möglichen Eispeisen, Schinken, Speck, Kartoffeln, Waffeln, Kuchen, Steaks, Getreideflocken usw. gehören.

Kleine Sprachhilfen			
Teigwaren:		**Belag:**	
biscuit	weiche Brötchen	Bologna sausage	Mettwurst
bread	Brot	butter	meist salzige Butter
cookies	Kekse	cottage cheese	Hüttenkäse

cornbread	Maisbrot	jam	Marmelade
Danish pastry	Blätterteigstückchen	jelly	Gelee
muffins	kleine Teekuchen	maple syrup	Ahornsirup
hush puppies	Pfannkuchen aus	peanut butter	Erdnußbutter, sehr
	Maismehl		beliebt bei Kindern
pancake	Pfannkuchen		
rolls	Brötchen (weich, nicht	**Eierzubereitungen:**	
	so knusprig wie bei uns)	bacon and eggs	Eier mit Schinken-
rye bread	Roggenbrot		speck
sandwich	belegtes Brot	boiled eggs	gekochte Eier
shortcake	Mürbeteigküchlein mit	ham and eggs	Eier mit Schinken
	Früchten und manchmal	scrambled eggs	Rührei
	Sahne	sunny side up	Spiegeleier, dabei
waffles	Waffeln (der Amerika-		gibt es folgende
	ner ißt sie gerne mit ei-		Varianten:
	nem Aufstrich salziger		"over" bedeutet
	Butter und Ahornsirup)		auf beiden Seiten
white bread	Weißbrot		fest gebraten,
crispies	knusprige Getreide-		"over easy" bedeu-
	flocken		tet auf beiden Sei-
cornflakes	unterschiedliche		ten leicht knusprig
	Maisflocken		gebraten.

● **Brunch**

An Sonn- und Feiertagen wird in den größeren Hotels und Restaurants zum Teil auch "Brunch" serviert, eine Mischung zwischen Frühstück und Mittagessen (zusammengesetzt aus breakfast und lunch). Neben den üblichen Bestandteilen des amerikanischen Frühstücks gibt es hier auch noch zusätzlich eine ganze Reihe warmer Gerichte. Brunch wird in der Regel zwischen 11.30 h und 14.00 h angeboten.

● **Lunch**

Lunch ist im Gegensatz zum "großen" Mittagessen im deutschsprachigen Raum eher bescheiden. Man nimmt sich dafür nicht soviel Zeit, denn die Hauptmahlzeit ist ja das abendliche Dinner. In den USA sind die Mittagspausen sehr kurz (nicht länger als 45 Minuten), und deshalb nimmt man Kleinigkeiten in den Fast-Food-Ketten, einem Coffeeshop oder einer Cafeteria ein.
Beliebt für das Lunch sind die "hamburger", mittlerweile auch jedem hier in Europa bekannt. Ihn gibt es in den verschiedensten Variationen. Daneben werden "sandwiches" angeboten (belegtes Weißbrot/Toast, mit Salat und unterschiedlichen Saucen bestrichen und mit Käse/Thunfisch/Wurst/Schinken oder Ei gefüllt).

● **Dinner**

Das Dinner, mindestens aus Vorspeise, Hauptgericht und Nachspeise bestehend, ist die Hauptmahlzeit des Tages - neben dem üppigen Frühstück.

Der Durchschnittsamerikaner liebt keine raffinierte Küche, wie wir sie aus Europa kennen. Der Geschmack der gängigen Gerichte und die Art der Zubereitung ist praktisch über den gesamten Kontinent gleich und damit standardisiert. Allgemein ist das Dinner immer wesentlich teurer als das Lunch, auch wenn man die gleichen Gerichte ißt. Die "Dining Rooms", d.h. die Restaurants für das Abendessen, zeichnen sich generell durch Lichtarmut aus. Die Dunkelheit, durch Kerzenschein notdürftig erhellt, gibt den Anschein von Gediegenheit und Vornehmheit - so zumindest amerikanischer Glaube. Falls es Ihnen dennoch gelingt, die Speisekarte zu studieren, werden Sie vorwiegend folgende Gerichte entdecken:

Kleine Sprachhilfen

Vorspeisen (appetizers)

soup	Suppe, verschiedene Arten	crab bisque	Krabbencremesuppe
shrimp cocktail	Shrimpcocktail, meist mit Tomatensauce	cole slaw	roher, geschnitzelter Kohl, in Sauce angemacht

Fleisch-Hauptgerichte

beef	Rind	pork	Schwein
lamb	Lamm	turkey	Truthahn
chicken	Hähnchen	veal	Kalb
prime rib of beef	Rinder-Rippenstück	steak	steak

Steak ist d a s typisch amerikanische Hauptgericht. Die Bezeichungen der einzelnen Steakstücke sind auch auf den Karten besserer Restaurants nicht immer präzise. So werden englische, französische und amerikanische Schnitte dem Speisenden angeboten. Grob eingeteilt können Sie folgendes erwarten:

* Das deutsche Filet gibt es auch im amerikanischen (als Filet, Chateaubriand, Tournedo, Mignon und Teil des Porterhouse- und kleineren T-bone-Steak).
* Die Stücke aus unserem Roastbeef-Bereich (Lende) entsprechen je nach Schnitt dem Sirloin, Rumpsteak oder Entrecote.
* Außerdem gibt es noch das Clubsteak (Mittelrücken) und das Roundsteak (aus der Keule).

Steaks werden in unterschiedlichen Arten zubereitet, die Bedienung wird Sie stets danach fragen:

* well done: ganz durchgebraten, also innen auf keinen Fall mehr rot
* medium: halbdurchgebraten, innen rot-rosa, außen etwas angekrustet
* rare: innen ganz roh, nur außen gebraten

Oft werden Steaks und Hamburger, aber auch einige Fischgerichte über einem Holzkohlefeuer gegrillt (barbecue). Aufgrund der mangelnden Ausbildung der "Köche" (oft Highschoolschüler, die sich ein Zubrot verdienen...) kann es in Schnellrestaurants passieren, daß Sie verkohlte Fleischstücke erhalten... Verlangen Sie dann auf jeden Fall ein neues Stück!

Fisch - Hauptgerichte

seafood	Fischgerichte
fish chowder	Fischgemüsesuppe
clam chowder	Muschelgemüsesuppe
clams	Herz-Muscheln
crab	Imperial Krabbe
king crabs	große Alaska-Krebse
lobster	Hummer
oysters	Austern (meistens werden sie roh gegessen, oft auch gebraten angeboten)
shrimps	Krabben bzw. Garnelen (s. auch nächsten Absatz)
scallops	Jakobsmuscheln

Beilagen

vegetables	Gemüse
French fries	Pommes frites
chips	gebratene Kartoffelscheiben
baked potatoes	in Folie gegarte Kartoffeln
salads	Salate: meist sehr frisch, oft gibt es eine salad bar (Salatbar) zur Selbstbedienung. Zu den Salaten gibt es amerika-weit die gleichen Saucen (nur Spitzenrestaurants scheren hier aus der Reihe):

* french dressing: Sauce mit Mayonnaise
* thousand islands: Sauce mit Paprikastückchen
blue cheese: Käsesauce
vinaigrette: Essig und Öl

chicken salad	Hühnersalat
turkey salad	Putensalat
tuna salad	Thunfischsalat

Nachtisch (dessert)

ice cream	Eis, in Amerika besonders sahnig und sehr gut
hot fudge sundae	Eis mit dicker Schokoladensauce
pie	Torte. Es gibt die unterschiedlichsten "pies". Besonders beliebt sind apple pie (Apfeltorte) und die florida-typische key lime pie (Zitronencreme-Pie)

● **Getränke**

Kaffee

Kaffee - Trinker werden sich an den schalen Geschmack des schwach gerösteten amerikanischen Kaffees gewöhnen müssen. Auch der gepriesene "filter coffee" ist nur ein schwacher Trost. Allerdings wird der Kaffee ohne weiteren Aufpreis, so oft man will, nachgeschenkt. Auf Tee auszuweichen bringt die nächste Enttäuschung: meist bekommt man Teebeutel-Tee.

Tee

Meist Beutel-Tee. Sehr beliebt und erfrischend ist in der heißen Jahreszeit der "iced tea", mit Eiswürfeln, Zitrone und Zucker.

Root Beer

Dies hat nichts mit Bier zu tun. Wenn Sie es trinken wollen, müssen Sie wissen, womit Ihr Gaumen konfrontiert wird: Es ist ein ungeheuerlich scheußlich schmeckendes Gemisch aus kohlesäurehaltigem Wasser, Maiszucker, Substanzen der Yucca-Kaktee, Zitronensäure, Akaziengummi, Birkenöl...

Bier (beer)
Das amerikanische Bier ist nicht so übel wie sein Ruf. Es ist alkoholarm und meist in Dosen erhältlich. Viele Brauereien sind deutschen Ursprungs. Die bekanntesten Biermarken sind Budweiser, Coors, Miller und Schlitz.

Wein
Amerika - das haben mittlerweile auch die französischen Weinproduzenten mitbekommen - stellt hervorragende Weine her. Kalifornien genießt eine Spitzenstellung unter den Weinanbaugebieten Nordamerikas. Nicht nur die kalifornischen Spitzenweine, sondern auch die Tischweine sind durchaus schmackhaft und sehr bekömmlich, da zumeist trocken. Auch Rotweine - das wird Sie verwundern - werden in den USA gekühlt serviert. Gute und sehr gute Flaschenweine verlangen ihren Preis, sie müssen zwischen 10 - 20 $ anlegen. Aber auch die Hausweine (house wines), in kleinen oder großen Karaffen angeboten, sind durchweg trocken und bekömmlich. Die Bedienung bringt Ihnen gerne ein Probiergläschen.
Mittlerweile sind die USA auf Platz 6 in der Weinproduktion aufgerückt. Doch nicht nur in Kalifornien, sondern auch in den Bundesstaaten Oregon und Washington, ja sogar im Staate New York wird Wein angebaut.

Folgende Weinsorten kommen aus **Kalifornien**:

* Rotweine:

Zinfandel: auch als "kalifornischer Beaujoulais" bezeichnet, schmeckt himbeerartig
Grenache: wird oft als Verschnittwein verwendet, hell und körperreich
Cabernet Sauvignon: der wohl beste Rotwein, aromatisch und trocken, sollte mindestens 4 Jahre alt sein
Petite Sirah: auch als Shiraz bezeichnet: dunkelroter, gerbstoffreicher und alterungsfähiger Wein
Pinot Noir: leichter, fruchtiger Rotwein
Barbera: sehr dunkler Rotwein mit ausgewogenem Säuregehalt
Ruby Cabernet: guter trockener Tischwein
Pinot Blanc: fruchtig-trockener Weißwein

Gamay Beaujolais: ähnlich dem Pinor Noir, aber nicht mit dem französischen Beaujoulais vergleichbar

* Roséweine:
Gamay: leichter Roséwein

* Weißweine:
Chenin Blanc: harmonischer, herber Wein
Chardonnay: der beste kalifornische Weißwein, trocken und duftend mit herrlichem Traubengeschmack
White Riesling: fruchtiger, herber Weißwein
Semillon: ziemlich süßer goldfarbener Wein
Sauvignon Blanc: trockener, erdig-fruchtiger Weißwein
Gewürztraminer: leicht süßer, aromatischer Weißwein

Es gibt kein Güte-Klassifikationssystem für Weine. Als Qualitätsgarant halten die Namen der Winzer her.

Good Morning. . .

Beispiel: Frühstück

Fruit Juices

Fresh Florida Orange Juice   1.25

Fresh Florida Grapefruit Juice   1.25

Pineapple Juice   1.00   Tomato Juice   1.00

V/8 Juice   1.00

Fresh Fruits

(as available)

Fresh Strawberries with Cream   2.50

Fresh Fruit Cup   1.65

Fresh Melon Wedges   1.75

Bananas with Cream   1.75

Cereals

Cornflakes, Rice Krispies. All Bran, Porridge

with Fresh Strawberries, Bananas or Raisins

1.25

Churchills Favourites

New York Strip Steak and Eggs with Home Fries   6.25

French Banana Toast with Home Fries   3.25

Shirred Eggs (Baked)   2.75

Eggs (2)

Fried, Scrambled, Poached or Boiled

with Bacon, Sausage and Home Fries   3.65

Beispiel: Frühstück

Omelettes

Cheese   3.50   Ham & Cheese   3.75

Ham   3.75   Western   4.50

Tomato & Cheese   4.00

Mushroom and Cheese   4.00

Cajun   4.50

Ham, onions, peppers and rice, finished with a hot cajun sauce.

Continental Breakfast

Fresh Fruit Cup, Danish, Toast, Muffins,

Fruit Juice, Tea or Coffee   3.50

Side Orders

French Toast   2.00   Bacon   1.50

Sausage Links   1.50   Home Fries   1.00

English Muffin   1.75

Beverages

Fresh Ground Coffee   1.00   Sanka   1.00

Tea   1.00   Milk   1.00

Hot Chocolate   1.00

Pancakes

Topped with:

Ham and Pineapple Chunks   3.75

Fresh Strawberries   4.00   Fresh Fruit Salad   3.50

(as available)

Crepes

Stuffed with:

Apples, Raisins and Cinnamon   3.75

Strawberries   4.00   Pineapple and Coconut   3.65

All pancakes and crepes are served with maple syrup,
cream and/or sour cream.

LUNCH DRINK FEATURES
Bloody Mary or Tom Collins 1.25

STARTERS

Clam Chowder	Cup 1.75
Creamy New England Style	Bowl 2.25
Fried Zucchini	1.75
Seafood Gumbo	Cup 1.95
Spicy Bayou Style	Bowl 2.95
Cheesesticks	3.50
Fried mozzarella or hot pepper cheese	

SALADS

Served with garlic bread

Seafood Louis Salads:
Served chilled on a bed of lettuce with
fresh vegetable garnishes, egg slices
and our Louis dressing

Petite Shrimp	4.75
Maine Lobster Meat	5.25
Garden Salad	2.95

Fresh garden greens with black olives and cheese,
served with your choice of dressing
... With Shrimp Vinaigrette Dressing add 50¢

TODAY'S FRESH CATCH

We proudly feature a daily
selection of fresh fish and
seafood. Please refer to the
chalkboard for today's selections.

Beispiel: Mittlere Preisklasse

SOUP & SANDWICH

Served on a kaiser roll with cole slaw and a cup of clam chowder, gumbo or fries

Fish Fillet Sandwich	3.50	**Chicken Sandwich**	3.50
Blackened, broiled or fried		A boneless breast served marinated and	
Shrimp Salad Sandwich	4.75	grilled or breaded and fried	
Petite shrimp in a creamy dressing		**Hamburger**	3.50
Tuna Salad Sandwich	3.75	Approximately ⅓ pound, grilled	
		With cheese 20¢ extra	

LUNCHEON FAVORITES

Served with bread and choice of two of the following, unless otherwise noted:
fresh vegetable of the day, rice pilaf, baked potato, fries, cole slaw, apple sauce, cottage cheese, tossed salad

Luncheon Combo	4.95	**Seafood Broil**	4.95
An assortment of fried favorites ...		An inviting shellfish trio of sea scallops,	
Popcorn® shrimp, flounder and deviled crab		shrimp and deviled crab	
Shrimp Scampi	4.95	**Sailor's Platter**	5.95
Tender shrimp broiled in a wine and		A tasteful combination of fried shrimp,	
garlic butter sauce		broiled fish and shrimp scampi	
Broiled Flounder	3.95	**Popcorn® Shrimp**	3.95
Lightly seasoned and broiled		Petite shrimp, golden fried	
Fried Clam Strips	3.95	**Boston Bluefish**	4.75
Stuffed Flounder	3.95	Lightly seasoned and broiled	
Delicate fillets stuffed with		**Fried Shrimp**	4.95
deviled crab and broiled		**Crab in an Alfredo Sauce**	4.95
Bay Platter	5.95	Sweet snow crab meat in a creamy Parmesan	
A fried trio featuring clam strips,		cheese sauce on a bed of linguini, served	
fillet of fish and shrimp		with a tossed salad and garlic bread	
Calico Scallops and Shrimp	4.95	**Langostinos in Garlic Butter**	4.50
Broiled calico scallops and fried shrimp		Served over linguini with a tossed	
Fried Fish Nuggets	3.95	salad and garlic bread	
Langostino Marinara	4.50	**Chicken Parmigiana**	4.25
Langostinos in our Italian style tomato		Boneless chicken breast lightly	
sauce on linguini, served with a tossed		breaded and fried, then baked with	
salad and garlic bread		a cheese topped marinara sauce	

CREATE A LIGHT LUNCH

Served with garlic bread

First select a soup or salad ...   **&**   then add an item from the list below: 4.25

Clam Chowder	**Seafood Gumbo**	**Stuffed Potato**	**Cheesesticks**
Creamy New England Style	Spicy Bayou Style	With cheese and	Fried mozzarella or
Petite Garden		crumbled bacon	hot pepper cheese
Salad	**Shrimp Salad**	**Chicken Fingers**	**Chilled Shrimp**
	Served over a bed of	**Popcorn® Shrimp**	Fun to peel 'n eat
Tuna Salad	fresh garden vegetables	Traditional or Cajun Style	**Fish Fillet**
Served over a bed of			Broiled or fried
fresh garden vegetables			

Combine a soup and a salad from the above ... 4.25

CREATE YOUR OWN PLATTER

Served with bread and choice of two of the following:
fresh vegetable of the day, rice pilaf, baked potato, fries, cole slaw, apple sauce, cottage cheese, tossed salad

Choose two different items from the following to create your own combination 8.95

Broiled Stuffed Shrimp
Stuffed with deviled crab

Shrimp Scampi
In our wine and garlic butter sauce

Flounder
Broiled or fried

Popcorn° Shrimp

Fried Clam Strips

Stuffed Flounder
Stuffed with deviled crab

Sea Scallops
Broiled or fried

**Broiled Icelandic
Lobster Tails**

Fried Oysters

Fried Shrimp

Beispiel: Mittlere Preisklasse

CRAB & LOBSTER

Served with bread and choice of two of the following, unless otherwise noted:
fresh vegetable of the day, rice pilaf, baked potato, fries, cole slaw, apple sauce, cottage cheese, tossed salad

Live Maine Lobster Mkt. Price
The famous delicacy of the Northeast,
flown in fresh. Steamed whole or
stuffed with deviled crab and broiled

Crab in an Alfredo Sauce 8.95
Sweet snow crab meat in a creamy
Parmesan cheese sauce on a bed
of linguini, served with a tossed
salad and garlic bread

Rock Lobster Tail 13.95
One of the ocean's finest treasures!
Seasoned, broiled and served with
melted butter

Langostino Marinara 6.95
Langostinos in our Italian style tomato
sauce on linguini, served with a tossed
salad and garlic bread

Langostinos in Garlic Butter 6.95
Served over linguini with a tossed salad
and garlic bread

Alaskan Snow Crab Legs 10.95
An abundance of naturally tender and
sweet crab legs, steamed and served
with melted butter

King Crab Legs 15.95
A generous portion, steamed and
served with melted butter ... a royal treat!

STEAKS &

Served with bread and choice of two of the following:
fresh vegetable of the day, rice pilaf, baked potato, fries, cole slaw, apple sauce, cottage cheese, tossed salad

**Steak Combination Platters are served with our 7-ounce Strip Steak;
add 2.00 to substitute for an 8-ounce Filet Mignon**

Steak & Fried Shrimp 11.95

Steak & Snow Crab Legs 13.75

New York Strip Steak 8.50
7 ounces

Steak & Rock Lobster 13.95

Boneless Breasts of Chicken 6.95
Marinated & grilled or lightly breaded
& fried

Filet Mignon 10.50
8 ounces

Your Dinner Entree Includes...

Your Choice of Any Two of the Following:
French Fried Potatoes, Baked Potato, Vegetable, Hot or Cole Slaw,
Rolls and Butter.

Fresh From The Sea

FRESH FLORIDA STONE CRABS Served with Mustard Sauce and
Cole Slaw . . . . 28.95 (Appetizer 13.95)
COLD SEAFOOD COMBINATION: Half Cold Lobster, Crabmeat,
Shrimp, One Raw Oyster, One Raw Clam 23.95
FRIED OYSTERS (4) with Chicken Salad 16.95
FRIED LARGE OYSTERS (5) 15.95
HALF COLD CHICKEN LOBSTER with SHRIMP SALAD 19.95

JUMBO SHRIMP Sauteed in Garlic Butter and White Wine 22.95
BAKED JUMBO SHRIMP, Stuffed with Crabmeat 22.95
FRIED JUMBO SHRIMP, Tartar Sauce 22.95

LOBSTER and CRABMEAT BAKED CANNELLONI 18.95
LOBSTER and CRABMEAT CAKES, Sauteed in Butter 21.50
CRABMEAT AU GRATIN, Baked in Cream Sauce with Grated Cheese . 20.50
DEVILED CRAB, Breaded and Deep Fried 18.95
OUR FAMOUS BAKED CRAB Lump Crabmeat, Oven Baked 23.50
CAJUN BLACKENED FRESH OCEAN BLUE FISH 17.95
BROILED FILET OF BOSTON SCROD, Butter Sauce 19.95

POACHED NORWEGIAN SALMON, Dill Sauce 21.50
SAUTEED FILET OF LEMON SOLE "A LA BOOKBINDER'S" in a
White Wine and Lemon Sauce 22.50
SAUTEED DEEP SEA SCALLOPS, Tartar Sauce 20.50
BROILED BONELESS PENNSYLVANIA FARM RAISED TROUT 18.95
BROILED WHOLE NEW JERSEY FLOUNDER 18.95
GRILLED NEW ENGLAND SWORDFISH, Herb Butter 22.50
STEAMED ALASKAN KING CRAB LEGS, Drawn Butter 29.00

Live Maine Lobsters

The Finest lobsters are LIVE LOBSTERS, rushed by air daily
from the cold waters of Maine.
Prepared to Your Specifications — Steamed or Broiled

WHOLE MAINE CHICKEN LOBSTER
1¼ lb. . . . . 19.95   Medium 2½ - 2¾ lb. 39.50
Small 1¾ lb. . . . . 29.50   Jumbo 3 - 3½ lb. 43.50
LOBSTER COLEMEAN   Chicken and Small Lobster Extra 4.95
(Stuffed with Crabmeat)   Medium and Jumbo Lobster Extra 7.95
LOBSTER NEWBURG, Delicate Pieces of Fresh Lobster, Blended in
a Rich Cream Sauce, Flavored with Sherry Wine 22.95
LOBSTER THERMIDOR, Chunks of Lobster, Mushrooms, Green Peppers,
Pimentos & Cream Sauce, Topped with Cheese, Baked in the Shell 25.95
BROILED LARGE NEW ZEALAND LOBSTER TAIL 33.50

Das kostet Sie die USA/Ostküste

– Stand: April 1994 –

Auf den grünen Seiten geben wir Ihnen einige Preisbeispiele für Ihren Ostküsten-Urlaub, damit Sie sich ein Bild über die Kosten Ihrer Reise machen können. Natürlich sollten die Angaben nur im Sinne einer Orientierung verstanden werden.

Warnen möchten wir an dieser Stelle vor verdächtig billigen Angeboten. Kein seriöser Reiseveranstalter kann etwas verschenken, und er muß Gewinne erzielen, um eine solide Gegenleistung zu erbringen. Die Pleiten (einiger weniger) USA-Reiseveranstalter im Sommer 1993 haben bewiesen, daß Billig-Anbieter versucht haben, Kunden zu ködern. Dabei ist wichtig zu wissen, daß nicht nur Großveranstalter seriös sind. Auch mittelständische Veranstalter sind durchaus vertrauenswürdig, wenn ihre Kalkulationen nicht offensichtlich aus dem Rahmen fallen.

Beförderungskosten

- **Linienflüge Deutschland – USA/Ostküste**
- LTU ab München/Düsseldorf – New York, hin und zurück 999 – 1.299 DM
- LTU ab München/Düsseldorf/Frankfurt 1.249 – 1.449 DM
- United Airlines ab Düsseldorf, Frankfurt, Hamburg, München, Berlin z. B. nach New York hin, zurück ab Miami von 1.130 – 1.348 DM
- Delta Airlines ab Berlin, Hamburg, München, Frankfurt z. B. nach New York hin, ab Miami zurück ab 1.130 – 1.670 DM
- British Airways ab Düsseldorf, Frankfurt, Hannover, München, Stuttgart, Berlin, Köln nach New York hin, zurück ab Miami ab 993 – 1.450 DM.

Auf dem Graumarkt werden diese Flüge z. T. noch billiger angeboten, jedoch sollte man bei sehr starken Abweichungen von den o. a. Preisen große Vorsicht walten lassen !

- **Mietwagen/Camper**
- Sie müssen mit einer Einwegmiete für einen Mittelklassewagen pro Woche (incl. km/Versicherung) in Höhe von ca. 350 – 400 DM rechnen (zuzüglich örtliche Steuern). In Florida gibt es Mietwagen bereits für ca. 170 DM/Woche.
- Wohnmobile kosten ca. 200 DM/Tag, Preis schwankt stark zwischen den unterschiedlichen Modellen und Saisonzeiten. Hochsaison ist die Zeit von Anfang Juli bis Mitte August.

- **Benzinpreise**
- Normalbenzin (regular) ca. 1,04 US $/Gallone
- Superbenzin (premium) ca. 1,20 US $/Gallone

- **Rundreisen**

- Mietwagenrundreise "Atlantic Coast Explorer" (von New York nach Miami) von Meier's Weltreisen, 21 Tage, incl. Flug, Mietwagen, Hotelübernachtungen je nach Saison zwischen 3.055 und 3.275 DM (Basis: 2 Personen, Preis pro Person)
- Mietwagenrundreise wie oben, allerdings nur 14 Tage (ohne Abstecher in das Landesinnere wie Great Smoky Mountains und Atlanta), ebenfalls von Meier's Weltreisen (Leistungen wie oben) DM 2.459 – 2.669 (Basis: 2 Personen, preis pro Person)
- 15-tägige Reise von New York nach Miami analog zum Routenvorschlag dieses Buches: 2.842 – 3.069 DM im Doppelzimmer (Meier's Weltreisen)

Übernachtungskosten

Hierbei ist es wirklich schwer, genaue Preise anzugeben. Vor Ort bestimmen Angebot und Nachfrage die Preise. Entlang der Highways kämpfen die verschiedenen Hotels und Motels mit "specials" (= Sonderangebote) um die Kunden. Generell zahlt man in den USA den Preis für einen Raum, unabhängig von der Belegung.
Entlang der Reiseroute sind die Übernachtungen im nördlichen Teil (vor allem in New York) am teuersten. Je weiter man nach Süden reist, desto preiswerter wird es.

Preisbeispiele:
- Days Inn-Hotelketten-Gutscheine: DM 73/Zimmer (Mindesabnahme 5 Gutscheine)
- Howard Johnson-Ramada-Hotelgutscheine: DM 106/Zimmer (Mindestabnahme: 5 Gutscheine).

Diese Preise können sich erheblich nach oben bewegen, wenn es um einzelne ausgesuchte Hotels geht, vor allem in den großen Städten. Da muß man für ein gutes Hotelzimmer ca. 100 – 150 US $ einkalkulieren.

Verpflegungskosten

(Durchschnittliche Lebensmittelpreise eines Supermarktes in US $)

Milchprodukte			
1 Pfund Butter	*1,70*	12 große Eier	*0,91*
200 g Gouda	*1,80*	1 kl. Becher Joghurt	*0,45*
1 l Milch	*1,06*		
Fisch			
1 Pfund Lachsfilet	*3,20*	1 Pfund Flunder	*7,09*
1 Pfund Garnelen (groß)	*8,99*	1 Pfund Haifisch	*2,59*
1 Pfund Seezunge	*4,89*		
Fleisch			
1 Pfund Fleischwurst	*2,59*	1 Pfund Kalbsgulasch	*3,99*
1 Pfund Rindergehacktes	*2,69*	1 Pfund Schweineschnitzel	*3,69*
1 Pfund Rindergulasch	*2,59*	1 Pfund frisches Hähnchen	*0,99*
1 Pfund New York Strip Steak	*6,99*	1 Pfund Hühnerbrust	*3,79*
1 Pfund Rinderbraten	*3,99*	1 Pfund Schweinebraten	*2,09*
1 Pfund T-Bone Steak	*4,99*		
Obst			
1 Pfund Äpfel (Golden Delicious)	*1,19*	1 großer Eisbergsalat	*0,99*
1 Pfund Pflaumen	*1,19*	1 Pfund Fleischtomaten	*0,79*
1 Mango	*0,89*	1 Pfund Bananen	*0,49*
5 Kiwis	*1,00*		
Brot			
1 Pfund Dreikorn-Brot	*1,19*	1 Toastbrot	*0,99*
1 Pfund Weißbrot	*1,09*	1 Apple Pie (850 g)	*2,29*
1 Brötchen	*0,25*		

Alkoholfreie Getränke			
1,9 l frisch gepreßter Orangensaft	*1,99*	6er-Pack Sprite	*2,29*
1,9 l frisch gepreßter Apfelsaft	*2,49*	6er-Pack Coca Cola	*2,29*
1,9 l Orangensaft (aus Konzentrat)	*1,39*	1 Fl. einheimisches Mineralwasser (0,75 l)	*ab 0,70*
Weine			
kalifornischer Rotwein (1 Fl. à 0,75 l)			
August Sebastianus	*4,98*	Behringer Cabernet Sauvignon	*10,99*
Fetzer Cabernet Sauvignon	*6,98*		
kalifornischer Weißwein (1 Fl. à 0,75 l)			
Corbett Canyon Chardonnay	*4,59*	Behringer Chardonnay	*9,99*

USA / OSTKÜSTE - NEUIGKEITEN

- Stand April 1994 -

1. Allgemeine Informationen

 Wirtschaftslage

Auch entlang der amerikanischen Ostküste und im Nordosten ist die Rezession stark zu spüren. Viele US - Bürger fürchten um ihre Arbeitsstelle und verzichten auf längeren Urlaub. Wer weiß, ob sonst nach der Rückkehr nicht der Arbeitsplatz verlorengegangen ist. Die realen Nettolöhne sind zurückgegangen und führen zusammen mit dem wirtschaftlichen Abschwung zu einer sehr zurückhaltenden Ausgabebereitschaft. Auf dem touristischen Markt macht sich die Rezession durch verstärkte Sonderangebote, vor allem der Restaurants und Hotels, bemerkbar. Selbst die "Fun Industry" in Florida hat die Auswirkungen gespürt, und die erfolgsgewohnten Manager von Walt Disney World in Orlando nehmen einen Besuchereinbruch wahr.

 Geld

Im Zuge der amerikanischen Rezession ist eine **"back to cash"** - **Entwicklung** zu beobachten. Da viele Privatpersonen verschuldet sind, gehen mehr Unternehmen, besonders preiswerte Restaurants, dazu über, nur Bargeld zu akzeptieren. Über Ihre Kreditkarte (teuer) können Sie Bargeld bis zu einer bestimmten Summe abheben. Besser: Tauschen Sie an einer Bank DM - oder US$ - Reiseschecks gegen Bargeld ein. Lassen Sie sich nicht verleiten, mit Tausenden von Dollars in der Tasche herumzulaufen - für zwielichte Gestalten sind Sie dann ein ideales Opfer.

 Restaurantketten

Weitere gängige preiswerte Ketten sind: **Denny's** (à la carte - Essen) und **Shoney's** (Buffets zum Frühstück, Lunch und Dinner) sowie **Bob Evans** (à la carte - Essen). Allenthalben entstehen neue, wenn auch kleinere Ketten.

 Hotel- und Motelketten

Der Konkurrenzkampf auch in diesem Bereich ist stark. Bei den sehr preiswerten Motelketten ist u. a. **Knights Inn** und **Econolodge** zu erwähnen. Im Mittelklasse - Bereich müssen noch die Häuser von **Quality Inn** nachgetragen werden. In der guten Mittelklasse sind vor allem dann die bewährten **Holiday Inns** sowie in der gehobenen Mittelklasse vor allem die **Hilton - Hotels** zu erwähnen.

 Informationsmaterial des AAA

Vorteile für ADAC - Mitglieder: In jeder größeren Stadt Floridas

telex 2

gibt es Büros des amerikanischen Automobilclubs AAA (Triple A). Wer die ADAC - Mitgliedskarte vorlegt, erhält eine Vielzahl von Informationen (Karten, Stadtpläne, vergünstigte Eintrittsbons).

Benzinpreise

Nach Beendigung des Golfkriegs sind auch in den USA die Benzinpreise gesunken. Man zahlt nun etwa 1.05 $ für 1 Gallone Regular.

Bus / Greyhound

DER hat für Greyhound-Auskünfte eine neue Tel.-Nr.: 069/958800.

Neuer Golf - Guide für Florida

Brandneu erschienen ist "Best Guide to Florida Golf" von Richard & Marilyn Myers. Die Autoren geben eine sehr systematische Übersicht über alle Golfanlagen in Florida (englischsprachig). Der Golf - Führer kostet DM 36.80 inkl. Versandspesen. Zu beziehen gegen Voraussendung eines Schecks durch: Reisebuchverlag Iwanowski, Raiffeisenstr. 21, D 41540 Dormagen 1, Tel.: 02133/61919, Fax 02133/63130.

Spartips

Erhebliches Reisegeld läßt sich sparen, wenn man verschiedene Informationsstellen (Information Centers) aufsucht und hier nach Discount - Heften Ausschau hält, in denen Wertcoupons enthalten sind. Man kann sich die (in Florida kostenlosen) Guides gegen Einsendung von 2 - 3 US$ vorab nach Hause schicken lassen, z. B. durch die Firma "Exit Information Guide, Inc. 3014 NE 21st Way, Gainesville, Fl 32609, USA".

2.   Regionale Hinweise und Ergänzungen

➤   NEW YORK

The Carlyle******, 35 East 76th Street New York, NY 10021, Tel. 212-744-1600. Dies ist ein heißer Tip für alle, die es gediegen haben wollen. In einer Oase des Luxus und Wohlstands in "Uptown" ist man von eleganten Läden und Restaurants umgeben. Perfekter persönlicher Service (125 Gästezimmer).

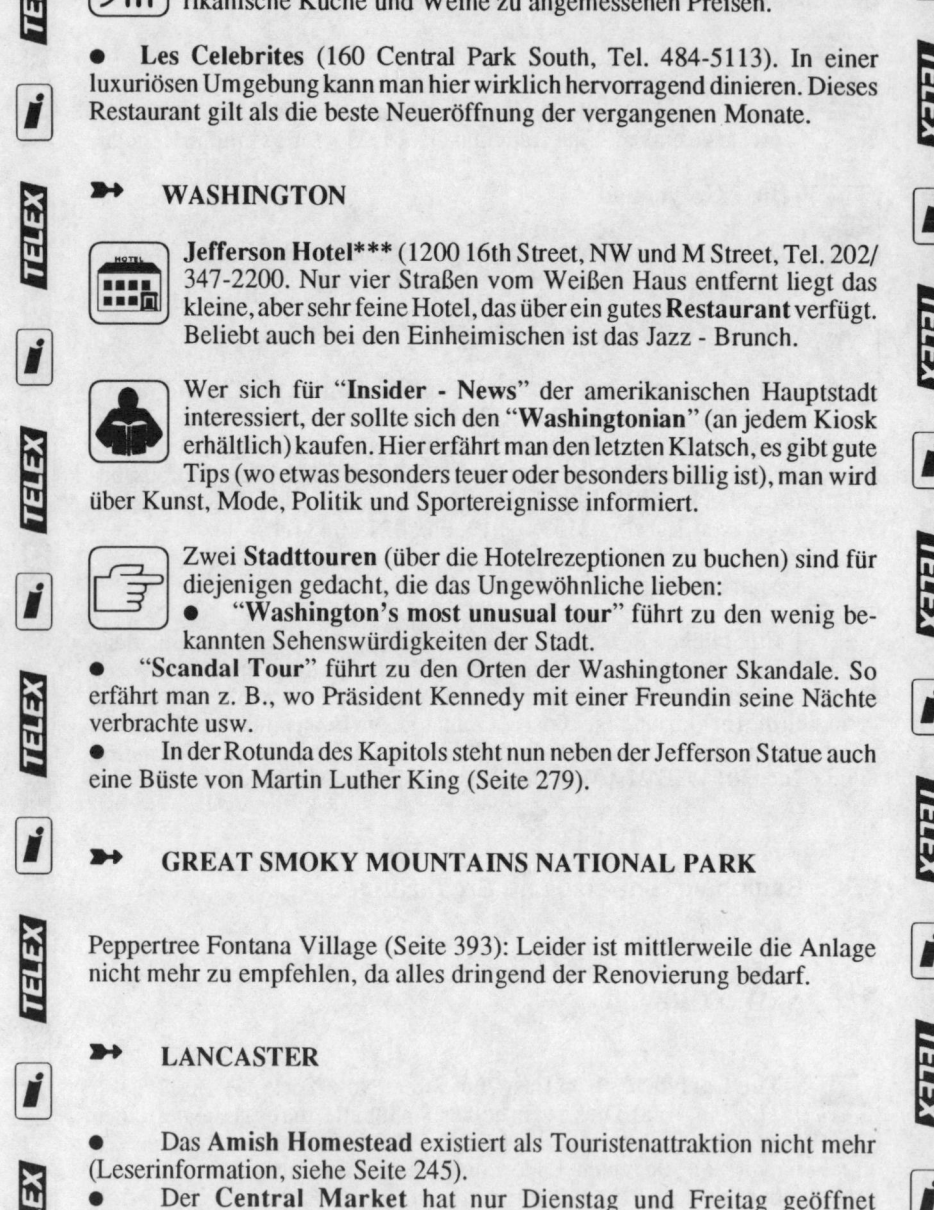

● **Park Avenue Café** (100 East 63rd Street von Park Avenue, Tel. 644-1900). Das neue, freundliche Restaurant bietet gute amerikanische Küche und Weine zu angemessenen Preisen.

● **Les Celebrites** (160 Central Park South, Tel. 484-5113). In einer luxuriösen Umgebung kann man hier wirklich hervorragend dinieren. Dieses Restaurant gilt als die beste Neueröffnung der vergangenen Monate.

➤➤ WASHINGTON

Jefferson Hotel*** (1200 16th Street, NW und M Street, Tel. 202/347-2200. Nur vier Straßen vom Weißen Haus entfernt liegt das kleine, aber sehr feine Hotel, das über ein gutes **Restaurant** verfügt. Beliebt auch bei den Einheimischen ist das Jazz - Brunch.

Wer sich für **"Insider - News"** der amerikanischen Hauptstadt interessiert, der sollte sich den **"Washingtonian"** (an jedem Kiosk erhältlich) kaufen. Hier erfährt man den letzten Klatsch, es gibt gute Tips (wo etwas besonders teuer oder besonders billig ist), man wird über Kunst, Mode, Politik und Sportereignisse informiert.

Zwei **Stadttouren** (über die Hotelrezeptionen zu buchen) sind für diejenigen gedacht, die das Ungewöhnliche lieben:
● **"Washington's most unusual tour"** führt zu den wenig bekannten Sehenswürdigkeiten der Stadt.
● **"Scandal Tour"** führt zu den Orten der Washingtoner Skandale. So erfährt man z. B., wo Präsident Kennedy mit einer Freundin seine Nächte verbrachte usw.
● In der Rotunda des Kapitols steht nun neben der Jefferson Statue auch eine Büste von Martin Luther King (Seite 279).

➤➤ GREAT SMOKY MOUNTAINS NATIONAL PARK

Peppertree Fontana Village (Seite 393): Leider ist mittlerweile die Anlage nicht mehr zu empfehlen, da alles dringend der Renovierung bedarf.

➤➤ LANCASTER

● Das **Amish Homestead** existiert als Touristenattraktion nicht mehr (Leserinformation, siehe Seite 245).
● Der **Central Market** hat nur Dienstag und Freitag geöffnet (Leserinformation zu Seite 238)

➤➤ ST. AUGUSTINE

Wichtig zu wissen ist, daß in St. Augustine alle Geschäfte, Museen und Transportmittel für Touristen schließen.

➤➤ MIAMI

● **Wolkenkratzer - Sightseeing:** Entlang der Brickell Ave. in Miami Downtown stehen zu beiden Seiten der baumbestandenen Straße hypermoderne Wolkenkratzer der Bankenwelt. Und so manche Fassade wurde durch Drogengelder mitfinanziert...

● **Kriminalität:** Die Kriminalität in und um Miami/Miami Beach hat zugenommen. Als Tourist sollten Sie folgende Vorsichtsregeln beachten:
* Schließen Sie beim Fahren stets die Wagentüren von innen ab.
* Vermeiden Sie das Fahren in einem offenen Wagen, da Diebe oft beim Anhalten des Fahrzeuges (Ampeln) schnell nach Taschen und anderen Utensilien greifen.
* Deponieren Sie Wertsachen und Reisedokumente stets im Hotelsafe.
* Tragen Sie nur geringe Mengen Bargeld mit.
* Meiden Sie Dunkelheit und heruntergekommene Gegenden.
* Achten Sie im Gedränge auf Ihre Handtasche, Fotosachen usw..

➤➤ ORLANDO

Orlando ist weiterhin "booming town", auch wenn die derzeitige Rezession das Bautempo drückt. Walt Disney World hat bereits viele andere Attraktionen nach sich gezogen, denn an den Massen, die das Magic Kingdom und das EPCOT Center besuchen, wollen auch andere geschäftstüchtige Unternehmen mitverdienen. Geplant sind:

● **Perestroyka Palace:** Nachbau des Roten Platzes samt Basiliuskathedrale sowie einer "Brücke" über die Beringstraße nach Alaska.

● **Vedaland:** Bereits bald soll ein Zentrum für transzendentale Meditation fertig sein. Gourmetrestaurants und 38 "übersinnliche" Attraktionen versprechen esoterische Freude.

● **Phoenix World City**: Auf dem größten ´Kreuzfahrtschiff´ der Welt (5600 Passagiere, Kosten über 1 Milliarde US $) soll eine Zukunftsstadt mit drei Hoteltürmen, Spielcasino und Kongreßzentrum entstehen.

● **Walt Disney World:**

* **Besucherzustrom:** Im Zuge der US - Rezession sind die Besucherzahlen in Walt Disney World zurückgegangen. Der Besucher spürt dies an wesentlich kürzeren Wartezeiten (zumindest außerhalb der US - Ferienzeiten).

* **Neue Attraktion:** "Splash Mountain", ein rasantes Wasservergnügen, wird im Herbst 1992 auf dem Gelände des Magic Kingdom eröffnet.

* **Architektur:** Alle Besucher, die sich für Architektur interessieren, kommen außerhalb der eigentlichen Attraktionen voll auf ihre Kosten. Noch vor wenigen Jahren bezeichnete man hämisch vieles als "disneyhaft". Heute schickt sich das Vergnügungsimperium an, Baugeschichte zu schreiben. Führende Architekten der Welt konnten hier in den letzten Jahren ihrer Phantasie freien Lauf lassen. Die einzige Vorgabe war, daß das Produkt dem Besucher Spaß und Erlebnis bereite. Nur zu gerne ließen sich einige der weltweit besten Architekten in die Pflicht nehmen: Stern, Gehry, Rossi, Isozaki, Graves:

- Das **Disney Casting Center** (Personalbüro) ist an den Stil eines venezianischen Palazzetto angelehnt.

- Das **Team - Disney - Gebäude** (Hauptquartier der Disney Company) wurde vom Japaner Arata Isozaki entworfen. Die klaren, kargen Formen sowie die größte funktionierende Sonnenuhr der Welt im Zusammenspiel mit den pastellenen Farbtönen sind in ihrem Zusammenspiel einmalig.

- Die Hotels **Dolphin** und **Swan** (entworfen von Michael Graves) sind höchst eigenwillige Bauten, der Innenbau erweist sich als ein illusionistisches Glanzstück. Auf dem Dach stehen riesige Delphine und Schwäne.

- Der Architekt Robert Stern konzipierte den an Neuenglands Architektur erinnernden **Beach Club** sowie den **Yacht Club**, der nostalgisch ausgestaltet an einem Lagunenpool liegt.

➠ KENNEDY SPACE CENTER

Der **Nachbau des Spaceshuttle mit dem Namen "Ambassador"** bleibt bis Januar 1993 am Rande des Parkplatzes vom Kennedy Space Center stehen. Besucher können sich weiter einen guten Überblick darüber verschaffen, wie die Originale Atlantis, Columbia, Discovery und Endeavour ausschauen. Ab März 1992 sind auch die Preise gestiegen: Erwachsene zahlen 7 US$ für die Touren (Kinder von 3 - 11 Jahren 4 US$). Der Besuch des IMAX - Kinos kostet nun 4 US$ (Kinder von 3 - 11 Jahren zahlen 2 US$).

3. Neue Büchertips

 ● Bob **Thompson**: Kalifornische Weine. Hallwag Verlag, 251 Seiten, DM 24.80. Ein sehr detaillierter und informativer Führer für eine "Wein - Reise".

● Horst **Scharfenberg**: Die Küchen Amerikas, Hädecke Verlag, 220 Seiten, DM 49.80. Ein Buch gegen das Vorurteil, in Amerika gäbe es nur Fast - Food. Und der Leser wird so manches Gericht nachkochen mögen.

● Wolf **von Lojewski**: Amerika - Ein Traum vom neuen Leben, Hoffmann und Campe - Verlag, 280 Seiten. Sehr gute Darstellung des Lebens in den USA und der Gedankenwelt der Amerikaner.

4. Berichtigungen zur 2. Auflage

Seite 39 unten   statt 172 Million muß es richtig heißen: 1.72 Millionen

S. 340:   Thomas Jefferson ist am 04. Juli **1826** auf Monticello verstorben.

Seite 344, vorletzter Abschnitt: Es muß heißen 1622 statt 1822

S. 429:   Die Einwohnerzahl von Charleston beträgt **70.000** Einwohner.

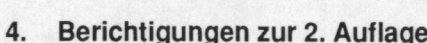

7 REISEN ENTLANG DER OSTKÜSTE

Im reisepraktischen Teil werde ich Ihnen die ausgewählten Reiseziele ausführlich vorstellen. Die nachfolgenden Tabellen "Zeiteinteilung und touristische Interessen" beschreiben stichwortartig die einzelnen Etappen. Die vorgeschlagene Verweildauer orientiert sich an der Zeit, die nötig ist, relativ umfassend ein Gebiet bzw. eine Stadt kennenzulernen. Natürlich kann man vor allem in den Städten wie New York oder Washington mit Leichtigkeit wesentlich mehr Tage verbringen als vorgeschlagen - doch wer hat schon soviel Urlaub?
Deshalb mein Rat: Stellen Sie sich anhand der Informationen Ihren individuellen Zeitplan auf.

Noch ein Hinweis: Die ausgewählten Hotels/Motels sind zum größten Teil mit Sternen versehen, die eine grobe Preiseinteilung angeben:
*   unter   50 $/Zimmer   ***   unter 150 $/Zimmer
** unter 100 $/Zimmer   **** über 150 $/Zimmer

Alternative Routen

Um das Reisegebiet zwischen New York und Florida zu erfassen und erleben, bedarf es entweder eines Zeitraumes von Wochen oder einer ausgewogenen Selektion. Dazu bieten sich folgende Alternativen an:

● **Alternative: Große Ostküsten - Fahrt mit Inland - Abstechern zum Shenandoah und Great Smoky National Park sowie nach Atlanta.**

Diese Reise beginnt in New York und endet in Miami/Florida. Sie wird in den Abschnitten 7.1 - 7.17 in diesem Reisehandbuch ausführlich beschrieben. Man kann diese Route sowohl in New York als auch Miami beginnen. Empfehlenswert ist meiner Ansicht nach New York, da am Beginn der Reise die anstrengenderen Städtebesichtigungen anstehen (so New York, Philadelphia, Washington) und sich später die erholungs-intensiveren Reiseetappen aneinanderreihen, die mehr Entspannung ermöglichen (z.B. Great Smoky Mountains National Park, die Fahrt entlang der Küste von Charleston über St. Augustine nach Mittelflorida).

Vom praktischen Reiseablauf empfiehlt sich der Hinflug nach New York sowie der Abflug von Miami (oder Orlando) nach Europa. Man kann einen Mietwagen in New York annehmen und dann in Florida abgeben. Bei manchen Flügen (vor allem Charterflügen) wird man vielleicht von Florida nach New York zurückfliegen müssen, um hier den Anschluß an die Europa-Maschine zu bekommen.

- **Alternative: Große Ostküsten-Fahrt ohne Abstecher ins Inland**

Diese Reise beginnt in New York und führt direkt über Philadelphia nach Washington, Williamsburg und die Outer Banks sowie Myrtle Beach nach Charleston, Savannah, St. Augustine, Orlando und Miami.

- **Alternative: Ostküste mit dem Schwerpunkt der historischen Stätten als Rundreise von/bis New York**

Diese Reise beginnt in New York, führt über Philadelphia, evtl. Lancaster und Annapolis nach Washington, zum Shenandoah National Park, nach Williamsburg und von hier wieder zurück nach New York.

- **Alternative: Ostküste mit dem Schwerpunkt des "Alten" und "Neuen" Südens.**

Eine solche Reise beginnt z.B. in Washington, führt über Williamsburg, die Outer Banks und über Myrtle Beach nach Charleston, Savannah und Atlanta. Von Atlanta kann man entweder direkt nach Europa zurückfliegen oder kehrt nach Washington zurück, um hier den Anschlußflug zu bekommen.

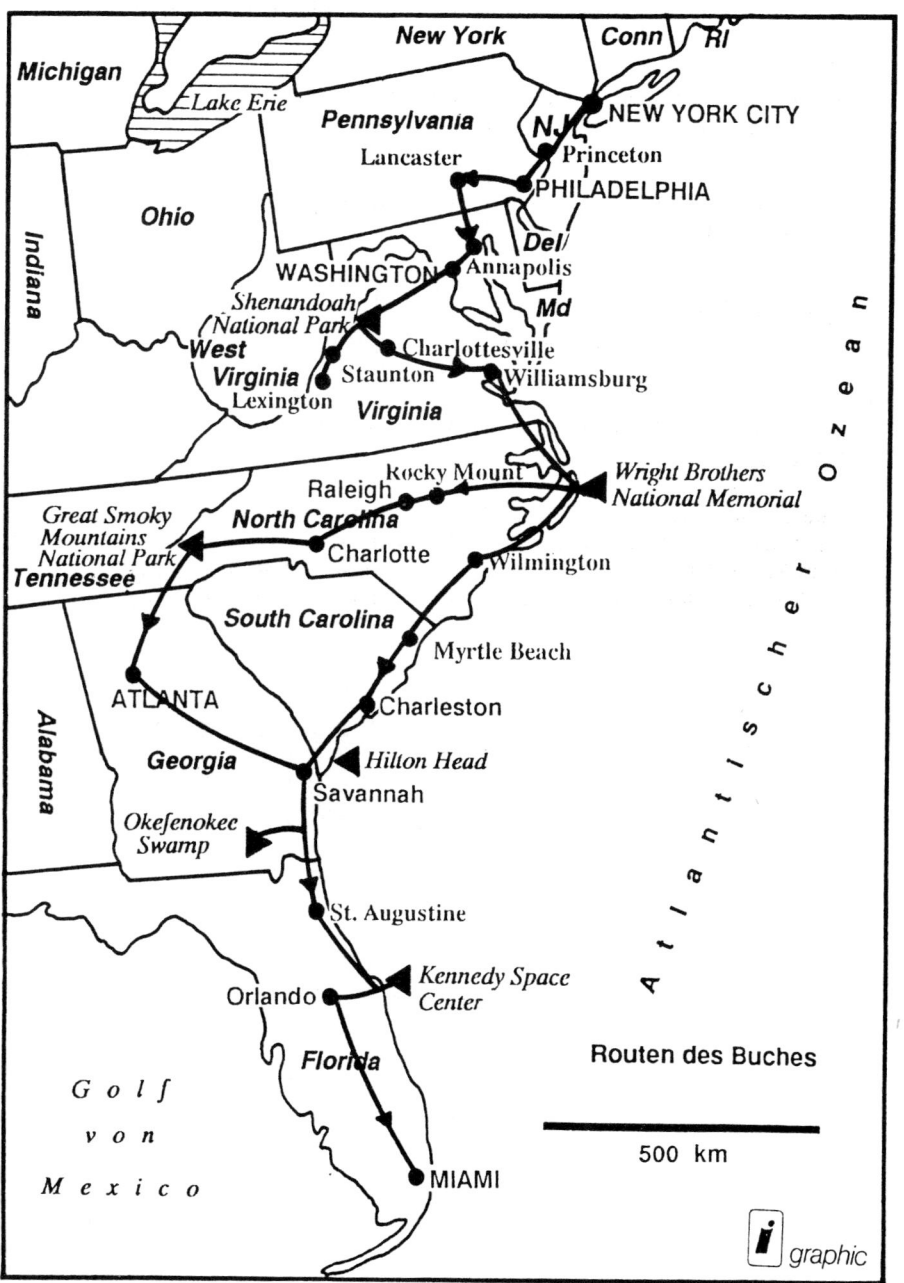

Routen des Buches

500 km

graphic

Zeiteinteilung und touristische Interessen

Gebiet	Kapitel	Unternehmungen/Ausflugsziele	Tage	ca. km	touristische Interessen
New York	7.1	interessante Stadtviertel besuchen; Museen erleben; Wolkenkratzer und Freiheitsstatue bestaunen	2 - 3		Wolkenkratzer-Architektur, Stadtleben, Bevölkerungsvielfalt
New York - Philadelphia	7.2	Princeton - Trenton - Philadelphia	2 - 3	230	Universitätsstadt Princeton - Architektur - Geschichte - Stadtleben
Philadelphia - Lancaster	7.3	Lancaster Stadt und Dutch Country	2	110	Landschaft - Geschichte - Amish-Kultur
Lancaster - Annapolis	7.4	Stadt Annapolis: Maryland State House - U. S. Naval Academy	1	120	Architektur - Bootssport - Geschichte
Annapolis - Washington	7.5	Washington - Stadtbesichtigung, u. a. Weißes Haus, Capitol, Lincoln Memorial u.a.; weltberühmte Museen; Ausflug Georgetown und Mount Vernon	3	52	Stadtleben - Architektur - Museen - Geschichte - Politik
Washington - Shenandoah National Park	7.6	Shenandoah Park - Ausflüge nach Lexington und Staunton - Luray Caverns	2 - 3	177	Naturerlebnisse - Wanderungen - Tierwelt - Geschichte

Zeiteinteilung und touristische Interessen

Gebiet	Kapitel	Unternehmungen/Ausflugsziele	Tage	ca. km	touristische Interessen
Shenandoah National Park - Williamsburg	7.7	Besuch von Monticello - Ash Lawn - historisches Williamsburg, Jamestown und Yorktown	2 - 3	313	Geschichte - Architektur - Kolonialkultur
Williamsburg - Rocky Mount	7.8	Gebrüder Wright Memorial - Inseln der Outer Banks	2	490	Geschichte der Luftfahrt - Stranderlebnis - Dünenlandschaften - Geschichte
Rocky Mount - Charlotte	7.9	Raleigh (Hauptstadt North Carolinas) - aufstrebendes Charlotte	1	331	Landschaft - Geschichte
Charlotte - Great Smoky Mountains N.P.	7.10	Naturerlebnisse - Wanderungen	2 - 3	311	Wanderungen - Tier- und Pflanzenwelt
Great Smoky N.P. - Atlanta	7.11	Fahrt über die Blue Ridge - Highlands - Stadterlebnis Atlanta	2 - 3	286	Landschaft - Wanderungen - Geschichte - Stadtleben
Atlanta - Savannah	7.12	Erlebnis der "Perle des Alten Südens", Savannah - Badeparadies Hilton Head	1 - 2	412	Geschichte - Kolonialarchitektur - Strandleben Hilton Head

Zeiteinteilung und touristische Interessen

Gebiet	Kapitel	Unternehmungen/Ausflugsziele	Tage	ca. km	touristische Interessen
Savannah - Charleston	7.13	Restauriertes Charleston - Plantagenhäuser wie Boone Hall Plantation oder Drayton Hall - Baden auf Kiawah Island	2 - 3	177	Kolonialarchitektur - Geschichte - Strandleben - Plantagenhäuser
Charleston - St. Augustine	7.14	Besuch des Okefenokee Swamp - Besuch des spanisch geprägten St. Augustine - St. Augustine Beach	2	467	Naturerlebnisse - Geschichte - Architektur - Baden
St. Augustine - Kennedy Space Center	7.15	Besichtigung des Kennedy Space Centers	1	185	Raumfahrt - Technik
Kennedy Space Center - Orlando	7.16	Besuch von Walt Disney World (Magic Kingdom und Epcot Center) - Seaworld	2 - 3	96	Hauptattraktion Floridas
Orlando - Miami	7.17	Miami - Stadtbesichtigung; Stadtteile wie Coral Gables und Coconut Grove besuchen - Miami Beach	2 - 3	370	Baden - Völkervielfalt - Sport - Stadtleben - Art Deco - Architektur

7.1 NEW YORK, NEW YORK
(von Ulrich Quack)

7.1.1 ÜBERBLICK UND AUFBAU

New York, die größte nordamerikanische Stadt, liegt an der Mündung des Hudson-River in den Atlantik, und zwar auf einer ähnlichen Breite wie Neapel. Sie ist mit über 7 Millionen Menschen Heimat von etwa 45 % der Bewohner des Bundesstaates New York (NY), dessen Hauptstadt Albany heißt.

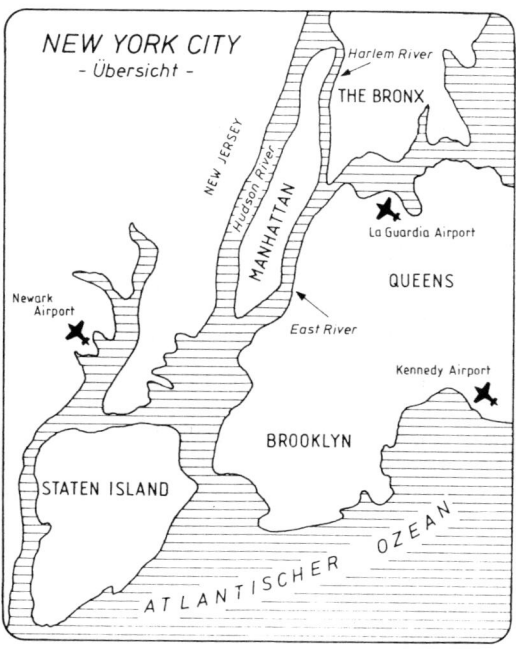

Die Grenze der fünf Bezirke (Boroughs) umfaßt etwa 825 qkm, das ist deutlich weniger als das Areal von London. Dieses 'Greater New York' genannte Gebiet ist durch Flüsse und Buchten reich gegliedert und besteht aus dem relativ kleinen Manhattan und den Boroughs Queens, Staten Islands, Brooklyn und Bronx. Davon gehört nur die Bronx zum Festland, während die anderen Stadtteile Inseln sind (durch den Hudson River, East River und Harlem River vom Festland getrennt) oder auf der Insel Long Island liegen.

Zum Inbegriff New Yorks wurde das etwa 57 qkm große Manhattan, das mit seiner unverwechselbaren Skyline der (ca. 200 Wolkenkratzer) gleichzeitig auch als Wahrzeichen der amerikanischen Hochhausstadt schlechthin gelten kann. Hier befinden sich die meisten Sehenswürdigkeiten, hier spielt sich der Großteil des kulturellen Lebens ab, und hier sind deswegen auch die touristischen Einrichtungen konzentriert. Auf dem südlichen Teil Manhattans begann im übrigen auch die weiße Geschichte New Yorks, was sich bereits im unregelmäßigen System der Straßen andeutet.

Die schmale Insel kann in die Bereiche Uptown, Midtown und Downtown sowie zusätzlich in 29 Stadtviertel (Neighborhoods) unterteilt werden.

● Mit **Downtown** sind der historische Kern und das nördlich angrenzende Gebiet bis hinauf zum Union Square gemeint. Hier befinden sich weltberühmte Neighborhoods wie Wall Street (Financial District) mit seinen Banken, oder SoHo mit seinen Galerien, Greenwich Village und Little Italy. Im südlichen Teil (ab der Bleecker Street) sind die Straßen nicht durchnumeriert, sondern tragen Namen.

● Mit **Midtown** bezeichnet man die Gegend zwischen Union Square und Central Park (14th - 59th Street), in der die großen Kaufhäuser, der Times Square und das Theaterviertel, die größten Bahnhöfe, berühmtesten Hotels, das Empire State Building und die UNO zu Hause sind.

● **Uptown** schließlich erstreckt sich vom Central Park bis zum Harlem River und umfaßt völlig unterschiedliche Wohngebiete wie West Side und Harlem, aber auch die bedeutendsten Museen und elegante Geschäftsstraßen. Am nördlichen Ende von Uptown wird mit 76 m der höchste Punkt der Insel erreicht.

Die **Orientierung auf Manhattan** ist durch das Rastersystem der Straßen recht problemlos, wenn man sich an folgende Regeln erinnert:

● Mit Ausnahme des äußersten Südens sind die Straßen durchnumeriert und verlaufen quer durch die Insel (also in ost-westlicher Richtung).

● In Längsrichtung (Nord-Süd) verlaufen die Avenues, die von Ost nach West durchnumeriert sind. Nur der Broadway, ein ehemaliger Indianerpfad, durchschneidet Manhattan in Diagonalrichtung.

● Diese breiten Längsstraßen tragen Nummern: von der 1st Avenue am East River bis zur 11th Avenue am Hudson River. Die 5th Avenue stellt dabei die Mitte dar und unterteilt Manhattan in East und West.

● Einige Avenues tragen stattdessen oder zusätzlich Namen: York Ave., Lexington Ave., Park Ave., Madison Ave., Avenue of the Americas (6th Ave.), Columbus Ave., Amsterdam Ave., West End Ave.

● Die Hausnumerierung auf den Avenues erfolgt von Süden nach Norden.

● Die Streets werden durch die 5th Ave. in einen westlichen und einen östlichen Abschnitt unterteilt; 59 W 44th Street (Algonquin Hotel) bedeutet also: 44. Straße, westlich der 5th Ave., Hausnummer 59.

● Die Durchnumerierung beginnt mit der 1st Street südlich des Washington Square und reicht bis weit über die 200. Street im Norden.

● Die Hausnumerierung auf den Streets geht von der 5th Avenue aus in jede Richtung!

Manhattan, aber auch die anderen Bezirke des Greater New York, stellen insgesamt die dichteste und umfangreichste Kulturlandschaft der Welt dar. Ihren unverwechselbaren Charakter erhält die Metropole nicht zuletzt auch durch ihre ethnische Vielfalt. Kaum anderswo auf unserem Planeten findet man eine solche Massierung der unterschiedlichsten Hautfarben, Sprachen und Lebensphilosophien. Nahezu alle Religionen sind vertreten und werden in über 3.500 Kirchen, Tempeln o.ä. ausgeübt. Etliche der 130 Hochschulen sind bestimmten ethnischen Gruppen vorbehalten. New York ist übrigens nicht nur die größte Stadt der USA, sondern auch für viele andere Länder ein enorm wichtiger 'Außenposten'. Hier leben z.b. mehr Iren als in Dublin, mehr Juden als in Tel Aviv und immerhin noch mehr Deutsche als beispielsweise in Augsburg!

Für die etwa 20 Millionen Besucher, die aus geschäftlichen oder touristischen Gründen jedes Jahr nach New York kommen, stellt sich die Stadt tatsächlich als der 'Big Apple' dar, der für jeden einen Leckerbissen bereithält. Mit über 100.000 Hotelzimmern und 17.000 Restaurants hat man sich auf diesen Ansturm gut eingestellt. An über 10.000 km Straße können die Kulturbeflissenen in mehr als 150 Museen, knapp 200 öffentlichen Büchereien, mehr als 250 Theatern und anderen Bühnen, 400 Kinos und 500 Galerien ihren Bildungshunger stillen oder in unzähligen Kaufhäusern, Boutiquen, Shops und Märkten einkaufen gehen. Und sich anschließend in 1.543 Parks und Spielplätzen von den Strapazen erholen...

7.1.2 TOURISTISCHE HINWEISE

Informationen
New York Convention and Visitors Bureau, 2 Columbus Circle (südlich vom Central Park), Tel.: 397-8222, Mo - Fr: 9 - 18 Uhr
Times Square Information Centre, Broadway/43rd Street (Times Square), Tel.: 397-8222; 212-245-1212
German Information Center, 410 Park Ave., Tel.: 888-9840

Wichtige Telefonnummern
Notruf (Polizei, Notarzt, Feuerwehr)	911
Auskunft über das **nächste Polizeirevier**	374-5000
Rauschgiftnotdienst	433-2020
Fundbüro	374-5084
Busse/Subway-Information	718- 330-1234
Zeitansage	976-1616
Wettervorhersage	976-1212
Telefonauskunft für Manhattan und Bronx	411

Fluggesellschaften (Auswahl)
American Airlines, 405 Lexington Ave., Tel.: 557-7386
Austrian Airlines, 608 Fifth Ave./49th Street, Tel.: 265-6350
Delta Air Lines, 1 Penn Plaza, 11th floor, Tel.: 704-3125
Icelandair, 630 5th Ave./50th Street, Tel.: 757-8585
Lufthansa, 750 Lexington Ave./59th Street, Tel.: 718-895-1277
Pan Am, 200 Park Ave., Tel.: 880-6445
Swissair, 608 Fifth Ave./49th Street, Tel.: 718-995-8400
United Airlines, 260 Madison Ave., Tel.: 340-9417
USAir, 1 Penn Plaza, Tel.: 736-3238

Flugtickets/Flughäfen
Airlines Ticket Office, 100 E 42nd Street, Tel.: 986-0888
J.F.Kennedy International Airport (JFK), Jamaica, NY 11430, Tel.: 718-656-0888
LaGuardia Airport, Jackson Heights, NY 11370, Tel.: 718-476-5000
Newark International Airport, Newark, NJ, Tel.: 201-961-2000

Busse
In New York fahren über 4.000 Busse auf 200 Routen und einem Netz von tausend Meilen. Routen- und Fahrpläne sind gratis beim Touristenbüro und dem Busbahnhof (s.u.) erhältlich, telefonische Auskünfte unter Tel.: 652-8400. Auf den Bussen sind Nummer, Linie und Endstation angegeben. In Manhattan befahren die einzelnen Linien hauptsächlich die Avenues, also die Nord-Süd-Verbindungen. Der Fahrpreis beträgt $ 1,25, angenommen werden nur Münzen oder ein Subway-Tolken.
Der **Haupt-Busbahnhof** (Port Authority Bus Terminal) **für den Fernverkehr**, also auch für Greyhound-Busse, ist ein mehrstöckiges Gebäude an der 8th Ave./ W 41st Street.
Information über Busverbindungen zu den drei Internationalen Flughäfen: Port Authority of New York and New Jersey Tel.: 800-247-7433. Informationen über Überland- und Sightseeing-Busverbindungen u.a. bei Greyhound Travel Services, 525 11th Ave., Tel.: 971-6306 und Gray Line, 254 W. 54th Street, Tel.: 397-2620

Taxis
New York City Taxi and Limousine Commission, allgemeine Information Tel.: 869-4110; verlorene Gegenstände Tel.: 869-4513; Beschwerden: 869-4237.
Sind in New York in ausreichender Zahl (über 11.700) vorhanden. Man winkt sie auf der Straße heran. Steigen Sie nur in ein gelbes Taxi ("yellow cab") ein und achten Sie darauf, daß der Taxameter ("meter") angestellt ist. Für eventuelle Beschwerden sollten Sie sich die innen und außen angebrachte Registriernummer merken. Die Grundgebühr beträgt $ 1,50, für jede Meile kommen $ 1,25 und jede Minute Wartezeit 60 cents hinzu. Ein Trip von einer Meile kostet etwa $ 3, einer von Manhattan zum JFK-Airport $ 40. Ein Trinkgeld von etwa 15 % wird erwartet. Brücken- oder Tunnelzölle gehen zu Lasten des Kunden, und zwischen 20.00 und 6.00 Uhr wird ein Nachtzuschlag von 50 cents erhoben. Nicht jeder Taxifahrer kennt sich in New York aus oder hat einen Stadtplan dabei, und nicht jeder fährt Sie in jeden gewünschten (beispielsweise sehr gefährlichen) Stadtteil.

Bahnhöfe/Züge
Die zwei größten Bahnhöfe sind: **Grand Central Station** (Park Ave./42nd Street; Vorortzüge und Fernzüge in den Norden und Westen) und **Penn Station** (7th Ave./ 33rd Street, am Madison Square Garden; Züge nach Long Island und Fernzüge in den Süden und Westen). **Fahrpläne und Auskunft** Tel.: 736-4545, **Auskunft der nationalen Bahnlinie AMTRAK**, 1 Penn Plaza, 800-872-7245 oder: 582-6875

Fahrradverleih
Downtown, 546 6th Ave./15th Street, Tel.: 255-5100
Bicycle Habitat, 244 Lafayette Street, Tel.: 431-3315
Midtown Bicycles, 360 W 47th Street/9th Ave., Tel.: 581-4500
Pedal Pusher, 1306 2nd Ave. (Nähe Central Park), Tel.: 288-5592

Mietwagen
Insgesamt gilt: Autofahren in New York ist teuer (Park- und Abschleppgebühren), gefährlich (Diebstahl), nervenaufreibend und - angesichts der Konzentration der Sehenswürdigkeiten und des gut ausgebauten U-Bahn- und Bus-Systems - überflüs-

sig. Für Ausflüge in die nähere oder weitere Umgebung jedoch möchte mancher nicht auf einen Mietwagen verzichten. An den Flughäfen und vielen Stadtbüros sind die großen Mietwagenfirmen vertreten, lokale Anbieter haben aber manchmal günstigere Preise, die über Kleinanzeigen in den Zeitungen zu erfahren sind. Achten Sie beim Vergleich der ständig wechselnden Tarife auf Versicherungen und freie Meilenzahl. Einige Telefonnummern:

Avis	1-800-331-1212	Hertz	1-800-654-3131
Budget	807-8700	National	1-800-328-4567
Dollar Rent-A-Car	567-0600	Olins Rent-A-Car	581-6161

Banken, Geldumtausch

In der Finanzmetropole New York ist die Bankenkonzentration natürlich sehr groß. Die meisten Banken haben Mo - Fr 9.00 - 15.00 h geöffnet, einige auch Sa vormittags. Umtausch von Fremdwährung (foreign currency) in US $ ist (gegen hohe Gebühr) in einigen Banken, auf dem JFK-Airport und u.a. in folgenden Wechselstuben möglich:
Chequepoint USA, 551 Madison Ave./55th Street, tägl. geöffnet
Freeport Currencies, 3 W 46th Street, Mo - Fr 9.00 - 18.00 h, Sa 10.00 - 15.00 h
People's Foreign Exchange, 104 E 40th Street, Mo - Fr 9.00 - 18.00 h, Sa 10.30 - 15.00 h
Harold Reuter & Co. Inc., 200 Park Ave./45th Street (Pan Am Building, Room 332), Mo - Fr 8.00 - 17.00 h
DEAK International, 12 Niederlassungen im JFK-Airport, in Manhattan: Herald Center (1 Herald Square); Rockefeller Center; Grand Central Station; 29 Broadway, Mo - Fr 9.00 -17.00 h

Konsulate
Deutschland:	460 Park Ave./57th Street, 17. Stock, Tel.: 308-8700
Österreich:	31 E 69th Street, Tel.: 737-6400
Schweiz:	645 Fifth Ave./53rd Street, Tel.: 758-2560

Krankenhäuser (Auswahl)
St. Vincent's Hospital, 7th Ave./11th Street, Tel.: 790-7000
Bellevue Hospital Center, 1st Ave./27th Street, Tel.: 561-4141
Manhattan Eye, Ear and Throat Hospital (Hals-, Nasen- und Ohrenklinik), 210 E 64th Street, Tel.: 838-9200
Lenox Hill Hospital, Park Ave./77th Street, Tel.: 794-4567

Hotels/Motels

Angesichts der ungeheuren Fülle von Hotels und Motels und andererseits wegen der stetigen Veränderungen der Szenerie durch Besitzerwechsel, Renovierungen u.ä. ist eine zutreffende und aktuelle Hotelbeschreibung kaum möglich. Beispiele dafür sind Nobelhotels wie die weltberühmten "Plaza" oder "Waldorf Astoria", genauso aber auch Häuser der unteren Kategorie wie das "Century Paramount", die alle in den letzten Jahren aufgekauft und umfassend renoviert wurden und die ein neues Gepräge bekamen.
Wer einen New York-Aufenthalt plant, sollte jedenfalls die Frage der Unterkunft schon vor der Abfahrt gelöst haben. Die Prospekte der europäischen Reiseveranstalter enthalten in der Regel gut ausgewählte Hotels und zuverlässige Beschreibungen, so daß man vor unangenehmen Überraschungen sicher ist. Wer vor Ort eine Unterkunft sucht, muß damit rechnen, viel Zeit zu verlieren und evtl. auch überhöhte Preise zu zahlen. Vor einem allzu leichtfertigen Eingehen auf Zimmerangebote auf der Straße sei gewarnt!
Ob nun zu Hause oder in New York gebucht - eines wird der Aufenthalt sicher nicht: billig! Denn die Zimmerpreise der Ostküstenmetropole sind die höchsten der USA, verursacht u.a. durch die hohe City-Tax. Wer nicht auf die äußeren Boroughs ausweichen will, wird schwerlich ein Zimmer unter $ 50,- p.P. bekommen und muß dabei noch Abstriche hinsichtlich Komfort und Sauberkeit machen. Bei der Standortwahl ist darauf zu achten, daß das Hotel natürlich in Manhattan liegen

sollte und hier möglichst in **Midtown**, um eine gute Ausgangsbasis für die verschiedenen Stadtexkursionen zu haben.

Aus der nachgerade unüberschaubaren Fülle ähnlicher oder gleichwertiger Hotels stellen folgende eine kleine Auswahl dar:

● **Malibu Studios Hotel***, 2688 Broadway, Tel.: 222-2954. Einfache Zimmer (Studios mit Bad und Küche auf Anfrage) auf der Upper West Side, Nahe zum Central Park und Times Square, für junges Publikum ohne große Ansprüche geeignet. 100 Zimmer, Einzel ab $ 25, Doppel ab $ 45.

● **Tudor****, 304 E 42nd Street, Tel.: 986-8800. Inmitten der "Tudor-City" in der Nähe der UN gelegen, verbreitet das etwas heruntergekommene Haus aus den 20er Jahren den Charme einer englischen Burg. Mittelklasse, schöner Dachgarten, relativ ruhige Umgebung. 253 Zimmer und 60 Suiten. Einzel ab $ 65, Doppel ab $ 85.

● **The Carlton****, 22 E 29th Street/Madison Ave., Tel.: 532-4100. 450-Zimmer-Hotel der Mittelklasse in einem Bau des 19. Jahrhunderts, 1989 renoviert, schönes Ambiente mit edlen Materialien, nahe des Empire State Buildings gelegen. Einzel ab $ 85, Doppel ab $ 105.

● **The Paramount****, 235 W. 46th Street, Tel.: 764-5500. Lange Zeit unter dem Namen "Century Paramount" als billiges und etwas schäbiges Hotel bekannt, wurde das alte Haus im Theaterdistrikt 1990 aufgekauft und für 35 Millionen $ modernisiert. Der neue Besitzer, Ian Schrager, managte einst die legendäre Diskothek "Studio 54", und entfernt erinnert das "Paramount" mit seinem ausgefallenem Design daran - eine "Absteige für Aufsteiger", ein Yuppie-Hotel für schmalere Geldbeutel. Die Zimmer (Einzel ab $ 90) sind winzig, aber originell eingerichtet und sauber. Die Lage des 610-Zimmer-Hotels ist zentral: nur ein Block vom Times Square entfernt.

● **The Roosevelt*****, Madison Ave./ 45th Street, Tel.. 661-9600. Das große Mittelklasse-Hotel mit seinen 1.070 Zimmern und 43 Suiten liegt zentral an der geschäftigen Madison Avenue. Architektonisch anspruchsvolles Ambiente mit vielen Art Deco - Feinheiten, gutes Restaurant mit Seafood und kreolischen Spezialitäten. Einzel ab $ 99, Doppel ab $ 119.

● **Doral Inn*****, 541 Lexington Ave., Tel.: 755-1200. Gegenüber dem Waldorf Astoria und nahe zur Grand Central Station oder UN gelegenes 696-Zimmer-Hotel. Zweckmäßig eingerichtet, Fitneß Center, obere Mittelklasse. Einzel ab $ 130, Doppel ab $ 140.

● **Morgans******, 237 Madison Ave./38th Street, Tel.: 686-0300. Gleicher Besitzer wie das "Paramount", ähnliche Philosophie und exzentrisches Design, nur etwas größere Zimmer, etwas exklusivere Einrichtung und bekanntere Gäste (aus der Musik-, Kunst- und Filmszene). Zentral in der Nähe des PanAm Building gelegen, 154 Zimmer und Suiten. Einzel ab $ 160, Doppel ab $ 220.

● **Grand Hyatt******, Park Ave./42nd Street, Tel.. 883-1234. Glitzerpalast des Baulöwen Donald Trump, riesige begrünte Lobby mit Wasserfall, modern und luxuriös eingerichtet, zentrale Lage an der Grand Central Station, 1.407 Zimmer und Suiten der First-Class-Kategorie. Einzel ab $ 195, Doppel ab $ 225.

● **Marriott Marquis******, 1535 Broadway, Tel.: 398-1900. Direkt am Times Square im Theaterdistrikt gelegenes Luxushotel, erlebnisreiche Architektur mit gläsernen Aufzügen, mehreren Lounges, vier Restaurants (darunter New Yorks einziges Drehrestaurant), 1.876 Zimmer und Suiten. Broadway-Theater im Haus, u.a. deswegen auch viel Trubel. Einzel ab $ 220, Doppel ab $ 245.

● **Waldorf-Astoria****** (Waldorf Towers), 301 Park Ave./50th Street, Tel.: 335-3000. Traditionsreiches Haus von Weltruf, nunmehr Flaggschiff des Hilton-Konzerns, herrliche Art-Deco - Ausstattung, vier vorzügliche (und nicht zu teure!) Restaurants, 1.753 unterschiedlich große und ausgestattete Zimmer oder Suiten. Einen besonders eleganten Trakt stellen die oberen Stockwerke (ab 28. Etage) dar, die als "Waldorf Towers" einen separaten Eingang und eigenen Hotelbetrieb haben. Für sie lohnt sich nach der Devise "wenn schon, denn schon" die Mehrinvestition von $ 70 p.P. Übernachtungspreise für die Waldorf Towers: Einzel ab $ 260, Doppel ab $ 280.

● **The Pierre******, 2 E 61st Street/5th Ave., Tel.: 838-8000. Zusammen mit dem Waldorf-Astoria die große alte Dame der Hotellerie, nach Aufkauf durch Donald Trump modernisiert, aber immer noch mit alteuropäischer Eleganz. Insbesondere die Rotunda und die geräumigen Zimmer im Chippendale-Stil und mit herrlichem Blick auf den Central Park sind einzigartig. 205 Zimmer und Suiten, Einzel ab $ 265, Doppel ab 295.

 Jugendherbergen/YMCA
Eine Jugendherberge (New York International Youth Hostel) mit 480 Betten in kleinen 2 - 8 Personen - Schlafräumen befindet sich auf 891 Amsterdam Ave., Ecke W 103rd Street. Für Inhaber des Internationalen Jugendherbergsausweises beträgt der Übernachtungspreis $ 19,-, eine Altersgrenze gibt es nicht.
Komfortabler sind die **YMCAs** (Young Men's Christian Association) und **YWCAs** (Young Women's Christian Association), die ebenfalls keine Altersbeschränkung haben. Sie verfügen über Einzel- und Doppelzimmer, viele darüberhinaus über Schwimmbäder, TV, Gemeinschaftsräume usw. und bieten das wohl beste Preis-Leistungs-Verhältnis aller Unterkunftsarten. Gute Möglichkeiten, Kontakte zu knüpfen. Und vor Diebstählen ist man auch im Waldorf-Astoria nicht sicher...
YMCAs, die für Männer und Frauen geöffnet sind:
YMCA Sloane House, 356 W 34th Street, Tel.: 760-5860; zentral, 1.400 Einzelzimmer (!), Sauna, Fitness-Center, ca. 30 $ Einzel
YMCA Vanderbilt, 224 E 47th Street, Tel.: 755-2410; am Grand Central Station, Schwimmbad u.a., ca. 28 $ Einzel
YMCA West Side, 9 W 63rd Street, Tel.: 787-4400; am Central Park, Schwimmbad, Sauna etc., ca. $ 30 Einzel

 Reisezeit
Eine "Stadt, die niemals schläft", ist natürlich an keine Saison gebunden. Besonders angenehm ist jedoch der Frühling ab Mitte April und der warme "Indian Summer" (September und Oktober). Im Juli und August kann es unangenehm schwül und heiß sein, zwischen Januar und März sehr kalt mit Schnee und Eis.

 Restaurants
Bei 17.000 Imbißständen und Restaurants sollte New York eigentlich jedem Geschmack etwas bieten können. An wohl kaum einem anderen Platz in der Welt gibt es eine solch dichte Konzentration von Gaststätten und eine solche Vielfalt: ob griechisch, ägyptisch, syrisch, koscher, deutsch, englisch, irisch, australisch, brasilianisch usw. - alle Küchen sind hier vertreten.
Die folgende Auswahl ist für besondere Anlässe gedacht und orientiert sich sowohl an den derzeitigen New Yorker Spitzenrestaurants als auch an einer möglichst breiten ethnischen Streuung. Bei fast allen aufgeführten Häusern ist eine **Reservierung** anzuraten. Die Preisangaben verstehen sich nur als Anhaltspunkt, mit wieviel Dollar man für eine Mahlzeit (ohne Getränke, Tax und Service) **mindestens** rechnen muß! Der Zusatz 'Haus der oberen 20' orientiert sich an der Einschätzung des Guide Michelin und des "Millau-Guides New York".

Reisenden, die an New York vor allem auch wegen der kulinarischen Genüsse interessiert sind, sei dieses Buch ohnehin ans Herz gelegt:
Gault Millau: Guide New York. Der Reiseführer für Gourmets. München 1989
● **Acquavit**, 13 W 54th Street, Tel.: 307-7311. Das wohl beste skandinavische Restaurant der Neuen Welt, arktische Wildgerichte, Fisch, Beeren, Smorgasbord etc.. Nordisch-schlichte Eleganz der Einrichtung, Wasserfall und Glas-Atrium. Menü ab $ 55, Sa abends und So geschlossen.
● **Anatolia**, 1422 3rd Ave./81st Street, Tel.: 517-6262. Bestes türkisches Restaurant der Stadt, hervorragende Vorspeisen. Gemütliche Atmosphäre, vorwiegend junges Publikum, ab $ 30.

- **Arcadia**, 21 E 62nd Street, Tel.: 223-2900. Verfeinerte amerikanische Küche, kleines und vorzügliches Restaurant der oberen 20. Ab $ 35, So geschlossen.
- **Bangkok House**, 1485 First Ave./78th Street, Tel.: 249-5700. Bestes thailändisches Haus der Stadt, angenehme Ausstattung, gute Fisch-, Seafood- und Hühnchengerichte, ab $ 20.
- **Le Bernardin**, 155 W 51st Street, Tel.: 489-1515. Berühmtes Feinschmeckerrestaurant mit französischer Küche (Fischgerichte), luxuriöses Ambiente, Haus der oberen 20. Ab $ 35, So geschlossen.
- **Café de Bruxelles**, 118 Greenwich Ave./13th Street, Tel.: 206-1830. Gemütliches Abendrestaurant mit belgischer Küche, herrliche Muscheln und Bouillabaisse, gutbürgerliche Einrichtung in einem dreieckigen Raum, ab $ 34.
- **Chanterelle**, 2 Harrison Street, Tel.: 966-6960. Zusammen mit dem Lafayette und Le Cirque an der Spitze der New Yorker Gastronomie, kleines Abendrestaurant mit französischer und neuer amerikanischer Küche. Ab $ 80, So und Mo geschlossen.
- **Le Cirque**, 58 E 65th Street/Park Ave., Tel.: 794-9292. Restaurant der Superlative, vielleicht das beste der Stadt und Amerikas, französische und italienische Küche, legendäre Speise- und Weinkarte. Ab $ 120, So geschlossen.
- **Dawat**, 210 E 58th Street, Tel.: 355-7555. Das wohl beste indische Restaurant der Stadt mit u.a. vorzüglichen Gemüsegerichten, ab $ 30.
- **Harlequin**, 569 Hudson Street, Tel.: 255-4950. Das beste spanische Restaurant New Yorks, sehr gute Fischgerichte und Paella, ab $_30.
- **Indochine**, 430 Lafayette Street, Tel.: 505-5111. Sehr gutes Restaurant mit der wohl besten vietnamesischen Küche der Stadt, elegante Einrichtung, ab $ 40.
- **King Fung**, 20 Elizabeth Street/Canal Street, Tel.: 964-5256/57. Kulinarischer Höhepunkt Chinatowns, endlose Speisekarte mit u.a. vorzüglichen Fischgerichten, überladen-chinesische Einrichtung, ab $ 30.
- **Lafayette**, 65 E 56th Street/Park Ave., Tel.: 832-1565. Feinschmeckerrestaurant im "Drake Hotel", mit die erste Adresse von New York, beste französisch-elsässische Küche mit internationaler Reputation. Ab $ 50, So geschlossen.
- **Lola**, 30 W 22nd Street, Tel.: 675-6700. Interessantes Lokal mit karibisch-brasilianischer Küche, exotische Gemüse und Gewürze, recht einfache Einrichtung, jugendlich-saloppes Ambiente, ab $_50.
- **Mitsukoshi**, 461 Park Ave./57th Street, Tel.: 935-6444. Eines der besten der ohnehin sehr guten japanischen Restaurants, vorzügliche Sushi und Seafood. Ab $ 30, So geschlossen.
- **Nippon**, 155 E 52nd Street/Lexington Ave., Tel.: 758-0226. Edles, elegant-dezentes Restaurant mit Höhepunkten der japanischen Küche, eine Freude für Augen und Gaumen, Haus der oberen 20. Ab $ 55, Sa abends geschlossen.
- **Oyster Bar & Restaurant**, 42nd Street/Vanderbilt Ave. (Grand Central Station), Tel.: 490-6650. Bahnhofsgaststätte mit der besonderen Note, frischester Fisch außerhalb des Hafens, interessante eingewölbte Halle, oft - zu Recht! - überfüllt. Ab $ 50, Sa und So geschlossen.
- **Palio**, 151 W 51st Street, Tel.: 245-4850. Postmoderner Eßpalast mit italienischer Kunst und Küche, exquisiter Salat mit frutti di mare. Ab $ 40, Sa und So abends geschlossen.
- **Pamir**, 1437 2nd Ave./74th Street, Tel.: 734-3791. Kulinarische Genüsse aus Afghanistan, sehr gute Vorspeisen und Kebabs, dunkel-orientalisches, aber gemütliches Ambiente, ab $ 30.
- **Parioli Romanissimo**, 24 E 81st Street/5th Ave., Tel.: 288-2391. Neue Haute Cuisine aus Italien, elegantes Abendrestaurant der oberen 20 mit (evtl.) berühmten Tischnachbarn. Ab $ 80, So und Mo geschlossen.
- **The Russian Tea Room**, 150 W 57th Street/6th Ave., Tel.: 265-0947. Zwar nicht die letzte Offenbarung für Gourmets, aber als lebende Legende mit ständig anhaltender Beliebtheit bietet das "RTR" ansprechende russische Gerichte wie Borschtsch, Piroggen, Kaviar und Blinis, ab $ 30.
- **Sabor**, 20 Cornelia Street, Tel.: 243-9579. Kleines Abendrestaurant mit sehr gutem kubanischen Essen, ab $ 45.

● **Tavern of the Green**, Central Park, West & 67th Street, Tel.: 873-3200. Einziges, wunderschönes und als New Yorker Institution weithin bekanntes Restaurant im Central Park, nach Jahren der kulinarischen Diaspora nunmehr auf dem Weg nach oben, weite Bandbreite von einfachen bis exquisiten Gerichten, ab $ 25.

● **Windows on the World**, One World Trade Center, 107. Stock, Tel.: 938-1111. Höchstgelegenes Restaurant mit grandioser Aussicht auf New York, durchaus solide und gute Küche, enorme Weinkarte, ab $ 55.

Bars/Discos

Das legendäre Nachtleben des Big Apple bedarf keiner gesonderten Erwähnung. Derjenige, für den das Trinken in geschmackvoller oder aufregender Umgebung ein Hauptreisegrund ist, sollte sich vor Ort das Buch: Sandy Stern, **Cheers - A Guide to Drinking in New York**" besorgen und eingehend studieren. Etwa 250 der besten Bars werden dort getestet und ausführlich beschrieben.

In vielen **Bars** bekommt man zur "Happy Hour" Getränke zu ermäßigten Preisen, und oft ist es auch möglich, Snacks oder richtige Menüs zu ordern. Der Süden Manhattans (z.B. Greenwich Village) ist immer noch der beste Ort, um sich in Kneipen zu vergnügen. Das gilt auch für Blues- und Jazz-Enthusiasten, da die meisten der berühmten Clubs in Harlem nicht mehr existieren oder dorthin umgezogen sind. Zu den "Clubs" zählen jene Bars, in denen Musik geboten wird und wo man dementsprechend auch Eintritt bezahlen und/oder während der Vorstellung essen muß. Man erkundige sich vorher in der Tagespresse - z.B. in der "New York Times" oder der "Village Voice" -, welche Bands welches Programm bieten.

Sehr viel höher ist der Eintritt bei den **Diskotheken**, von denen einige zu Kultinstitutionen der Neuen Welt aufgestiegen sind. Selbst wer hier die ca. $ 15 - 40 Eintritt gezahlt hat und die selbstherrlichen Türsteher passieren konnte, hat keinen Anspruch auf die persönliche Bekanntschaft mit Mick Jagger, dafür aber auf wahnwitzige Lichteffekte und hohe Getränkepreise. Aus den zehntausenden Möglichkeiten, einen Abend in Gesellschaft zu verbringen, enthält die folgende Aufstellung eine minimale und willkürliche Auswahl:

● **Area Nightclub**, 157 Hudson Street, Tel.: 226-8423. Teure In-Diskothek mit viel Spielraum für alle exhibitionistischen Neigungen.

● **Blue Note Jazz Club & Restaurant**, 131 W 3rd Street/6th Ave., Tel.: 475-8592. Legendärer Jazz-Club mit Top-Vorstellungen, Eintritt variiert je nach Band (mindestens $ 5), Restaurant, Sa und So Jazz Brunch und Matinee.

● **Café Un Deux Trois**, 123 W 44th Street/6th Ave., Tel.: 354-4148. Keine Bar, sondern ein geschmackvolles Café (Drinks, Cocktails, Suppen, Dinner etc.) mit interessanten Gästen. Die Tischdecken darf man mit Buntstiften bemalen. Nach Theaterschluß ziemlich voll.

● **Club Paradise**, 15 Waverly Place, Tel.: 533-3048. Kühle Cocktails und heiße Musik mit afrikanischen und karibischen Gruppen.

● **Dan Lynch's Blues Bar**, 221 2nd Ave./13th Street, Tel.: 677-0911. Für Liebhaber des guten alten Blues.

● **Hard Rock Café**, 221 W 57th Street/7th Ave., Tel.: 489-6565. Legendäre Institution mit ohrenbetäubender Musik, Snacks, jungem Publikum und "Rock-'n'-Roll-Museum". Regelmäßig überfüllt.

● **Limelight**, 47 W 20th Street, Tel.: 807-7850. Wie das Underground zwar jünger als das "Studio 54", aber inzwischen auch schon betagt. Trotzdem sieht man noch den ein oder anderen Star. Tanz auf zwei Etagen in einer umgebauten neugotischen Kirche, Eintritt $ 15-20.

● **Lonestar Roadhouse**, 240 W 52nd Street, Tel.: 245-2950. Bar-Restaurant mit fast täglichen Live-Konzerten unterschiedlicher Stilrichtung, meistens Country-Music für den Cowboy mit Heimweh.

● **Michael's Pub**, 211 E 55th Street, Tel.: 758-2272. Jazzkneipe mit Live-Vorstellungen, meistens Dixieland. Populärster 'Musiker' ist Woody Allen. Eintritt $ 10.

● **Peculier Pub**, 182 W 4th Street. Studenten-Kneipe mit beträchtlichem internationalem Bierangebot (mehr als 250 Sorten).

● **Sounds of Brazil**, 204 Varick Street/W. Houston, Tel.: 243-4940. Mit seiner explosiven Mischung aus Restaurant/Nachtclub/Tanz und brasilianischer und afrikanischer Musik hat das "S.O.B.'s" nach wie vor Erfolg.

● **The Tunnel**, 220 12th Ave./27th Street, Tel.: 244-6444. Spartanisch eingerichteter, aber begehrter Nachtclub mit Diskothek in einem stillgelegten Eisenbahntunnel, Eintritt $ 20.

● **Underground**, 860 Broadway/17th Street, Tel.: 254-4005. Unterirdische zweistöckige Diskothek, spektakuläre Lightshows.

● **Village Vanguard**, 178 7th Ave./11th Street, Tel.: 255-4037. Als einer der ältesten Jazzkeller der Stadt mit gleichbleibend niveauvollem Programm eine 'Muß' für Fans, die keine fanatischen Nikotingegner sind. Eintritt $ 10.

Einkaufen

Bei einem Einkaufsparadies wie New York, das über ein Warenangebot verfügt wie wohl kein zweiter Ort auf der Welt, verbietet es sich fast von selbst, irgendwelche Sparten oder einzelne Unternehmen hervorzuheben. Im wöchentlich erscheinenden "Official City Guide" oder anderen kostenlosen Stadtführern wird auf Dutzenden, wenn nicht hunderten Seiten ein Überblick gegeben, der allerdings niemals vollständig sein kann. Wer auf der Suche nach bestimmten Antiquitäten oder Kunst ist, billig eine Kamera oder einen Walkman erstehen möchte, sich mit der neuesten Mode (avantgardistisch oder klassisch) eindecken will, oder sich endlich die lange gesuchte Schallplatte (oder ein Buch oder Westernstiefel oder witzige Spielsachen oder Erotisches usw.) leisten möchte - die Chancen stehen nicht schlecht, in New York fündig zu werden. Und das rund um die Uhr, weil Ladenschlußzeiten deutscher Art unbekannt sind und selbst die großen Warenhäuser oft sonntags geöffnet haben.

● "Schnäppchen" macht man auf den vielen **Flohmärkten**, unter denen die bekanntesten sonntags auf der Columbus Ave./76th Street (9 - 18 Uhr) oder samstags und sonntags auf der 6th Ave./25th Street und auf der Canal Street/Greene Street stattfinden.

● Den Eindruck einer **Ladenstraße**, wie es sie früher in der ganzen Stadt gegeben hat, also mit Lebensmitteln, billiger Mode und Schuhen, Second Hand, Trödel usw., bekommt man am authentischsten in der Orchard Street.

● Mehr Geld anlegen muß man da in den **Modeboutiquen**, die es konzentriert auf der 5th Avenue, der Lexington Avenue, der Park Avenue und vor allem der Madison Avenue (besonders nördlich der 68th Street) sowie in SoHo gibt.

● **Kunst** sieht und kauft man in den Galerien von Greenwich Village, SoHo und 57th Street.

● **Kameras**, HiFi und Videogeräte u.a. auf der 45th/47th Street und rund um den Times Square.

● Qualitätsvoller **Schmuck** ist bei den jüdischen Juwelieren auf der "Diamonds Row" (47th Street zwischen 5th und 6th Ave.) erhältlich oder, viel teurer, bei "Tiffany" und "Cartier".

● Und wer sich zuerst einmal einen generellen Überblick verschaffen möchte, sei an die großen **Warenhäuser** verwiesen: "Bloomingdale's" (Block zwischen Lexington und 3rd Ave./ 59th und 60th Street; auch So 12 - 17 Uhr geöffnet), "Macy's" (Block zwischen Broadway und 7th Ave./ 34th und 35th Street; auch So 10 - 18 Uhr geöffnet) und "Saks Fifth Avenue" (5th Ave. zwischen 49th und 50th Street).

Veranstaltungen

Bekanntermaßen ist in New York immer etwas los, und immer hat man die Qual der Wahl, ob man eine Veranstaltung im Madison Square Garden, in der Radio Music City Hall, der Carnegie Hall, der Metropolitan Opera, dem State Theatre, einem Broadway oder Off-Broadway-Theatre oder in einem der unzähligen kleineren Clubs besucht. Hinweise zu diesen Veranstaltungen bieten die Tageszeitungen, der kostenlose wöchentliche Stadtführer "Official City Guide" und die Ticketbüros der größeren Hotels, die auch Eintrittskarten besorgen oder Stadtbesichtigungen etc. vermitteln. Am Times Square und am World Trade Center gibt es zudem **Kartenverkaufsstellen** (TKTS), wo man Eintrittskarten für Abendveranstaltungen zu erheblich billigeren Preisen bekommt - solange der Vorrat reicht! Daneben gibt es etliche Straßenfeste, Flohmärkte, Paraden und andere besondere Anlässe, die immer einen Besuch lohnen. Besonders in den Monaten Juli und August gibt es nach dem Motto "New York is a summer festival" Hunderte von Freiluft-Veranstaltungen, die alle Sparten von Theater, Ballet und Musik abdecken und deren Besuch meist kostenlos ist. Auch sportliche Ereignisse wie der berühmte New-York-Volksmarathon am ersten Sonntag im November, die Tennis-Meisterschaft "U.S. Open" in Flushing Meadows (Queens), bedeutende Basket Ball-, Baseball- und Football-Spiele u.v.m. ziehen immer wieder Besucher aus allen Teilen der USA, aber auch aus Übersee an.

Die folgende kleine Auswahl stellt die **wichtigsten öffentlichen Veranstaltungen** mit Volksfestcharakter in chronologischer Anordnung dar:
● **Chinesisches Neujahrsfest:** Hauptfest der chinesischen Gemeinde, an dem 10 Tage lang in Chinatown (besonders: Mott Street) Umzüge, Tänze, Festessen und Feuerwerke abgehalten werden. Termin: Erster Vollmond nach dem 19. Januar; Auskunft: 226-6280.
● **St.Patrick's Parade:** Den Namenstag ihres Nationalheiligen feiert die große irische Gemeinde durch eine traditionelle Parade auf der 5th Ave. (zwischen 44th und 96th Street), einem Meer von grünen Farben und beträchtlichen Mengen Guinness und Whiskey. Termin: 17. März.
● **Easter Parade:** Blumen, Promenieren, Modeschauen - auf der 5th Ave. und um sie herum. Termin: Ostern.
● **Independence Day:** Amerikanischer Nationalfeiertag mit Paraden, Reden und Versammlungen im historischen Zentrum (ab 12.00 Uhr im Battery Park/City Hall) sowie Schiffsparade und abends großem Feuerwerk auf dem Hudson. Termin: 4. Juli; Auskunft: 695-4400.
● **Festa di San Gennaro:** Größtes Fest der italienischen Gemeinde zu Ehren des italienischen Schutzpatrons Januarius. An den religiösen Gehalt erinnert die farbenprächtige Prozession, und darüberhinaus wird für 11 Tage ganz Little Italy (besonders: Mulberry Street) zum Schauplatz einer lebhaften Fete. Termin: 19. September; Auskunft: 226-9546.
● **Steuben-Parade:** Deutsch-amerikanische Parade mit militärischen Ehren und Ausgelassenheit auf der 5th Ave. Erinnert werden soll eigentlich an den Unabhängigkeitskrieg und den deutschen Beitrag dazu unter Hauptmann Friedrich Wilhelm von Steuben. Termin: Dritter Sonntag im September.

● **Thanksgiving Parade:** 'Erntedankfest' amerikanischen Stils mit Mickey-Mouse-Parade und hunderttausenden von Zuschauern. Das vielleicht wichtigste Fest nach Weihnachten wird ab 9.30 Uhr am Central Park West zelebriert, dann in einer Parade den Broadway hinunter bis zum Kaufhaus "Macy's" auf der 34th Street. Termin: letzter Donnerstag im November.
● **Christmas-Spektakular:** Grandioses Straßenfest in der ganzen

Thanksgiving Parade am Kaufhaus Macy's

Stadt (besonders: 5th Ave. zwischen 34th und 57th Street), das nur noch entfernt an Weihnachten erinnert. Paraden, Verkaufsbuden, Weihnachtsmänner und -songs, der große Weihnachtsbaum vor dem Rockefeller Center und entsprechende Dekorationen in allen Geschäften. Termin: Die beiden letzten Wochen vor Weihnachten, besonders dritter und vierter Advent.

● **New Years Eve:** Hektisches und gedrängtes Silvesterfest mit viel Alkohol und Verkleidung, besonders Feuerwerk im Central Park und Lichterball am Times Square. Termin: 31. Dezember.

☞ **Redaktions-Tips:**

★ Übernachtung im Carlton oder Roosevelt Hotel;
★ zu Fuß gehen und längere Strecken mit Subway oder Bussen zurücklegen;
★ Abendessen in der Oyster Bar und anschließend auf das Empire State Building;
★ Manhattan Rundfahrt auf einem Schiff der Circle Line;
★ Besuch einer Broadway Show und danach ins Café Un Deux Trois;
★ Spaziergang über die Brooklyn Bridge;
★ Teilnahme an einem Gospel Gottesdienst in Harlem.

7.1.3 GESCHICHTE

Wer kennt nicht Frank Sinatras "New York, New York" (gemeint ist ja die Stadt New York im Staate New York) oder einen anderen der vielen Songs, die diese Stadt zum Thema haben. Oder wer kennt nicht etliche der unzähligen Filmszenen, die hier gedreht worden sind. Der Mythos dieser glitzernden Metropole ist ungebrochen, und immer noch kann New York als 'Welthauptstadt' gelten. Als solche löste es nach der Jahrhundertwende die europäischen Städte Paris, London und Berlin ab, ohne selbst allerdings politische Hauptstadt eines Landes zu sein.

Ein historischer Überblick macht deutlich, wie rasant der Aufstieg New Yorks zu dieser Rolle verlief, aber auch, daß nicht immer die Geschichte der Stadt mit der Geschichte des umgebenden Landes identisch war. Er zeigt, daß der Weg von den Wigwams der Mana-Hatta-Indianer über die Handelsstation der Holländer und die englische Kleinstadt bis hin zur größten Stadt Amerikas und dann sogar der Welt nicht ohne Brüche, Rückschläge und Katastrophen verlief, aber doch recht geradlinig und vor allem erstaunlich schnell.

Als erster Europäer sichtete wohl der Italiener in französischen Diensten, **Giovanni da Verrazano**, im Jahre 1524 die Insel Manhattan. Es sollte dann aber noch 85 Jahre dauern, bis mit dem Briten **Henry Hudson** tatsächlich ein Europäer seinen Fuß auf New Yorker Boden setzte. Hudson segelte im Auftrag der holländischen Ostindiengesellschaft und suchte eigentlich die Nord-West-Passage nach China. Nach Abbruch seines erfolglosen Unternehmens stattete er auf dem Heimweg Manhattan einen erneuten Besuch ab und segelte von dort nach Europa zurück. Seine Berichte hatten bald die ersten zaghaften Besiedlungsversuche durch **Holländer** zur Folge, und bereits 10 Jahre später, im Jahre 1619, wohnten Europäer und auch schon die ersten schwarzen Sklaven in New York. Das Land war natürlich nicht unbewohnt, sondern Heimat der Algonquin-Indianer vom Stamm der Mana-Hatta. Hier gelang es 1626 **Peter Minnewit** aus Wesel, den Eingeborenen für Glasperlen und Werkzeuge im Wert von 60 Gulden (heute findet man für diesen Preis schwerlich ein Hotelzimmer in New York!) jene New Yorker Insel abzukaufen, die noch heute seinen Namen trägt. Der kleine Ort mit den wenigen Hundert holländischen Siedlern wurde hingegen "**Nieuw Amsterdam**" getauft. Dank der Handelstätigkeit der Ostindiengesellschaft blühte das Gemeinwesen binnen kurzer Zeit auf und entwickelte lebhafte Beziehungen zu anderen amerikanischen Siedlungen, Indianern und überseeischen Partnern. Da die ehemaligen 'Besitzer' der Insel nun nicht weiter wichtig waren und sich nicht immer an die europäische Auffassung von Eigentum hielten, massakrierten die Holländer 1643 kurzerhand etwa 120 schlafende Manna-Hattas und brachten im daraufhin ausbrechenden Indianerkrieg mindestens 400 weitere Ureinwohner um. Gleichzeitig (1646) entstand in der Nähe in "Breuckelen" ein weiterer holländischer Ort, der später als "Brooklyn" eine der größten Städte der USA werden sollte. Unter dem diktatorischen **Gouverneur Peter Stuyvesant** (1647 - 1664) bekam Nieuw Amsterdam eine moderne Infrastruktur, Steuergesetze und eine Mauer entlang der heutigen Wall Street zum Schutz gegen Indianer und gegen die Engländer, die bereits auf Long Island Fuß gefaßt hatten. Während sich jedoch die Holländer noch in Sicherheit wiegen konnten, ihre Gutshöfe ("Bouweries") auch jenseits der Mauer bewirtschafteten und dort Dörfer wie "Harlem" gründeten (1658), war in der Alten Welt der zweite Holländisch-Englische-Seekrieg ausgebrochen, in dessen Verlauf sich schließlich auch Stuyvesant 1664 den Soldaten König Charles II. beugen und abdanken mußte. Nach ihrer Eroberung durch eine englische Flotte erhielt so die Kleinstadt auf der Südspitze Manhattans den Namen "New York" - zu Ehren des Herzogs von York, Bruder des englischen Königs und neuer 'Herrscher' über die Kolonie. 1673 gelang es den Holländern zwar noch einmal, die auch unter den Briten prosperierende Stadt einzunehmen und ihr den dritten Namen in ihrer kurzen Geschichte zu geben (nämlich "Nieuw Orange"), doch blieb dies nur ein einjähriges Intermezzo.

Die dauerhaft **englische Periode** der Stadtgeschichte begann also 1674 und reichte etwas mehr als hundert Jahre bis zur Unabhängigkeit. In dieser Zeit erlebten New York und die angrenzenden Gemeinden einen ungeheuren Aufschwung, der die Einwohnerzahl verdreißigfachte und Händler, Glücksritter und Besucher aller Herren Länder nach Manhattan brachte. Die ersten

Zeitungen wurden gegründet (1725 die 'New York Gazette', 1733 das 'New York Weekly Journal' des Deutschen J.P. Zenger) und in zukunftsweisenden Auseinandersetzungen um die Pressefreiheit gerungen. Das erste Theater öffnete 1732 seine Pforten, und 22 Jahre später wurde mit dem 'King's College' der Grundstock zur späteren Columbia-Universität gelegt. Die Stadt erlebte aber auch das despotische Regime des deutschen Fanatikers Jacob Leisler (1689), die grausamen Sklavenmärkte (seit 1711 am Ostende der Wall Street), die blutige Niederschlagung des Sklavenaufstandes von 1712 und die Massenhinrichtungen nach den Revolten von 1743, bei denen Hunderte von Schwarzen gehenkt oder verbrannt wurden.

Dem reichen Bürgertum machten indessen ganz andere Dinge Kopfzerbrechen. Zwar hatte der Hafen New Yorks inzwischen die Konkurrenz aus Boston und Philadelphia aus dem Feld geschlagen und war zu einem der größten Warenumschlagplätze des Kontinents aufgestiegen, zwar florierte nach wie vor die Wirtschaft, und Reeder, Handwerker, Müller und Pelzhändler hatten mehr als genug zu tun, um die Nachfrage zu befriedigen. Die Preise allerdings wurden in London festgelegt, das die Kolonien immer mehr zu bloßen Rohstofflieferanten degradierte, ohne ihnen auch nur das geringste Mitspracherecht einzuräumen. Gegen dieses System setzte man sich auch in New York zur Wehr, wo man z.B., nicht anders als in der berühmteren 'Bostoner Teaparty', englischen Tee ins Wasser warf. Als 1776 die amerikanische Revolution begann, wurde New York sogar kurzzeitig zum Hauptquartier George Washingtons und seiner Truppen. Nach der Niederlage in der Schlacht von Long Island mußte die Stadt jedoch den Engländern überlassen werden, die hier bis zur Kapitulation im Jahre 1781 blieben.

Der Beginn der **amerikanischen Zeit** sah ein ziemlich erbärmliches, durch die englische Besatzung heruntergekommenes, geplündertes und von vielen Einwohnern verlassenes New York. Trotzdem vertrauten die jungen Vereinigten Staaten auf dessen wirtschaftliche Potenz und politische Loyalität, so daß man sie zu Washingtons Regierungssitz und damit zur Hauptstadt des Landes machte. Im Jahre 1800 allerdings verlor New York diesen Status, und da drei Jahre vorher bereits Albany zur Hauptstadt des Staates New York erhoben worden war, spielte die Metropole nun keine übergeordnete administrative Rolle mehr.

Um so mehr erstaunt ihr Wachstum, das in verhältnismäßig kurzer Zeit in der Houston Street die nördliche Stadtgrenze erreichte und diese 1815 überschritt, um dann über das heute noch bestehende Rastersystem der Streets und Avenues immer weiter in den Norden auszugreifen. Trotz Cholera- und Gelbfieberepidemien, trotz unsäglicher hygienischer Zustände und Feuersbrünste war diese Entwicklung durch einen enormen Bevölkerungsanstieg notwendig geworden, der seinerseits durch eine ungehemmte Einwanderung verursacht wurde. Die neuen Bürger kamen zu einem Teil aus Amerika selbst, angezogen von der wirtschaftlich günstigen Situation besonders nach der Eröffnung des Erie-Kanals (1825). Durch die Aufhebung der Sklaverei

(1827) wurden viele ehemalige Sklaven aus den Südstaaten angelockt, und nach dem Bürgerkrieg (1861 - 65) strömten viele Arbeitskräfte in die Stadt. Zum größten Teil aber kamen sie aus dem Osten - also aus der Alten Welt! Nach den gescheiterten europäischen Revolutionen 1848/49 hoben allein die politischen Flüchtlinge die Einwohnerzahl über die 500.000-Grenze, und in der zweiten Hälfte des 19. Jahrhunderts kamen Hunderttausende hinzu, die den sich rapide verschlechternden Zuständen in Deutschland, Irland, Polen, Skandinavien, Rußland und Italien entfliehen wollten. Für sie alle war New York das Tor zur Neuen Welt, das zur ersehnten politischen oder religiösen Freiheit und vor allem zu Arbeit und Wohlstand führen sollte. Wieviele der etwa sieben Millionen Menschen, die bis 1890 das Einwanderungslager "Castle Gardens" (auf der Südspitze Manhattans) passierten, wahrhaftig ihren Traum verwirklicht sahen, bleibt Spekulation. Sicher ist, daß nicht wenige von ihnen später die Slums von New York bevölkerten.

Von diesen Menschenmassen gespeist, ging die Ausdehnung der Stadt in der einzig möglichen Richtung weiter: nach Norden. Die Grenze des inzwischen zur Millionenstadt gewordenen New York markierte zunächst der Central Park, der 1869 eröffnet wurde, bevor die Metropole weiter wuchs, sich mit dem Dorf Harlem vereinigte und die Parkanlage wirklich ins Zentrum verlegte. Erst 1883 gelang durch den Bau der Brooklyn Bridge, damals die längste Brücke der Welt, der Sprung über den East River, der vorher von Fähren und Wetterbedingungen abhängig war. Unter diesen Voraussetzungen dauerte es nicht lange, bis Pläne zur Eingemeindung der umliegenden Städte entworfen und 1898 durch die Schaffung von "Greater New York" (Manhattan, Brooklyn, Bronx, Queens, Staten Island) auch realisiert wurden. Damit war die amerikanische Megalopolis zur zweitgrößten (nach London) und zu Beginn des 20. Jahrhunderts mit fast 5 Millionen Menschen zur größten Stadt der Welt aufgestiegen. Damals lebten auf Manhattan noch etwa 1 Million Menschen mehr als heute - und das, wie man sich leicht denken kann, unter unvorstellbaren hygienischen und sozialen Bedingungen. Bei Hungerlöhnen von 15 $ Wochenlohn (Frauen ein Drittel, Kinder noch weniger) arbeiteten die meisten der Werktätigen in der Textilindustrie, während zugleich die kinderreichen Familien durch Pocken, Typhus und Cholera dezimiert wurden.

Solche Verluste glichen die ständig nachrückenden Einwanderer mehr als aus. Seit 1892 wurde für diese (anstelle der Castle Gardens) die kleine Insel Ellis Island zum Nadelöhr, das ins Gelobte Land führte, begrüßt im übrigen durch die Freiheitsstatue, die seit 1883 den New Yorker Hafen dominierte. Allein im Jahre 1907 wurden über 1.285.000 Immigranten durch Ellis Island geschleust, und bis zum Beginn des Ersten Weltkrieges waren es insgesamt nicht weniger als 12 Millionen, die in New York ihre neue Heimat betraten! Es ist angebracht, angesichts solcher Zahlen tatsächlich von einer Völkerwanderung zu sprechen. Wenn natürlich auch nur ein geringer Prozentsatz davon in der Metropole selbst blieb, bedeuteten doch allein diese Menschen ein gehöriges organisatorisches, soziales und infrastrukturelles Problem. Die

Installierung der Hochbahn (1871-1954), der U-Bahnen (ab 1904) und der Eisenbahn (Grand Central Station, 1913), der Bau des ersten Kraftwerkes der Welt (durch Charles Edison; 1882) und der Beginn der elektrischen Straßen- und Platzbeleuchtung (Times Square; 1904), die ersten wirklichen Hochhäuser und Appartementhäuser sowie der Bau von Straßen, Tunneln und Brücken - mit all dem versuchte man der Entwicklung Rechnung zu tragen. Daß die Bemühungen nicht ausreichten bzw. dem demographischen Prozeß hinterherhinkten, zeigten in den Jahren 1910-12 soziale Unruhen, die in Ausschreitungen und Streiks mündeten.

Einwanderer-Station Ellis Island

Bei all dem dürfen die Leistungen und Investitionen auf kulturellem Gebiet nicht vergessen werden, denn sie waren es schließlich, die bis heute zum Selbstverständnis einer 'Welthauptstadt' geführt haben (- würde nur die Bevölkerungszahl über ein solches Etikett zu befinden haben, wäre New York heute längst von Städten wie Mexiko-City, Kalkutta, Kairo oder auch Lagos degradiert worden). Der ständige Zuzug von Einwanderern - von Belgiern, Brasilianern, Chinesen, Dänen, Deutschen, Engländern, Griechen, Holländern, Iren, Italienern, Japanern, Juden, Jugoslawen, Kubanern, Mexikanern, Norwegern, Libanesen, Philippinos, Polen, Puertoricanern, Russen, Schotten, Schweden, Spaniern, Ungarn und vielen anderen mehr - bedeutete ja nicht nur gegenseitige Konkurrenz auf dem Arbeitsmarkt, Wohnungsnot und z.T. auch Rassismus, sondern eine einmalige multikulturelle Atmosphäre von sich gegenseitig beeinflussenden Charakteren, Temperamenten, Nationen, Sprachen und Sitten. Im Jahre 1900 erschienen z.B. neben den 25 englischsprachigen New Yorker Zeitungen (die wichtigste, die 'New York

Times', war schon 1851 gegründet worden) bereits etliche andere in der Muttersprache der jeweiligen Leserschaft.

Außerdem entwickelten sich in verschiedenen Bereichen kulturelle Aktivitäten, die New York zu internationalem Ansehen und nicht nur in der Summe, sondern selbst auf jedem einzelnen Gebiet zu Höchstleistungen und Institutionen von Weltruf verhalfen:

● Weit ins 18. Jahrhundert hinein datierte ja die Gründung des 'King's College' und damit die Basis für New Yorks Ruf als '**Stadt der Forschung und Lehre**'.

● Im 19. Jahrhundert bedeutete die Eröffnung von Museen wie dem Natural History Museum (1869) und vor allem dem Metropolitan Museum (1871) die Definition der Metropole als '**Museumsstadt**'.

● Seit der Weltausstellung von 1853 im Crystal Palace und der ersten Autoausstellung im Madison Square Garden (1900) ist New York die wichtigste '**Messe- und Ausstellungsstadt**' der Welt.

● Mit der Eröffnung der Metropolitan Opera im Jahre 1883, fast bedeutender noch mit der "Erfindung" der modernen populären Musik in den Clubs von Harlem und anderer Viertel, wurde New York zur '**Musikstadt**' schlechthin.

● Durch die Eröffnung einer großen Anzahl von Bühnen wurde ebenfalls im 19. Jahrhundert der Ruf der '**Theaterstadt** New York' begründet.

● Und daß darüberhinaus die '**Bankenstadt**', '**Sportstadt**', '**Hotelstadt**' usw. keine kurzlebigen Schlagworte unserer Zeit sind, versteht sich fast von selbst.

Nach 150 Jahren amerikanischer Geschichte konnte sich die Stadt jedenfalls sehen lassen. Sie war nicht nur die weltgrößte Metropole und hatte das höchste Gebäude (Woolworth-Building), die beste U-Bahn und die wichtigste Konzentration kultureller Institutionen überhaupt, sondern war im Ersten Weltkrieg als Haupteinschiffungshafen für Europa auch von zusätzlicher politischer Bedeutung - zudem noch siegreich! - gewesen. Bei einer solchen Bilanz konnte selbst die 1920 eingeführte Prohibition nicht die Freude trüben und das Selbstbewußtsein ankratzen (wozu hatte man auch die etwa 100.000 illegalen Kneipen?!), bis dann im Jahre 1929 allerdings ein Schock ganz anderer Art die Phase des stetigen Aufstiegs beendete.

Als am Freitag, dem 24. Oktober 1929 an der New Yorker Börse ('stock exchange') "der Blutdruck stieg und die Aktienkurse fielen", bedeutete dieser "Schwarze Freitag" das Ende einer glanzvollen Ära, die geprägt war vom ständigen wirtschaftlichen Aufschwung und grenzenlosen Optimismus. Der Börsenkrach hatte seine Auswirkungen auf die Stadt, das Land und die ganze Welt; er leitete die **Weltwirtschaftskrise** ein und machte damit auch deutlich, welcher Stellenwert New York inzwischen als Finanzzentrum zukam. Die Jahre nach dem großen 'Crash' verschärften hier natürlich die ohnehin schon bestehende soziale Misere. Eine Arbeitslosenquote von etwa 25 %, Hunger und Obdachlosigkeit waren Kennzeichen der Depression, die in den nächsten Jahren New York heimsuchte. Daß sich in der gleichen Zeit Chrysler Building und Empire State Building einen teuren Wettlauf um das welthöchste Gebäude lieferten, daß mit dem Bau des Rockefeller Centers begonnen oder daß Nobelhotels wie das neue "**Waldorf Astoria**" (beides 1931) eröffnet werden konnten, steht dazu nicht in Widerspruch; Armut und Reichtum waren immer schon enge Nachbarn.

Fassade der Radio City Music Hall

Die 30er Jahre waren aber mehr als nur wirtschaftlich schwierige Jahre. Ein Großteil des Mythos, der New York bis heute anhaftet, hat seinen Ursprung in dieser Zeit. Ein neuer Bauboom ließ einen "skyscraper" nach dem anderen entstehen, schwindelerregende Türme, wie sie die Welt noch nie gesehen hatte. In Little Italy wurde die Mafia ein Staat im Staate, in Harlems "Cotton Club" spielte Duke Ellington, am Broadway wurde ein Erfolgsmusical durch das nächste abgelöst, und in der "**Radio City Music Hall**" (seit 1932) schrieb man Musikgeschichte. Der "schwarze Bomber" Joe Louis boxte sich zum Weltmeister im Schwergewicht hoch (1937) und Benny Goodman jazzte für das weiße Publikum. Unter Bürgermeister Fiorello LaGuardia wurden Parks, Straßen, Tunnel und Brücken gebaut. Zeppeline am Himmel, die großen Atlantikdampfer im Hafen: Europa machte New York seine Aufwartung. Und als in Deutschland ein kurzes "Tausendjähriges Reich" ausbrach, wimmelte es in der Stadt von Flüchtlingen, unter denen sich einige der größten Geister der Epoche befanden. Sowohl europäische als auch amerikanische Wissenschaftler, Schriftsteller, Architekten, Komponisten und Bildende Künstler gaben sich ein Stelldichein und trugen zu der vielleicht interessantesten kulturellen Atmosphäre des Jahrhunderts bei.

Nach dem Ende des Zweiten Weltkrieges erhielt die **UNO** ihren Sitz in New York (1949, seit 1952 im Komplex am East River), das damit offiziell einen politisch bedeutsamen Part auf internationalem Parkett spielen durfte. Ansonsten wurde in der folgenden Dekade der Grundstein gelegt für einen anderen, negativ besetzten Teil des New York-Bildes: Verkehrskatastro-

phen, Streiks, Rassenunruhen, spektakuläre Morde, Probleme der Abfallbe-
seitigung und vieles mehr. Wohnungsnot und steigende Einwanderungszah-
len aus Puerto Rico und anderen armen, mittelamerikanischen Regionen
führten zu verstärkter Kriminalität. U.a. wegen der sinkenden Lebensquali-
tät New Yorks verließen Hunderttausende, meist Angehörige des Mittelstandes, das Zentrum und zogen in die ruhigen Vororte. Auch Konzerne und
Banken folgten diesem Trend und somit nahm das Steueraufkommen rapide
ab. Tatsächlich waren nach den 'fetten Jahren' des Wachstums die Reserven
der Stadt erschöpft. Unter Bürgermeister Abraham Beame, fünf Jahre nach
der Eröffnung des World Trade Centers, hatte die Stadt im Jahre 1975
Schulden in Höhe von 13 Milliarden $ und stand praktisch vor dem Bankrott.
Nur dadurch, daß Präsident Gerald Ford in letzter Minute einen Sieben-
Milliarden-Dollar-Kredit freigab, konnte dieser abgewendet werden. In der
Folge mußten 20 % der städtischen Bediensteten entlassen werden, was der
Effektivität der Verwaltung natürlich nicht gerade zugute kam. Und nachdem seit dem Regierungsantritt von Ronald Reagan (1981) bundesweit
sämtliche Sozialbudgets drastisch gekürzt worden waren, verlor allein
dadurch New York rund 16 Milliarden $ für den Wohnungsbau. Streiks des
U-Bahn- und Buspersonals (1980) vertieften das negative Image genauso
wie der 27stündige totale Stromausfall im Jahre 1977, während dem es zu
Ausschreitungen und Plünderungen kam. Doch als viele die Stadt schon als
verdrecktes und zahlungsunfähiges Babylon des 20. Jahrhunderts abge-
schrieben hatten, kam New York langsam wieder auf die Beine. Sichtbarster
Gradmesser dafür waren die Wolkenkratzer und Hotelneubauten, die in
Manhattan zu Beginn der 80er Jahre in vorher nicht erreichter Schnelligkeit
und Anzahl hochgezogen und als Prunkpaläste luxuriös ausgestattet wurden.
Unter dem quirligen und populistischen Bürgermeister Ed Koch (1978-89)
schien es langsam wieder aufwärts zu gehen. In den 80er Jahren wurden pro
Jahr rund 60.000 neue Stellen geschaffen, und Männer wie Henry Kravis,
Saul Steinberg und Donald Trump personifizierten das neue Selbstbewußtsein der New Yorker. Auch die Touristen strömten millionenfach in die Stadt
(1980 ca. 14 Millionen!) und trugen ihren Teil dazu bei, daß sich die
städtischen Kassen wieder füllten.

Schien also in der Mitte der 80er die Zeit der Verunsicherung vorbei und die
finanzielle Misere überwunden zu sein, so waren es zwei Dinge, die zum
Ende des Jahrzehnts das Pendel wieder zum Negativen ausschlagen ließen:
● Das Auftauchen der neuen Droge 'Crack',
● **Börsenkrach am "Schwarzen Montag"** im Oktober 1987.

Während die neue **Finanzkrise**, ähnlich wie 1929, Sparmaßnahmen und in
der Folge eine rapide Verarmung breiter Schichten nach sich zog, sorgte die
Droge für eine neue Welle der Kriminalität, wie sie brutaler nicht hätte sein
können. Mit Beginn der 90er Jahre schätzte man die Zahl der Rauschgift-
süchtigen auf mindestens 250.000. Laut dem "New York Magazine" wurden
in der zweiten Hälfte der 80er Jahre in der Stadt jeden Tag 5 Menschen
umgebracht, 9 vergewaltigt und 256 ausgeraubt sowie 367 Autos gestohlen.

1989 wurden insgesamt 712.119 schwere Verbrechen gemeldet, darunter 1.905 Morde. Mehr als 30 Kleinkinder wurden z.B. bei Schießereien im Zusammenhang mit Crack-Drogenhandel verletzt oder getötet. Und die Kriminalität, die bislang die Touristen wenig tangierte, weil sie sich hauptsächlich in den Slums abspielte, ist weiter auf dem Vormarsch: von 1989 zu 1990 stieg die Zahl der Gewaltverbrechen um 60 % an, und zum Tatort wurde immer häufiger das Zentrum von Manhattan. Die Sicherheit der Metropole, die lange Zeit weitaus besser als ihr Ruf war und gegenüber Städten wie Los Angeles, Chicago, Washington, Atlanta und sogar Phoenix ein vergleichsweise friedlicheres Leben garantieren konnte, geht mehr und mehr verloren. Der Ostteil von Brooklyn z.b. ist heute eines der gefährlichsten Wohnviertel der Welt. Und da nimmt es nicht wunder, daß 1984 der Angestellte B. Goetz, der in der U-Bahn auf vier schwarze Jugendliche, von denen er sich bedroht fühlte, einfach mit dem Revolver losgegangen war, im ganzen Land wie ein 'Held' gefeiert und an die Seite von Charles Bronson (= "Ein Mann sieht rot") gestellt wurde.

Mit der Kriminalität hängt eng die Armut zusammen, die erschreckende Ausmaße angenommen hat. Über 100.000 Obdachlose, darunter etwa 16.000 Kinder - das sind Zahlen, die man eher in der Dritten Welt vermuten würde als in der glitzernden Hauptstadt der Banken und des Luxus. Die Subway, mit der jeden Tag übrigens rund 150.000 Menschen schwarz fahren (= ein Verlust von jährlich 60 Mio $), ist mit ihren Zügen, Gängen und Stationen für unzählige Sozialfälle zu einer neuen Heimat geworden. Und auf Avenues und an Plätzen werden Einheimische und Touristen von ganzen Bettler-Heerscharen mit Fragen wie "Can you spare some money?" oder "Some change?" unmittelbar mit dem Problem konfrontiert. Selbsthilfe-Unternehmen wie die Zeitungen 'Street News' und 'Crossroads', die von Obdach- und Arbeitslosen verkauft werden, können das Problem natürlich nicht lösen.

New Yorks Bürgermeister David N. Dinkins

Mindestens genauso schlimm wie Kriminalität und Armut, freilich dadurch hervorgerufen, ist die innere **Abwendung des Mittelstandes**. Kaum waren die Aufsteiger und die gut bis prächtig verdienenden Angestellten aus den Vororten wieder ins städtische Zentrum gezogen, wurde ihnen das Gefühl der Urbanität durch die geschilderten Zustände gründlich verleidet. Laut einer Umfrage der "Newsday" haben zu Beginn der 90er Jahre 65 % der New Yorker Angst, nachts die Wohnung zu verlassen oder mit der Subway zu fahren, und 43 % würden am liebsten die Stadt verlassen - sofort und für immer! Viele handelten dementsprechend und 1990 zogen erstmals 12.000 Menschen mehr weg als zu.

All dies ist eine schwere Hypothek für David N. Dinkins, der 1990 als erster schwarzer Bürgermeister Nachfolger von Ed Koch wurde. Ihm ist zu wünschen, daß er trotz aller düsteren Prognosen einen ähnlich Gewalttakt schafft wie der, der in den 70er Jahren für den Aufschwung sorgte. Seine Werbung für Besucher, denen er seine Stadt als "dynamic, international metropolis" anpreist, ist jedenfalls ehrlich. Denn immer noch ist der 'Big Apple' jene bunt-schillernde, einzigartige, sehenswerte Attraktion, die zur Welthauptstadt wurde und dies in absehbarer Zeit auch bleiben wird.

Die demographische Entwicklung New Yorks im Überblick			
1650:	1.000 E.	1820:	150.000 E.
1720:	7.000 E.	1830:	202.000 E.
1789:	30.000 E.	1870:	942.000 E.
1800:	60.000 E.	1880	1.150.000 E.
in Greater New York (jetzige Stadtgrenzen)			
1898	3.500.000 E.	1950	7.891.957 E.
1910	4.766.883 E.	1960	7.781.984 E.
1920	5.620.048 E.	1976	7.453.600 E.
1930	6.930.446 E.	1984	8.000.000 E.
1940	7.454.995 E.		

7.1.4 NEW YORK - SEHEN UND ERLEBEN

Der 'Big Apple' ist so groß, daß man ihn nicht in wenigen Tagen aufessen kann - sonst verschluckt man sich. Wer zum erstenmal nach New York reist, sollte deshalb mindestens eine Woche zur Verfügung haben, um sich auch nur das Allerwichtigste anschauen zu können. Für viele ist trotzdem die Millionenstadt, die mehr Einwohner hat als manche europäische Staat und auch dementsprechend viele Sehenswürdigkeiten aufweist, nur die erste oder letzte Station auf einer längeren Reise, ein Stop-over also, wo in einem kurzen Zwischenaufenthalt soviel wie möglich 'mitgenommen' werden soll. Dies ist natürlich legitim, wenn man nachher nur nicht behauptet, New York zu kennen. Für den eiligen Reisenden habe ich deshalb versucht, eine Art Minimalprogramm zu entwerfen, das einige der bekanntesten Sehenswür- digkeiten zusammenfaßt.

Wenn man nur zwei Tage Zeit hat, ist es allemal empfehlenswert, an einer **organisierten Stadtrundfahrt** teilzunehmen, um wenigstens einen Überblick zu gewinnen. Eine Unmenge von lokalen Reiseveranstaltern bietet hier mehrstündige, halbtägige oder ganztägige Rundfahrten mit mehrsprachiger Reiseleitung an, die i.d.R. auch über die Hotelrezeptionen zu buchen sind. Als besonders zuverlässig haben sich erwiesen:

Go America, Tel.: 370-5080
Gray Line New York Tours, 254 W 54th Street, Tel.: 868-8860
Shortline Tours, 166 W 46th Street, Tel.: 354-5122

Von Ende März bis Anfang November gibt es dazu eine ausgezeichnete Alternative: eine **dreistündige Schiffahrt** mit der Circle Line, auf der ganz Manhattan umrundet wird und man aus ständig wechselnden Perspektiven alle Attraktionen zwischen der Freiheitsstatue und den Cloisters erleben (und photographieren) kann.

Circle Line, Pier 83, Circle Line Plaza 42nd Street, Tel.: 563-3200. Abfahrten in der Nebensaison 10.00-15.30 Uhr, Mitte Juni bis Anfang September halbstündig von 9.30-16.30 Uhr, $ 15.

Eine weitere, spektakuläre Art der Stadtbesichtigung ist die aus der Vogelperspektive. Wem Empire State Building und World Trade Center nicht hoch genug sind und wer das gewisse Prickeln verspüren will, der sollte das ziemlich teure, aber einzigartige Erlebnis eines **Helikopter-Rundfluges** nicht missen.

Island Helicopter Sightseeing, E 34th Street Heliport (am East River), Tel.: 683-4575; 9.00-18.00, April-November 9.00-21.00 Uhr, Touren zwischen 7 und 30 Minuten zu $ 36, $ 45, $ 59 und $ 89 p.P..

New York aus der Vogelperspektive

Sehr viel billiger eine Fahrt mit der **Staten Island Ferry** (U-Bahnstation South Ferry), auf der man recht nah an der Freiheitsstatue vorbei kommt. Einige reizt auch einfach nur das Gefühl, eine unzweifelhafte Attraktion für unter $ 1,- zu erhalten.

Für jeden Bezirk, für fast jedes Museum und für besondere Anlässe und Themen gibt es Spezialbüros, die Ihnen geschulte Reiseleiter zur Verfügung stellen. Als ein Beispiel unter vielen muß hier **Harlem** genannt werden, das oft geschmähte und fast immer verkannte Viertel im Norden Manhattans. Mehrere Agenturen haben Ausflüge auf dem Programm, auf denen man sich neben dem üblichen Sightseeing auch ernsthaft mit Harlem und seinen Problemen auseinandersetzen kann. Von besonderer Eindringlichkeit sind die **schwarzen Gottesdienste**, die man sonntags erleben kann, z.B. mit

 Harlem Spirituals, 1457 Broadway, Suite 1008, Tel.: 302-2594/5

Die überregionalen Agenturen bieten außerdem Ausflüge in das **Hudson-Valley**, nach **Washington** oder zu den **Niagara-Fällen** an. Hier lohnt ein genauer Preisvergleich. Die beiden letztgenannten Ausflüge sollten aus Zeitgründen nur mit dem Flugzeug durchgeführt werden und dürften nicht mehr als $ 290,- kosten.

Als bestes Verkehrsmittel für die Stadtspaziergänge bringen Sie die **U-Bahnen** (Subway) zu jedem gewünschten Ort. Die Wagen sind schmuddelig, laut und überheizt, ebenso die Subway-Stationen, aber innerhalb Manhattans und zur Tageszeit ungefährlich. Für $ 1,15 ist man im U-Bahnsystem, d.h. man kann so lange fahren und so oft umsteigen, wie man möchte. Es lohnt sich, bei einem mehrtägigen Aufenthalt an einem der Kassenhäuschen direkt 10 (oder 20) "Tokens" zu kaufen, mit denen man übrigens auch im Bus bezahlen kann. In jeder U-Bahn sind auf einer farbigen Karte die einzelnen Stationen des gesamten Netzes dargestellt. Die wohl wichtigsten Linien für Touristen sind:
● die roten 1, 2, 3 und 9 (von South Ferry bzw. Brooklyn über Times Square, Upper West Side nach Harlem),
● die grünen 4, 5 und 6 (von Brooklyn über South Ferry, Wall Street, City Hall, Union Square, Grand Central, Upper East Side nach East Harlem),
● die gelben N, RR und QB (von Brooklyn über Canal Street, Union Square, Times Square, 59th Street nach Queens).
Um in die richtige Richtung zu fahren, muß man sich schon in der Subway-Station nach den Schildern "Downtown" (= Süden) oder "Uptown" (= Norden) richten. Express-Züge halten nur an den größeren Umsteige-Stationen.

Für den gleichen Preis und überirdisch (man sieht, wo man ist!), dafür aber langsamer fährt, man mit den Stadtbussen.

Kurzreisende sollten versuchen, einen Überblick zu gewinnen und ihre Besichtigungen auf die Mitte und den Süden Manhattans zu beschränken. Wer etwa **eine Woche Zeit** hat, kann die unten aufgeführten Stadtspazier-gänge nachvollziehen und eventuell weitere Ausflüge unternehmen. Ein Besuch der äußeren Boroughs lohnt sich bei viel Zeit und guter Vorinforma-tion. Insbesondere gewisse Stadtteile der Bronx sollte man meiden!

So könnte ein Besichtigungsprogramm für einen kurzen oder etwas längeren New York-Aufentahlt aussehen:

- **New York in 2 Tagen:**
1. Tag: Rundfahrt mit der Circle-Line oder Helikopterflug, Spaziergänge in Manhattan Midtown.
2. Tag: Spaziergänge in Manhattan Downtown mit Besuch der Börse.
- **New York in 4 Tagen:**
1./2. Tag: wie oben
3. Tag: Spaziergänge Central-Park mit Museumsbesuch(en), Besichtigung der UNO.
4. Tag: Besuch des Nordwestens von Manhattan, evtl. Teilnahme an einem Gospel-Gottesdienst.
- **New York in 7 Tagen:**
Spaziergänge in Manhattan: Die Südspitze, Greenwich Village, Chinatown und die benachbarten Neighborhoods, Zwischen 14. und 59. Straße, Rund um den Central Park, Der Norden Manhattans; zusätzlich Wanderung über die Brooklyn-Bridge und Besuch der Brooklyn-Heights, des Botanischen Gartens und des Museums von Brooklyn, außerdem intensivere Stadtteilbesichtigungen, mehrere Museumsbesuche, evtl. auch Bronx Zoo oder sogar Ganztagsausflug Washington und/oder Niagara-Fälle.

Spaziergänge in Manhattan: Die Südspitze

Die Südspitze Manhattans beinhaltet den historischen Kern ganz New Yorks mit vielen Baudenkmälern aus der frühen Kolonialzeit, daneben aber auch das weltgrößte Finanzzentrum mit der Wertpapier-Börse, die höchsten Skyscraper der Stadt, interessante Architektur der Moderne, Kunst am Bau und Großplastiken sowie schöne Ausblicke über den Hafen. Mehr als genug zu sehen und zu erleben für einen ausgefüllten Tag! Deswegen sollte man diesen rechtzeitig beginnen, damit man außer dem World Trade Center und den anderen Attraktionen auch noch vor 15.45 Uhr der Börse einen Besuch abstatten kann (außer Sa und So). Ein gut geeigneter Start- und Zielpunkt für diesen Spaziergang ist die City Hall am City Hall Park, östlich des Viertels TRIBECA ("**TRI**angle **BE**low **CA**nal-Street").

 Erreichbar mit den U-Bahnlinien N, RR (Station "City Hall"); 4, 5, 6 (Station "Brooklyn Bridge-Worth Street") und 2, 3 (Station "Park Place") sowie den Buslinien 1 und 6.

- **City Hall**

Viele sind erstaunt über die geringen Dimensionen des New Yorker Rathauses. Aber als es zu Anfang des 19. Jahrhunderts im Stil des Klassizismus errichtet wurde, war es für eine 60.000 Einwohner-Metropole gerade groß genug. Damals lag die City Hall am nördlichen Stadtrand, und der heutige Park war noch ein freies Feld, auf dem es während der Revolution zu mehreren Schlachten gekommen war. Das 1956 renovierte und einheitlich mit Marmor verkleidete Gebäude gilt als eines der schönsten frühen Baudenkmäler der USA.

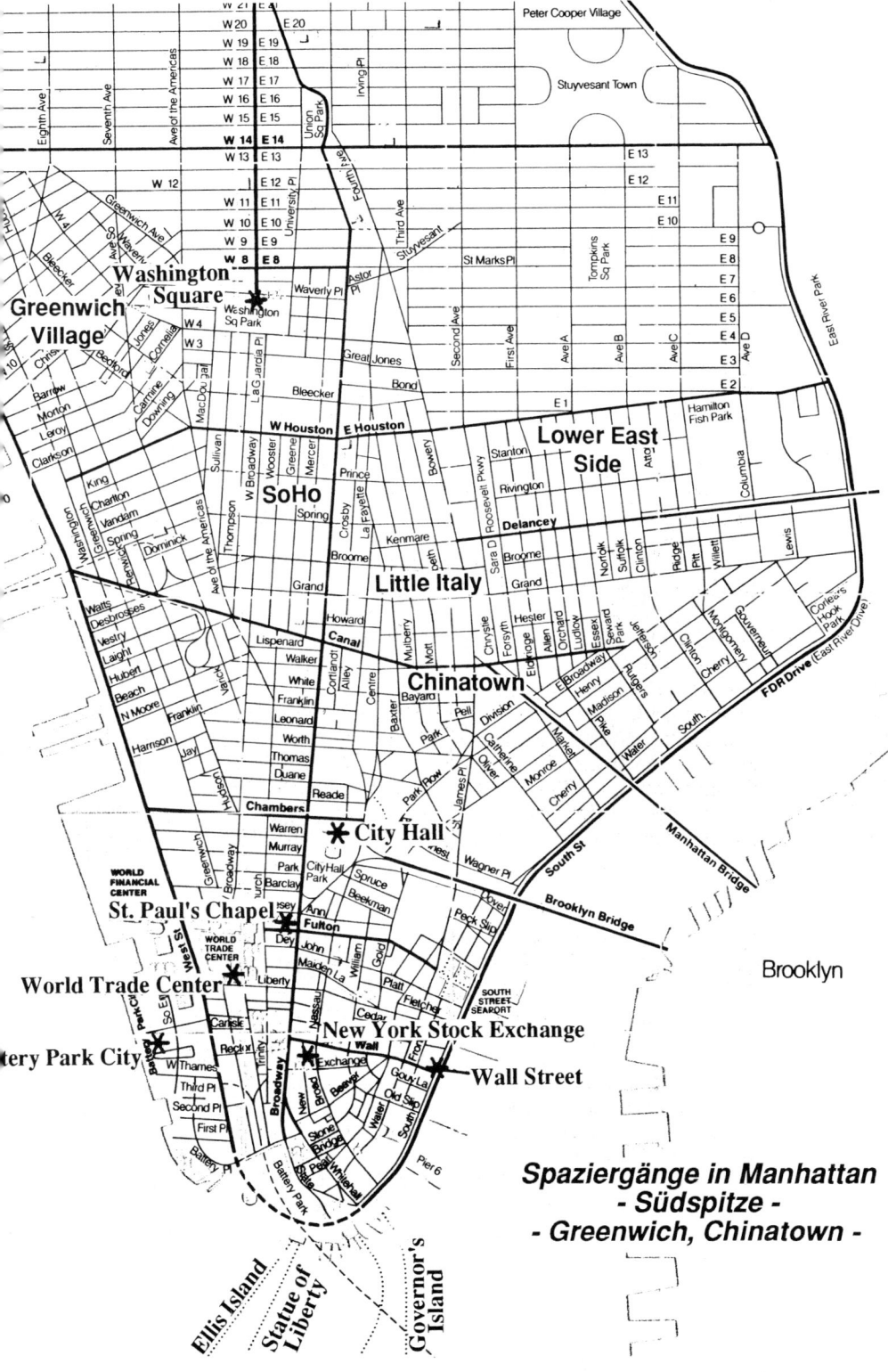

Spaziergänge in Manhattan
- Südspitze -
- Greenwich, Chinatown -

Es besteht aus drei Flügeln, deren mittlerer Trakt sehr fein gegliedert ist. Über diesem erhebt sich eine Laterne mit Kuppel, bekrönt von der Statue der Justitia (1819). Im Inneren sind die Treppenanlage, der Ratssaal und der Governor's Room sehenswert. Das kleine **Museum** enthält u.a. den Schreibtisch George Washingtons (geöffnet 10.00 - 15.30 Uhr).

Im **City Hall Park**, Zielpunkt vieler Paraden und politischer Versammlungsplatz mit Tradition, breitet sich im Sommer ein geschäftiges Treiben mit Touristen, Verkäufern, Bankangestellten, Drogenverkäufern und Straßenmusikanten aus. Er besitzt einige Erinnerungstafeln und sehenswerte Statuen. Um ihn herum stehen mehrere architektonisch interessante Hochhäuser aus verschiedenen Epochen. So z.B. südwestlich des Platzes, am Broadway Nr. 233 gelegen, das berühmte

● **Woolworth Building**

Das Woolworth Building
(Architekturzeichnung von 1911)

Das sehenswerte Haus wurde 1913 von Präsident Wilson eröffnet; mit einer Höhe von 242 m war es damals das höchste der Welt und sollte diesen Rekord bis zur Eröffnung des Chrysler Buildings im Jahre 1930 behalten. Bekrönt wird das weiße Gebäude, das wie zur Gründungszeit immer noch die Zentrale des Kaufhaus-Konzerns Woolworth beherbergt, von einem Pyramidenhelm und neugotischem Zierat. Hinter dem Woolworth Building, einige Meter in die Barclay Street hinein, entdeckt man die

● **St.Peter's Church**

Sie ist von weit bescheideneren Größenverhältnissen als das Woolworth Building, aber immerhin handelt es sich hier um die älteste katholische Kirche der Stadt von 1785, die allerdings 1836 im griechischen Tempelstil völlig erneuert worden ist.

Zurück auf dem Broadway ist das nächste sehenswerte Gebäude linkerhand die

● **St. Paul's Chapel**

Dieses älteste erhaltene Gotteshaus Manhattans ist mit seinem Friedhof ein ruhender Pol inmitten des hektischen Broadway-Verkehrs. Der westliche Haupteingang (zum Kirchhof) und das Hauptschiff wurden 1766 fertiggestellt, während der Osteingang (zum Broadway) mit Portikus und Säulen sowie der westliche Turm 1794 hinzukamen. Innen überrascht die Kirche durch ihren edlen und hellen Raum, der vom französischen Architekten L'Enfant (dem Planer der Hauptstadt Washington) entworfen wurde.

Folgt man hinter der Kirche der Fulton Street nach Westen, erreicht man in wenigen Minuten den 1973 fertiggestellten, riesigen Komplex des

● World Trade Centers

Hierbei handelt es sich um eines der markantesten Wahrzeichen New Yorks, das geradezu eine Stadt in der Stadt bildet. Das Welthandelszentrum wird überragt von den beiden 411 m hohen Türmen, wo sich im 107. Stock des nördlichen ("One World Trade Center") das Restaurant "Windows on the World" mit der Snackbar "The Hors d'Oeuvrerie" und im südlichen ("Two World Trade Center") die Aussichtsetage befindet. Sie sind die beiden höchsten Türme der Stadt und stellten für kurze Zeit das höchste Gebäude der Welt überhaupt dar (heute: Sears Tower in Chicago). Alles in allem besteht das World Trade Center aber aus insgesamt sechs einzelnen, vom japanischen Architekten Yamasaki entworfenen Teilen, die u.a. ein Hotel, Büros von 1.200 Firmen und Organisationen, das Airline Ticket Center, ein TKTS für Theater und Broadway-Shows, Schulen, Banken und Wechselstuben, etliche Börsen wie z.B. die Kaffee-, Zucker- Baumwoll- und Goldbörse enthalten.

Für kulturelle Genüsse sorgen neben den ständig präsenten Großplastiken, Wandgemälden und Objekten auch Musikveranstaltungen und Kunstausstellungen, insbesondere im Mezzanine-Stockwerk des One World Trade Center. Unter dem Gesamtkomplex liegen unterirdische Stockwerke, in denen sich Läden, 22 Restaurants, eine U-Bahnstation und ein Parkdeck für 2.000 Autos befinden. Darüber, zwischen den Häusern, breitet sich die großzügige Plaza aus mit ihren Plastiken, dem Brunnen und dem atemberaubenden Blick hinauf zu den Türmen. Hier betritt man den zweiten Turm und stellt sich in die Schlange zur Beförderung zum "**Observation-Deck**" (am günstigsten ist die Zeit vor dem Mittagsansturm).

Two World Trade Center, Observation Deck, Tel.: 466-7377, Eintritt $ 3,50 (Kinder $ 1,75), tägl. geöffnet 9.30 - 21.30 Uhr.

Von hier oben genießt man, wie der lokale Prospekt zu Recht schreibt, "eins der eindrucksvollsten Panoramen der Welt" mit "7 Brücken, 6 Flüssen, 5 Stadtteilen, 4 Sportstadien, 3 Flughäfen, 2 Bundesstaaten und einem Ozean".

Nachdem man mehr oder weniger lang gestanden hat und treppauf-treppab dem Weg vom Ticketschalter zum Aufzug gefolgt ist, wird man schließlich von einem der Expreßaufzüge mit einer Geschwindigkeit von 500 m pro Minute in den 44. bzw. 78. Stock hinaufkatapultiert. Weitere Aufzüge bringen einen zur Aussichtsgalerie im 107. Stock mit ihren Panoramafenstern, der historischen Ausstellung, der Cafeteria und den Andenkenläden, oder auf die luftige Dachterrasse, die allerdings oft geschlossen ist.

Die Frage, welcher Aussicht man den Vorzug geben sollte: Empire State Building oder World Trade Center, muß mit einem entschiedenen Sowohl-als-auch beantwortet werden:
* Der Vorteil des **World Trade Centers**: man sieht den Hafen, die Freiheitsstatue und das Empire State Building;
* Vorteil des **Empire State Building**: man sieht mehr vom Norden, den Central Park und das World Trade Center!
Architektonisch bietet das Welthandelszentrum natürlich weniger (auch die senkrechten Türme sind zwar enorm hoch, aber ansonsten recht langweilig), während das Art Deco-Gebäude in Midtown viele interessante Baudetails aufweist.

 Zum World Trade Center tagsüber und vom Empire State Building den Sonnenuntergang und das nächtliche Lichtermeer erleben.

Abschließend einige Angaben zum World Trade Center:

Grundfläche in qm: 65.000
 Arbeitsplätze: 50.000
 Besucher täglich: 80.000
 Fenster: 43.600
	verglaste Fläche in qm: 55.000
	 ausgeschachtete
	   Kubikmeter: 900.000
	 Aufzüge der Türme: 46 Express-,
	   144 Lokal- und 8 Frachtaufzüge

Bevor man vom World Trade Center aus den Rundgang fortsetzt, ist ein Abstecher zur

● **Battery Park City**

möglich, die in den letzten Jahren auf dem 90.000 qm großen, aufgeschütteten Gelände westlich davon vollendet wurde. Hier sind neben dem neuen "World Financial Center" Wohn- und Bürohäuser entstanden, die mit ihrem eigenen Yachthafen, einem riesigen öffentlichen Wintergarten, vielen Grünanlagen und der phantastischen Sicht auf den Hudson inzwischen zu den begehrtesten in Lower Manhattan gehören. Die Hochhausarchitektur des Viertels stellt sich mit ihren markanten geometrischen Dachaufbauten schon von weitem als etwas Besonderes dar. Es ist auch möglich, entlang der Uferpromenade von der Battery Park City bis zum Battery Park (s.u.) zu spazieren; dabei hat man immer wieder den spannenden Kontrast der riesigen Zwillingstürme des World Trade Centers mit der Umgebung vor Augen.

Der direkte Weg vom Welthandelszentrum zur Südspitze führt jedoch über die offene Plaza zum **Trinity Place**, wo sich mit 245 m der monumentale

Block des U.S. Steel Corporation Building erhebt. Hier, wie an vielen Stellen in Lower Manhattan, schmücken Großplastiken zeitgenössischer Kunst Plätze und Straßen. So z.B. am 140 Broadway der auffällige rote Würfel mit Loch ("Cube"; 7 m hoch), den der Bildhauer Isamu Noguchi 1973 geschaffen hat. Gegenständlicher und kleiner ist die Bronzeplastik eines typischen Bankers, der auf einer Parkbank jenseits der Straße sitzt und zum Verweilen (mit Erinnerungsphoto) einlädt.

Vom Trinity Place geht man über die Cedar Street oder Pine Street in östlicher Richtung und passiert nach einem Block den Broadway, der hier im "Financial District" mit seinen hohen Bankgebäuden wie eine tiefe Schlucht wirkt. Folgt man der eingeschlagenen Richtung, steht man nach einem weiteren Block vor einem der mächtigsten Wolkenkratzer, der

● **Chase Manhattan Bank**

Die Fertigstellung dieses 248 m hohen, 60stöckigen Klotzes markierte im Jahre 1960 den Beginn eines neuen Baubooms in Lower Manhattan (dessen letztes Produkt die schon erwähnte Battery Park City ist). Von Interesse ist nicht nur die schnörkellose, kühle Fassade der Bankenzentrale, sondern auch die Architektur des tiefergelegten Platzes (der ein städtebaulich wichtiges Experiment war) und besonders die monumentale schwarz-weiße Skulptur von Jean Dubuffet aus dem Jahre 1972, deren "Four Trees" nicht weniger als 14 m hoch sind.
Hinter der Plaza der Chase Manhattan Bank folgt man nun der William Street nach rechts und erreicht sofort anschließend die

● **Wall Street**

Man sollte in sie nach rechts einbiegen. An Werktagen, besonders um die Mittagszeit, wimmelt es hier von geschäftigen Menschen, die während der Lunchpause die dunkle Straßenschlucht durcheilen. Zu den Brokern, Börsianern und Bankern gesellen sich Touristen, Verkäufer und Taschendiebe, die alle vom Nabel der Finanzmetropole New York etwas Besonderes erwarten. Historisch markiert die Wall Street die nördliche Stadtgrenze (= Mauer) der holländischen Siedlung. An eine wichtige Epoche innerhalb der wechselvollen Geschichte erinnert an der Kreuzung Wall Street/Nassau Street das Nationaldenkmal der neoklassizistischen

● **Federal Hall**

Öffnungszeiten:
Mo - Fr: 9.00 - 17.00 Uhr
Eintritt frei

Das heutige Gebäude ist nichts anderes als ein Zollhaus, das 1842 im Stil eines dorischen Tempels fertiggestellt wurde. Vorher aber befanden sich hier das alte Rathaus der Stadt (City Hall, 1701) und die Federal Hall (1788), die immerhin das erste Capitol der Vereinigten Staaten war. Dort vor der Freitreppe, wo seit 1883 die Statue George Washingtons steht, soll der erste Präsident der USA seinen Amtseid abgelegt haben. Das Innere des 'National Monuments' bildet eine Rotunde, in der Originaldokumente, ein Video-Film u.ä. an George Washington und seine Zeit erinnern.

Schräg gegenüber der Federal Hall, an der Broad Street Nr. 8, versteckt sich hinter der klassisch-römischen Tempelfassade von 1903 die berühmte

● **New York Stock Exchange (Wertpapierbörse)**

New York Stock Exchange, 20 Board Street, Tel.: 656-5167
Öffnungszeiten:
Mo - Fr: 9.10 - 15.45 Uhr
Eintritt frei

Die New York Stock Exchange
in der Wall Street

Es ist die wichtigste der zahlreichen New Yorker Börsen. Mit dem Aktienhandel der mehr als 1.500 mächtigsten Firmen der Welt ist hier sowohl Wirtschafts- als auch politische Geschichte geschrieben worden, die freilich bisweilen in katastrophale Krisen umschlagen konnten. So z.B. am "Schwarzen Freitag" 1929 und am "Schwarzen Montag" 1987, als sich noch vor dem monströsen Gebäude die ruinierten Spekulanten und Sparer das Leben genommen haben sollen. Das turbulente und scheinbar chaotische Treiben im Inneren kann der Besucher auf einer Galerie hinter Glasscheiben verfolgen. Dazu nimmt man den Eingang im modernen Haus links von der Börse (Nr. 20), benutzt den Aufzug und

gibt dann seine Kamera, Taschen etc. am Wärterhäuschen ab. Eine Ausstellung, eine Schau-und-Frage-Tafel und ein Film erläutern die Funktionsweise einer Börse und Grundbegriffe des Aktienmarktes, während man auf der Besuchergalerie über Kopfhörer (mehrsprachig) informiert wird.
Geht man nun die Wall Street aufwärts, gelangt man nach kürzester Zeit wieder auf den Broadway. Endpunkt der "Straße der Hochfinanz" ist die

● Trinity Church

Ihr Turm überragte lange Zeit das Viertel, ist aber nun durch die Bankgebäude förmlich eingezwängt. Das heutige Gotteshaus ist bereits das dritte am gleichen Platz und stammt aus dem Jahre 1846, während der Friedhof schon zur Zeit der ersten Kirche 1681 angelegt wurde. Auf ihm befinden sich altehrwürdige, sehenswerte Grabsteine von nationaler Bedeutung, u.a. die Grabmäler Alexander Hamiltons (erster Finanzminister der USA; gest. 1804) und Robert Fultons (berühmter Reeder von Dampfschiffen; gest. 1815). Wie bei der St. Paul's Chapel ist auch hier der 90 m hohe Turm im Osten und dem Broadway zugewandt, während das westliche Hauptportal vom Friedhof aus zugänglich ist. Neoromanische Bronzeportale öffnen sich dem Inneren der neugotischen Kirche, das u.a. über schöne Glasmalereien verfügt und im Bishop Manning Memorial Wing einen interessanten Ausstellungsraum hat. Die Trinity-Gemeinde wurde bereits 1667 durch König William III. als Hauptkirche New Yorks installiert, und 1705 vermachte Königin Anna

Trinity Church

der Gemeinde große Ländereien auf Manhattan. Dadurch ist bis heute die Trinity Church eine der reichsten des Landes. Folgt man ab der Kirche dem Broadway die letzten hundert Meter nach Süden, stößt man an den Platz

● Bowling Green

Dies ist die Stelle, wo 1626 Peter Minnewit, der Deutsche in holländischen Diensten, den Manna-Hatta-Indianern ihre Insel 'abgekauft' hatte. Später wurden auf dem Platz die Viehmärkte abgehalten, darüberhinaus diente er auch als Paradeplatz und schließlich als Bowling-Spielwiese, nach der er seinen Namen trägt. Heute wird er von z.T. sehenswerten frühen Hochhäusern und öffentlichen Gebäuden umstanden (besonders schön das Custom House aus dem Jahre 1907 mit seiner berühmten Rotunde und Fresken). Unweit südlich davon befindet sich der

● Battery Park

Die friedliche grüne Oase schiebt sich zwischen den geschäftigen Hafen und den Wolkenkratzern des Financial District. Einheimische wie Besucher sind

hier durch die Ausblicke auf das Wasser und die architektonische Kulisse immer wieder begeistert. Am Eingang des Parks (unter dem übrigens ein mehrspuriger Autotunnel nach Brooklyn, eine west-östliche Verbindungsstraße und zwei Subwaylinien verlegt sind) ist ein Fahnenmast den ersten europäischen Bewohnern Manhattans, den holländischen Siedlern, gewidmet. Weitere Denkmäler und Statuen sind von nationalem und personengeschichtlichem Interesse und erinnern an bestimmte Emigranten(gruppen), Wirtschaftsführer und Gestalten des Geisteslebens.
Inmitten des Battery Parks erhebt sich das massige und runde Ziegelsteingebäude des

● **Castle Clinton National Monument**

Castle Clinton National Monument, Battery Park, Tel.: 344-7220

Öffnungszeiten: Mo - Fr: 8.30 - 16.00 Uhr

Sa - So: 8.30 - 17.00 Uhr, im Sommer länger geöffnet

Eintritt frei

In der Nähe des ehemaligen holländischen "Fort Amsterdam" wurde es als Kanonenstellung vor dem britisch-amerikanischen Krieg erbaut und diente ab 1824 als Stätte des öffentlichen Amüsements. Nachdem es 1844 überdacht worden war, konnten hier vor mehr als 6.000 Zuschauern weltberühmte Sänger, Tänzer und Schauspieler auftreten. Als "Castle Gardens" wurde die Clinton-Festung ab 1855-92 als Auffanglager für insgesamt 8 Millionen Immigranten benutzt (vgl. 7.1.3) und war so Vorgängerin der berühmteren Ellis Island (s.u.). Für 45 Jahre beherbergte das Fort anschließend das New Yorker Aquarium, um dann, nach Zeiten des Verfalls, als nationale Gedenkstätte restauriert zu werden. Als solche will es an die genannten historischen Zusammenhänge erinnern. Außer den verschiedensten Ausstellungsstücken sind im Inneren die Wandgemälde interessant, die das Aussehen Manhattans im Lauf der Geschichte wiedergeben.
Nach Besuch des Forts sollte man die schöne Sicht von der Promenade aus genießen, die bis nach Jersey City jenseits des Hudson, zur Ellis Island, zur Freiheitsstatue, nach Staten Island, Governor's Island und Brooklyn reicht. Am Ende des Parks befinden sich auch die Abfahrtsstellen für die Fähren nach Liberty Island, Ellis Island und Staten Island. Bei genügend Zeit und bei schönem Wetter sollte wenigstens einer der drei Ausflüge unternommen werden - auch wenn man bereits mit der "Circle Line" Manhattan umrundet hat. Für den Besuch der Freiheitsstatue sollten Sie dabei etwa eine Stunde einplanen, die gleiche Zeit muß auch für die Fährpassage nach Staten Island und Retour gerechnet werden. Für das neue Museum auf Ellis Island sind mindestens zwei Stunden zu veranschlagen.

● **Liberty Island und die Statue of Liberty**

Wer anstelle oder zusätzlich zur Bootsfahrt um Manhattan oder zur Staten Island-Fähre, deren Routen jeweils recht nah an der Freiheitsstatue vorbeiführen, das wohl berühmteste Wahrzeichen Amerikas aus nächster Nähe bewundern oder besteigen möchte, nimmt ab dem Battery Park die Fähre, die in ca. 15 Minuten zur Liberty Island hinüberfährt:

Circle Line - Statue of Liberty Ferry, Tel.: 269-5755
Abfahrten 9.00 - 18.00 Uhr
Ticket $ 3,25

Früher hieß die kleine Insel nach ihrem Eigentümer "Bedloe's Island", bis ihr 1886 die Errichtung der Freiheitsstatue den neuen Namen gab. Die Statue selbst ist 46 m hoch und 204 t schwer und erhebt sich über einem 47 m hohen Sockel. Als Geschenk des französischen Volkes an die Amerikaner wurde sie in einer spektakulären Aktion über den Atlantik gebracht, während die Basis allein mit amerikanischen Mitteln finanziert und erstellt wurde. Das Kunstwerk sollte an die Waffenbrüderschaft in der Zeit der Revolution erinnern und an deren vornehmstes Symbol, der *liberté*. Gleichzeitig sollte der erhobene Arm der Figur nicht nur der Welt die Fackel der Freiheit zeigen (eigentlicher Name: "Statue of Liberty Enlightening the World"), sondern gleichzeitig als Leuchtturm dienen, so wie man sich ein neuzeitliches Ebenbild zum Koloß von Rhodos vorstellte.

Die Statue besteht aus gehämmerten Kupferplatten und ist ein Werk des Bildhauers Frédéric-Auguste Bartholdi; sie wird von einem Eisengerüst getragen, das der bekannte Ingenieur Gustave Eiffel konstruierte. Zum 100jährigen Jubiläum im Jahre 1986 wurde die Freiheitsstatue in jahrelanger Arbeit sorgsam renoviert und strahlt jetzt wieder im wortwörtlichen Sinn. Wer sich nicht nur an der pathetischen Gestalt (deren Bekanntheitsgrad jedenfalls höher ist als ihr künstlerischer Wert) erfreuen, sondern wie

Die Freiheitsstatue im New Yorker Hafen

157

50 Millionen Menschen vorher auch das Innere besichtigen und die Aussicht genießen will, kann das tun: zunächst sorgen eine Treppe und ein Lift für den Transport durch den Sockel bis zur Aussichtsplattform, von dort führt schließlich eine Wendeltreppe in 171 Stufen (das entspricht zwölf Stockwerken!) durch die Statue hinauf bis zur Krone. Der ursprünglich mögliche weitere Weg bis zur Fackel ist angesichts der Besuchermassen nicht mehr zugänglich.

In der Basis der Freiheitsstatue ist das "**American Museum of Immigration**" untergebracht, das zum Thema 'Einwanderung' Exponate (Kostüme, Möbel, Schriftstücke etc.) zeigt, die die freiwillige oder unfreiwillige Immigration der europäischen Völker, der Sklaven, der Chinesen oder berühmter eingewanderter Persönlichkeiten dokumentiert.

● **Ellis Island**

 Fährstation und Abfahrtszeiten entsprechen denen zur Freiheitsstatue:
Circle Line - Statue of Liberty Ferry, Tel.: 269-5755
Ellis Island Immigration Museum, Tel.: 363-3260

Während die Freiheitsstatue die Einwanderer verheißungsvoll begrüßte, wurde vielen von ihnen auf der kleinen Insel Ellis Island zunächst einmal das Gegenteil von Freiheit vorgeführt: unter den 17 Millionen Menschen (!), die zwischen 1892 und 1954 das Lager passierten, mußten sich Millionen hier einsperren, registrieren, prüfen und etwa 350.000 Personen auch wieder abschieben lassen. Besonders für "politisch oder moralisch Fragwürdige" - z.B. alleinstehende Mütter! - und hauptsächlich während der beiden Weltkriege bedeutete Ellis Island qualvolles Warten und schließlich das Ende aller Träume, so daß sie den Beinamen "Träneninsel" bekam.

Erst 1976 der Öffentlichkeit zugänglich, ist nach dem Ende der Kompetenzschwierigkeiten nunmehr ein großzügiges, informatives **Museum** entstanden, das Ende 1990 eröffnet wurde. Viele erhoffen sich von ihm, daß es sich zu einem Zentrum der genealogischen Forschung Amerikas entwickeln wird, denn immerhin haben Vorfahren von nicht weniger als 40 % aller U.S. Amerikaner dieses kleine Eiland als Asylanten und Flüchtlinge passiert! Der Museumskomplex verfügt über eine Bücherei, zwei Theater, 1.500 Fotodokumente, 2.000 andere Ausstellungsstücke u.v.m..

● **Governor's Island**

Als weitere Insel, größer als die zwei gerade erwähnten und östlich davon gelegen, ist Governor's Island, vom Battery Park aus zu sehen. Ihren Namen trägt sie seit der holländischen Zeit, als sich hier die Residenz des Gouverneurs befand. Später wurde sie als Quarantänestation benutzt und schließlich als Ausbildungszentrum der Küstenwache in ein militärisches Sperrgebiet umgewandelt. Als solches steht Governor's Island Besuchern natürlich nicht offen; den besten Blick auf die z.T. recht schöne und alte Bebauung (einige

Häuser aus dem 18. und 19. Jahrhundert; Castle Williams von 1812) hat man von den Schiffen der Staten Island Ferry aus.

● **Ferry Terminal**

Am Ende des Battery Park liegen in großen gewölbten Hallen die Unterkunft der Hafenpolizei und die Fährterminals nach Staten Island. Es lohnt, sich die Architektur der Gebäude anzuschauen und das Gewimmel der Menschen und Fahrzeuge zu beobachten - noch mehr aber, wenn man die Fähre als Passagier selbst benutzt. Man hat dabei eine herrliche Sicht auf die Skyline Manhattans, die Freiheitsstatue, Governor's Island und am Horizont die gewaltige Verrazano-Bridge. Und man hat das gute Gefühl, in einer teuren Stadt am vielleicht preiswertesten Vergnügen teilzuhaben: wie eh und je kostet das Ticket (gültig auch für die Rückfahrt) nämlich nur 25 cent! Der Fährbetrieb läuft ununterbrochen 24 Stunden mit Abfahrten im 20-Minuten-Takt. Die Überfahrt dauert in einer Richtung etwa 25 Minuten; da auf der anderen Seite nicht viel zu sehen ist, ist es am besten, wenn man zur Rückfahrt direkt an Bord bleibt...

● **Fraunces' Tavern**

Um vom Battery Park zum South Street Seaport zu kommen, sollte man tunlichst die hektische Autostraße am East River entlang meiden. Stattdessen empfiehlt es sich, vom Ferry Terminal aus über die Whitehall Street in Richtung Bowling Green zu gehen und auf halber Strecke, kurz nach dem Hochhauskomplex des New York Plaza, nach rechts in die Pearl Street einzubiegen. Auf der Ecke zur Broad Street kann man dabei der sehenswerten **Fraunces' Tavern** einen Besuch abstatten, einem der ältesten Privathäuser des Viertels.

 Fraunces' Tavern Museum, 54 Pearl Street/Broad Street, Tel.: 425-1778
Öffnungszeiten: Mo - Fr: 10.00 - 16.00 Uhr
                      So: 12.00 - 17.00 Uhr
                     Eintritt $ 2,50 (Do frei)

1719 im georgianischen Stil erbaut, wurde das Backsteinhaus später von einem freien Schwarzen aufgekauft und in eine Schänke umgewandelt. In deren "Long Room" fanden aber auch wichtige Bankette, Reden und bedeutende politische Versammlungen statt. Es war also kein Zufall, daß sich hier 1783 George Washington von seinen engsten Offizieren verabschiedete. Glanzpunkt der Geschichte dieser Schänke waren die Jahre 1785-88, als Fraunces' Tavern sogar zum Sitz des amerikanischen Außenministeriums avancierte. Heute beherbergt das Gebäude ein kleines Museum und ein Restaurant.

Von hier aus sollte man weiter der Pearl Street folgen, die einen an der Kakaobörse (New York Cocoa Exchange) vorbei und zum schönen **Hanover**

Square bringt. Dort verdient das **India House** von 1837 im Stil des italienischen Barock Beachtung. Von hier aus kann man weiterwandern über die Pearl Street oder über die östlichen Parallelstraßen Water Street und Front Street etwa 1 km bis zum

● **South Street Seaport Museum**

Informationen
Auskünfte über aktuelle Programme sind im Visitor Center oder unter Tel.: 669-9400 erhältlich.

Es handelt sich hier um ein 'Museum' ganz eigener Art - ein ganzes restauriertes Stadtviertel am East River mit Häusern des 19. Jahrhunderts, originalen Segel- und Dampfschiffen, mit Kneipen, Restaurants, Läden, Boutiquen und erfreulich viel Leben; und immer wieder: überraschende, ja spannende Blicke auf die Skyline von Lower Manhattan und auf den Fluß mit seinen weitgespannten Brücken. Am South Street Seaport gibt es fast jeden Tag neue Attraktionen - Freiluftkonzerte, Happenings, Feuerwerk in den Ferien und in der Weihnachtszeit der große Tannenbaum.

Das Ausflugsboot "Andrew Fletcher" vor der Kulisse des South Street Seaport

Zuerst sollte man das Areal ab der Ecke Water Street/Pearl Street (kleiner Leuchtturm; "Titanic"-Memorial) im Kontrast zur verspiegelten Hochhaus-Architektur der nächsten Nachbarschaft auf sich wirken lassen und langsam die Fulton Street entlangschlendern. An der Ecke zur Front Street ist rechts in einem großen Backsteinhaus das **Visitor Center** untergebracht, in dem man sich über Tourenangebote informieren, Eintritte für die historischen Schiffe lösen und kostenlose Pläne (Visitor's Guide) bekommen kann. Schließlich sollte man die Stadtautobahn (Franklin D. Roosevelt Drive) unterqueren und (immer dem Geruch nach!) dem **Fulton Fish Market** einen Besuch abstatten. Am spannendsten ist es hier freilich in den ganz frühen Morgenstunden, wenn die meisten Touristen noch in den Federn liegen. Hinter dem Fischmarkt sind zur rechten (Pier 15 und 16) natürlich die **historischen Schiffe** am auffälligsten, von denen die 1911 in Hamburg gebaute Viermastbark "Peking", der Dreimastsegler "Wavertree" aus dem Jahr 1885 und das Feuerschiff "Ambrose" (1907) herausragen. Über dem Pier 17 erhebt sich seit einigen Jahren ein dreistöckiger, "Pavilion" genannter Komplex, in dem Dutzende von Restaurants, Souvenierläden und Spezialgeschäften versammelt sind. Man kann sowohl im Inneren als auch über Treppen und Galerien außen entlang- und hinaufspazieren. Keinesfalls versäumen sollte man aber um den Block bis zur gegenüberliegenden (nördlichen) Seite zu gehen, wo der Blick auf die Brooklyn Bridge besonders eindrucksvoll ist.

Wenn man den Abend hier in angenehmer Atmosphäre ausklingen lassen will, gibt es dazu im South Street Seaport mit seinen guten Fischrestaurants und gemütlichen Kneipen ausreichend Gelegenheit. Über die Fulton Street, Gold Street und Spruce Street ist man später in 20 Minuten wieder am City Hall Park, dem Ausgangspunkt des Stadtspazierganges - oder fährt mit den U-Bahn-Linien 2, 3, 4, 5, A u.a. ab der Station Fulton Street bzw. Broadway/ Nassau Street "Uptown". Wer die in voller Pracht über den East River reichende Brücke jedoch näher in Augenschein möchte, sollte auf dieses Erlebnis nicht verzichten!

● **Brooklyn Bridge**

Leider ist der Aufstieg zur Brücke nicht allzu leicht zu finden. Am besten nähert man sich der Brücke über die Pearl Street, unterquert sie und geht dann nach links, bis ein Treppenaufgang sichtbar wird. Der direkte Zugang erfolgt noch etwas weiter nahe dem City Hall Park.
Etwa 60 Brücken verbinden in New York die einzelnen Boroughs miteinander, und die Brooklyn Bridge ist davon eine der ältesten und sicherlich die schönste. Als der deutsche Einwanderer Johann August Roebling nach seinen Plänen im Jahre 1867 mit ihrer Errichtung begann, leistete er etwas Unerhörtes, vergleichbar mit den kühnsten Ingenieurleistungen der Epoche. Als Roeblings Sohn Washington das Werk im Jahre 1883 vollendete, war die Brooklyn Bridge nicht nur die erste Hängebrücke New Yorks, sondern mit einer Höhe von 40 m über dem East River und einer Länge von über einem Kilometer (ohne Rampen) die längste der Stadt! Bis zum Jahre 1903 sollte sie die längste Hängebrücke der Welt bleiben. Auch aufgrund anderer Tatsachen war sie zur Zeit ihrer Erbauung ein Wunderwerk der Technik, und noch heute verschafft sie mit ihrem harmonischen Schwung und dem Netzwerk der 22 km Kabelseile einen unvergleichlichen ästhetischen Ge-

nuß. Wer diese Brücke wirklich begreifen will, sollte sie begehen; dies ist auf einer eigenen, brettergedeckten Fußgängerebene möglich, von der aus sich die schönsten Blicke (besonders im Abendlicht) auf das Stadtgebirge des südlichen Manhattan ergeben. Berühmte Literaten wie Henry Miller nutzten einen Gang über die Brooklyn Bridge, um ihre Gedanken zu ordnen - dies dürfte heute angesichts der vielen Jogger und Fahrradfahrer schwerfallen. Aber über die unter dem Verkehr erzitternde Brücke zu gehen, lohnt sich immer noch - es gibt keinen besseren Weg, sich (außerhalb eines Schiffes) in eine Distanz zur Stadt zu bringen. Dafür reicht die Strecke bis etwa zur Mitte zwischen den 83 m hohen Pylonen...

Auf dem Rückweg folgt man der Rampe bis zum Schluß und wird quasi automatisch bis zum City Hall Park gebracht.

Spaziergänge in Manhattan: Greenwich Village, Chinatown und die benachbarten Neighborhoods

Anders als in Lower Manhattan hat ein ausgedehnter Spaziergang im Bereich zwischen der Canal Street im Süden und der 14. Straße im Norden keine weltberühmten Einzelgebäude, Institutionen oder Denkmäler zum Ziel, sondern die unverwechselbare Stimmung eines jeweiligen Stadtviertels, seinen Charakter also, der durch Menschen, Impressionen, Gerüche und natürlich auch Restaurants, Shops, Boutiquen und Galerien definiert wird. Dabei wird man erkennen, daß das bekannte Wort von New York als "Melting Pot (Schmelztiegel) der Völker" so nicht stimmt, denn die einzelnen Neighborhoods werden, bei aller Verwischung der Grenzen, eindeutig von ethnisch und sozial abgegrenzten Gruppen dominiert. Da ist z.B. die **Bowery**, die mit ihren Bordellen und Spelunken den Ruf legendärer Verkommenheit genießt. Ähnlich, schlimmer fast noch, präsentierte sich lange Zeit die **Lower East Side**. Immer noch sind die Warnungen berechtigt, hier möglichst nicht allein oder gar bei Dunkelheit zu spazieren. Aber auch auf der verrufenen Ostseite, insbesondere im **East Village**, tat sich etwas, veränderte sich die Szene so schnell wie kaum woanders im trendy New York. Der Kreislauf ist immer der gleiche: Studenten, Alternative und junge Künstler, angezogen durch die niedrigen Mieten, entdecken den morbiden Reiz heruntergekommener Viertel und lassen sich dort nieder. Durch ihre Aktivitäten aber sorgen sie für ein neues allgemeines Interesse, das sich bald auf den Wohnungsmarkt auswirkt. Die Mieten steigen, und nur die Erfolgreichsten können es sich leisten zu bleiben. Die mittellosen Kreativen jedoch ziehen fort und der Kreislauf beginnt von neuem. So war es mit Greenwich Village und mit SoHo, und so zeichnet es sich bereits jetzt im East Village ab...

Die gerade genannten alten Künstler- und Kneipenviertel mit ihrer Verheißung von Idylle in der hektischen Megalopolis gibt es natürlich immer noch. Nach wie vor sind "Lofts" und "Cast-Iron"-Häuser populär, wenn auch der Reiz des Ungewohnten inzwischen fehlt.

Wiederum ganz anders strukturiert sind die Viertel von **Little Italy** und **Chinatown**, die allen Trends und Moden zum Trotz geblieben sind, was sie waren: fremdsprachige Enklaven mit einer eigenen Kultur und einem ungeheuren Zusammenhalt.

Wer sich für diesen Teil Manhattans etwas Bestimmtes vorgenommen hat, z.B. Galeriebesuche in SoHo oder eine kulinarische Expedition ins "Village", der sollte sich darauf beschränken. Will man aber möglichst viel sehen und die Unterschiedlichkeit der Viertel erfahren, kann man sich an folgendem **Rundgang** orientieren:

Ein geeigneter Start- und Zielpunkt ist dabei **Greenwich Village** und die 8th Street (U-Bahnlinien N, RR) bzw. der **Astor Place** (U-Bahnlinien 4, 5, 6, Buslinien 2, 3, 6), der nicht gerade schön, aber voller Betriebsamkeit ist. Über die 8th Street erreicht man nach zwei Blocks in westlicher Richtung die Fifth Avenue, die das Straßenraster Manhattans in einen östlichen und einen westlichen Teil trennt. Geht man auf ihr zwei Blocks nach Norden (also bis

zur 10th Street), kann man dort an der Ecke die 150 Jahre alte, neugotische **Church of the Ascension** mit ihrem bedeutenden Wandgemälde besichtigen. Der eigentliche Rundgang wendet sich aber der entgegengesetzten Richtung zu, wo man auf Höhe der 6th Street den Washington Square nicht verfehlen kann.

● **Washington Square**

Dieser Platz mit seinem markanten Triumphbogen ist der größte in Lower Manhattan und ein echter Treffpunkt. An sonnigen Tagen kann man hier sitzen und dem bunten Treiben der Straßenmusikanten, Rollschuhfahrer, Schachspieler, Liebespaare und Studenten der nahen Universität (und natürlich anderen Touristen) zuschauen. Aber Achtung: auch Diebe und

Der Washington´s Arch auf dem Washington Square

Drogenhändler sind in reicher Zahl vertreten, und die Vorsicht, die man sowieso in New York an den Tag legen sollte, ist hier besonders angebracht. Früher war der Platz Richtstätte und Armenfriedhof, dann sollte ein Exerzierfeld daraus werden, aber 1828 wurde er zum öffentlichen Park erklärt. Der Triumphbogen von 1892 ist ein Denkmal für George Washington und heißt darum auch "Washington's Arch". Der rechteckige Platz wird von z.T. recht sehenswerten Wohn- und Geschäftshäusern umstanden, besonders auf seiner Nordseite, während im Süden nebeneinander zwei Kirchen zu sehen sind: Die kleine **Holy Trinity Chapel** und die **Judson Memorial Baptist Church**, deren Architektur mit freistehendem Campanile im norditalienischen Stil in New York etwas exotisch wirkt. Östlich davon konzentriert sich in mehreren Gebäuden das studentische Leben der **N.Y. University.**

Auf dem Washington Square ist man bereits auf dem Boden einer der sehenswerten Neighborhoods, nämlich in

● **Greenwich Village**

Greenwich Village ist als Treffpunkt der Bohème, der Homosexuellen New Yorks, der Dichter und der Künstler weithin bekannt. U.a. Mark Twain und Thomas Wolfe haben hier gelebt und gearbeitet, aber die ehemalige Hochburg der kreativen (und politischen) Avantgarde wurde mit steigendem Ruhm zu einem beliebten Wohnort des besserverdienenden Mittelstandes. Wo im 18. Jahrhundert die Engländer ihre Gutshöfe hatten (damals war Greenwich ein eigenständiges "Village" und noch nicht mit New York verbunden) und wo im 19. Jahrhundert Platz für die schwarzen, irischen und italienischen Einwanderer geschaffen wurde, blühte das kulturelle Leben besonders in der ersten Hälfte des 20. Jahrhunderts.

Auf einem **Rundgang**, der die schönsten Ecken des Viertels streift, geht man vom Washington Square über die westliche 4th Street mit ihren Cafés, Buchläden und Galerien und stößt bald darauf auf die 6th Avenue (Avenue of the Americas). Im ganzen Bereich zwischen der 6th und der 7th Ave. konzentrieren sich die Boutiquen, Lokale und Kneipen, von denen einige berühmte Namen tragen. Bleibt man auf der 4th Street, die nun nach Nordwesten abbiegt, erreicht man die 7th Ave. beim Sheridan Square. Ab hier spaziert man im spitzen Winkel über die Christopher Street nach Südwesten, folgt an der nächsten Kreuzung der Bleeker Street nach links und dann der Grove Street nach rechts. Man überquert die Bedfort Street (sehenswerte alte Wohnstraße) und kommt zur Einmündung auf die Hudson Street, wo gegenüber die kleine **St. Luke's Chapel** (1822) einen kurzen Besuch lohnt. Ab hier sollte man der Hudson Street einen Block nach Süden folgen und dann wieder nach links auf die Barrow Street einbiegen. Man erreicht die Commerce Street mit ihren schönen Backsteinhäusern und dem Theater Cherry Lane, geht auf der 7th Ave. nach rechts bis zur Kreuzung Leroy Street, die zusammen mit der südlichen Fortsetzung St.Luke's Place eine der typischsten des Viertels ist.

Zwei Blocks weiter südlich hat man auf der breiten Houston Street (aus-
gespr.: "Hausten") die Grenze vom "Village" erreicht. Was sich nun südlich
der Straße, also **So**uth of **Ho**uston Street ausbreitet, ist das Viertel SoHo.

● **SoHo**

Seitdem im Jahre 1848 in Amerika erstmalig Gußeisen bei der Herstellung
von Häusern verwendet wurde, sind noch im letzten Jahrhundert die vorge-
fertigten Teile ein Charakteristikum ganzer Stadtteile geworden. Nur eine
geringer Prozentsatz der Häuser (ca. 500) mit ihren Säulen aus Gußeisen
(Cast Iron) und ihrer historisierenden Architektur haben die Jahrzehnte
überdauert, aber die meisten und schönsten davon in SoHo, so daß das
Viertel auch als "**Cast-Iron-District**" bekannt geworden ist und unter
Denkmalschutz gestellt wurde.

Da die stabile Konstruktionsweise auf Stützwände verzichten konnte, sind
viele und hohe Fenster typisch für das Aussehen der meist fünf- bis achtstöckigen
Gebäude. Früher dienten sie als Fabrikationsräume der Leder- und Textilindustrie, heute sind sie begehrte Stätten für Künstlerateliers, Boutiquen,
Restaurants und Galerien. Von hier aus wurde das Privileg, in einem "Loft"
zu wohnen (= Fabriketage eines Cast-Iron-Hauses), zu einem Standard bei
kreativen Aufsteigern in der ganzen westlichen Welt.

Um den obigen Rundgang fortzusetzen und gleichzeitig die bekanntesten
Galerien, schönsten Straßen und besten Beispiele der genannten Architektur
zu entdecken, sollte man von der 7th Ave. einen Block südlich der Houston
Street nach links in die **Prince Street** einbiegen. Man überquert den West
Broadway und gelangt schließlich zur **Greene Street**, auf der man zwei
Blocks nach Süden bis zur **Broome Street** spaziert. Die drei genannten
Straßen geben m.E. den authentischsten Eindruck von dem, was unter dem
Kürzel SoHo allgemein verstanden wird.

Wenn man anschließend auf der südlichen Parallelstraße zur Broome Street,
der **Grand Street**, nach rechts geht, erreicht man zwei Blocks hinter dem
West Broadway eine Neighborhood ganz anderen Gepräges, nämlich Chinatown.

● **Chinatown**

Obwohl die meisten der nach Amerika eingewanderten Chinesen ihre
Gemeinden an der kalifornischen Küste (San Francisco) gründeten, ist auch
das New Yorker Chinesenviertel dicht besiedelt (mehr als 120.000 Menschen aus Taiwan, Hongkong und der VR China) und unverkennbar ostasia-
tisch. Marktstände mit exotischen Früchten und fremden Gerüchen, Kinos,
in denen chinesische Filme mit englischen Untertiteln laufen, eine unüber-
schaubare Menge fernöstlicher Restaurants und Läden, ja selbst Telefonhäus-
chen im Pagodenstil machen die Chinatown zu einem Fremdkörper im

Laden in Chinatown

Stadtbild Manhattans. Es lohnt sich nicht nur, hier das **chinesische Neujahrsfest** oder den **Flohmarkt** (Canal-/Lafayette Street) zu besuchen, sondern jeder Tag kann hier auf den Straßen, Plätzen und Läden zu einem Erlebnis werden. Besonders in der Dämmerung und nachts ist Chinatown ein quirliger Ort, dessen bunte Leuchtreklamen und dessen Ambiente einfach unverwechselbar sind.

Wenn man von SoHo über die Grand Street (s.o.) nach Chinatown kommt, überquert man die Mulberry Street und stößt dann automatisch auf die **Mott Street**, die Hauptstraße des Viertels. Sehenswert ist hier u.a. das **Chinatown Museum** (Nr. 8, 2. Stock, geöffnet 11.00 - 17.00 Uhr), die **kleine Kirche** aus dem Jahr 1801 (Nr. 25), die der katholischen Chinesen-Gemeinde dient und der buddhistische **Ein-Zimmer-Tempel** (Nr. 64). Gehen Sie deshalb die Mott Street ruhig ein Stück lang in südlicher Richtung, über die Canal Street hinaus bis zum **Chatham Square** (im südlich anschließenden St.James Place finden Sie den ältesten jüdischen Friedhof der Stadt), und biegen Sie dann zweimal rechts ab, um auf der Parallelstraße Mulberry Street wieder in die entgegengesetzte Richtung zu spazieren. Dabei wird man hinter der Canal Street bald merken, wie sich der Charakter der Straße verändert. In diesem Moment ist man dabei, in eine neue Neighborhood einzudringen, nämlich in das nicht minder bekannte Little Italy.

● **Little Italy**

Etwa 600.000 Menschen sprechen in New York italienisch, und ein großer Teil davon lebt im gar nicht so 'kleinen' Little Italy. Für Touristen gilt hier im Prinzip das Gleiche wie für Chinatown: über die Straßen Mott- und Mulberry Street spazieren, in Läden, Kirchen, Restaurants hineinschauen und die spezifische Atmosphäre des Viertels in sich aufnehmen. Anstelle z.B. der kantonesischen reizt hier natürlich eher etwa die sizilianische Küche, anstelle der buddhistischen Tempel gibt es hier römisch-katholische Kirchen (eine der ersten, die **Old St.Patrick's Cathedral**, finden Sie auf der 260 Mulberry Street; zwischen Prince- und Houston Street), anstelle des chinesischen Neujahrs- lockt hier das San Gennaro-Fest Besucher an, und - auch das darf nicht verschwiegen werden - während hier bekanntermaßen die Mafia zu Hause ist, herrschten dort die mindestens genauso brutalen und mächtigen fernöstlichen Gangs und Männerbünde.

Die Nordgrenze von Little Italy bildet die schon erwähnte Houston Street, von der aus man über die Lafayette Street schnell zum Astor Place oder

Washington Square zurückkehren kann. Wer das möchte, darf nicht versäumen, sich ein bemerkenswertes Gebäude anzuschauen, nämlich das **Bayard Building** von 1898. Sie finden dieses auf der 65 Bleeker Street (zwischen Lafayette Street und Broadway). Es handelt sich dabei um ein Werk des berühmten Architekten Louis Sullivan, der u.a. in Chicago als Wegbereiter der modernen Hochhausarchitektur Enormes geleistet hat. In New York, das immer von etwas konservativerem Geschmack war, ist von Sullivan außer dem Bayard Building nichts gebaut worden.

Wenn man nach dem Besuch der chinesischen und italienischen Zentren noch Lust und Zeit auf eine Komplettierung der Eindrücke hat, sollte man aber bis zur **Delancey Street** zurück- und ab hier nach links (Osten) gehen. Zunächst überquert man dann die **Bowery**, die als "Kneipenstraße" (Skid Row), "Weg des Verbrechens" oder "Avenue der Alkoholiker" einen bedenklichen Ruf hat. Früher hatte die Bowery dieses Etikett sicher zu Recht verdient, aber auch sie gerät immer mehr in den Sog der neuen Attraktivität von Lower Manhattan. Am ehesten erinnert noch der Abschnitt zwischen Chatham Square im Süden und der 4th Street im Norden an die alten Tage. Östlich davon schließt sich eine ebenfalls berüchtigte Gegend an, nämlich die Lower East Side mit dem East Village.

● **Lower East Side und East Village**

Sie sind als gefährliche, heruntergekommene und sanierungsbedürftige Viertel weithin bekannt. Hier wohnen hauptsächlich Polen, Ukrainer, Puertoricaner und eingewanderte Asiaten. Früher war die Lower East Side ein fast rein deutsches Wohngebiet, das sich zu Anfang des 20. Jahrhunderts in eine der Hochburgen des New Yorker Judentums wandelte. Wer auf sich aufpaßt und nicht übertrieben Schmuck oder Kameras präsentiert, für den kann ein Besuch dieses Reviers durchaus interessant sein. Denn es gibt nicht nur einige schöne Plätze und Gebäude zu sehen, sondern auch das Bild einer Neighborhood, die sich seit 1980 vom Slumgebiet zum neuen Künstlerzentrum und Nachfolger SoHos wandelt. Noch sind die dazugehörigen gegensätzlichen Bevölkerungsteile nebeneinander anzutreffen, noch kann man einen armseligen polnischen Würstchenstand neben einem neuen französischen Restaurant, ein altes Bordell neben einer neueröffneten Galerie vorfinden. Und für Liebhaber der plakativen Wandmalereien, die hier mal politisch-provozierend, mal ohne tieferen Anspruch sind, aber immer frisch und unverbraucht wirken, ist das East Village ohnehin ein 'Muß'.

Ein **Rundgang** könnte auf der **Delancey Street** (s.o.) starten, der immer noch turbulente Hauptgeschäftsstraße der alten Lower East Side. Der breite Verkehrsweg führt geradewegs zur Williamsburg Bridge über den East River. Eine schöne Aussicht auf den Fluß, das gegenüberliegende Brooklyn und die beiden grandiosen Brücken Williamsburg und Manhattan Bridge erhält man vom East River Park (am eindrucksvollsten rechts der Brücke, am Ende der Delancey Street).

Spart man sich jedoch diesen Ausflug, sollte man über die Clinton Street, halbwegs zwischen Brücke und Bowery gelegen, drei Blocks nach Norden bis zur East Housten Street gehen. Hier verläuft die Südgrenze des East Village, dessen Zentrum, den **Tompkins Square**, man nach ca. 400 m über die Ave. A oder Ave._B erreicht. Von dort aus geht man dann über die 8th Street wieder stadteinwärts, an der 3rd Ave. dann bis zur 4th Street südwärts, wo rechterhand das sehenswerte **Old Merchant's House** liegt. Es stammt aus dem Jahr 1832 und hat nicht nur eine schöne neoklassizistische Fassade, sondern auch eine bemerkenswert aufwendige Innenausstattung. Am Ende des Blocks biegt man nach rechts auf die Lafayette Street ein, und sieht sich nach wenigen Metern dem Public Theatre gegenüber, einer ehemaligen Bibliothek. Auf der anderen Straßenseite (Nr. 428-434) kann die zerbrökkelnde Pracht der **Colonnade Row**, einer Häuserreihe im römischen Tempelstil, kaum noch an die Zeit erinnern, als sich hier die repräsentativste Wohngegend New Yorks befand und u.a. die Familien Astor und Roosevelt zu Hause waren.

An der nächsten Ecke weitet sich die Lafayette Street zur einem Platz, auf dem das Cooper Union Building, eine Großplastik und ein Denkmal für den Eisenbahnunternehmer Cooper zu sehen sind. Der Platz geht über in den **Astor Place**, mit dem man wieder den Anfang des Rundgangs erreicht hat, und in den **St.Mark's Place** (8th Street) mit seinen Graffities, Discos und Jugendkneipen.

Wer nun noch Zeit und Lust hat, könnte im Umkreis von 300 m schnell zu weiteren Sehenswürdigkeiten gelangen: Zuerst über die 3rd Ave. bis zur 9th Street, wo am **Renwick Triangle** etliche schöne Häuser des 19. Jahrhunderts zu bewundern sind. Dann, einen Block weiter, bildet an der Ecke 2nd Ave./ 10th Street das Gotteshaus und der Friedhof von **St.Mark's in the Bowerie** einen architektonischen und historischen Anziehungspunkt: Als eine der ältesten Kirchen der Stadt (1799; Turm und Vorhalle 19. Jahrhundert)) geht sie auf die Hauskapelle des Holländers Peter Stuyvesant zurück. Er und viele Mitglieder seiner Familie sind auf dem Friedhof beigesetzt (der letzte Nachfahre Stuyvesants starb 1953), aber auch Persönlichkeiten wie Daniel Tompkin, der New Yorker Gouverneur und 1807-17 Vizepräsident der Vereinigten Staaten war.

Auf dem Weg zurück kann man einer weiteren Kirche einen Besuch abstatten, nämlich der neugotischen **Grace Church** aus dem Jahre 1846. Man erreicht sie, wenn man der 10th Street 250 m bis zur Lafayette Street folgt. Östlich der Kirche verläuft der Broadway, der nach sechs Blocks wieder zum Astor Place führt und über die 5th Street den Washington Square (s.o.).

Spaziergänge in Manhattan: Zwischen 14. und 59. Straße

Neben der Südspitze Manhattans verfügt die Midtown, wie das große Gebiet bis zum Central Park genannt wird, über die dichteste Konzentration an

Wolkenkratzern, darunter so weltberühmte Bauwerke wie das Empire State, das PanAm- oder das Chrysler Building. Aber auch der Theaterdistrikt mit seinen Broadway-Shows und dem schillernden Times Square, der riesige Komplex des Rockefeller Centers, das Hauptquartier der Vereinten Nationen, Kaufhäuser, Hotelpaläste, Museen, interessante Plätze und elegante Einkaufsstraßen prägen das Stadtbild zwischen der 14. und 59. Straße. Angesichts der Fülle der Sehenswürdigkeiten muß man sein Besichtigungsprogramm stark beschränken, will man auch nur das Wichtigste sehen. Je nach Interesse wird man daher z.B. auf den Flugzeugträger "Intrepid"

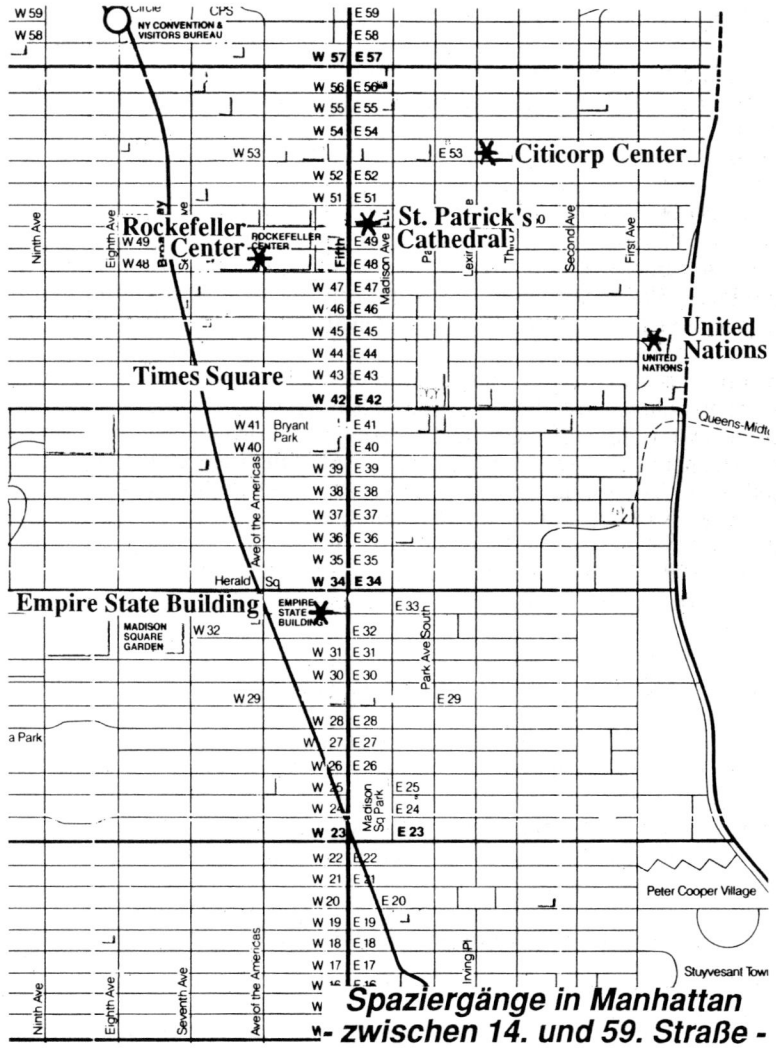

Spaziergänge in Manhattan
- zwischen 14. und 59. Straße -

zugunsten des "Modern Museum" verzichten oder den Bummel über die Park Avenue einer Besichtigung der UNO vorziehen. Der nachfolgend beschriebene **Rundgang** ist also nur als Vorschlag zu nehmen, dem man auf keinen Fall an einem Tag in allen Einzelheiten folgen kann: die Wegstrecke ist zu schaffen, nicht aber ein komplettes Programm mit Innenbesichtigungen!

Es empfiehlt sich wegen der besseren Lichtverhältnisse, Midtown Manhattan von Süden nach Norden zu durchstreifen, wobei sich als günstiger Startpunkt der **Union Square** (Station der U-Bahnlinien N, RR, LL, 4, 5, 6) zwischen Broadway, Park Ave., 14. und 17. Street anbietet. Von diesem großen Platz aus, der oft als Schauplatz politischer Kundgebungen diente und der von einigen wichtigen Hochhäusern (z.b. das Edison Building mit seinem Uhrturm) umstanden wird, folgt der Rundgang der Diagonalrichtung des Broadway nach Nordwesten. An seinem Schnittpunkt mit der 5th Avenue und 23rd Street erhebt sich als kuriose Sehenswürdigkeit das Flatiron Building.

● **Flatiron Building**

1902 nach Plänen des Architekten Burnham (ein Schüler Sullivans) fertiggestellt, kann das ungewöhnliche Gebäude als erstes Hochhaus von New York gelten. Die Konstruktionsweise mit einem Stahlgerüst war bahnbrechend für die weitere Entwicklung der Hochhaus-Architektur, ist allerdings von außen nicht zu sehen, da sie mit Mauerwerk verdeckt ist. Das 20stöckige Bauwerk ist im Renaissance-Stil eines italienischen Palazzo errichtet, hat aber die wohl ungewöhnlichste Front Manhattans. Denn über einem dreieckigen Grundstück (vgl. Times Square) erbaut, ist das Flatiron Building vorne nur 2 m schmal und verbreitert sich anschließend zu beiden Seiten, so daß es wie ein riesiges Bügeleisen (daher der Name!) wirkt.

Von hier aus, der Fifth Avenue aufwärts folgend, kommt man zum Rechteck des **Madison Square** (nicht zu verwechseln mit dem "Madison Square Garden", s.u.!). Dieser Platz wirkt geschlossener als der Union Square und verfügt über eine interessantere Bebauung; so z.B. an seiner östlichen Seite die Metropolitan Life Insurance Headquarters, deren aufragender Turm mit 230 m von 1909 bis 1913 das höchste Gebäude der Welt war. Im Gegensatz zu dessen Stil, der an den Campanile von San Marco in Venedig erinnert, stehen die schönen Art-Deco-Anbauten nördlich davon (1932).

Man verläßt den Madison Square wieder über die Fifth Avenue und hat nahe der Kreuzung mit der 28. Straße Gelegenheit, ein rekonstruiertes viktorianisches Backstein (Brownstone)-Haus zu besichtigen: die Geburtsstätte Theodore Roosevelts, des einzigen in New York geborenen Präsidenten der USA.

Theodore Roosevelt Birthplace, 28 E. 28th Street, Tel.: 260-1616
Öffnungszeiten:
Mi - So: 9.00 - 17.00 Uhr
Eintritt $ 1

Unweit davon liegt ein Block weiter nördlich das hübsche kleine Gotteshaus der **"Little Church around the Corner"** (1 E 29th Street), das 1856 im Stil der englischen Gotik aufgeführt wurde. Ihren Namen erhielt es, als sich der Pfarrer einer vornehmeren Kirche weigerte, für den Freund eines Schauspielers einen Totengottesdienst zu halten und ihm riet, es "bei der kleinen Kirche um die Ecke" einmal zu versuchen. Früher hatten Schauspieler nicht gerade den besten Ruf und in einigen New Yorker Kirchen wurden ihnen die Sakramente verweigert...

Zurück auf der Fifth Avenue geht der Weg weiter in nördlicher Richtung. Hat man an der 31st/32nd/33rd Street Lust zu einem kleinen Abstecher, ist der Weg nach links zum **Madison Square Garden** von Interesse. Es handelt sich dabei um eine der bekanntesten überdachten Arenen der Welt, in der fast jeden Abend eine große Sport-, Musik- oder sonstige Veranstaltung stattfindet. In unmittelbarer Nähe befindet sich der zweite große Bahnhof der Stadt, die **Penn Station** (unterirdisch) und das sehenswerte **Hauptpostamt** (New York General Post Office) mit seiner grandiosen griechisch-römischen Fassade. Der gesamte Komplex befindet sich zwischen der 7th und 8th Ave., etwa 5 Minuten von der 5th Ave. entfernt. Den Rückweg kann man über die 34th Street antreten, wo sich, wo der Broadway die 6th Ave. kreuzt, der schöne **Herald Square** ausbreitet und das Kaufhaus "**Macy's**", nach eigenen Angaben das größte der Welt, nicht zu übersehen ist.

An der Ecke 5th Ave./34th Street ragt dann die nächste große Sehenswürdigkeit in den Himmel, nämlich das

● **Empire State Building**

Kaum ein anderer Wolkenkratzer in der Welt hat einen solchen Klang wie das Empire State Building, das darum auch täglich von rund 40.000 Besuchern frequentiert wird! Mit seinen 110 Stockwerken und einer Höhe von 381 Metern (mit Antennenaufbauten 443 m) war es ab seiner Fertigstellung im Jahre 1931 bis 1973 das höchste Gebäude der Welt. Mit einer Bauzeit von nur 2 Jahren, seinen 60.000 Tonnen Stahl, der Unmenge von verbautem Kalkstein, Granit und Marmor, mit seinen 6.500 Fenstern, 73 Fahrstühlen und auch wegen seiner schönen Art-Deco-Architektur, wurde es bereits von Zeitgenossen als "8th World Wonder, the only one built in the 20th century" oder als "The cathedral of the skies" bezeichnet.

 Besucher reizt natürlich besonders der Blick von den Aussichtsplattformen am 86. oder 102. Stockwerk, der an klaren Tagen 130 km weit gehen kann.
Empire State Building, 5th Ave./34th Street, Tel.: 736-3100; tägl. geöffnet 9.30 - 24.00 Uhr, Ticket $ 3.50.

Die Tickets für den Fahrstuhl zum "Observatory" gibt es im Kellergeschoß, wobei entlang des Weges ein Modell und historische Dokumente über die Konstruktion des Riesenbaus Auskunft geben.

Weniger beeindruckend sind die Auswahl der Speisen in der Cafeteria und die Souvenirs, die im wesentlichen auf das bekannte "King-Kong"-Motiv zurückgreifen.

Aber auch die Lobby im feinsten Art Deco ist sehenswert und ebenfalls das hier untergebrachte Museum **"Guinness World of Records"**, in dem atemberaubende und ungeheuerliche Rekorde aller Art zusammengetragen sind (geöffnet tägl. 9.00 - 20.00 Uhr).

Immer noch über die Fifth Avenue, die ab nun deutlich eleganteres Gepräge bekommt, setzt man den Spaziergang fort und stößt dann nach der 40th Street auf den **Bryant Park** (der leider immer mehr zum Treffpunkt für den Drogenhandel verkommt) und der von ihm begrenzten Bücherei **New York Public Library**. Der mächtige Klotz aus dem Jahre 1911, errichtet im historisierenden Stil der Spätrenaissance, enthält außer den Lesesälen und Bücher- und Dokumentensammlungen auch Räume für Musikdarbietungen oder Wechselausstellungen.

Das Paramount Building am Times Square

Am Ende der Bücherei und des Parks hat der Besucher nun die Qual der Wahl, in welcher Richtung er die berühmte 42nd Street entlanggehen soll:
* nach **Westen** kommt man zum **Times Square** und dem **Theater-Distrikt**,
* nach **Osten** zur **Grand Central Station**, **Chrysler Building** und den **UN-Gebäuden**.

Folgt man dem Uhrzeigersinn erreicht man an der 7th Avenue den

● **Times Square**

Er gilt mit seinen Lichtreklamen, dem brausenden Verkehr, seinen Kinos und Theatern, aber auch mit den neuen Hotels, den Imbißständen und dem ständig brodelnden, hektischen (und nicht ganz ungefährlichen!) Menschengewimmel als Synonym für Manhattan schlechthin. Eigentlich ist er kein Platz, sondern nur durch das Schneiden des Broadways durch die 7. Avenue entstanden, wobei sich zwei dreieckige, unbebaute Grundstücke ergaben. Einige U-Bahnstationen, ein kleines Standbild und das Ticketoffice TKTS für die verbilligten Broadway-Shows - das ist eigentlich alles, was sich darauf befindet.

Seinen Namen erhielt der Platz, als 1904 das Verlagshaus der "New York Times" hierhin übersiedelte, das sich inzwischen einige Blocks weiter westlich befindet. Außer dem bunten Treiben, das sich naturgemäß besonders nachts entfaltet, gibt es in der Gegend einiges an Sehenswertem zu entdecken. So z.B das 1927 im Art-Deco-Stil entstandene **N.Y. Paramount Building** an der 42nd Street mit seiner markanten Kugel auf dem Dach oder auch der moderne Hotelpalast des "**Marriott Marquis**" an der 45th Street, in den man hineingehen und in die Lobby im 8. Stockwerk fahren sollte: der hohe Innenraum mit seinen Hoteletagen und der üppigen Bepflanzung, die Restaurants und Bars, die auffälligen, verglasten Außen-Aufzüge - all das ist von luxuriöser Großzügigkeit!

Im "Theater District"

Hier befindet man sich gleichzeitig im Herzen des "Theater District", der mit seinen etwa dreißig Broadway-Theatern weltberühmt ist und, besonders vor 20.00 und nach 22.00 Uhr, mit seinen Tausenden von Theaterbesuchern den Eindruck einer Dauerpremiere entstehen läßt. Andererseits befindet sich hier, vor allem auf der berüchtigten **42nd Street**, das Zentrum der Sex Shops, Prostitution und des Drogenhandels, so daß Glamour und Schmutz hier noch enger beisammen sind als sonst in Manhattan.

Wer viel Zeit hat oder ohnehin zu Fuß zur Anlegestelle der "Circle Line" unterwegs ist, kann auf dem Weg über die 42nd Street zum Ufer des Hudson den (nicht uninteressanten) Wechsel im Stadtbild nachvollziehen: von den Skyscrapern im Zentrum zu den Mietskasernen der Westside. Dabei passiert man den markanten Block des **städtischen Bus Terminals**, vielleicht der größte Busbahnhof der Welt, und erreicht schließlich, nach Überqueren der 12th Ave. und des West Side Highway, die **Schiffsanlegestellen am Hudson River**. Früher war hier, besonders an den nördlicheren Piers 88 - 92, die Creme der transatlantischen Passagierdampfer versammelt. Heute legen dort manchmal Kreuzfahrtschiffe an, während das wohl höchste Personen-

Auf dem Flugzeugträger "Intrepid"

aufkommen die Flotte der **Circle Line- Schiffe** zu verzeichnen hat, die am Pier 83 zu ihren verschiedenen Ausflügen startet. In unmittelbarer Nähe liegt der riesige Flugzeugträger "**Intrepid**", der auf den Kampfplätzen des Zweiten Weltkrieges und des Koreakrieges eine wichtige Rolle gespielt hat. Heute ist er zu einem Museumsschiff umgebaut worden, das nicht nur Einblicke in einen originalen Flugzeugträger ermöglicht, sondern mit seinen Filmen, Fotodokumenten, Flug- und Fahrzeugen sowie zeitgeschichtlichen Exponaten (einschließlich eines Stücks der Berliner Mauer) auch von weitergehendem Interesse ist.

Intrepid Sea-Air-Space Museum, Pier 86, Tel.: 245-2533
Öffnungszeiten:
Mi - So: 10.00 - 17.00 Uhr
Eintritt $ 6

Drei Straßen weiter südlich ist ein neuerbautes Ausstellungs- und Messezentrum Ziel von Geschäftsleuten und wegen seiner Architektur auch immer mehr von Touristen. Das **Jacob K. Javits Convention Center** besteht aus ineinander geschachtelten, völlig verspiegelten Kuben, die zwischen der 11. und 12. Ave. die Fläche von nicht weniger als 5 Blocks (39. bis 34. Straße) überdecken. Mit seinen riesigen Hallen und mehr als 100 Kongreßräumen ist es der größte Komplex dieser Art in der westlichen Hemisphäre.

Das Javits Convention Center

Für unseren Rundgang jedoch verzichten wir auf diesen zeitaufwendigen Abstecher und setzen den Rundgang ab dem Times Square in nördlicher Richtung über Broadway oder 7th Ave. fort. Linkerhand sieht man dabei die neuerbauten Glitzerpaläste der großen Hotelketten, die dem "Marriott Marquis" nacheifern und die ehemals schmuddelige Gegend aufgewertet haben. Dann biegt man nach rechts in die 50th Street ein, die einen nach wenigen Minuten (vorbei an der Radio City Music Hall, s.u.) zur mächtigen Anlage des Rockefeller Centers bringt.

● **Rockefeller Center**

Diese Ansammlung von 21 Hochhäusern, seit 1929 auf Veranlassung von John D. Rockefeller erbaut, ist quasi eine Stadt in der Stadt, die täglich von mindestens 250.000 Menschen frequentiert wird. Ihre zentrale Achse bilden die Channel Gardens, die auf die tiefergelegene **Lower Plaza** zuführen. Hier sitzt man im Sommer in Cafés, während in der Weihnachtszeit der monumentale Christbaum im Zentrum des festtäglichen Treibens der Stadt steht. Und im Winter kann man auf der Lower Plaza den Schlittschuhläufern

zuschauen. Bewacht wird die Szenerie von kitschigen, vergoldeten Bronzestatuen (Prometheus, Atlas) und dem in Marmor gehauenen politischen Nachlaß Rockefellers.

Die Geschichte des weltweit größten Geschäftskomplexes in privatem Besitz kann man sich auf einem Film im zentralen Untergeschoß anschauen (30 Rockefeller Plaza, Mo - Fr 9.00 - 17.00 Uhr). Hier ist es auch möglich, an **Führungen durch die Fernsehstudios der NBC** (National Broadcasting Company) oder sogar als Studiogast an einer ihrer Shows teilzunehmen.

 NBC Studio Tours, Tel.: 664-7174, Mo - Sa 10.00 - 16.00 Uhr.
Am Informationsschalter (Tel.: 698-8500) sind darüberhinaus Lagepläne u.ä. kostenlos zu bekommen.

Zu den interessantesten Gebäuden der Wolkenkratzerstadt, und jeweils eine eigene Besichtigung wert, zählen das **RCA Building**, mit 278 m und 70 Stockwerken eines der höchsten der Stadt, und die weltberühmte **Radio City Music Hall**, die auch "The Showplace of the Nation" genannt wird und eins der größten Theater der Erde ist. Die 1932 eröffnete, schöne Art-Deco-Anlage mit ihrer herrlichen Bühne hat Musikgeschichte geschrieben und unzählige von Galaveranstaltungen, Ehrungen und Stars erlebt. 1990 z.B. sangen und spielten hier, neben der bekannten Revueballettgruppe "Rockettes", u.a. Ella Fitzgerald, Julio Iglesias, Diana Ross, Frank Sinatra, Sting und der Moskauer Staatszirkus. Wer nicht an einem Konzert teilnehmen möchte oder keine Karten mehr bekommen hat, kann das wunderschöne und neulich renovierte Innere auf einer Führung kennenlernen.

 Radio City Music Hall, Ave. of the Americas/50th Street, Tel.: 247-4777
Backstage Tours $ 6

Zur Fifth Avenue hin liegt schräg gegenüber des Rockefeller Centers und in merkwürdigem Kontrast zur Hochhausarchitektur der Umgebung stehend, die aus Marmor gebaute

● St.Patrick's Cathedral

An der neugotischen Kirche (93 m lang, 38 m breit), die von Anfang an als Bischofskirche und Zentrum des New Yorker Katholizismus geplant war, wurde ab 1858 gearbeitet. 1879 erfolgte die Einweihung, und 1888 waren dann auch die beiden 100 m hohen Westtürme fertiggestellt. Im Jahre 1905 kam schließlich noch die östliche Marienkapelle hinzu. Wie der Name schon andeutet, richtet sich der Dom vor allem an die große irische Gemeinde der Stadt, deren St. Patrick's Parade natürlich hier vorbeiführen muß.

Saint Patrick's Cathedral
New York

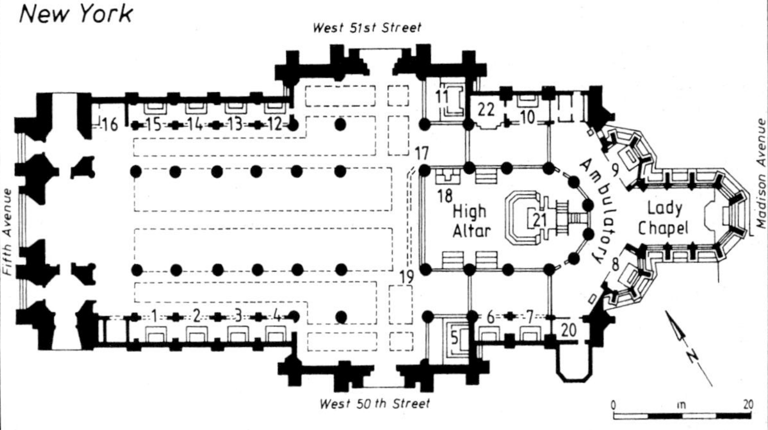

West 51st Street

Fifth Avenue

Madison Avenue

-16 -15 -14 -13 -12-

11 22 10

17

18
High
Altar

21

Ambulatory

9

Lady
Chapel

8

19

-1- -2- -3- -4-

5

6 -7-

20

West 50 th Street

0   in   20

ALTARS

1 St. Anthony of Padua
2 St. John the Evangelist
3 St. Elizabeth Ann Seton
4 St. Rose of Lima
5 Sacred Heart
6 St. Andrew
7 St. Teresa of the Infant Jesus

8 St. Elizabeth
9 St. Michael & St. Louis
10 St. Joseph
11 Holy Family
12 Holy Relics
13 St. Augustine
14 St. John Baptist de la Salle
15 St. Brigid & St. Bernard

16 Baptistry
17 Statue of St. Patrick
18 Archbishop's Throne
19 Pulpit (Kanzel)
20 Archbishop's Sacristy
21 Eingang
22 Chancel Organ (Orgel)

Den Hintergrund, vor dem die Neugotik der Kathedrale fast erdrückt wird, bilden einige der neueren und höchsten Wolkenkratzer der Stadt, fast ausnahmslos zu Anfang der 80er Jahre und im Stil der sog. Postmoderne errichtet. Es lohnt sich, diese etwas näher in Augenschein zu nehmen und dazu die Fifth Avenue aufwärts zu gehen, aber vorher lockt an der 53rd Street in dem allgemein MOMA abgekürzten **Museum of Modern Art** eine der bedeutendsten Sammlungen moderner Kunst in der Welt, über dem sich der 55 Stockwerke hohe "Museum Tower" mit seinen 260 Eigentumswohnungen (1983) erhebt. In dem auch architektonisch sehr interessanten Gebäude gibt es auf mehreren Etagen ständige und Wechselausstellungen von Malerei, Plastik, Film, Architektur und Kunsthandwerk. Einige der größten Meisterwerke des Impressionismus, Expressionismus, Kubismus, Fauvismus, der amerikanischen abstrakten Kunst, Op- und Pop Art u.v.m. sind hier zu sehen, daneben laufen cineastische Raritäten. Es gibt einen gut sortierten Buch- und Souvenirladen, und in der Cafeteria wie im herrlichen Skulpturengarten kann man sich erholen.

Museum of Modern Art (MOMA), 11 W 53rd Street, Tel.: 708-9480
Öffnungszeiten: Do   11.00 - 21.00 Uhr
                          Fr - Di   11.00 - 18.00 Uhr
                          Eintritt $ 6 (Do Nachmittag frei)

Zurück auf der Fifth Avenue, geht man drei Blocks nach links und sieht dann an der Ecke zur 56th Street z.B. den bekannten "**Trump Tower**", einer der oben erwähnten, neuen Wolkenkratzer. Stahl und verspiegelte Glasflächen, überraschende Konturen, ein geschicktes Spiel mit Licht und Schatten, im Inneren dann edelste Materialien, viel Grün und großzügige Atrien - das ist die Sprache dieses und anderer Gebäude der Postmodernen. Der 68stöckige Trump Tower wurde 1982 als exklusiver Büro- und Wohnturm vom Baulöwen Trump privat finanziert.

In nächster Nachbarschaft erhebt sich 43 Stockwerke hoch im **IBM-Building** (56th Street/Madison Ave.) ein weiteres Beispiel der neueren Hochhausarchitektur (1982), hier allerdings mit schwarzem Granit als vorherrschendem Material.

Und sofort daneben stellt das ebenfalls 1982 eröffnete **AT&T Building** ein markantes und vieldiskutiertes Wahrzeichen dar. Der knapp 200 m hohe Bau des Architekten Johnson sticht durch das Material des rosa-farbenen Granits, vor allem aber durch das 6 Stockwerke hohe Portal und das mit kühnem Schwung durchbrochene Giebeldach von seiner Umgebung ab.

An dieser Stelle angelangt, kann man über die Flanier- und Einkaufsstraßen der **Fifth** oder **Madison Avenue** langsam wieder in Richtung Downtown schlendern. Auf den breiten Boulevards gibt es so viel zu sehen, daß der Platz nicht ausreicht, um auch nur das Wichtigste zu nennen. Unser Rundgang geht aber zur Park Avenue, die man über die 53rd Street erreicht und die als exklusivste Straße Manhattans weithin bekannt ist.

Wer jedoch lieber einen ungewöhnlicheren Ausflug unternehmen möchte, kann in nordöstlicher Richtung zur Ecke 59th Street/2nd Ave. wandern, ab wo ein Besuch von Roosevelt Island möglich ist.

● **Roosevelt Island**

Dabei hat man Gelegenheit, das vielleicht merkwürdigste Verkehrsmittel New Yorks zu benutzen: die Seilbahn zum Roosevelt Island.

 "**Roosevelt Island Tram**", zwischen 6.00 - 2.00 Uhr alle 15 Minuten Abfahrten, Hin- und Rückfahrt $ 2,50, auf der Insel kostenloser Transfer mit Minibus.

Die Fahrt lohnt sich wegen der schönen Aussicht auch für die, die zu einer Besichtigung keine Zeit oder Lust haben. Interessant ist die kleine Insel zwischen Manhattan und Queens schon: sie ist der Ort eines ehrgeizigen Wohnungsbauprojekts ohne Autoverkehr, besitzt einige sehenswerte Gebäude des 19. Jahrhunderts, einen pittoresken Leuchtturm (1872) an der Nordspitze und von der Westpromenade hat man einen atemberaubenden Blick auf Manhattan.

● **Fortsetzung des Rundgangs**

Wer den **Rundgang** fortsetzt, wird nun auf der **Park Avenue** und der parallelen **Lexington Avenue** eine Reihe interessanter Gebäude, Einkaufszentren, Kirchen, Hochhäuser usw. entdecken. Sehenswert ist auch die **Central Synagogue** auf der Lexington Ave./55th Street, die zwar nicht die größte, aber die älteste (1872 vollendet) Synagoge der Stadt ist. Von besonderem Reiz sind die vielen maurisch-byzantinischen Details in ihrem Inneren.

Am imposantesten und aus vielen Perspektiven auf Manhattan zu sehen, erhebt sich an der Ecke 53rd Street/Lexington Avenue das Citicorp Center.

● **Citicorp Center**

Mit 59 Stockwerken erhebt es sich 300 m in die Höhe. Hier ist 24 Stunden am Tag etwas los, ein wirkliches Zentrum also, in dem sich Restaurants, Cafés und Geschäfte aneinander reihen und in dem Entertainment geboten wird. Das Center umfaßt auch einen in verschiedenen Ebenen gestaffelten Unterbau, in dem sich z.B. U-Bahnstationen befinden. Darüber (aber noch unterhalb des Straßenniveaus) erstreckt sich die z.T. offene Plaza mit etlichen Cafeterien und einer sehenswerten modernen Kirche ("St.Peter's Lutheran Church"). Im eigentlichen Gebäude liegt zuunterst die Markthalle mit Glasdach und Grünanlagen, darüber schließlich etwa 50 Stockwerke mit Büros und oben der markante schräge Dachaufbau.

Südlich des Citicorp Centers erreicht man auf der 50th Street im Block zwischen der Lexington und Park Avenue das weltberühmte **Waldorf-Astoria Hotel**, das zweifellos einen der schönsten Art-Deco-Bauten der Stadt darstellt. Der Name geht zurück auf die Familie des deutschen Einwanderers Jacob Astor aus Walldorf, der 1848 als einer der reichsten Männer New Yorks gestorben war. Die Familie, deren Zweige sich getrennt und zwei Hotels mit Namen "Astoria" und "Waldorf" eröffnet hatten, vereinigte sich wieder mit diesem 1931 fertiggestellten Bau.

● **St. Bartholomew's Protestant Episcopal Church**

Schräg gegenüber steht auf der Park Avenue (Ecke 51st Street) diese Kirche mit ihrer neoromanisch-byzantinischen Architektur im seltsamen Kontrast zur eleganten und hochstrebenden Welt der Glitzerpaläste und Bürotürme. Das 1919 vollendete Gotteshaus lohnt mit seiner mystischen Stimmung unbedingt einen Besuch und ist im betriebsamen Manhattan eine der schönsten Oasen der Ruhe.

Noch etwas weiter nördlich (Ecke 52nd/53rd Street) ist für Liebhaber der strengen, puren Architektur das Seagram Building von Interesse.

● **Seagram Building**

Der auf einer schönen Granit-Plaza stehende 100 m hohe (38 Stockwerke) Bau gilt als Paradebeispiel des "International Style" (der auf der Bauhaustradition aufbaut) und wurde unter Leitung des Architekten Mies van der Rohe (und seines Schülers Johnson) 1958 errichtet. Interessant, daß der kühle und schlichte Block von Mies van der Rohe bereits in den 20er Jahren für die Berliner Friedrichstraße entworfen war.

Der Rundgang wendet sich allerdings nach Süden, wo die freie Sicht durch die Straßenschlucht der Park Avenue von einigen Gebäuden unterbrochen wird. Zuvorderst erhebt sich in etwas überladener Pracht das 1929 entstandene **Helmsley Building**, dessen goldverziertes Dach mit Laterne ein wenig an den Zuckerbäckerstil erinnert. Geradezu erdrückt wird es von dem dahinter 264 m hoch (59 Stockwerke) aufragenden **PanAm Building** aus dem Jahre 1963, dessen achteckige Form vor dem neuen Hochhausboom einen der markantesten Akzente in Midtown gesetzt hatte. Dahinter wiederum (und mit dem PanAm Building verbunden) schiebt sich der massige Klotz der **Grand Central Station** in die Park Avenue. Bereits 1853 angelegt, später aber ständig erweitert, ist dies der Hauptbahnhof der Stadt mit einer verwirrenden Zahl von Stockwerken und Gängen. Die zwei unterirdischen Ebenen mit ihren Gleisanlagen können täglich bis 500 Züge durchfahren. Außerdem ist die Grand Central Station ein Verkehrsknotenpunkt für mehrere U-Bahnlinien. Die aus den Jahren 1903 - 13 stammenden Gebäudeteile sind aber allesamt nicht nur funktional, sondern auch sehenswert, so z.B. das schön eingewölbte "Oyster-Restaurant" und besonders die zentrale "Grand Concourse" (Empfangshalle), einer der größten überdachten Räume der Welt.

Art Deco Spitze des
Chrysler Building

Wendet man sich auf der 42nd Street, die den Bahnhof südlich abschließt, dem East River zu, passiert man nach wenigen Schritten den mondänen Hotelpalast "**Grand Hyatt**" mit seinem interessanten Atrium und gegenüber auf der Lexington Avenue das Chrysler Building.

● **Chrysler Building**

Dieses Gebäude stellt einen der herausragendsten Wolkenkratzer der Stadt dar. Besonders die gestaffelte Art-Deco-Spitze mit ihren Bögen und Dreiecksfenstern aus rostfreiem Stahl kann man auf unzähligen Abbildungen sehen und ist das vielleicht beste Beispiel für diesen Stil. Das

Innere wird durch die renovierte Eingangshalle zu den 18 Fahrstühlen mit ihren Holzintarsien geschmückt.

Mit der Vollendung im Jahre 1930 war das 343 m (77 Stockwerke) hohe Chrysler Building das höchste Gebäude der Welt. Nur ein Jahr später mußte es allerdings diesen Rekord an das 1931 zu Ende gebaute Empire State Building abgeben.

Folgt man der sich zum East River neigenden 42nd Street nun bis zum Ende, erreicht man ein von Landesflaggen eingerahmtes Gebiet, das formal nicht mehr zu New York gehört, noch nicht einmal zu den USA, sondern im Besitz der Staatengemeinschaft ist: das Hauptquartier der United Nations.

● **United Nations**

United Nations, 1st Ave./45th Street, Tel.: 963-7713
Öffnungszeiten für Besucher :
täglich 9.15 - 16.45 Uhr
tägl. Führungen, $ 5,50

Das aus mehreren Gebäuden, Straßen und einem Park (mit vielen Statuen internationaler Künstler) bestehende Gelände ist oft Schauplatz erbitterter Debatten, dramatischer Auseinandersetzungen und weitreichender Entscheidungen gewesen.

---

i   *Informationen zu den Vereinten Nationen*

Mit Ende des zweiten Weltkrieges stand die Staatengemeinschaft vor der Frage, wie man die zerstörte Welt wieder aufbauen, Gerechtigkeit herstellen und den Frieden sichern könne. Da sich der Völkerbund (ab 1919) als wirkungslos erwiesen hatte, konstituierten sich 1945 zu diesem Zweck in San Francisco die "United Nations Organisation" (UNO, später abgekürzt zu: Vereinte Nationen UN). Die Weltorganisation, in der die meisten Staaten der Welt Mitglied sind und die über verschiedene Ausschüsse und Nebenorganisationen mit unterschiedlichen Aufgaben und Kompetenzen verfügt (Vollversammlung, Sicherheitsrat, UNESCO, UNICEF u.a.), tagte zunächst an provisorischen Stellen in New York und London, bis sie 1952 ihren heutigen Hauptsitz am East River beziehen konnte. Ebenfalls in New York haben die Mitgliedsstaaten ihre unabhängigen UN-Botschaften. Die manchmal als nutzlos beschriebene bzw. verkannte Arbeit der UN, zu der am Anfang besonders skandinavische Länder ihren Beitrag leisteten (die ersten Generalsekretäre Tryggve Lie und Dag Hammerskjöld), versucht einen Ausgleich zwischen den unterschiedlichen militärischen, politischen, wirtschaftlichen und kulturellen Sphären und Interessen auf der Welt zu finden.
Die Bauarbeiten für das 73.000 Quadratmeter bedeckende UN-Hauptquartier begannen im Jahre 1949 und dauerten nur zwei Jahre; sie

standen unter der Leitung der bekannten Architekten Niermeyer (Brasilien) und Le Corbusier (Schweiz). Am markantesten ist das 154 m aufragende (39 Stockwerke), grüne Glashochhaus der Verwaltung (Secretariat Building) und das geschwungene General Assembly Building mit dem Saal der Vollversammlung, wo sich auch der Besuchereingang befindet. Auch im Inneren sind die UN Gebäude mit zahlreichen Kunstwerken geschmückt, z.B. mit großen Wandgemälden von Marc Chagall und Fernand Léger. Für eine Besichtigung schließt man sich einer der Führungen an, die in kurzen Abständen und in den wichtigsten Sprachen durchgeführt werden. Im Untergeschoß des General Assembly Building kann man sich in einer Cafeteria stärken, es gibt (nur hier!) eine **UN-Post mit eigenen Briefmarken und Stempel**, und in den Shops kann man Souvenirs aus aller Welt erwerben.

Es empfiehlt sich, auch den Garten mit seinen Skulpturen und dem schönen Blick auf die Skyline von Manhattan Midtown zu besuchen. Dabei fällt auf der gegenüberliegenden Straßenseite auf der 1st Avenue der äußerst interessante Hotel- und Büroturm des **One UN Plaza Building** ins Auge, der mit seiner mehrfach eingerückten Glasfläche und seinen überraschenden Konturen eine Bereicherung der New Yorker Architektur ausmacht.

Von hier aus kann man relativ schnell den **Hubschrauber Landeplatz** ("Heliport") am East River auf Höhe der 34th Street erreichen und die Stadtbesichtigung aus der Vogelperspektive fortsetzen.

Zum Zentrum Manhattans gelangt man jedoch am besten über die 43rd Street, wobei man am 1967 erbauten Haus der **Ford Foundation** mit seiner Hochschule, Bibliothek und anderen Einrichtungen vorbeikommt. Es lohnt sich, das Innere zu betreten und sich das schöne, begrünte Atrium anzuschauen, eines der ersten dieser Art in New York. Oberhalb des Baus erhebt sich die 1929 errichtete Wohnsiedlung der **Tudor City**, die sich an der gleichnamigen englischen Architektur orientiert und eine angenehme, ruhige Atmosphäre ausstrahlt. Die beiden Teile dieser hochgelegenen 'Stadt in der Stadt' sind mit einer Brücke über die 42nd Street verbunden.

Spaziergänge in Manhattan: Rund um den Central Park

Ein Spaziergang 'rund um den Central Park' läßt sich bei durchschnittlicher Kondition gut an einem Tag bewältigen, man kann allerdings auch Wochen damit zubringen. Dann nämlich, wenn man sich alle Sehenswürdigkeiten entlang der Strecke oder in der näheren Umgebung mit der notwendigen Ruhe und Sorgfältigkeit anschauen will. Es locken ja nicht nur die Naturschönheiten der Grünanlagen, sondern auch die Theater des Lincoln Centers, Einzelhäuser wie das Dakota Building, gepflegte Wohngegenden und interessante Kirchen. Und da liegen an der sog. "Museum Mile" einige der

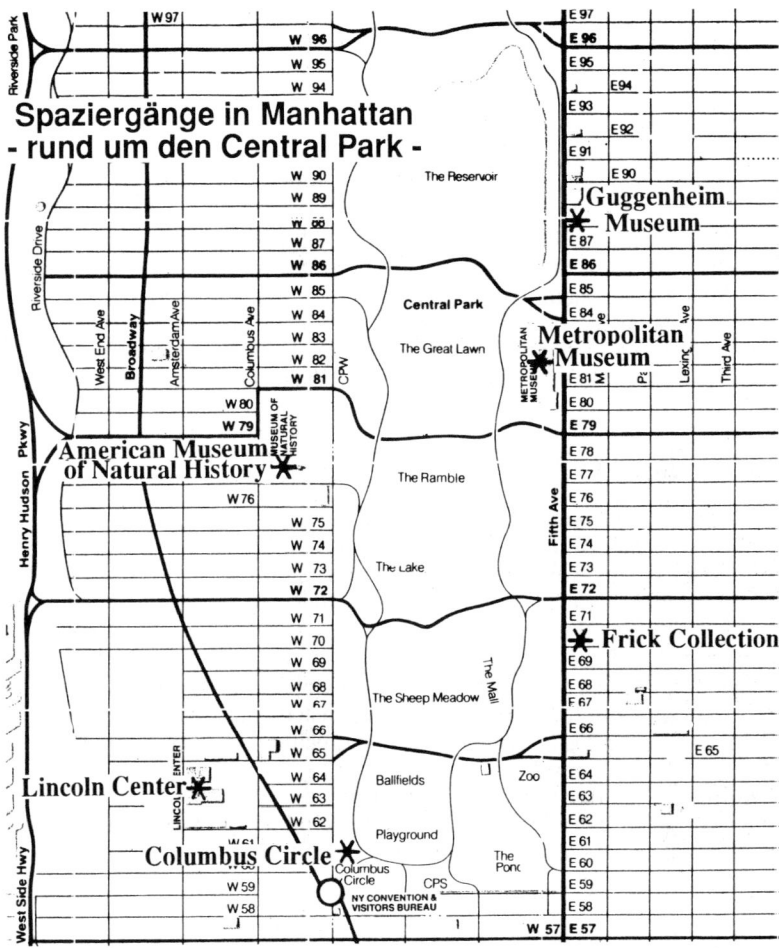

**Spaziergänge in Manhattan
- rund um den Central Park -**

umfangreichsten, wichtigsten und schönsten Museen der Welt nah beieinander, und es verbietet sich fast von selbst, dort vorbeizugehen. Andererseits ist die Zeit eines New York Aufenthaltes meistens begrenzt. Es gilt also auszuwählen:

Die Länge der Strecke:
So wunderschön der Central Park auch ist und so interessant die Eindrücke auch sein mögen, es lohnt sich nicht, den Park in seiner gesamten Nord-Süd-Richtung zu durchwandern, wenn man sich auch noch etwas anderes anschauen möchte. Deshalb: es reicht, bis zum großen zentralen See zu gehen ("Reservoir"; auf Höhe der 86th Street)! Nur wen es unbedingt zu den Tennis- und Sportanlagen oder zum New Yorker Stadtmuseum (103rd

Street) zieht, sollte den Weg fortsetzen. Nach Einbruch der Dunkelheit ist der Central Park sowieso nicht zu empfehlen, dann wird's in diesem nördlichen Teil wirklich besonders gefährlich.

Die (Anzahl der) Museen:

Wieviele und welche Museen kann man überhaupt im Rahmen eines Rundganges 'schaffen'? Mehr als zwei sind m.E. weder für den Körper noch für den Geist zu verkraften! Die Auswahl richtet sich natürlich nach den persönlichen Interessen, zumal in allen Institutionen auch Wechselausstellungen stattfinden, die die Entscheidung beeinflussen. Das Metropolitan Museum muß in einem Atemzug mit dem Louvre genannt werden, aber das mag manche auch abschrecken. Ruhiger, intimer fast, geht's in der Frick Collection mit ihrer Sammlung von Antiquitäten und klassischer Malerei zu. Ist man mit Kindern unterwegs, wäre das Naturhistorische Museum mit Planetarium, Tieren und Indianern eher das Richtige. Und Liebhaber der modernen Kunst und Architektur werden auf das Guggenheim Museum nicht verzichten wollen.

Die Abteilungen innerhalb der Museen:

Es ist durchaus legitim, in ein Museum zu gehen, weil es einen weltberühmten Namen hat und weil man einfach einmal dagewesen sein 'muß'. Aber es bringt gar nichts, ohne Vorbereitung durch Säle und Gänge zu eilen, nur um nachher festzustellen, daß das Versäumte das eigentlich Interessantere gewesen wäre. Besorgen Sie sich also beim Eintritt die überall erhältlichen Lagepläne, machen Sie sich mit den Räumlichkeiten vertraut und suchen Sie die Abteilung, die Ihren Neigungen am meisten entgegenkommt. Dies gilt insbesondere für das Metropolitan und das Natural History Museum.

Öffnungszeiten der Museen und Eintritt:

Die Öffnungszeiten der genannten Museen sind übrigens sehr uneinheitlich und ändern sich häufiger. Die Angaben zu Eintritten nennen den 'Preis' für einen Erwachsenen, Kinder sind oft frei und es gibt i.d.R. Studenten- und Seniorenermäßigungen. Oft darf offiziell nicht von Eintritt gesprochen werden, sondern es handelt sich um eine 'Spende', auf die allerdings Wert gelegt wird ("suggested admittance"). An bestimmten Tagen oder zu bestimmten Uhrzeiten wird manchmal kein Eintritt verlangt. Zu beachten ist auch, daß einige Museen zusammengehören (so etwa die Cloisters und das Metropolitan Museum) und der bezahlte Eintritt am selben Tag auch für das andere Gebäude gilt.

 Ein günstiger Startpunkt für den Rundgang ist der **Columbus Circle**, mit den U-Bahnlinien 1, 2, 3, A, AA, B, CC, und D gut zu erreichen (Station "Columbus Circle"/ "59 Street"), oder direkt die Station **"Lincoln Center"** (U-Bahnlinien 1, 2, 3).

● Columbus Circle

Dieser Platz an der südwestlichen Ecke des Central Park, an dem sich auch das Touristenbüro befindet, ist einer der großen Verkehrsknotenpunkte

Manhattans, wo sich Broadway, 8th Avenue, 59th Street und Nebenstraßen treffen (nördlich des Columbus Circle heißt die 8th Avenue übrigens "Central Park West"). Ein monumentales Denkmal ist Christopher Columbus, dem Entdecker der Neuen Welt und Namenspatron dieses Platzes gewidmet. Dahinter führt das Merchant's Gate in den Central Park hinein. Während die Bebauung des Platzes wenig Attraktives zu bieten hat (u.a. die Ausstellungshalle "N.Y.Coliseum"), sind etwas weiter südlich an der 57th Street zwei beachtliche Gebäude zu sehen:

* Einmal die **Carnegie Hall** (an der Ecke zur 7th Ave.), der weltberühmte Konzertsaal, der 1891 im Stil der 'italienischen Renaissance' entstanden ist und wohl schon Tausende von Berühmtheiten gesehen hat.

* Und zum anderen das **Hearst Magazine Building** (an der Ecke zur 8th Ave.), ein blockhafter Zeitungspalast im Jugendstil, der 1928 für den Großverleger William R. Hearst errichtet wurde und dessen merkwürdige Säulen hoch über die Mittelportale und Ecken des Gebäudes hinausragen.

Ihr besonderes Gepräge und ihren einmaligen Stellenwert erhält die ganze Gegend jedoch durch den Central Park.

● **Central Park**

 Empfehlenswert ist auch ein Besuch in "The Dairy" im westlichen Teil nahe der 64th Street, wo sich ein Ausstellungs- und Informationszentrum befindet (Karten, ständige Diashows) und ab wo von Rangern geleitete Führungen starten. The Dairy, Central Park, Tel.: 397-3156; geöffnet Di - So 11.00 - 17.00 Uhr, Fr 13.00 - 17.00 Uhr, kein Eintritt

Als grüne Lunge New Yorks bekannt, als Stätte der Erholung, der sportlichen Betätigung und der Picknicks beliebt, als Ort des Verbrechens verrufen - das ist der Central Park. Die bereits 1859 - 70 angelegten Grünanlagen, damals noch am nördlichen Stadtrand plaziert, waren von vornherein für ein immer größer werdendes New York gedacht. Die Dimensionen sind entsprechend: ausgebreitet zwischen der 59th Street ("Central Park South") und 110th Street und zwischen der 5th Avenue und 8th Avenue ("Central Park West"), ist der Central Park etwa 4 km lang und ½ km breit und bedeckt 5 % der gesamten Bodenfläche von Manhattan. Er verfügt u.a. über drei Seen und mehrere kleine Teiche, einen Zoo, eine Eislaufbahn, ein Bassin für Modellyachten, 30 Tennisplätze, ein Theater und ein 'Castle', Pick-

New Yorks grüne Lunge: Central Park

185

nickplätze, Ruderboote, Spielplätze, Springbrunnen, Aussichtspunkte, Liegewiesen, Blumenbeete, Granitfelsen, Statuen, Bootshäuser, ein Restaurant und rund 50 Kilometer Fußwege (die meisten davon asphaltiert). Die wenigen großen Straßen sind an den Wochenenden für den Autoverkehr gesperrt und werden dann zum Eldorado für Jogger, Fahrrad-, Skateboard- und Rollschuhfahrer. Auch sonst gibt es im Sommer kaum eine Sportart, die nicht im Central Park ausgeübt wird...

Das unter beträchtlichem Aufwand planierte Gelände (tatsächlich wurden hier Hügel abgetragen und Täler aufgefüllt!) wartet darauf, in langen Wanderungen erkundet zu werden. Am schönsten, weil mehr naturbelassen und dem Prinzip eines 'Englischen Gartens' am nächsten stehend, ist der nördliche Teil - allerdings auch der gefährlichere. Im Süden ist dafür mehr Leben zu sehen - und das alles vor der majestätischen Kulisse der New Yorker Wolkenkratzer. Dazwischen liegt der große See "Reservoir", den man auf einem herrlichen Spaziergang umrunden kann. Wer den Central Park zum Programmpunkt eines ganzen oder halben Tages machen möchte, darf nicht versäumen, sich im südlichen Teil den neu eröffneten Zoo und das Vogelschutzgebiet, die Allee mit ihren Denkmälern und Statuen ("Mall"), die Hügel ("Cherry Hill", "Pilgrim Hill", "Belvedere Hill") und die kleinen Seen ("The Lake", "Belvedere Lake") anzuschauen.

Für eine Rast empfiehlt sich die Cafeteria am 72nd Bootshaus oder das bekannte Restaurant "Tavern-on-the-Green".

Wer aber dem hier beschriebenen Rundgang folgen möchte, wird erst später den Central Park etwa in der Mitte durchqueren und hat nach dem Besuch eines der Museen noch Gelegenheit, sich die interessante südöstliche Ecke ein wenig näher anzuschauen. Zunächst geht der Weg aber vom Columbus Circle über den Broadway über 5 Blocks schräg nach Nordwesten zum Lincoln Center.

● **Lincoln Center**

Lincoln Center for the Performing Arts, Broadway/64th Street, Tel.: 877-2011; tägl. 10.00 - 17.00 Uhr ca. 1stündige Touren ab dem "Tour Desk" im Untergeschoß des New York State Theaters

Auch wenn man nicht vorhat, dort an einer Veranstaltung oder einem Konzert teilzunehmen, sollte man sich diese Sehenswürdigkeit anschauen, denn es handelt sich hier um einen der ganz großen kulturellen Punkte dieser Welt. Zwischen 1959 und 1966 erbaut, umfaßt das Lincoln Center Musikschulen, Theater, Sprechtheater, Bibliotheken und ein Opernhaus. Der Besucher, der vom Broadway auf die Anlage zukommt, erlebt dessen Schauseite mit der großzügigen Plaza und ihrem Springbrunnen. Hinter dem Platz beherrscht die Front des weltberühmten **Metropolitan Opera House**

New York State Theatre (links),
Metropolitan Opera House (Mitte),
Avery Fisher Hall (rechts)

mit seinen hohen Arkaden das gesamte Ensemble. Im dessen Inneren sieht man Marc Chagalls große Wandgemälde (schön auch nachts, wenn sie durch die Fenster nach draußen 'leuchten'.) Links rahmt das **New York State Theater** (New York Ballett, New York Opera Company) die Plaza ein und rechts die **Avery Fisher Hall** (New York Philharmoniker). Die weiteren Gebäude (Schulen, Theater, Museum etc.) sind rechts um einen hübschen rechteckigen Brunnen gruppiert, während links neben der Oper der Damrosch Park zur Erholung einlädt.

Vom Lincoln Center sollte man über die 65th Street wieder bis zur Avenue "Central Park West" zurückkehren, wo man nun parallel zur Straße durch die Grünanlagen (u.a. an Spielplätzen, Monumenten und am "Tavern-on-the-Green" vorbei) nach Norden spazieren kann, oder aber auf der Avenue selbst bleibt. Denn hier befindet man sich in einer der begehrtesten Wohngegenden der Stadt. Sehenswert sind auf der linken Seite (die rechte Seite ist unverbaut) eine Synagoge, Kirchen und Verwaltungsgebäude, besonders aber die hochaufragenden und mondänen Wohnanlagen mit ihren Appartements, die Millionen von Dollar wert sind. Von besonderem Interesse sind Häuser wie das 1931 errichtete "Century" (an der Ecke zwischen 62nd und 63rd Street), oder zwischen der 71st und 72nd Street das elegante, im Art-Deco-Stil errichtete Appartementhaus "Majestic" (1930). Am bekanntesten aber ist wohl das danebenliegende **"Dakota House"** (72nd Street), das 1894 im historisierenden Stil erbaut wurde und ein wenig an ein deutsches Schloß erinnert. Mehr Aufmerksamkeit als die Architektur hat hier allerdings die Tatsache erhalten, daß sich im Dakota House einige Stars ihre exklusive Stadtwohnung eingerichtet haben (u.a. Sophia Loren) und daß das Gebäude sowohl als Schauplatz der Filmereignisse in Polanskis "Rosemarie's Baby" als auch als tragischer Ort der Ermordung John Lennons weithin bekannt wurde. Etwas jünger, aber auch recht bekannt, ist die Anlage des "San Remo" (zwischen 74th und 75th Street) aus dem Jahre 1930.

Ab der 77th Street tritt linkerhand die Wohnbebauung zurück und auf einer Fläche von drei Blocks erhebt sich das 1869 gegründete American Museum of Natural History.

● **American Museum of Natural History**

 American Museum of Natural History, Central Park West/78th Street, Tel.: 769-5100; **Öffnungszeiten:**
täglich 10.00 - 17.45 Uhr, Mi, Fr, Sa bis 21.00 Uhr
Eintritt $ 3,50

Es ist das älteste Museum und eines der größten der Stadt. Vom ursprünglichen Bau ist kaum noch etwas zu sehen, da er von Um- und Neubauten verstellt ist. Unter diesen wendet sich der "Theodore Roosevelt Memorial Wing" (historisierende römische Architektur von 1935, Haupteingang) der Avenue zu. Vor dem Museum erinnert ein Reiterstandbild an Roosevelt, der sich wie kein anderer Präsident in der Natur wohl und sich ihr verpflichtet fühlte. Eine Besichtigung des Naturhistorischen Museums erfordert viele Stunden Zeit, wenn man sich nicht auf die wichtigsten Abteilungen beschränken will. Dazu gehören die Exponate zur Eingeborenenkultur Amerikas, aber auch der dritte Stock mit seinen spektakulären Dinosaurier-Skeletten. Kinder sind besonders von den "Dioramen" begeistert, wo in Glasschaukästen ausgestopfte Tiere in 'natürlicher' Umgebung gezeigt werden.

Zur Orientierung ein **Überblick über die Themen des Sammlungen:**
* **Erdgeschoß**: Die Ureinwohner des Kontinents (Eskimos und Indianer), die Naturgeschichte Nordamerikas, Flora und Fauna
* **Erster Stock**: Flora- und Fauna, Naturgeschichte und völkerkundliche Sammlung des afrikanischen Kontinents
* **Zweiter Stock**: Skelette und Modelle von Reptilien und Amphibien, Säugetiere Afrikas, Indianer
* **Dritter Stock**: Ausgestorbene Tiere, Skelette und Rekonstruktionen von Sauriern, Fossilien

Zum gleichen Komplex gehört auch das **Hayden Planetarium**, in dem Interessierte ein Modell des Sonnensystems, Meteoriten, Filme, Dias und Modelle der Erde, der Planeten und des Mondes usw. sehen können. Der Sternenhimmel wird an Werktagen um 13.30 und 15.30 Uhr und an Wochenenden stündlich 13.00 - 17.00 Uhr gezeigt, eine phantastische "Lasershow" Fr - Sa 19.00, 20.30 und 22.00 Uhr.

Hayden Planetarium, Central Par West/81st Street, Tel.: 769-5920; Eintritt Laser-Show $ 6.

Spätestens hier sollte man nun den **Central Park** betreten und auf einem der vielen kleinen Wege in östlicher Richtung gehen. Orientieren kann man sich dabei am Verlauf der breiten Autostraße "79th Street Transverse". Nördlich von ihr durchstreift man den "Shakespeare Garden" und gelangt zum Belvedere Lake, an dessen Seeufer sich das Freilichttheater von Delacorte (im Sommer kostenlose Aufführungen) befindet und auch das **Belvedere Castle**, die Nachbildung einer europäischen Burg im Kleinformat. Geht man am Seeufer entlang, erreicht man bald die Steinnadel **Cleopatra's Needle.** Dieser originale ägyptische Obelisk stammt aus der Regierungszeit des Pharao Thutmosis (ca. 1500 v.Chr.) und siedelte hierhin 1869 als Geschenk Ägyptens an die Stadt New York von Alexandria über. Sofort dahinter sieht man das Metropolitan Museum of New York.

● **Metropolitan Museum of New York**

 Metropolitan Museum of Art, 5th Ave./82nd Street, Tel.: 535-7710
Öffnungszeiten:
täglich (außer Mo) 9.30 - 17.15 Uhr, Fr - Sa bis 20.45 Uhr
Eintritt $ 5

Zur Parkseite hin präsentiert sich das Museum mit der gläsernen Ummantelung der modernen Anbauten. Auf der anderen Seite des Museums, zur Fifth Avenue hin, liegt der Haupteingang.
Zusammen mit dem Louvre in Paris, der Ermitage in Leningrad und dem British Museum in London ist das Metropolitan Museum die bedeutendste Adresse für Kunstliebhaber auf der Welt. Der (kaum noch sichtbare) Ursprung dieses Museums liegt in den 1880er Jahren, während die monumentale Eingangsfassade zu Anfang des 20. Jahrhunderts gestaltet wurde. Die meisten der Ausstellungsflügel sind jedoch stark verändert bzw. in den 70er und 80er Jahren komplett neuerbaut, so daß im Innern der moderne Charakter vorherrschend ist. In etwa 300 Räumen werden ca. 100.000 Exponate gezeigt, Kunst und Kunsthandwerk aller Epochen und fast aller Kontinente. Außerdem verfügt das Museum über eine Bücherei, mehrere gut sortierte Shops (Kunstdrucke, Bücher, Souvenirs usw.) und eine Cafeteria.

Fast alles, was im Museum ausgestellt wird, ist von außerordentlicher Qualität und Bedeutung. Deswegen fällt eine Auswahl schwer. Trotzdem gibt es Abteilungen, wie man sie ähnlich auch in den großen europäischen Museen erleben kann (griechische Kunst, römische Kunst, sog. primitive Kunst, Waffen usw.). Deswegen mein Tip für Unentschlossene und Kurzbesucher zu einem ca. 2stündigen orientierenden Rundgang:
Nach Eintritt in die große Halle (Informationsstand) nach rechts in die **ägyptische Abteilung**, sich immer rechts haltend bis zum **Tempel von**

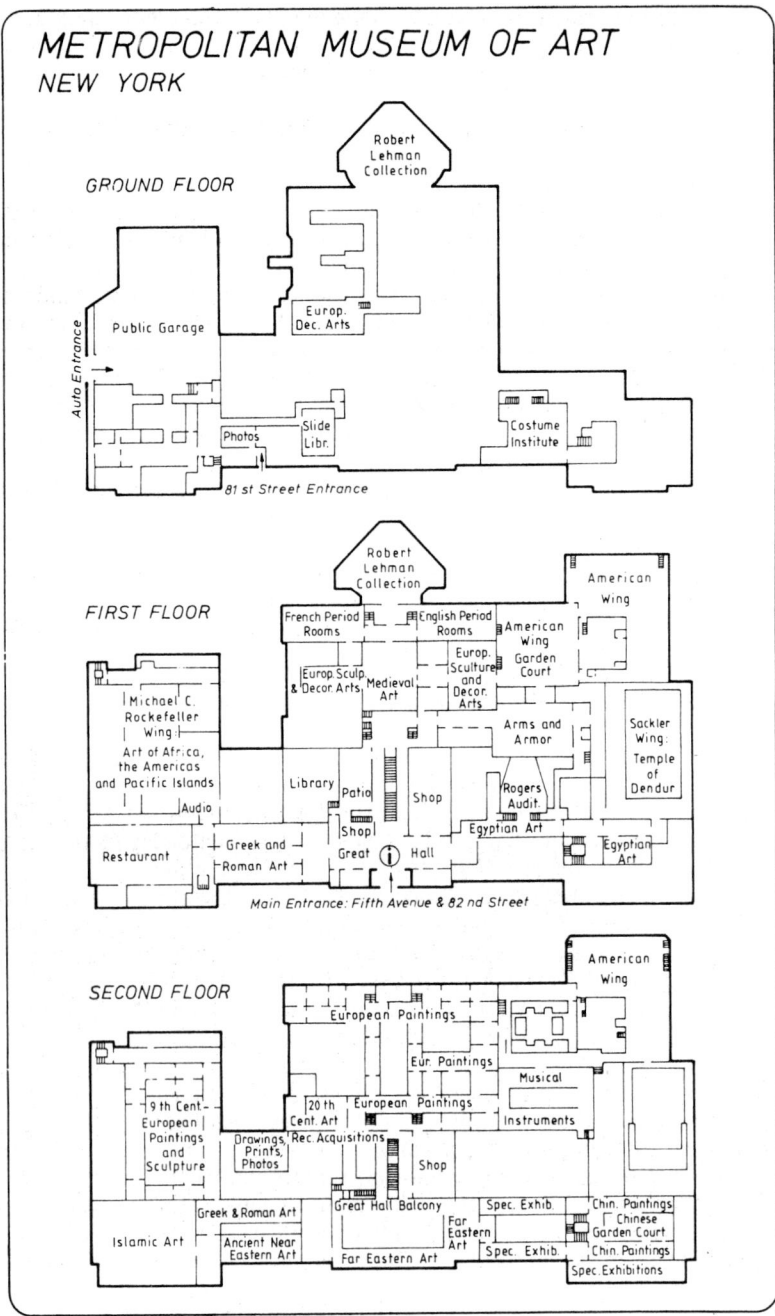

METROPOLITAN MUSEUM OF ART
NEW YORK

GROUND FLOOR

Robert Lehman Collection

Public Garage

Auto Entrance

Europ. Dec. Arts

Photos

Slide Libr.

Costume Institute

81 st Street Entrance

FIRST FLOOR

Robert Lehman Collection

American Wing

French Period Rooms

English Period Rooms

American Wing Garden Court

Europ. Sculp. & Decor. Arts

Medieval Art

Europ. Sculture and Decor. Arts

Michael C. Rockefeller Wing

Art of Africa, the Americas and Pacific Islands

Arms and Armor

Sackler Wing: Temple of Dendur

Library

Patio

Shop

Rogers Audit.

Audio

Shop

Egyptian Art

Egyptian Art

Restaurant

Greek and Roman Art

Great

Hall

Main Entrance: Fifth Avenue & 82 nd Street

SECOND FLOOR

American Wing

European Paintings

Eur. Paintings

Musical

9th Cent. European Paintings and Sculpture

20th Cent. Art

European Paintings

Instruments

Drawings, Prints, Photos

Rec. Acquisitions

Shop

Greek & Roman Art

Great Hall Balcony

Spec. Exhib.

Chin. Paintings

Chinese Garden Court

Islamic Art

Ancient Near Eastern Art

Far Eastern Art

Far Eastern Art

Spec. Exhib.

Chin. Paintings

Spec. Exhibitions

Chin. Paintings

Dendur, dann geradeaus in den **American Wing** mit seinem Wintergarten. Über das zentrale Teppenhaus schließlich in das Obergeschoß und sich dort eine der Sammlungen der **europäischen Malerei** anschauen.

Zur ganz groben Vorinformation eine **Liste der Ausstellungsthemen**:

* **Erdgeschoß** (Haupteingang):
- *Linker Flügel*: Griechische und römische Kunst; Restaurant; im Michael C.Rockefeller Wing: völkerkundliche Abteilung (afrikanische, pazifische und amerikanische Kunst)
- *zentraler Flügel*: Europäische Kunst des Mittelalters, Malerei, Skulptur und Kunsthandwerk; in der Robert Lehmann Collection (auf zwei Stockwerken): europäische Malerei der alten Meister und der klassischen Moderne, Sonderausstellungen; mittelalterliche und neuzeitliche Waffen und Rüstungen aus Europa, Asien und Amerika
- *American Wing*: Amerikanische Kunst und Kunsthandwerk, wiederaufgebaute Fassaden, Wintergarten
- *Rechter Flügel*: Ägyptische Kunst des Alten, Mittleren und Neuen Reiches; wiederaufgebauter Tempel von Dendur
* **Obergeschoß**:
- *Linker Flügel*: Islamische Kunst; griechische und römische Kunst; europäische Malerei und Skulptur des 19. Jahrhunderts
- *Zentraler Flügel*: Kunst des Fernen Ostens; Europäische Malerei der klassischen Moderne; Kunst des 20. Jahrhunderts
- *Rechter Flügel*: Sonderausstellungen; Instrumente

Metropolitan Museum - Haupteingang an der Fifth Avenue

Nun ist entscheidend, ob man noch genügend Kondition für weitere Museumsbesuche hat oder nicht. Bis zum weltberühmten Guggenheim-Museum (s.u.) sind es jedenfalls nur sechs Blocks zu gehen, allerdings in der falschen (nördlichen) Richtung. Noch weiter entfernt liegt das Stadtmuseum (103rd Street, s.u.), zu dem man am besten einen Bus nimmt.

Gegenau gegenüber des Metropolitan Museum befindet sich übrigens das **Goethe Haus** (1014 Fifth Avenue), das mit Vorträgen, Lesungen, Konzerten etc. als Multiplikator der deutschsprachigen Kultur in Erscheinung tritt. Daneben hat es eine Bücherei mit 15.000 Bänden und deutsche Tageszeitungen anzubieten. Die Etablierung der deutschen "Kulturfiliale" an dieser Gegend ist kein Zufall. Denn dahinter, ab der Lexington Ave. bis zum East River und etwa von der 71st bis zur 96th Street, erstreckt sich die Neighborhood von **Yorkville**, die als deutsches Viertel bekannt war und ist. Wer sich für die (heute nur noch schwachen) Relikte eines funktionierenden deutschen Gemeinwesens in der Millionenstadt interessiert, sollte die Hauptstraße 86th Street ("**German Broadway**") und ihre Nebenstraßen erwandern. Und wer sich schon nach Yorkville auf den Weg gemacht hat, kann auf der 86th Street gleich bis zum East River gehen, wo nämlich der **Carl Schurz Park** die einzig nennenswerte Sehenswürdigkeit darstellt. In seinem nördlichen Teil befindet sich übrigens der altehrwürdige Kolonialpalast des **Gracie Mansion** (1774), die offizielle Residenz des New Yorker Bürgermeisters. Das Gracie Mansion ist allerdings nicht öffentlich zugänglich und am besten vom Wasser aus zu sehen (auf einer Manhattan-Rundfahrt der "Circle Line")!

● **Guggenheim Museum**

Salomon R. Guggenheim Museum, 5th Ave./89th Street, Tel.: 360-3500
Öffnngszeiten: Di   11.00 - 19.45 Uhr
                 Mi - So   11.00 - 16.45 Uhr
                 Eintritt $ 4,50

Wer vom Metropolitan Museum auf der Fifth Avenue den kurzen Spaziergang zum Guggenheim Museum unternimmt, tut dies sicherlich des weltberühmten Bauwerks wegen, das eine der bedeutendsten Arbeiten von Frank Lloyd Wright darstellt. Der Architekt war schon 1943 vom Kupfer-Industriellen S. Guggenheim beauftragt worden, für seine Kunstsammlung ein Museum zu entwerfen, doch sollten noch 16 Jahre bis zu dessen Fertigstellung vergehen, da das New Yorker Bauamt immer wieder Einsprüche erhob. Deswegen konnte der Bauherr selbst die Eröffnung nicht mehr erleben, und auch Wright war da bereits 88 Jahre alt!
Das Gebäude besteht hauptsächlich aus einer 432 m langen Spirale, die nach außen fensterlos ist und sich um einen tiefen Innenraum legt. Das gedrungene und auf der 5th Avenue wie ein Fremdkörper wirkende Museum erinnert ein wenig an eine Schnecke mit einem weißen Schneckenhaus. Der Besucher tut gut daran, der Architektur insofern zu 'folgen', als er mit dem Fahrstuhl

Trägt Frank Lloyd Wrights Handschrift: Guggenheim Museum

nach oben fährt, um dann auf der Betonrampe an den Exponaten vorbei nach unten zu gehen. Zu sehen sind Ausstellungen meist moderner Kunst, die bisher von z.T. epochalem Rang waren (z.B. Beuys-Ausstellung) und etwa jedes Vierteljahr wechseln. Daneben gibt es einen kleinen, aber sehr qualitätsvollen Bestand der klassischen Moderne.

Wer sich sehr für die wechselvolle Geschichte der Stadt New York interessiert, darf natürlich das **Museum of the City of New York** nicht versäumen. Das am nordöstlichen Rand des Central Parks gelegene Museum zeigt auf fünf Stockwerken und mit etwa 500.000 Exponaten alte Stadtansichten, Kostüme, Fahrzeuge, Schaufenster, Inneneinrichtungen, Spielsachen - von der Kolonialzeit bis heute.

Museum of the City of New York, 5th Ave./103rd Street, Tel.: 534-1034
Öffnungszeiten: Di - Sa 10.00 - 17.00 Uhr
                 So   13.00 - 17.00 Uhr
                 Eintritt $ 3

Will man auf den oder die Abstecher in den Norden bzw. Osten verzichten, hat man ab dem Metropolitan Museum wieder die Wahl zwischen einem erholsamen Spaziergang durch den südlichen Teil des Central Parks oder weiteren Museumsbesuchen oder einer Kombination aus beiden. Will man z.B. auf die Frick Collection (s.u.) nicht verzichten, kann man den herrlichen Parkweg an Spielplätzen und am Bootshaus vorbei nehmen, um auf Höhe der 72nd Street wieder die Fifth Avenue und damit das Museum zu erreichen. Besucher des **Whitney Museum of American Art** sollten jedoch einen Block nach Osten und dann auf der Madison Avenue bis zur 75th Street spazieren.

Whitney Museum of American Art, Madison Ave./75th Street, Tel.: 570-3676
Öffnungszeiten: Di   13.00 - 20.00 Uhr
                 Mi - Sa 11.00 - 17.00 Uhr
                 So   12.00 - 17.00 Uhr
                 Eintritt $ 4,50

Das Museum hat die wohl umfangreichste und wichtigste Sammlung amerikanischer Gegenwartskunst (einschließlich Film- und Video-Kunst), die darüberhinaus in einem äußerst interessanten Gebäude des Architekten Marcel Breuer (1964) untergebracht ist: wie das Guggenheim Museum steigt auch dieser Bau im starken Kontrast zur Umgebung empor, wobei die fünf Stockwerke aus Granit und Beton, jeweils oben überkragend, übereinander gestapelt sind.

Da die Kapazität des Museums erschöpft ist, sind in downtown und midtown drei Zweigmuseen eingerichtet worden: im Philipp Morris Building (Park Ave./42nd Street), im Equitable Center (7th Ave./51st Street) und auf der Federal Reserve Plaza (33 Maiden Lane/Nassau Street).

Auf der Fifth Avenue erreicht man nun das nicht weit entfernte Gebäude der Frick Collection.

● Frick Collection

Frick Collection, 5th Ave./70th Street, Tel.: 288-0700

Öffnungszeiten: Di - Sa   10.00 - 18.00 Uhr
                        So   13.00 - 18.00 Uhr
                  Eintritt $ 3

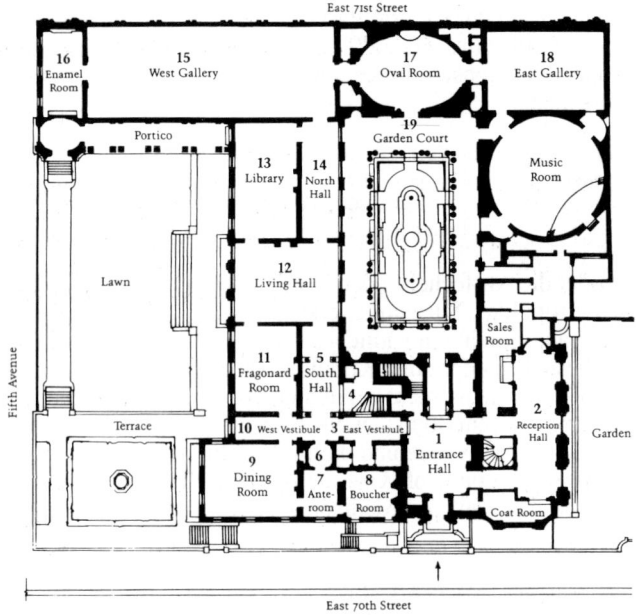

The Frick Collection

Das "Beaux-Arts"-Gebäude wendet sich in der Art eines französischen Palais' mit Terrasse, Freitreppe, kleinem Rasen und Gitter dem Central Park zu. 1913 - 14 für den Stahlindustriellen Henry C. Frick erbaut, besitzt der Stadtpalast heute nicht nur eine exquisite Sammlung von 130 Gemälden alter Meister, sondern auch eine mehr als sehenswerte Möblierung und eine elegante Architektur. Kaum anderswo kann die (neu)reiche Stimmung der Gründerzeit mit ihrem unsicheren und am klassischen Europa orientierten Geschmack so gut sichtbar gemacht werden wie hier. Ein Besuch der Frick Collection mit ihrer überschaubaren Sammlung kann aber auch Eindrücke vermitteln, die im Getümmel der großen Museen oft erdrückt werden. Man betritt den Stadtpalast vom Nebeneingang auf der 70th Street aus und folgt am besten dem empfohlen Rundgang durch die 16 Räume des Erdgeschosses. Eine Ruhepause sollte man dann im herrlichen Innenhof des Garden Court einlegen.

Will man nun vom Museum aus noch eine der interessantesten Partien des Central Park erleben, sollte man das Eingangstor auf Höhe der 69th Street nehmen und in westlicher Richtung spazieren. Nach ca. 300 m stößt man hier auf die **Mall**, die mit ihren Statuen, der Allee und dem Bethesda-Brunnen sozusagen den 'französischen Teil' der Gesamtanlage präsentiert. Hier folgt man der Achse nach Süden, überquert eine der großen Querstraßen und befindet sich dann im südöstlichen Teil des Parks, wo die **Menagerie**, der **Zoo** mit den Gebäuden der Parkverwaltung (Neogotik) und der idyllische **Teich** ("Pond") nah beieinander liegen.

Sofort anschließend, aber schon außerhalb des eigentlichen Parks, erheben sich die mondänen Hotelbauten um den Grand Army Platz (s.u.).

Die Alternative führt (ohne Abstecher in den Central Park) auf der 5th Avenue direkt nach Süden.

● **Tempel Emanu-El**

Auf Höhe der 66th Street linkerhand bedeckt die riesige Synagoge des Tempels einen ganzen Block. Sie stammt aus dem Jahre 1929 und ist Sitz der reichsten jüdischen Gemeinde von New York. Mit 2.500 Plätzen ist das Gotteshaus nicht nur eines der größten der Stadt (mit mehr Volumen als beispielsweise die St. Patrick's Cathedral), sondern wird sogar als "größte Synagoge der Welt" bezeichnet. Die Architektur mit ihren neoromanischen und byzantinischen Details unterscheidet sich allerdings kaum von der der christlichen Kirchen jener Zeit.

Eine weiterer jüdischer Tempel, die "Fifth Avenue Synagogue", befindet sich vier Straßen weiter südlich an der 62nd Street.

Als Gegenstück zum Columbus Circle bildet im Südosten, wo die 5th Ave. und 59th Street zusammenkommen, die Grand Army Plaza die südöstliche Begrenzung des Central Park und den Abschluß unseres Rundganges.

● **Grand Army Plaza**

Hier, am Ende der "Museum Mile", ist Manhattan vielleicht am meisten 'Große Welt': Besucher werden mit weißen Kutschen in den Park gefahren,

Straßenmusikanten oder Artisten unterhalten ihr Publikum, Diener im Livree stehen in den Eingängen der Luxushotels, und die Großstadtarchitektur erinnert an ein übersteigertes Wien oder Paris des 19. Jahrhunderts! Europäisches Flair auch in den Nobelunterkünften wie dem "Hotel Pierre" und dem "Plaza Hotel" im französischen "Château-Stil". Letzteres widersteht als Alte Dame der Hotellerie standhaft allen modischen Trends und ist eins der wenigen frei stehenden Häuser in New York. Der Brunnen der "Pulitzer Memorial Fountain" (1915) ist einer der schönsten der Stadt, während das vergoldete Reiterstandbild allenfalls die Unzulänglichkeiten historisierender Künstler deutlich machen kann. Da sind die Reiterstandbilder der südamerikanischen Freiheitshelden Simón Bolivar, José de San Martin und José Julian Martí, die man etwas weiter westlich sehen kann (an der Einmündung der 6th Avenue auf die Querstraße Central Park South), schon besser gelungen. Dort sind übrigens auch U-Bahnstationen, von denen man schnell wieder in Richtung Downtown fahren kann.

Der Norden Manhattans

Obwohl nicht nur durch das Gewicht der Wolkenkratzer der Schwerpunkt Manhattans im Süden liegt und deshalb downtown und midtown bei einer Stadtbesichtigung Vorrang genießen dürfen, hat auch der Norden - und hier besonders der Nordwesten - der langgestreckten Insel unglaublich viel zu bieten. Die Bandbreite reicht von der größten neugotischen Kirche der Welt über das monumentalste Mausoleum, die angesehenste Universität und einige der interessantesten Museen New Yorks bis zum verrufensten Viertel und dem schönsten Ausblick Manhattans. Ein Stadtspaziergang ist angesichts der Entfernungen hier allerdings nicht zu empfehlen. Stattdessen sollte man von den verschiedenen zentralen Punkten, die jeweils mit öffentlichen Verkehrsmitteln zu ereichen sind, kleinere Spaziergänge durchführen. Zu diesen Punkten gehören die Columbia Universität, die Washington Heights Museum Group und der Fort Tyron Park. Eine Besichtigung von Harlem ist zwar längst nicht so gefährlich, wie manchmal gesagt wird, lohnt sich aber m.E. am ehesten unter einer sachverständigen Führung. Hier sollte man sich einer Busrundfahrt anschließen, verbunden evtl. mit dem Besuch eines Gospel-Gottesdienstes.

Zum ersten Besichtigungs"block" fährt man mit der U-Bahnlinie 1 und steigt an der Station "116th Street" aus.

● Columbia University

Columbia University, 114th-120th Street, zwischen Broadway/Amsterdam Ave., Tel.: 280-2845
Führungen:
15.00 Uhr ab 201 Dodge Hall

Diese private Universität ist mit etwa 20.000 Studenten zwar nicht die größte New Yorks, aber doch die bekannteste, deren Ruf weit über die amerikanische Ostküste hinausstrahlt. Als höhere Lehranstalt ist sie die älteste städtische Institution und geht auf das 1754 vom englischen König Georg II. gegründete "King's College" zurück. Franklin und Roosevelt studierten hier, und "Ike" Eisenhower war zuerst Präsident der Columbia University und dann erst der USA.

Insgesamt umfaßt die Universität 60 Einzelgebäude, wovon für den Besucher die mitten auf dem Campus gelegene ehemalige Bücherei **Low Memorial Library** am interessantesten ist. Sie wurde wie große Teile der Gesamtanlage 1893 vom Architekten Charles McKim entworfen und erhebt sich als überkuppelter Block mit einer ionischen Säulenhalle über einer monumentalen Freitreppe. Mitten auf dieser ist das Standbild der "Alma Mater" (1903) zu sehen mit dem lustigen Detail einer unter ihrem Rock hervorblickenden Eule.

Neben der Bücherei, in der heute die Verwaltung zu Hause ist und die für Empfänge genutzt wird, ist der kleine Bau der **St.Paul's Chapel** (1907) ein hübscher Blickfang. Entlang einer Achse, die parallel zur 116th Street von der Bücherei ausgeht, reihen sich andere Institute und Gebäude im Stil der Neorenaissance. Aber auch das studentische Leben mit den entsprechenden Buchläden, Coffee Shops usw. ist eine sehenswerte Welt für sich.

Geht man von der Columbia University über die Amsterdam Avenue ein Stück in südlicher Richtung, erreicht man die St. John the Divine.

● **St. John the Divine**

Cathedral of St. John the Divine, Amsterdam Ave./112th Street, Tel.: 316-7540
Öffnungszeiten:
täglich 7.00 - 17.00 Uhr
Führungen Mo - Sa 11.00 Uhr

Der riesenhafte Bau der Kathedrale ist nicht zu verfehlen. Tatsächlich wird die ab 1892 gebaute Kirche als "größtes gotisches Gotteshaus der Welt" bezeichnet, obwohl die Arbeiten immer noch nicht abgeschlossen sind. So fehlen z.B. noch die Westtürme (die nach dem Vorbild von Notre Dame in Paris gestaltet werden sollen), ein Querschiff und ein Kreuzgang. Immerhin ist der neugotische Bau mit 200 m Länge, 50 m Breite und 41 m Höhe allein aufgrund seiner Dimensionen eindrucksvoll genug und immer einen Besuch wert. Ein kleines Kirchenmuseum und ein Garten sind der Kathedrale angeschlossen.

Von hier aus geht man die 112th Street entlang, kreuzt den Broadway und erreicht nach wenigen Minuten den Riverside Drive am gleichnamigen Park. Dort erhebt sich 800 m weiter nördlich (zwischen 120th und 122nd Street) der imposante Turm (schönes Glockenspiel) einer weiteren neugotischen Kirche.

● **Riverside Church**

Im Jahre 1930 vollendet, ist auch dieser Bau an der französischen Kathedral-
gotik orientiert und zwar an der Domkirche von Chartres. Im Narthex besitzt
die Riverside Church sogar alte (= europäische) Glasmalereien des 16.
Jahrhunderts, und auch der Chorraum hat einiges an Sehenswertem. Impo-
nierend ist der weite Blick über den nahen Hudson, das gegenüberliegende
Ufer von New Jersey, die Washington Bridge (s.u.) und große Teile der Up-

town, den man von der
Aussichtsplattform des
12stöckigen Turmes ge-
nießen kann. Um die Füße
für das weitere Besichti-
gungsprogramm zu scho-
nen, benutzt man dazu am
besten den Aufzug.

● **Grant's Tomb**

Vis-a-vis zur Kirche, an
exponierter Stelle im
Riverside Park, ragt das
Mausoleum Grant's Tomb
über das hohe Ufer des
Hudson River. Der mäch-

Grant´s Tomb (links)
Riverside Church (rechts)

tige Zentralbau, 1897 nach 6jähriger Arbeit im pseudo-hellenistischen Stil
vollendet, birgt im zugänglichen Innern die Sarkophage von Ulysses S.
Grant und seiner Frau. Grant war im Bürgerkrieg General der Nordstaaten,
später Präsident der USA (1822 - 85). Im merkwürdigen Gegensatz zur
Machtarchitektur des "General Grant National Memorial" (so der offizielle
Name!) steht die verspielt-bunte Ausschmückung des Platzes.

Zu Fuß, mit dem Bus oder der gleichen U-Bahnlinie (Station "125th Street")
kann man ab hier den Weg fortsetzen bis zur 155th Street, wo ein Ensemble
interessanter Museen und bedeutender Institutionen auf den Besucher wartet. Die Gebäude im Stil der Neorenaissance sind unter dem Titel "**Washington Heights Museum Group**" zusammengefaßt und liegen um einen Platz
mit Namen **Audubon Terrace** gruppiert. Sollte man (aus verständlichen
Gründen) den Tag aber nicht nur mit Museumsbesuchen verbringen wollen,
ist es ratsam, sofort bis zum Fort Tyron Park (an der Station "168th Street"
umsteigen in die U-Bahnlinie A) weiterzufahren. Von den Institutionen auf
der Audubon Terrace (alle 155th Street/Broadway) seien an dieser Stelle nur
die drei wichtigsten vorgestellt:
*   **Museum of the American Indian**, Tel.: 283-2420, geöffnet Di - Sa
10.00 - 17.00 Uhr, So 13.00 - 17.00 Uhr, Eintritt $ 3; das wohl bedeutendste
Indianermuseum der Welt mit der größten völkerkundlichen Sammlung
indianischer Artefakte aus Nord-, Mittel- und Südamerika.

* **American Numismatic Society**, Tel.: 234-3130, geöffnet Di - Sa 10.00 - 16.30 Uhr, So 13.00 - 16.00 Uhr, kein Eintritt; numismatisches Museum mit weltweiter Reputation, Münzen, Medaillen.
* **Hispanic Society of America**, Tel.: 926-2234, geöffnet Di - Sa 10.00 - 16.30 Uhr, So 13.00 - 16.00 Uhr, kein Eintritt; spanische und portugiesische Kunst (u.a. Velázquez und Goya) und Kunsthandwerk aus Vergangenheit und Gegenwart .

Der nächste Besichtigungsschwerpunkt liegt hoch oben in Manhattan, kurz vor der Stelle, wo der Harlem River vom Hudson River abzweigt.

● **Fort Tyron Park**

Der Park wartet mit einer herrlichen Natur, einer unerwarteten Ruhe und dem besonderen Schatz des Cloisters-Museums (s.u.) auf. Mit der U-Bahnlinie A (Station "190th Street", dort den Aufzug zur anderen Straßenebene benutzen!) gelangt man in seine unmittelbare Nähe. Vom Zentrum aus (Penn Station) fährt auch die Buslinie 4 durch die Stadt (Sightseeing quasi im Preis inbegriffen!) direkt bis zu den Cloisters. Vom früheren Fort, von dem der Park seinen Namen hat, ist heute allerdings nichts mehr zu sehen, dafür aber Granitkuppen, Wald, Rasenflächen und Manhattans höchster natürlicher Punkt (76 m ü.d.M.).

● **The Cloisters**

The Cloisters, Fort Tyron Park, Tel.: 923-3700
Öffnungszeiten: Di - So 9.30 - 17.00 Uhr
Führungen 15.00 Uhr
Eintritt $ 5 (freier Eintritt bei Besuch des Metropolitan Museum am gleichen Tag)

Der Park bildet einen vorzüglichen Rahmen für die sicherlich eins der interessantesten und überraschendsten Museen New Yorks. Obwohl natürlich vollkommen neuzeitlich (Bauzeit 1935 - 38), können "die Kreuzgänge" - so die Übersetzung des Namens - den Eindruck eines authentischen mittelalterlichen Klostergebäudes aus Europa machen. Dies hat auch zu tun mit den vielen originalen Teilen, die man aus den verschiedensten Gründen aus französischen, italienischen, spanischen, englischen und deutschen Kirchen, Kapellen und Klöstern hierhin gebracht hat. Die Geschichte der Anlage ist eng mit der Person John D. Rockefeller verknüpft, der nicht nur dem Metropolitan Museum das Geld zum Erwerb der Kunstschätze zur Verfügung stellte, sondern auch das Gelände des Fort Tyron Parks kaufte, um dem Projekt eine Heimat zu geben. Offiziell gehören die Cloisters zum Metropolitan Museum, dessen Abteilung mittelalterlicher Sakralkunst sie also darstellen.

Man betritt das Kloster im oberen Hauptgeschoß (Main Floor) und sollte ab hier dem vorgeschlagenen **Rundweg** folgen. Dabei darf man nicht versäumen, die beiden Kreuzgängen zu besuchen und sich natürlich auch das Untergeschoß (Ground Floor) anzuschauen.

Das jeweilige Thema der einzelnen Ausstellungsräume im groben Überblick:

* **Hauptgeschoß**: Fuentidueña-Kapelle (Romanische Apsis und zeitgleiche Kunst aus Spanien und Italien); Kloster St. Guilhem (roman. Säulen und Kapitelle); Langon-Kapelle (roman. Kapelle aus Südfrankreich); Kapitelhaus Pontaut; Kreuzgang aus Cuxa (Frankreich); Gobelinsaal (französische Gobelins des 14. Jahrhunderts); frühgotische Halle (Skulpturen, Gemälde aus Frankreich und Italien); Boppard-Saal (rheinische Kirchenfenster aus dem 15. Jahrhundert); Saal der Einhorn-Gobelins (französische Gobelins von 1499); Saal des Gobelin von Burgos (spanischer Gobelin); spätgotische Halle; Arkaden von Froville (gotischer Bogengang aus Frankreich).

* **Untergeschoß**: Gotische Kapelle; Kreuzgang aus Bonnefont (Pyrenäen); Kloster Trie (südfranzösische Kapitelle des 15. Jahrhunderts), Glasgalerie mit Kirchenfenstern (Frankreich); Schatzkammer mit Sakralkunst des 12.-15. Jahrhunderts.

Verstärkt wird der ruhige und schöne Charakter der Anlage durch die umgebende Landschaft. Hoch im Fort Tyron Park gelegen, geht der Blick weit über den Hudson und auf das gegenüberliegende Ufer. Von hier sieht man etwas weiter südlich auch gut die George Washington Bridge.

● **George Washington Bridge**

Die Brücke ist eine der eindrucksvollsten und längsten New Yorks (und das heißt ja immer auch: der Welt!). Als achtspurige Hängebrücke 1931 vollendet, war ihre Kapazität für den sprunghaft zunehmenden Verkehr von und nach New Jersey nicht mehr ausreichend, so daß man nach dem Krieg vor der Notwendigkeit einer zweiten Brücke stand. Man entschied sich aber, zwischen die Pylone der George Washington Bridge in einem komplizierten Verfahren ein zweites Deck (sechsspurig) zu hängen und setzte diese Pläne 1959 - 62 in die Tat um. Abseits aller technischen Feinheiten fasziniert das 2.650 m lange Bauwerk aber auch dadurch, daß es ohne sichtbare Rampe direkt aus dem bewaldeten New Jersey herübergespannt zu sein scheint. Dort hatte Rockefeller einen etwa 20 km langen Uferstreifen aufgekauft, damit keine Bebauung die Aussicht von den gegenüberliegenden Cloisters stören könne...

● **Harlem**

Eine der bekanntesten Neighborhoods im Norden Manhattans ist sicherlich Harlem, das in der Klischeevorstellung der schwarze Slum schlechthin ist. Der Name des Viertels stammt noch aus der ersten kolonialen Zeit, als sich hier ein holländisches Dorf etablieren konnte. Zu Harlem gehört die Gegend von der Nordgrenze des Central Parks (110th Street) bis zur 150th Street im

Norden und von der 8th Avenue im Westen bis zur Madison Avenue im Osten (östlich davon liegt East Harlem oder Spanish Harlem!). Es stimmt zwar, daß es in Harlem eine ganze Reihe verfallener, heruntergekommener und ausgebrannter Straßen gibt, daß die Bevölkerung mehrheitlich schwarz ist und daß man bestimmte Gegenden - auch bei Tag! - besser meiden sollte. Andererseits gibt es hier genau wie in jedem anderen Viertel bessere und schlechtere Wohngebiete, eine upper class und eine lower class. Man schaue sich nur einmal die Häuser auf der 138. und 139. Straße nahe der 7th Avenue an, die jedem Vergleich mit der schönsten Bausubstanz der südlicheren Viertel standhalten können. Besucher mit viel Zeit oder besonderem Interesse an den legendären Stätten des Jazz und des Blues (z.B. das "Apollo-Theater" und der "Cotton-Club") können außerdem unbedenklich tagsüber den größten Teil der Neighborhood besuchen und auch abends zu den verschiedenen Musikveranstaltungen oder in Restaurants gehen. Besonders typisch sind die **Lenox Avenue** und **125th Street**. Während die Kirchen, Lokale und Kneipen an vielen Stellen zu finden und zu besuchen sind, sei auf eine Institution ganz eigener Art ausdrücklich hingewiesen:

● **Schomburg Center**

 Schomburg Center for Research in Black Culture, 515 Lenox Ave./135th Street, Tel.: 862-4000; zu erreichen mit den U-Bahnlinien 2, 3, AA, BB (Station "135th Street").

Eines der interessantesten Museen der Stadt, das auch als Forschungsstätte für die schwarze Kultur von Bedeutung ist. Der Standort ist nicht zufällig, denn das Schomburg Center will kein völkerkundliches Museum sein, in dem verstaubte Relikte des afrikanischen Kontinents gezeigt werden, sondern allen Schwarzen, deren (Ur)Heimat Afrika und Westindien ist, als lebendiges kulturelles Zentrum dienen. Der Besucher findet hier eine Unmenge an Dokumenten (darunter allein 15.000 Mikrofilme, 50.000 Fotos und 200.000 Manuskripte), eine Bücherei, Ausstellungen und Vorführungen von Skulptur, Malerei, Volksmusik, Trachten etc.

7.1.5 SEHENSWÜRDIGKEITEN IN DEN OUTER BOROUGHS

Da die Riesenstadt New York ja nicht nur aus Manhattan besteht, bleibt die Frage, welche der äußeren Boroughs man sich ebenfalls anschauen sollte, um vom 'Big Apple' möglichst viel mitzunehmen. Hat man genügend Zeit im Reisegepäck (d.h. mindestens eine Woche), kommen mehrere Ausflugsziele in Betracht, die dann allerdings in Konkurrenz zu den ebenfalls möglichen Ausflügen nach Washington und den Niagara-Fällen, oder - näher zu New York! - ins wunderschöne **Hudson River Valley** (Sleepy Hollow Restoration) und zum **West Point** stehen. Gerade die beiden letztgenannten Punkte sind so schön und interessant (und sind zusammen als Tagesausflug im Angebot mehrerer Agenturen), daß ich ihnen immer den Vorzug gegenüber einer Erkundung etwa des Stadtteils Queens geben würde.

Was gehört nun zu den wichtigsten Sehenswürdigkeiten außerhalb Manhattans? Aus der nachgerade unüberschaubaren Vielzahl von Baudenkmälern, Parkanlagen, Museen und sonstigen Attraktionen möchte ich im Rahmen dieser kurzen Stadtbeschreibung nur fünf Stationen nennen:

- Den **Zoo in der Bronx**,
- die **Brooklyn Heights**,
- den **Prospect Park**,
- **Coney Island** in Brooklyn,
- das **Freilichtmuseum** von Richmond auf **Staten Island**.

Brooklyn Heights

Lower Manhattan am nächsten liegen östlich des East River im Borough Brooklyn die Brooklyn Heights, die man sogar gut zu Fuß erreichen kann: der Spaziergang über die Brooklyn Bridge (s.u. und Spaziergänge in Manhattan: Die Südspitze) führt zum Zentrum der gründerzeitlichen Wohnbauten. Hier wurden ab der Einrichtung der Fährverbindung mit Manhattan (1814) für alle, die es sich leisten konnten, elegante Ein- oder Mehrfamilienhäuser im historisierenden Stil gebaut, die zum großen Teil noch stehen und nach ihrer Restaurierung im alten Glanz erstrahlen. Besonders reizvoll ist der Kontrast zu der gegenüberliegenden Hochhauskulisse Lower Manhattans, der von der Uferpromenade "The Esplanade" aus bewundert werden kann. Wer diesen lohnenswerten Ausflug nach Brooklyn mit dem Stadtspaziergang Manhattan: Die Südspitze kombinieren möchte, sollte von Lower Manhattan mit der U-Bahn (Linie 4, 5 ab "Bowling Green", Linie 2, 3 ab "Wall Street") nach Brooklyn fahren (bis zur Station "Borough Hall" bzw. "Clark Street"). Hier geht man über die Court Street ein Stück südwärts, am Civic Center vorbei, bis zur Joralemon Street, dort nach rechts bis zur Hunt's Street, auf dieser bis zur Remsen Street, der man bis zur Promenade folgt. Damit hat man die schönsten Baudenkmäler und die hübschesten Straßen der Heights gesehen.

Der Promenade folgt man nun nach Norden auf die Brooklyn Bridge zu, überquert diese und hat dann noch Gelegenheit, sich am South Street Seaport oder in Chinatown zu erholen.

 Für diesen Spaziergang ist der späte Nachmittag am günstigsten, wenn die tiefstehende Sonne den Financial District beleuchtet und sich in den neuen Wolkenkratzern widerspiegelt.

• Prospect Park

Etwas weiter entfernt liegt in Brooklyn der große Prospect Park (zu erreichen mit den U-Bahnlinien 2, 3 - Stationen "Grand Army Plaza" und "Eastern

Parkway/Brooklyn Museum"), in dem sich Botanische Gärten und ein Museum von Weltruf befinden. Er ist für Brooklyn (für sich allein genommen übrigens die viertgrößte Stadt der USA!) das, was der Central Park für Manhattan ist: ein zentraler, englischer Garten, ein Platz der Erholung, des Sports und der Geselligkeit, aber auch eine Stätte der kulturellen Erbauung. Beide Parks sind übrigens von den gleichen Landschaftsarchitekten geplant worden. Eins der markantesten Bauwerke am Eingang ist der Triumphbogen "The Soldier's and Sailors Memorial Arch" (1892), durchaus dem "Washington Arch" in Manhattan vergleichbar.

Beiden Parks gemeinsam sind an ihrer Peripherie auch die Museen: während am Central Park u.a. das Metropolitan Museum die Besucher anzieht, ist es hier das **Brooklyn Museum**, das mit seinen bedeutenden kulturhistorischen Sammlungen zu den wichtigsten Adressen in den USA gehört. In dem grandiosen und sehenswerten "Beaux-Arts"-Bau des Architekten McKim (1897; vgl. Columbia University) werden auf fünf Stockwerken und im Garten völkerkundliche Exponate (Amerika, Afrika, Naher und Ferner Osten, Ozeanien), Antike Kunst (u.a. eine der größten ägyptischen Sammlungen der Welt), europäische Malerei und neuzeitliche Architektur ausgestellt.

Brooklyn Museum, 200 Eastern Parkway/Washington Ave., Tel.: (718) 638-5000
Öffnungszeiten:
täglich außer Di 10.00 - 17.00 Uhr
Eintritt $ 3

Im nordöstlichen Teil des Parks ist der 1859 - 69 angelegte **Brooklyn Botanic Garden** eine weitere Attraktion von herausragender Bedeutung. In ihm sind mehrere 'Abteilungen' vereinigt, die allesamt viel zu bieten haben. Außer dem zoologischen Garten, den Seen und dem schönen gründerzeitlichen Bootshaus ist hier vor allem der Japanischen Garten gemeint. Ein vergleichbares Gegenstück findet man sonst in den Vereinigten Staaten nur noch in San Francisco. Zur Blütezeit ist auch der Rosengarten ein faszinierendes touristisches 'Muß' für alle, die nach Brooklyn fahren.

Um den Prospect Park ist außerdem die neben den Brooklyn Heights schönste historische Bausubstanz der Borough versammelt. An seinem westlichen Rand z.B. führen im Stadtviertel Park Slope hohe Treppen zu den Eingängen der viktorianischen Reihenhäuser, die genauso gut in London stehen könnten. Im Gegensatz dazu befinden sich an seiner Südseite elegante Einzelhäuser, die aber nicht minder sehenswert sind.

● **Coney Island**

Am südlichen Ende von Brooklyns Stadtgebiet befindet sich das wohl bekannteste Strandbad New Yorks, Coney Island (von Manhattan mit den U-Bahnlinien D, F zu erreichen). Nach Zeiten des pulsierenden Lebens und des anschließenden Verfalls ist heute (zumindest der westliche Teil) wieder sehens- und besuchenswert, auch und besonders außerhalb der Badesaison. Außer dem Sandstrand wetteifern mehrere Einrichtungen um die Gunst der Besucher. Hier scheint mir gehaltvoller als die Würstchenbuden und Spielgeräte des "Astroland"-Freizeitparks das **Aquarium** zu sein, das als New Yorker Gegenstück zu den bekannteren Anlagen von Miami, San Diego und Vancouver trotzdem Ähnliches zu bieten hat: Beluga-Wale, Haie, atlantische und pazifische Fische aller Art, Ausstellungs- und 'Entdeckungs'-Räume, Delphin- und Seelöwenshows u.v.m. Zum strandnahen Aquarium gelangt man mit der gleichen U-Bahn (Station "West 8th Street") oder mit den Buslinien B36 und B68.

New York Aquarium, W 8th Street/Surf Avenue, Tel.: (718) 265-3454
Öffnungszeiten:
täglich 10.00 - 16.45 Uhr, an Wochenenden und im Sommer bis 17.45 Uhr
Eintritt $ 3,75.

Bronx

Informationen
"Bronx Information and Cultural Events, 851 Grand Concourse, Tel.: 590-3980

Auch die berüchtigte und als reines Slumgebiet verschrieene Borough der Bronx hat durchaus ihre schönen Seiten, interessante Baudenkmäler und historische Landmarken.

Abgesehen von alten Häusern ("Bronx Heritage Center", u.a. mit "Edgar Allan Poe's Cottage") und der "Hall of Fame for Great Americans" (die 'amerikanische Walhalla') ist aber die größte Attraktion des Stadtteils der weltberühmte Zoo.

● Bronx Zoo

Bronx Zoo, Bronx River Parkway/Fordham Road, Tel.: 367-1010
Öffnungszeiten:
täglich 10.00 - 17.00 Uhr, an Wochenenden und im Sommer bis 17.30 Uhr
Eintritt $3,75

Diesen umfangreichsten amerikanischen Tiergarten überhaupt erreicht man von Manhattan mit den U-Bahnlinien 2, 5 (Station "Pelham Parkway") oder den Buslinien Bx9, Bx19, Bx12 und Q44.

Auf mehr als einem Quadratkilometer leben hier annähernd 4.000 Tiere, darunter z.T. sehr seltene Exemplare. Schwerpunkte der Fauna sind Reptilien, Vögel und Säuger aus Malaysia, dem Himalaya, Afrikas Steppe und Asiens Dschungel. Daneben ist auch die amerikanische Tierwelt reich vertreten. Besondere Aufmerksamkeit verdient das Nachttiergehege "World of Darkness". Das Gelände der asiatischen Tiere ist auch mit einer Einschienenbahn zu befahren.

Mit dem Zoo verbunden liegt nördlich davon der **Botanische Garten**, der ebenfalls eine der größten und wichtigsten Anlagen dieser Art in der Welt ist. In Herbarien, Palmenhäusern, einem Museum und etlichen Außen- und Innengärten wird nicht nur exotische Flora geboten, sondern ist auch ein Teil der ursprünglichen Vegetation New Yorks bewahrt.

New York Botanical Garden, Southern Blvd., Tel.: 220-8700
Öffnungszeiten:
täglich 10.00 - 17.00 Uhr, an Wochenenden und im Sommer bis 17.30 Uhr
Eintritt $ 3,50

Staten Island

Die 150 qkm große Insel Staten Island, bis in unsere Zeit von eher ländlichem Charakter, ist ein beliebtes Ausflugsziel der gestreßten Großstädter. Für Touristen am eindrucksvollsten ist sicher die Staten Island Fähre (s.o. Kap. 7.1.4), von der aus man herrliche Ausblicke auf die Skyline von Manhattan genießt.

Nimmt man hier ab der Anlegestelle den Bus R113, kann man zum ca. 6 km entfernt im Zentrum der Insel gelegenen **Richmond** fahren, wo man 26 Gebäude von historischem und/oder architektonischem Wert restauriert und zu einem überaus interessanten Ensemble zusammengestellt hat. Darunter befindet sich z.B. das "Voorlezer's House" aus dem Jahr 1696, das älteste erhaltene Schulgebäude der Vereinigten Staaten. Weiter gibt es ein historisches Museum, die St. Andrew Church aus dem Jahre 1713 und mehrere Gebäude aus der ersten Hälfte des 19. Jahrhunderts.

Richmondtown Restoration, 441 Clarke Avenue, Tel.: (718) 351-1617
Öffnungszeiten: Mo - Fr 10.00 - 17.00 Uhr
                    Sa - So 13.00 - 17.00 Uhr
                    Eintritt $ 4

Von besonderem Reiz sind für Viele natürlich auch die **Brücken**, die die Boroughs miteinander oder New York mit New Jersey verbinden. Hier sind neben der schon genannten Brooklyn Bridge (s.o.) und der George Washington Bridge (s.o.) in erster Linie die Manhattan- und Williamsburg Bridge (Manhattan-Brooklyn), die Triborough- und Queensboro Bridge (Manhattan-Queens) und die **Verrazanano-Narrows Bridge** (1959-64) zu nennen. Letztere spannt sich zwischen Brooklyn und Staten Island (Richmond), stellt gleichzeitig die Grenze zwischen der Upper und Lower New York Bay dar und ist mit 4.200 Metern die längste Hängebrücke der Welt. Zwischen den mächtigen Pylonen fließt der Verkehr auf zwei Ebenen (zwölf Fahrspuren). Wer im Sommer der schwülen Hitze entfliehen und den Freizeitwert New Yorks außerhalb des Central Parks kennenlernen möchte, wird sich daran erinnern, daß die Stadt am Atlantik liegt und evtl. zu den **Stränden** fahren wollen. An schönen Tagen haben allerdings hunderttausende anderer Menschen die gleiche Idee, so daß vor lauter Gedränge vom Sandstrand nicht viel zu sehen ist. Aber auch das Strandleben kann interessant sein.

Ein erfrischendes Bad im Ozean nimmt man am besten auf Staten Island ein, wo sich südlich der Verrazano-Narrows Bridge die Stadtstrände **South Beach, Graham Beach, Midland Beach** und **Woodland Beach** befinden. Auf der gegenüberliegende Seite der Lower New York Bay laden in Brooklyn die **Strände von Coney Island** (s.o.), **Brighton Beach** und **Manhattan Beach** zum Baden ein und weiter südlich zwischen Atlantik und Jamaica Bay die langgestreckten **Rockaway Beach** und **Atlantic Beach.**

Literatur zu New York

Arnim, Gabriele von/Mayor, Runi: New York - Richtig Reisen, DuMont-Verlag Köln, 7.Aufl. 1989

Baedeker-Reiseführer: New York, Baedeker-Verlag Stuttgart/Freiburg, 3.Aufl. 1987

Campbell, Louisa (Hrg.): New York, Apa-Guide Singapore 1989

Dolph, Werner/**Haubrock**, Ruth/**Rudolph**, Karin: New York - dtv -Merian-Reiseführer, dtv München, 2. Aufl. 1986

Igramhan, Fatima: New York selbst entdecken, Regenbogen-Verlag Zürich, 4.Aufl. 1990 Marx, Henry: New York/Washington. Kunst- und Reiseführer. Kohlhammer-Verlag Stuttgart/Berlin/Köln/Mainz 1979

Millau, Christian (Hrg.): New York - Der Reiseführer für Gourmets, Heyne Verlag München 1989

New York Convention & Visitors Bureau (Hrsg.): The Big Apple Guide, Key Publishers Co. Ltd, 1990

Polyglott-Reiseführer New York. Polyglott-Verlag München, 15. Aufl. 1985

Teifer, Hermann: New York, Artemis-Verlag Zürich/München 1982

Turner, Miles: New York, Knaur-Verlag München 1990

Uthmann, Jörg von: New York - Besser Reisen, Merian/Hoffmann und Campe Verlag Hamburg, 2.Aufl. 1990

Wille, Werner W.: New York - Anders Reisen, Rowohlt Verlag Hamburg 1989

7.2 VON NEW YORK NACH PHILADELPHIA

7.2.1 ÜBERBLICK

Sie werden sicherlich aufatmen, wenn Sie nach Tagen der Großstadt-Hektik New York verlassen und langsam "auf's Land" herausfahren. Sobald Sie den Hudson River unterqueren (so z.B. durch den Lincoln- oder Holland-Tunnel) und auf den "New Jersey Turnpike" auffahren, sind Sie im Bundesstaat New Jersey. Etwa südöstlich von New Brunswick dominiert zunehmend die Landschaft und nicht mehr unendliche Siedlungen und schreiende Reklameflächen. Und wenn Sie schließlich Princeton erreichen, dann fühlen Sie sich vielleicht weniger nach Amerika als vielmehr in eine englische Parklandschaft versetzt. Vor allem, wenn Sie durch das wunderschöne Universitätsgelände mit seinen efeuumrankten Mauern schlendern, werden Sie die Ruhe und Würde dieser Stätte besser aufnehmen können. Es ist sicherlich kein schlechter Tip, wenn Sie nach Tagen des Großstadt-Lebens hier für eine Nacht einen Zwischenstop einlegen.

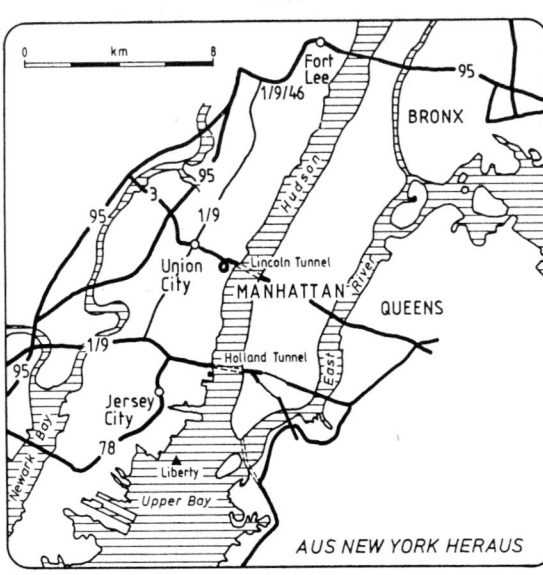

AUS NEW YORK HERAUS

Bei der Weiterreise überschreiten Sie den Delaware-River und gelangen nun nach Pennsylvania. Philadelphia wird oft als "Wiege der Nation bezeichnet", da hier die Unabhängigkeitserklärung der Vereinigten Staaten erlassen wurde (1776). Die Stadt nimmt den Besucher durch das lebendige Miteinander von Historie und Gegenwart gefangen: Historische Gebäude stehen in Fußgänger-

Weite von ultramodernen Wolkenkratzern entfernt, interessante Museen und Galerien laden zum Verweilen ein, hervorragende Hotels, gemütliche Restaurants sowie beispielhaft restaurierte Viertel garantieren einen erlebnis-intensiven Aufenthalt.

7.2.2 VON NEW YORK NACH PRINCETON

New Jersey - Telegramm

Abkürzung:	NJ
Namens - Ableitung:	benannt nach der englischen Kanalinsel Jersey
Beiname:	Garden State
Größe:	20.168 qkm (46.*)
Einwohner:	7.6 Millionen
Bevölkerungsdichte:	378 Ew/qkm (1 *)
Hauptstadt:	Trenton (92.000 Ew)
Weitere Städte:	Newark (330.000 Ew), Jersey City (230.000 Ew)
Unionsbeitritt:	1787
Wirtschaft:	Nebeneinander einer sehr vielseitigen Industrie sowie einer ertragreichen Landwirtschaft, die sich auf die Versorgung des städtischen Umlandes konzentriert.
Verkaufssteuer:	6 %
Touristisches Potential:	* Küstenlinie von über 200 km, feinsandig mit einer Vielzahl von Badeorten auf oft vorgelagerten Inseln,
	• Glücksspielstadt Atlantic City;
	• über 800 Seen - besonders reizvoll in der Umgebung von Hopatcong;
	• in Morristown experimentierte Morse mit dem ersten Fernschreiber;
	• die nahezu unberührte Naturlandschaft der Pine Barrens (Marschland, Vogel- und Wildblumenparadies;
Touristische Informationen:	New Jersey Division of Travel and Tourism, 20 West State St., No. CN - 826, Trenton, NJ 08625 - 0826, Tel.: 609/292-2470
Bussystem:	New Jersey Transit verbindet alle Hauptorte in New Jersey. Den N.J. Transit Guide erhält man von New Jersey Transit, Dept. C 005, P.O. Box 6047, Elizabeth, N.J. 07206

* Die Ziffern in Klammern bedeuten den Rangplatz in den USA

208

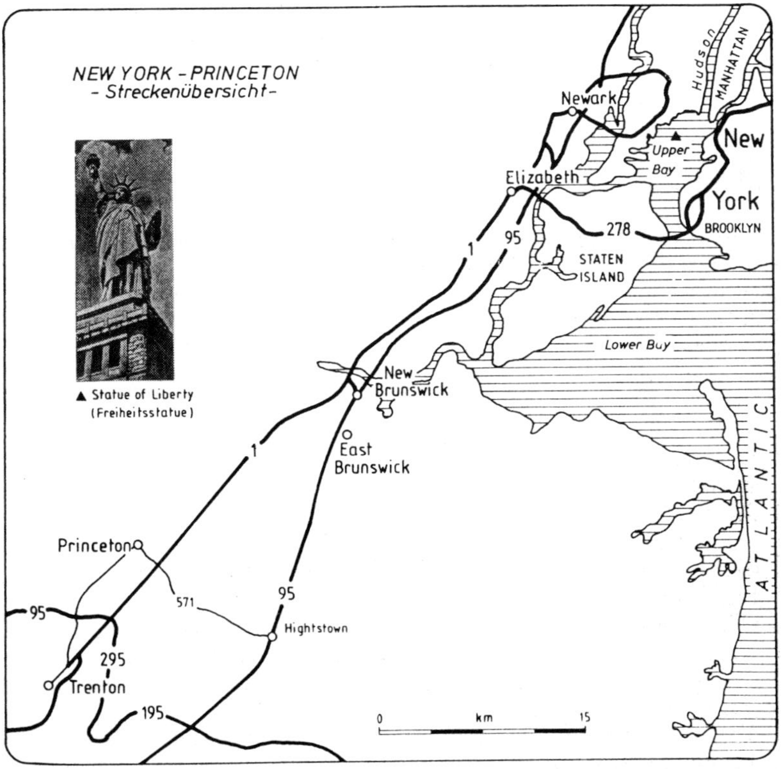

NEW YORK – PRINCETON
- Streckenübersicht-

Newark

Hudson

MANHATTAN

Upper
Bay

New

York

Elizabeth

BROOKLYN

95

278

STATEN
ISLAND

1

▲ Statue of Liberty
(Freiheitsstatue)

Lower Buy

New
Brunswick

ATLANTIC

1

East
Brunswick

Princeton

571

95

Highstown

95

295

Trenton

195

0   km   15

Princeton

Touristische Hinweise

Entfernungen
New York City - Princeton: etwa 70 Meilen (= 112 km)
Princeton - Trenton - Philadelphia: etwa 70 Meilen (= 112 km)

Streckenbeschreibung
Von New York/Manhattan erreichen Sie schnell durch den Lincoln- oder Holland-Tunnel (beide gebührenpflichtig) den Interstate 95 (= New Jersey Turnpike, gebührenpflichtig). Der nördliche Teil dieser Schnellstraße verläuft zunächst durch Industriegebiet. Den Turnpike verlassen Sie bei Hightstown und fahren von hier die 571 in nödlicher Richtung nach Princeton.

Busverbindungen
Von New York nach Newark/New Jersey gelangt man mit Greyhound. Die Busfirma New Jersey Transit (Tel.: 201/460-8444, gebührenfreie Nr. 800-772-2222) verbindet Newark mit Princeton (und natürlich auch mit anderen Gebieten in New Jersey).

209

Touristische Informationen
Lokale Informationen sind erhältlich bei Chamber of Commerce on the Princeton Area, 20 Nassau Street, Suite 127, P.O. Box 431, Princeton, NJ 08542, Tel.: (609) 921-7676

Übernachtung
● **The Nassau Inn****, Palmer Square (südlich der Stadt gelegen), Tel.: (609) 921-7500, gebührenfrei 800/223-0888). Traditionshaus seit 1756, direkt gegenüber dem Universitätsgelände gelegen, gemütlich.
● **Hyatt Regency Princeton******, 102 Carnegie Center, Tel.: (609) 987-1234, gebührenfrei 800/228-9000
● **Red Roof Inn***, 3203 Brunswick Pike, Lawrenceville 08648, Tel.: (609) 896-3388, südwestlich von Princeton gelegen.

Restaurants
● Neben den Restaurants im The Nassau Inn ("**The Greenhouse**") sowie im Hyatt ("**The Crystal Garden**") werden Sie zufriedengestellt im:
● **Alchemist and Barrister**, (Einheimische nennen es einfach A & B), 28 Witherspoon St., Tel.: (609) 924-5555. Nahe am Palmer Square gelegen, bietet das in einen 100 Jahre alten Haus untergebrachte Restaurant eine gute Küche an (u.a. Spinach Fettuccine mit Gemüse, Steaks, Seafood wie Monkfish au gratin u. Sonntagsbrunch).

Überblick

Die Gegend von Princeton wurde bereits 1685 besiedelt. Heute leben in der Universitäts-Stadt etwa 12.000 Einwohner, die nicht nur auf ihr hübsches Städtchen und auf die liebliche Umgebung stolz sind, sondern auch auf ihre Vergangenheit:
● Am 3.1.1777 konnten in der Nähe die Truppen unter George Washington die Briten besiegen.
● Von Juni bis November 1783 war Princeton die Hauptstadt der Vereinigten Staaten.

Gemütlich: Innenstadt von Princeton

Natürlich wurde und wird das Leben der Stadt vornehmlich durch die Universität beeinflußt. Im Jahre 1756 zog das College of New Jersey hierhin um (bereits 1746 in Elizabeth gegründet) und erlangte im 150. Gründungsjahr - 1896 - den Rang einer Universität. Woodrow Wilson (US-Präsident von 1913 - 1921) war der erste Präsident der Princeton University. Auf dem Universitätsgelände liegt auch das Institute for Advanced Study, an dem Albert Einstein seine letzten Jahre forschend verbrachte. Von ihm, der aus Deutschland verjagt wurde, wird noch heute berichtet, wie er barfuß im Sommer die Straßen entlangspaziere und vergnügt Eis lutschte. 1938 - 1940 war in Princeton Thomas Mann als Gastprofessor bestellt.

Besichtigung

Haupt-Besichtigunspunkt ist das wunderschön gelegene **Universitätsgelände**. Altehrwürdige Gebäude (im "Collegiate Gothic"-Stil erbaut, was eher spöttisch gemeint ist...) auf gepflegtem Park-Gelände, schattige Baumriesen und efeu-umrankte Mauern unterstreichen den Ruf Princeton als eine der renommiertesten Universitäten des Landes. In Princeton studieren heute etwa 4.500 "undergraduate" und 1.700 "graduate" students. Ebenso gibt es hier seit 1969 ein Kollege für Jungen und Mädchen.

Universitätsgelände in Princeton

Ein Besuch des Universitäts - Geländes sollte umfassen:

● **Woodrow Wilson School of Public and International Affairs** (Politologie). Das Gebäude wurde von Minoru Yamasaki entworfen. Der "reflecting pool" (Spiegelteich) sowie der "Fountain of Freedom" (Freiheitsbrunnen) wurde von James Fitzgerald gestaltet.

● **Nassau Hall**. Dieses älteste Gebäude, bereits 1756 errichtet, beherbergte vom 16.6. bis 4.11.1783 - als Princeton Hauptstadt war - den Zweiten Kontinentalkongreß. Während des Bürgerkrieges diente das Gebäude als Soldaten - Unterkunft.

- **Art Museum**. Hier findet man eine Ausstellung amerikanischer Volkskunst sowie Ausstellungsstücke aus dem Orient, Afrika, Südamerika, Griechenland.
- **H. S. Firestone Library**: Asiatische und arabische Sammlungen.
- **Institute for Advanced Study**. Diese letzte Wirkungsstätte Einsteins (gestorben 1955) beherbergt ein Einstein - Archiv.

 Es gibt täglich geführte Besichtigungen durch das Universitätsgelände. Anmeldung: Tel.: 452-3603.

 In der Stanhope Hall (an der Nassau Hall gelegen) oder im Princeton University Store kann man einen Universitätsführer ("Campus Guide") kaufen.

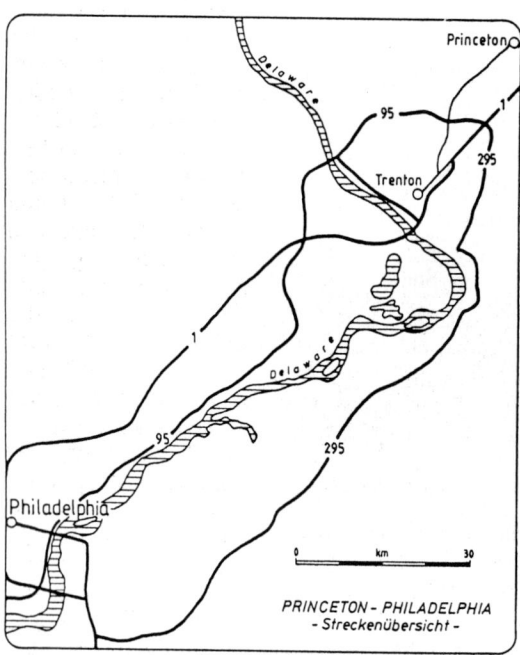

PRINCETON - PHILADELPHIA
- Streckenübersicht -

Abstecher Trenton

Wer Zeit hat, kann sich auf dem Wege nach Philadelphia die Hauptstadt von New Jersey, Trenton, anschauen. Trenton wurde 1679 gegründet und hat heute 92.000 Einwohner. Der Regierungssitz ist ein bedeutendes Industrie- und Handelszentrum, bis hierher ist der Delaware River schiffbar. In Trenton sind vor allem Keramik- und Gummiindustrie vertreten. Außerdem werden hier Kabel hergestellt, die man für Hängebrücken verwendet.

Geschichtlich spielte Trenton eine bedeutende Rolle, als hier am 26.12.1776 George Washington über die britischen Truppen siegte.

Sehenswert ist in diesem Ort außerdem das State Capitol (State Street), Amerikas zweitältestes Kapitol, das noch immer in Benutzung ist. Es wurde 1792 errichtet, und unter seiner goldenen Kuppel arbeitet die Bundesstaaten-Regierung von New Jersey.

7.2.3 PHILADELPHIA

Überblick

Philadelphia ist sicherlich ein "Muß" jeder Ostküstenreise, hat die Stadt doch eine entscheidende Bedeutung in der amerikanischen Geschichte. Während Boston eher die aktive Rolle spielte ("Boston Tea Party"), so wurde die Loslösung von der britischen Herrschaft vertraglich besiegelt, als am 4. Juli 1776 im damaligen State House die Unabhängigkeitserklärung (Declaration of Independence) von den 13 abtrünnigen Kolonien unterschrieben wurde.

Die Stadt empfängt den Besucher heute mit vielen Gesichtern. Im Stadtinneren steht "Alt neben Jung", sprich: Hypermodernes neben Gebäuden, die eher dem Abriß näher stehenstehen... In der City wird kräftig gebaut. Alte Viertel wurden bereits zumeist auf private Initiative hin beispielhaft restauriert (Society Hill), während in der Hafengegend diese Anstrengungen noch andauern. Der historische Kern um die Independence Hall wird in seinem gepflegten Zustand der historischen Bedeutung gerecht. Eine Reihe von neu erbauten, eleganten Hotelkomplexen signalisiert den Glauben an die Zukunft der Stadt, obwohl die Geldbeutel Philadelphias leer sind und die öffentliche Hand nur in der Lage ist, die notwendigsten Aufgaben zu erfüllen. So würde es manchen Straßen gut bekommen, neu asphaltiert zu werden... Manche Teile der Stadt sollte man auch am Tage

Blick auf die Innenstadt

213

lieber nicht besuchen, so z.B. nicht die Gebiete nördlich der Spring Garden Street, wo in slumähnlichen Umständen vor allem Schwarze und spanischsprechende Emmigranten zuhause sind und die Rauschgift-Szene mit all ihrer Kriminalität blüht...

Doch sind es vielleicht gerade diese Gegensätze, die eine intensivere Auseinandersetzung mit der Stadt reizvoll machen. Den Besucher mögen die "Schattenseiten" nicht so sehr berühren, kann er sich doch zum Beispiel in einer facettenreichen Restaurant-Szene verwöhnen lassen, wie sie nur eine historisch gewachsene Stadt zu bieten vermag.

Pennsylvania - Telegramm

Abkürzung:	PA
Namens - Ableitung:	benannt nach Sir William Penn, übersetzt: Penns Waldland
Beiname:	Keystone State
Größe:	119.251 qkm (33.*)
Einwohner:	11.9 Millionen
Bevölkerungs- dichte:	99.7 Ew/qkm
Haupstadt:	Harrisburg
Weitere Städte:	Philadelphia (1.7 Millionen Ew), Pittsburgh 425.000 Ew)
Unionsbeitritt:	1787 als 2. Staat
Wirtschaft:	Eisen- und Stahlwerke vor allem um Pittsburgh, Erdölraffinerien, VW-Werk in New Stanton, Nahrungsmittel- und Textilindustrie, Papierfabriken. An Bodenschätzen Steinkohle, Erdöl, Eisenerze, Kalkstein, Anthrazit. Vielseitige Landwirtschaft: Gemüse-, Obst- und Getreideanbau, Milchwirtschaft, Geflügel, Viehzucht
Touristisches Potential:	Stadt Philadelphia und vor allem das Pennsylvania Dutch Country um Lancaster
Verkaufssteuer:	6 %
Touristische Informationen:	Bureau of Travel Marketing, Pennsylvania Department of Commerce, 453 Forum Building, Harrisburg, PA 17120, Tel.: (717) 787-5453
Bussystem:	Greyhound/Trailways verbindet alle größeren Städte Pennsylvanias, so Philadelphia, Erie, Harrisburg, Scranton, Lancaster, Reading, Altoona, Johnstown

* die Zahlen in Klammern bedeuten den Rangplatz innerhalb der USA

Touristische Hinweise

Entfernungen
Princeton - Philadelphia: 66 Meilen (ca. 106 km)
New York - Philadelphia: 101 Meilen (ca. 162 km)
(Direktstrecke New Jersey Turnpike ohne Abstecher Princeton)

Informationen
Philadelphia Convention & Visitors Bureau, 1515 Market Street, Suite 2020, Philadelphia, PA 19102, Tel.: (215) 636-1666
Visitors Center, 1525 John F. Kennedy Blvd./16th St. Tel.: 636-1666, täglich geöffnet von 09.00 - 18.00 h (im Winter bis 17.00 h)

Wichtige Telefon - Nummern
Arzt   563-5343
Zahnarzt- Notdienst   925-6050
Notfälle (Feuer, Polizei etc.)   911

Busse
Greyhound/Trailways, 10th & Filbert St, Tel.: 931-4000. Verbindungen nach New York, Washington und Atlantic City
New Jersey Transit, Tel.: 569-3782, Greyhound Terminal Tel.: 569-3752: Verbindungen nach Atlantic City, Ocean City sowie den Atlantikstränden von New Jersey.

Innerstädtischer Nahverkehr
SEPTA (Southeastern Pennsylvania Transportation Authority) (Tel.: 574-7800). Nahverkehrssystem mit Bussen und Bahnen sowie zwei Untergrundbahn-Linien. Information Center in der Untergrund-Arcade 15th Street and Market), hier Karten und Pläne

Taxi
Überall im Stadtzentrum können Sie Taxis anhalten.
Sonst: Yellow Cab, Tel.: 922-8400, United Cab 625 - 2881

Geldwechsel
In folgenden Banken können Sie ohne große Schwierigkeiten Geld wechseln:
American Express Travel Service, 2 Penn Center Plaza, Tel.: 587-2342
Continental Bank, 1201 Chestnut St., Tel.: 564-7188
Deak International, 16 North 17th Street. Hier werden auch Euroschecks umgetauscht (hohe Gebühr, ca. 10. - $);
First Pennsylvania Bank, International Bank Center, Centre Square West, 1500 Market St, Tel.: 786-8865
Philadelphia National Bank, Broad and Chestnut Streets, Tel.: 585-5000

Sightseeing
Stadtrundfahrten sowie Ausflüge in die Umgebung organisiert u.a. Gray Line Tours, Tel.: 569-3666, 2200 Benjamin Franklin Parkway

Fluglinien
Der Philadelphia International Airport liegt etwa 13 km südwestlich der Stadt. Über 1.000 Flüge am Tag verbinden die Stadt mit praktisch allen Gebieten der USA. Taxipreis vom Airport in die Stadt: etwa 15 - 20 $.

Öffentliche Verkehrsmittel in die Stadt: Philadelphia Airport Rail, täglich von 06.00 - 24.00 h mit Haltestellen an 30th/Marketst., Penn Center, John F. Kennedy Boulevard und Market St/10.-12.St)

Hier die wichtigsten Telefonnummern:

American Airlines	Tel.: 521-8900	Eastern Airlines	Tel.: 923-3500
	gebührenfrei 800-433-7300		gebührenfrei 800-327-8376
American Eagle	gebührenfrei 800-433-7300	Lufthansa	gebührenfrei 800-645-3880
British Airways	800-AIR WAYS	Swissair	gebührenfrei 800-221-4750
Continental Airlines	gebührenfrei 800-525-0280	United Airlines	Tel.: 568-2800
Delta Airlines	Tel.: 928-1700		gebührenfrei 800-241-6522
	gebührenfrei 800-221-1212	USAir	gebührenfrei 800-428-4322

 Leihwagen (Alle diese Vermietstationen sind auch am Flughafen repräsentiert).
Avis, 1909 Market St., Tel.: 563-8980
Budget, 21th Street and Market, Tel.: 492-3900
Dollar, Tel . 751-9199, Penn Center Inn; 627-4844 11th and Race Streets;
Hertz, Tel.: gebührenfrei 800/654-3131

 **Hotels**
● **Four Seasons Hotel** Philadelphia****, 1 Logan Square (Logan Circle), Tel.: (215) 963-1500. Prestigereiches Haus mit relativ großen Zimmern, alle im "Federal"-Stil eingerichtet, in der Stadtmitte gelegen
● **Sheraton Society Hill****, 1 Dock St.. Modern und günstig gelegen zur Independence Hall sowie zum restaurierten Viertel Society Hill, ruhige Lage
● **Warwick***, 1701 Locust St, Tel.: (215) 735-6000 (gebührenfrei 800-523-4210. Modernisiertes ehemaliges Wohnhaus mit einem Foyer aus den 20er Jahren, sehr günstige Stadtlage
● **Latham***, 17th & Walnut Sts, Tel.: (215) 563-7474 (gebührenfrei: 800-528-4261). Altes Traditionshaus mit sehr persönlichem Service, sehr zentral zu allen Punkten Philadelphias gelegen. Nette Bar sowie gediegenes Restaurant ("Bogart's).
● **Holiday Inn - Independence Mall***, 4th & Arch Sts, Tel.: (215) 923-8660. Direkt am historischen Zentrum gelegen
● **Barclay***,237 S 18th Street, am Ritterhouse Square, Tel.: (215) 545-0300 (gebührenfrei 800-421-6662). Elegantes Stadthotel, in dem u.a. Luciano Pavarotti und Bob Hope gerne Gäste sind. Geräumige Zimmer.

 Über **weitere Unterkünfte** erteilt **Auskunft:**
Philadelphia Bed and Breakfast Service, P.O. Box 4755, Philadelphia 19134 (Tel.: 634-4444)
Bed & Breakfast, Center City, 1804 Pine St., Philadelphia 19103, Tel.: 735-1137 (Vermittlung auch besonders preiswerter privater Unterkünfte)

 Restaurants
Philadelphia verfügt über zahlreiche Restaurants für jeden Geschmack und jeden Geldbeutel. Eine kleine Auswahl:
● **Le Bec-Fin**, 1523 Walnut St., Tel.: 567-1000 (sonntags geschlossen). Bestes französisches Restaurant, wurde im Herbst 1990 renoviert, sehr teuer.
● **Bookbinder's Seafood House**, 215 15th Street, Tel.: 545-1137. besser als das sog. "Old Original Bookbinder's" in der 125 Walnut Street, das heute praktisch ausschließlich Touristen abspeist. Das Bookbinder's Seafood House ist dagegen auch bei Einheimischen sehr beliebt, die Atmosphäre ungezwungen, und die Preise sind angemessen. Sehr gute Fischgerichte aller Art.
● **DiLullo Centro**, 1407 Locust St., Tel.: 546-2000. Gilt als bestes italienische Restaurant. Elegant, untergebracht in einem restaurierten Theater, teuer

● Garden, 1617 Spruce St, Tel.: 546-4455. In einem alten Stadthaus etabliert, schöner Garten, alte Bar, französische Küche, sehr gemütlich!

● City Tavern, 2nd & Walnut St, Tel.: 923-6059. Durch den National Park Service wiederaufgebaute Taverne, wo die Verfassungsgeber vor über 200 Jahren aßen. Das Gebäude und die Räumlichkeiten sind schön, die Küche aber ohne jeden Höhepunkt. An sich nur empfehlenswert zum kurzen Lunch nach einem Spaziergang im historischen Bezirk.

Spezielle Tips

● **Reading Terminal Market** (12th Street, Eingang zwischen Arch & Market Street, also sozusagen "von hinten"). Das ist an sich ein Markt, wo Sie an verschiedenen Essenständen genüßlich Spezialitäten unterschiedlicher Küchen kosten können - probieren Sie hier eine Kleinigkeit!

● The **Commissary**, 1710 Sansom Street, Tel.: 569-2240. Dies ist ein kleines Selbstbedienungsrestaurant und Feinkostgeschäft. Man kann Essen mitnehmen oder an Ort und Stelle die geschmackvollen kleinen Gerichte probieren. Hier können Sie preiswert frühstücken und mittagessen - inmitten von Einheimischen, die vor der Bürozeit oder in der Mittagspause gerne an diesem Ort einkehren. Im oberen Stockwerk/USA Café werden Südstaaten-Gerichte serviert.

● Für kleine Imbisse zwischendurch und zum Lunch eignen sich auch "**Chestnut Gourmet**" (zwischen 11. & 12. Street/Kreuzung Chestnut) sowie "au bon pain" (833 Chestnut, zwischen 8th/9th Street.

● Gemütliche **Bars** sind u. a.
"Crickettbeim Latham Hotel, 17th & Walnut St.,
"Carolina's", 261 South 20th Street/in der Nähe des Ritterhouse Square,
"Downey's" (Front/South St.) sowie "The Irish Pub" (2007 Walnut Street) sind Kneipen mit irischer Atmosphäre.

☞ Redaktions - Tips:

★ Übernachtung im Latham oder Four Seasons;
★ Abendessen im Bogart's, Bookbinder's Seafood House oder Garden;
★ Lunch im Reading Terminal Market oder in The Commissary probieren;
★ Zwischen 17.00 - 18.00 h nach anstrengenden Besichtigungen in die Crickett Bar oder bei Carolina's einkehren;
★ Kein Auto mieten, sondern sich im Stadtbereich zu Fuß bewegen bzw. Taxi benutzen;
★ Spaziergang durch das Gebiet des Society Hill unternehmen sowie durch Elfreth's Alley schlendern;
★ Die wichtigsten Museen besuchen: Philadelphia Museum of Art, Franklin Institute;
★ Die bedeutendsten historischen Stätten aufsuchen: Liberty Bell, Independence Hall
★ Die Aussicht auf die Stadt von den Treppen des Philadelphia Museum of Art genießen.

Allgemeine Informationen

Philadelphia liegt am Delaware River (= Grenze zu New Jersey) sowie am Schuylkill River. Über 1,7 Millionen Menschen leben hier, im Einzugsbereich der Stadt (Metropolitan Area) sogar fast 5 Millionen! Damit ist Philadelphia die fünft-größte Stadt der USA. Etwa 1/3 der Bevölkerung sind Schwarze, auch die spanisch-sprechende Gemeinde hat sich in den vergangenen Jahren stetig vergrößert. Am Delaware River liegt der größte Süßwasser - Hafen der USA.

Die Wirtschaft der Stadt wird in Gang gehalten durch große Erdölraffinerien, Schiffsbau, Elektroindustrie, Metallverarbeitung, Papierherstellung, Nahrungsmittelbetriebe, Druckereien und Verlage. Natürlich spielen auch der Tourismus und das Kongreßgeschäft eine große Rolle.

Philadelphia gilt nicht nur als "Wiege der Nation", sondern ist auch eine Stadt mit einer äußerst lebendigen und vielseitigen **kulturellen Szene:**

● Die **University of Pennsylvania** (20.000 Studenten), die 1884 gegründete Temple University (35.000 Studenten) sowie die Drexel University (14.000 Studenten) verweisen auf die wichtige Funktion als Ausbildungsstadt.
● In Philadelphia ist das weltberühmte **Philadelphia Orchestra** beheimatet.
● Hervorragende **Kunstsammlungen** (Barnes Foundation, Philadelphia Museum of Art, Rodin Museum) locken viele Besucher an.

Ein Blick in die Vergangenheit

Vor 1640 siedelten im Gebiet von Philadelphia zunächst Schweden und Finnen. 1655 wurden die Schweden von Holländern verdrängt, 1664 nahmen die Engländer den Platz ein.

Die eigentliche Gründung der Stadt (1682) geht auf den Quäker **William Penn** zurück. Ihm übertrug Karl II von England ein 1.280 acre großes Gebiet auf der Landzunge zwischen dem Delaware und Schuylkill River. Penn war Anführer einer kleinen Quäker-Kolonie und suchte hier mit seinen Anhängern Frieden. Philadelphia, die "Stadt der brüderlichen Liebe" (aus dem Griechischen), begann sich zu entwickeln. Die neue Zufluchtstätte, wo immer mehr Quäker eine neue Heimat fanden, sollte ein Ort der religiösen Freiheit und der Toleranz sein. Um sich vor Indianer-Überfällen zu schützen, schloß Penn schon 1683 einen formellen Kaufvertrag. So blieb die neue Siedlung von Übergriffen verschont, und man konnte sich ungestört dem Aufbau widmen.

Diesen Aufbau leistete Penn in Zusammenarbeit mit seinem Landvermesser Thomas Holmes. Holmes riet zu einem gitterförmigen Straßennetz sowie zur

William Penn's Statue auf der City Hall

Anlage von fünf öffentlichen Plätzen (sogenannten "squares", die alle heute noch bestehen): der Traum Penn's von einer "greene country towne" ("Landstädtchen im Grünen") gewann fortan an Gestalt. 1701 erlangte das damals 4.500 Einwohner zählende Philadelphia Stadtrechte. Fortan stand der Entwicklung der geographisch so günstig gelegenen Stadt (Atlantik-Nähe, Hafengunst am Delaware) nichts mehr im Wege: Im 18. Jahrhundert konnte die Stadt für sich das Recht in Anspruch nehmen, die zweitgrößte englischsprachige Stadt auf der Welt zu sein.

Wichtige kulturelle Anstöße kamen durch **Benjamin Franklin**, der als Siebzehnjähriger im Jahre 1723 hierherzog. Franklin gründete nicht nur die Universität, sondern gab hier auch die erste deutschsprachige Zeitung der USA heraus (1732, "Philadelphische Zeitung"). Später folgte die Gründung weiterer deutschsprachiger Zeitungen in Philadelphia.

In dem freien, geistigen Klima fühlten sich Künstler, Schriftsteller und Politiker wohl. Während sich Boston aktiv gegen die britische Obrigkeit auflehnte, verhielten sich die Einwohner Philadelphias verhaltener. Ihre Agitation gegen die Krone war deshalb schwächer, weil sie nachhaltig Dankbarkeit gegenüber dem Mutterlande empfanden, auswandern zu dürfen. Loyalität schien ihnen der Situation angemessener als Agitation. Das traf vor allem auch auf den deutschen Bevölkerungsteil zu, der damals 1/3 der Stadtbevölkerung ausmachte.

Aufgrund seiner zentralen Lage entwickelte sich Philadelphia bald zum Zentrum der Revolution. Die Stadt wurde wegen des Vorhandenseins geeigneter öffentlicher Gebäude Sitz der Kontinentalkongresse. 1776 trat hier der **3. Kontinentalkongreß** zusammen, um die Unabhängigkeit vom britischen Mutterlande zu beschließen. Dies war natürlich Anlaß zum Krieg, die Briten besetzten die Stadt bis 1778.

Im Jahre 1787 wurde in Philadelphia die Verfassung der Vereinigten Staaten entworfen und vom Verfassungskonvent verabschiedet. Sie ist bis heute - von den Novellen abgesehen - gültig.

Bis 1799 war Philadelphia nur **Hauptstadt** von Pennsylvania, stieg aber von 1790 - 1800 zur Bundeshauptstadt auf. Später, als ab 1824 der Erie-Kanal den Seeweg weit ins Landesinnere ermöglichte, geriet Philadelphia immer mehr ins Abseits. 1848 kamen als Folge der Revolution in Europa viele Deutsche nach Philadelphia.

Im Bürgerkrieg stand Philadelphia wegen seiner Ablehnung der Sklaverei auf der Seite der Unionstruppen. Die städtische Industrie lieferte bedeutendes Kriegsmaterial, und in jener Periode zogen auch viele Schwarze aus dem Süden hinzu, um einerseits der Sklaverei zu entfliehen, andererseits um einen Arbeitsplatz zu ergattern. Von den kriegerischen Ereignissen wurde Philadelphia im Bürgerkrieg verschont: Die Südstaaten-Truppen gelangten lediglich bis zum 200 km entfernten Gettysburg. Nach Kriegsende kam heraus, daß Philadelphias Waffenschmiede beide Seiten mit Kriegsmaterial beliefert hatten...

Deutsche Spuren ...

Nach Beendigung des Bürgerkrieges wuchs die Stadt unaufhaltsam: Durch Eingemeindungen - u.a. von Germantown - brachte es Philadelphia bereits 1876 auf über 600.000 Einwohner (den höchsten Einwohnerstand erzielte die Stadt im Jahre 1950 mit 2 Millionen Menschen). Aus Anlaß der Wiederkehr des 100 jährigen Bestehens der Vereinigten Staaten fand 1876 hier die Weltausstellung statt, ebenso 1976 zur Zweihundertjahrfeier.

Auch nach der 1. Weltausstellung waren die Weichen auf Wachstum gestellt, doch allmählich verlor die Innenstadt an Attraktivität: Die Wohlhabenden zogen in die Vorstädte, die mittels der Vorortbahnen gut erreichbar wurden, während in der Innenstadt zunehmend schwarze Familien siedelten. Die Innenstadt verkam immer mehr, eine korrupte Stadtverwaltung beschleunigte den Niedergang. Erst nach Ende des 2. Weltkrieges regten sich Initiativen, die Innenstadt wenigstens partiell zu sanieren und die historischen Gebäude vor dem Verfall zu retten. Aus Anlaß der Zweihundertjahr-

Feier im Jahre 1976 wurde der historische Bezirk restauriert. Auch das heruntergekommene Viertel am Society Hill wurde endlich erneuert - heute eines der vornehmsten Wohnviertel der Stadt. Im Stadtzentrum sorgen Neubauten, u.a. extravagante Wolkenkratzer mit spiegelnden Glasfassaden, neu etablierte Restaurants sowie aus dem Boden schießende neue Hotelbauten für ein neues Image, das Besucher anlocken soll. Und in der Tat: Die Trendwende scheint sich schon heute für Philadelphia auszuzahlen, denn die Besucherzahlen steigen kontinuierlich. Schauen wir uns um !

Sehenswertes in der Innenstadt

Rundgang im historischen Bezirk (ca. 3 - 4 Stunden)

Um es in der Sprache des Fremdenverkehrsbüros Philadelphias auszudrükken: Sie werden sich bei diesem Rundgang auf "America's most historic square mile" bewegen! Dieser geschichtsträchtige Stadtteil ist zum Independence National Historic Park erklärt, und Ranger des National Park Service betreuen die Besucher. Ihren Rundgang beginnen Sie am besten an der Independence Hall (Chestnut Street zwischen 5th & 6th Street).

● **Independence Hall**

Führungszeiten:
täglich 09.00 - 17.00 h
kostenlos

Hoffentlich kommen Sie nicht an einem Sommerwochenende an, denn dann sind die Warteschlangen extrem lang. Nur pulkweise darf man die Independence Hall besuchen, jenes Gebäude, in dem am 4. Juli 1776 die Unabhängigkeitserklärung der Vereinigten Staaten unterzeichnet wurde. 1787 tagte hier die verfassungsgebende Versammlung, die dem jungen Amerika eine Verfassung gab, die in ihren Grundzügen noch heute gültig ist.
Der Besucher bekommt einen Text in die Hand gedrückt, der den Besichtigungsrundgang beschreibt.

Allgemeine Informationen zur Freiheitshalle
Das Gebäude, das heute als Freiheitshalle bezeichnet wird, wurde zwischen 1732 und 1748 als Parlamentsgebäude (State House) der Kolonie Pennsylvania (einer der dreizehn Kolonien in Nordamerika) errichtet. Nach der Fertigstellung des Hauptteils des Gebäudes (seit 1735 in Benutzung) wurde ein Turm hinzugefügt (1750 - 53) und eine Glocke aus England eingeführt, die zu wichtigen Anlässen geläutet werden sollte.
Während des 18. Jahrhunderts war Philadelphia die größte Stadt im britischen Nordamerika und genoß den Vorteil ihrer zentralen Lage. Daher bot das Parlamentsgebäude in Philadelphia den Repräsentanten aller Kolonien eine logische und geeignete Stelle an, um sich zu treffen. In diesem Gebäude wurde die Freiheitserklärung angenommen und unterzeichnet (1776). Die Verfassung der Vereinigten Staaten wurde ebenfalls in diesem Gebäude, sogar im gleichen Raum, verfaßt.

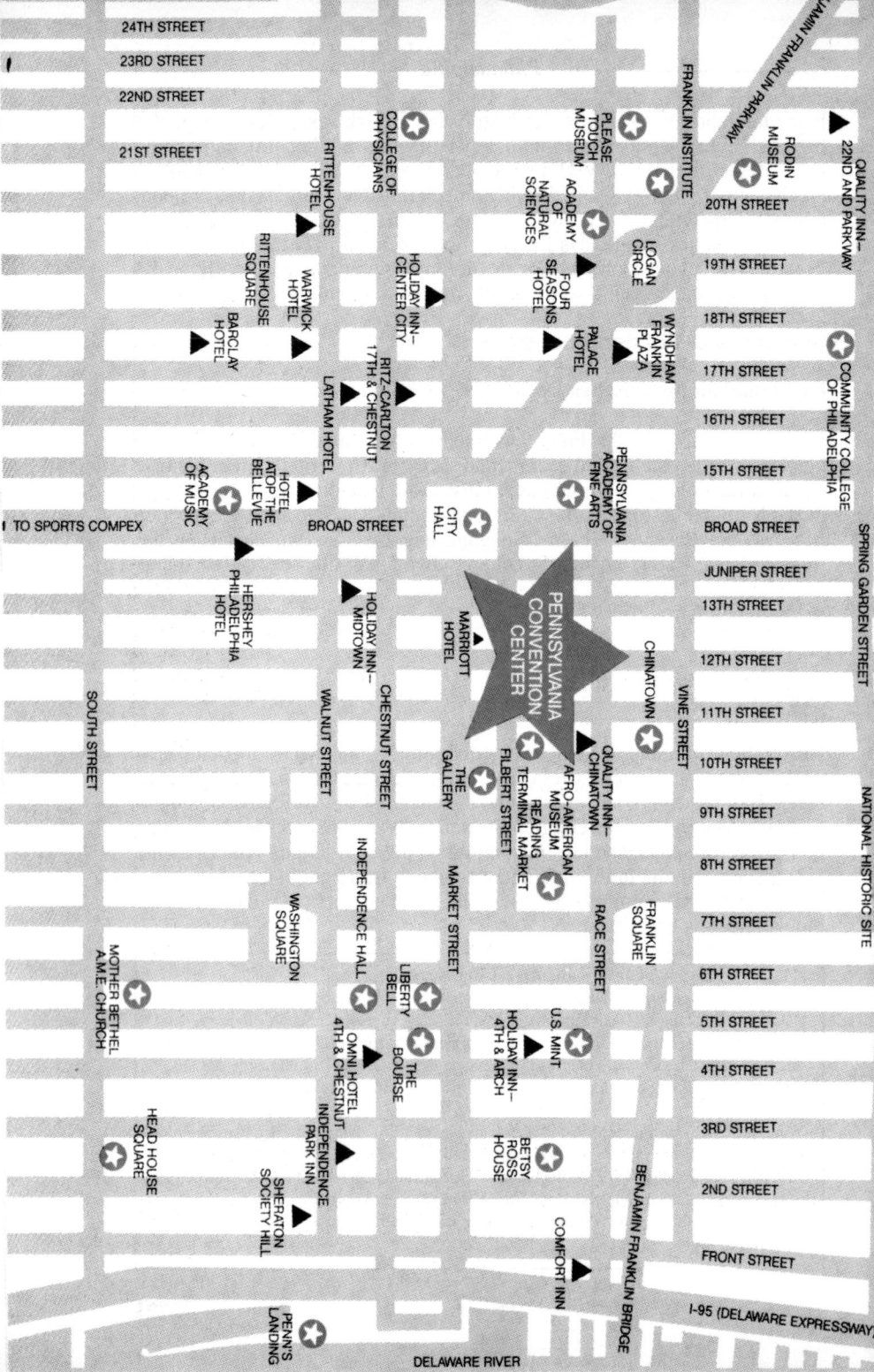

Erdgeschoß:
Oberster Gerichtshof Pennsylvanias: Dieser Raum ist in seiner Anordnung im 18. Jahrhundert restauriert worden und weist viele Merkmale eines englischen Gerichtssaales zu jener Zeit auf. Sie werden z.b. eine eiserne Umfassung für den Angeklagten (in einem Kriminalprozeß) sehen, das die "Strafanklagebank" genannt wurde, sowie einen langen Stab (den "Tipstaff" - ein Stock mit einer Metallspitze), der gebraucht wurde, um das Gericht zur Ordnung zu rufen. Die Verfahren waren der Öffentlichkeit zugänglich, eine Tradition, die aus den drei offenen Bögen ersichtlich ist, durch die man den Saal betritt. Das Wappen, das über dem Richterpodium hängt, ist das von Pennsylvania (1785 gemalt). Bis 1776 allerdings hing dort das britische Wappen. Am 8. Juli 1776 - der Tag, an dem die Freiheitserklärung der Öffentlichkeit im Hof des Parlamentsgebäudes vorgelesen wurde - nahm eine Gruppe von Männern das britische Wappen aus dem Gerichtssaal heraus, trug es an den Stadtrand und verbrannte es.
Versammlungsraum: Dieser Raum war ursprünglich für die Legislative Pennsylvanias geplant, die diesen Raum während der ganzen Zeit von 1735 bis zum Ende des 18. Jahrhunderts nutzte.
Dies ist also der Raum, von dem aus die Mitglieder des zweiten Kontinentalen Kongresses den Befreiungskrieg (1775 - 1783) leiteten. Am 4. Juli 1776 stimmten die Delegierten über die Freiheitserklärung, die von Thomas Jefferson, einem der Delegierten, geschrieben worden war, ab und nahmen sie an. Vier Tage später, am 8. Juli 1776, wurde die Glocke im Turm - die später die Freiheitsglocke genannt wurde - geläutet, um die erste öffentliche Vorlesung der Freiheitserklärung anzukündigen und zu feiern. In diesem Raume empfingen am 6. August 1778 die Vereinigten Staaten zum ersten Mal einen Botschafter aus dem Ausland: von Frankreich, dessen Hilfe eine entscheidende Bedeutung im Krieg haben sollte. Später, als man die Freiheit errungen hatte, traf sich die Bundesversammlung in diesem Raum und schuf die Verfassung der Vereinigten Staaten, die hier unterzeichnet wurde. Die dreizehn Tische, die im Halbkreis stehen, stellen die dreizehn Kolonien (später Staaten) dar. Der Lehnstuhl auf dem Podium ist derjenige, der von George Washington als Vorsitzender der Bundesversammlung benutzt wurde. Er wird der "Stuhl der aufgehenden Sonne" genannt, weil Benjamin Franklin in dieser strahlenden Sonne, die auf dem Rücken des Stuhles angebracht ist, ein Symbol für seinen Optimismus für die Zukunft der neuen Nation fand.
Erster Stock:
In der sog. "Langen Galerie" erinnern Speisetisch und Cembalo an die ursprüngliche Funktion dieses Saales als Schauplatz für formale, öffentliche Feste. Die Karten an den Wänden sind englische Karten der amerikanischen Kolonien aus dem 18. Jahrhundert. In der Ratskammer trafen sich die kolonialen Gouverneure Pennsylvanias mit ihrem Rat.

● **Liberty Bell** (im Liberty Bell Pavillon)

Öffnungszeiten
täglich von 09.00 - 17.00 h
außerdem 24 Stunden von außen zusehen.

Die Freiheitsglocke ist sicherlich das am meisten verehrte Symbol der Freiheit in Amerika. Sie wurde in England gegossen und läutete während der öffentlichen Verkündigung der Unabhängigkeitserklärung. Die "Liberty Bell" trägt als Inschrift ein Zitat aus dem 3. Buch Moses: "Verkündet die Unabhängigkeit im ganzen Land allen Bewohnern". Das war wie eine

Freiheitsglocke in Philadelphia

Vorausahnung, denn die Glocke kam schon 1752 nach Philadelphia. Schon während ihres Probeläutens bekam sie aber einen Sprung, wurde daraufhin zweimal repariert und 1753 zum 50. Jahrestag der Verfassung von Pennsylvania im Turm des damaligen "State Houses" (der späteren Independence Hall) aufgehangen. 1835 bekam sie während der Beisetzungsfeierlichkeiten vom Obersten Bundesrichter John Marshall ihren endgültigen großen Sprung und läutet seitdem nicht mehr.

Seit dem 1. Januar 1976 ist sie in einem Glaspavillon zu sehen, der etwa 250 m der Independence Hall gegenüberliegt. Sicherlich ist dies kein Pracht-, sondern viel eher ein steriler Zweckbau, der die Durchschleusung unzähliger Touristen gestattet.

● **U. S. Mint** (5th and Arch Street)

Öffnungszeiten
Januar - März :   09.00 - 16.30 h von Montag bis Freitag
Rest des Jahres: auch Samstag geöffnet.

Das Münzhaus, in einem modernen Zweckbau untergebracht Formulierung, geht auf die Rolle Philadelphias als Bundeshauptstadt (1790 - 1800) zurück. Seit 1792 werden in der Stadt Münzen geprägt. Das erste Münzhaus stellte bis zum Ende des 18. Jahrhunderts nur etwa 1 Million Münzen her - heute kann man mit den modernen Prägemaschinen 1 ½ Millionen Stück pro Stunde produzieren. Außer den regulären Umlaufmünzen werden hier Sonder- und Gedenkmünzen geprägt. Eine Ausstellung gibt die Entwicklung des Geld- und Münzenwesens plastisch wieder. Am interessantesten ist jedoch ein Blick durch die dicken Glasscheiben in jene Räume, wo "Geld gemacht" wird.

● **Betsy Ross House** (239 Arch Street)

Öffnungszeiten
täglich 09.00 - 17.00 h
(Ende April bis Ende Oktober bis 18.00 h)

Zwar ist es historisch nicht ganz sicher, aber glauben wir's:
In diesem Haus soll Betsy Ross die erste amerikanische Flagge genäht haben. Auf jeden Fall handelt es sich um ein gutes Beispiel eines Hauses aus dem

18. Jahrhundert, in dem einiges zeitgenössisches Mobiliar zusammengetragen wurde.

- **Elfreth's Alley** (2nd St zwischen Arch & Race St)

Dieses nur knapp 5 m breite Gäßchen ist seit über 200 Jahren permanent bewohnt. Etwa 30 Häuschen sind dicht aneinandergebaut, die Gasse selbst hat noch Kopfsteinpflaster. In den 30er Jahren wollte man die Häuser abreißen, doch eine Bürgerinitiative (Elfreth's Alley Association) konnte dieses Vorhaben vereiteln. Mittlerweile kosten die Häuser ab 200.000 $ aufwärts! Das älteste Haus ist das Doppelhaus 120/122 (Südseite), das um 1720 gebaut wurde. Im Haus Nr. 126 wurde ein kleines Museum eingerichtet.

Elfreth´s Alley

- **Christ Church** (5th Street und Arch Street)

Die Kirche wurde 1727 - 1754 im georgianischen Stil erbaut und diente der bereits 1695 in Philadelphia gegründeten anglikanischen Gemeinde als Gotteshaus. Im Jahre 1789 wurde in der Christ Church die Protestant Episcopal Church als Nachfolgekirche gegründet, nachdem man sich der britischen Vorherrschaft entledigt hatte. Der Kirche gehörten 15 Unterzeichner der Unabhängigkeitserklärung an, wovon sieben auf den beiden Friedhöfen der Kirchengemeinde bestattet wurden. Die Kirchenstühle, auf denen George Washington, Benjamin Franklin und Thomas Jefferson saßen, sind mit kleinen Plaketten versehen. Das Grab von Benjamin Franklin werden Sie jedoch auf dem Friedhof, der um die Kirche liegt, vergeblich suchen. Franklin ist nämlich auf dem 2. Friedhof begraben (5th/Arch Street, Öffnungszeiten täglich 09.00 - 16.30 h).

 Sollten Sie etwa zur Mittagszeit Ihren Rundgang beendet haben, dann können Sie zum Lunch in die historische City Tavern (2nd & Walnut Street) einkehren, wo zwar das Essen nicht außergewöhnlich, aber die Gasträume jene Atmosphäre vermitteln, in der auch die Gründungsväter der USA speisten.

Rundgang durch Society Hill

Das Gebiet des "Society Hill" grenzt im Norden an die Walnut Street, im Süden an die South Street, im Osten an die Front Street und im Westen an die 9th Street. Die Namensgebung hat nichts zu tun mit der "High Society", die diese Gegend vor schon 200 Jahren zum Wohnen bevorzugte. Vielmehr geht die Bezeichnung auf die "Free Society of Traders" zurück. Dies war eine Gruppe von Geschäftsleuten, die auf Anraten von William Penn sich hier niederließ. Die Gesellschaft löste sich um 1725 auf, doch der Name "Society Hill" blieb bestehen. Vor allem das gebildete Bürgertum ließ sich hier nieder. Die Häuser waren und sind klein, die vor 1750 erbauten haben meist 1 ½ Stockwerke und bieten nur beengten Wohnraum. Erst ab Mitte des 18. Jahrhunderts entstanden die größeren Bauten, meist mit zwei bis drei Stockwerken und attraktiven Eingängen. Nur wenige der Häuser haben Gärten, dafür sind sie solide aus Ziegeln gebaut, da schon den ersten Siedlern genügend Lehm und Ton im Delaware-Tal zur Verfügung standen.

Wohnstraße am Society Hill

Während die ersten Häusergenerationen im "georgianischen" Stil erbaut wurden, fand später der "Federal"-Stil seinen Einzug, der insgesamt leichter wirkt und mehr Glas verwendete. Von 1810 an kam der neugriechische Stil ("Greek Revival") in Mode, bevor dieser vom viktorianischen Stil abgelöst wurde (z.B. das Haus 260 South 3rd Street, von Michel Bouvier, Jacqueline Kennedy's Urgroßvater).

Folgende Häuser stehen zur **Innenbesichtigung** frei:

* Hill-Physick-Keith House - gutes Beispiel der Federal-Architektur mit zeitgenössischem Mobilar(321 South 4th Street) ;

* Powell House - ein gutes Beispiel der georgianischen Architektur mit ebenfalls zeitgenössischem Mobilar (244 South 3rd Street);

Besichtigungszeiten
Dienstag - Samstag	10.00 - 16.00 h
Sonntag	13.00 - 16.00 h

Jeden Mittwoch, Freitag und Samstag startet gegen 18.30 h von der City Tavern (2nd/ Walnut St) ein Rundgang mit einem kostümierten Führer, der zu einem "**candlelight stroll**" (= "Kerzenschein-Bummel") einlädt, Anmeldung Tel.: 735-3123, Dauer ca. 1 1/2 Stunden

Besuch der Museen

● **Franklin Institute Science Museum and Planetarium** (Benjamin Franklin Parkway/20th Street)

Öffnungszeiten
Montag - Freitag	09.30 - 16.30 h
Samstag und Sonntag	10.00 - 17.00 h

Dieses sehr lebendig gestaltete Technik-Museum - etwa mit dem deutschen Museum in München vergleichbar - ist Benjamin Franklin gewidmet. Seine vielseitigen Begabungen schlugen sich u.a. in der Erfindung des Blitzableiters nieder. Es ist das beste technische Museum an der Ostküste, das in vielen Abteilungen zum aktiven Experimentieren z.B. mit Elektrizität, Luft und physikalischen Grundgesetzmäßigkeiten einlädt. Ein begehbares Herz sowie raffinierte mechanische Tüfftel-Apparaturen wirken besonders auf Kinder anziehend. Auch das angeschlossene Fels-Planetarium wird den naturwissenschaftlich interessierten Besucher begeistern. In der Franklin Memorial Hall steht eine 6 m hohe Statue von Benjamin Franklin, dem Institutsgründer.

Wer war Benjamin Franklin?

Benjamin Franklin wurde am 17.1.1706 in Boston geboren. Er war das 17. Kind eines aus England eingewanderten Seifen- und Kerzenmachers. Zunächst arbeitete Franklin als Buchdrucker, später gab er in der Rolle des

---

Verlegers ab 1730 eine Zeitung in Philadelphia heraus. 1732 bis 1757 publizierte er außerdem einen Almanach, der sich "Poor Richard's Almanach" nannte.

Benjamin Franklin

Seinen Charakter prägten puritanische Tugenden wie Fleiß, Ordnung, Sparsamkeit und Genügsamkeit. Sein vielseitiges Engagement wird deutlich, wenn man bedenkt, daß er bei der Gründung der ersten pennsylvianischen Universität ebenso beteiligt war wie bei der Gründung des ersten Krankenhauses in Nordamerika. Aus einem von ihm gegründeten wissenschaftlichen Verein ging die renommierte "American Philosophical Society" hervor. Seine technische Begabung wurde offenkundig, als er 1752 den Blitzableiter erfand und später das Doppelfernglas. Auf den unterschiedlichsten Gebieten regte er zu Neuerungen an oder setzte sie in Erfindungen um. Er beschäftigte sich mit so gegensätzlichen Gebieten wie Naturwissenschaften und Religion, Publizistik und Medizin, Werbung und Graphik, Landwirtschaft und Musik, Botanik und Druck... Trotzdem weigerte sich das Universalgenie, Patente anzumelden, da er auf dem Standpunkt verharrte, daß Erfindungen und Neuerungen Besitz der Allgemeinheit seien.

Auch politisch war Franklin aktiv. Früh engagierte er sich für die Unabhängigkeit der Kolonien. 1776 bis 1785 war er Gesandter in Frankreich und warb erfolgreich um Unterstützung während des Unabhängigkeitskrieges. Ein Mann solchen Profils war natürlich ein ehrenvoller Mitunterzeichner der Unabhängigkeitserklärung und der Verfassung von 1887. 1788 wurde er Präsident der ersten Gesellschaft, die sich für die Abschaffung der Sklaverei einsetzte.

Benjamin Franklin war der erste Amerikaner, der in Europa offizielle Ehrung genoß: Er wurde in den renommierten Kreis der Académie Française aufgenommen. Als Schriftsteller äußerte er seine Gedanken in litarischen Kurzformen wie Essay und Satire. Sein Schreibstil war witzig, ironisch und klar zugleich. Franklin starb am 17.4.1790 in Philadelphia.

- **Philadelphia Museum of Art** (26thStreet/Benjamin Franklin Parkway)

Öffnungszeiten

Mittwoch bis Sonntag 10.00 - 17.00 h

Dieses Museum ist eines der umfangreichsten und bedeutendsten Kunstsammlungen der Vereinigten Staaten.
Die Gründung des Museums hängt mit der Weltausstellung 1876 zusammen: Die Memorial Hall war die damalige Kunstgalerie der Ausstellung. Aus dieser "Keimzelle" entwickelte sich eine durch Schenkungen immer größer werdende Sammlung, die schließlich dazu führte, daß man 1924 mit einem Museumsbau begann. 1927 war der Rohbau fertiggestellt. Doch der endgültige Ausbau verzögerte sich durch die Weltwirtschaftskrise.

Das Museum ist in der Form eines griechischen Parthenons mit zwei großen Seitenflügeln angelegt. Beeindruckend sind die weiten Freitreppen, die zum Eingang hinausführen. Für die Fassade wurde ausschließlich Dolomit aus Minnesota verwendet. Viele Steindekorationen an den Fassaden sind bemalt und vermitteln trotz ihres eher imitativen Charakters einen imponierenden Eindruck.

Neben Gemälden erwarten den Besucher Skulpturen und diverse kunstgewerbliche Ausstellungsstücke. Herausragend sind:

* **Sammlung John G. Johnson.** Hier sind Gemälde europäischer Maler vom 14. - 19. Jahrhundert zusammengestellt. Besonders berühmt sind:
Jan van Eycks "heiliger Franciscus, der die Wundmale empfängt" (um 1483);
Rogier van de Weydens "Maria und Johannes unter dem Kreuz".
* **Sammlung A. E. Gallatin.** Hier finden Sie Picassos "Drei Musikanten".
* **Sammlung Mrs. Tyson**: Französische Impressionisten, u.a. Renoirs "Badende";
* **Sammlung Arensberg**: Werke des 20. Jahrhunderts, u.a.:
"Le Nu descendant un escalier" von Marcel Duchamp (1912/13);
"Mann, Frau und Kind" von Joan Miró (1931);
die Skulptur "Der Kuß" von Constantin Brancusi.

● **Rodin Museum** (22nd Street & Benjamin Franklin Parkway, praktisch gegenüber dem Franklin Institute gelegen)

Öffnungszeiten

Mittwoch - Sonntag 10.00 - 17.00 h

Hier befindet sich die größte Sammlung von Skulpturen des Bildhauers Auguste Rodin außerhalb von Paris. Das kleine Museum ist ein Geschenk des philadelphischen Geschäftsmannes Jules E. Mastbaum und wurde nach dessen Tode im Jahre 1926 eröffnet. Sie können einige der bedeutendsten Hauptwerke Rodins bewundern: "Die drei Grazien", "Johannes der Täufer", "Der Denker", "Adam und Eva", "Die Bürger von Calais". Über 200 Kunstgegenstände aus Marmor, Gips und Bronze können bestaunt werden.

● **Pennsylvania Academy of Fine Arts** (Ecke Broad and Cherry Streets)

Öffnungszeiten
Dienstag bis Samstag   10.00 - 17.00 h
Sonntag   11.00 - 17.00 h

Schon 1805 gegründet, gilt die Academy als das älteste Kunstmuseum Amerikas. Die Sammlung enthält ausschließlich amerikanische Kunstwerke (über 4.000 Exponate). Die Malereien konzentrieren sich vornehmlich auf Gemälde bis 1950. In der Zeit, als Philadelphia Hauptstadt der jungen Nation war, lebte eine Reihe von Malern in der Stadt, so Charles Willson Peale mit seinen Söhnen Titian und Raphaelle, Washington Allston, John Vanderlyn, Gilbert Stuart (der viele Porträts von George Washington malte). Fast alle Künstler bevorzugten Porträts, Stilleben und Landschaften.

Eine weitere Sehenswürdigkeit im Innenstadtbereich ist:

● **Edgar Allan Poe National Historical Site** (532 N. 7th Street, Tel.: 597-8780)

Öffnungszeiten

täglich außer Montag von 09.00 - 17.00 h (Diashow)

In diesem Haus lebte Poe von 1843 bis 1844. In seinen Werken paarte er oft Scharfsinn mit einer Phantastik, die sich zum Makabren wandte. In dieser Zeit veröffentlichte er "The Black Cat", "The Gold Bug" sowie "The Tell - Tale Heart".

Ausflüge in die Umgebung

● **Zur Barnes Foundation**

Öffnungszeiten
Die Einlaß-Politik ist ebenfalls ein Vermächtnis von Barnes. Seinem Testament zufolge werden pro Woche nur 500 Besucher zugelassen, der Eintritt für Kinder unter 12 Jahren sowie Gruppen ist untersagt. Am Freitag und Samstag dürfen je 100 Besucher mit und weitere 100 ohne Voranmeldung hereingelassen werden, sonntags nur jeweils 50 mit bzw. ohne Anmeldung.

Lage: etwa 11 km westlich des Stadtzentrums in Merion, 300 N Latches Lane, Merion, Tel.: 667-0290

Dieses vom Chemiker Dr. Albert C. Barnes gegründete Museum ist eine äußerst ungewöhnliche Kunstsammlung. Über 100 Gemälde hängen an den Wänden vom Fußbopden bis zur Decke. Dr. Barnes war vor allem auf die

Sammlung post-impressionistischer Kunst spezialisiert (Matisse, Dégas, van Gough). 150 Renoirs, aber auch Werke von Picasso, Corot, Klee, Modigliani, Cézanne, Seurat und Utrillo sind ebenfalls zu sehen.

Die Sammlung wirkt insgesamt etwas wahllos und wirr. Barnes, der sein Vermögen mit einem Augenwasser verdiente, war teilweise ein seltsamer Kauz. Er verfügte testamentarisch, daß alle Gemälde stets in diesem Haus bleiben müßten und nie ausgeliehen werden dürfen.

● Ins Land der Pennsylvania Dutch

Sehr empfehlenswert ist ein Ausflug in die Gegegnd um Lancaster. Hier lebt noch eine große Gruppe der Amish (Mennoniten). Informationen dazu entnehmen Sie bitte dem nachfolgenden Kapitel.

 Bustouren (Tagesfahrten) bietet an u.a. Gray Line Bus Company, Tel.: (215) 568-6111 an

● In das Brandywine Valley

Der Brandywine ist ein kleines Nebenflüßchen des Delaware. Sein Tal reicht von den westlichen Vororten Philadelphias und endet 35 Meilen südlich bei seiner Mündung in den Delaware bei Wilmington.

Diese Landschaft ist eng verbunden mit dem Namen des Eleuthère Irénée DuPont, der hier als französischer Emigrant 1802 eine Pulverfabrik errichtete. Aus dem kleinen Betrieb sollte sich ein Weltkonzern entwickeln, der als Chemie-Multi synonym für Produkte wie Nylon oder Teflon steht. Die Familie und die nachfolgenden Generationen bevorzugten zum Wohnen die ländlich geprägten Teile des Brandywine Valleys, während das Unternehmen in Wilmington seinen Hauptsitz fand. Es sind vier Landsitze, die der Öffentlichkeit zur Besichtigung freigegeben sind.

Wer war die DuPont-Familie ?

Die DuPonts galten als eine der reichsten und einflußreichsten Industriefamilien in den Staaten. Ihren Erfolg begründete Eleuthère Irénée DuPont, der 1771 in Paris geboren wurde, 1800 nach Amerika mit seinem Vater Pierre Samuel DuPont de Nemours und Bruder Victor als 29jähriger immigrierte und in Wilmington im Jahre 1834 starb. Er war ein Schüler des Chemikers Antoine Lavoisier und gründete 1802 die bereits erwähnte Pulverfabrik hier bei Wilmington.

Immerhin schon 61 Jahre alt, half er Jefferson bei der Formulierung von Erziehungsgrundsätzen. Er kehrte nach Frankreich zurück, um den Ver-

---

231

kauf von Lousiana an die USA vorzubereiten. Unter Talleyrand und Ludwig XVIII nahm er wichtige Staatsämter wahr.

Die Nachfolgegenerationen waren nicht minder aktiv und erfolgreich. 1872 gründeten sie die "Gunpowder Trade Association" und schufen sich damit praktisch eine Monopolstellung auf dem Gebiet der Sprengstoffproduktion. In der Zeit der aufstrebenden Automobilindustrie erfanden sie widerstandsfähige Autolacke und entwickelten später die Kunstfasern Dycron, Nylon, Dacron, Lucite und Teflon.

Noch heute gehört E. I. DuPont de Nemours zu den fünf größten Industrieunternehmen der USA. Doch mittlerweile verdient der Konzern momentan das meiste Geld im Ölgeschäft. Ebenso ist DuPont einer der größten Lieferanten für elektronische Bauteile (in Kooperation mit Philips und British Telecom).

Desweiteren steckte DuPont bereits Milliardenbeträge in die biotechnische Erforschung pestizid-widerstandfähiger Pflanzen sowie in die Entdeckung eines AIDS - Medikaments.

● **Zum Hagley Museum**

Anfahrt: Von Wilmington folgt man der Route 52, an der Kreuzung mit Route 141 zweigt man rechts ab.

Öffnungszeiten
täglich (von April bis Dezember) 09.30 - 16.30 h
Januar bis März nur an Wochenenden und bestimmten Wochentagen, Auskunft Tel.: 302/658-2400)

Dieses friedliche Stückchen Waldland, direkt am Brandywine-Flüßchen gelegen, ist jene Stelle, die Eleuthère Irénée DuPont anzog. Hier gründete er 1802 eine kleine Schwarzpulver-Fabrik. Sie sollte der Vorläufer der großen Chemie-Werke werden, welche die Nachfolge-Generationen allmählich entwickelten. Heute findet der Besucher einige restaurierte Gebäude, Maschinen usw. aus der Frühzeit der Industrialisierung. Die "Eleutherian Mills" (1803) ist das erste DuPont-Haus in Amerika, im georgianischen Stil gebaut und eingerichtet. Fünf Generationen der Familie lebten hier.

● **Zum Nemours Mansion and Gardens**

Anfahrt: Rockland Road, zwischen Route 141 und 202

Öffnungszeiten
Mai - November: Touren (2 Stunden) jeweils Dienstag bis Samstag um 09.00 h, 11.00 h, 13.00 h, 15.00 h;
Sonntag 11.00 h, 13.00 h, 15.00 h. Anmeldung ratsam, Tel.: 302/6516912)

Diesen Landsitz erbaute sich 1909 - 1910 Alfred I. DuPont. Der Landsitz, 102 Räume umfassend, ist benannt nach der ursprünglichen Heimatstadt der DuPonts in Nordfrankreich. Das Innere des an einen französischen Fürstensitz erinnernde Gebäude ist mit wertvollen Möbeln, Orientteppichen und Gemälden ausgestattet. Eine großzügig angelegte Gartenanlage unterstreicht den imposanten Eindruck.

● **Zu den Longwood Gardens**

Anfahrt: Über US 1, an der Kreuzung mit der Straße Nr. 52 gelegen,

Öffnungszeiten
täglich von 10.00 - 17.00 h

Diese gepflegten und weitläufigen Gärten sind durch ihre Anlage im englischen, französischen und italienischen Stil sowie durch die vielen Springbrunnen und Gewächshäuser interessant. Besucher sind vor allem durch den Main Fountain Garden angezogen, wo Wasserfontänen bis 32 m hoch schießen (wenn sie angestellt sind!).

Bustouren (Tagesfahrten) bietet u.a. Gray Line Bus Company, Tel.: (215) 568-6111 an.

● **Zm Winterthur Museum and Gardens**

Lage: Nordwestlich von Wilmington an derRoute 52/Kreuzung 82 gelegen

Öffnungszeiten
Dienstag - Samstag   09.00 - 17.00 h
Sonntag   12.00 - 17.00 h
Die Touren dauern 2 Stunden.

Einst war das der Herrensitz von Henry Francis DuPont. DuPont war leidenschaftlicher Sammler von Möbeln, und er spezialisierte sich insbesondere auf das Zusammentragen amerikanischer Stücke. 196 Räume des 9-Etagen-Herrenhauses (von englischen Gärten umgeben) sind volleingerichtet! Alle Stücke wurden zwischen 1640 und 1840 in Amerika genutzt. Zusammen mit anderem dekorativen Accessoires u.a. einem Dinner-Geschirr, das für George Washington hergestellt wurde, gibt es etwa 70.000 Objekte zu bestaunen.

Bustouren (Tagesfahrten) bietet u.a. Gray Line Bus Company, Tel.: (215) 568-6111 an.

Frommer's Philadelphia, New York
Ausführlicher englischsprachiger Führer für Philadelphia und Umgebung.

7.3 VON PHILADELPHIA NACH LANCASTER

7.3.1 ÜBERBLICK

Die Fahrt in das Herz des Pennsylvania Dutch Country um Lancaster ist eine Reise in ein Stück bewahrter Vergangenheit. Sobald man die Großstadt Philadelphia mit ihren ausufernden Vororten verlassen hat, taucht man in eine friedliche, ruhige Landschaft ein, deren propere Dörfer und gepflegten Fluren Zeugnis einer bodenständigen Bevölkerung ablegen.

Hier leben auch die Nachkommen deutscher Glaubensflüchtlinge, deren Vorväter aus der Schweiz, dem Elsaß und Südwestdeutschland stammen. Fast scheint die Zeit still zu stehen, wenn man die Kutschen dieser als "Amish People" bezeichneten Siedler sieht, und man fühlt sich an die Zeichnungen in Kinderbüchern erinnert, wenn man vor ihren schmucken Bauernhöfen steht. Die Amische, eine konservative Gruppe der Mennoniten, die sich unter dem elsässischen Mennonitenbischof Jacob Amann selbständig machte, zogen im 18. Jahrhundert nach Pennsylvania. In ihrer kompromißlosen Strenggläubigkeit halten sie sich weitgehend von den "Errungenschaften" der modernen Welt fern und bewahren einen Lebensstil, der im Einklang mit der Natur steht. Besonders viele Gehöfte der Amische liegen in der unmittelbaren Umgebung des kleinen County-Städtchens Lancaster.

7.3.1 TOURISTISCHE HINWEISE

Entfernungen
Philadelphia - Lancaster ca. 66 Meilen (= etwa 106 km)

Anfahrt
* Schnellste Anfahrt über den Pennsylvania Turnpike (= Interstate 76), Abfahrt bei Reamstown benutzen (meilenmäßig etwas weiter als die nächste Alternative)
* Langsamer, doch auf jeden Fall besser zur Einstimmung auf die Landschaft: Den Pennsylvania-Turnpike bei Morgantown verlassen und der Landstraße 23 nach Lancaster folgen.

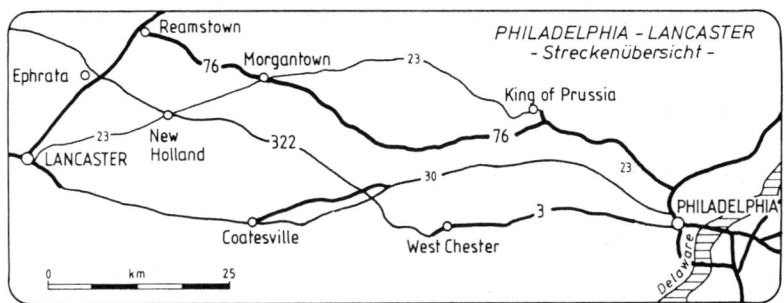

Informationen

The Pennsylvania Dutch Convention and Visitors Bureau, Department 2201, 501 Greenfield Road, Lancaster, PA 17601, gebührenfreie Tel.: Nr. 800 - 735 - 2629, Anschluß 2201., oder Tel.: (717) 299 - 8901

The Mennonite Information Center, 2209 Millstream Road, geöffnet Montag bis Samstag 08.00 bis 17.00 h. Hier kann man einen Informationsfilm sehen und ebenfalls mit einheimischen Mennoniten-Führern eine Rundfahrt arrangieren.

The People's Place, Main Street, Intercourse, 11 Meilen östlich von Lancaster. Hier kann man u.a. den Film "Who are the Amish?" sehen. Montag - Samstag 09.30 - 21.30 h, Film jeweils bis 17.30 h / jede halbe Stunde)

Übernachtung

Generell: Vielseitige Übernachtungsmöglichkeiten bestehen, u.a. sind auch Days Inn, Holiday Inn, Howard Johnson vertreten. Besonders zu empfehlen:

● **Best Western Eden*****, 222 Eden Road, Tel.: (717) 569-644; gutes, praktisches Hotel mit empfehlenswertem, preiswertem Restaurant, Innenpool

● **Sheraton Lancaster Golf Resort*****, 2300 Lincoln Highway East, Tel.: (717) 299 - 5500; gutes Restaurant, Golfplatz mit 27 Löchern, Tennis, Kinderprogramme

● **Willow Valley Resort & Conference Center****, 2416 Willow St. Pike, Tel.: (717) 464-2711 oder gebührenfrei 800/444-1714. Gutes Familienmotel mit viel Auslauf, 3 Swimmingpools, Kinderspielplatz

● **Quiet Haven***, 2556 Siegrist Road, Ronks 17572, 5 1/2 Meilen östlich, Abzweigung von der US 30 auf die 896 Nord, dann rechts. Preiswert, Swimmingpool.

Bed and Breakfast

In und um Lancaster gibt es zahlreiche, sehr reizvolle und familiär geführte Bed & Breakfast-Häuser. Besonders zu empfehlen ist:

Swiss Woods - eine Idylle in den Bergen

Swiss Woods, 500 Blantz Road, Lititz, PA 17543, Tel.: (717) 627-3358. Das Haus, in welchem helle Kiefer dominiert, hat ein gemütliches Interieur wie im Bilderbuch! Die Lage am Waldrand erlaubt einen Blick auf den tief gelegenen Speewell Lake. Das schweizer Ehepaar Werner und Debrah Mosimann kümmert sich bestens um die Gäste. Ein hervorragender Ausblick.

235

Zum reichhaltigen Frühstück gibt's auch Birchermüsli! Das Bed&Breakfast Haus liegt nördlich von Lancaster.

Ein besonderes Erlebnis: Wohnen Sie mit einer Amish-Familie unter einem Dach. Hier einige Adressen:
- **Lincoln Haus Inn**, 1687 Lincoln Highway East, Lancaster, PA 17602, Tel.: (717) 392-9412. Das Haus ist über 85 Jahre alt, hat fünf Gästezimmer und liegt nahe zu verschiedenen Restaurants.
- **Smucker's Farm Guest House**, 502 Peters Road, New Holland, PA 17557, Tel.: (717) 354-4374. Eignet sich sehr gut, um das Farmleben der Amish aus der Nähe zu sehen. sechs Gästezimmer.

Jugendherbergen
Bowmansville Youth Hostel (AYH), P.O. Box 157, Bowmansville 17507, Tel.: (215) 445 - 4831 (26 Meilen von Lancaster entfernt an der Route 625 nach dem Interstate 76).
Geigertown Youth Hostel (AYH), P.O. Box 49, Geigertown 19523, Tel.: (215) 286-9537, nahe dem French Creek State Park gelegen, Abzweigung von Route 82

Restaurants
- **Windows on Steinman Park**, 16 - 18 West King Street, Lancaster, PA 17603, Tel.: (717) 295-1316. Französisches Restaurant, vornehm und teuer, sehr guter Sonntag-Brunch.
- **Willow Valley im Willow Valley Resort & Conference Center Motel**, 2416 Willow St Pike, Tel.: (717) 464 - 2711. Familienrestaurant mit Buffet, preiswert
- **Groff's Farm**, 650 Pinkerton Road, Mount Joy, 11 Meilen westlich gelegen. Über 230 erreichbar, von der es später links abgeht. Sonntags geschlossen. Gutes "normales" Essen in einem alten, 1756 erbauten Farmhaus. Eigene Konditorei.

Ein ganz besonderer Tip:
Ein Essen mit einer Familie, so, wie es noch vor 100 Jahren üblich war! "**The Meyer Family**" (869 W. Sunhill Road, Manheim, PA 17545, Tel.: 717 - 664 4888) bietet diese Erfahrung. Die Meyer's sagen über sich: "Wir sind eine Familie, nicht eine Institution. Bitte kommen Sie gut gekleidet und verzichten Sie auf das Rauchen. Wir bitten Sie ebenfalls darum, vor Ihrer Ankunft keinen Alkohol zu trinken. Lassen Sie bitte auch Ihre Kamera im Auto!". Nach einem herzhaften Abendessen waschen die Kinder auf und gehen zu Bett, während die Erwachsenen über Glauben, Wertvorstellungen und Lebensstil der "Plain People" sprechen können.
Abendessen gibt es nur nach vorheriger Ankündigung am Montag, Dienstag, Donnerstag und Samstag (18.30 h). Man hinterläßt beim Abschied diskret 15.- $ pro Person.

Bus
Greyhound/Trailways verbindet 1 mal täglich Philadelphia mit Lancaster.

Besichtigungstouren
Es gibt verschiedene Möglichkeiten, an geführten Touren in und um Lancaster teilzunehmen: **Historic Lancaster Walking Tour**, 100 S Queen St., Tel.: 392-1776. Mit einem Führer geht man zu den interessantesten Stellen des historischen Lancaster.
Amish Country Tours. Auskunft über Tel.: 392-8622 oder gebührenfrei 800/441-3505
Brunswick Tours. Hier kann man einen privaten Führer engagieren, der im Wagen des Gastes mitfährt. Sehr gut und intensiv - Tel.: 397-7541

Eine weitere Möglichkeit ist eine selbstgeführte Tour. Man kauft sich ein Auto Tour Tape (z.B. bei Brunswick Tours, s.o.), schiebt die Kassette ins Autoradio und fährt los.

Fahrradverleih
Sicherlich ist es keine schlechte Idee, das umliegende Farmland mit dem Fahrrad zu erkunden. verleih bei: Martin's Bike Shop, Route 322, Tel 354-9127

Camping
U.a.: Mill Bridge Campresort, Von der 30 biegt man nach Süden in die South Ronks Road ein, Tel.: (717) 687-8181

7.3.3 LANCASTER

Allgemeine Informationen

Lancaster wurde 1721 gegründet und zählt heute mit den zugehörenden verstreut liegenden Siedlungen fast 55.000 Einwohner. Die Stadt, gleichzeitig Sitz der County-Verwaltung, kann sich einer sehr soliden wirtschaftlichen Grundlage erfreuen:

Deutsche Reminiszenzen

● Die vielseitige, mittelständisch orientierte **Industrie**, bietet über 35.000 Arbeitsplätze, u.a. in der Elektronik- und Möbelindustrie, in Druckereien, in Nahrungsmittelfabriken oder in der Metallverarbeitung.
● Die **Landwirtschaft** ist sehr ertragreich. Das Lancaster County (= Landkreis") nimmt den 11. Platz in der Produktivität aller Counties der Nordoststaaten ein!

● Etwa 5 Millionen Besucher sorgen dafür, daß der **Tourismus** blüht. Entsprechend reichhaltig ist die Palette an Übernachtungen, Restaurants usw..

Während des Unabhängigkeits- und Bürgerkrieges war Lancaster Waffenschmiede: Die Gewehre aus der Stadt waren bei den Kolonialarmeen begehrt. Und einen Tag lang avancierte Lancaster sogar zur Hauptstadt der USA, als der Kongreß am 27.9.1777 aus Philadelphia fliehen mußte. Von 1799 bis 1812 war Lancaster Hauptstadt von Pennsylvania.

Heute erwartet den Besucher ein lebendiges, gepflegtes Landstädtchen mit freundlichen Bewohnern. Der Gegensatz zwischen der Vergangenheit und der Moderne wird jedes Mal deutlich, wenn man den Amischen begegnet: Immer wieder fahren ihre pferdegezogenen Buggies zwischen Automobilen und zwingen ihren Rhythmus auf.

Sehenswertes in Lancaster

Grundsätzlich sei eine Anmerkung erlaubt: In und um Lancaster haben sich fragwürdige "Attraktionen" breitgemacht, die als geldgierige Wegelagerer auf Touristen lauern. Sicherlich werden Sie nicht unbedingt hier das "Dutch Wonderland" besuchen wollen oder sich in die Ausstellung des "National Wax Museum of Lancaster County Heritage" vertiefen wollen... Deshalb eine "beschränkte" Auswahl!

Die Amish People wurden zur touristischen Attraktion hochstilisiert, sehr zu ihrem Mißfallen. Bitte achten Sie diese Menschen, indem Sie nie Gesichter von vorne fotografieren und ihre Höfe nie aus Neugierde betreten.

- **Central Market (120 North Duke St./Penn Square)**

Öffnungszeiten:	
Dienstag bis Freitag	06.00 - 16.30 h
Samstag	06.00 - 14.00 h

Der Markt wurde erstmals 1742 gegründet und ist der älteste öffentliche Markt in den USA überhaupt. Hier kaufen seit fast 250 Jahren die Einheimischen ein, und es ist nicht nur eine Stätte des Versorgens, sondern auch der kommunalen Kommunikation. Hier wird man verführt, herrliche Dinge, die frisch produziert sind, zu probieren: Leckere Wurst, wunderbare Backwaren, fruchtige Marmeladen, knackiges Gemüse, Käse, Früchte usw.. Außerdem werden regionale kunstgewerbliche Dinge angeboten, so z.B. Steppdecken und steppdeckenartig bezogene Kissen, typische Produkte der Heimarbeit der Amische. Und an so manchem Stand können Sie deutsch sprechen oder zumindest den alten Dialekt der Amische teilweise verstehen (eine Mischung von Alt-Pfälzisch und Englisch).

- **Heritage Center of Lancaster County**, Penn Square, Tel.: 299-6440.

Öffnungszeiten:

Mai - Mitte November: Dienstag - Samstag 10.00 - 16.00 h

Museum mit Möbeln aus dem 18. und 19. Jahrhundert, typischen Steppdecken, Silberwaren und anderen zeitgenössischen Gegenständen.

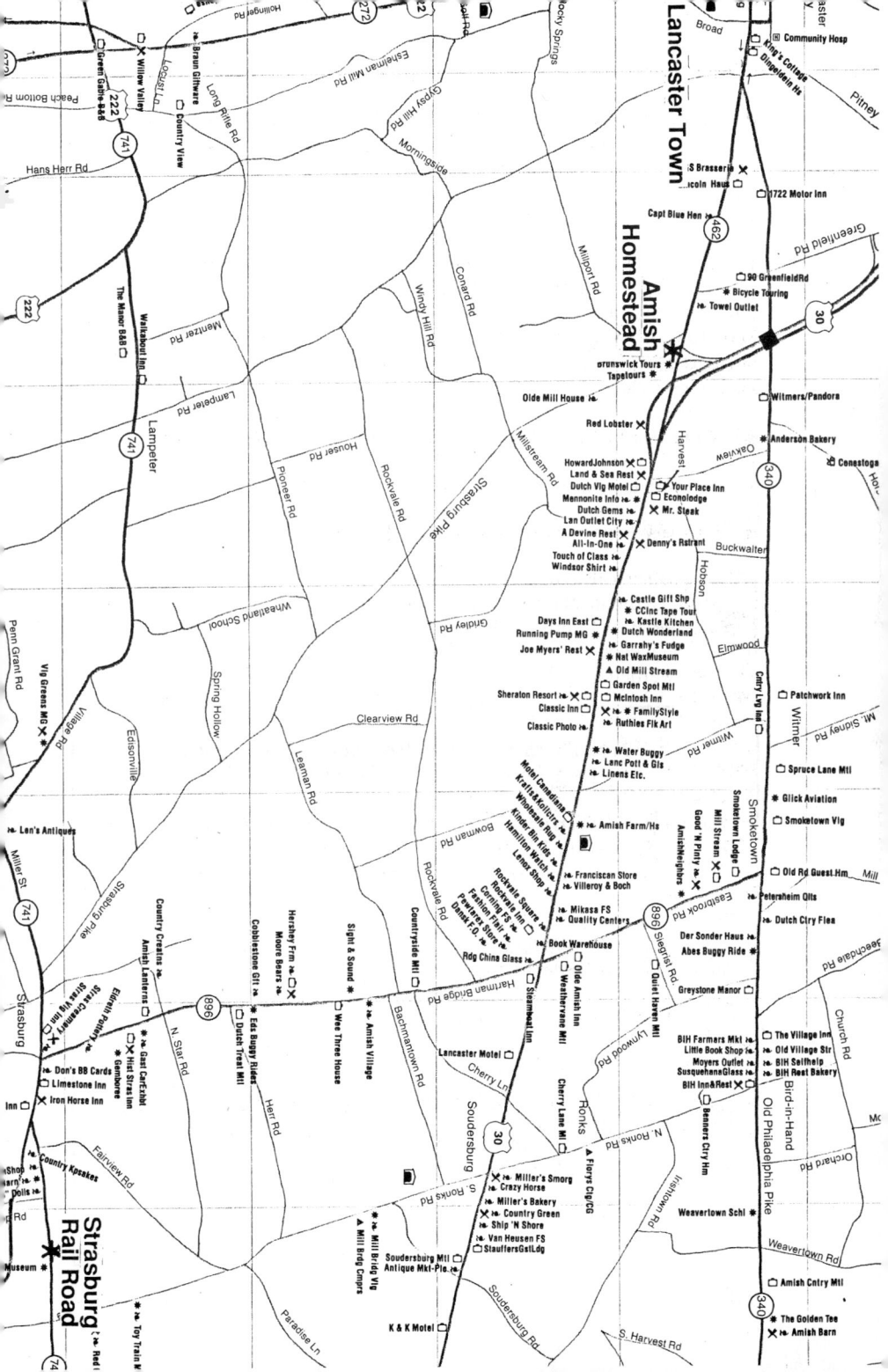

7.3.4 SEHENSWERTES IN DER UMGEBUNG

● **Wheatland**, 1120 Marietta Ave.

Führungen bitte unter Tel.: 392-8721 anmelden.

1 ½ Meilen westlich vom Stadtzentrum an der Straße 23. Dies war das Haus von (15. US-) Präsident James Buchanan, der hier 1848 - 1868 lebte. Das Haus ist im Federal-Stil gebaut und nach seiner Restaurierung wieder mit American Empire- und Victorian-Möbeln ausgestattet.

● **Hans Herr House**, 1849 Hans Herr Drive, nahe Willow Street

Öffnungszeiten:

täglich von April - Dezember/außer Sonntag, Tel.: 464 - 4438

Dieses 1719 erbaute Haus ist ein gutes Beispiel alter deutscher (!) Bauernarchitektur. Es diente als ein Versammlungshaus von Mennoniten und auch als Wohnstätte. Eine Führung ist sehr interessant und bietet exzellente Informationen, die wegen ihres so grundsätzlichen Gehalts hier ausführlich wiedergegeben werden sollen.

Tour durch das Hans Herr Haus, 1719 erbaut
(von Steve Friesen und Rachel K. Stahl

"Im Jahre 1710 verließ eine Gruppe von 27 Mennoniten die Pfalz. Mit dem alternden Hans Herr als Leiter der Gruppe zogen sie aus, um in die "Nue Welt" umzusiedeln. Aus der Schweiz stammend, hatten sie wegen Verfolgung Ende des 17. Jahrhunderts den Kanton Zürich verlassen. Sie wurden von Kaiser Karl Ludwig eingeladen, nach dem 30jährigen Krieg in der Pfalz beim Wiederaufbau zu helfen. Jedoch auch in der Pfalz war ihnen vieles verboten:

* Gottesdienste durften nur in kleinen Gruppen abgehalten werden;
* die Mennoniten durften keine Angehörigen anderer Konfessionen zu ihren Gottesdiensten zulassen;
* sie durften keine Erwachsenentaufe halten für Täuflinge, die früher als Kind getauft wurden.
* Obendrein hatten die Mennoniten nur beschränkte Landeigentumsrechte und mußten Sondersteuern zahlen.

Trotzdem erlitten sie geduldig diese Einschränkungen so wie mehrere Angriffe Ludwig XIV. auf die Pfalz. Als jedoch 1709 dem schlimmen

---

Winter eine Hungersnot folgte, entschlossen sich die Mennoniten, endlich fortzuziehen. Die Hans Herr Gruppe verließ als Vorstechergruppe das Sinsheim Gebiet; falls ihnen die Kolonie Pennsylvanien gefiel, sollten Freunde und Verwandte nachgeholt werden.

In Philadelphia angekommen, entschied sich die Gruppe, im Westen der Kolonie Land zu kaufen. Sie folgten einem Indianerpfad in den Wald und wurden somit die ersten weißen Siedler im Lancaster County.

Die ersten Häuser bauten sie aus Baumstämmen, die beim Lichten des Waldes für ihre Felder gefällt wurden. Sie holten ihre Familienmitglieder nach, die in Deutschland zurückgeblieben waren, und bis 1719 war die Mennonitengemeinde im Lancaster County auf mehr als 50 Familien angewachsen.

Hans Herr House

1719 baute Christian Herr das erste Steinhaus in der Gemeinde. Es wurde ein typisch pfälzisch-schweizerisches Haus mit Stube, Küche, Eckbank, Kachelofen und anderen europäischen Grundzügen. Christian Herr, seine Frau, sieben Kinder, sein mittlerweile 88 Jahre alter Vater (nach dem dieses Museum benannt wurde) und dessen Frau Elisabeth wohnten alle in diesem Haus. Das Christian Herr und sein Vater Hans beide Prediger waren, diente das Haus auch als Gottesdienstgebäude. Heute ist dieses Haus die älteste Mennoniten-Kirche Amerikas.

241

Der mit dem Datum 1719 versehene Stein über der Eingangstür ist original. Das s-förmige Symbol über der 1 von 1719 bedeutet Anno Domini oder A.D. Das Hans Herr Haus ist renoviert worden, die Möbel sind Reproduktionen aus der Zeit 1719 bis 1750.

*Die **Küche** hat eine sehr große Feuerstelle, die im Zentrum des Hauses steht. Die Feuerstelle selbst wurde nicht zum Heizen benutzt, erlaubte aber Zugang zum Kachelofen, mit dem die Stube geheizt wurde. Die deutschen Siedler bauten kleine Küchenfeuer auf einer Plattform auf und benutzten den Herd zum Backen. Die englischen Siedler dagegen bauten große Küchenfeuer auf dem Boden der Feuerstelle. Da die Deutschen kleine Feuer auf ihrer Plattform entfachten, waren diese Küchenfeuer viel ungefährlicher und einfacher für die Köchin oder den Koch: Das kleine Feuer war kontrollierbarer, und man brauchte sich nicht so tief zu bücken.*
Mithilfe des noch vom Originalbau stammenden hölzernen Krans, den Sie über der Feuerstelle erblicken, wurden die Kochtöpfe über dem Feuer aufgehängt.

Die Ansiedlung im Lancaster County verlief friedlich, und die Mennoniten vertrugen sich gut mit den ansässigen Conestoga Indianern. Man erzählt hier in der Gegend von einer Gruppe von Indianern auf der Jagd, die eine Nacht bei Familie Herr vor dem Küchenfeuer verbrachte.

*Das Herr Haus hat einen **Keller**, in dem Rüben, Kohl, Äpfel, Zwiebeln geräuchertes Fleisch und Apfelmost aufbewahrt wurden. Apfelmost war das Hauptgetränk der ersten Siedler. Äpfel waren für sie so wichtig, daß viele Farmen bis zu 150 Apfelbäume anpflanzten. Kartoffeln wurden nicht gegessen, da sie Anfang des 18. Jahrhunderts als giftig betrachtet wurden.*

*Das kleine Zimmer, das an die Küche anstößt, wurde als **Vorratskammer** für Lebensmittel und Handwerkzeuge benutzt. Fast jedes Zimmer im Hause wurde dazu benutzt, die verschiedensten Gegenstände aufzubewahren, da das Haus das einzige Gebäude auf der ganzen Farm war. Einem pennsylvanisch-deutschen Farmer hier in der Nähe sagt man nach, er habe das Geschirr für sein Pferd, eine Schrotsäge und Bauholz in seinem Schlafzimmer aufbewahrt.*

*Die **Stube** liegt hinter der Küchenfeuerstelle. Weil der Kachelofen in der Stube war, war die Stube der wärmste Raum im Haus und damit das Zentrum des Familienlebens. Es wird vermutet, daß hier Hans Herr und seine Frau Elisabeth schliefen.*
In diesem Haus wurde die Stube auch für den Gottesdienst genutzt. Jeden zweiten oder dritten Sonntag versammelte sich die Mennonitische Gemeinde

hier. Heute haben alle Mennoniten Kirchengebäude, in denen sie sich versammeln, während die Amischen Gemeinden sich weiterhin in Privathäusern zum Gottesdienst treffen. Der Prediger benutzte keine Kanzel, sondern einfach einen Tisch. Auf dem Tisch hier in der Stube liegen Christian Herrs Familienbibel, zwei Gesangbücher und eine Ausgabe des Märtyrer Spiegels, der Tausende von Geschichten über die anabaptistischen Märtyrer während der Reformationszeit enthält.

Die Anabaptisten, Vorläufer der Mennoniten, waren die Radikalen der Reformation. Einige ihrer radikalsten Ideen waren der Glaube an die Erwachsenentaufe auf das Glaubensbekenntnis hin (daher der Spitzname "Anabaptisten" oder Wiedertäufer), Separation der Kirche von Staat und Verpflichtung zum gewaltlosen Leben. Die Mennoniten nannten sich nach Menno Simons, einer der Anabaptistenführer. Tausende von Anabaptisten wurden ihres radikalen Glaubens wegen ins Gefängnis geworfen, gefoltert und getötet. Diese Geschichten der Anabaptisten sind im Märtyrer Spiegel niedergeschrieben.

Die erste Ausgabe des Gesangbuches wurde 1564 gedruckt und enthielt viele Lieder, die von Anabaptisten im Gefängnis gesungen wurden. Das Gesangbuch wird heute noch gedruckt und von den Amischen Gemeinden in ihren Gottesdiensten benutzt. Es ist das älteste, ununterbrochen in Gebrauch stehende protestantische Gesangbuch der Welt.
Christian Herrs Familienbibel wurde 1738 in Basel in der Schweiz gedruckt. Er muß sie wohl auf einer seiner Einkaufsreisen nach Philadelphia gekauft haben. Bei gutem Wetter dauerten die Hin- und Rückreise damals ungefähr zwei Tage. Als Christian Herr 1750 starb, war diese Bibel in seinem Inventar miteinbegriffen; sie hatte den damaligen Geldwert zweier Kühe.

Der eigenartige Gegenstand auf dem Tisch nahe den Büchern ist eine Binsenlampe. Der Stil einer Binse, in Gries oder Fett getränkt und angezündet, diente als Lampe. Obwohl sie sehr rußten und rauchten, waren sie ein kostenloser Ersatz für die teuren Kerzen,

*Die **Kammer** war das Hauptschlafzimmer für Christian Herr und seine Frau Anna. Ihr Bett war ein Strickbett mit einer Stohmatratze und Federbett. Die deutschen Siedler benutzten Federbetten, die britischen zogen Wolldecken vor. In der Kammer finden Sie eine Truhe, die einer deutschen Familie gehörte, die 1737 ins Lancaster County emigrierte. Zur Identifizierungshilfe in Philadelphia wurde an der Innenseite des Truhendeckels ein Schild mit den Namen der vier Familienmitglieder sowie dem Vermerk 1737 angebracht. Das Schild befindet sich nun seit mehr als 250 Jahren in dieser Truhe und beweist, daß diese Truhe von einer Vier-Personen-Familie zur Auswanderung benutzt wurde.*

In den ersten Jahren nach ihrer Ankunft hatten die mennonitischen Siedler sehr wenige Möbelstücke. Oft war die Truhe, die sie bei der Auswanderung mitgenommen hatten, das größte Möbelstück im ganzen Hause. Es ging den Siedlern hier im Lande jedoch sehr gut, und bis 1750 hatten viele Siedler Schränke für ihre Kleidungsstücke. Der Schrank hatte jedoch weniger Wert als die Kleidung, die darin aufbewahrt wurde. Der Schrank hier im Hans Herr Haus wurde ca. 1750 im Lancaster County gebaut.

Wenn Sie die Zimmerdecke betrachten, entdecken Sie, daß ein Teil des Gipses weggelassen wurde, um die Isolierung zu zeigen: mit Stroh umwickelte Holzstücke. Diese aus Deutschland mitgebrachte Tradition ist äußerst effektiv. Man benutzte das bitter schmeckende Roggenstroh, welches Ratten und Mäuse nicht fressen.

*Die Kinder schliefen in der Vorderkammer im **Speicher**, die auch als Vorratskammer benutzt wurde. Die Hinterkammer im Speicher diente nur der Vorratshaltung. Die Treppenstufen, die zur Hinterkammer führen, sind noch die ursprünglichen Stufen. Sie sind sehr bemerkenswert: Jede Stufe wurde aus einer Baumstammscheibe hergestellt.*

Die Hinterkammer im Speicher hatte einen Fünf-Platten-Herd, der von einer Feuerstelle geheizt wurde. Die heißen Kohlen vom Feuerplatz wurden in den Herd geschoben, der dann den Speicher wärmte. Dennoch war es im Winter dort sehr kalt, weil die Hinterkammer nicht isoliert war.

Obwohl es aussieht, als ob zwischen den Dachschindeln Spalten wären, ist das Dach wasserfest. Die Schindeln sind ziemlich lang und überdekken einander sowohl seitwärts als auch nach oben und nach unten.

Die Kinder schliefen wahrscheinlich zu mehreren in Betten ähnlich denen im Erdgeschoß. Die gewölbte Öffnung im Feuerplatz hatte vor vielen Jahren Anschluß an den Fünf-Platten-Herd. Die aus dem Feuer genommenen heißen Kohlen wurden in den Herd gelegt, der dann im Speicher Hitze verbreitete.

Die Leitung des Museums hat vor, den Speicher noch voll auszustatten; es ist jedoch sehr schwierig, Möbelstücke aus dem Anfang des 18. Jahrhunderts zu finden.

Im Speicher finden Sie auch einige Bauwerkzeuge wie sie beim Bau des Hans Herr Hauses 1719 benutzt wurden: das Breitbeil, mit dem Baumstämme zu Balken gezimmert wurden, und ein Instrument, mit dessen Hilfe die Holzschindeln gespalten wurden. Nachdem eine Schindel

---

> *gespaltet worden war, wurde sie Mithilfe einer Klammer an der Schnit-*
> *zelbank befestigt und zurechtgeschnitten.*
>
> *Auf dem Gelände des Hans Herr Hauses befindet sich in der langen*
> *weißen Scheune neben den Mühlsteinen eine Ausstellung über das*
> *mennonitische Landleben: "Glaube und Scholle". Im weißen Farm-*
> *haus, das als Besucherzentrum dient, befindet sich ein kleines Geschäft*
> *und die öffentliche Toilette."*

● **Strasburg Rail Road** (Route 741, Strasburg, Tel. 637-7522)

Sie können eine Rundfahrt mit einer alten Dampflok unternehmen. Dies ist Amerikas ältester Bahnstrang, seit 1832 in Betrieb. Die Fahrt dauert 45 Minuten, man hat schöne Ausblicke auf das Umland, und es gibt sogar von einem "open air observation deck seating" die Möglichkeit, gute Aufnahmen von der friedlichen Umgebung zu machen.

● **Amish Homestead**, 3 Meilen östlich des Stadtkerns an der Straße 462 gelegen (kurz vor der Einmündung des Interstate 30).

 Öffnungszeiten:
täglich
Tel.: 392 - 0832

Dieser Bauernhof wird noch von einer Amisch-Familie bewirtschaftet, und man kann das Haus aus dem 18. Jahrhundert sowie die anderen Farmgebäude besichtigen. Im Sinne eines Freilicht-Museums soll hier dem Besucher ein kurzer Einblick in das Leben der Amische gewährt werden. Andererseits dient diese Stelle sozusagen als "Neugier-Puffer", um Besucher vor ausgiebigen Rundfahrten zu den "echten" Bauernhöfen der Amische abzuhalten, die sonst durch einen Massenansturm gestört wären.

Typischer Amish - Bauernhof

245

Ganz in der Nähe der Stadt Lancaster können Sie auf einer ½ - 1-stündigen Route viele der typischen Amisch-Bauernhöfe sehen (siehe Karte weiter vorne).

Vom Leben der Amische

1. Allgemeine Informationen

Das dichtbesiedelte Vorland der Appalachen zwischen den Flüssen Delaware (Osten) und Susquehanna (Westen) wird als "Pennsylvania Dutch Country" bezeichnet. Der Name "Dutch" steht jedoch in keiner Beziehung zur englischen Bedeutung (Dutch heißt hier holländisch bzw. niederländisch), sondern meint "deutsch".

Heute leben hier die Nachfahren der im 18. Jahrhundert aus dem Rheinland und der Pfalz eingewanderten Deutschen. Schon 1863 wurde ja Germantown, heute Stadtteil von Philadelphia, von Deutschen besiedelt. Die eingewanderten Amische und Herrnhuter haben in dieser fruchtbaren Landschaft ihre althergebrachte Lebensweise bewahrt: Kleidung, Bauart, Fortbewegung und auch die Sprache haben sich kaum verändert. Das "Pennsylfaanische" entstammt pfälzischen Dialekten, in der Zwischenzeit freilich mit englischen Ausdrücken durchmengt. Versuchen Sie einmal ein Gespräch mit den Amisch-Leuten in ihrer Sprache zu führen! Dieser Sprache sind heute in Amerika etwa 700.000 Menschen kundig, und sie pflegen sie im kommunikativen Umgang unter ihresgleichen.

Die Pennsylvania Dutch-Leute gelten als sehr religiös, fleißig, zuverlässig, konservativ. Die Amische betreiben praktisch ausschließlich Landwirtschaft, wobei sie auf moderne Maschinen verzichten. Allerdings brauchen sie - trotz geschickter Fruchtfolge - auch Kunstdünger, um gute Ernten zu erzielen.

2. Besondere Aspekte des Lebens

● Schule und Ausbildung

Nach Ansicht der Amische ist eine Bildung nur in dem Grade notwendig, um sicherzustellen, daß ein junger Mensch ein guter Farmer oder eine gute Hausfrau wird. Schon in den dreißiger Jahren wandten sich die Amische vom öffentlichen Schulsystem ab und schufen ihr eigenes. In diesem gibt es ausschließlich einklassige Schulen. Die religiöse Gemeinde kauft das Land, die Bücher und baut das Schulhaus, welches immer in Fußweite vom elterlichen Haus liegt (in ganz Amerika gibt es heute 672 Amish-Schools, im Lancaster-County etwa 100). Zwar zahlen die Amische wie jeder Amerikaner auch die Schulsteuer (die zusammen mit der Grundsteuer eingezogen wird), doch sie lehnen jede offizielle finanzielle Unterstützung ihres Bildungswesens ab. Die Unterrichtsfä-

cher umfassen Rechnen, Schreiben Lesen, Englisch, Gesundheitslehre, Geschichte, Geographie, Aufsatzlehre und Kunst. Lebenspraktische Dinge stehen im Vordergrund, Anwendbarkeit hat Priorität. Manchmal lassen Lehrer sogar die Postleitzahlen der Umgebung auswendig lernen...
Disziplin wird groß geschrieben. Wenn ein Lehrer einen Schüler in der Schule bestraft, muß der arme Sünder mit einer zusätzlichen Strafe daheim rechnen. In dieser Beziehung verstehen sich Eltern und Lehrer kompromißlos.

"Pausenhof" einer Amish - Schule

Als Lehrer arbeiten gewöhnlich Mädchen, die eine 8-klassige Schule absolviert haben. Jede Schule hat nur einen Lehrer, jede Klasse besteht aus durchschnittlich 20 - 40 Schülern a l l e r Altersstufen (wie früher bei uns die einklassige Dorfschule).

Insgesamt gehen die Amish-Kinder nur 8 Jahre zur Schule, im 15. Lebensjahr verbringen sie eine Art Praktikumsjahr auf einer Farm: Während die Jungen im Umgang mit landwirtschaftlichem Gerät perfekt werden, bauen die Mädchen ihre Koch- und Nähkünste aus.

Im handwerklichen Bereich beispielsweise - insbesondere als Zimmerleute und Schreiner - sind die Amische sehr begehrte Arbeitskräfte, da sie hervorragend arbeiten können. Alles das geschieht immer unter Einbezug des tiefen Glaubens: "The fear of the Lord is the beginning of knowledge" (Die Angst vor dem Herrn ist die Wurzel zur Erkenntnis). Die relativ bescheidene kognitive Bildung der Schüler hat Untersuchungen zufolge keinen Einfluß auf ihren IQ, der vergleichbar mit anderen Schülern ist. Zuviel Bildung, so die Befürchtung der Amische, würde den Nachwuchs von Eltern und Scholle entfremden.

● **Alltags - Leben**

Amische leben durchaus in "dieser" Welt. Sie gelten als sehr hilfsbereite Nachbarn. Trotzdem sind ihre Außenkontakte eingeschränkt, denn allem, was von "außen" kommt, entzieht man sich sorgsam. So vermeiden sie es peinlichst, ihr Haus an das öffentliche Telefonnetz, an das Elektrizitätsnetz oder an die Gasversorgung anzuschließen: All das würde der Außenwelt einen Vorstoß in ihre Privatsphäre gewähren. So benutzen sie z.B. zwar Gas, aber nur aus Gasflaschen. Dieselgeneratoren zur Stromerzeugung vertragen sich mit ihrer Lebensphilosophie, da keine Leitungen ihre Häuser mit der Außenwelt verbindet. Sie telefonieren, aber nur von einer Telefonzelle oder von einem "weltlichen" Nachbarn aus. Sie haben Kühlschränke und Herde, die mit Gas betrieben werden.

Amische haben keine Sozial- und Krankenversicherung. Ein Krankheitsfall, der den Besuch eines Krankenhauses nötig macht, kann sie in eine ernste finanzielle Krise führen.

Ein großes Problem wird langsam ihr Kinderreichtum. Jede Familie hatte statistisch gesehen 1990 8.3 Kinder. Die daraus resultierende Erbteilung des Besitzes schmälert für die nachkommende Generation die Lebensgrundlage, so daß immer mehr junge Amische gezwungen sind, ihren ureigenen Lebensstil aufzugeben.

Amish - Junge beim Pflügen

Einen Bauernhof der Amische kann man leicht von außen identifizieren:

Nie führen **Elektroleitungen** *zu ihm, stets sieht man ein* **Windrad**, *das Wasser fördert.*
Amische gelten als friedvolle Menschen, die nie einen Rechtsanwalt einschalten. Nur einmal, als sie ihr eigenes Schulsystem einführen wollten, erkämpften Rechtsanwälte für sie beim Bundesgerichtshof ihr Recht.

Amische haben keine eigens gebaute Gotteshäuser. Stattdessen finden 14- täglich Sonntagsgottesdienste bei einem Gemeindemitglied statt. Die notwendigen Bänke werden dann zu dem Mitglied, das gerade "dran" ist, gebracht. Er ist dann Gastgeber, und zum Lunch gibt es einen kleinen Imbiß. Sonntags wird nie warmes Essen zubereitet: Am Samstag wird vorgekocht.
Hochzeiten finden stets erst nach der Ernte, also Ende Oktober, meist November statt. Hochzeitstage sind nur Dienstag und Donnerstag. 300 - 400 Hochzeitsgäste kommen zur Feier, und solche "Massen" können nur beköstigt werden, wenn alle Freunde, Bekannte und Nachbarn aktiv mithelfen.. Der Hochzeitsgottesdienst - in Hochdeutsch abgehalten - dauert etwa von 08.30 h bis 12.00 h. Es gibt mehrere "Essenssitzungen", denn für so viele Gäste bieten die Räumlichkeiten keinen Platz. Nach der Hochzeit, während der Winterwochenenden, werden die Verwandten und Freunde von dem jungen Paar besucht. Während dieser Besuche erhalten sie die Hochzeitsgeschenke, zumeist Küchenutensilien oder nützliche Werkzeuge.

3. Die Amish People aus dem Landkreis Lancaster

Selbst-Darstellung *des Mennoniten-Fremdenführers Daniel M. Glick, Smoketown in Pennsylvania, der vom Standpunkt der Amish People aus schreibt:*

"Ihr Aufenthalt im Landkreis Lancaster wird Sie wahrscheinlich mit einigen der sog. "Amischen Leute" alter Ordnung in Berührung bringen. Wenn Sie ihnen noch nicht persönlich begegnet sind, haben Sie sie doch sicher schon in ihren Kutschen auf den Landstraßen gesehen.

Sie sind ein überraschender Anblick für alle, die nicht gewohnt sind, Bauern mit Pferden in den Feldern arbeiten zu sehen. Andere Bauern, die vielleicht die gleiche Tracht tragen, sitzen vielleicht auf einem Schlepper mit Stahlrädern, wo Sie Gummireifen erwartet hätten. Heupressen und Mähaufbereiter werden von kleinen Verbrennungsmotoren angetrieben, werden von Pferden gezogen. Das hängt mit der Gemeindeordnung zusammen.
Sicher wird Sie das seltsam anmuten, vielleicht sogar unsinnig. Wenn Sie aber die Geschichte dieser Leute betrachten, werden Sie verstehen, warum sie es tun.

Amish - Mädchen bei der Kartoffelernte

Die Amischen kamen zwischen 1730 und 1740 in den Landkreis Lancaster - lange vor dem amerikanischen Unabhängigkeits-krieg. Fast alle Bau-ern in diesem Teil von Pennsylvania sind sog. "Pennsylvania-Deutsche". Viele von ihnen kamen aus Deutschland hierher, manche aus dem Elsaß und andere aus der Schweiz. Viele dieser Leute sind Amische oder Mennoniten. Beide Gruppen haben das gleiche Glaubensbekenntnis, aber die Amischen, die meist aus der Schweiz stammen, halten mehr am alten Brauchtum fest.

Ihrer Geschichte beginnt in der Reformationszeit zu Beginn des 16. Jahrhunderts. Diese Bewegung wurde in Italien zum größten Teil ausgerottet - mit Ausnahme der Waldenser. Aber in der Schweiz, in Deutschland und in den Niederlanden wuchs diese Bewegung erheblich, vielleicht weil sie nützlich war als politischer Widerstand in der damaligen schweren Zeit zwischen dem Mittelalter und der Neuzeit. Sicher hat auch die Renaissance in Italien zum Beginn des Endes der Feudalherrschaft und der Neuzeit beigetragen.

Am Anfang des 16. Jahrhunderts zog Italien mit neuen Ideen voran, während der Rest Europas noch in veralteten sozialen und wirtschaftlichen Formen lebte. Nördlich der Alpen funktionierte der Hauptstrom der Reformationsbewegung als Oppositionspartei in mancher Hinsicht. Die Reformatoren erwarteten nicht, das bestehende System viel zu ändern. Stattdessen wollten sie es übernehmen und es nach ihren eigenen Ideen weiterführen. Zumindest könnte dies von Calvin in Frankreich, Zwingli in der Schweiz und Luther in Deutschland behauptet werden. Aber es gab auch andere Radikale.

Eine kleine Gruppe war vielleicht ihrer Zeit 400 Jahre voraus. In der Schweiz wurden sie Brüder genannt. In den Niederlanden nannte man sie Mennoniten. Sie unterschieden sich von allen anderen, indem sie auf der vollständigen Trennung von Kirche und Staat bestanden. Sie bestanden auch auf dem Pazifismus als Grundlage für das Christentum. Sie hielten an der damals ketzerischen Idee fest, daß jede Person seine eigene Entscheidung treffen sollte im Glauben oder im Unglauben, und *deswegen weigerten sie sich, ihre Kinder taufen zu lassen. Sie wollten diese Entscheidung lieber den Kindern selbst überlassen, wenn die Kinder einmal alt genug wären, diese Entscheidung selbst zu treffen.*

Gegen die Politik waren sie - und sind es noch - teilnahmslos. Diese Ideen waren vor 400 Jahren zu radikal, um toleriert zu werden. Damals erhielt der Staat die Genehmigung zum Regieren von der Kirche. Der König wurde vom Bischof oder vom Papst gekrönt. Wer die herrschende Kirche ablehnte, verneinte die Grundlage des Staates. Das konnte man deswegen nicht erlauben, weil es staatsgefährdend war (das wurde damals für schlimmer angesehen als der Kommunismus im 20. Jahrhundert).

Also wurden die Mennoniten hin- und hergetrieben. Wenn sie Glück hatten, durften sie vielleicht hier oder da eine kurze Zeit ruhig leben, aber man suchte überall, sie zu vertreiben. Manchmal mußten sie in Gefängnis oder wurden durch Schwert, Brand oder Ertränken umgebracht. Viele Jahrzehnte flohen sie hin und her, bis sie vielleicht eine sichere Zuflucht fanden.

Kutsche der Amischen

Offiziell geduldet wurden sie zuerst in den Niederlanden und dann später auch in Deutschland. Gegen Ende des 17. Jahrhunderts, gleich nach der Gründung des Staates, kamen viele nach Pennsylvanien in Amerika. Anfang des 18. Jahrhunderts kamen sie in größerer Anzahl und siedelten sich in diesem Teil von Pennsylvanien an. Die konservativere, schweizerische Fraktion der Mennoniten unter der Leitung von Jakob Amonn hatte sich bereits in Europa als eigenständige Gruppe abgesondert. Dies waren die Leute, die wir heute die Amischen nennen.

Die ehemaligen Amischen waren natürlich Mennoniten. Der Hauptunterschied bestand darin, daß sie am Brauchtum der schweizer Bauern festhielten. Alle Änderungen im Hinblick auf moderne Ideen schienen ihnen zu weltlich zu sein, und alle Christen sind sich einig, daß die Weltlichkeit zu verwerfen sei. Die Frage bleibt immer noch: Was ist eigentlich weltlich?

Die Amischen und die Mennoniten sich vollkommen demokratisch in ihrer religiösen Organisation. Jede örtliche Gruppe entscheidet selber über ihre eigenen Fragen. Sie haben keine zentrale Autorität wie etwa das Papsttum in der katholischen Kirche. Aber wenn sie sich einmal über etwas geeinigt haben, dann sind sie alle dazu verpflichtet, der Gruppenentscheidung treu zu bleiben, solange sie in der Gruppe bleiben wollen. Da die Mitgliedschaft freiwillig ist, können sie die Gruppe jederzeit verlassen, wenn ihnen die Zustände in der Gruppe nicht zusagen.

Da sie aber schweizer Abstammung sind, haben sie ein sehr ausgeprägtes Bedürfnis, alle Dinge miteinander zu teilen und in der Gruppe aufzugehen. Ein Einzelgänger ist eine Seltenheit unter diesen Leuten. Von Natur aus lieben sie, Dinge zusammen zu unternehmen. Und wenn sie einmal ihrer Gruppe die Treue versprochen und sich der Gruppenentscheidung unterstellt haben, dann würde es eine Sünde des Ungehorsams sein, wenn man der Gruppenpolitik nicht folgen würde; sei es, daß man kein Auto haben oder daß man zum Pflügen keinen Schlepper benutzen darf.

Die Amischen werden Ihnen nicht sagen, daß sie das Auto oder den Schlepper als ein Übel ansehen. Ihre Haltung kann man mehr mit den Katholiken vergleichen, die seit Jahrhunderten schon am Freitag kein Fleisch essen. Keine glaubte, daß das Fleisch ein Übel sei, aber es wäre eine Tat des Ungehorsams sowie ein Mangel an Selbstzucht, es am Freitag zu essen. Das ist die Art der Logik, die die Amischen benutzen, um ihre Lebensgewohnheiten zu rechtfertigen, wenn sie darüber nachdenken. Aber meistens denken sie nicht darüber nach, denn das ist eben wie sie leben. Sie halten es einfach als ihre Norm.

Vielleicht ist das nicht einmal so schlecht. Den Kindern unter den Amischen geht es wahrscheinlich besser als vielen anderen jungen Amerikanern. Das kommt daher, weil die Kindererziehung als Hauptaufgabe von den amischen Eltern angesehen wird. Berufspläne werden oft der Kinder wegen geopfert. Die meisten Amischen wollen Bauern sein, damit sie den ganzen Tag mit ihren Kindern verbringen können. In der wenig mechanisierten Lebensweise der Amischen gibt es viele kleine Aufgaben für die Kinder, und deshalb lernen sie sehr früh, selbständig zu sein und ihren eigenen Wert als Personen zu erkennen. Das ist etwas, was den Kindern in der großen amerikanischen Gesellschaft manchmal nicht zuteil wird.

Auch kann man unter den Amischen kaum von einer Kluft zwischen den Generationen sprechen. Kinder und Eltern haben gewöhnlich ein sehr gutes Verhältnis miteinander, und der Vater ist meistens für seine Söhne ein Held. Das sieht man selten woanders in Nordamerika. Auf jeden Fall kommt es kaum vor, daß die Eltern ihre Kinder zum Besten halten wollen, wie es doch manchmal unter anderen Amerikanern zu sehen ist. Auch ist das krampfhafte Streben, jung zu bleiben, kaum unter den Amischen zu beobachten.

Die Eltern der Amischen sehen dem Altwerden mit Gelassenheit entgegen. Ihr tiefer Glauben an den auferstandenen Heiland bewahrt sie größtenteils vor der Furcht vor dem Sterben - verglichen mit vielen anderen in der amerikanischen Gesellschaft. Als ältere Leute werden sie besonders respektiert und geehrt, wie es älteren Leuten zusteht.

Von Natur aus sind die Amischen immer noch Schweizer, selbst wenn sie schon über 200 Jahre in Amerika sind, und als Schweizer haben sie zwei Haupteigenschaften: Sie können schlechte Manieren nicht vertragen, und sie dulden keine Pfuscharbeit.

Jungvermähltes Amisch - Paar

Ihr Leben wird durch ihr eigenes System von Etikette geregelt, das sich von unserem modernen System unterscheidet. Fremde erscheinen ihnen manchmal schroff oder unhöflich, obwohl sie es gar nicht so meinen. Und die Amischen erscheinen den anderen wunderlich, altmodisch und seltsam, wenn man sie in der übrigen Gesellschaft sieht. Aber die Entfremdung, die in der heutigen Gesellschaft vorherrscht, ist in ihren Kreisen fast unbekannt. Und ihr Leben scheint ihnen sehr befriedigend zu sein, denn ihre Anzahl wächst erheblich, obwohl sie keinen Werbedienst betreiben, und viele ihrer Kinder nicht bei ihrem Glauben bleiben.

Es gibt viele verschiedene Gruppen und den Amischen und den Mennoniten. Man muß sich da vor Augen halten, daß jede Gruppe ihre eigenen Entscheidungen trifft, was ihr Leben und ihre Arbeitsweise anbetrifft. Wenn man unter den Gruppen Unterschiede sieht, so gibt es aber auch gemeinsame Eigenarten, die in allen Gruppen vorhanden sind. Sie sind alle friedlich und Pazifisten. Obwohl sie das Privateigentum und die freie Wirtschaft für richtig halten, so haben sie doch eine andere Einstellung zu materiellen Gütern als die meisten anderen Amerikaner. Ihnen erscheint das Recht des Bedürfnisses gleich oder höher als das Recht des Eigentums. Das führt dazu, daß sie jeden Verlust oder jedes Unglück miteinander tragen, wenn durch einen Unfall finanzielle Probleme auftauchen. Und sie bestehen unbedingt auf der Trennung zwischen Staat und Kirche. Sie lehnen z.B. jede Staatshilfe für ihre eigenen Schulen ab, obwohl sie selbst die üblichen Steuern für die staatlichen Volksschulen und Oberschulen zahlen. Andere Amerikaner finden diesen Mangel an Interesse an "Geschenken" von der Regierung sehr charmant, aber nur wenige scheinen es ihnen nachzutun.

Diese unschematische Lebensweise mag Sie seltsam anmuten. Doch ist sie für die Amischen sehr befriedigend, die mehr daran interessiert sind, sie beizubehalten als sie in Richtung auf größere "Freiheit" zu ändern. Wie dem auch sein mag, so sind sie doch ein Teil der Verschiedenheit und Pluralität des modernen nordamerikanischen Lebens. Es ist eben eine Sondergruppe, die dem amerikanischen Schmelztiegel schon über 250 Jahre lang erfolgreich widerstanden hat."

Bodenständige Küche - ein kleiner Leitfaden

Vielleicht begegnen Ihnen folgende Gerichte, die typisch für die Küche der "Plaine People" sind:

Seven Sweets & Seven Sours	Dazu können gehören Quittengelee, Honig, gekochter und gesüßter Rhabarber, gewürzte Pfirsiche, Apfelbutter, Käse, marinierter Kürbis, Kohlstücke, Melonen
Geschmelte Nudle	Nudeln in zerlassener Butter, mit Semmelbröseln bestreut
Schnitz Pie	Pastete aus Mürbteig mit gewürztem Dörrobst
Shoe - fly Pie	Mürbteigstücke mit braunem Zucker und mit Muskat und Ingwer versetzt
Flaish un Kais	leckeres Gebäck mit Fleischfüllung
Schnitz un Knepp	warmer geräucherter Schinken mit Klößen und Dörrobst

Merle and Phyllis **Good**, 20 Most Asked Questions about the Amish and Mennonites, Lancaster 1979.
In vielen Andenkenläden von Lancaster erhältlich. Sehr lehrreich, wenn Sie mehr über die Amische und Mennoniten erfahren wollen!

7.4 VON LANCASTER NACH ANNAPOLIS

7.4.1 ÜBERBLICK

Im Anschluß an Lancaster mag Annapolis als ein weiteres Etappenziel einer ausgedehnten Ostküstenreise so recht passen: Dieses Hafenstädtchen ist die Hauptstadt von Maryland und lädt durch ihr gemütliches Ambiente zu einem Zwischenstop ein. Die kolonialen Häuser, hübsch restauriert, sowie die schmalen Gäßchen, das älteste Kapitol des Landes umsäumend, wirken einfach pitoresk. Als Basis der U.S. Navy Academy kommt Annapolis sogar eine nationale Bedeutung zu.

7.4.2 TOURISTISCHE HIN-WEISE

Entfernungen
Lancaster - Annapolis: ca. 75 Meilen (etwa 121 km)

Streckenbeschreibung
Von Lancaster folgen Sie der Straße 222 nach Süden, bis Sie auf den Interstate 95 gelangen. Weiter fahren Sie Richtung Baltimore und benutzen dann (verpassen Sie nicht im Straßengewirr die Abzweigung!) den State-Highway 2 Richtung Annapolis. Später biegen Sie in die 50 West ein, der Sie nach Annapolis folgen.

Informationen
Annapolis & Anne Arundel County Conference & Visitors Bureau, Six Dock Street, Annapolis, Md 21401, Tel.: (301) 280 - 0445 (das Büro liegt direkt am kleinen Hafen).
City of Annapolis, Office of Public Information and Tourism, 160 Duke of Glocester St., Tel.: 263-7940

Flughafen
Der nächste Flughafen ist der **Baltimore - Washington International Airport**, 32 km nordwestlich von Annapolis, mit Verbindungen in die meisten Teile der USA. Taxifahrt vom Flughafen nach Annapolis: etwa 30.00 $, mit BWI Airport Limo (Minibussen) 12.00 $.

Geführte Rundgänge
Historic Annapolis Foundation Tour Office, Old Treasury Building, State Circle. Hier werden wochentags 90-minütige Rundgänge angeboten. Tel.: 267-8149

Taxi

Annapolis Taxi Tel.: 266-8494;
Yellow Cab Tel.: 266-8835

Fahrradverleih

Pedal Pushers, Bike Rentals, Severna Park, Tel.: 544 - 2323

Busse

Greyhound/Trailways verbindet Baltimore und Washington mit Annapolis.

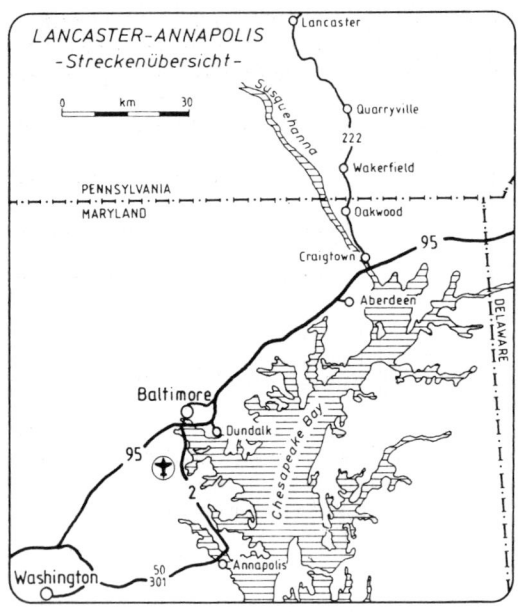

Hotels

● **Loews Annapolis Hotel*****, 126 West Street, Annapolis, MD 21401, Tel.: (301) 263-7777. Modernes Hotel, etwas außerhalb des historischen Stadtkerns. Wirkt auf mich etwas unpersönlich, soll aber das beste Hotel der Stadt sein.

● **Annapolis Waterfront Hotel*****, Comprise and St. Mary's Streets, Annapolis, MD 21401, Tel.: (301) 268 - 7555. Das Hotel liegt direkt am Hafen und wurde kürzlich renoviert. Vom obigen Restaurant genießt man einen schönen Blick auf den Hafen.

● **Econ Lodge***, 591 Revell Highway, 1 Meile westlich des Chesapeake Bay Bridge an der US 301, 50 gelegen, Tel.: (301) 974 - 4440

In den vergangenen 20 Jahren hat sich vor allem **Paul Pearson**, ein lokaler Unternehmer, um die Rettung von historischen Gebäuden in der Innenstadt verdient gemacht. Zu diesen "geretteten" Häusern gehören folgende **"Historic Inns of Annapolis** (Zentrale Reservierung aller nachfolgend genannten Übernachtungen: Historic Inns of Annapolis, 16 Church Circle, Annapolis, MD 21401, Tel.: (301) 263-2641 oder gebührenfrei 800/847-8882):

● **The Maryland Inn**, 16 Church Circle, 1776 erbaut. Im Hause liegt auch das erstklassige Restaurant "Treaty of Paris".

● **Governor Calvert House**, 58 State Circle; für den privaten Besucher an sich nicht zu empfehlen, da dieses Haus ein Konferenzhotel und deshalb doch sehr unruhig ist.

● **Robert Johnson House** (aus dem Jahr 1765). Sehr individuell, gegenüber dem Maryland State House gelegen.

● **State House Inn** (aus dem Jahre 1820), 200 Main St., ebenfalls gegenüber dem State House; alle Zimmer mit eigenem Außeneingang.

Außerdem gibt es in und um Annapolis einige nette **Bed & Breakfast - Häuser** (vollständiges Verzeichnis von Annapolis Association of Licensed Bed and Breakfast Owners, P.O.Box. 744, Annapolis, MD 21404-0744. Zu empfehlen sind u. a.: **Chez Amis B & B****, 85 East Street, Tel.: 263-6124

College House Suites***, One College Avenue, Tel.: 263-6124

Prince George Inn**, 232 Prince George Street, Tel.: 263-6418

William Page Inn**, 8 Martin Street, Tel.: 626-1506

Camping

Capitol Koa Campground, 768 Cecil Avenue, Millersville, MD 21108, Tel.: (301) 923-2771

Duncan's Family Koa, 5381 Sands Road, Lothian, MD 20711, Tel.: (301) 627-3909

Restaurants

● **Treaty of Paris at the Maryland Inn**, Main St. & Church Circle, Tel.: 263-2641. Sehr gutes, gemütliches Restaurant, vom "Baltimore Magazin" im Jahre 1989 als Nr. 1. gewählt. Preiswertes Lunchbuffet, hervorragendes Abendessen zu angemessenen Preisen.

● **Annapolis Waterfront Café**, im Annapolis Waterfront Hotel (Adresse dort), Tel.: 268-7555. Gute Fischgerichte, aber noch besserer Ausblick auf den Hafen.

● **Carrol's Creek**, 410 Severn Ave., in Eastport, Tel.: 263-8102. Besonders bekannt durch sein ausgezeichnetes Sonntags - Brunch

● **Griffins**, Market Square at the City Dock, Tel.: 268-2576. Auch am Hafen gelegen, Pasta und Seafood.

● **Middleton Tavern**, 2 Market Space City Dock, Tel.: 263-3323. In einem 1750 erbauten Haus untergebracht, mit Blick auf den Hafen, u.a. für seine Austern bekannt.

Schiffsausflüge

Schiffstouren unterschiedlicher Länge bietet **Chesapeake Marine Tours** an (Slip 20, City Dock, P.O.Box 3350 Annapolis, MD 21403, Tel.: (301) 268 - 7600.

Ein **Wassertaxi** bringt Sie für 1 $ vom City Dock (= Dockstreet - Seite) zum gegenüberliegenden Seehafen, von wo Sie aus einen schönen Blick auf Annapolis genießen können.

Bootsverleih

Bootsverleih beim Chart House (2nd Street Annapolis),. Tel.: (301) 268-6551. Hier können Sie Motor- und Segelboote mieten.

Führungen

Interessante deutschsprachige Führungen können Sir mit Frau Gitty Fiebig vereinbaren: 1919 Hunt Meadow Dr., Annapolis, MD 21403, Tel.: (301) 263-0016

Maryland - Telegramm

Abkürzung:	MD
Namensherleitung:	nach Henriette Maria, der Gemahlin Karls I. von England
Beiname:	Old Line State
Größe:	27.091 qkm
Einwohner:	4,46 Mill
Bevölkerungsdichte:	164,7 Ew/qkm
Hauptstadt:	Annapolis
Weitere Städte:	Baltimore (786.000 Ew), Towson (51.000 Ew)
Unionsbeitritt:	1788
Wirtschaft:	Vielseitige Industrie, zunehmend "High-Tech"; Tabakanbau, Obstanbau (Äpfel), Mais und Sojabohnen, Geflügelzucht, Fischerei, Tourismus. Gefördert werden Kies, Tonerde und Kohle.
Touristisches Potential:	Annapolis mit seinem kolonialen Stadtbild; Ocean City/Seebad am Atlantik; Assateague Island National Seashore (= naturgeschützte Nehrungsinsel am Atlantik); reizvolle kleine Orte an der Chesapeake Bay (= Seglerparadies); viele gute Fischrestaurants aufgrund der Meeresumschlungenheit (vor allem Krabben);
Verkaufssteuer:	5 %
Touristische Informationen:	Maryland Office of Tourism Development, 9th Floor, 217 E. Redwood St., Baltimore, MD 21202, Tel. (301) 333-6611 (gebührenfrei 800/331-1750, Anschluß 250)

7.4.3 ANNAPOLIS

Allgemeine Informationen

Annapolis liegt an der Severn River Bay, die in die Chesapeake Bay übergeht. Die Stadt gilt als ein kleiner Juwel der kolonialen Architektur. Der pitoreske Hafen, das auf einer Anhöhe liegende Kapitol sowie die schmalen Gäßchen und verwinkelten Straßen, die von restaurierten alten Häusern eingerahmt sind, wirken einfach gemütlich und laden zum Schlendern ein.

Heute leben in Annapolis etwa 32.000 Einwohner. Das Leben der Stadt wird durch die Naval Academy, aber auch durch den wachsenden Strom von Touristen bestimmt. Die Lage an der Mündung des Severn Rivers in die

Chesapeake Bay macht Annapolis zu einer Domäne des amerikanischen Segelsports. Alljährlich findet Anfang Oktober die US Sailboat Show statt, die größte Segelschiff-Ausstellung der Welt. Mitte Oktober folgt die kleinere US Powerboat-Show.

Ein Blick in die Geschichte

Annapolis ist eine der traditionsreichsten Städte an der amerikanischen Ostküste. Die Hauptstadt des Bundesstaates Maryland wurde 1649 gegründet. Ursprünglich hieß der Ort "Providence" und wurde später Anne Arundel Town genannt (nach der Frau von Cecilius Calvert, dem 2. Lord Baltimore, der die ersten Siedler in dieser Gegend mit Geld unterstützte). Später (1695) plante der Engländer Francis Nicholson die Stadt und legte das Straßennetz an, das noch heute durch den Church und State Circle bestimmt wird, von denen die Straßen radial ausgehen. Schließlich erhielt Annapolis im Jahre 1694 seinen heutigen Namen und wurde nach Prinzessin Anne, der späteren Königin von England, benannt. Einen wirtschaftlichen Aufschwung erlebte Annapolis zwischen 1750 und 1790 als Umschlagplatz für Tabak. Schon in dieser Zeit wußte Annapolis seinen Anspruch als wirtschaftliches, soziales

Blick vom Hafen auf das Kapitol in Annapolis

und politisches Zentrum von Maryland auszubauen. In jenen Jahren wurden z.B. die erste Bibliothek sowie das erste Theater in den Kolonien gegründet. Auch das St. John's College, eine der ersten öffentlichen Schulen, wurde damals eröffnet.

Zwischen November 1783 und August 1784 war Annapolis die erste "Friedenszeiten"-Hauptstadt der USA. Damals wurde auch hier der "Treaty of Paris" (Frieden von Versailles, in dem die Unabhängigkeit der dreizehn amerikanischen Kolonien bestätigt wurde) ratifiziert.

1845 wurde Fort Severn, heute Sitz der US Naval Academy, die heute wesentlich das Stadtleben mitbeeinflußt, gegründet.

Sehenswertes

● **Maryland State House (am State Circle)**

Öffnungszeiten
Das Maryland State House Visitors Center ist täglich von 09.00 - 17.00 h geöffnet. Geführte Rundgänge finden in der Regel um 11.00 h, 14.00 h und 16.00 h statt.

Unübersehbar auf einer Anhöhe, inmitten des kleinen Städtchens und umgeben vom State Circle sowie wunderschön restaurierter alter Häuser, steht das Kapitol. Es wurde 1772 bis 1779 erbaut und ist der älteste Regierungssitz der USA. Ohne Unterbrechung werden bis heute hier Regierungsgeschäfte wahrgenommen. Im Maryland State House wurde der bereits oben erwähnte Treaty of Paris ratifiziert, der offiziell einen Schlußstrich unter die amerikanische Revolution setzte und die Unabhängigkeit von England festschrieb.

Heute ist das State House Sitz der Regierung von Maryland und steht der Öffentlichkeit zur Besichtigung offen. Sehenswert sind vor allem "The Old Senate Chamber", wo 1783/84 der Kongreß tagte und auch der "Treaty of Paris" ratifiziert wurde. Im U.S.S. Maryland Silver Room kann man kostbares Tafelsilber bewundern

● **U.S. Naval Academy**

Öffnungszeiten
Montag bis Samstag   09.30 h - 17.00 h
Sonntag   12.00 h - 17.00 h
Es finden auch Führungen (an der Rickert Hall/Gate 1, hier auch Visitor's Center) statt, die sehr interessant sind:
* **1. März - 31. Mai:** täglich stündlich von 10.00 h - 15.00 h
* **1. Juni bis Labour Day Wochenende:** 09.30 h - 16.00 h halbstündlich
* **Nach Labour Day Wochenende bis Thanksgiving Wochenende:** 10.00-15.00 h stündlich.
Die Sonntagstouren beginnen stets ab 11.00 h.

Das weitläufige Gelände der Academy steht den Besuchern offen. Der Campus, auch als "Yard" bezeichnet, macht einen äußerst gepflegten Eindruck. Zackige junge Kadetten und Offiziersanwärter schreiten im strammen Schritt und kerzengerader Haltung vorbei. "Welcome on board" heißt hier der standesgemäße Gruß...

Als Marineschule auf dem Gelände des Fort Severn 1845 gegründet, ist hier ab 1850 die führende Marineakademie zu Hause.
Die Naval Academy gilt als eine Eliteschule, an der heute etwa 4600 junge Männer und auch Frauen studieren. Ziel der vierjährigen Ausbildung ist die moralische, geistige und körperliche Förderung. Die späteren Berufsoffiziere wohnen und lernen hier. Auch Jimmy Carter besuchte einst diese Institution, ebenso wie bislang 28 Astronauten!

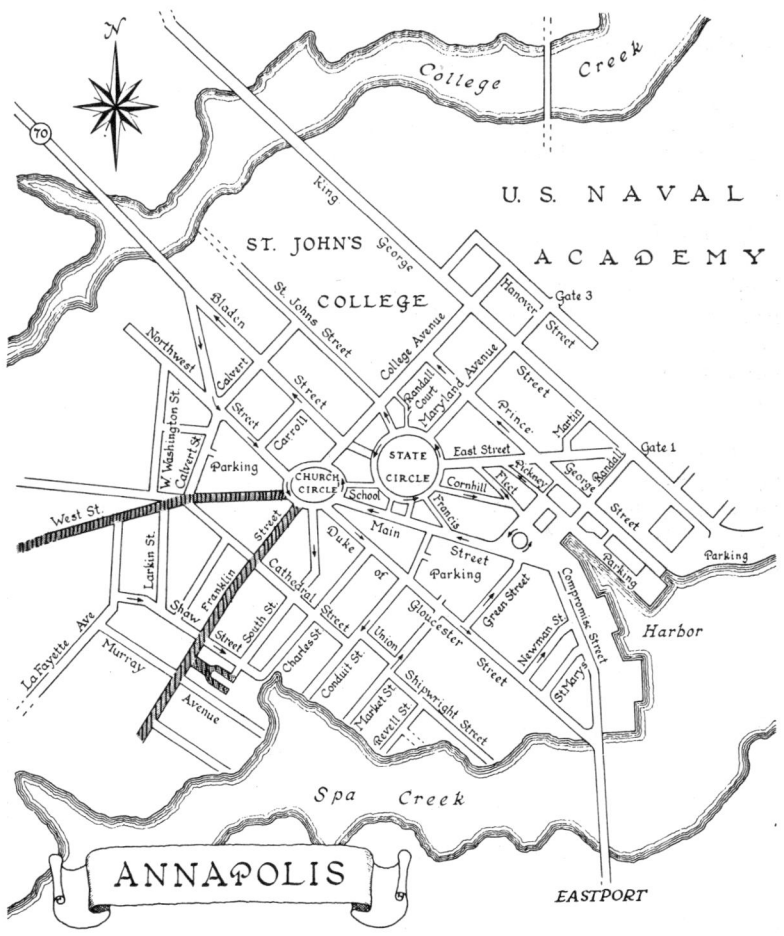

Sehenswert ist u.a. die Naval Academy Chapel, in den Marine - Farben Gold und Blau gehalten. In einer Bankreihe, die gesperrt ist, sieht man einen Blumenstrauß. Erst, wenn der letzte im Vietnamkrieg gefallene Kamerad aus-

261

findig gemacht wird, soll diese Bankreihe zum Gottesdienst wieder geöffnet werden. In der Krypta ist John Paul Jones begraben, der als Held des Revolutionskrieges gilt.

The Pleasure Gardens in Annapolis

● **The Pleasure Gardens of William Paca (1 Martin Street).**

Öffnungszeiten
Montag - Samstag:
10.00 h - 17.00 h
Sonntag:
12.00 h - 17.00 h (November bis April Schließungszeit 16.00 h).

Die wunderschön angelegten Gärten gehen auf William Paca zurück, der sie ab 1765 entwickelte. Der spätere Governeur von Maryland wußte mit kleinen Bächen, Brückchen und Terrassen eine noch heute sehenswerte Anlage zu gestalten.

7.5 VON ANNAPOLIS NACH WASHINGTON

7.5.1 ÜBERBLICK

Washington, die Hauptstadt der Vereinigten Staaten, ist gut überschaubar. Die Metropole wirkt verglichen mit den anderen Großstädten der Ostküste eher provinziell: Sie liegt inmitten eines ländlich geprägten Umlandes, und ihr Leben ist zum großen Teil durch die hier arbeitenden Regierungsbeamten geprägt. Diese etwas **ruhigere Gangart** wirkt gleich auf den ersten Blick angenehm. Auch das Erscheinungsbild der Stadt - viele Grünflächen, breite Alleen, im klassizistischen Stil erbaute riesige Verwaltungsgebäude und Museen - mutet **europäisch** an. Dies ist auf den geistigen Hintergrund jener Männer zurückzuführen, welche die Gründung der Vereinigten Staaten vor über 200 Jahren vorantrieben: Ihr politisches Gedankengut lehnte sich an die römische Demokratie an, ihr fühlten sie sich verpflichtet. Nicht nur in der Gestaltung des Regierungssystems also, sondern auch in der architektonischen Umsetzung fand dieser mentale Hintergrund seinen Ausdruck.

Die wesentlichen touristischen Besichtigungspunkte liegen zentral an der sogenannten "**Mall**", jener Hauptachse, an der wichtige Regierungsgebäude, Museen und Denkmäler liegen.

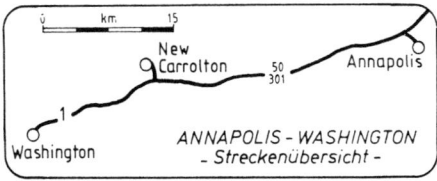

Gediegene Hotels, gute Restaurants und ein ausgezeichnetes U-Bahn-System machen Washington touristen-freundlich.

Die oft zitierte extrem hohe **Kriminalitätsrate** bedarf eines korrigierenden Kommentars. Natürlich leidet die Stadt - wie jede große Stadt in den USA oder in Europa - an Drogen-Kriminalität. Tatsache aber ist, daß alle touristisch interessanten Stellen sowie die großen Geschäftszonen zumindest während der Tageszeit sicher sind. Mittlerweile hat Washington eine der niedrigsten Gewaltverbrechen-Ziffern von vergleichbaren großen Städten in den USA. Normale Vorsicht ist geboten wie überall, aber keine hysterische Angst.

7.5.2 TOURISTISCHE HINWEISE

Entfernungen

Annapolis - Washington:	32 Meilen (= 52 km)
Washington - Philadelphia:	131 Meilen (= 211 km)
Washington - New York:	240 Meilen (= 315 km)
Washington - Williamsburg	160 Meilen (= 258 km)

Streckenhinweise
Von Annapolis folgen Sie der Straße 50/301 West und halten sich später an die Hinweisschilder auf den Interstate 1, der Sie nach Washington führt.

Informationen
Convention and Visitors Association, 1212 New York Avenue, N.W., Washington D.C. 20005, Tel.: (202) 789-7000
D.C. Chamber of Commerce, 1411 K St., N. W., Suite 500, Tel.: 347 - 7202; geöffnet Montag bis Freitag 08.30 - 17.30 h
Buchung von Bed & Breakfast - Unterkünften (z.T. sehr preiswert):
Bed and Breakfast Ltd., Tel.: 328-3510
Bed & Breakfast League Ltd., Tel.: 363-7767

Busse
Greyhound/Trailways (1005 1st Street NE, Tel.: 565-2662 an der L-Station) verbindet Washington mit täglichen Direktverbindungen nach Atlantic City, Philadelphia, New York City und Baltimore.

Zugverbindungen
Amtrak verbindet Washington mit allen großen Städten der Ostküste. Station: Washington's Union Station, 50 Massachusetts Ave. NE (Auskunft Tel.: 484-7540 oder gebührenfrei 800/872-7245)

Mietwagen
An allen drei Washingtonern Flughäfen haben die landesweit operierenden Mietwagenfirmen eine Station, ebenso z.T. mehrere Stationen im Stadtbereich. Auskünfte:
Avis, 1722 M St. NW, Tel 467-6588
Budget, 1200 K St. NW, Tel.: 628-2750   **National**, 1618 L St. NW, Tel.: 347-4772
Hertz, 901 11th St. NW, Tel.: 628-6174   **Thrifty**, 1001 12th St. NW, Tel.: 548-1600

Flüge
Washington verfügt über drei Flughäfen:
Dulles International (Tel.: 471-7838); der Flughafen liegt 40 km westlich von Washington in Virginia. Flughafenbusse in die Innenstadt ("Washington Flyer", alle 30 Minuten). Taxi-Kosten ca. 35 $, mit Limousinen etwa 11 $
Als Flughafen-Hotel zu empfehlen: das sehr preiswerte Hampton Inn, Tel.: (703) 471-8300. Abholdienst vom Flughafen.
Washington National Airport (Tel.: 703/685-8000). Nur 5 km vom Weißen Haus entfernt. Direkte U-Bahnverbindung in die Stadt. Taxipreis ca. 12 $, 6 $ bei Benutzung von Limousinen.
Baltimore Washington International (BWI), Tel.: (301) 859-7100, 48 km nordöstlich von Washington gelegen, Bahn- und Busverbindungen nach Washington, Taxikosten ca. 45 $.
Fluglinien - Telefon-Nummern:

American Airlines:	Tel.: 393-2345	**Northwest Orient**	Tel.: 737-7333
	1 - 800-433-7300	**Airlines:**	1-800-225-2525

British Airways:	Tel.: 1 - 800-AIR-WAYS	Pan Am:	Tel.: 845-8000
Delta Airlines:	Tel.: 468-2282		1-800-221-1111
	1-800-221-1212	TWA:	Tel.: 737-7400
Eastern Airlines:	Tel.: 393-4000		1-800-221-2000
	1-800-EASTERN	United Airlines:	Tel.: 742-4600
Lufthansa:	1-800-645-3880		1-800-241-6522
		USAir:	Tel.: 783-4500
			1-800-428-4322

Botschaften
Deutsche Botschaft: 4645 Reservoir Rd., N. W., Tel.: 298-400
Österreichische Botschaft: 2343 Massachusetts Ave., N. W., Tel.: 483-4474
Schweizerische Botschaft: 2900 Cathedral Ave., N. W., Tel.: 745-7900

Wichtige Telefon - Nummern
Polizei, Feuer und Notfall: 911
Tägliche Touristen - Information: 737-8866
American Automobile Association: 331-3000
Zahnarzt - Notdienst (Dental Referral Service)   547-7615
American Express (bei Verlust von   1-800-221-7282
Travellers Checks oder Kreditkarten)

Hotels
Es gibt in Washington eine äußerst vielseitige Hotelszene. Wie in allen amerikanischen Großstädten, gewähren selbst die besten Hotels am Wochenende hohe Rabatte. Je weiter man natürlich außerhalb wohnt, desto billiger wird es.

Hotels im Innenstadtbereich:
● **Willard Inter - Continental****. 1401 Pennsylvania Ave., NW, Washington D.C. 20004, Tel.: (202) 628-9100 (gebührenfrei 800/327-0200. Absolut 1. Adresse. 1847 bereits erbaut, 1986 total restauriert (für 73 Millionen $!). Nähe zum Weißen Haus. Das beeindruckende Foyer war die Stelle, wo sich früher Interessensgruppen einfanden in der Hoffnung, einflußreiche Politiker zu treffen und für ihre Sache zu gewinnen (hier entstand der Begriff "Lobbyist"). Ein gediegenes Restaurant ("Willard-Room") sowie eine sehenswerte Bar ("Round Robin Bar") lassen auch viele Nicht-Übernachtungsgäste hierherkommen.
● **Hay - Adams****, One Lafayette Square, Washington, D.C. 20006, Tel.: (202) 638-6600 oder gebührenfrei 800/424-5054. Das Hotel liegt so nahe am Weißen Haus, wie man überhaupt wohnen kann, ohne vom Präsidenten eingeladen zu sein. Aus den Zimmern schaut man auf das Weiße Haus, das Washington Monument oder auf den Lafayette Square. Im "Adams Room" sollte auch der Nicht-Hotelgast vielleicht einmal frühstücken.
● **Mayflower****, 1127 Connecticut Ave., NW, Washington D.C., 20036, Tel.: (202) 347-3000 oder gebührenfrei 800/468-3571. Unweit des Weißen Hauses gelegenes altehrwürdiges Hotel, das völlig restauriert ist. Gutes Lunch-Restaurant ("Café Promenade") sowie ausgezeichnetes Dinner - Restaurant ("Nicolas")
● **Phoenix Park Hotel****, 520 North Capitol Street, N. W., Washington, D.C. 20001, Tel.: (202) 638-6900, gebührenfrei 800/824-5419. Dieses Hotel ist jüngst sehr schön restauriert worden, unmittelbar am Kapitol gelegen sowie nahe zur U-Bahn Station. Ausgezeichnetes Restaurant ("Powercourt") sowie uriger irischer Pub ("The Dubliner"). Ein echter Geheimtip für alle, die ein individuelles Haus schätzen.

Preiswert sind in der Stadtmitte:
● **Comfort Inn - Downtown**, 500 H Street NW, Washington, D.C. 20001, Tel.: (202) 289-5959 oder gebührenfrei 800/228-5150. Zwei Blocks von der Metro entfernt, 1987 erst als Hotel leröffnet.

● **Howard Johnson Downtown at Kennedy Center****, 2601 Virginia Ave NW, Washington D.C. 20037, 1 Block vom Kennedy Center entfernt.

● **Tabard Inn*****, 1739 N St., NW, Washington D.C. 20036, Tel.: 785 - 1277. Dieses Hotel liegt zwei Blocks südöstlich vom DuPont Circle. Das viktorianische Landhaus ist bei Individualisten sehr beliebt.

außerhalb des Stadtzentrums in Georgetown

● **Four Seasons******, Pennsylvania Ave. NW, Washington D.C. 20007, Tel.: (202) 342-0444, gebührenfrei 800/332-3442. Das angenehme Luxushotel liegt am Rande von Georgetown. Erstklassiges Restaurant ("Aux Beaux Champs") im Hause.

● **Georgetown Inn******, 1310 Wisconsin Ave NW., Washington D.C. 20007, Tel.: (202) 333-8900, gebührenfrei 800/424-2979. Backsteinbau mit kolonialem Interieur, gemütlich. Viele Zimmer mit Himmelbetten !

Wer besonders preiswerte Unterkünfte in der Nähe von Bahn- und Busanschlüssen außerhalb der Stadt sucht:

● **Comfort Inn**, 1601 Arlington Blvd., Arlington, VA 22209, Tel.: (703) 524-3400 (nur drei Straßen von der Rosslyn Station entfernt),

● **Days Inn**, Alexandria (am Schnittpunkt Interstate 395/Virginia 236 gelegen), 110 S. Bragg St., Alexandria, VA 22312,. Tel.: (703) 354-4950

 Jugendherbergen
Washington International Youth Hostel (AYH), 1009 11th St. NW Tel.: 737-2333) - Nähe K - Street Metro. Sauber und kürzlich renoviert.

 Restaurants
● **Le Lion d'Or**, 18th 6 M Street, NW, Tel.: 296-7972. Bestes französisches Restaurant der Stadt mit entsprechenden Preisen. Die Küche ist eher traditionell denn Richtung "nouvelle cuisine" ausgerichtet.

● **Dominique's**, 1900 Pennsylvania Ave., NW, Tel.: 452-1126. Früher war dies ein Trend-Restaurant. Noch immer aber ein kleines Erlebnis, da die Speisekarte von klassischen französischen Gerichten bis zu Schlangen- und Straußengerichten reicht.

● **Maison Blanche**, 1725 F Street, NW, Tel.: 842-0070. Ein Spitzenrestaurant in der Nähe des Weißen Hauses, französische Küche, beliebt bei Politikern.

● **Morton's of Chicago**, 3251 Prospect Street NW, Tel.: 342-6258. Bestes Steakhaus der Stadt, bekannt für große Portionen. Oft lange Warteschlangen (zumindest ab 19.00 h).

● **Old Ebbitt Grill**, 675 15th Street NW, Tel.: 347-4801. Dieser älteste Salon der Stadt wurde 1856 gegründet. Sehr lebendig, äußerst pitoresk, mehrere tolle Bars, zwanglose Atmosphäre, besonders zum Lunch geeignet, Insider-Treff.

● **Hogate's**, 9th Street & Maine Ave., Tel.: 484-6300. Großes, unkonventionelles Lokal, das sich auf Fisch spezialisiert hat. Keine "Haute Cuisine", dafür aber superfrische Fische, u.a. riesige Maine-Lobster, zu sehr angemessenen Preisen.

● **Blackie's House of Beef**, 22nd & M Streets, NW, Tel.: 333-1100. Amerikanische Küche, insbesondere Steaks. Unkonventionell.

● **Cantina d'Italia Ristorante**, 1214 - A 18th Street, NW, Tel 659-1830. Erstklassige norditalienische Küche (Fisch, Kalbfleisch, Pasta, Antipasti), intime Atmosphäre, sehr beliebt bei Geschäftsleuten und Diplomaten.

● **Powerscourt Restaurant** (im Phoenix Park Hotel), 520 North Capitol Street NW, Tel.: 638-6900; vielseitige Küche in gediegener, ruhiger Atmosphäre

 Anthony **Pitch**, Sightseers' Guide, Washington D.C.Potomac 1989
Christopher **McIntosh**, The American Express Pocket Guide to Washington D.C., New York 1990

Nahverkehr

Ein Mietwagen für Washington ist überflüssig, da das Nahverkehrssystem in der Stadt und zu den touristischen Sehenswürdigkeiten ausgezeichnet ist. Parkplatznot sowie hohe Parkhaus-/Parkplatzgebühren der Hotels (bis zu 15.- $ täglich) sind herausgeworfenes Geld.

Metro

In der Innenstadt als U-Bahn ausgelegt, wird ihr Streckennetz fortlaufend erweitert. Auch weiter entfernte Ziele wie Rosslyn, Arlington, das Pentagon, Washington National Airport Silver Spring (Maryland) oder Alexandria (King Street) sind angeschlossen. Die Bahn gilt zumindest während der Tageszeiten als sicher. Sie verkehrt im Abstand von etwa 10 Minuten in der Zeit von :

Montag bis Freitag: 05.30 h bis Mitternacht
Samstag :   08.00 h bis Mitternacht
Sonntag: 10.00 h bis Mitternacht

Die Metro - Eingänge erkennt man an einem großen "M" auf braunen Säulen.
An jedem Eingang zu Metro erhalten Sie eine Karte (= Metrorail System Map). Das Metrosystem ist vollautomatisiert.:

● Fahrtenkartenlösen an Fahrkartenautomaten (Farecards), die Münzen und kleinere Dollarscheine annehmen und entsprechendes Wechselgeld ausgeben.

● Der Fahrpreis richtet sich nach Entfernung und den Verkehrsspitzen-Zeiten. Während der Rush-hours (Montag bis Freitag 06.00 - 09.30 h und 15.00 - 18.30 h) zahlt man mehr.

● Fahrkartenlösen: Vor dem Lösen der Fahrkarte muß man den Wert der Karte festlegen, z.B. 2,- $ für innerstädtische Fahrten. Man bestätigt dann den Fahrkarten-Wert (farecard value) und erhält die Karte nach Drücken der Taste "push for farecard".

Auf der farecard ist nun der Wert von 2 $ gespeichert.

● Benutzung der Fahrkarte: Bevor man die Bahnsteige erreicht, muß man die farecard am Drehkreuz in einen Schlitz stecken. Wenn man am Zielbahnhof ankommt, steckt man die farecard wiederum in einen Automaten, der dann den entsprechenden Betrag abbucht. Ist die Karte abgefahren, so bleibt sie im Automaten, wenn noch ein Restbetrag abzufahren ist, erhalten Sie die Karte zurück. Ist zuwenig drauf und Sie können den Bahnhof nicht verlassen, dann müssen Sie am Nachlöseautomaten (additional fare) den entsprechenden angezeigten Betrag zahlen.

Tourmobile (1000 Ohio Dr. SW, Tel.: 554-7950)

Dies sind Touristenbusse, die zu 18 Hauptattraktionen führen. Der Fahrer gibt unterwegs Informationen. Man kann so oft man will ein- und aussteigen und so individuell die Sehenswürdigkeiten besuchen. Die Tourmobile verkehren im Abstand von ca. 20 Minuten:

täglich: 09.30 h - 16.30 h
von Mitte Juni bis zum Labour Day: 09.00 h - 18.30 h

Die Fahrkarten gelten jeweils für einen Tag, spätnachmittags gekaufte Tickets sogar noch am folgenden Tag. Fahrpreis: Erwachsene 7.50 $/Kinder 3 - 11 Jahre 50 % Ermäßigung.

Old Town Trolley Tours (3150 V St. NW, Tel.: 269-3020)

Die Trolleys (grün-orange) verbinden die Hauptsehenswürdigkeiten und halten vor allem an Hotels und Geschäftszentren. Man kann damit u.a. auch Georgetown besuchen. Ein- und Aussteigen wie beim Tourmobile individuell möglich. Halbstündiger Fahrrhythmus von 09.00 h - 16.00 h. Fahrpreis 11 $ für Erwachsene und 9 $ für Kinder.

Taxis   **Capitol Cab** (Tel.: 546-2400)
Eastern Cab (Tel.: 829-4222)   **Yellow Cab** (Tel.: 544-1212)
Diamond Cab (Tel.: 387-6200)   **Liberty Cab** (Tel.: 636-1600)

Besichtigungsfahrten
Gray Line, 333 E St. SW, Tel.: 386-8300. Stadtrundfahrten unterschiedlicher Länge sowie Ausflüge nach Alexandria, Arlington, Mount Vernon
All About Tours, 519 6th St. NW, Tel.: 393-3696. Ähnliches Angebot wie Gray Line, aber auch Sondertouren z.B. mit dem Thema Kunst.

Fahrrad - Verleih
Fletcher Boat House, 4940 Canal Road, NW, Tel.: 244-0461)

☞ **Redaktions - Tips:**

★ Übernachtung im Phoenix Park Hotel oder Mayflower;
★ Abendessen im Maison Blanche, Mortons of Chicago oder Powerscourt;
★ Nach anstrengenden Besichtigungen im Old Ebbit Grill einkehren;
★ Kein Auto benutzen, sondern die Metro oder das Tourmobile;
★ Die wichtigsten Museen besuchen: National Gallery of Art, National Air and Space Museum, Hirshhorn Museum, National Museum of American Art;
★ Die bedeutendsten Sehenswürdigkeiten besuchen: Das Weiße Haus, Kapitol, Washington Monument, Vietnam Memorial, Lincoln Memorial;
★ Bootsfahrt auf dem Chesapeake and Ohio Canal unternehmen;
★ Durch Georgetown schlendern;
★ Mout Vernon besuchen.

7.5.3 ALLGEMEINE INFORMATIONEN

Washington, bereits 1790 gegründet, liegt am Ostufer des bis hier von Seeschiffen befahrbaren **Potomac Rivers**, der über die Chesapeake Bay den Zugang zum Atlantik gewährt. Die Bundeshauptstadt der Vereinigten Staaten (nach dem ersten Präsidenten George Washington benannt) ist identisch mit dem Bundesbezirk District of Columbia (deshalb die Abkürzung D.C.), bedeckt eine Fläche von 158 qkm und grenzt an die Bundesstaaten Virginia und Maryland. In Washington D.C. leben knapp 640.000 Menschen, 70 % sind Schwarze.

Erst 1964 konnten die bis dahin einem Sonderstatus unterliegenden Bewohner des "**District of Columbia**" an den Präsidentschaftswahlen teilnehmen, seit 1970 sind sie auch an den Kongreßwahlen beteiligt (deren Kongreßabgeordneter aber nicht stimmberechtigt ist!) Im Senat sitzt überhaupt kein Vertreter der Stadt. Und erst ab 1974 verfügt Washington über eine eigenständige Verwaltung mit einem eigenen (natürlich aufgrund der Bevölkerungsmehrheit schwarzen) Bürgermeister, der zusammen mit dem 13-köpfigen Stadtrat direkt gewählt wird. Bevor die Washingtoner selbst ihr Stadtoberhaupt wählen durften, wurden sie von Kommissaren regiert, die der Präsident einsetzte.

Blick vom Lincoln Memorial zum Capitol

In den **staatlichen Behörden** arbeiten heute etwa 350.000 Menschen, die zumeist außerhalb von Washington wohnen. Außerdem haben in Washington große Organisationen ihren Sitz (z.B. Gewerkschaften, Interessensvertretungen). Als Industrie-Standort spielt die Stadt keine Rolle, wohl sind aber Forschungsinstitute und Laboratorien vertreten, die im Auftrag der Regierung arbeiten. Sie beschäftigen sich zumeist mit Aufgaben in den Bereichen Elektronik, Raumfahrt, Verteidigung und Kommunikation. So sind hier u.a. die großen Rüstungsfirmen wie Martin Marietta, Atlantic Research und Fairchild Industries vertreten. Ebenso haben hier die Fernmeldegiganten wie COMSAT, INTELSAT, Gannet und MCI ihre Hauptniederlassungen. Auch arbeiten in der Stadt viele Anwälte. Unter geschäftlichem Gesichtspunkt ist Washington eine besonders wichtige Stadt, denn im Zuge der vielen staatlichen Handels- und Industriekontrollen auf nationaler und internationaler Ebene ist man hier "direkt am Ball" und kann mit Entscheidungsträgern der Regierung direkt in Kontakt.

Neben den Regierungsstellen und den gerade genannten privaten Unternehmen spielt der Tourismus eine wichtige wirtschaftliche Rolle (über 10 Millionen Besucher!). Kein Wunder, denn Washington bietet zahlreiche Sehenswürdigkeiten von höchstem historischen und kulturellen Rang.

Der Besucher mag gut beraten sein, wenn er im Frühling oder Herbst kommt. In den Sommermonaten kann es sehr heiß (mit Extremen an die 40 Grad) sowie unerträglich schwül werden. Man rettet sich dann förmlich von Getränkestand zu Getränkestand und ist froh, in klimatisierten Gebäuden Zuflucht zu finden. Die Winter sind durch die Meeresnähe relativ mild (Januar-Durchschnittstemperatur 1.5 Grad C), doch wenn der Wind aus Norden/Nordosten weht, können die Temperaturen bis unter - 20 Grad sinken.

7.5.4 GESCHICHTLICHER RÜCKBLICK

Im Jahre der Unabhängigkeitserklärung (1776) verfügten die 13 Unionsstaaten noch nicht über eine permanente Hauptstadt. Man tagte mal in Baltimore, mal in Philadelphia... insgesamt an acht verschiedenen Orten. In Philadelphia meuterten 1783 die Truppen, da sie keinen Sold erhielten. Die Kongreßmitglieder waren schutzlos, da weder die "gastgebende" Stadt noch die Union ihnen den nötigen Schutz gewähren konnten. So beschloß der Kongreß, eine eigene Hauptstadt zu gründen, die sich durch eine zentrale Lage zu den 13 Gründerstaaten auszeichnen sollte. Das Gelände am Potomac wählte George Washington selbst aus. Es war damals bis auf Georgetown und Alexandria unbesiedelt. Maryland stellte insgesamt 179 qkm, Virginia 80 qkm zur Verfügung.

1791 beauftrage man den auf der Seite der Revolutionstruppen kampfbewährten, aus Frankreich stammenden Offizier Major Pierre **Charles L'Enfant** mit der Stadtplanung. Er war es, der als ausgebildeter Architekt die nötige Vorausschau aufbrachte, das Grundmuster der Hauptstadt zu entwerfen. Als bestimmende Pole wählte er das Kapitol und das Weiße Haus, die er mittels der Pennsylvania Avenue verband. Diagonal dazu führen Avenuen ab, die nach den 13 Gründerstaaten benannt sind. Sie liegen in einem klaren, rechtwinkligen Straßennetz. Die Nord-Süd-verlaufenden Straßenzüge numerierte L'Enfant durch, die Ost-West-verlaufenden Straßen wurden mit Buchstaben versehen. Vom Kapitol aus zweigen rechtwinklig die North Capitol Street, die South Capitol Street, die East Capitol Street sowie die Mall ab. Diese Straßenzüge gliedern noch heute Washington in die vier Sektoren Northwest (N.W.), Northeast (N.E.), Southwest (S.W.) und South East (S.E.).

Die Mall sollte dem Bild der Innenstadt eine großzügige Dimension geben. So wurde peinlich darauf geachtet, diese Zone nicht zu verbauen, obwohl dies ganz konsequent nicht beachtet wurde: Die großen Bauten der Smithsonian Institution später sind aus der Reihe getanzt. Schon 1800 waren das Weiße Haus sowie das Kongreßgebäude fertiggestellt, so daß im November hier zum ersten Mal der Kongreß tagte.

Obwohl in jener Zeit, also um 1800, nur etwa 3.000 Menschen in Washington lebten, hatte L'Enfant schon bei seiner Planung eine Ausweitung auf 100.000 - 200.000 Menschen berücksichtigt. Doch 1814 sollte der allmähliche Ausbau der Hauptstadt gestoppt werden: Britische Truppen griffen das ungenügend geschützte Washington an und brannten es nieder. Fast wäre alles in Schutt und Asche gelegt worden, hätte nicht ein schicksalhafter Regen den Brand gelöscht. In den folgenden Jahren ging der Wiederaufbau mehr als zögerlich voran, und der Bundesstaat Virginia monierte, daß die Union den zur Verfügung gestellten Virginia-Teil vernachlässige: 1846 gab der Kongreß nach und verzichtete auf den Virginia-Teil.

Erst 1863 nahm die Stadt einen gewaltigen Aufschwung. Der beginnende Bürgerkrieg ließ die Rüstungsindustrie auf Hochtouren laufen, die Armee schlug hier ihr Lager auf. Nach Beendigung des Krieges im Jahre 1865 zogen viele befreite Sklaven nach Washington, und als in den darauffolgenden Jahrzehnten die Regierungsinstitutionen rasch ausgebaut wurden, erwachte erneut das Interesse an einem planmäßigen Ausbau der Hauptstadt. Denn: In der Zwischenzeit hatte man die Pläne von L'Enfant vergessen und sogar eine Eisenbahnlinie samt Bahnhof quer durch die Mall gebaut. Das mußte nun weg, so daß man heute vom Kapitol bis zum Lincoln Memorial einen freien Blick genießen kann. An der Pennsylvania Avenue baute man imposante, klassizistisch ausgerichtete Regierungsgebäude.

7.5.5 STADTTEILE UND ORIENTIERUNG

● Das zentrale Gebiet ist "**The National Mall**" mit dem Kapitol im Osten und dem Lincoln Memorial im Westen. Dazwischen liegen das Washington Monument, das Weiße Haus und die bedeutendsten Museen.

● **Old Downtown** schließt sich östlich des Weißen Hauses an und reicht bis zum wunderschön restaurierten Union Station (Bahnhof). Hier liegen wieder - nach einer Phase des Niedergangs - zahlreiche Geschäfte und Luxushotels.

● Die **Massachusetts Avenue** beginnt am DuPont Circle und führt über den Rocky Creek Park hinaus. Hier liegen die meisten Botschaften, deshalb nennt man die Straße auch "Embassy Row". In der prestigereichen Avenue wohnen auch viele Politiker und Spitzenkräfte der Wirtschaft.

● **Georgetown** liegt nordwestlich der Stadtmitte und war einst bedeutender Tabakhafen. In diesem gemütlichen Stadtteil liegen wunderschön restaurierte Häuser, viele gute Restaurants und gemütliche Kneipen. Georgetown ist ein besonders teures und beliebtes Wohngebiet. Washington Harbour ist eine neue Appartement- und Bürosiedlung am Potomac River, hat eine Reihe von guten Restaurants und eignet sich gut zum Spazierengehen.

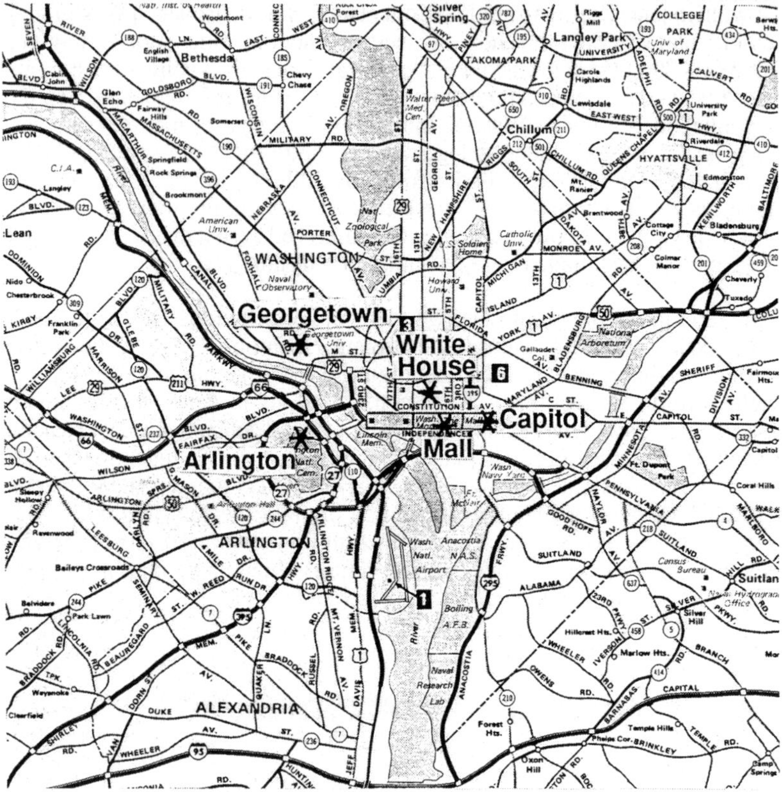

[Map of Washington area]

7.5.6 BESICHTIGUNGEN IM INNERSTÄDTISCHEN BEREICH

Im Machtzentrum: ① Das Weiße Haus

U - Bahn

Nächste Metro - Stationen: Farragut West oder McPherson Square

Eintritt

Dienstag - Samstag:	09.00 - 12.00 h
Sonntag und Montag:	geschlossen
während Staatsbesuchen:	geschlossen

Eintrittsregelung:

● Vom Memorial Day (= letzter Mai-Montag) bis Labor Day (1. September-Montag) muß man sich kostenlose Karten am Häuschen an der Ellipse abholen (an der Seite der Constitution

Avenue). Öffnungszeit von 08.00 - Mittag. Wenn die grüne Fahne weht, gibt's noch Karten, bei gelb wird's knapp, und bei rot können Sie sich den Weg sparen. Besonders in den Ferienmonaten sollten Sie sich so früh wie möglich Ihre Tickets sichern! Sie müssen persönlich erscheinen und können die Tickets nun für den jeweiligen Tag bekommen. Auf den Tickets ist die Tour-Nummer aufgedruckt. In einer Gruppe besucht man dann das Weiße Haus.

l   In der übrigen Jahreszeit wird man am East Gate an der East Executive Avenue hereingelassen. Stellen Sie sich frühzeitig an, möglichst schon vor 09.00 h.

Phototip
Beliebt sind Fotos von dem Augenblick, wenn man das Weiße Haus verläßt. Halten Sie Ihre Fotosachen schußbereit, denn auf diese Idee kommen viele.

"1600 Pennsylvania Avenue, Washington D.C." ist wohl die berühmteste Adresse der USA. Hier liegt das Weiße Haus, seit 1800 Sitz der Präsidenten.

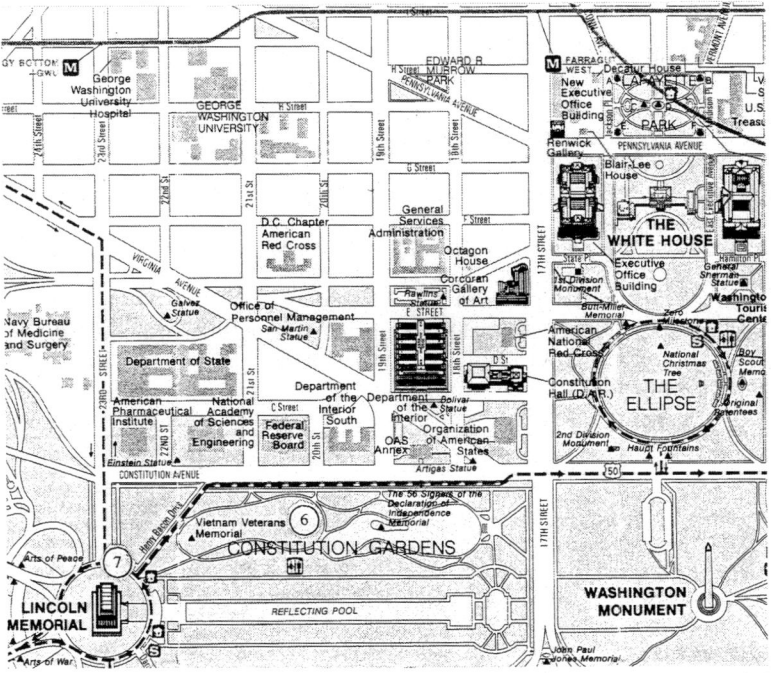

Die "Offenheit" der amerikanischen Demokratie wird besonders dadurch deutlich, daß jedermann den Sitz des Präsidenten besuchen und sich in ausgewählten Räumlichkeiten umsehen darf. Das ist das gleiche, als wenn man in Bonn das Bundeskanzleramt besuchen würde. Kein Wunder, daß täglich Hunderte, manchmal Tausende von Besuchern lange Wartezeiten in Kauf nehmen, um einen Blick ins Machtzentrum zu werfen.

Das Weiße Haus

Das Weiße Haus, Sitz der exekutiven Gewalt, liegt unweit der Mall und nur 20 Gehminuten vom Kapitol (Sitz der Legislative) und des Supreme Court (Oberster Bundesgerichtshof) entfernt. Schon 1792 wurde durch George Washington der Grundstein zu diesem Präsidentensitz gelegt. Er selbst jedoch hat nie im Weißen Haus residiert. Erst der 2. Präsident John Adams (Präsident von 1797 - 1801) regierte von hier aus, ihm folgte Thomas Jefferson (Präsident von 1801 - 1809). Jefferson war es auch, der dafür Sorge trug, daß jedermann das Weiße Haus besuchen durfte.

Im August 1814 besetzten die Briten Washington und brannten das Weiße Haus nieder. Nur die äußeren Sandsteinmauern sowie die inneren Ziegelwände überstanden den Brand, während vom wertvollen Mobiliar nichts übrig blieb. 1815 begann der Wiederaufbau, und im September 1817 waren die Arbeiten beendet, so daß Präsident James Monroe (Präsident von 1817 - 1825) einziehen konnte. Nach dem Brand hatte man die Außenwände weiß gestrichen (daher: "Weißes Haus"). 1902 bis 1903 erfolgten ein Umbau sowie eine Erweiterung. In den Jahren 1948 - 1952 wurde unter der Präsidentschaft Trumans das Weiße Haus einer gründlichen baulichen Renovierung unterzogen. Die Inneneinrichtung wurde erst unter den Kennedys (1961 - 1963) erneuert.

Das Weiße Haus, als zweistöckiges Gebäude angelegt (52 m lang, 26 m tief) verfügt über insgesamt 132 Räume, von denen in der Regel 11 dem Besucher gezeigt werden.

Rundgang durch das Weiße Haus

Der Rundgang durch das Weiße Haus beginnt am East Wing Entrance. In den Korridoren hängen zahlreiche Porträts der früheren Präsidenten sowie ihrer Gemahlinnen. In der White House Library stehen Hunderte von Büchern vor allem historischen, biographischen und naturwissenschaftlichen Inhalts. Im unteren Geschoss liegt auch der Diplomatic Reception Room für die großen diplomatischen Empfänge. Die Führung aber geht zunächst von der Library (Bibliothek) in den East Room. Dies ist der größte Raum des Weißen Hauses (24 m lang und 7 m hoch). Als Ballsaal dient dieser Raum vor allem für Hochzeitsfeiern von Präsidentenkindern, wird aber auch bei Trauerfeierlichkeiten genutzt. Theodore Roosevelts Kinder sollen den Raum auf ihre eigene Weise genutzt haben: sie liefen hier Rollschuh! Beachten Sie die Gemälde von George Washington und Dolley Madison (Präsidentengattin des von 1809 - 1817 regierenden 4. US-Präsidenten James Madison). Beide Bilder stammen von Gilbert Stuart, und beide konnte Dolley Madison beim Brand des Weißen Hauses 1814 in Sicherheit bringen. Im Green Room (nach den grünen Wänden so bezeichnet) kann man z.T. noch die typische Einrichtung des 18. Jahrhunderts sehen. Im Blue Room (wegen des blauen Bodens so genannt) kann man die Porträts der ersten acht Präsidenten der USA bewundern. Im anschließenden Red Room (so genannt, weil rot dominiert) werden auch heute noch kleine Empfänge gegeben. Danach treten Sie in den State Dining Room ein, dem zweitgrößten Raum im Weißen Haus, in dem bis zu 140 Gäste bewirtet werden können. Unter dem Porträt von Abraham Lincoln (1869 von G.P.A. Healy gemalt) ist ein Zitat von John Adams (2. US-Präsident) zu lesen:

"I Pray Heaven to Bestow the Best of Blessings on THIS HOUSE and All that shall hereafter Inhabit it. May none but Honest and Wise Men ever rule under this Roof". (Möge Gott dieses Haus segnen und alle, die es später bewohnen werden. Mögen stets ehrenhafte und weise Männer unter diesem Dach regieren).

Nach diesem Rundgang verläßt man das Weiße Haus durch die Lobby and Cross Hall.

Das Heraustreten aus dem Weißen Haus ist eine beliebte Fotoszene.

LaFayette Square

Wenn man das Weiße Haus verläßt und die Pennsylvania Avenue überquert, erreicht man den parkähnlichen LaFayette Square. In der Mitte steht das 1853 geschaffene Reiterdenkmal, das Andrew Jackson zeigt, den 7. Präsidenten der USA (1829 - 1837), der 1815 die letzte große Schlacht gegen die Engländer gewann.

An den Ecken des Squares erinnern vier Statuen an jene Europäer, die sich im Verlaufe des Unabhängigkeitskrieges gegen England verdient gemacht hatten:

● **Friedrich Wilhelm Steuben.** Bedeutung: Baron Friedrich Wilhelm von Steuben wurde 1730 in Magdeburg geboren. Schon als 17jähriger trat er in das preußische Heer ein. Später bot er George Washington seinen Dienst an. Im Winterquartier Valley Forge in Pennsylvania bildete er 1778 amerikanische Soldaten aus. Er half entscheidend bei einer Neuorganisation der Armee und befehligte sie bei der großen Entscheidungsschlacht gegen die Engländer bei Yorktown (1781). Später lebte Steuben als amerikanischer Bürger in New York und verstarb 1794. Ihm zu Ehren findet alljährlich im Herbst die Steuben-Parade in New York statt.

● **Tadeusz Kosciusko.** Bedeutung: Der aus Polen stammende General (1746 in Polen geboren, 1817 in der Schweiz gestorben) bildete die Armee aus. Ihm war es zu verdanken, daß die Streitkräfte ihre Kampftechnik entscheidend verbessern konnten.

● **Marquis de LaFayette.** Bedeutung: LaFayette wurde am 6.9.1757 auf Schloß Chavaniac/Loire geboren. Seit 1777 nahm er am Unabhängigkeitskampf der dreizehn Kolonien teil und trug entscheidend zur Kapitulation der Briten bei Yorktown (19.10.1781) bei. Er galt als leidenschaftlicher Verfechter des Freiheitsgedankens und legte 1789 einen Entwurf zur Erklärung der Menschenrechte der französischen Nationalversammlung vor. Er befehligte eine Zeitlang die Pariser Nationalgarde. Er starb 1834 in Paris.

● **Comte de Rochambeau.** Bedeutung: Als Oberbefehlshaber der französischen Truppen half er im Oktober 1781 George Washington, die Briten bei Yorktown zu schlagen.

Werfen Sie auch einen Blick auf das Blair - House. es befindet sich gegenüber dem Lafayette Square (an der Pennsylvania Avenue zwischen Jackson Pl. und 17th Street. Dies ist das offizielle Gästehaus für die Staatsgäste der US - Regierung.

Auf den Spuren der Geschichte: Vom Kapitol zum Lincoln Memorial

② Kapitol

Informationen
Lage: Capitol Hill zwischen Constitution Ave. & Independence Avenue.
Tel.: Informationen über Führungen 225-6827

Öffnungszeiten
Täglich kostenlose Führungen im Abstand von 15 Minuten zwischen 09.00 - 15.45 h.

U-Bahn
Nächste Metrostation: Capitol South

Allgemeine Informationen

Das Kapitol, das Haus des amerikanischen Kongresses, liegt auf dem etwa 30 m hohen Capitol Hill. Dies ist der Sitz sowohl des Senats (100 Senatoren) als auch des Repräsentantenhauses (435 Abgeordnete). Das Gebäude weist riesige Dimensionen auf: Der Kuppelbau erreicht eine Höhe von 82 m, der Gebäudekomplex ist 229 m lang und 107 m breit. Auf der gerippten Kuppel (1863 fertiggestellt) steht eine 6 m hohe Freiheits-Statue (Statue of Freedom).

Der imposante Bau, dessen Grundstein George Washington legte, wurde zwischen 1793 und 1812 erbaut. Doch 1814 brannten ihn die Briten im Zuge ihrer Washington-Offensive nieder. Bis 1829 schaffte man den Wiederaufbau aus weißgetünchtem Sandstein. Zunächst errichtete man eine niedrige Kuppel aus Holz, die später von einer gußeisernen, dem Petersdom nachgeahmten Version ersetzt wurde.

Die Hauptfront des Kapitols richtet sich nach Osten. Etwa 35 Stufen führen zum Haupteingang. Auf dieser Treppe legt jeder neugewählte Präsident den Amtseid ab. Die frühen Stadtväter nahmen an, daß sich Washington nach Osten hin entwickeln würde. Deshalb blickt man heute von der Rückseite (= Westfront) des Kapitols auf die Stadt und ihre großen Regierungsgebäude. Später baute man deshalb, diese Entwicklung kompensierend, an der West-

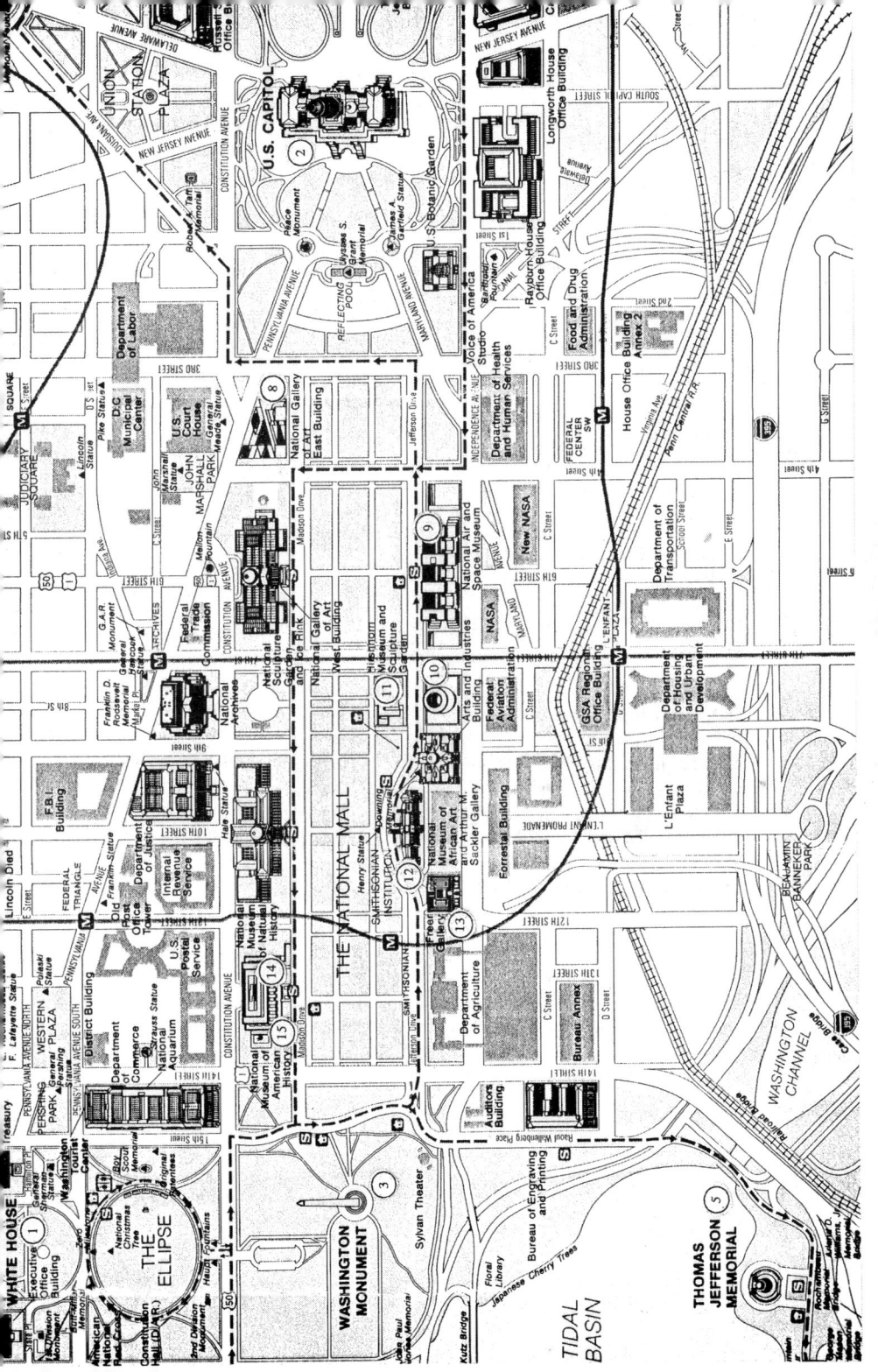

seite die 269 m lange Marmorterrasse mit den beiden breiten Freitreppen. Im linken Gebäudeflügel ist das Repräsentantenhaus, im rechten der Senat untergebracht.

Das Kapitol in Washington

Doch so sehr der Besucher das Kapitol aus einem eher "musealen Blickwinkel" betrachten mag, muß man sich doch diesen Ort als einen immensen Arbeitsplatz für die 545 Kongreßmitglieder sowie die über 19.000 assistierenden "Zuarbeiter" vorstellen. Jedes Kongreßmitglied hat seinen Mitarbeiterstab, und die Kommunikation zwischen den verschiedenen Arbeitsbereichen nimmt einen außerordentlichen Stellenplatz ein. Tonnenweise werden monatlich Akten hin- und her bewegt, Gedrucktes hergestellt und zu den entsprechenden Arbeitsplätzen gebracht. Den stets gehetzten Abgeordneten und ihren Helfern steht sogar eine kleine U-Bahn zur Verfügung. Etwa 3.800 Journalisten und Fotografen sind auf dem Capitol Hill akkreditiert, stets auf der Suche nach Neuigkeiten - und Skandalen! Die eigene Infrastruktur mit Postamt, Friseurläden, Schreibwarengeschäften, Restaurants und Kantinen macht ein fast autarkes Arbeiten möglich.

Besichtigung

Es ist schon erstaunlich, wie leicht man das Kapitol besuchen darf. Keine Anmeldungen sind erforderlich, Amerikaner und ausländische Gäste sind willkommen. Trotz der vielen Attentate auf amerikanische Präsidenten blieb die amerikanische Demokratie offen zugänglich für jedermann. Eine kurze

Kontrolle mit Metalldetektoren, ein Blick in die Handtasche - und schon ist man 'drin'.

Als Besucher betreten Sie das Kapitol über die Osttreppe und gelangen in die Rotunda, die von der immensen, 1863 fertiggestellten Kuppel überspannt wird.

Rotunda

Die Halle hat einen Durchmesser von etwa 30 m und ist 55 m hoch. In ihrer Mitte befindet sich der vom ersten Stadtplaner L'Enfant angelegte Schnittpunkt aller Hauptstraßen in westlicher, östlicher, nördlicher und südlicher Richtung. In dieser Halle sollten Sie verweilen, denn die Skulpturen, Fresken und Gemälde berichten plastisch von der Geschichte der Vereinigten Staaten. Insgesamt gibt es 4 Abschnitte, die das Auge des Besuchers anziehen:

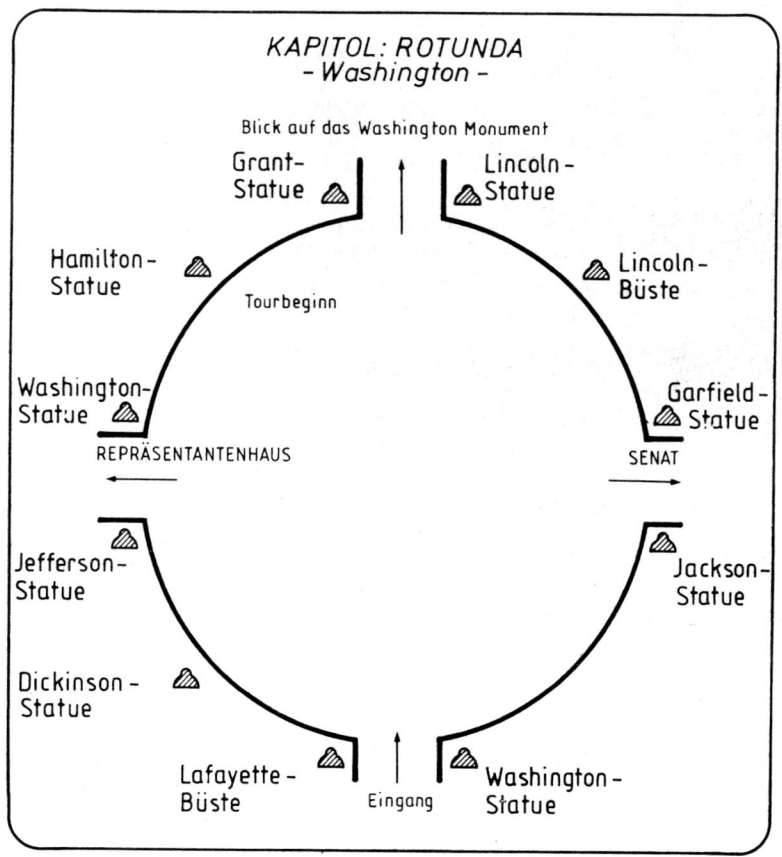

KAPITOL: ROTUNDA
- Washington -

Blick auf das Washington Monument

Grant-Statue

Lincoln-Statue

Hamilton-Statue

Lincoln-Büste

Tourbeginn

Washington-Statue

Garfield-Statue

REPRÄSENTANTENHAUS

SENAT

Jefferson-Statue

Jackson-Statue

Dickinson-Statue

Lafayette-Büste

Eingang

Washington-Statue

* Statuen und Gemälde
* Skulpturen über den 4 Durchgängen

* Rundfries mit Fresken
* Kuppelmalerei

Kommentierung der Statuen und Gemälde (siehe auch Zeichnung)

Die **Statuen** sind in den Planskizze mit entsprechendem **Namen** notiert, die **Ziffern** beziehen sich auf **Gemälde**.

Washington-Statue (1732 - 1799, 1. Präsident von 1789 - 1797). George Washington ist wohl die berühmteste geschichtliche Persönlichkeit der USA. Sein militärisches Durchsetzungsvermögen und politisches Geschick sind für immer mit der Gründung der Vereinigten Staaten verbunden.

Die Landung Kolumbus auf der Insel Guanahani

① **Landung von Kolumbus.** Fälschlicherweise gilt er als der Entdecker Amerikas, obwohl er am 12.10.1492 auf den Bahamas landete. Das Gemälde zeigt die drei Schiffe Santa Maria, Pinta und Nina.

② **Einschiffung der Pilger.** 1620 erreichten 102 Passagiere und 25 Besatzungsmitglieder nach einer 66tägigen Überfahrt den nordamerikanischen Kontinent bei Plymouth/Massachusetts. Die Pilger suchten und fanden auf dem neuen Kontinent die ersehnte Religionsfreiheit.

Die Einschiffung der Pilger

Jackson-Statue (1767 - 1845, 7. Präsident von 1829 - 1837). Er wurde dadurch berühmt, weil er 1815 in der Schlacht von New Orleans die Engländer besiegte. Andrew Jackson gilt als ein früher Verfechter der nationalen Einheit.

Garfield-Statue (1831 - 1881, 20. US Präsident vom 4.3. - 19.9.1881). James A. Garfield, ein führender General im Amerikanischen Bürgerkrieg, wurde am 2. Juli 1881 von einem Attentäter, der hingerichtet wurde, angeschossen und erlag am 19.9.1881 seinen Verletzungen.

③ **Rücktritt von George Washington als General.** Im Juli 1775 wurde Washington Oberbefehlshaber der kontinentalen Streitkräfte, die den endgültigen Sieg gegen die Briten im Jahre 1781 (Schlacht bei Yorktown) erringen konnten. Als 1783 die Engländer New York City verließen, kehrte George Washington in das zivile Leben zurück: Im Kapitol von Annapolis/ Maryland hielt er seine Abschiedsrede als Oberbefehlshaber der Armee. Im gleichen Saal wurde 1784 der Friedensvertrag zwischen England und den Vereinigten Staaten ratifiziert. Als George Washington später - 1789 - der erste Präsident der USA wurde, stand er einer zivilen Regierung vor, die über das Militär die Verantwortung trug.

Lincoln-Büste (1809 - 1865, 16. US - Präsident von 1861 - 1865). Abraham Lincoln vertrat vehement die Auffassung, daß Freiheit und Gleichheit unvereinbar mit der Sklaverei seien. Im Bürgerkrieg siegte seine Auffassung, als die Nordstaaten die Südstaaten schlugen und die "Abtrünnigen" wieder in die Union eintraten (siehe auch weiter unten).

④ **Kapitulation von Lord Cornwallis.** Der britische General kapitulierte am 19. Oktober 1781 in Yorktown, nachdem er die entscheidende Niederlage gegen die französisch-amerikanische Armee erlitten hatte. Cornwallis übermittelte die Kapitulation nicht persönlich, sondern ließ sie durch einen Vertreter dem General Benjamin Lincoln überbringen. Dieser ist zu Pferd zu sehen, links neben der amerikanischen Flagge steht George Washington.

Lincoln-Statue. (siehe auch weiter oben). Auch während des Bürgerkriegs ließ Lincoln den Bau des Kapitols voranschreiten, der schließlich als Symbol der nationalen Einheit gedacht war. Lincoln ging in die Geschichte durch seine berühmte "Gettysburg Address" ein. Als er das Gettysburg-Schlachtfeld kurz nach dem dortigen Sieg der Nordstaaten- über die Südstaaten-Truppen besuchte, sprach er:

"This Nation shall have a new birth of freedom, and that this government of the people, by the people, for the people, shall not perish from this earth" (Diese Nation solle eine Wiedergeburt der Freiheit erleben, und diese Regierung, die vom Volk ausgeht und für das Volk arbeitet, sollte nie von Erden verschwinden).

Grant-Statue (1822 - 1885, 18. US - Präsident von 1869 - 1877). Ulysses S. Grant war in den letzten Jahren des Amerikanischen Bürgerkrieges General der Nordstaaten-Truppen. Er besiegte schließlich die Südstaaten-Armee unter ihrer Führung von General Robert E. Lee. Unter Grants Präsidentenschaft erhielten die Schwarzen das Wahlrecht.

⑤ **Die Kapitulation von General Burgoyne.** Dieser englische General mußte am 17. Oktober 1777 gegenüber General Gates von den Kontinentaltruppen kapitulieren. Durch den amerikanischen Sieg gelang es den Engländern nicht, die Kontrolle über das Hudson-Tal zu erlangen.

⑥ **Die Unterzeichnung der Unabhängigkeitserklärung.** Dieses Gemälde von John Trumbull veranschaulicht die Unterzeichnung im Jahre 1776 in der Independence Hall von Philadelphia. John Adams (der später Präsident wurde), Roger Sherman, Robert Livingston, Thomas Jefferson (rote Weste) und daneben Benjamin Franklin (Erfinder des Blitzableiters) legten dem Kongreß-Präsidenten John Hancock die "Declaration of Independence" vor.

Die Unterzeichnung der Unabhängigkeitserklärung

Hamilton-Statue. Alexander Hamilton, späterer Schatzminister, eroberte im Verlauf der Schlacht von Yorktown die Hauptstellung der englischen Truppen.

Washington-Statue. Eine weitere Statue des ersten Präsidenten, der wesentlich an der Auswahl der örtlichen Lage der künftigen Hauptstadt beteiligt war.

Jefferson-Statue (1743 - 1826, 3. US - Präsident von 1801 - 1809). Das Standbild zeigt ihn mit der von ihm verfaßten Unabhängigkeitserklärung.

⑦ **Taufe der Pocahontas in Jamestown.** Die Indianerprinzessin Pocahontas rettete im Jahre 1608 John Smith, dem Gründer der ersten englischen Siedlung (Jamestown) das Leben. Pocahontas ließ sich 1813 taufen und heiratete später den englischen Siedler John Rolfe. Auf dem Gemälde wird auch die erste Frau gezeigt, welche in der Kolonie ankam, denn bis dahin lebten hier nur Männer. Ebenso ist die erste Hochzeit szenisch wiedergegeben.

Bakers-Statue. Edward Bakers, Oberbefehlshaber der Nordstaaten-Armee, wurde während einer Schlacht am Potomac (Battle of Balls Bluff) getötet.

⑧ **Die Entdeckung des Mississippi durch Hernando DeSoto.** Der spanische Eroberer gelangte auf seinem Irrweg, der ihn zu vermeintlichen Goldschätzen führen sollte, nach langen Strapazen im Jahre 1541 an den Mississippi.

LaFayette-Büste. Marquis de LaFayette (1757 - 1834) ist sich des ewigen Dankes der Amerikaner sicher. Als französischer Verbündeter half er im Unabhängigkeitskrieg. Gemeinsam mit dem bayrischen Baron de Kalb landete er 1777 an der Küste von South Carolina und schloß sich den Unionstruppen an. Schon mit 20 Jahren wurde er durch den Kongreß zum General ernannt und erlangte vor allem Ruhm bei der siegreichen Schlacht gegen die Engländer bei Yorktown (1781). LaFayette liebte die Amerikaner und die Amerikaner ihn. Seine Zuneigung zur neuen Welt verdeutlicht die Inschrift auf der Büste:
"*God bless them all who surround us. God bless American people. Each of their states and the Federal Government. Accept this patriotic farewell from an overfloating heart, such will be its last throb when it ceases to beat*" (Möge Gott jeden um uns beschützen. Möge Gott das amerikanische Volk beschützen, ebenso wie jeden seiner Bundesstaaten sowie die Bundesregierung. Nehmen Sie dies als einen vaterländischen Abschied, der einem übervollen Herzen entstammt, als wenn der letzte Tropfen aus ihm ströme, bevor es zu schlagen aufhört).

Weitere Betrachtungen in der Rotunda

Über den 4 großen Durchgängen, die aus der Rotunda in die anderen Räumlichkeiten des Kapitols führen, sieht man die folgenden 4 Szenen:
* Ankunft der Pilgerväter mit der Mayflower;
* William Penn, der Begründer von Philadelphia, als er mit Indianern einen Vertrag abschließt (1682);
* Pocahontas rettet das Leben von John Smith;
* Daniel Boone kämpft mit den Indianern.
Unterhalb der Fenster der Rotunda veranschaulicht ein **Fries** die wichtigsten historischen Szenen der vergangenen 400 Jahre. Dieses Fries wurde in jahrelanger Arbeit von Constantino Brumidi und Filippo Costaggini gestaltet. Die chronologische Darstellung beginnt an der Lincoln-Statue und folgt dem Uhrzeigersinn. **Szenen:**
Landung von Christoph Kolumbus - Ankunft der Pilger - der spanische Eroberer Cortez (in Montezuma) und Pizarro (in Peru) - DeSotos nächtliches Begräbnis - die schon zitierte Indianerin Pocahontas - die Erschließung der Wildnis durch die Pilger - James Oglethorpe, der mit den Indianern im Jahre 1733 Frieden schloß - die Schlacht von Lexington - Verkündung der Unabhängigkeitserklärung - die englische Kapitulation von Cornwallis bei Yorktown - Einzug von General Scott in Mexico Stadt - kalifornischer Goldrausch - Amerikanischer Bürgerkrieg - Spanisch-Amerikanischer Krieg - Entwicklung der Luftfahrt durch die Erfindung des Motorflugzeuges durch die Gebrüder Wright.

Ein Blick auf die Kuppelmalerei

George Washington, der neben der Siegesgöttin mit Lorbeerkranz (Victory) und der Freiheits-Göttin (Liberty) sitzt, wird hier verewigt. Die dreizehn ihn umgebenden Gestalten mit einem Stern über dem Haupt symbolisieren die 13 Gründerstaaten der USA.

National Hall of Statuary (= "Flüsterhalle")

Hier tagte von 1807 - 1857 das Repräsentantenhaus. In dieser Halle darf jeder Bundesstaat zwei seiner bedeutendsten Bürger aufstellen (meist Männer, nur 4 Frauen).
Der Beiname "Flüsterhalle" rührt von der erstaunlichen Akustik her, die es u.U. möglich machte, Flüstergespräche der Gegenpartei mitzuhören. Wenn man von der Rotunda aus den Saal betritt, so entdeckt man rechts eine Messingplatte, die jene Stelle markiert, an der der Abgeordnete John Quincy 1848 einem Schlaganfall zum Opfer fiel. Probieren Sie nun den "Flüstereffekt" aus: Ein Besucher stellt sich auf die Messingplatte, ein anderer dort, wo die Linien der beiden Statuen von Clay und Webster zusammentreffen. Wenn man von hier aus flüstert, kann man es an der Messingplatte hören (vorausgesetzt, daß nicht die vielen Besucher für einen hohen Geräuschpegel sorgen!).

④ **Library of Congress**

Informationen

Lage: 1st Street/Independence Avenue S. E.,; Tel: 707-5458

Öffnungszeiten
Montag bis Freitag:	08.30 - 21.00 h
Samstag:	08.30 - 17.00 h
Sonntag:	13.00 - 17.00 h

Führungen Montag bis Freitag 10.00 h, 13.00 h und 15.00 h

U-Bahn

Metrostation: Capitol South

Dies ist zweifelsohne eine der beeindruckendsten Bibliotheken der Welt. Über 20 Millionen Bücher in 60 Sprachen, 35 Millionen Manuskripte, 10 Millionen Fotos und Graphiken sowie 4 Millionen Karten und Atlanten stehen dem Wissensdurstigen zur Verfügung! Desweiteren kann in 75.000 Zeitschriften und 1.200 Zeitungen, die bis ins 17. Jahrhundert zurückreichen, geforscht werden.

Die erste Bibliothek fiel dem Brand beim Einmarsch der Briten im Jahre 1814 zum Opfer. Es war Thomas Jefferson, der dann spontan dem Kongreß seine Büchersammlung zu einem Spottpreis anbot: 6.487 Bücher für 23.950 $ aus seinem Privatbesitz bildeten den Grundstock zum künftigen Ausbau.

Alle Bücher und Dokumente sind jedem Besucher - auch aus dem Ausland - frei zugänglich. Die gewünschten Originale werden durch Hilfskräfte schon nach kurzer Zeit zur Verfügung gestellt.

③ Washington Monument

Informationen

Lage: im westlichen Bereich der Mall. Tel.: 426-6841.

Öffnungszeiten
täglich: 09.00 - 16.30 h
April - Labor Day: 08.00 h - Mitternacht

U-Bahn

Metrostation: Smithonian

Der riesige Obelisk aus weißem Maryland-Marmor ist 169 m hoch und George Washington gewidmet. Mit dem Bau wurde bereits am 4. Juli 1848 begonnen, doch wurde er erst 1884 vollendet. Während des Bürgerkrieges ruhten die Arbeiten, denn man hatte kein Geld: Damals erreichte das Washington Monument nur die bescheidene Höhe von etwa 45 Metern. Seit 1888 ist das Denkmal für die Öffentlichkeit zugänglich. An der Basis mißt die Breite 16 m und verjüngt sich auf 10 m an der Spitze. Das Fundament reicht 11 m tief in den Boden. 898 Stufen führen zur 153 m hohen Aussichtsplattform, ein Aufzug führt nach ca. 1 Minute an die Spitze.

An klaren Tagen ist die Aussicht über die Stadt sowie bis zur 80 km entfernten Blue Ridge phantastisch.

⑤ Jefferson Memorial

Informationen
Lage: Südliches Ufer des Tidal Basin, gegenüber dem Washington Memorial gelegen; Tel. 426-6821; Zugang täglich; mit Tourmobile erreichbar.

Die schönste Jahreszeit, um das Jefferson Memorial zu besuchen, ist zweifelsohne Ende März/Anfang April wenn die 650 Kirschbäume zartrosa blühen (ein Geschenk der Stadt Tokio im Jahre 1912). Das Denkmal selbst nimmt eine stadt-architektonisch symmetrisierende Stellung ein. Es liegt auf einer der beiden Hauptachsen, entlang derer die großen historisch bedeutsamen Bauten der Stadt liegen. Denn: Genau in nördlicher Richtung liegt das Washington Monument, weiter das Weiße Haus, gekreuzt von der Achse Capitol - Lincoln Memorial.

Das Jefferson Memorial wurde von John Russell Pope entworfen und zum 200. Geburtstag dieses 3. US-Präsidenten am 13. April 1943 eingeweiht. Die 5,5 m hohe bronzene Statue zeigt den 33jährigen Jefferson vor dem Kongreß stehend. Der Sockel besteht aus schwarzem Minnesota-Granit. Der aus weißem Marmor errichtete Rundbau erinnert an das römische Pantheon, besitzt eine Kolonnade ionischer Säulen und ein Kuppeldach, das an Jeffersons' Haus Landsitz in Monticello erinnert.

Auf den Innenwänden findet man besonders wichtige Zitate aus dem politischen Leben Jefferons. Sie stehen im Zusammenhang
* mit der Unabhängigkeitserklärung ("We hold these Truths to be self - evident");
* mit der Religionsfreiheit ("Almighty God hath created the mind free");
* mit der Sklavenbefreiung ("God who gave us life gave us liberty");
* mit seiner Meinung zur stabilen Rolle der Demokratie ("I am not an advocate for frequent changes").
(Über Jeffersons Leben lesen Sie bitte im übernächsten Kapitel: Streckenabschnitt Shenandoah National Park - Williamsburg nach, wo Jeffersons Landsitz Monticello beschrieben wird.)

⑥ Vietnam Veterans Memorial

Amerikas Klagemauer: Vietnam Veterans Memorial

Informationen
Lage: Constitution Gardens nahe dem Lincoln Memorial zwischen der 21st und 22nd Street NW

Öffnungszeiten

ganztägig

U-Bahn

Metro - Station: Foggy Bottom

Am Vietnam Veterans Memorial

Das Vietnam Veterans Memorial wurde 1982 eingeweiht. Am künstlerischen Wettbewerb nahmen 1.400 Kunstschaffende teil. Den Zuschlag erhielt Maya Ying Lin aus Athens in Ohio. Diese Gedenkstätte erinnert an ein besonders trauriges Kapitel der jüngsten amerikanischen Geschichte. Die beiden etwa 75 m langen, im Winkel von 125 Grad zusammenstoßenden schwarze Granitwände zeigen mit ihren Ecken zum Lincoln Memorial und Washington Monument und tragen über 58.000 Namen der im Kriege gefallenen oder vermißten US-Bürger. Die Reihenfolge der Namen richtet sich nach dem Datum, wann jemand gefallen ist oder seit wann jemand vermißt wird. In dicken Namensbüchern kann man bestimmte Namen auffinden, die der entsprechenden Stelle auf den Granitwänden zugeordnet sind. Viele Angehörige und alte Kameraden stehen weinend an einer bestimmten Stelle, reiben manchmal auf Pergamentpapier den Namen ab und sind erschüttert. Besonders an öffentlichen Feiertagen, insbesondere am 4. Juli (Unabhängigkeitstag) ist der Besucherandrang groß. Viele sind zu Tränen gerührt - das Vietnam-Trauma wird an dieser Stelle besonders gegenwärtig.

⑦ Lincoln Memorial

Information

Lage: Westliches Ende der Mall. Tel.: 426-6895; Tourmobile - Stop

Öffnungszeiten

von 08.00 - Mitternacht; täglich

Von den zum Lincoln Memorial hinaufführenden Stufen genießt man einen besonders guten Blick auf die Mall, das Washington Monument bis hin zum Kapitol.

Lincoln Memorial

Das Lincoln-Memorial wurde von 1915 - 1922 nach den Plänen von Henry Bacon errichtet und orientiert sich in seiner architektonischen Gestaltung am Parthenon in Athen. Der Marmorbau (der Marmor stammt aus Colorado) wirkt äußerst imposant. Die insgesamt 36 dorischen Säulen symbolisieren die 36 Bundesstaaten, die es zur Zeit Lincolns gab. Im Inneren sieht man den sitzenden Lincoln. Die beeindruckende Figur, 6 m hoch, wurde von Daniel Chester French entworfen. Sie setzt sich aus insgesamt 28 nahtlos aneinandergefügten Blöcken aus Tennessee-Marmor zusammen, die in vierjähriger Arbeit von den Bildhauer-Brüdern Piccirilli behauen wurden.

Auf der linken Seite kann man Lincolns berühmte "Gettysburg Address" lesen. Diese Rede hielt er im November 1863 in Gettysburg, wo der Südstaaten-General Lee eine Niederlage erlitt, die einen Wendepunkt im Amerikanischen Bürgerkrieg (1861 - 1865) darstellte.

An der rechten Wand sind Zitate aus jener Rede Lincolns zu lesen, die er hielt, als er 1865 zum zweiten Male Präsident wurde. Kurz danach wurde Lincoln erschossen.

Übrigens: Vom Lincoln Memorial aus hielt Martin Luther King 1963 vor über 250.000 Zuhörern seine berühmte Rede "I have a dream", in deren Verlauf er die Vision einer emanzipierten amerikanischen Gesellschaft ohne Rassenschranken entwarf.

Über das Leben Abraham Lincolns

Abraham Lincoln wurde am 12.2.1809 in Hardin/Kentucky als Sohn einer armen Grenzerfamilie geboren, die sich als Farmer und Handwerker verdingte. Er verbrachte den größten Teil seiner Jugend in Illinois. Schon seine jungen Jahre waren geprägt durch harte Arbeit und starken Glauben. Sehr früh wurde seine rednerische Begabung offenkundig. Als Demokrat wurde er schon frühzeitig politisch in Illinois aktiv, widmete sich aber gleichzeitig seinem Rechtsanwalt-Studium.

Wegen seiner Überzeugung, daß die Sklaverei unvereinbar mit den Grundsätzen von Gleichheit und Freiheit sei, trat er 1856 zur Republikanischen Partei über. Hier machte er bald Karriere, denn seine rednerische und taktische Begabung war auffallend. Schließlich wurde er 1860 in Chicago zum Präsidentschaftskandidaten nominiert. 1861 wurde er zum 16. US-Präsidenten gewählt. Seine Wahl löste den Sezessionskrieg aus, den er hauptsächlich im Sinne der nationalen Einheit führte. In seiner berühmten "Gettysburg Address" auf dem Schlachtfeld von Gettysburg bekräftigte er die Grundsätze seiner Politik, indem er für eine "Regierung des Volkes durch das Volk und für das Volk" eintrat.

Lincoln Statue

Nachdem der Bürgerkrieg durch die Nordstaaten gewonnen worden war und alle Sklaven als frei erklärt worden waren, wollte er für eine rasche Aussöhnung und Wiedereingliederung der rebellierenden Südstaaten sorgen. Das stieß auf den Widerstand radikaler Republikaner, die jedoch seine Wiederwahl als Präsident nicht verhindern konnten. Kurz nach dem Antritt seiner 2. Amtsperiode wurde er von dem fanatischen Schauspieler John Wilkes Booth im Washingtoner Ford's Theater erschossen.

Die Amerikaner haben Lincoln ein ehrenvolles Andenken bewahrt, denn seine politischen Tugenden sind zeitlos. Seine große politische Bedeutung liegt in der Abschaffung der Sklaverei (seit 1865 durch die 13. Verfassungsnovelle gesetzlich verankert) sowie im steten Eintreten für die Einheit der Union begründet. Lincoln ist in Springfield/Illinois bestattet.

● John F. Kennedy Center for the Performing Arts

Informationen

2700 D Street NW; Tel.: 416-8340; mit Tourmobile erreichbar

Öffnungszeiten

täglich: 10.00 - Ende der Abendvorstellungen
von 10.00 - 13.00 h finden täglich alle 15 Minuten 40-minütige Führungen statt;

U-Bahn

Metrostation: Foggy Bottom

Der Gebäudekomplex ist das größte Kulturzentrum der Stadt, bestehend aus
* dem Eisenhower Theater (= 1.100 Sitzplätze);
* dem Opera House (= 2.200 Sitzplätze);
* dem American Film Institute.

Es wurde 1964 - 1971 nach den Plänen von E.C. Durell Stone entworfen und ist 210 m lang, aber "nur" 35 m hoch, um nicht die Sicht auf das Kapitol zu verbauen. Viele Nationen haben zur Ausgestaltung dieser Kulturstätte beigetragen; aus der Bundesrepublik stammt ein Bronzerelief am Eingang, die Österreicher und Schweden steuerten Kristall-Lüster, Italien lieferte 3.500 t Carrara-Marmor. Im Eingangsfoyer kann man die große von Robert Berks geschaffene Kennedy-Büste bewundern. In der Hall of States hängen große Fahnen der einzelnen US-Bundesstaaten, die Hall of Nations ist mit fast allen Flaggen der Welt geschmückt.

Im Dachgeschoß sind drei Restaurants untergebracht, die preiswert sind und allen Besuchern offenstehen. Von der Dachterrasse hat man einen guten Überblick über die Hauptstadt.

● Die Museen im Gebiet der Mall

Als Mall bezeichnet man die große Grünanlage, die sich in Ost-West-Richtung vom Kapitol bis zum Lincoln Memorial (3 km) an den Ufern des Potomac Rivers hinzieht. Neben wichtigen Regierungsgebäuden liegen hier vor allem die großen und bedeutenden Museen der Stadt. Die meisten gehören der Smithsonian Institution an. Die folgende Kurzbeschreibung der Museen folgt dem Weg vom Kapitol Richtung Lincoln Memorial.

⑧ National Gallery of Art

Information

Tel.: 842-6188

Öffnungszeiten
Montag bis Samstag: 10.00 - 17.00 h (im Sommer verlängerte Öffnungszeiten)
Sonntag: 11.00 - 18.00 h

U-Bahn

Metro: Judiciary Square/Archives/Smithsonian

Das Museum ist in zwei Gebäuden, National Gallery of Art - East (1978) und National Gallery of Art - West (der ältere Teil, 1941) untergebracht. Die Galerie zählt mit seinen über 35.000 Ausstellungsstücken zu den bedeutendsten Kunstsammlungen der Welt. Die Grundlage der Sammlungen bildete eine Schenkung des Bankiers Andrew W. Mellon. Diese "Basis" bestand u.a. aus Werken von Raffael und Tizian. Heute ist die Sammlung so umfangreich, daß sie Gemälde alter und junger sowie amerikanischer Meister zeigt (u.a. Werke von Leonardo Da Vinci, Rembrandt, Dürer, van Gough, Whistler, Turner, Picasso). Der Museums-Katalog hebt als "Highlights" Renaissance-Bilder, Werke holländischer Maler und französischer Impressionisten ebenso hervor wie Bilder aus dem 20 Jahrhundert sowie Skulpturen.

⑨ National Air & Space Museum

Informationen

Tel.: 357-2700

Öffnungszeiten

täglich von 10.00 - 17.30 h

U-Bahn

Metro: Smithsonian

Dieses Museum (1976 eröffnet), das sich der Luft- und Raumfahrt verschrieben hat, zieht besonders viele Besucher an. In 23 Ausstellungsräumen kann man die Entwicklung des Fliegens nachvollziehen. Das Museum gehört zur Smithsonian Institution.

Besonders sehenswert sind
in Gallery 100:
*   das erste tatsächlich fliegende Motorflugzeug der Gebrüder Wright (erster Flug 1903);
*   Charles Lindberghs "Spirit of St. Louis" (1. Atlantiküberquerung 1927);
*   die Voyager, die 1986 mit 40.000 km den längsten Nonstop-Flug um die Erde schaffte.
*   die Gemini 4 (1965), aus welcher der Astronaut Edward H. White den ersten "Spaziergang" (20 Minuten) ins All unternahm.

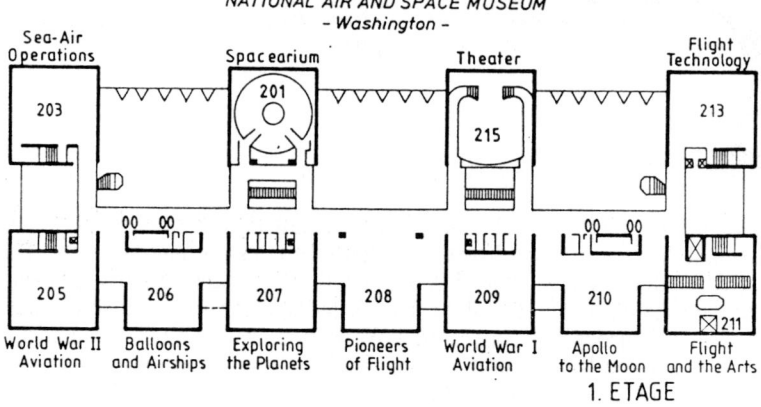

NATIONAL AIR AND SPACE MUSEUM
- Washington -

Sea-Air Operations — 203

Spacearium — 201

Theater — 215

Flight Technology — 213

205 — World War II Aviation
206 — Balloons and Airships
207 — Exploring the Planets
208 — Pioneers of Flight
209 — World War I Aviation
210 — Apollo to the Moon
211
Flight and the Arts

1. ETAGE

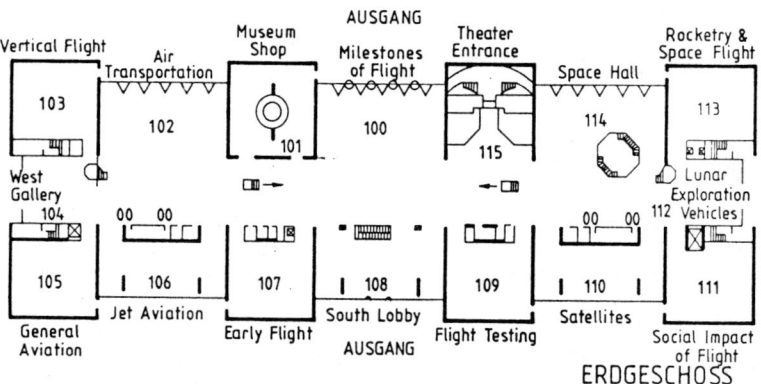

AUSGANG

Vertical Flight — 103
West Gallery — 104

Air Transportation — 102

Museum Shop — 101

Milestones of Flight — 100

Theater Entrance — 115

Space Hall — 114

Rocketry & Space Flight — 113

Lunar Exploration Vehicles — 112

105 — General Aviation
106 — Jet Aviation
107 — Early Flight
108 — South Lobby / AUSGANG
109 — Flight Testing
110 — Satellites
111 — Social Impact of Flight

ERDGESCHOSS

* Mondgestein zum Anfassen! Dieses Stück Basaltgestein brachte Apollo 17 (1972) vom Mond.
in Gallery 114 (Space Hall):
Ausstellungsstücke, die einen Einblick in die Raketenentwicklung ebenso wie in das Skylab-Projekt vermitteln.

⑩ Arts & Industries Building

Information

Tel.: 357-2700

Öffnungszeiten

täglich von 10.00 - 17.30 h

U-Bahn

Metro: Smithsonian

Gleich neben dem National Air and Space Museum liegt das bereits 1880 errichtete Gebäude, in dem heute u.a. Maschinen und Erfindungen zu sehen sind, die auf der Weltausstellung 1876 in Philadelphia gezeigt wurden. Für Eisenbahn - Fans: Hier steht eine Baldwin - Lokomotive.

⑪ Hirshhorn Museum and Sculpture Garden

Information

Lage: Independenvce Ave., S.W. at 8th St.; Tel.: 357-2700

Öffnungszeiten

täglich 10.00 - 17.30 h

U-Bahn

Metrostation: Smithonian

Dieses Museum wurde erst 1974 eröffnet. Es beherbergt vor allem die Schenkung des Finanziers Joseph H. Hirshhorn (1899 - 1981). Der marmorne Rundbau (70 m im Durchmesser) ist imposant und besitzt einen großen Innenhof (35 m Durchmesser).

Hirshhorn kam als Kind armer lettischer Eltern in die Vereinigten Staaten. Im Laufe seines Lebens verdiente er ein riesiges Vermögen durch die Ausbeutung von Uranminen. Sein Reichtum ermöglichte ihm, sich voll seiner Passion, dem Kunstsammeln, zu widmen. So brachte er über 4.000 Gemälde und 2.000 Skulpturen zusammen und schenkte sie der Nation. Diese größte private Sammlung amerikanischer Gemälde und europäischer Skulpturen umfaßt 53 Moores, 48 Picassos, 23 Giacomettis, 26 Manzùs, 22 Degas, 21 Rodins sowie 20 Calders. Auch Surrealisten wie Salvador Dali, Tanguy und Magritte sind vertreten. Viele Plastiken sind auch im angrenzenden Sculpture Garden zu bewundern.

⑫ Smithsonian Institution Building ("The Castle")

Information

Lage: Jefferson Drive/19th St. S.W.; Tel: 357-2700

Öffnungszeiten

täglich 10.00 - 17.30 h

U-bahn

Metrostation: Smithsonian

Das Smithsonian Building setzt sich von den umliegenden Gebäuden markant ab. Der spätnormannische rote Sandsteinbau mit seinen neun Türmen wirkt verspielt. 1847 bis 1856 erbaut, ist er heute der Verwaltungssitz der Smithsonian Institution.

Wer war Smithson?

James Smithson war ein britischer Chemiker, der im Jahre 1765 geboren wurde. Er war ein Sohn des Herzogs von Northumberland und widmete sich besonders Forschungen auf dem Gebiet der Zinkmineralien und der Zusammensetzung ägyptischer Farbstoffe. Testamentarisch vermachte er den Vereinigten Staaten 500.000 $ (das Vermögen kam in die USA in Säcken, gefüllt mit Goldmünzen, wozu man 11 Kisten benötigte!), um unter dem Namen Smithsonian Institution eine Einrichtung zu schaffen, die zur Entwicklung und Verbreitung von Wissen unter den Menschen beiträgt. Im Jahre 1829 verstarb Smithson in Genua. Seine Überreste wurden nach Amerika gebracht und sind in der Krypta der Smithsonian Institution beigesetzt (linkerhand vom Eingang).

Heute gehören zur Smithsonian Institution 15 Museen und Galerien, 14 davon liegen in Washington. Auch der National Zoological Park zählt dazu. Als 15. Museum kam 1990 das National Museum of the American Indian hinzu.

Die Smithsonian - Museen

Anacostia Museum
Arthur M. Sackler Gallery
Arts and Industries Building
Cooper - Hewitt Museum
   (in New York City)
Freer Gallery of Art
Hirshhorn Museum and
   Sculpture Garden
National Air and
   Space Museum

National Museum of African Art
National Museum of the American
   Indian
National Museum of American Art
National Museum of American History
National Museum of Natural History
National Portrait Gallery
Renwick Gallery
Smithsonian Institution Building
   ("Castle")

Smithonian Castle

Interessant ist die Organisation der Smithsonian Institution. Im Kuratorium sitzen der US-Vizepräsident, 6 Mitglieder des Kongresses (je 3 aus dem Senat sowie aus dem Repräsentantenhaus), der Oberste Richter am Bundesgerichtshof und neun Privatpersonen. Sie ernennen einen Sekretär. Jedes Museum hat seinen eigenen Direktor sowie sein eigenes Verwaltungspersonal.

Insgesamt werden in den verschiedenen Museen (1989: 24.2 Millionen Besucher!) über 137 Millionen Ausstellungsstücke gezeigt, davon alleine 119 Stücke im Museum of Natural History. In allen Smithsonian-Museen wird kein Eintritt erhoben Das Geld bringen Mitgliedschaften (die Smithsonian National Associates zählt 2.6 Millionen Mitglieder), Publikationen, die Geschäfte in den Museen und Galerien sowie staatliche Zuschüsse.

⑬ Freer Gallery

Informationen

Lage: Jefferson Drive S. W./12th St.; Tel: 357-2700

Öffnungszeiten
täglich 10.00 - 17.30 h
aber z.T. bis 1992 wegen Renovierungsarbeiten geschlossen

U-Bahn

Metrostation: Smithsonian

Dieses Museum geht auf eine Schenkung des Eisenbahnwagen-Herstellers Charles Freer zurück. Ausgestellt werden orientalische Kunst aus dem Nahen und Fernen Osten sowie Gemälde amerikanischer Maler.

⑭ National Museum of Natural History

Informationen

Lage: Madison Drive/10 th Street; Tel.: 357-2700

Öffnungszeiten
täglich 10.00 - 17.30 h
Fütterung der Tarantula-Spinnen wochentags 10.30 h, 11.30 h, 13.00 h
an Wochenenden 11.30 h, 12.30 h, 13.30 h

U-Bahn

Metrostation: Smithsonian der Federal Triangle

In diesem Museum erwarten den Besucher bedeutende Sammlungen aus den Gebieten der Geologie, Biologie, Anthropologie und Archäologie. Interessant ist u.a. der Insektenzoo, wo Spinnen und Skorpione gefüttert werden. Gleich in der Eingangshalle empfängt den Besucher der größte jemals gefangene afrikanische Elefant. In der Dinosaurier-Halle ist das über 24 m lange Skelett eines 100 Millionen Jahre alten Riesendinosauriers zu sehen ("Diploducus"). Die im zweiten Stock befindlichen Mineraliensammlungen zeigen u.a. den berühmten Hope-Diamand.

⑮ National Museum of American History

Informationen

Lage: Madison Drive zwischen 12th/14th Street; Tel.: 357-2700

Öffnungszeiten

10.00 - 17.30 h

U-Bahn

Metrostation: Smithsonian oder Federal Triangle

Dieses Museum veranschaulicht die unterschiedlichsten Aspekte des Lebens in ihrer chronologischen Entwicklung auf dem amerikanischen Kontinent. U.a. sieht man hier die riesige "Nr. "1401", eine Lokomotive der Southern Railway, einen Cadillac aus dem Jahre 1903 oder die Kleider der verschie-

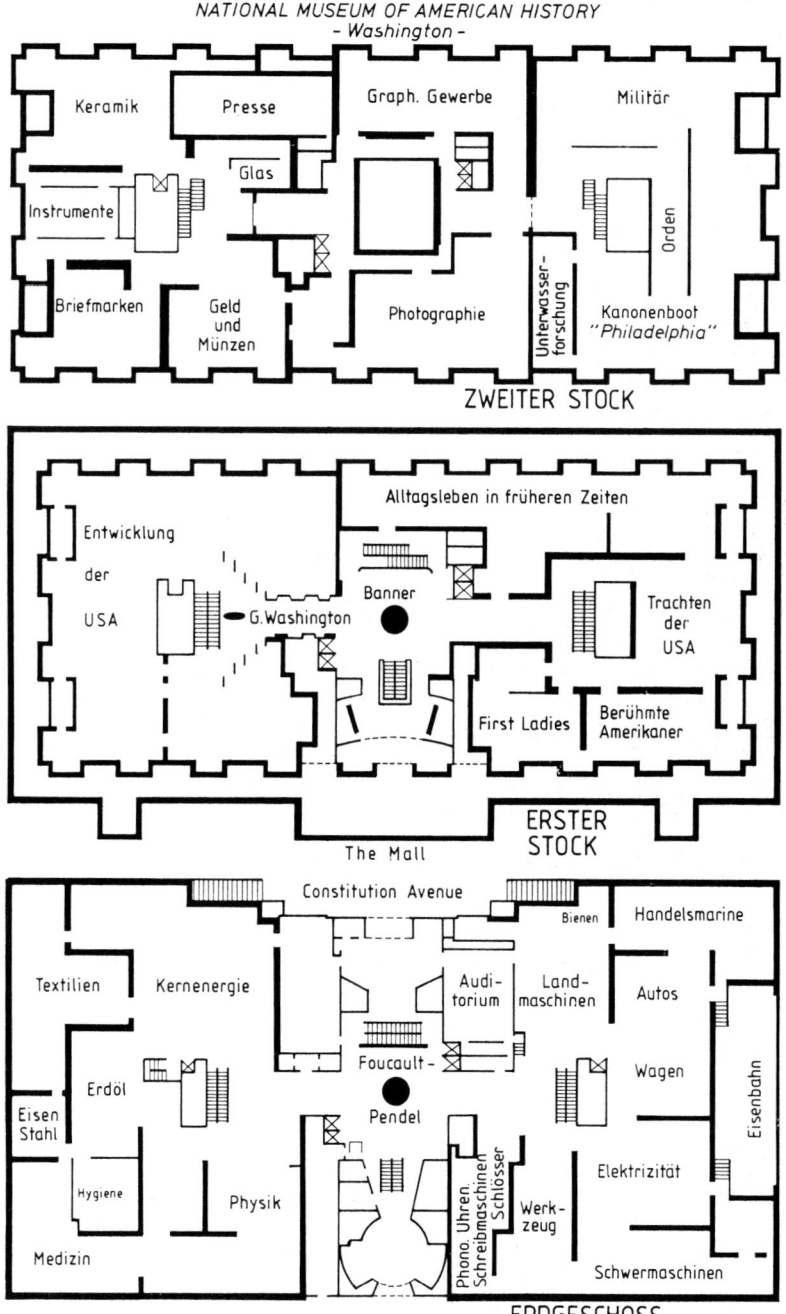

NATIONAL MUSEUM OF AMERICAN HISTORY
- Washington -

ZWEITER STOCK

ERSTER STOCK

ERDGESCHOSS

297

denen Präsidenten-Gattinnen. Im 1. Stock mag besonders der Sternenbanner die Geschichte der Staaten symbolisieren (Star Spangled Banner).

Informationen über den Star Spangled Banner

Das Sternenbanner ist die Originalfahne der USA. Es zeigt 15 Sterne (13 für die Gründerstaaten sowie 2 für Kentucky und Vermont). Das Fort McHenry, am Hafen von Baltimore gelegen, mußte am 13./14. September einem englischen Angriff standhalten. Zur gleichen Zeit wurde Francis Scott Key, der Rechtsanwalt in Georgetown war, auf einem englischen Schiff gefangen gehalten. Im Morgengrauen des 14. Septembers 1814 erkannte er die amerikanische Fahne auf Fort McHenry und war froh, daß es nicht eingenommen werden konnte. Der Rechtsanwalt aus Georgetown war emotional so gefangen, daß er seine Eindrücke aufschrieb. 1931 dienten sie als Vorlage zum Text der Nationalhymne "The Star - Spangled Banner":

O say! Can you see, by the dawn's early light,
What so proudly we hailed at the twilight's last gleaming,
Whose broad stripes and bright stars, through the perilous fight.
Over the ramparts we watched were so gallantly streaming?
And the rockets' red glare, the bombs bursting in air,
Gave proof through the night that our flag was still there.
O, say, does that Star - Spangled Banner yet wave
Over the land of the free and the home of the brave?

Ebenso findet man im ersten Stock Ausstellungen, die das Leben der Kolonialzeit veranschaulichen (Möbel, Silberwaren, Spielzeug, Töpfe). Im zweiten Stock sieht man u.a. Keramik (z.T. aus Meißen und Delft), Münzen (u.a. eine 100.000 $-Note mit dem Bildnis des Präsidenten Woodrow Wilson).

Weitere Museen/Galerien im Überblick

Museum/ Galerie	Lage	Metro	Öffnungs- zeit	Schwerpunkt
Corcoran Gallery of Art	17th St./ New York Ave. N.W.	Farragut West	Dienstag - Sonntag: 10.00 - 16.30h	zweitgrößte US-Sammlung ameri-kanischer Gemäl-de sowie Skulptu-ren; Kolonial-zeit - Moderne
National Archives	Constitution Ave. zw. 7/9th Sts. N.W.	Archives/ Smithso-nian	täglich 10.00- 17.30h im Sommer: bis 21.00h	historische Do-kumente zur US-Ge-schichte/ u.a. Unabhängig-keitserklärung/ Verfassung/ Bill of Rights
National Museum of African Art	950 Indepen-dence Ave. SW	Smithso-nian	täglich 10.00- 17.30h	Skulpturen/Mas-ken/rituelle Gegenstände
Renwick Gallery	Pennsylvania Ave. N.W./ 17th St.	Farragut West	täglich 10.00- 17.30h	amerikanische Kunst/Zeich-nungen, Pueblo-Töpfereien
Sackler Gallery of Asian Art	1050 Indepen-dence Ave. S.W.	Smithso-nian	täglich 10.00- 17.30h	1987 eröffnet, hervorragende Sammlung asiati-scher Kunst

● **Besuch des Arlington - Friedhofs (Arlington National Cemetery)**

Information
Zu erreichen direkt über die Brücke, die jenseits des Lincoln Memorial über den Potomac führt; Tel.: 692-0931

Öffnungszeiten

täglich 08.00 - 17.00 h, April bis September bis 19.00 h

U-Bahn

Metrostation: Arlington Cemetery/auch Tourmobile möglich

Dieser Friedhof liegt bereits in Virginia und ist die letzte Ruhestätte vieler berühmter amerikanischer Persönlichkeiten. Arlington Cemetery wurde 1864 auf dem großen Grundstück der Custis-Lee-Familie errichtet. Das umliegende Land wurde von John Parke Custis im Jahre 1778 gekauft. John Parke Custis war der Sohn von Martha Dandridge Custis Washington (der Frau von George Washington) aus erster Ehe. John Parke Custis ließ bei der Schlacht von Yorktown im Jahre 1781 sein Leben. Zwei seiner Kinder adoptierte George Washington (Custis und Eleanor, die auf dem Landsitz Mt. Vernon aufwuchsen. Der Adoptivsohn (George Washington Parke Custis") ließ später das Herrenhaus bauen. Dieser Custis wurde Schwiegervater des führenden Generals der Südstaaten im Bürgerkrieg, Robert. L. Lee.

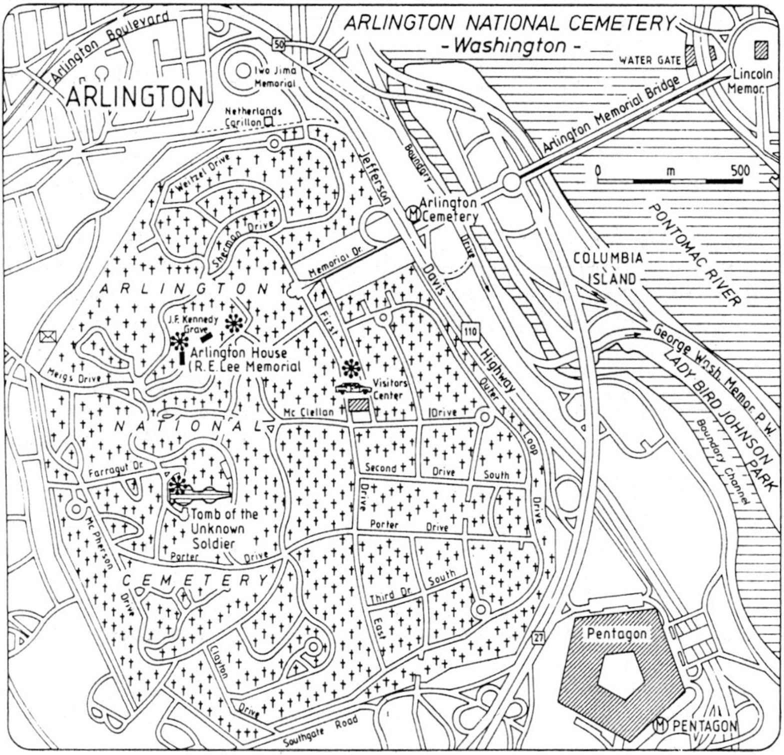

Etwa 200.000 Soldaten fanden bislang hier ihre letzte Ruhestätte. Es sind Opfer des Amerikanischen Unabhängigkeitskrieges (1775 - 1783), des Krieges gegen England (1812), des Mexikanischen Krieges (1846 - 1848),

Kennedys Grabstätte

des amerikanischen Bürgerkriegs (1861 - 1865), der Indianerkriege, des Spanisch-Amerikanischen Krieges (1898), des 1. und 2. Weltkriegs sowie des Korea- (1950 - 1953) und Vietnamkrieges.
Hier können neben den Militärs auch deren Angehörige begraben werden.

Die meisten Besucher kommen nach Arlington, um das **Grab von John F. Kennedy** (1917 - 1963) aufzusuchen. Doch auch ein weiterer Präsident - William Howard Taft (1857 - 1930) fand hier seine letzte Ruhestätte, ebenso wie zwei Astronauten, die bei der Explosion der "Challenger" im Jahre 1986 umkamen (Francis Dick Scobee und Michael Smith).

Auf John F. Kennedys Grab brennt eine ewige Flamme. Der 35. Präsident der USA fiel 1963 einem Attentat zum Opfer. Vor dem Aufgang zum Grab sind wichtige Zitate von Kennedy auf einer bogenförmigen Mauer angebracht. Neben John F. Kennedy sind zwei seiner Kinder begraben: Patrick Bouvier Kennedy, der 1963 schon 39 Stunden nach der Geburt starb, sowie eine namenlose Tochter, die tot zur Welt kam. Neben seiner Ruhestätte liegt auch das Grab seines Bruders Robert Francis Kennedy (1925 - 1968), der ebenfalls ermordet wurde.

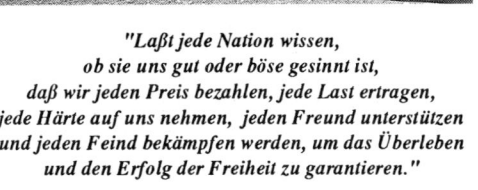

"Laßt jede Nation wissen,
ob sie uns gut oder böse gesinnt ist,
daß wir jeden Preis bezahlen, jede Last ertragen,
jede Härte auf uns nehmen, jeden Freund unterstützen
und jeden Feind bekämpfen werden, um das Überleben
und den Erfolg der Freiheit zu garantieren."

Weitere Ziele für Besucher auf dem Arlington Friedhof:

* **Custis-Lee Mansion:** Vom Haus, 1802 - 1817 erbaut, hat man einen sehr guten Blick auf Washington. Im Inneren ist das Haus im Stil des 18. Jahrhunderts eingerichtet. Vor dem Haus - mit Blick auf die Stadt - befindet

sich das Grab von Pierre - Charles L'Enfant (1754 - 1825), dem weitsichtigen Planer von Washington. Die vor dem Haus wehende Fahne ist stets auf Halbmast gehißt.

* Grabmal des Unbekannten Soldaten (Tombs of the Unknown Soldier). Dies ist die letzte Ruhestätte jeweils eines unbekannten Soldaten aus dem ersten und zweiten Weltkrieg sowie aus dem Korea-Krieg. Tag und Nacht wird es von einer Ehrenwache bewacht, die sich stündlich zeremoniell ablöst.

● **Pentagon**

Informationen
Lage: südwestlich von Washington auf der Virginia-Seite des Potomac gelegen; Tel.: 695-1776

Öffnungszeiten
Montag - Freitag: 09.30 - 15.30 h einstündige Führungen in halbstündigem Abstand

U-Bahn
Metrostation: Pentagon

Das Pentagon ist der Sitz des amerikanischen Verteidigungsministeriums. Der riesige fünfeckige Bau wurde 1941 - 1943 erbaut und gilt als das größte Bürohaus der Welt (23.000 Menschen arbeiten hier). Unendlich lange Flure verbinden die einzelnen, über fünf Etagen verteilten Büros. Ein Pentagon-Witz weiß deshalb von Lehrlingen zu berichten, die im Flurengewirr verloren gingen und erst als Greise wieder auftauchten...

Wer sich für Militärgeschichte interessiert, wird bei der einstündigen Führung auf seine Kosten kommen. Das Pentagon ist mittlerweile zu einem beliebten Touristenziel geworden - rechnen Sie also mit langen Wartezeiten.

● **FBI Headquarters**

Information
Pennsylvania Ave. zwischen 9 & 10 St. N.W.; Tel.: 324-3447

Öffnungszeiten
Montag - Freitag: 09.00 - 16.15 h

U-Bahn
Metrostation: Federal Triangle oder Archives

FBI, die Abkürzung für "Federal Bureau of Investigation", ist das nationale Fahndungsamt der USA. Über 20.000 Kriminalbeamte gehen hier "den Spuren nach". Im Verlauf einer einstündigen Führung besucht man die "Ruhmeshalle" mit besonders gesuchten Verbrechern, bekommt Mordwaffen sowie Einbruchswerkzeuge zu sehen und erhält einen Einblick in die Arbeit eines kriminologischen Labors. Zum Schluß wird man Augenzeuge einer Schießübung.

● **National Zoological Park**

Information

Lage: 3001 Connecticut Ave. N.W.; Tel.: 673 - 4800

Öffnungszeiten
1. Mai - 15 September: täglich 09.00 - 18.00 h
sonst: täglich 09.00 - 16.30 h

U-Bahn

Metrostation: Woodley Park Zoo

Ein Zoobesuch in Washington ist insofern eine besondere Sache, weil es die Riesenpandas Ling Ling und Hsing-Hsing zu sehen gibt, welche die chinesische Regierung schenkte. Die offizielle Fütterungszeit der Pandas: 11.00 und 15.00 h. Außerdem gibt es über 500 weitere Tierarten, u.a. Elefanten, Affen und Löwen zu sehen.

● **Georgetown**

Obwohl man von der Washingtoner City sozusagen "nahtlos" vom Weißen Haus über die Pennsylvania Avenue in dieses nordwestliche Stadtviertel gelangt, so hat Georgetown durchweg einen so eigenständigen Charakter, daß man von einer "Stadt in der Stadt" sprechen kann. Georgetown liegt westlich des Rock Creek und nördlich des Potomac. Noch vor Washington entstand Georgetown 1789 als ein Hafen-Umschlagplatz für Getreide und Tabak. Ein weiterer Aufschwung deutete sich mit dem Bau des Chesapeake & Ohio Kanals an, mit dem 1828 begonnen wurde und der bis nach Pittsburgh führen sollte... Doch technische Schwierigkeiten und unabsehbare Kosten führten dazu, daß "nur" die 288 km bis nach Cumberland fertiggestellt wurden (1850). Auf dieser Strecke galt es, mithilfe von sieben Schleusen 183 Meter Höhendifferenz zu überwinden. Auf dem Kanal wurde u.a. auch Kohle aus den Appalachen befördert. Doch Hochwasserkatastrophen insbesondere in den zwanziger Jahren beschädigten den Kanal sehr. Parallel dazu verlagerte sich der Gütertransport immer mehr auf die Eisenbahn, und die Bedeutung des Schiffahrts-Weges schwand.

Straße in Georgetown

Schon im Verlaufe des Amerikanischen Bürgerkrieges ging es mit Georgetown abwärts und mit dem Ausbau Washingtons aufwärts. Der ehemals
prosperierende Ort verkam allmählich. Erst in den 30er Jahren entdeckte die
Washingtoner Eliteschicht Georgetown als einen bevorzugten Wohnort

Wohngegend in Georgetown

wieder. Zaghaft, doch fortan immer stärker, lebte der Ort durch Restaurierungsarbeiten und Neubau auf. Slums machten geschmackvollen, oft im georgianischen Stil erbauten Häusern Platz. Auch John F. Kennedy wohnte hier, bevor er 1961 Präsident wurde (3307 N St.).

Restaurants
Clyde's of Georgetown (3236 M Street). Sehr nettes Restaurant und Bar mit Atmosphäre, beliebter Treff von Washingtonern, gute und preiswerte Küche.

Sehenswertes in Georgetown

Georgetown lädt zum Schlendern ein. Vor allem entlang der M-Street gibt es viele gemütliche Restaurants, Bars, Läden und Boutiquen. Ansehen sollten Sie sich:

* **Old Stone House** (3051 M Street, geöffnet Mittwoch - Sonntag 09.30 - 17.00 h).
Das alte Steinhaus stammt aus dem Jahre 1765 und ist mit Einrichtungsgegenständen aus dem 18. Jahrhundert ausgestattet. Es ist eines der ältesten Häuser in Washington.

* **Dumbarton Oaks** (1703 32 St. N.W., geöffnet Dienstag - Sonntag 14.00 - 17.00 h, die Gärten täglich außer während der Ferien von 14.00 - 17.00 h).
Im 18. Jahrhundert diente dieses Landstück einem Schotten aus Dumbarton, der es landwirtschaftlich nutzte. Später - 1801 - wurde hier das Herrenhaus erbaut, welches zusammen mit den großen Gärten im Jahre 1940 der Harvard-Universität geschenkt wurde. Die Auflage der Besitzer (Mildred und Robert Bliss) war, dieses Haus als ein Zentrum für Byzantistik und Frühes Christentum zu nutzen. Robert Bliss, ein ehemaliger US-Botschafter in Schweden und Argentinien, hatte mit Mildred im Verlaufe seines Lebens eine Sammlung prä-kolumbianischer, byzantinischer und hellenischer Kunst angelegt.
Noch heute ist hier die überschaubare byzantinische Sammlung, eine Bibliothek (80.000 Bände) sowie präkolumbianische Kunst zu bewundern. Sehenswert sind die kunstvoll angelegten Gärten; die Asche von Mrs. und Mr. Bliss ist im Rosengarten begraben.

* **Washington National Cathedral St. Peter and Paul** (Massachusetts Ave., Wisconsin Ave. und Woodley Road, geöffnet täglich 10.00 - 16.30 h, Führungen Montag - Samstag 10.00 - 15.15 h und Sonntag 12.30 und 14.455 h)
Mit dem Bau dieser Kirche wurde 1907 begonnen. Sie ist im Stile der französischen Spätgotik errichtet und wurde nach einer Bauzeit von 83 Jahren erst im September 1990 fertiggestellt. Die beiden Weltkriege sowie Finanzierungsschwierigkeiten warfen die Zeitpläne zur Fertigstellung immer wieder durcheinander. Auch in den vergangenen Jahren hatte man nicht das

nötige Geld, doch die Kirche nahm Kredite auf. Man befürchtete, daß es bald nicht mehr genügend Handwerker gäbe, welche im gotischen Stil bauen könnten.

Dem Vermächtnis von George Washington nach ist diese Kirche als nationale Kirche gedacht. Es ist zwar eine Kathedrale der Episkopalkirche, doch sie steht auch anderen Glaubensbekenntnissen offen.

In der Kirche liegt auch das Grab des ehemaligen 28. US-Präsidenten Woodrow Wilson (1856 - 1924) und seiner Frau. In der "Rare Book Library" (einer Bibliothek seltener Bücher) kann man sich Dienstag bis Samstag von 12.00h - 16.00 h umschauen.

Washingtons National Cathedral St. Peter and Paul

Ein besonderer Tip, in Muße "das alte Georgetown" kennenzulernen, ist eine **Bootsfahrt** mit einem alten Kahn, der Georgetown, die von Maultieren oder Pferden auf dem alten Chesapeake & Ohio Canal gezogen wird. Kindern macht es Spaß zu erleben, wie man in eine Schleuse einfährt und das Schiff gesenkt bzw. gehoben wird. Eine solche Treidelfahrt dauert etwa 1 1/2 Stunden.

Buchung der Fahrten: Foundry Mall, 1055 Thomas Jefferson St. N.W. (südlich M Street), Washington D.C./Georgetown, Tel.: (202) 472-4376. Nächste Metrostation: Foggy Bottom.
Fahrzeiten der "Georgetown":

Sommer (13. Juni - 16. September):   Mittwoch - Sonntag 10.30 h / 13.00 h / 15.00 h,
18. April - 10 Juni   sowie
19. September - 14. Oktober: Mittwoch - Sonntag 13.00 h / 15.00 h
     Samstag und Sonntag zusätzlich noch 10.30 h.

Weiterer Tip: Man kann auf dem gleichen Kanal auch mit dem "Canal Clipper" fahren. Diese Treidelfahrt beginnt in: Great Falls Tavern, 11710 Mac Arthur Blvd., Potomac, Maryland, Tel.: (301) 299-2026. Hier ist die Landschaft natürlicher (Wälder, schönes Flußtal). Fahrzeiten im Sommer wie bei der "Georgetown", in der sonstigen Zeit (gleiche Saisonzeiten wie bei der "Georgetown", nur Samstag und Sonntag 10.30 h / 13.00 h / 15.00 h)

Diese Historie können Sie nacherleben:
Kahnfahrt auf dem Chesapeake und Ohio Kanal

7.5.7 AUSFLÜGE IN DIE UMGEBUNG

● Nach Mount Vernon (Landsitz von George Washington)

Streckenhinweis
Sie verlassen Washington am besten über Arlington Memorial Bridge und folgen dann südwärts dem Mt. Vernon Memorial Highway (etwa 26 km) über Alexandria nach Mount Vernon. Dies ist auch eine beliebte Fahrradstrecke (z.T. auf wunderschönen Fahrradwegen, vor allem südlich von Alexandria).

Hinweis
Mt. Vernon ist auch mit dem Tourmobile erreichbar. Alexandria ist mit der Metro verbunden (Station: King Street).

Alexandria

Informationen
Alexandria Convention & Visitor Bureau, 221 King Street. Hier gibt es u.a. auch eine gute Stadtkarte.

307

Restaurants
Fish Market, 105 King Street. Täglich frischer Hummer, Krabben, Langusten. Dazu abends Ragtime Musik.
Aby's Raw Bar, 811 Washington Street. Auf Muscheln spezialisiert, abends Klaviermusik.

Alexandria lohnt einen kurzen Zwischenstop. In diesem Städtchen findet der Besucher heute viele restaurierte Kolonialhäuser. Als eine der alten Hafenstädte an der Küste (hier über den Potomac erreichbar) wurde der Ort um 1730 von schottischen Kaufleuten gegründet - also bereits vor Washington! In den Jahren 1791 - 1846 gehörte das Städtchen zum ursprünglichen 10-Meilen-Quadrat der neuangelegten Hauptstadt. Dieser "Virginia-Anteil" wurde im Jahre 1846 durch einen Kongreßbeschluß wieder an Virginia zurückgegeben, da dieses Stück der Entwicklung hinterherhinkte, während Washington doch allmählich prosperierte.

Restaurierter Straßenzug in Alexandria

Im ehemaligen Tabakhafen-Städtchen leben heute etwa 110.000 Einwohner. Ebenso wie Georgetown eignet sich das Pflaster hier zum Bummeln. Die historische Atmosphäre hat viele Galerien, Kunstläden, nette Restaurants und Bars angezogen. Wenn Sie Zeit haben, sollten Sie sich folgendes anschauen:

* **Christ Church** (Cameron & N. Washington Streets). Diese Backsteinkirche wurde 1767 - 1773 erbaut. Hier sind noch heute die Stammplätze von George Washington sowie dem Südstaaten-General Lee zu sehen.

* **King Street**: Auf dieser Hauptstraße finden Sie die meisten Läden, Galerien, Restaurants etc..

* **Carlyle House** (121 N. Fairfax St.). Dieses Haus, 1752 erbaut und jüngst restauriert, diente der kolonialen Gesellschaft als Treffpunkt. Besichtigung: Dienstag - Samstag 10.00 - 17.00 h, Sonntag: 12.00 - 17.00 h)

* **Gadsby's Tavern** (138 N Royal St., Tel.: 548-1288). Dies war einst die Lieblingskneipe vieler Politiker, u.a. auch von George Washington. Der ältere Teil der Taverne (Nr. 134) ist ein Museum

● **Mount Vernon**

Information

Tel.: (703) 780-2000; mit Tourmobile oder Gray Line zu erreichen

Öffnungszeiten
täglich: 09.00 - 17.00 h
November bis Februar: 09.00 - 16.00 h

Je mehr man sich Mount Vernon nähert, desto mehr wird es ländlicher. Ab und zu führt die Straße direkt am Potomac River entlang, dann wieder windet sie sich kleinere Hügel empor.

Mount Vernon: Washingtons Landsitz

Nachdem der Besucher seinen Eintritt entrichtet hat (das Geld dient der "Mount Vernon Ladies' Association" zum Erhalt des Landsitzes), gelangt er auf Kieswegen zum Landsitz George Washingtons. Vor dem Anwesen, das auf einer kleinen Anhöhe hoch über den Ufern des Potomac liegt, erstreckt sich ein weiter Rasen, gesäumt von jahrhundertealten Ulmen, die schon Washington gesehen haben dürfte.

Das weiße Herrenhaus entwarf im wesentlichen der 1. Präsident der USA selbst. Es wurde, bedingt durch seinen berühmten Schöpfer, Vorbild für unzählige Nachbauten. Auch beim Bau legte George Washington Hand an. Er benannte sein Haus nach Admiral Vernon, seinem früheren Chef in der britischen Flotte.

Schon nach damaligen Maßstäben galt der Besitz als groß. Über 300 Sklaven arbeiteten für den strengen Herrn, alleine neunzig davon wohnten in unmittelbarer Nähe in Backsteinhäusern. Man pflanzte damals vor allem Tabak und Weizen an, und viele Sklaven wohnten deshalb in Hütten in der Nähe der Felder. Daß Washington seine Sklaven nach dem Unabhängigkeitskrieg freiließ, sollte nicht unerwähnt bleiben.

Die Familie Washington auf Mount Vernon

1674 Das Landgut Mount Vernon wird Georges Urgroßvater John Washington zugeteilt.

1726 Georges Vater Augustine Washington übernimmt den Besitz.

1732 George, erstes Kind von Augustine und Mary Washington, wird auf Popes Creek Plantation in der britischen Kolonie Virginia geboren.

1735 Augustine Washington und Familie wohnen auf Mount Vernon.

1743 Augustine Washington stirbt. Georges älterer Halbbruder Lawrence Washington heiratet und läßt sich auf Mount Vernon nieder.

1754 George Washington pachtet zunächst das Landgut von der Witwe Lawrence Washingtons.

1759 George Washington heiratet die verwitwete Martha Dandridge Custis. Beide siedeln mit Marthas beiden jungen Kindern John Parke und Martha Parke Custis nach Mount Vernon über.

1761 George Washington erbt Mount Vernon nach dem Tode von Lawrence Washingtons Witwe.

1775 George Washington wird Oberbefehlshaber der Kontinentalen Streitkräfte und kehrt dauerhaft nach Mount Vernon erst 1783 zurück.

1789 - Während seiner achtjährigen Präsidentschaft besucht George
1797 Washington Mount Vernon 15 mal.

1799 George Washington stirbt und wird in der älteren Familiengruft begraben.

1802 Martha Washington stirbt und wird neben ihrem Ehemann bestattet. Mount Vernon wird an Washingtons Neffen Bushrod Washington vererbt.

1858 Der Damenverein Mount Vernon (Mount Vernon Ladie's Association) kauft das Landgut Mount Vernon von der Familie Washington.

Bei der Innenführung wird der Lebensstil dieser Tage lebendig. Das Haus und sein Interieur sind eher gutbürgerlich, auf keinen Fall luxuriös zu nennen. Man hatte ständig Gäste im Hause, welche die gepflegte Atmosphäre zu schätzen wußten. Porzellan, gediegenes Silber, geschmackvolle Möbel legen davon Zeugnis ab. Während des Unabhängigkeitskriegs ließ sich George Washington praktisch nie hier blicken, da er ja Oberbefehlshaber der Kontinentalarmee war. Seine Frau Martha reiste in jener Zeit oft in die Krisengebiete, in denen ihr Mann kämpfte. Erst 1783, als er freiwillig aus der Armee ausschied, konnte er sich wieder persönlich um den Besitz kümmern. Doch als er 1789 erster Präsident der Vereinigten Staaten wurde, war es damit wieder zu Ende, und er kümmerte sich nur noch am Rande um den Landsitz. Nicht eher als im Jahre 1797 kehrte er für immer auf Mount Vernon zurück. Hier starb er 1799, und sein Grab sowie das seiner Frau befinden sich auf dem Gelände. Martha Washington vermochte den Tod ihres Gatten nie verwinden. Das gemeinsame Schlafzimmer betrat sie bis zu ihrem Tod im Jahre 1802 nie wieder.

Bei der Hausbesichtigung sieht man Washingtons Bibliothek, Speise-, Schlaf- und Sterbezimmer. In der Eingangshalle ist ein Geschenk aus dem Jahre 1790 zu sehen, das Lafayette George Washington übergab: ein Schlüssel zur Pariser Bastille.

 Auf keinen Fall sollten Sie versäumen, sich das Haus von der dem Potomac zugewandten Seite anzuschauen. Die Aussicht von hier - etwa 60 m über dem Fluß - ist faszinierend. Übrigens: Alle Farben außen und innen sind die, welche Washington in den letzten Jahren seines Lebens ausgesucht hatte.

Zu den Nebengebäuden
Bei ihrer Anlage ließ sich Washington von vielen Überlegungen leiten. Die Nebengebäude sollten auf keinen Fall die Schönheit und Ruhe des Haupthauses stören. Hier gingen die Sklaven den alltäglichen Arbeiten nach (Waschen und Bügeln, Einsalzen und Trocknen von Fleisch, Räuchern etc.).

Zur Grabstätte
George Washington verfügte, daß man ihn nach dem Tode auf Mount Vernon begraben sollte. Er ordnete noch zu Lebzeiten eine neue Grabstätte anstelle der älteren reparaturbedürftigen Familiengruft an. Diese Grabstätte war erst 1831 fertiggestellt, und die Familienmitglieder wurden umgebettet.

Zum Museum
Hier gewinnt der Besucher einen Einblick in das persönliche Leben von George und Martha Washington. Neben interessanten Memorabilien (u.a. der Militärausrüstung von Washington oder den aus Satin genähten Hochzeitsschuhen seiner Frau) ist eine vom Bildhauer Jean Antoine Houdon gefertigte Büste zu sehen, die als bestes Abbild des ersten US-Präsidenten gilt.

Das Leben George Washingtons

Der 1. Präsident der USA wurde am 22.2.1732 in Pope's Creek/Virginia als Sohn englischer Immigranten geboren. Zunächst wurde Washington Landvermesser, brachte es aber später als virginischer Tabakpflanzer durch Erbschaft, Heirat und erfolgreiche Spekulation zu Reichtum.

1753 - 1758 kämpfte er als Milizoberst gegen die Franzosen im Ohiotal und half, Virginias Westgrenze zu sichern. Seit 1759 gehörte er dem Abgeordnetenhaus von Virginia an. Schon früh engagierte er sich für den Widerstand gegen die britische Bevormundung und zog als Delegierter 1774/75 zum Ersten Kontinentalkongreß. 1775 erhielt er den Oberbefehl über die amerikanischen Revolutionstruppen und errang trotz einer geringen Truppenzahl und schlechter materieller Ausrüstung bald Erfolge. Er galt als charakterstarker, organisatorisch hervorragend begabter General, der mithilfe europäischer Offiziere eine schlagkräftige Armee aufbaute: 1781 besiegte er mit Truppen, die u.a. von General Steuben ausgebildet wurden, bei Yorktown die Briten.

1783 trat er aus der Armee aus und zog sich zunächst ins Privatleben zurück. 1787 aber wurde er vom Verfassungskonvent als Präsidentschaftskandidat nominiert und schließlich 1789 zu ersten Präsidenten der Vereinigten Staaten gewählt. Sein damaliger Amtssitz war New York. Innerhalb von zwei Amtsperioden baute er unter Mithilfe von Hamilton und Jefferson ein funktionsfähiges, staatenübergreifendes Verwaltungssystem auf, führte die nationale Währung ein, gründete die Staatsbank, die Post und reorganisierte das Heer und die Flotte.

Im Kontext der britisch-französischen Auseinandersetzungen während der französischen Revolution vertraten seine Gefolgsleute Hamilton und Jefferson zunehmend entgegengesetzte Standpunkte: Alexander Hamilton schlug sich auf die englische Seite, Jefferson auf die französische. Sie avancierten zu Führern von verschiedener Parteien wie

George Washington - erster Präsident der USA

den "Federalists" (Hamilton) und den "Republicans" (Jefferson). Washington gelang es dennoch, beide auf eine gemeinsame politische Linie zu bringen. Der Streitigkeiten müde, zog sich Washington 1796 aus dem politischen Leben zurück. Seine letzten Lebensjahre verbrachte er auf seinem Landsitz Mount Vernon. In der berühmten "Farewell Address" am 19.9.1796 warnte er vor Isolationismus. Washington starb am 14.12.1799 auf Mount Vernon.

7.6 VON WASHINGTON ZUM SHENANDOAH NATIONAL PARK

7.6.1 ÜBERBLICK

Nach dem Großstadt-Erlebnis "Washington" und vielen Besichtigungen ist der Besuch des Shenandoah National Parks sicherlich so etwas wie "Balsam auf der Seele". Kaum zu glauben, daß nur zwei Fahrstunden von der Hauptstadt entfernt man in eine so beschauliche Ruhe eintauchen kann. Ob kurze oder längere Wanderungen, Pferdeausritte, Kanufahrten auf dem idyllischen Shenandoah, der Besuch historischer Städtchen wie Staunton oder Lexington, der Besuch wunderschöner Tropfsteinhöhlen (z.B. der Luray Caverns):

Der Besuch des Shenandoahs National Parks sowie seiner angrenzenden Täler garantiert Abwechslung.

7.6.2 TOURISTISCHE HINWEISE

Entfernungen
Washington D.C. - Front Royal   ca. 105 km
Front Royal - Skyland   ca. 72 km

Streckenbeschreibung
Von Washington folgen Sie am besten dem Interstate 66 West. In Höhe des kleinen Fleckens Delaplane biegen Sie auf die alte Straße (Nr. 55) ein, die Sie nach Front Royal führt. Kurz hinter Front Royal erreichen Sie den Nordeingang des Shenandoah National Parks. Sie folgen ab hier der Straße 340 südwärts. Dies ist der Skyline Drive, der auf dem Bergrücken der Blue Ridge 170 km nach Südosten führt. Am Skyline Drive liegen unzählige Aussichtspunkte, die zum Stop einladen.

i   **Informationen**
Superintendent, Shenandoah National Park, Luray, Virginia 22835
Dickey Ridge Visitors Center (= am nächsten zum Nordeingang gelegen, Meile 4.6 vom Nordeingang aus gerechnet): Öffnungszeiten April bis Oktober 09.00 - 17.00 h.
Byrd Visitors Center (Meile 50): Öffnungszeiten 09.00 - 17.00 h; hier gibt es auch ein kleines

313

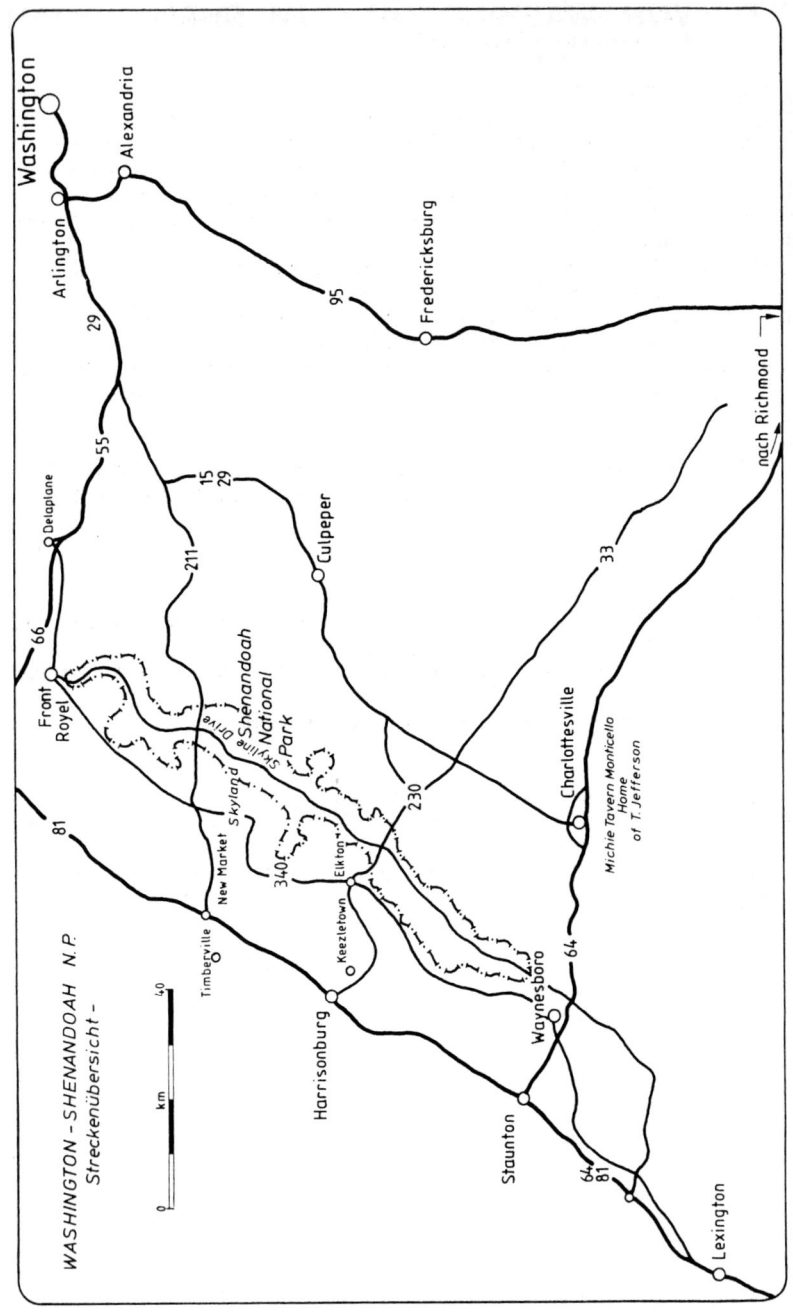

Museum mit Exponaten zur Geschichte, Flora und Fauna; Filmvorführungen.

Notfall-Telefon-Nummer im Parkgebiet: 999 - 2227

Übernachtungen

Im Nationalparkgebiet gibt es drei verschiedene Übernachtungsstellen, wo Sie in Lodge - Zimmern bzw. in "Cabins" (eine Art Blockhütten) übernachten können.

Beachten Sie bitte, daß in den Sommerferien und vor allem zur Laubfärbung im Oktober eine Vorreservierung erfolgen sollte. Es gibt folgende Übernachtungsstellen:

● **Skyland** (Meile 42, Tel.: 999-2211). Hier gibt es auch ein Restaurant, Ausreitmöglichkeiten, Wanderwege etc..

Die Skyland Lodge liegt sehr zentral zu den schönsten Wanderwegen. Die Zimmer mit Blick auf das große Appalachental sind besonders zu empfehlen.

● **Big Meadows** (Meile 51, Tel.: 999-2221; Restaurant, Wandermöglichkeiten.

● **Lewis Mountain** (Meile 58); Cabins, kein Restaurant

Je nach Jahreszeit (nur zwischen April und Oktober) und Lage kosten die Cabins z.B. zwischen 32 - 62 $, Zimmer etwa 60 - 75 $.

Buchung

Zentrale Reservierungsstelle für alle Zimmerübernachtungen: ARA Virginia Sky - Line, P.O.Box 727, Luray 22835. Gebührenfreie Buchung: 1 - 800 - 999 - 4714

Camping

Es gibt im Parkgebiet vier Campingplätze:

Matthews Arm (Meile 22); **Big Meadows** (Meile 51); **Lewis Mountains** (Meile 58); **Loft Mountain** (Meile 80).

Alle Campingplätze haben ein Geschäft und verfügen über Waschmaschinen, Toiletten und Duschen.

Reservierungen: Ticketron, Dept. R., 401 Hackensack Ave., Hackensack, N.J. 07601

Restaurants

Restaurants mit vernünftigen Preise stehen zur Verfügung in:

Skyland Lodge (Meile 41.7), **Big Meadows Lodge** (Meile 51.2) und **Panorama Restaurant** (Meile 31.6).

Kleine "Store-**Snackbars**" sind **Elkwallow Wayside** (Meile 24.1); **Big Meadows Wayside** (Meile 51.2); **Lewis Mountain** (Meile 57.5); **Loft Mountain Wayside** (Meile 79.5)

Virginia - Telegramm

Abkürzung:	VA
Namens - Ableitung:	nach der jungfräulichen englischen Königin Elisabeth I. benannt
Beiname:	Old Dominion
Größe:	105.586 qkm (36.*)
Einwohner:	5.8 Millionen
Bevölkerungsdichte:	54.8 Ew/qkm
Hauptstadt:	Richmond (220.000 Ew)
Weitere Städte:	Norfolk (270.000 Ew); Arlington (170.000 Ew); Virginia Beach (262.199 Ew); Newport News (145.000 Ew)
Unionsbeitritt:	1788
Wirtschaft:	Vielseitige Landwirtschaft: Tabak, Erdnüsse, Mais, Obst, Gemüse, Viehzucht; ebenfalls differenzierte Industriestruktur: chemische Industrie, Textilfabriken, Nahrungsmittelproduktion, Papierherstellung, Schiff- und Fahrzeugbau. An Bodenschätzen sind Kohle und Zink vorhanden.
Touristisches Potential:	Man kann seinen gesamten Urlaub in Virginia verbringen, denn dieser Bundesstaat ist in besonderem Maße vielseitig:

● Anteil an den schönen sandigen Abschnitten am Atlantik;

● wichtige historische Stätten und Städte wie Williamsburg, Yorktown, Jamestown, Monticello, Ash Lawn;

● Gebirgswelt der Appalachen, besonders erlebenswert im Shenandoah National Park;

● schöne, weniger touristisch frequentierte Regionen westlich der Blue Ridge.

Touristische Informationen:	Virginia Division of Tourism, Bell Tower, Capitol Square, 101 N. 9th Street, Richmond 23219 VA, Tel.: gebührenfrei 800/847-4882 oder 786-4484.

* Die Ziffern in Klammern bedeuten den Rangplatz in den USA.

7.6.2 SHENANDOAH NATIONAL PARK

Allgemeine Informationen

Die 1936 zum Nationalpark erklärte Region bedeckt eine Fläche von
insgesamt 790 qkm. Das Parkgebiet zieht sich von Nordosten bis Südwesten

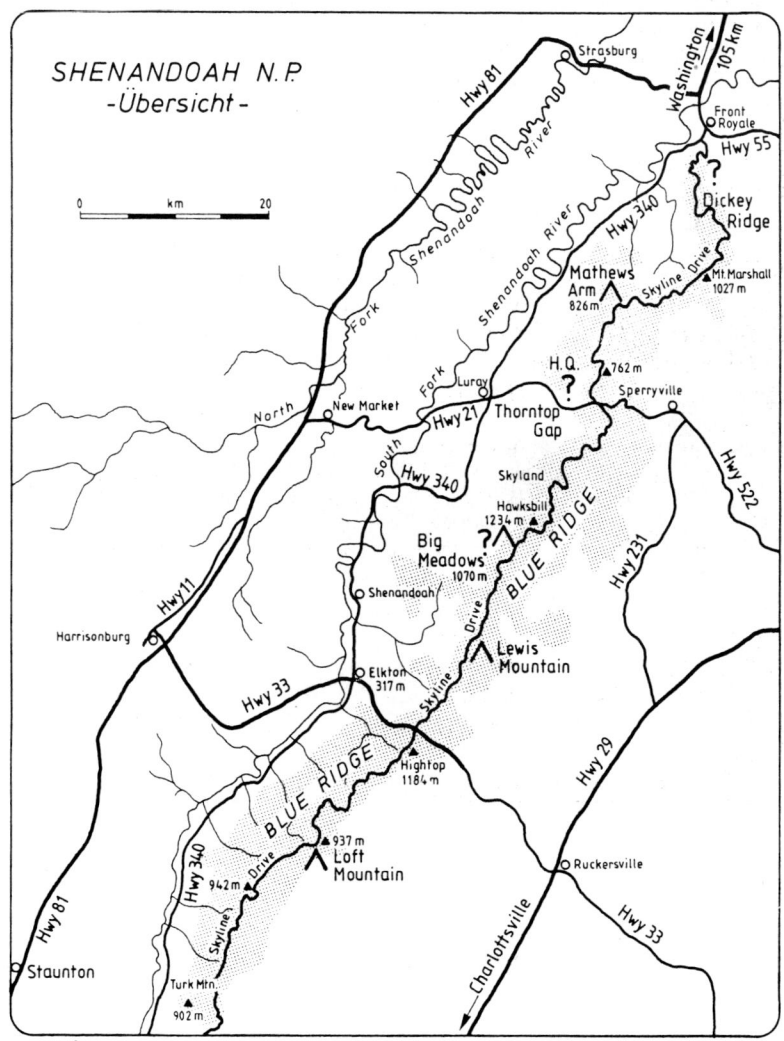

in einer Länge von etwa 100 km hin und umfaßt den schmalen Gipfelbereich (3 - 21 km) der sog. Blue Ridge (= Blaue Kette), die Teil der Appalachen ist. Die Blue Ridge erreicht Höhen von ca. 1.200 m und dacht nach Osten zum Piedmontplateau, im Westen zum Großen Appalachental ab, wo der Shenandoah - Fluß träge mäandriert.

Woher stammen die Namen ?

● **_Blue Ridge_**_: so genannt, weil die Berge meist in einem bläulichen Dunstschleier liegen._
● **_Shenandoah_**_: stammt aus dem Indianischen und heißt soviel wie "Tochter der Sterne")._

Idyllische Wasserfälle

Auf dem Höhenrücken führt der oft windungsreiche "**Skyline Drive**" (170 km) entlang, an dem viele Rastplätze und Aussichtspunkte (über 60!) liegen und von wo aus die Wanderwege abgehen. Hier befinden sich ebenfalls die Unterkunftsmöglichkeiten sowie die Restaurants.

Zu den beliebtesten Aktivitäten gehören das Wandern und Reiten. Apropos Wandern: Auch wenn man nur wenig Zeit (die meisten Wanderwege sind kurz!) zur Verfügung hat, sollte man in die Stille der Natur tauchen und vielleicht einen der vielen Wasserfälle aufsuchen. Besonders faszinierend ist ein Besuch im Oktober, wenn die Färbung der artenreichen Laubbaum-Wälder einsetzt: Dann herrscht hier absolute Hochsaison.

Ein Blick in die Vergangenheit

Erste menschliche Besiedlungsspuren reichen etwa 9.000 Jahre zurück. Archäologische Funde haben darüberhinaus belegt, daß bis vor 500 Jahren **Sioux-Indianer** im Shenandoah-Gebiet gelebt haben. Ihr prädestiniertes Gebiet waren Flußtäler auf der Ost- und Westseite der Blue Ridge. Pfeil- und Speerspitzen aus behauenem Quarzstein sowie Grabhügel legen davon Zeugnis ab.

Die ersten weißen Siedler tauchten um 1725 auf. Zunächst im Shenandoah-Tal siedelnd, erschlossen Teilgruppen auch den Bergwald als Lebensraum. Das hatte zur Folge, daß binnen eines Jahrhunderts die Natur stark geschädigt wurde: Die Wälder wurden **rücksichtslos abgeholzt**, und mit ihnen verschwanden Tiere wie Hirsche, Wölfe und Bisons. Nur wenige Schwarzbären sowie Rehe fanden Flecken, an denen sie überlebten. Der Ackerboden wurde durch einseitigen Anbau immer unfruchtbarer, so daß die Bergbauern allmählich verarmten. Im Gegensatz dazu lebten die Menschen im Tal in - wenn auch bescheidenem - Wohlstand. Trotzdem verharrte ein kleiner Bevölkerungsteil auf dem Höhenrücken und ging - wie in grauen Vorzeiten - dem Jagen und Sammeln nach.

Bis zum Amerikanischen Bürgerkrieg (1861 - 1865) zogen viele **Einwanderer** in dieses noch relativ unerschlossene Gebiet. Als jedoch die Eisenbahn den Mittleren und Fernen Westen erschloß, versiegte der Zustrom von Immigranten, die lieber ihr Glück weiter westwärts suchten: Kalifornisches Gold versprach schnelleren Reichtum als harte Bauernarbeit.

Erst im auslaufenden 19. Jahrhundert entdeckte man die Blue Ridge als einen **Erholungsraum**, den es zu bewahren galt. Einem unkontrollierten Besucherzustrom sowie einer Zerstörung der Landschaft durch zügellose Bebauung versuchte man durch die Deklaration des Gebietes zum "National Monument" (1926) zu begegnen. Doch erst 1936 konnte die heutige Parkregion durch Zukauf von privatem Land zum Nationalpark-Gebiet deklariert werden. Fortan begann man mit einer systematischen Aufforstung. Heute sind wieder 95 % der Parkfläche von Mischwald bedeckt. Und damit fand die Tierwelt wieder adäquate Lebensbedingungen vor.

Geologische Entwicklung

Bereits vor 500 - 380 Millionen Jahren wurden die heutigen Appalachen gebildet, als sich der nordamerikanische Kontinent noch in Äquatornähe befand. Im Zuge der Kontinentalverschiebung und parallel dazu verlaufendem Vulkanismus kam es durch Subduktion (= "Unterschiebung" von Landmassen durch Kollision von Gesteinsplatten) vor 340 Millionen Jahren zu einem weiteren gebirgsbildenden Vorgang, der vor etwa 230 Millionen Jahren endete. Danach (Beginn vor etwa 180 Millionen Jahren) trennte sich allmählich der zusammenhängende Urkontinent Nordamerika/Europa/Afrika, was auf eine weitere Gebirgsbildung jedoch keinen Einfluß hatte.

Paläozoische Sandsteine, Schiefer und Kalke (wegen ihrer Farbe oft als "greenstone" bezeichnet), Granite und Gneise bilden den Untergrund. Das alte Gestein - sogenanntes präkambrisches Gestein (also Granit/Gneis) - tritt heute aufgrund der langen Erosionstätigkeit wieder zutage, allerdings nur dort sichtbar, wo eine Humusschicht fehlt.

Flora und Fauna

Heute sind wieder 95 % des Parkgebietes von dichtem Mischwald überzogen, nur 5 % sind Wiesen- und Hochmoorland. Wegen der früheren Abholzung sind allerdings einige endemische (d.h. einheimische) Baumarten verschwunden, so die Nordamerikanische Edelkastanie, deren letzten Exemplare durch Mehltau zu Beginn dieses Jahrhunderts abstarben. Heute reicht die Skala der Bäume von Eichen über Ahorn, Birken, Pappeln bis zu Kiefern, Amerikanischen Rotfichten sowie Balsamtannen.

Junger Schwarzbär

Mit der erfolgreichen Aufforstung fanden viele Tierarten wieder einen geeigneten Lebensraum. Sog. Weißwedelhirsche und Schwarzbären, Luchse, Opossums, Biber, Baum- und Erdhörnchen fühlen sich im Nationalpark wohl. Andere Tiere, deren Lebensraum eher die offene Landschaft ist, sind dagegen zahlenmäßig zurückgegangen, so Hasen, Füchse und Wachteln. Für Ornithologen sind insbesondere Häher, Truthahngeier, Rotschwanzbussarde oder Spechte interessant.

Die aufgezählten Tiere können praktisch überall beobachtet werden. Wegen der dichten, gleichmäßigen Bewaldung leben sie verstreut. Auf den offenen Wiesen kann man ziemlich regelmäßig Hirsche weiden sehen. Bären dagegen sind eher scheu und werden vor allem im Spätherbst und Winter gesehen. Die Campingplätze sind manchmal beliebter Treff von Wasch- und Schwarzbären sowie Stinktieren.

i Informationen *Der Schwarzbär (Ursus americanus)*

Im Shenandoah National Park kann man auf Schwarzbären treffen. Der Baribal, wie man diese Bärenart auch nennt, ist im Walde zuhause. In ganz Amerika leben heute etwa 160.000 Exemplare, und der Bestand ist trotz einer Abschußquote von 20.000 Stück pro Jahr nicht gefährdet.

Warnschild

Entgegen der langläufigen Meinung sind Schwarzbären nicht nur schwarz, manche Arten können gar ein weißes Fell haben (so z.B. der an der Küste von Britisch-Kolumbien lebende Kermodes-Baribal). Allerdings ist der Schwarzbär im Shenandoah National Park tatsächlich schwarz.

Schwarzbären sind Allesfresser und gute Kletterer. Im Wald finden sie ein beständiges Nahrungsangebot. Diese Tiere sind ziemlich perfekte Winterschläfer, ihr Körperhaushalt ist auf Sparflamme gestellt. Sie scheinen so dem Tode näher als dem Leben, ihr Pulsschlag sinkt von 70 auf 35/Minute, ihre Körpertemperatur sinkt leicht von 38 auf 37 Grad Celsius. 4 ½ Monate lang essen und trinken sie nichts und scheiden entsprechend weder Kot noch Harn aus. Sie leben von den im Sommer angefressenen Fettvorräten. Nach dem Winterschlaf haben sie etwa 1/7 - 1/4 ihres Körpergewichts verloren. Wenn im Frühjahr der Schnee schmilzt, wachen sie auf. Ihren Winterschlaf halten sie in Höhlen, die sie in Steilhänge gegraben haben. Meist liegen diese Hänge an der sonnenreichen Südseite. Vorher haben die Bären ihre Höhle mit Ästen, Moosen und Gräsern ausgestattet.

In der Regel greifen Schwarzbären Menschen nicht an, es sei denn, sie fühlen sich überrascht. Manchmal können sie allerdings auch wegen Hunger in Menschen eine gute Beute sehen, das ist allerdings nur bei jenen Exemplaren der Fall, die nicht in der Lage sind, Winterschlaf zu halten und denen es an "anderer" Nahrung fehlt.

Einige weitere Angaben mögen Ihr Bärenbild abrunden:
Gewicht: *120 - 150 kg, Super-Exemplare brachten es auf 270 kg.*
Tragezeit: *210 - 215 Tage*

Zahl der Jungen/Geburt:	2
Lebenslauf:	*Trennung von der Mutter nach etwa 1 ½ Jahren.*
Lebensalter:	*etwa 30 Jahre*
Nahrung:	*Gräser, Früchte, verschiedene Beeren, Insekten, Honig, Aas*
Feinde:	*Braunbären und Wölfe*
Lebensart:	*Einzelgänger; klettern auch als Erwachsene; leben in Revieren von 10 - 300 qkm.*
Vorkommen:	*Die häufigste der 7 Bärenarten. Der Artbestand ist nicht gefährdet.*

Schwarzbär

Unternehmungen

Reiten
Pferde- und Ponyverleih gibt es in Skyland sowie Big Meadows. Insgesamt stehen über 40 km Reitpfade zur Verfügung.

Wandern
Wandermöglichkeiten gibt es unzählige. Über 600 km Wanderwege sind ausgeschildert, die meisten sind 1 - 5 km lang (bzw. "kurz"). Entsprechende Wanderkarten sind an den Informationsstellen erhältlich. Besonders schön sind erfahrungsgemäß Wanderungen zu Wasserfällen. Hier deshalb eine tabellarische Übersicht:

Beginn des Wanderweges	Name des Wasserfalls	Länge v. Skyline Drive (hin und zurück)	Höhe des Wasserfalls
Mile 22.2	Big Falls	6.5 km	31 m
Mile 22.0	Twin Falls	6.5 km	10 m
Mile 42.6	Whiteoak No. 1	7.5 km	28.5 m
Mile 42.6	Whiteoak No. 2		20 m
Mile 42.6	Whiteoak No. 6	11.5 km	20 m
Mile 42.6	Whiteoak No. 5		16 m
Mile 42.6	Whiteoak No. 4		14 m
Mile 42.6	Whiteoak No. 3		11 m
Mile 45.6	Cedar Run Falls	5.4 km	11 m
Mile 49.4	Dark Hollow Falls	2.4 km	23 m
Mile 51.2	Lewis Falls	3.2 km	27 m
Mile 62.8	South River Falls	4 km	27 m
Mile 81.1	Doyles River Falls	4.5 km	21 m
Mile 84.1	Jones Run Falls	5.5 km	14 m

Hinweis
Folgen Sie dem Whiteoak Canyon Trail bei Mile 42.6. Rechnen Sie mit etwa 4 - 5 Stunden Wanderzeit. Unterwegs sehen Sie die verschiedenen Wasserfälle. Schattiger Weg, z.T. steil.

Kanu
Ein besonders schönes Erlebnis sind Kanu-Fahrten auf dem Shenandoah River. Kanuverleih sowie detaillierte Hinweise auf die Strecke und Shuttle-Service (d.h. Rückholdienst) offeriert: Downriver Canoe Company, P.O.Box 10, Rt. Box 256 - A, Bentonville, Virginia 22610, Tel.: (703) 635 - 5526.
Wegbeschreibung: Von Luray aus fahren Sie die Route 340 North und biegen nach 14 Meilen links in die Route 613 ein. Nach einer Meile erreichen Sie die Mietstation.

Öffnungszeiten:
1. April bis 31. Oktober: täglich   09.00 - 18.00 h
an Wochenenden: 08.00 - 19.00 h

7.6.4 AUSFLÜGE VOM SHENANDOAH NATIONAL PARK AUS

● Zu den Luray Caverns

Anfahrt
Von der Skyland Lodge fahren Sie den Skyline Drive nach Norden und biegen am Panorama Restaurant/Thornton Gap = Meile 31.5 in die Straße 211 East ein, die ins Shenandoah-Tal hinabführt. Etwa 9 Meilen hinter der Abbiegung vom Skyline Drive liegen rechts die Luray Caverns (nicht zu übersehen - große Reklameschilder!)

Öffnungszeiten

15. März - 14. Juni:	09.00 - 18.00 h	(Sa und So nur bis 17.00 h)
15 Juni - Labor Day:	09.00 - 19.00 h	(Sa und So nur bis 17.00 h)
Labor Day - 31. Oktober:	09.00 - 18.00 h	(Sa und So nur bis 17.00 h)

1. November - 14. März: 09.00 - 16.00 h (Sa und So nur bis 17.00 h)
Die Führungen dauern etwa 1 Stunde.

Information

Sonstige Informationen: Luray Caverns, Box 748, Va. 22835, Tel.: (703) 743-6551

Luray Caverns

Vielleicht werden Sie denken, daß dies kein besonderer Tip ist, denn Tropfsteinhöhlen gibt's schließlich auch im Sauerland. Vergessen Sie getrost alles, was Sie bislang gesehen haben. Der Kommentar einer Wissenschaftler-Gruppe der Smithsonian Institution: *"Verglichen mit anderen Tropfsteinhöhlen kann man ganz sicher behaupten, daß es wahrscheinlich nirgendwo anders auf der Welt schöner entwickelte Stalaktiten und Stalagmiten gibt als hier!"*
Die Luray Caverns wurden 1878 entdeckt, als Andrew Campbell und Benton Stebbins of Luray ein Loch fanden, aus dem ihnen kühle Luft entgegenströmte. Es handelt sich hierbei um die größte Tropfsteinhöhle im Osten Amerikas

Die Entstehung dieser Tropfsteinhöhlen reicht etwa 400 Millionen Jahre zurück. Damals floß ein unterirdischer Strom hier entlang. Die Aushöhlung des Kalkgesteins begann, als Wasser von der Erdoberfläche durchsickerte und allmählich Risse ausweitete. Hier reicherte sich das Wasser mit Kalk an und tropfte herunter. An den Decken der Höhle bilden sich auch heute noch herabhängende Stalagtiten. Am Boden, wo auch kalkreiches Wasser tropft, wachsen Stalagmiten entgegen. Manchmal verbinden sich Stalagtiten und Stalagmiten zu sogenannten Stalagnaten und bilden dann durchgehende Tropfsteinsäulen.

● Nach Staunton und Lexington

Diese Fahrt läßt sich entweder als Tagesausflug vom Shenandoah Park organisieren oder Sie übernachten entweder in Staunton oder Lexington, fahren von hier weiter nach Williamsburg und haben dann "Anschluß'" an die in Kapitel 7.6 beschriebene Route.

Anfahrt
Wenn Sie in Skyline losfahren, folgen Sie dem Skyline Drive südwärts bis Swift Run Gap Entrance und fahren dann über die Straße Nr. 33 West bis zur Kreuzung mit dem Interstate 81, dem Sie dann nach Staunton und weiter nach Lexington folgen.

Entfernungen
Skyland Lodge - Staunton: ca. 80 Meilen (129 km)
Staunton - Lexington   ca. 31 Meilen (50 km)

Staunton

Übernachtungen
● Das **Belle Grae Inn** ist ein gediegenes, 1870 im viktorianischen Stil erbautes Herrenhaus, das stilgerecht restauriert ist. Angegliedert ist das gemütliche **Old Inn** mit einer gepflegten, amerikanischen Landküche. Adresse: 515 West Frederick Street, Staunton, VA 24401, Tel.: (703) 886-5151.
● Wer noch mehr in die ländliche Idylle des alten Virginia eintauchen möchte, ist ausgezeichnet aufgehoben in der **Fort Lewis Lodge** (Millboro, Virginia 24460, Tel.: (703) 925-2314. Von Staunton folgen Sie der Straße 250 West und zweigen bei McDowell in die Straße 678 South ein, dann biegen Sie in die Straße 625 nach rechts (Westen) ein.

Die kleine Stadt im Shenandoah Valley (etwa 22.000 Einwohner) liegt abseits der ausgetrampelten Touristenpfade. Das kleine Städtchen, Geburtsort des 27. US-Präsidenten Woodrow Wilson, akzentuiert eher das beschauliche Amerika. Behutsam vorgenommene Restaurierungsarbeiten von alten Häusern, nette kleine Bed & Breakfast-Quartiere sowie eine Reihe gemütlicher Restaurants lohnen durchaus einen Übernachtungsstop.

Von besonderem Interesse für den Besucher ist sicherlich:

* **Woodrow Wilsons Birthplace** (24 North Coalter Street, Staunton, Virginia 24401, Tel.: 703/ 885-0897)

Öffnungszeiten
täglich: 09.00 - 17.00 h

Hier erblickte Woodrow Wilson als Sohn eines Pfarrers am 28. Dezember 1856 das Licht der Welt. Das Geburtshaus ist sehr liebevoll restauriert, ein seit November 1990 eröffnetes Museum läßt Einblick in das Leben des späteren Präsidenten gewinnen.

325

Woodrow Wilsons Geburtshaus

Vom ersten Stockwerk des für damalige Zeiten sehr komfortablen Hauses schaut man auf die Kleinstadt, die sich seit jenen Zeiten kaum verändert hat. Ein hübscher Garten liegt direkt hinter dem Haus, und Auto-Fans können Wilsons berühmte, noch immer fahrbereite "Pierce - Arrow White House Limousine" bewundern.

Wer war Woodrow Wilson ?

Woodrow Wilson wurde am 28. Dezember 1856 als drittes Kind von Reverend Joseph und Janet Wilson in diesem Haus geboren. Der Vater hatte 1855 die Pfarrer-Stelle an der Presbyterian Church in Staunton angenommen.

Woodrow Wilson wurde 1890 zum Professor der Geschichte, der Rechte sowie der Politischen Wissenschaft an der Universität Princeton/New Jersey ernannt. Von 1902 bis 1910 wurde er Präsident der Princeton-Universität. Der Demokratischen Partei angehörend, avancierte er 1911 zum Gouverneur von New Jersey. Er galt als ein Anhänger der "Progressive Movement", d.h. jener politischen Bewegung, die sich - parteienübergreifend - für soziale Reformen einsetzte. Es ging hierbei um die Anpassung amerikanischer Traditionen an die Anforderungen einer modernen Industriegesellschaft. Besonders bekämpft werden sollten die Korruption in Politik und Wirtschaft sowie Kapital-Konzentrationen. Interessant ist, daß das Progressive Movement schon damals weitere Themen aufgriff, die heute noch aktuell sind: Man wollte gegen den Raubbau von Bodenschätzen ebenso angehen wie die Wasser- und Waldbestände schützen. Diesen "Zeitgeist" vermochte die Republikanische Partei unter W.H. Taft (US-Präsident von 1909 - 1913) nicht genügen. Die sich von ihr abspaltende Progressive Party (ab 1912) unter Theodore Roosevelt zeigte die ganze Zerrissenheit der Republikaner, so daß Woodrow Wilson von der Parteienspaltung profitierte und die Präsidentschaftswahlen 1912 gewann.

Woodrow Wilson

In der Innenpolitik verfolgte er unter dem Leitbegriff "New Freedom" die Begrenzung einer schrankenlosen Wirtschaft und setzte sich stattdessen für einen regulierten freien Wettbewerb ein. In seiner ersten Amtszeit wurden u.a. die überhöhten Schutzzölle herabgesetzt, die progressive Einkommensteuer eingeführt sowie eine arbeiter- und farmerfreundliche Sozialgesetzgebung eingeleitet. Im 1. Weltkrieg - Wilson wurde 1916 zum zweiten Mal Präsident - versuchte seine Regierung eine Mittler-Rolle einzunehmen, um einen "Frieden ohne Sieg" möglich zu machen. Doch die angestrebte neutrale Haltung wurde unmöglich gemacht, als Deutschland im Februar 1917 den totalen U-Boot-Krieg erklärte. Letzten Ausschlag für die am 6. April 1917 beschlossene Kriegserklärung der USA an das Deutsche Reich gab die Entdeckung des sog. "Zimmermann-Telegramms", in dem Deutschland in einer vom Geheimdienst aufgefangenen Nachricht versuchte, Mexiko zu einem Krieg gegen die USA anzustacheln. 1918 legte Wilson ein 14-Punkte-Programm vor, das einen dauerhaften Weltfrieden garantieren sollte sowie eine Neuordnung Europas beschrieb. Doch im Verlaufe der Pariser Friedenskonferenz konnte Wilson dieses Programm nicht durchsetzen. 1919 erhielt er dennoch für seine Bemühungen den Friedens-Nobelpreis.

Auf einer Propaganda-Reise im September 1919 erlitt er einen Zusammenbruch. Wilson galt zwar als ein ausgezeichneter Redner und Taktiker, doch fehlte es ihm an Geschick im Umgang mit Mitarbeitern und politischen Gegenspielern. 1921 ging seine 2. Amtszeit zu Ende, sein Nachfolger wurde der Republikaner Warren Gamaliel Harding.
Wilson verstarb am 3. Februar 1924 in Washington D. C..

Wenn Sie Zeit haben, besuchen Sie auch das

* **Museum of American Frontier Culture** (an der Straße 250 gelegen)

Öffnungszeiten

täglich: 09.00 - 17.00 h

In diesem Freilichtmuseum will man das Leben der ersten Siedler veranschaulichen. Alte rekonstruierte bzw. nachgebaute Bauernhöfe legen Zeugnis der Arbeit und Lebensweise der frühen "Grenzland"-Siedler ab.

327

Lexington

Auch dieses Städtchen (7.000 Einwohner) liegt außerhalb der touristischen Hauptstrecken. Die sehr übersichtliche Innenstadt wurde und wird restauriert. Die alte, bereits 1749 gegründete Washington & Lee-Universität, an der 1.500 Studenten lernen sowie die Militärakademie von Virgina (Virginia Military Institute (mit etwa 3.200 Kadetten) weisen Lexington als Stätte von "Bildung und Disziplin" aus.

* Virginia Military Institute

Führungen
Kostenlose Führungen an **Wochentagen:**   11.00 h und 15.00 h
an **Samstagen** (nicht während den Sommerferien):   10.00 h und 11.00 h
Kadetten-Paraden finden im Frühjahr und Herbst stets am Freitag um 16.00 h statt.

Virginia Military Institute

Das Virginia Military Institute wurde 1839 gegründet und ist damit das älteste Militär-College in den USA überhaupt. Wer hier studiert, um einen technischen Beruf zu erlernen, hat nicht zwangsläufig eine militärische Karriere vor Augen, er kann wieder ins zivile Leben zurückkehren. Doch während des Studiums hier geht alles militärisch streng zu. Lehrer und Studenten tragen Uniformen, es geht "zackig" zu - ein Stil, der so recht nicht mehr in unsere Tage zu passen scheint - oder doch? Die Statistik belegt, daß die Absolventen später zu:
-   etwa 35 % in führenden wirtschaftlichen Positionen arbeiten,
-   etwa 30 % in der Technik und Forschung tätig sind,
-   etwa 20 % dem Militär treu bleiben,
-   etwa 7 % den Rechtsanwaltsberuf ergreifen,
-   etwa 5 % Mediziner werden,
-   etwa 3 % sich der Kunst, der Erziehung oder der Politik widmen.

Ein berühmter Absolvent des Virginia Military Institute war George Marshall, ranghöchster General und später Friedens-Nobel-Preiträger, berühmt geworden durch den "Marshall-Plan". Ihm ist das **George C. Marshall Museum** gewidmet.

Öffnungszeiten
Montag - Samstag: 09.00 - 17.00 h
Sonntag: 14.00 - 17.00 h

Wer war George C. Marshall?

George Catlett Marshall wurde am 31.12.1880 in Uniontown/Pennsylvania geboren. Im ersten Weltkrieg war er Chef eines Armeestabes und wurde 1919 - 1924 Adjutant von General Pershing. Zwischen 1919 und 1945 leitete er als Generalstabschef die militärischen Aktionen, u.a. auch die Invasion in der Normandie. 1944 wurde er zum ersten 5-Sterne-General befördert. In den Jahren 1945 - 46 versuchte er in der Rolle eines Sonderbotschafters vergeblich, zwischen Tschiang Kai-Schek und den Kommunisten zu vermitteln. 1947 bis 1949 war er Außenminister der Vereinigten Staaten.

Er versuchte schon früh, dem sich ausbreitenden Kommunismus in Osteuropa die wirtschaftliche und politische Widerstandskraft Westeuropas entgegenzusetzen. Im Rahmen des "European Recovery Plan", später einfach als "Marshall-Plan" bezeichnet, erhielten die westeuropäischen Staaten hohe Kredite zum Wiederaufbau. Dafür erhielt George Marshall 1953 - zusammen mit Albert Schweitzer - den Friedensnobelpreis.
Die Bundesrepublik erhielt aus diesen Mitteln über 1.7 Milliarden Dollar, die u.a. der Finanzierung der Lastenausgleiche dienten. Im Rahmen dieses Programms halfen die Vereinigten Staaten auch durch die teilweise kostenlose Lieferung von Rohstoffen, Nahrungsmitteln sowie Investitionsgütern. Marshall verstarb am 16. Oktober 1959 in Washington D.C..

* Washington and Lee University

Washington and Lee University

Die Universität wurde bereits 1749 gegründet. Sie beherbergt heute ein geisteswissenschaftliches College sowie eine Law-School. Ihren Namen verdankt sie George Washington, der ihr 1786 ein Aktienpaket stiftete, so wie dem legendären Südstaaten-General Robert E. Lee, der ihr als Präsident vorstand und nicht nur ein Mann des scharfen Schwertes, sondern auch des Geistes war. Die Anlagen der Universität sind sehenswert, der Campus gilt als einer der schönsten in Amerika.

329

• Weiterfahrt zur Natural Bridge

Übernachtung
Wer an dieser Stelle seinen Ausflugstag beenden möchte, kann hier übernachten:
Natural Bridge Hotel and Motor Inn & Lodge**, gebührenfrei zu reservieren über
800-336-5727 außerhalb Virginias und 800-533-1410 innerhalb Virginias.

Natural Bridge

Ein touristisch perfekt ausgeschlachtetes Naturwunder ("One of the Seven Natural Wonders in the World") ist die Natural Bridge etwa 50 km südlich von Lexington, über den Interstate 81 erreichbar. Die Natur-Brücke ist 65 m hoch, besteht aus Kalkstein und war einst eine Zeremonienstätte der Monocan Indians. Dieser Indianerstamm nannte sie "Gottesbrücke". Im Jahre 1774 kaufte Thomas Jefferson die Natural Bridge von König George III von England und bezahlte dafür 20 Shilling, was einem heutigen Gegenwert von 4 DM entspricht. In seiner Zeit als 3. US-Präsident baute Jefferson an den Ufern des kleinen Flüßchens im Jahre 1803 eine Hütte für seine Familie.

In jungen Jahren hinterließ schon ein anderer berühmter Amerikaner im Felsen seine Initialen, die man noch heute sehen kann: George Washington (auf der gegenüberliegenden Seite unterhalb der Brücke sichtbar).

7.7   VOM SHENANDOAH NATIONAL PARK NACH WILLIAMSBURG

7.7.1   ÜBERBLICK

Auf der Fahrt vom Shenandoah Nationalpark ins historische Williamsburg gibt es einige interessante Zwischenstops. Die Höhenzüge der Blue Ridge verlassend, gelangt man in die tiefer gelegene, hügelige Landschaft des Piedmont. Inmitten einer anmutigen Szenerie liegt der herrliche Landsitz des 3. US-Präsidenten Jefferson: **Monticello**.

Unweit davon lohnt die Besichtigung von **Ash Lawn**, wo der 5. US-Präsident James Monroe wohnte. Eine Einkehr in der historischen **Michie Tavern** rundet den Besuch dieses idyllischen Fleckchens ab.

An Richmond, der Hauptstadt Virginias vorbei, führt die vorgeschlagene Route in das pitoreske **Williamsburg** sowie zu den historisch besonders bedeutsamen kleinen Orten **Jamestown** und **Yorktown**.

☞ **Redaktions - Tips**

Unterwegs nach Williamsburg dürfen Sie zwei Dinge nicht versäumen:
★   Besuch von Monticello, dem Landsitz von Thomas Jefferson;
★   Lunch in der historischen Michie Tavern.

7.7.2 TOURISTISCHE HINWEISE

Streckenbeschreibung
Wenn Sie in der Skyland Lodge oder Big Meadows übernachtet haben, folgen Sie dem Skyland Drive nach Süden bis Swift Run Gap (= Meile 65.7). Hier verlassen Sie den Shenandoah National Park und fahren den Highway 33 bis nach Ruckersville. Von hier aus biegen Sie in den Highway 29 South ein, der Sie nach Charlottesville führt. Am einfachsten - dies ist zwar ein kleiner Umweg - erreichen Sie Monticello und Ash Lawn durch die

Umgehung von Charlottesville. Vor der Stadt biegen Sie nach rechts in den Bypass 29/250 ein und folgen der Straße bis zur Auffahrt auf den Interstate 64 East. Abfahrt dann bei Straße - Nr. 20 South, von hier nach links in die Route 53, an der dann Michie Tavern, Monticello und Ash Lawn (Route 795) liegen.

Von hier fahren Sie wieder auf den Interstate 64 East zurück und folgen diesem unter Umgehung von Richmond bis zur Abfahrt in Williamsburg.

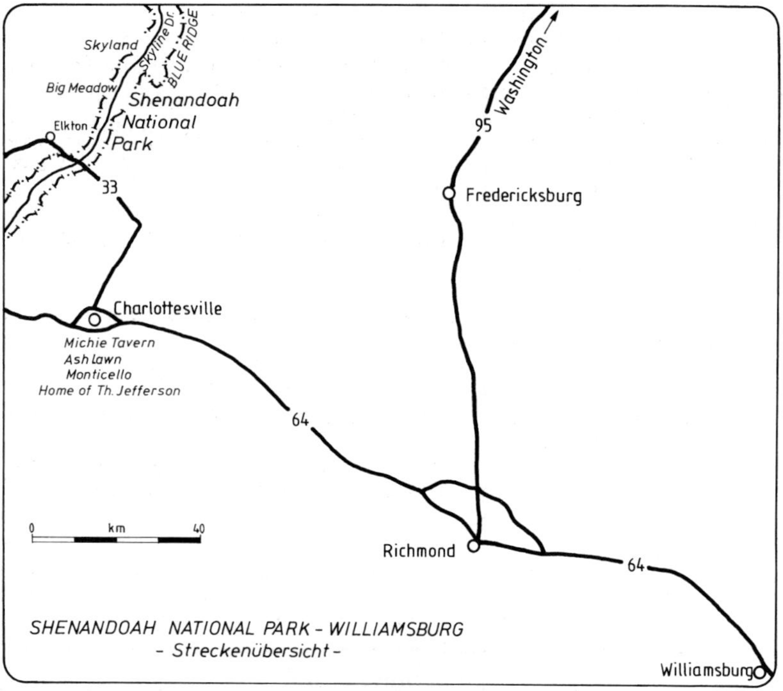

SHENANDOAH NATIONAL PARK - WILLIAMSBURG
- Streckenübersicht -

Entfernungen
Shenandoah National Park - Charlottesville ca. 70 Meilen (112 km)
   /Skyland Lodge   /Monticello
Charlottesville - Williamsburg   ca. 125 Meilen (201 km)

Informationen
Williamsburg Area Convention and Visitors Bureau, P.O.Drawer GB, Williamsburg, Va. 23187, Tel.:: (804) 253-0192
   The Jamestown - Yorktown Foundation, P.O.Drawer JF, Williamsburg, Va. 23187, Tel.: (804) 253-4838

Eisenbahn
Amtrak, Station **Charlottesville**, 810 W.Main St., Tel.: 296 - 4559, tägliche Verbindungen nach Washington und New York
   Amtrak, Station **Williamsburg**, Transportation Center (Ende der N. Boundary Street/Williamsburg). Verbindungen nach New York, Washington, Philadelphia.

332

Bus

Greyhound/Trailways in **Charlottesville**, 310 W. Main St., Tel.: 295 - 5131, Verbindungen nach Richmond, Virginia Beach, Washington, Norfolk Transportation Center **Williamsburg**, (Ende der N. Boundary Street/Williamsburg). **Greyhound** sowie das lokale Unternehmen **James City County Transit** sind vertreten.

Übernachtungen

Wenn Sie einen Zwischenstop **in Charlottesville** einlegen:
In und um die Stadt gibt es zahlreiche Hotels und Motels. Zu empfehlen z.B.:
- **Hampton Inn***, 2035 India Rd., Tel.: (804) 978-7888. Kostenloses Frühstück
- **Omni Charlottesville****, 235 W Main Street, Tel.: (804) 971-5500

Wenn Sie direkt **in Williamsburg** übernachten möchten:
Hier gibt es natürlich auch eine ungeheuer große Auswahl an Hotels und Motels. Zu empfehlen:
- **Williamsburg Inn****, Francis St., im historischen Bezirk, Tel.: (804) 229-1000, Reservierung gebührenfrei über 800/446-8956
Sicherlich das beste Haus am Platze mit hervorragendem Restaurant.
- **Wyndham Hotel***, 415 Richmond Rd., Tel.: (804) 229-4020, gebührenfrei 800/822-4200. Gute Lage zum historischen Bezirk, große Zimmer.

Preiswerte Alternativen:
- **Governor Spottswood***, 1508 Richmond Road, Tel.: (804) 229-6444, gebührenfrei: 800/368-144 oder 800/572-4567 (nur außerhalb von Virginia).
- **Econo Lodge East***, 505 York Street, Tel.: (804) 220-3100
- **Econo Lodge Midtown***, 1408 Richmond Rd., Tel.: (804) 229-2981
- **King William Inn***, 824 Capitol Landing Road, Tel.: (804) 229-4933, gebührenfrei über 800/336-6126 innerhalb Virginias
- (weitere preiswerte Übernachtungen vor allem entlang der Richmond Road: **Best Western** (Nr. 1600), **Carolynn Court** (1466), **Quality Inn** (Nr. 1700), **Travelodge** (Nr. 1408)

Tip für Individualisten:
Man kann in insgesamt 28 "Colonial Houses" wohnen, die direkt im historischen Bezirk liegen. Es handelt sich entweder um Übernachtungen in kleinen Häusern oder um Zimmer in einer urigen Taverne. Reservierungen über die gebührenfreie Tel.: Nr. 800/446-8956 (nicht billig, Preise ab 125 $ aufwärts)

Wer an **Bed & Breakfast-Häusern** interessiert ist, wende sich an: Bensonhouse of Williamsburg Bed & Breakfast, 2036 Monument Ave., Richmond, Va. 23220, Tel.: (804) 648 - 7560; ebenfalls: Spirit of Virginia Bed & Breakfast, P.O.Box 1169, Williamsburg, VA 23187; Tel.: (804) 253-8051 oder gebührenfrei 800/722-1169

Camping
Williamsburg Campsites, 4 1/2 Meilen westlich von Williamsburg an der U.S. 60, P.O.Box 357, Norge, VA 23127, Tel.: (804) 564-3101. 300 Stellplätze, auch für Camperfahrzeuge, Schwimmbad, Wäscherei, alle sanitären Einrichtungen

Best Holiday Trav-L-Park Fair Oaks, 4 Meilen westlich von Williamsburg an der Virginia 646 zwischen U.S. 60 und Interstate 64 gelegen, Tel.: (804) 565-2101; 901 Lightfoot Road. Sehr schöne, schattige Campinganlage, Schwimmbäder, Spielplatz, auch für Camperfahrzeuge. Alle sanitären Einrichtungen, Wäscherei.

Restaurants
Wenn man in Williamsburg weilt, sollte man in einem der Restaurants im historischen Bezirk essen (Reservierung unbedingt nötig!). Empfehlungen:
- **Williamsburg Inn**, Regency Room (Adresse oben, Reservierung: Tel.: (804)

229-2141. Ein wahrer Gourmet-Tempel in sehr eleganter Atmosphäre. Erstklassige Gerichte und Abendmenüs, entsprechend teuer.
- **Chowning's Tavern**, Market Square, Reservierung Tel.: (804) 229 - 2141. Eine rustikale Taverne im Still des 18. Jahrhunderts. Abends Folkloremusik. Traditionelle Küche (z.b. Brunswick Stew).
- **Shields Tavern** (am Ostende der Duke of Gloucester Street gelegen, Reservierung: Tel.: (804) 229-2141, Uriges Restaurant mit eher traditionell-ländlicher Küche. Spezialität: "Sampler: A Tasting of the 1750s Foods"
- **Christiana Campbell's Tavern**, Waller Street, Reservierung: Tel.: (804) 229-2141. Hier aß schon George Washington. Spezialisiert auf Seafood, Virginia Crab Cakes. Täglich auch Brunch. Man kann hier auch draußen unter schattigen Bäumen essen.
- **The King's Arms Tavern**, Duke of Gloucester Street, Reservierung: Tel.: (804) 229-2141. "Koloniale" Atmosphäre, rustikale Landküche (z.B. peanut soup, prime rib of beef, game pie).

---

i   *Unbekannter Genuß: Wein aus Virginia*

Bei Ihrer Reise durch Virginia werden Sie in den Restaurants immer wieder auch "Virginia Wine" angeboten bekommen. Fast über ganz Virginia verteilt gibt es Winzereien, vor allem im Shenandoah Valley, an den Hängen der Blue Ridge Mountains, bei Charlottesville, in Northern Virginia sowie am Eastern Shore. Der Weinanbau in Virginia ist keinesfalls neu, auch wenn besonders in den vergangenen 15 Jahren viele neue Winzereien entstanden. Den ersten Wein nämlich kelterten bereits britische Siedler im Jahre 1607, wobei sie die wildwachsenden Trauben nutzten. Dieser Wein dürfte nicht gerade der beste gewesen sein. Später bemühte sich Thomas Jefferson persönlich um eine Qualitätsverbesserung. Sein Aufenthalt als Botschafter in Frankreich bestätigte ihn in seiner Überzeugung, daß sein heimatliches Virginia eine sehr ähnliche Bodenqualität sowie klimatische Rahmenbedingungen aufweist wie z.B. die klassischen Weinanbauregionen in Frankreich.

Virginia Wines

Bin No.			Bottle
411	Williamsburg Winery James River White, 1989		11.00
412	Montdomaine Blush, 1988		11.00
167	Meredyth Seyval Blanc, 1988	7.00 (half)	12.00
413	Barboursville Sauvignon Blanc, 1989		16.50
414	Oasis Gewurztraminer, 1989		16.00
415	Rapidan River Gewurztraminer, 1988		16.50
416	Burnley Special Reserve Chardonnay, 1988		13.00
420	Oasis Chardonnay, 1987		14.00
417	Prince Michel Chardonnay, 1988		14.50
418	Ingleside Chardonnay, 1988		14.50
421	Montdomaine Barrel Select Chardonnay, 1987		16.50
419	Misty Mountain Chardonnay, 1988		17.00
197	Williamsburg Winery Reserve Chardonnay, 1988		22.50
422	Montdomaine Merlot, 1986		19.00
423	Meredyth Cabernet, 1987		17.00
424	Simeon Cabernet, 1986		17.00
425	Oakencroft Cabernet, 1986		17.50

> *Mittlerweile haben Virginia Weine ihren Qualitätstest beim Verbraucher bestanden. Viele nationale, aber noch wenige internationale Preise weisen auf einen wachsenden Qualitätsstandard hin.*
>
> *Der Haupterntemonat ist der Oktober, und dies ist auch der "Virginia Wine Month" (Virginia Wein-Monat) mit vielen Winzerfesten. Probieren Sie auf jeden Fall einmal Virginia-Wein - er wird Ihnen gut bekommen!*

Hinweis
Informationen über Weinfeste sowie die Adressen der einzelnen Winzereien sind erhältlich bei: Virginia Wine Marketing Program, VDACS, Divison of Marketing, P.O.Box 1163, Richmond, VA 23209, Tel.: (804) 786 - 0481

7.7.3 CHARLOTTESVILLE

Charlottesville, an den Ufern des Rivanna Rivers gelegen, zählt etwa 45.000 Einwohner. Die Gegend wurde etwa in der Mitte des 18. Jahrhunderts besiedelt. Schon die frühen Pioniere wußten die Fruchtbarkeit dieser Landschaft zu schätzen. In der Umgebung der Stadt wird u.a. auch Wein angebaut. Berühmt aber ist Charlottesville als **Geburtsort von Thomas Jefferson** und als Sitz der von ihm gegründeten **University of Virginia**, an der heute annähernd 17.000 Studenten lernen.

Die meisten Besucher allerdings lassen die Stadt "links liegen" und fahren direkt zu dem wunderschönen Landsitzen von Thomas Jefferson (Monticello) sowie nach Ash Lawn, dem Wohnhaus von James Monroe.

Monticello

Öffnungszeiten
Führungen durch das Haus: März bis Oktober: täglich 08.00 - 17.00 h
                          November bis Februar: täglich 09.00 - 16.30 h
Nach der Ankunft am Parkplatz begibt man sich zur Ticket-Verkaufsstelle. Von hier aus fährt man mit einem Shuttle-Bus 1/2 Meile zum Hauseingang.

Dies ist der herrliche Wohnsitz des 3. US-Präsidenten Thomas Jefferson (1743 - 1826). Der Name, dem Italienischen entlehnt, leitet sich von "monti cello" ab, was soviel wie kleiner Berg heißt. Es war Jefferson persönlich, der das Haus entworfen hat und dessen Konstruktion er in den Jahren 1769 bis 1809 überwachte.

Diese Landschaft liebte Jefferson über alles. Er war nur zwei Meilen von Monticello entfernt geboren worden. Das Grundstück, zunächst seinem Vater Peter Jefferson verliehen, ging 1768 auf den Sohn Thomas über. Er, der von Hause zwar Jurist war, engagierte sich leidenschaftlich gern als Architekt.

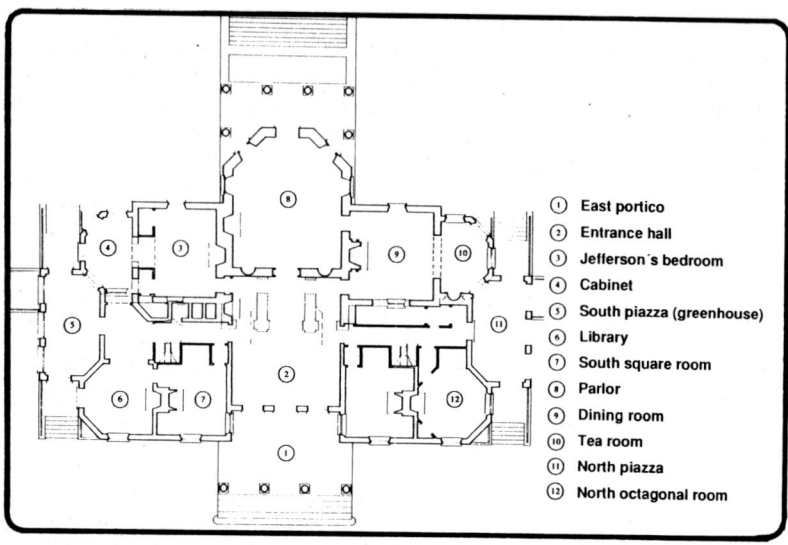

① East portico
② Entrance hall
③ Jefferson´s bedroom
④ Cabinet
⑤ South piazza (greenhouse)
⑥ Library
⑦ South square room
⑧ Parlor
⑨ Dining room
⑩ Tea room
⑪ North piazza
⑫ North octagonal room

Das begann schon mit den Bauvorbereitungen: Jefferson ließ die Bergkuppe abtragen, so daß sein Haus auf dem geebneten Plateau eines Berges stehen konnte. Nicht nur das Haus plante er, sondern auch das "Drumherum": Gartenanlagen und Innengestaltung gehen auf ihn zurück.

Eine Führung durch das Haus sollten Sie auf keinen Fall versäumen!

Monticello

Führung durch das Haus

Das Haus ist im klassizistischen Stil erbaut und lehnt sich an die italienische Architektur des 18. Jahrhunderts an. Das kommt nicht von ungefähr: Thomas Jefferson war im Verlaufe einer Italien-Reise so sehr von der Villa Capra ("La Rotunda") in Vicenza angetan, daß er beschloß, viele Baudetails in seinem Traumhaus zu integrieren. Das zweistöckige Haus besitzt 45 Räume, davon 12 im Kellergeschoß. Unter dem Kuppeldach befindet sich der "dome room", früher oft als Ballsaal genutzt. Interessant ist, daß Jefferson trotz der Großzügigkeit der Hausanlage alle Treppenaufgänge äußerst schmal ließ und steile Stufen anlegte: um keinen Preis wollte er unnötigen Raum vergeuden. Heute dürfen eben wegen der schmalen, steilen und damit gefährlichen Treppen keine Besucher das 2. Stockwerk besichtigen.

Folgen wir nun der Innenführung.

Über den Osteingang (1) East portico) gelangt der Besucher zunächst in die **Eingangshalle** (2) Entrance Hall). Jefferson entwarf die große **7-Tage-Uhr** über der Tür. Die sechs kanonenkugelartigen Gewichte rechts an der Wand markieren den Wochentag und die ungefähre Tageszeit durch Heruntergleiten. Weil an der Wand kein Platz mehr für den Samstag war, wurden Löcher auf beiden Seiten des Bodens gebohrt, um die Markierung für diesen Tag an der Kellerwand anzubringen. Die acht Gewichte auf der linken Seite senken sich mit dem Schlagen der Uhr. Der Schlüssel über der Türglocke wurde benutzt, um die Uhr am Sonntagmorgen aufzuziehen und die Gewichte wieder hinauf bis zu den Rollen zu winden, um eine neue Woche zu beginnen. Die Leiter diente zum Erreichen der Uhr, während Jefferson hier wohnte. Er entwarf die Leiter, so daß sie aufgrund ihrer schwenkbaren Sprossen zur besseren Lagerung zusammengeklappt werden konnte. Jefferson behauptete, er habe eine solche Leiter bei einer Deutschlandreise gesehen.

Dieser Raum diente als Begrüßungshalle, die scherzeshalber auch als "Museum" bezeichnet wurde, da sie Jeffersons große Kuriositätensammlung enthielt (u.a. indianische Funde). Das Gehörn an der Wand brachten Lewis und Clark von ihrer Forschungsreise (im Auftrage des US-Präsidenten Jefferson) in den Nordwesten zurück. Über dem Kaminsims ist das Porträt von Jefferson im Alter von 73 Jahren zu sehen (1816 gemalt).

Weiter gelangt man in das **quadratische Zimmer** auf der Südseite (7) South square room). Alle Betten in diesem Haus, außer dem eigenen von Jefferson, sind in Nischen eingebaut. Sie scheinen kurz zu sein, sind aber rund 1.90 m lang. Jefferson hat dieses Zimmer als Schlafzimmer entworfen, es wurde aber häufiger als Wohnzimmer für die Familie benutzt. Jefferson und seine Frau Martha bekamen 6 Kinder, von denen vier jung verstarben. Frau Jefferson starb 1782, bereits 10 Jahre nach ihrer Heirat. Das älteste Kind, Martha, übernahm die Pflichten als Gastgeberin in Monticello schon in jungen Jahren. Sie sehen ihr Porträt über dem Kaminsims. 1790 heiratete Martha Jefferson Thomas Mann Randolph und gebar ihm 12 Kinder, die sie größtenteils in diesem Haus aufgezogen hat. Als ihr Vater starb, erbte sie Monticello.

Alle Kamine, die man im Haus sieht, sind Rumford Kamine, die von dem in Amerika geborenem Grafen Rumford entworfen wurden. Jefferson verwendete den Entwurf Rumfords, weil diese Kamine eine bessere Wärmeleistung ergaben. Fast alles, was Sie im Hause sehen, gehörte Jefferson und seiner Familie.

Das nächste Zimmer ist die **Bibliothek** (6) Library). Jefferson verkaufte 1815 seine Bibliothek von mehr als 6.500 Bänden an die Regierung, nachdem die Library of Congress in Washington von den Briten im Krieg von 1812 niedergebrannt worden war. Jene Sammlung bildet den Kern der heutigen Library of Congress. Die meisten hier zu sehenden Bücher gehörten ihm nicht, es sind aber die gleichen Ausgaben in zeitgenössischer Aufmachung.

Jefferson war Jurist von Beruf, zu seinem großen Hobby gehörte - wie schon erwähnt - die Architektur. Er war ein autodidaktischer Architekt; außer Monticello entwarf er auch die ursprünglichen Gebäude der Universität von Virginia, das State Capitol in Richmond sowie viele private Häuser. Sein Zeichentisch steht vor dem Fenster. Er konnte darauf Zeichnungen anfertigen oder die größeren Bücher lesen. Auf dem drehbaren Aktentisch steht Jeffersons "Camera obscura", die dazu diente, Scherenschnitte zu machen sowie jene, die an den Wänden hier und in seinem Schlafzimmer hängen. Der Scherenschnitt links oben neben dem Fenster stellt Jefferson dar. Ein schlanker Mann, er war 1.89 m groß.

Weiter gelangt man zu seinem **Schlafzimmer und Kabinett** (③ Jeffersons bedroom; ④ Cabinet). Im Kabinett steht seine Einrichtung zum Lesen und Schreiben. In seinen späteren Jahren benutzte er die Kombination von Drehstuhl, Drehtisch und Liege, die ihm gestattete, sich zurückzulehnen, während er arbeitete. Auf dem Tisch liegt ein Polygraph, was Jefferson für eine der großen Neuerungen seiner Zeit hielt. Obwohl er ihn nicht erfunden hatte, machte er doch Verbesserungsvorschläge. Wenn man mit der einen Feder schreibt, fertigt die zweite eine Kopie. Das Teleskop gehörte ihm ebenfalls.

Die Öffnungen über dem Bett lassen Licht und Luft in einen eingebauten Wandschrank, den Jefferson mit einer Leiter am Kopfende des Bettes erreichen konnte.

Am 4. Juli 1826 starb Jefferson im Alter von 83 Jahren in diesem Bett. Es war gerade der 50. Jahrestag der Annahme der Unabhängigkeitserklärung, die Jefferson selber verfaßt hatte.

Der **Salon** (⑧ Parlor) hat einen Parkettfußboden aus Kirsch- und Buchenholz. Parkett war in der damaligen Zeit noch sehr ungewöhnlich. Die Türen zwischen der Eingangshalle und diesem Salon öffnen und schließen sich simultan. Der Mechanismus besteht aus zwei Rädern unter dem Fußboden, die mit einer Kette verbunden sind, so daß die Türen gleichzeitig bewegt werden, wenn nur eine geöffnet oder geschlossen wird. Seit etwa 180 Jahren sind sie ständig in Gebrauch und mußten nie repariert werden.

Jefferson war ein hervorragender Geiger. Die hier ausgestellten Instrumente wurden auch von anderen Familienmitgliedern benutzt.

Im Salon sieht man auch einige zeitgenössische Porträts. Oben links nach rechts sieht man den Marquis de LaFayette, Thomas Jefferson Randolph (ältester Enkel von Jefferson), Jefferson selbst (1805), Sir Walter Raleigh und John Locke (den englischen Philosophen). Weitere Porträts zeigen Benjamin Franklin, Louis XVI. sowie Nicholas Trist, Jeffersons letzten Privatsekretär.

Jeffersons großes Interesse an der klassischen Architektur kann man ablesen, wenn man die Friese betrachtet, welche von römischen Gebäuden stammen. Jefferson soll einmal gesagt haben: "Die Architektur ist meine Freude: Das Hinaufstellen und das Herunterziehen sind meine Lieblingsvergnügen." Das ist offensichtlich, wenn man bedenkt, daß sich Entwurf, Bau und Umbau des Hauses über 40 Jahre hinzogen.

Nun gelangt man in das **Eßzimmer** (⑨ Dining room). Rechts sehen Sie einen Aufzug, der Wein aus dem Keller beförderte. Um Zeit zu sparen, stellte Jefferson seine Bücher auf den Sims. Wenn sich seine Gäste verspäteten, so nutzte er die Zeit zum Lesen. Er sagte, daß er auf diese Weise viele Bücher las, für die er sonst keine Zeit gehabt hätte. Dem Lesezweck dienten hier ein Stuhl sowie ein Kerzenhalter.

Jefferson isolierte diesen Raum, da er auf der kalten Nordseite liegt. Er installierte daher Doppelfenster und zwischen Eß- und Teezimmer Doppelschiebetüren. Das **Teezimmer** (⑩ Tearoom) bezeichnete er als seine "ehrenwerteste Suite", weil er hier Büsten von Menschen aufstellte, die er hochschätzte. Von links nach rechts sieht man hier: Benjamin Franklin, John Paul Jones, General LaFayette und George Washington. Die Büste von John Adams steht in einer Nische, wo Jefferson einen Ofen hatte.

Das Silber und Porzellan im Eßzimmer und im Teezimmer gehörten größtenteils Jefferson. Er bewirtete oft bis zu 50 Gäste. Eine "Serviertür" erleichterte das Auftragen der Speisen. Die Diener im Speisezimmer drehten die Tür, nahmen die Speisen heraus und servierten sie.

Nun gelangt man zum **achteckigen Zimmer** auf der Nordseite ((12) North octagonal room). Die gegenwärtige Tapete in diesem Raum ist die Kopie des Originals, das damals aus Frankreich eingeführt wurde. Der eingebaute Wandschrank ist ungewöhnlich, denn in der Zeit Jeffersons wurden Kleider üblicherweise gefaltet. Über dem Bett ist ein Schrank: jeder mögliche Raum wurde effektiv genutzt.
Dreiteilige Schiebefenster befinden sich in mehreren Zimmern. Die beiden unteren Schiebefenster können auf die gleiche Höhe mit dem dritten gebracht werden, wodurch dieses Fenster auch als Tür genutzt werden können. Jedes Fenster und jede Tür des Erdgeschosses haben eingebaute Fensterladen, die für besondere Ruhe und zusätzliche Isolierung sorgen.

Auch die **Außenanlagen** sind nach Jeffersons Plänen angelegt. Jefferson ist auf dem Familienfriedhof begraben. Er entwarf auch seinen eigenen Grabstein mit der Inschrift: "Hier wurde Thomas Jefferson begraben, Autor der Unabhängigkeitserklärung und des Statuts von Virginia für Religionsfreiheit und Vater der Universität von Virginia".

Thomas Jefferson - Vater der Unabhängigkeitserklärung

Thomas Jefferson

Thomas Jefferson wurde am 17. April 1743 in Shadwell/Virginia geboren. Er studierte zunächst am William & Mary College in Williamsburg (1760 - 1762) und widmete sich danach dem Jurastudium von 1762 - 1767 bei George Wythe in Williamsburg. 1767 konnte er seine Karriere als Rechtsanwalt beginnen, und bald machte er sich in Virginia auch einen Namen als Politiker. In den Jahren 1769 - 1775 war er Mitglied des Abgeordneten-Hauses von Virginia, später (1775/76 und 1783) auch Abgesandter beim Kontinentalkongreß.

Schon früh schloß er sich der Unabhängigkeitsbewegung gegen das britische Mutterland an. 1774 verfaßte er die viel beachtete Flugschrift "A Summary View of the Rights of British America", so daß ihn der Kongreß mit der Formulierung der Unabhängigkeitserklärung (Declaration of Independence) beauftragte (4. Juli 1776).

Privat begann er 1769 mit dem Bau von Monticello. Hierhin zog er bereits Ende 1770, nachdem sein Haus in Shadwell abgebrannt war. Am 1. Januar 1772 heiratete er Martha Wales Skelton.

In Virginia wirkte Jefferson von 1779 - 1791 als Gouverneur, trat für die Abschaffung sozialer Vorrechte ein sowie für die Trennung von Kirche und Staat. Vergeblich jedoch bemühte er sich um die Abschaffung der Sklaverei.

Von 1784 - 1789 wurde er als Nachfolger von Benjamin Franklin Botschafter der USA in Frankreich, danach Außenminister unter George Washington (1779 - 1781). 1801 wurde er 3. US-Präsident (bis 1809). Während seiner Amtszeit verfolgte er die Politik des Ausbaus der Einzelrechte der Bundesstaaten gegenüber der Unionsgewalt.

Er galt als ein sehr geschickter politischer Taktiker und weitblickender Regierungschef. Schon früh sah er die Notwendigkeit ein, den Westen zu erschließen. Er schickte Expeditionen aus (Lewis und Clark Expedition), um die neuen Räume im Westen auszukundschaften. Als sein größter außenpolitischer Erfolg gilt der Abkauf Lousianas von den Franzosen im Jahre 1803 ("Lousiana-Purchase "). Damit verdoppelte er auf einen Schlag die Größe der damaligen Vereinigten Staaten.

1809 zog sich Jefferson nach Monticello zurück. 1819 gründete er die Universität von Virginia in Charlottesville. Als geschätzter Ratgeber lebte der "Weise von Monticello" auf seinem Landsitz und übte damit lange Einfluß auf das politische und geistige Leben seiner Zeit aus. Er verstarb am 4. Juli 1743 auf Monticello, auf den Tag genau 50 Jahre nach dem Verkünden der Unabhängigkeitserklärung.

Ash Lawn

Informationen
Ash Lawn liegt nur 2.5 Meilen von Monticello an der Route 53/795. Tel.: (804) 293-9539

Öffnungszeiten:

November - Februar:	täglich 10.00 - 17.00 h
März - Oktober:	täglich 09.00 - 18.00 h

Hier wohnte der 5. U.S.-Präsident, **James Monroe**. Die Planung sowie den Bau des Hauses hatte Thomas Jefferson für seinen Freund übernommen, der in dieser Zeit gerade Botschafter in Frankreich war. Jefferson überredete Monroe, sich hier niederzulassen, denn er schätze es, einen so geistreichen Mann in seiner Nähe zu wissen. Jefferson suchte auch den Bauplatz aus, und später stellte er sogar seine Gärtner ab, um die Vollendung der Gärten zu beschleunigen.

Dieses Haus sowie die Anlagen halten natürlich einem Vergleich mit Monticello nicht stand. Vielmehr handelt es sich hierbei um einen kleinen, eher bescheiden wirkenden Landsitz mit kleinen Räumlichkeiten. Dies spiegelt Monroes Einstellung wieder: Er fühlte sich eher dem einfachen Farmer-Leben verbunden. Monroe zog in dieses Haus 1799 ein und wohnte hier bis zu seiner Wahl zum Präsidenten im Jahre 1817.

Ash Lawn

Ash Lawn hieß ursprünglich "Highland" und war als Farm ausgelegt. Die Monroe-Familie bewirtschaftete umliegende Waldflächen, Obstplantagen, Weinberge und etwa 400 acres Feld, auf denen Tabak und Getreide angebaut wurden. Auf Highlands lebten zeitweise 40 - 50 Arbeiter und bildeten in sich ein geschlossenes Dorf, wo vom Räuchern bis zum Schmieden alle Arbeiten selbst erledigt werden konnten.

Nach der Beendigung seiner 2. Amtsperiode verkaufte Monroe Ash Lawn und zog in die Nähe von Washington D.C.. Selbst als er 1825 am Höhepunkt einer wirtschaftlichen Flaute verkaufte, konnte er für den Landsitz noch über 18.000 $ erzielen.

Wer war James Monroe?

James Monroe wurde am 28. April 1758 im Westmoreland County/Virginia geboren. Er lernte an der Parson Campbell's School sowie dem College of William and Mary in Williamsburg. Während des Unabhängigkeitskrieges kämpfte er als Leutnant und wurde bei der Schlacht von Trenton (26. 12. 1776) verwundet.

1780 begann er bei Jefferson mit einem Jurastudium. 1783 bis 1786 arbeitete er als Abgeordneter des Kontinentalkongresses. Als Gesandter in Paris sammelte er Auslandserfahrungen. 1799 bis 1802 wurde er zum Gouverneur von Virginia gewählt und handelte 1803 den Louisiana Purchase (Kauf von Louisiana) aus. In den Jahren 1803 - 1807 arbeitete er als Gesandter in London, zeitweise auch in Madrid (1804/05).

1816 wurde er als Kandidat der Demokratisch-Republikanischen Partei zum 5. US - Präsidenten gewählt. Seine Regierungszeit ging als 'Era of good feelings" in die amerikanische Geschichte ein: Monroe gelang es u.a., Florida von Spanien abzukaufen. In seiner 1. Amtsperiode wurde 1817 die Negerrepublik Liberia gegründet, und ihre Hauptstadt wurde ihm zu Ehren "Monrovia" genannt.

James Monroe

Bekannt ist sein Name auch heute noch im Zusammenhang mit der "Monroe-Doktrin". Sie wurde 1823 verkündet und begründete den lange Zeit andauernden isolationistischen Kurs der US-Außenpolitik. Kurz zusammengefaßt verpflichtete die Monroe-Doktrin die Vereinigten Staaten zur strikten Nichteinmischung in die Angelegenheiten europäischer Staaten. Ebenso verbat man sich Kolonisationsversuche und Interventionen außeramerikanischer Mächte auf amerikanischem Boden. Unter dem Motto "Amerika den Amerikanern" gehörte die Monroe-Doktrin bis zu den Regierungszeiten von Roosevelt zu den Eckpfeilern amerikanischer Außenpolitik.

Monroe verstarb am 4. 7. 1831 in New York.

Michie Tavern

Gemütlich: Michie Tavern

Auf der Rückfahrt entlang der Route 53 lohnt ein Stop an der historischen Michie Tavern (ausgesprochen wie Micky). Im bereits 1784 erbauten Gasthof verkehrte schon Thomas Jefferson. Auch andere historische Persönlichkeiten, so General Jackson und General LaFayette, weilten hier.

Zwischen 11.30 und 15.00 h werden hier im umgebauten Sklavenhaus ("The Ordinary") koloniale Gerichte angeboten. Das Lunch besteht aus einem Buffet, das zum Probieren folgender Gerichte einlädt:

Blackeye Beans - schwarze Bohnen
Cole slaw - Krautsalat
Stewed tomatoes - gedünstete Tomaten

Green Bean Salad - grüner Bohnensalat
Potato salad - Kartoffelsalat
Colonial fried Chicken - panierte Hähnchen

Direkt neben der Michie Tavern liegt ein kleines **Museum**. Es veranschaulicht, wie früher Reisende nächtigten, die mit Pferd und Wagen unterwegs waren. Die ebenfalls nahe anbei liegende **Meadow Run Grist Mill** ist eine noch heute intakte 160 Jahre alte Mühle. Im zweiten Stock des Mühlhauses ist das **Virginia Wine Museum** untergebracht, das die Geschichte des Weinanbaus von ihrem Beginn 1607 in Jamestown bis heute nachvollziehen läßt.

Auf dem Wege nach Williamsburg fahren Sie an Richmond vorbei.

Richmond

Richmond wurde bereits 1737 gegründet und zählt heute 220.000 Einwohner. Seit 1780 ist es Hauptstadt von Virginia und lebt als Industrie- und Handelsstadt vor allem vom Tabak (Sitz von American Tobacco und Phillip Morris). Während des amerikanischen Bürgerkrieges fungierte Richmond sogar als Hauptstadt der Südstaaten (1861 - 65) und bezahlte diesen Einsatz mit einer gründlichen Zerstörung durch die Unionstruppen.

Der James River ist bis Richmond schiffbar. Auf ihm gelangte Captain Smith im Jahre 1607 hierher in der Hoffnung, das Binnenland für die englische Krone zu erschließen. Doch weiter konnte er nicht gelangen, Felsen blockierten die Weiterfahrt...
Im Jahre 1775 hielt hier Patrick Henry seine berühmte Rede ("liberty or death"), womit die Loslösung von England begann.

Richmond vermag dem Reisenden nicht herausragende Sehenswürdigkeiten anzubieten. Neu gebaute Wolkenkratzer tragen nicht gerade dazu bei, sich hier auf dem Wege nach Williamsburg aufzuhalten. Die Besichtigung der an diesem Ort arbeitenden Zigarettenfabriken ist eben doch nicht so interessant. Das **Museum of Fine Arts** (Grove Ave./N. Boulevard) zeigt Werke von Watteau, Guardi, Picasso, Matisse und Klee.
Nur für Freunde von Edgar Allan Poe wird ein Stop in Richmond unvermeidlich: Im **Edgar Allan Poe-Museum** (1914 East Main Street) kann man auf Spuren seines Lebens und seiner Werke wandeln.

7.7.4 WILLIAMSBURG

Die historische Bedeutung

Nicht zu Unrecht spricht man im Zusammenhang mit Williamsburg stets von "**Virginia's Historic Triangle**" (Virginias historischem Dreieck):
● **Williamsburg** war von 1699 bis 1776 Hauptstadt der britischen Kolonie Virginia.
● Das südwestlich gelegene **Jamestown** ist die älteste britische Siedlung an der Ostküste (1607).

● Im Südosten liegt **Yorktown**, berühmt durch die Schlacht von Yorktown (1781), in deren Verlauf die amerikanisch-französische Armee unter George Washington die Briten schlug.

Altes Segelschiff in Jamestown

Jamestown, wo am 24. Mai 1607 die ersten 107 britischen Siedler an Land gingen und den Ort gründeten, hatte anfangs mit erheblichen Problemen zu kämpfen. Die meisten Neuankömmlinge, die unter dem Kommando von **Captain Christopher Newport** standen, waren keine Handwerker, sondern eher Abenteurer. Ihnen ging es weniger um den Aufbau einer Kolonie als vielmehr um Goldfunde. Da es hier aber keine Schätze gab, reagierten die Neuankömmlinge enttäuscht, es kam zu Meutereien. Unterernährung und Krankheiten taten ihr übriges, so daß im Herbst nur noch 38 Mann lebten. Erst die entschiedene Hand von **Captain John Smith** brachte mehr Ordnung in die kleine Gesellschaft. Die Verhältnisse besserten sich nicht, bevor im Folgejahr neue - diesmal geschickter ausgesuchte - Siedler aus England kamen. Doch sie verschlissen sich in fortwährenden Kämpfen mit Indianern, und man wollte gerade Jamestown aufgeben, um nach Neufundland zu ziehen, als eine neue Expedition aus England Nachschub an Proviant brachte (1610). Allmählich begann man mit der Urbarmachung des Landes. **John Rolfe**, einer der Siedler, stellte fest, daß die Wachstumsbedingungen für Tabak optimal waren, und schon 1617 exportierte man Rohtabak zum Mutterland.

Die Auseinandersetzungen mit den Indianern ließen zunächst nach, und es herrschte jahrelang Frieden, als John Rolfe die Tochter des Indianerhäuptlings Powhatan, Pocahontas, heiratete. Als der Vater von Pocahontas starb und ihr Bruder das Regiment übernahm, war es mit dem Frieden aus: Es kam 1822 zu einem großen Massaker, bei dem viele Kolonisten fielen und ein Großteil des Besitzes zerstört wurde.

Gleich nach diesen kriegerischen Auseinandersetzungen bauten die Siedler quer über die Halbinsel zwischen dem York und dem James River einen Pfahlzaun. Hier wuchs eine Siedlung heran, die man "Middle Plantation" nannte und aus der sich Williamsburg entwickelte. Als später das State House von Jamestown einer Feuerbrunst zum Opfer fiel, wurde der Regierungssitz in das "sicherere" Williamsburg verlegt: Die neue Hauptstadt der Kolonie Virginia nahm ihre Rolle bis 1780 wahr, als die Regierung nach Richmond überwechselte. 81 Jahre war Williamsburg damit ein bedeutender politischer, sozialer und kultureller Mittelpunkt an der Ostküste. Schon 1693 wurde hier das College of William and Mary gegründet und damit der elitäre Anspruch der hier lebenden Gesellschaft unterstrichen. In dieser Blütezeit wurde auch die erste funktionstüchtige Druckerei Virginias in Williamsburg eröffnet.

Obwohl dem britischen Mutterland zunächst so stark verbunden (Williamsburg wurde nach William III von England benannt), nahm der Wunsch nach Unabhängigkeit beständig zu. 1775 wurde es dem englischen Gouverneur zu heiß - er floh aus der Stadt. Im Mai 1776 verlangte man schließlich offiziell die Unabhängigkeit. Im Juni 1776 forderte der Abgeordnete Richard Lee beim Kontinentalkongreß, daß alle Kolonien freie und unabhängige Staaten werden müßten. Im Kontext dieser Forderung formulierte Thomas Jefferson die Unabhängigkeitserklärung, die 1776 angenommen wurde. Im Oktober 1781 fand dann die entscheidende Schlacht um die Unabhängigkeit gegen die Engländer bei Yorktown statt: Die Briten mußten unter Cornwallis kapitulieren - der Unabhängigkeitskrieg war damit zu Ende.

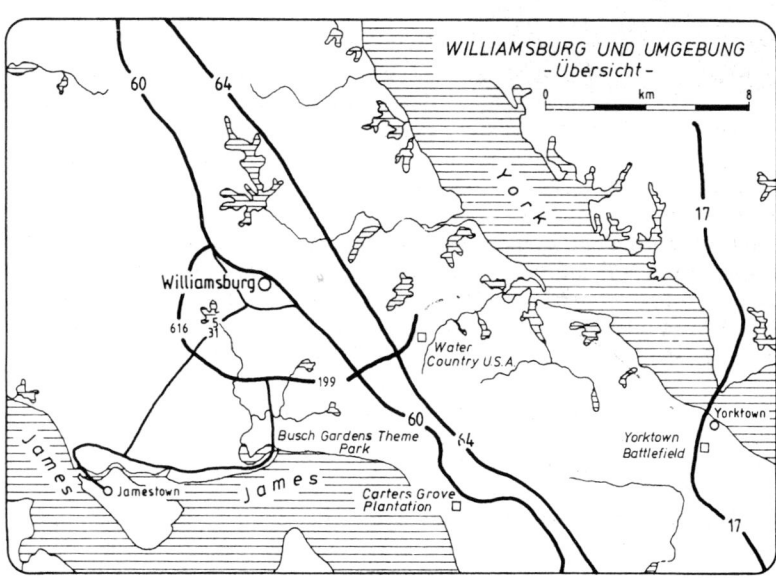

Als der Regierungssitz ab 1780 nach Richmond verlegt wurde, nahm auch die Bedeutung von Williamsburg stetig ab. Die Stadt schlummerte im Dornröschenschlaf, nur der amerikanische Bürgerkrieg unterbrach die Ruhe (1861 - 1865). 1917 wurde am Stadtrand eine Munitionsfabrik gebaut, und in aller Eile entstanden für 15.000 Arbeiter billige Wohnungen, was nicht gerade die ehrenvolle Vergangenheit Williamsburgs unterstrich. Die historische Bausubstanz war zwischenzeitlich heruntergekommen, ja, einige der alten kolonialen Gebäude sogar abgerissen.

Es war **Reverend W.A.R. Goodwin**, Pfarrer an der Bruton Parish Church, der auf den Gedanken kam, wenigstens Teile des alten Williamsburg vor weiterem Verfall zu retten. Er träumte davon, die Stadt im Stile des ruhmreichen 18. Jahrhunderts zu restaurieren. Doch woher sollte man das Geld hernehmen? Ihm gelang es, seine "Vision" **John D. Rockefeller Jr.** so überzeugend darzulegen, daß der Großindustrielle fortan - über 30 Jahre lang bis zu seinem Tode 1960 - den Wiederaufbau von "Colonial Williamsburg" finanziell unterstützte (mit über 90 Millionen Dollar aus seinem Privatvermögen!). Man erschuf wieder das alte Stadtbild, indem man auf zwei Ebenen gleichzeitig arbeitete:

Restaurierungsarbeiten

● **Restauration:** Alte, noch intakte Häuser wurden originalgetreu instandgesetzt und erlangten wieder ihre historische Funktion.

● **Rekonstruktion:** "Neuere" Häuser wurden abgerissen, und auf den alten Fundamenten entstanden nach gründlichem Archiv-Studium originalgetreue Nachbauten.

Allmählich wandelte sich das Stadtbild, und heute empfängt den Besucher das praktisch authentische Williamsburg des 17./18. Jahrhunderts. Analog zum alten Straßenplan von 1699 konnte man sich in der Historic Area ein Bild der damaligen Architektur sowie des Lebens machen. Die Historic Area ist über eine Meile lang; an ihrem Westende liegt das Kapitol, an ihrem Ostende das berühmte College of William and Mary. Das restaurierte Gebiet, in dem keine Autos fahren dürfen, ist durchschnittlich eine halbe Meile breit. Längsachsen sind die Francis Street, Duke of Gloucester Street und die Nicholson Street.

88 Original-Gebäude wurden restauriert, unter anderem das Wren Building, das President's House, die Bruton Parish Church sowie das Courthouse von 1770. Weitere 50 Gebäude wurden rekonstruiert. Sie wurden stets an ihrem Original-Ort aufgebaut, nachdem man intensive archäologische, architektonische sowie historische Nachforschungen angestellt hatte.

Der Begriff "**Colonial Williamsburg**" bezeichnet nicht nur den historischen Stadtkern, er meint vielmehr auch die Nonprofit-Institution, die das historische Bild der Stadt ständig unterhält und verfeinert. Alles Geld, was durch Spenden, Mitgliedschaften und Einnahmen (aus Restaurants, Hotels, Läden und Eintrittsgeldern) in der Colonial Williamsburg Foundation zusammenkommt, fließt unmittelbar in das Projekt zurück.

346

"**Colonial Williamsburg**" kann man als ein Museum, und zwar als eines der größten der Welt betrachten. Es ist nicht nur ein architektonisches Kleinod des 17./18. Jahrhunderts, sondern es vermittelt darüberhinaus Einblick in das Leben einer amerikanischen Kolonie. So kann man alten handwerklichen Tätigkeiten zuschauen, z.B. Schuhmachern, Korbflechtern, Buchbindern, Schmiedemeistern, Holzküfern oder Instrumentenmachern. Alle Akteure sind zeitgemäß ge- bzw. verkleidet und verfügen z.T. über das rechte schauspielerische Talent, die zugeteilte Rolle überzeugend darzustellen.

Europäische Besucher, die auf dem alten Kontinent so viel gelebte, authentische Historie erleben können, werden mit Williamsburg nicht so viel anfangen können wie das geschichtsärmere Amerika. Auch wenn der Besucher die "Stadt" etwas künstlich empfinden mag, auch wenn das "Patinierte"

Wie in alten Zeiten: Campbell's Tavern

fehlt, auch wenn sich durch die Perfektion der architektonischen Szenerie sowie des kostümierten Lebens der "Bewohner" ein Hauch von Disneyland eingeschlichen hat: Williamsburg ist ein historisches Erbe, auf das die Amerikaner zu recht stolz sein dürfen.

☞ Redaktions - Tips

★ Übernachtung in den "colonial houses";
★ Abendessen im Regency Room (Williamsburg Inn) oder der urigen Campbell's Tavern;
★ Vor einem Rundgang Frühstück in der Shields Tavern;
★ Spaziergang entlang der Gloucester Street;
★ Ausflug nach Jamestown unternehmen;
★ Water Country USA oder Bush Gardens besuchen, damit Kinder auf ihre Kosten kommen.

Sehenswertes innerhalb von Williamsburg

Information
Im **Colonial Williamsburg Visitor Center** (Colonial Parkway/Va. 132, Tel.: 229-1000) erfährt man eine ausgezeichnete Einführung in die Geschichte. Ein 35-minütiger Film trägt den Titel "Williamsburg - The Story of a Patriot". Hier erhalten Sie auch Informationen über aktuelle Veranstaltungen, z.B. über Konzerte oder Paraden. Vom Visitors Center fährt ein Bus zu verschiedenen Punkten am Rande des historischen Bezirks.

Tickets
Hier (aber auch Ecke Duke of Glocester/North Henry Street) erhält man auch die Tickets für den Besuch der verschiedenen Gebäude und Sehenswürdigkeiten in der Historic Area. Es gibt drei Ticket - Arten:

Briefträger in Williamsburg

● **Basic Admission Ticket**
= gültig für 12 Sehenswürdigkeiten in der Historic Area nach freier Wahl. Nicht inbegriffen ist der Besuch von: The Governor's Palace, De Witt Wallace Decorative Arts Gallery, Carter's Grove, Folk Art Center, Bassett Hall und die Patriot's Tour.
Kosten: 19 $ Erwachsene/12.50 $ Kinder von 6 - 12 Jahren.

● **Patriot's Pass**
= berechtigt zum Eintritt aller Sehenswürdigkeiten der Historic Area, auch Carter's Grove sowie Patriot's Tour (1 Stunde Führung). Gültig ein Jahr. Kosten: 26.00 $ Erwachsene/17.00 $ Kinder 6 - 12 Jahre.

● **Royal Governor's Pass**
= ermöglicht den Besuch aller Sehenswürdigkeiten, beinhaltet aber nicht Carter's Grove, Bassett Hall, Folk Art Center. Gültig an vier aufeinanderfolgenden Tagen.
Kosten: Erwachsene 23.00 $/15.00 $ Kinder von 6 - 12 Jahren.

Besuch der wichtigsten Sehenswürdigkeiten entlang der Gloucester Street vom Kapitol (= Osten) zum Wren Building (= Westen, Teil des College of William and Mary)

● **Capitol**

Baugeschichte: 1701 Baubeginn; 1747 durch Brand zerstört, doch bald wiederaufgebaut; 1832 Zerstörung durch erneuten Brand; erst 1934 restauriert.
Bedeutung: 1704 - 1780 Sitz der kolonialen Regierung Virginias. Das Parlament wurde bei wichtigen Sitzungen stets vom königlichen Gouverneur eröffnet, um die englische Herrschaft zu demonstrieren.
Atmosphärisch sind die abendlichen Führungen (= candlelight tours).

● **Pasteur & Galt Apothecary Shop/rechts**
Um 1760 erbaut, im Stile einer Apotheke des 18. Jahrhunderts eingerichtet. Kräutergarten hinter dem Haus.

● **Shields Tavern/links**
Alte Taverne, in die man schon zum Frühstück einkehren kann.

● **King's Arms Tavern/links**
Uriges Restaurant mit Gartenbedienung und Spezialitäten wie peanut soup (= Erdnußsuppe), Virginia ham (stark gesalzener Virginia - Schinken).

● **Raleigh Tavern Kitchen/rechts**
gegenüber King's Arms Tavern. Wiederaufgebaut nach alten Radierungen sowie archäologischen Funden. In Kolonialzeiten sehr beliebter Treff für Politiker, so auch George Washington und Thomas Jefferson oder Patrick Henry. Authentische Inneneinrichtung, da man Listen vom Inventar aus dem Jahr 1770 zur Verfügung hatte. Gleich dahinter: Bäckerei (Brotzubereitung).

● **Wigmaker/links**
Gleich hinter King's Arms Tavern. Alter Laden eines Perückenmachers.

● **Silver Smith** (Silberschmied), **Milliner** (Mode aus dem 18. Jahrhundert), **Druckerei und Buchbinderei**/alle weiter rechts

● **Magazine and Guard House/links**
1715 als Lagerhaus für Waffen und Munition gebaut. Achteckiges Magazin-Gebäude, strategisch früher sehr wichtig, da hier das Pulver lagerte bzw. lagern sollte... Als die Bevölkerung wegen der britischen Vorherrschaft zu murren begann, ließ der englische Gouverneur das Schießpulver heimlich

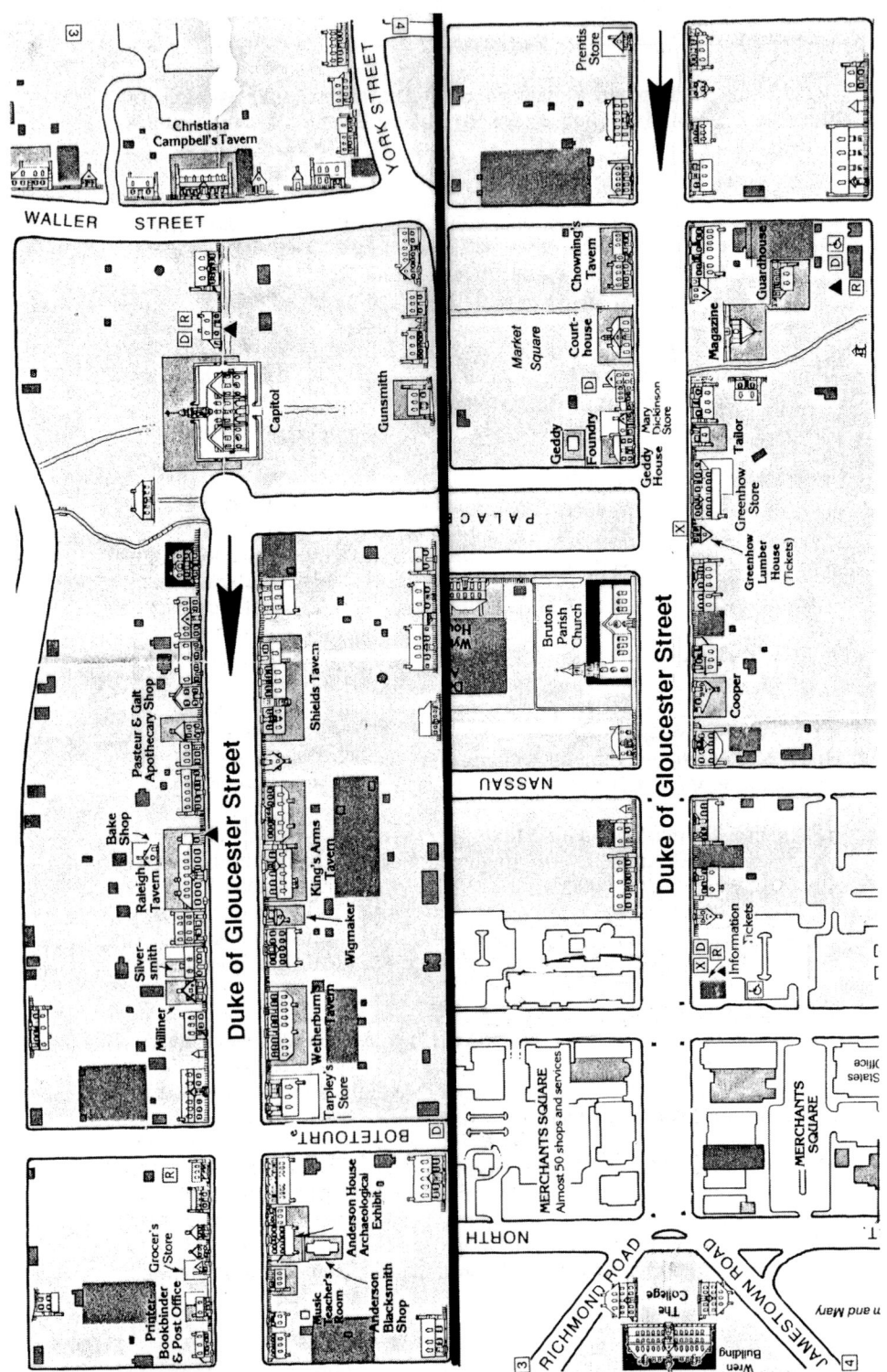

entfernen. Als dies bemerkt wurde, mußte er Hals über Kopf aus der Stadt flüchten. Er setzte später seine Karriere als Gouverneur auf den Bahamas fort...

● **Courthouse (Gerichtsgebäude)/rechts**
Restauriertes Gebäude aus dem Jahre 1770, bis 1932 als Gerichtsgebäude benutzt. Wichtige Verkündigungen an die Bürger - 1776 die Unabhängig-keitserklärung - wurden hier von den Treppen aus den Bürgern vorgelesen.

● **Geddy Foundry/rechts**
Haus aus dem Jahre 1750. Bis 1800 arbeiteten hier diverse Handwerker. Heute: Uhrmacher, Silberschmiede.

Nun ist man am Palace Green angelangt. Von hier gelangen Sie nach rechts zum

Governor´s Palace

● **Governor's Palace**
Baugeschichte: 1706 mußte das Kolonialpar-lament 2.000 Pfund zum Bau eines Gouverneur-Palastes bereitstellen. Die Pläne fertigte Bau-meister Henry Cary an, der auch das Kapitol geplant hatte. Das Ge-bäude brannte 1781 völ-lig ab und wurde ab 1930 an der gleichen Stelle nach alten Plänen rekon-struiert. Beim Wieder-aufbau halfen Zeichnun-gen, die von Thomas Jefferson stammten. Er hatte zwei Jahre vor der Zerstörung alle Etagen fein säuberlich gemalt. Alte Inventarlisten hal-fen, die Innengestaltung so authentisch wie mög-lich durchzuführen.
Bedeutung: Hier resi-dierten die Gouverneu-re der britischen Krone. Der gesamte Bau spie-gelte die Macht des britischen Königs in der Kolonie Virginia wider. Die prächtige Residenz war im Stile eines englischen Herrensitzes angelegt. Als

1775 der letzte britische Gouverneur fliehen mußte, wurde das Gebäude Amtssitz der nachfolgenden Gouverneure des befreiten Virginias: Patrick Henry und Thomas Jefferson.

Wieder zurück auf der Duke of Gloucester Street, steht die

- **Bruton Parish Church/rechts**
  Sie blieb seit 1715 fortlaufend geöffnet. Die Kirchengemeinde wurde aber schon 1674 gegründet. Während der britischen Kolonialzeit waren Kirche und Staat nicht getrennt. Alle Beamten mußten der anglikanischen Kirche angehören.
  Das Äußere der Kirche einschließlich der Fenster sowie der Innenwände befinden sich im Originalzustand. Nur die alte Bestuhlung wurde im 19. Jahrhundert gegen viktorianische Kirchenstühle getauscht.
  Dieser Kirche stand der bereits zitierte Dr. W.A.R. Goodwin als Pfarrer vor, der Rockefeller dazu ermuntern konnte, Williamsburg umfassend zu restaurieren bzw. zu rekonstruieren.

- **The College of William and Mary (= Westende der Historic Area)**

Dies ist das zweitälteste College der Vereinigten Staaten überhaupt. Es wurde schon 1693 gegründet und nach dem damaligen King William III sowie Queen Mary II benannt. Das Hauptgebäude ist das imposante Wren Building, so benannt nach seinem Architekten. Dies ist das älteste akademische Gebäude auf amerikanischem Boden, das ohne Unterbrechung genutzt wurde. Hier begann auch die Restaurierung von Colonial Williamsburg. Das Erscheinungsbild entspricht heute dem aus den Jahren 1716 - 1859. Im Parterre sowie im 1. Geschoß sind einige Räume im Stil des 18. Jahrhunderts eingerichtet.

Andere Sehenswürdigkeiten im Zentrum

● **Public Hospital (Westende der Francis Street)**
Dies ist das größte Rekonstruktionsprojekt in den letzten 50 Jahren (1985 eröffnet). Das Public Hospital war das erste öffentliche Krankenhaus für Geisteskranke und wurde bereits um 1770 eröffnet. Hier kann man sich ein Bild von der Krankenbehandlung im 18. und 19. Jahrhundert machen.

● **de Witt Wallace Decorative Arts Gallery**
Dieses moderne Gebäude wurde ebenfalls 1985 eröffnet. Finanziert wurde es von den Gründern des "Reader's Digest"-Magazins. Dieses Museum widmet sich der dekorativen Kunst und zeigt Gegenstände vom 17. - 19. Jahrhundert, insgesamt über 8.000 sehr unterschiedliche Exponate (Uhren, Vasen, Porträts, Möbel).

Sehenswertes außerhalb von Williamsburg

● **Carter's Grove**

Information
Lage: 8 Meilen südöstlich über S. England Street und "Country Road" erreichbar. Eine idyllische Landstraße!

Öffnungszeiten
Mitte März - letzter Sonntag im Oktober: täglich   09.00 - 17.00 h
November - Dezember: täglich   09.00 - 16.00 h

Malerisch: Carter's Grove

353

Dies ist eine malerische Plantage, deren 1755 erbautes Herrenhaus hoch über dem James River liegt. Im 17. und 18. Jahrhundert gelangten manche Farmer durch den erfolgreichen Tabakanbau zu immer größerem Reichtum. Zu ihnen gehörte Robert "King" Carter, der dieses Land erwarb. In seinem Testament verfügte er, daß dieser Besitz stets "Carter's Grove heißen müsse. Als sein Enkel Carter Burwell den Besitz erbte, begann er 1750 mit dem Bau eines eleganten Ziegelhauses. Die Burwell-Familie lebte an diesem Ort bis 1792, bevor sie westwärts zog. In ihrer Zeit waren hier George Washington und Thomas Jefferson ebenso beliebte Gäste wie andere politisch bedeutsamen Persönlichkeiten. Die nachfolgenden Besitzer konnten nicht das Geld für entsprechende Pflege der Anlagen aufbringen. Erst im Jahre 1928, als Carter's Grove von der Familie McCrea aufgekauft wurde, kehrte der alte Glanz zurück. Seit 1964 ging der Besitz zur Colonial Williamsburg Foundation über.

● **Busch Gardens**

Informationen

Lage: 4 Meilen östlich von Williamsburg, über US 60 oder Interstate 64 erreichbar.

Öffnungszeiten
Ab Ende März bis Ende Oktober geöffnet;
in der Regel mindestens von 10.00 h - 19.00 h; in den Sommermonaten bis 22.00 - 24.00 h

Der große Vergnügungspark der Brauerei Anheuser/Busch in St. Louis steht hier bei Williamsburg unter dem Thema "The Old Country". Es gibt ein englisches, französisches, italienisches und deutsches "Dorf" (hier steht ein "Festhaus"!) mit entsprechenden "landestypischen" Restaurants, Andenkenläden etc..
Der Amerikaner liebt ja diese Themen-Parks über alles, und ähnlich wie in den Parks von Walt Disney kann sich Busch Gardens über geringen Andrang nicht beklagen.
Als Attraktionen locken u.a. eine Wildwasser- und Achterbahnfahrt oder als neueste Attraktion ein Simulationsflug mit dem "Questor". Sicherlich ist (nicht nur) für Kinder und Jugendliche für genügend Spaß und Unterhaltung gesorgt.

● **Water Country USA**

Informationen
Lage: 3 Meilen östlich von Williamsburg. Abfahrt vom Interstate 64/Exit 57 B, Route 199 East, dann rechts (Beschilderung)

Öffnungszeiten
von Mitte Mai - Anfang September: 10.00 - 19.00 h
im Hochsommer: bis 20.00 h

Water Country USA ist ein herrliches Erlebnis für jung und alt, vor allem nach anstrengenden Besichtigungen. Hier gibt es riesige Wasserrutschen, Wellenbad und -zig andere Wasserattraktionen. Wirklich ein Vergnügen!

● **Ausflug nach Jamestown**

Informationen
Lage: Sie folgen von Williamsburg dem Colonial Parkway in südliche Richtung nach Jamestown/6 Meilen.

Öffnungszeiten

täglich   09.00 - 17.00 h

Jamestown steht unter dem Motto "...where a nation began" (...wo eine Nation begann). Jamestown ist in der Tat die älteste britische Siedlung in Nordamerika. 105 Männer gingen hier am 24. Mai 1607 an Land (siehe geschichtlicher Überblick weiter oben). Bis 1699 war Jamestown die Hauptstadt des kolonialen Virginia.

Jamestown

Jamestown ist als Siedlung längst untergegangen. Im **Colonial National Historic Park** mag der geschichtlich interessierte Besucher sich ein Bild vom Leben der ersten Siedler im 17. Jahrhundert machen. Vom alten Jamestown steht nur noch der Kirchturm.

Die seit 1934 durchgeführten Ausgrabungen ließen ein klares Bild der alten Siedlung gewinnen. Man fand alte Fundamente, Straßenzüge, Gräben, alte Zeichnungen und Skulpturen.
Im **Museum** kann man die Spuren dieser Region bis in die Frühzeit der Powhatan-Indianer zurückverfolgen. Auf dem rekonstruierten Siedlungsgelände steht u.a. eine Statue von Pocahontas, der Tochter des indianischen Chief Powhatan, die John Rolfe heiratete (John Rolfe war der erste, der herausfand, daß hier Tabak gut wächst). Diese Heirat führte zu einer merklichen Verbesserung der Beziehungen zwischen Indianern und den englischen Siedlern.

● **Ausflug nach Yorktown**

Informationen

Lage: 12 Meilen östlich von Williamsburg, über den Colonial Parkway erreichbar.

Öffnungszeiten

Das Yorktown Victory Center ist täglich von 09.00 - 17.00 h geöffnet.

Yorktown steht unter dem Motto "...where freedom was won" (... wo die Freiheit errungen wurde). Vom 9. - 19. Oktober 1781 fand hier die große Schlacht zwischen den Briten und den um die Unabhängigkeit kämpfenden Kolonisten statt. Unter der Führung von George Washington, dem deutschen Generalmajor von Steuben sowie den französischen Generalen LaFayette und Rochambeau erlitten die Briten ihre endgültige Niederlage. Ihre Truppen unter General Cornwallis mußten kapitulieren, und dieser Sieg bedeutete auch gleichzeitig das Ende des Unabhängigkeitskrieges.

Im Yorktown Victory Center kann man sich über jene historisch so bedeutsamen Tage informieren. Das Yorktown Battlefield Visitors Center liegt auf dem ehemaligen Schlachtgelände (Wegweiser im Ort), wo heute noch Gräben und Wälle an die Schlacht erinnern.

In dem kleinen, schon 1691 gegründeten Dorf leben heute wenige Einwohner. Bis 1750 konnte Yorktown für sich in Anspruch nehmen, der größte Hafen von Virginia zu sein.

7.8 VON WILLIAMSBURG NACH ROCKY MOUNT

7.8.1 ÜBERBLICK

Der im folgenden beschriebene Streckenabschnitt führt von den eher verstädterten Regionen der Ostküste zu den wesentlich dünner besiedelten der "Carolinas". Naturerlebnisse sind angesagt, und für den, der Zeit hat, ist gerade der Weg zunächst entlang der Küste und dann später landeinwärts ein Erlebnis der Vielgestaltigkeit der Landschaft North Carolinas. Inmitten der stets windigen Dünenlandschaft am Atlantik unternahmen die **Gebrüder Wright** zu Beginn unseres Jahrhunderts die bahnbrechenden Flugversuche. In **Kitty Hawk** direkt am Meer vermag der Besucher die Anstrengungen und den Erfindereichtum der Wrights' nachzuvollziehen. Apropos Küste: Hier in North Carolina reizt die weite, noch weitgehend nicht zugebaute Dünenlandschaft der **Outer Banks** zu einem Badeaufenthalt.

Als Zwischenstop auf dem Weg in den Westen North Carolinas bietet sich Rocky Mount an, ein Zentrum des Tabakanbaus. Diejenigen, die weniger Zeit haben und entlang der Atlantikküste reisen, sei die Alternative über Wilmington und Myrtle Beach nach Charleston empfohlen.

7.8.2 TOURISTISCHE INFORMATIONEN

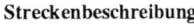

Streckenbeschreibung
Von Williamsburg folgen Sie dem Interstate 64. Sie umgehen Norfolk und können von der 64 in die Route 44 einbiegen, um sich kurz Virginia Beach anzuschauen.
Vom Interstate 64 zweigt später die Straße 168 South ab. Diese führt dann nach North Carolina. In der Höhe von Barco mündet sie in die 158 ein, die nach Kitty Hawk führt. Nach der Besichtigung des Wright Brothers National Memorial gelangen Sie über Nags Head auf die Straße 64 East, die über Williamstown nach Rocky Mount geht.

Informationen
Outer Banks Chamber of Commerce, P.O.Box 1757, Kill Devil Hills, NC 27948, Tel.: (919) 441-8144. Hier erhalten Sie detaillierte Karten und Informationen über das herrliche Urlaubsgebiet auf den Outer Banks.

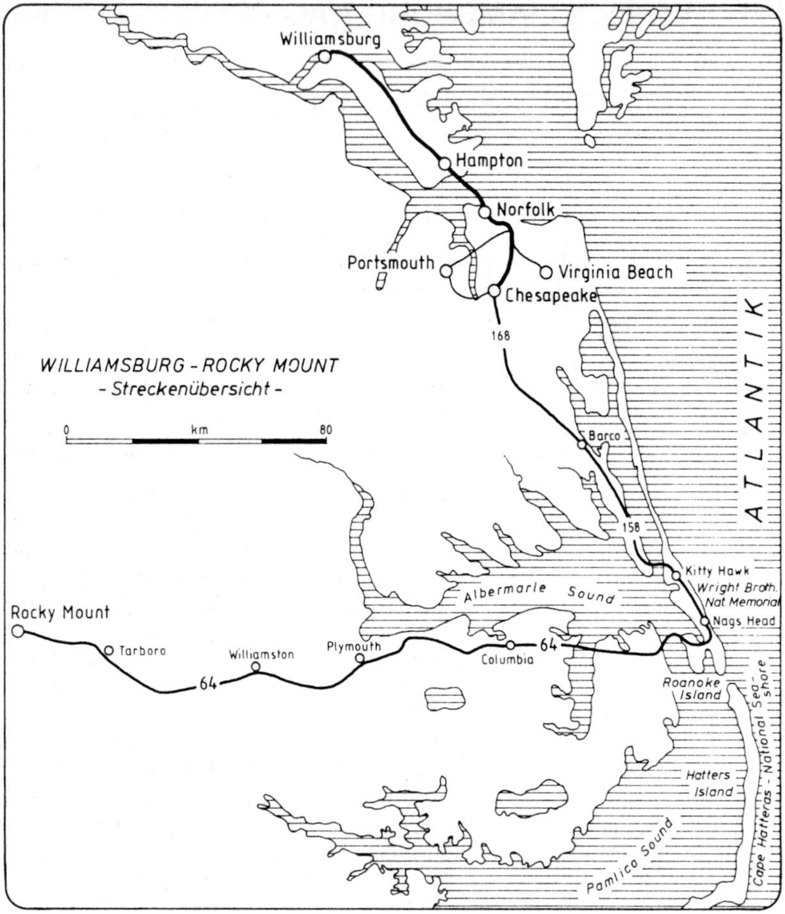

Map content:

WILLIAMSBURG - ROCKY MOUNT
- Streckenübersicht -

0   km   80

Williamsburg

Hampton

Norfolk

Portsmouth   Virginia Beach
Chesapeake

168

Barco

158

Rocky Mount

Tarboro   Williamston   Plymouth   64
64   Columbia

Kitty Hawk
Wright Broth.
Nat Memorial
Nags Head

Albermarle Sound

Roanoke
Island

Hatteras
Island

Pamlico Sound

Cape Hatteras - National shore

ATLANTIK

Entfernungen

Williamsburg - Rocky Mount	306 Meilen	(490 km)
Williamsburg - Norfolk	44 Meilen	(71 km)
Norfolk - Kitty Hawk	102 Meilen	(163 km)
Kitty Hawk - Rocky Mount	160 Meilen	(256 km)

Hotels

Wer genügend Zeit hat, kann seine Reise an der Küste unterbrechen.

in **Kill Devil Hills:**

● **Quality Inn Sea Ranch****, Kill Devil Hills, Tel.: (919) 441-7126, bei Milepost 7; geräumige Zimmer, "candlelight dinner" im Top of the Dune dining room.

in **Nags Head:**

● **Beacon Motor Lodge****, 2617 S Virginia Dare Trail, an der Oceanfront bei Milepost 11, Tel.: (919) 441-5501.

● **Nags Head Inn***, 4701 South Virginia Dare Trail, Tel.: (919) 441-0454), bei Milepost 14. Am Meer gelegen.

Wer was besonderes sucht, sollte in Duck (= etwa 10 Meilen nördlich von Kitty Hawk) auf den Outer Banks übernachten. Hier liegt das

● **Sanderling Inn Resort*****, Duck, Tel.: (919) 261-4111. Umgeben von Sanddünen, hat man viele Kilometer Strand für sich. Geschmackvoll und "naturangepaßt (Holzbauweise), große Zimmer. Ein wirklich empfehlenswerter Tip, um 1 - 2 Tage auszuspannen.

In **Rocky Mount**:

● **Sheraton Rocky Mount****, 651 Winstead Ave., 1 Meile östlich des Interstate 95, Exit 138, Tel.: (919) 937-6888. Neu erbautes Hotel mit gutem Restaurant.

● **Best Western Rocky Mount Travel Inn***, 1921 N Wesleyan, an US 301 Bypass N., Tel.: (919) 442-8101. Typisches Motel, sauber und preiswert.

Restaurants

In **Kitty Hawk**:

● **Port o'Call**, an der US 158 Business zwischen Mileposts 8 und 9, Tel.: (919) 441-7484. Fischgerichte, Kalbfleisch und Pasta, preiswert und gut.

North Carolina - Telegramm

Abkürzung:	NC
Namens - Ableitung:	benannt nach dem englischen König Karl I
Beinamen:	Old North State und Tar Heel State (= Seemanns - Staat)
Größe:	136.412 qkm
Einwohner:	6.3 Millionen
Bevölkerungsdichte:	46.6 Ew/qkm
Hauptstadt:	Raleigh (150.000 Ew)
Weitere Städte:	Charlotte (315.000 Ew); Greensboro (156.000 Ew); Winston - Salem (132.000 Ew);
Unionsbeitritt:	1789
Wirtschaft:	Intensive Landwirtschaft (Tabak, Baumwolle, Mais, Erdnüsse, Sojabohnen, Holz, Obst); intensiver Fischfang; differenzierte Industrie (Tabakindustrie, Nahrungsmittel, Textilien, Möbel, Maschinen usw.)
Bodenschätze:	Glimmer, Feldspat, Phosphate
Touristisches Potential:	North Carolina bietet durch seine West - Ost-Ausdehnung unterschiedliche Landschaften: * eine herrliche, z.T. sehr unberührte Küste (Outer Banks), * das Piedmont (= hügeliges Land), * hohe Berge (Blue Ridge Mountains, Great Smoky National Park)
Touristische Informationen:	North Carolina Division of Travel and Tourism, 430 N. Salisbury St., Raleigh, NC 27611, Tel.: (919) 4171

7.8.3 UNTERWEGS NACH KITTY HAWK

Norfolk

Norfolk, mit knapp 270.000 Einwohnern größte Stadt Virginias, liegt zwischen der Chesepeake Bay, dem breiten Mündungstrichter des James Rivers, sowie am Intercoastal Waterway. 1682 gegründet, entwickelte sich die Siedlung zur größten Stadt in Virginia. Während des Unabhängigkeitskrieges wurde Norfolk von den britischen Truppen belagert. Daraufhin brannten die Kolonisten die Stadt nieder, um nichts den Briten zu überlassen.

Norfolk ist eine bedeutende Industrie- und Hafenstadt und zusammen mit dem angrenzenden Portsmouth Hauptquartier der US-Atlantik- und Mittelmeerflotte. Die Stadt ist Sitz zweier Universitäten (Old Dominion University/15.000 Studenten und Norfolk State University/8.000 Studenten. 1964 wurde ein gigantisches Straßenbauwerk eröffnet: der 17.6 Meilen lange Chesepeake Bay Bridge Tunnel zwischen Norfolk und der Delmarva Peninsula.

Norfolk Naval Base and **Norfolk Naval Air Station**, Hampton Blvd/I - 564. Dies ist der größte Kriegsmarine-Hafen der Welt. Samstag und Sonntag kann man einige Schiffe besichtigen. Das **Hampton Roads Naval Museum** ist täglich geöffnet. Touren starten bei: Tour & Information Office, 9808 Hampton Blvd. (April bis Oktober, Auskunft: Tel.: 444/2163).

Virginia Beach

Südlich von Norfolk liegt der Badeort (besser: die Bade-Stadt) Virginia Beach. Mit 257.000 Einwohnern, einer beinahe endlosen Kette von Hotels entlang des Strandes sowie unzähligen Restaurants ist dies nicht gerade ein Ort, den man für einen Badeaufenthalt empfehlen könnte. Wer allerdings viel Rummel um sich haben möchte, dem wird es hier gefallen...

7.8.4 KITTY HAWK - WRIGHT BROTHERS NATIONAL MEMORIAL

Überblick

Kitty Hawk, ein noch immer recht verschlafener Strandort an den wunderschönen Outer Banks, erlangte Weltberühmtheit durch die erfolgreichen Flugexperimente der Gebrüder Wright. Ohne Übertreibung kann man hier von der Geburtsstätte der motorisierten Luftfahrt sprechen: Am 17. Dezember 1903 gelang Orville und Wilbur Wright genau um 10.35 h Ortszeit der erste motorisierte Flug, der 12 Sekunden lang andauerte und über eine Strecke von 37 m führte. Ein Besuch dieser historischen Stätte führt anschaulich in die Zeit dieser ersten Pionierflüge ein.

Informationen

Das Wright Brothers National Memorial liegt zwischen Kitty Hawk und Nags Head am Bypass U.S. 158. Diese Gedenkstätte, den ersten Tagen der Luftfahrt gewidmet, wird vom National Park Service betreut. Im Visitors Center stehen didaktisch hervorragend aufbereitete Informationen zur Verfügung: Schau- und Informationstafeln, reale Modelle, Fotos und historische Dokumente. Auf dem Außengelände sind die restaurierten Werkstattschuppen und die Schlafstelle der Wrights zu besichtigen, gleich daneben das Flugfeld mit der Markierung der ersten Flugstrecken. Der "Wright Memorial

Flugfeld mit den historischen Markierungen

Shaft", ein imposantes, 18 m hohes Granit-Denkmal, steht auf einer mittlerweile "kultivierten" Düne, von der aus die Gebrüder die ersten Gleitversuche unternahmen. Alle diese Punkte kann man bequem zu Fuß erreichen.

Die Gebrüder Wright - Pioniere der motorisierten Luftfahrt

"I am intending to start in a few days for a trip to the coast of North Carolina... for the purpose of making some experiments with a flying machine. It is my belief that flight is possible..."
Wilbur Wright, 1900

Übersetzt:
"In einigen Tagen werde ich eine Reise an die Küste North Carolina unternehmen, um einige Versuche mit einer Flugmaschine zu unternehmen. Ich glaube, daß Fliegen möglich ist..."

"Isn't it astonishing that all these secrets have been preserved for so many years just so we could discover them !"
Orville Wright, 1903
Übersetzt:
"Ist es nicht erstaunlich, daß all diese Geheimnisse so viele Jahre bewahrt wurden, so daß wir sie entdecken konnten !"

Wer waren die Gebrüder Wright ?

Wilbur Wright wurde am 16. April 1867 in Millville/Ohio geboren, sein Bruder Orville am 19. August 1871. Beide besuchten die High School, doch sie gingen nicht auf ein College. 1892 gründeten sie die Wright Cycle Company in Dayton/Ohio. Mit diesem kleinen Fahrradgeschäft bestritten sie ihren Lebensunterhalt. Sie reparierten Fahrräder und stellten sie später sogar selbst her. Zusammen mit ihrem Vater und einer jüngeren Schwester - die Mutter verstarb bereits 1889 - wohnten sie in bescheidenen Verhältnissen. Zeitlebens blieben Wilbur und Orville ledig. Jede freie Minute und jeden ersparten Dollar investierten sie in ihr Hobby, die Fliegerei. Kein Sponsor half ihnen bei der Verwirklichung der verrückten Idee, ein Motorflugzeug zu konstruieren. Nur Octave Chanute (1832 - 1910) half den beiden mit Rat und Tat, da er ebenfalls von der Luftfahrt fasziniert war. Ausgiebig studierten die Wrights die Ergebnisse von Otto Lilienthal (1848 - 1896/beim Flugversuch umgekommen). So erfuhren sie zunächst grundlegende Erkenntnisse über die Aerodynamik von Tragflächen.

Alle Flugversuche finanzierten sie also selbst. Sie verwendeten u.a. Teile und Werkzeuge aus dem Fahrradgeschäft, um die Kosten niedrig zu halten: Die Versuchs-Serie von 1899 bis 1903 kostete nur 1.000 $.

Am 17. Dezember 1903 war es dann soweit: Orville Wright, erster Pilot eines Motorflugzeuges, überwand fliegend eine Strecke von 37 m in 12 Sekunden. Die Entbehrungen hatten sich also ausgezahlt. Doch noch horchte die Welt nicht auf. Die beiden Brüder verbesserten immer weiter ihr Fluggerät: Während die Steuerung z.B. anfangs nur "liegend" möglich war, gelang es ihnen, ab 1905 "sitzend" zu steuern und sogar einen Passagier zu transportieren. Ihr Geld verdienten sie fortan nicht mehr mit dem Fahrradgeschäft, sondern mit Flugvorführungen. 1910 gelang es dem

---

Wright-Piloten Brookins, den ersten Langstreckenflug von Springfield/ Illinois bis nach Chicago (185 Meilen) zu absolvieren.
Auch in Europa traten die Brüder zur Vorführung ihrer Fluggeräte auf: In Berlin-Tempelhof fanden im Sommer 1909 mehrere Flugdemonstrationen statt.

Wilbur starb am 30. Mai 1912 an Typhus. Fortan führte Orville die Geschäfte der "The Wright Company" als Präsident fort. Zivile und militärische Kreise interessierten sich immer mehr für Flugzeuge, und als Orville Wright am 30. Januar 1948 starb, konnte er auf sein und seines Bruders Lebenswerk zurückblicken: Das Flugzeug hatte den Himmel erobert, auch wenn nicht immer zum Segen der Menschheit, wie die Fliegerangriffe des 2. Weltkriegs zeigten...

Zu den Flugversuchen

Wieso wurde Kitty Hawk als Versuchsgelände ausgewählt?
Die hier vorherrschenden Windstärken waren für die ersten Gleitversuche optimal. Der sandige Untergrund bot die Gewähr für weiche Landungen, von den baum- und strauchlosen Hügeln und Dünen konnte man gefahr-mindernd die Gleitexperimente durchführen.

Welche Probleme mußten bewältigt werden?
Die Gebrüder Wright waren keine studierten Ingenieure. Das meiste Wissen erwarben sie durch eigenes Nachdenken und eigene Experimente. Drei Hauptprobleme standen im Vordergrund:

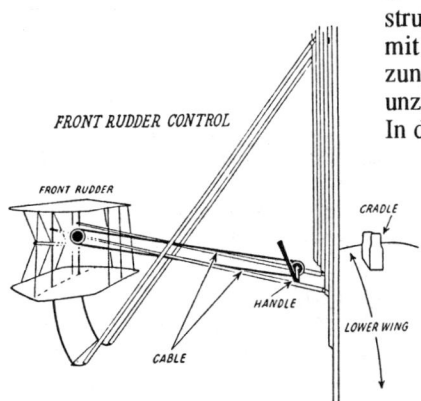

FRONT RUDDER CONTROL

FRONT RUDDER

CRADLE

HANDLE

LOWER WING

CABLE

● Der **Auftrieb** (= Lift) Die Konstruktion der Tragflächen und die damit verbundene Optimierung der Nutzung der Luftströmung wurde durch unzählige Gleitexperimente ermöglicht. In den Jahren 1899 - 1901 führten die Gebrüder Wright unzählige Gleiter-Experimente durch. Man mußte u.a. herausfinden, wie die größte Flugstabilität und Manövrierfähigkeit erreicht werden könnten. Zusätzliche Windkanaltests (ab 1901) gaben Aufschluß über optimale Tragflächen.

● Die **Kraft** (= Power): Es mußte ein leistungsfähiger, gleichzeitig aber auch leichter Motor konstruiert werden. Ebenso galt es, die Probleme der Kraftübertragung (Motor : Propeller) zu lösen.

363

Nachdem der freie, antriebslose Flug mit Gleitern beherrscht wurde (man schaffte 1902 damit eine Strecke von 190 m in 26 Sekunden bei einer Windgeschwindigkeit von 56 km/h), begaben sich Orville und Wilbur an die Motoren-Konstruktion. Der Motor sollte 12 PS entwickeln können - genug, um mithilfe eines Propellers aus eigener Kraft ein Flugzeug abheben zu lassen. Am 14. Dezember 1903 war man soweit, doch der Versuch ging wegen der Windverhältnisse schief, und das Flugzeug wurde beschädigt. 3 Tage später aber, am 17.12., konnte man erfolgreich starten. Die technischen Daten des 1. Motorflugzeuges:

Flügelspannweite:	12.3 m	Flügelfläche:	47 qm
Länge:	6.4 m	Höhenruderfläche:	1.9 qm
Höhe:	2.5 m	Querruderfläche:	4.4 qm
Leergewicht:	275 kg	Motorenstärke:	knapp 12 PS
Flügelabstand:	1.9 m	Motorendrehzahl bei	
		Voll-Leistung:	1090 U/min.

Das erste Motorflugzeug konstruierten die Gebrüder Wright zwar im heimatlichen Dayton/Ohio, brachten es aber hier im Jahre 1903 zur Montage.
● Die **Flugkontrolle**: Es galt, die Manövrierfähigkeit des Flugzeuges in jeder Situation zu gewährleisten. Man mußte also die Steuerung durch Höhen- und Seitenruder optimieren.

Der erste Motorflug der Menschheitsgeschichte

Besichtigung der beiden Holzhütten

Die Hütten stehen in der Nähe des Visitor Centers und sind eine Rekonstruktion des Wright-Camps aus Jahre 1903. Die eine diente als Hangar, während die andere Werkstatt- und Lebensraum war.

Wohn- und Arbeitsraum der Gebrüder Wright

Das Flugfeld

Auf dem historischen Flugfeld sind die Flugweiten der allerersten Motor-Flüge markiert. Alle diese Flüge wurden am Vormittag des 17. Dezember 1903 durchgeführt:

Flug - Nummer	Start - Zeit	Pilot	Flugweite	Flugdauer
1	10.35h	Orville	37 m	12 Sekunden
2	11.20h	Wilbur	53 m	12 Sekunden
3	11.40h	Orville	61 m	15 Sekunden
4	12.00h	Wilbur	260 m	59 Sekunden

7.8.5 DIE DIREKTE KÜSTENSTRECKE VON DEN OUTER BANKS NACH CHARLESTON

Die Outer Banks - North Carolinas Strand- und Naturparadies

Informationen
Superintendent Cape Hatteras National Seashore, Route 1, P.O. Box 675, Manteo, NC 27954, Tel.: (919) 473-2113
Informationen über Fährverbindungen zum Festland und zwischen den Inseln: North Carolina Department of Transportation, Ferry Division, 113 Arendell Street, Morehead City, NC 28557. Aktuelle Fährpläne erhält man auch bei den Parkrangern am Wright Brothers Memorial.

Lage

Die Outer Banks bestehen aus einer Kette sehr schmaler, dafür langer Inseln, die sich von Norden (Back Bay in Virginia) bis zum Südwesten (Cape Lookout) über 175 Meilen (282 km) entlangstrecken. Einige Teile dieser

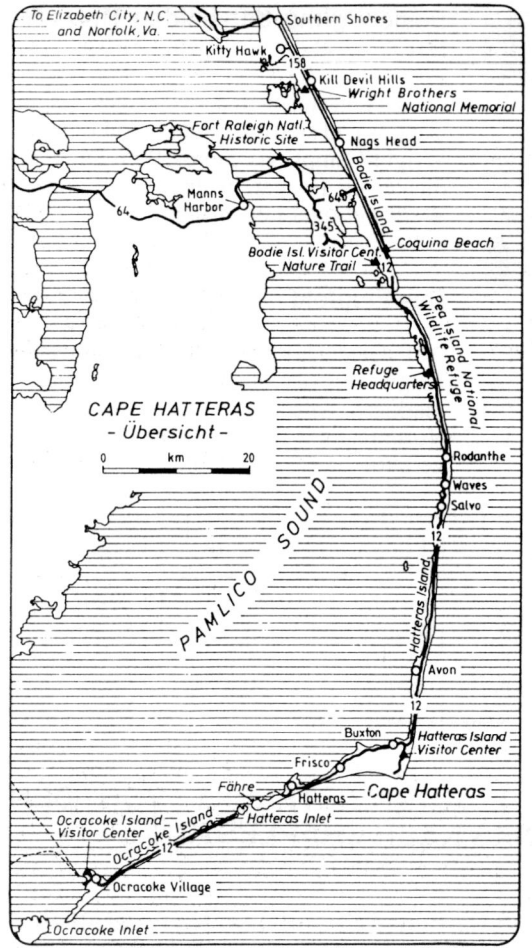

Inselkette liegen 30 Meilen (50 km) vom Festland entfernt. Diese Inseln sind mit dem Festland entweder durch Brücken oder mittels Fähren verbunden. Die Namen der Inseln (von Norden nach Südwesten):
Knotts Island, Bodie Island, Roanoke Island, Pea Island, Ocracoke Island, Cedar Island, Portsmouth Island, Harkers Island

Entstehung

Geomorphologisch sind diese Inseln sog. "Nehrungen". Es handelt sich hierbei um langgestreckte Landzungen, die eine Meeresbucht - im Falle der Outer Banks den Pamlico Sound - abschließen. An der dem offenen Meer zugewandten Seite sind die Nehrungen von einem feinsandigen Sandstrand gesäumt, während die der Meeresbucht (= Haff) zugekehrte Seite eher Schlickansammlungen aufweist. Nehrungen entstehen durch sogenannte Strandversetzungen; Winde sowie Meeresströmungen verursachen dann die jeweils charakteristische Ausrichtung. Wird eine Nehrung im Verlaufe der Zeit wieder durch das Meer unterbrochen, so spricht man von einer Insel - Nehrung.

Klima

Das Klima auf den Inseln ist von **heißen Sommern** geprägt. Der Golfstrom sorgt für angenehme Temperaturen, warme südliche Winde aus der Karibik sind die Regel.

366

Im **Winter** dagegen kann das Klima sehr **rauh** werden: kalte Winde aus dem Norden lassen die Temperatur oft unter den Gefrierpunkt sinken. Die Pflanzenwelt muß sich diesen Extremen deshalb anpassen.

Touristische Möglichkeiten

Auf den Outer Banks kann man einen herrlichen Strandurlaub verleben. Wer z.b. der vorgeschlagenen Route in das Landesinnere von North Carolina und weiter nach Atlanta nicht folgen möchte oder kann, für den gibt es hier folgende Empfehlungen: **Fahrt von Kitty Hawk/Nags Head entlang der Route 12 zum Cape Hatteras National Seashore.** In diesem Naturschutzgebiet gibt es Campingplätze, in den kleinen Orten werden Hotelübernachtungen angeboten.

Hotelübernachtungen auf Hatteras Island:
- **Cape Hatteras**** in Buxton, Tel.: (919) 995-5611. 9 Zimmer sowie 24 kleine Appartements mit Küche.
- **Sea Gull**** in Hatteras, Tel.: (919) 2550, 45 Zimmer

Camping
Campingmöglichkeiten gibt es: südlich von **Salvo**, in **Cape Hatteras**, südöstlich **Frisco**.

Herrliche Sandstrände auf den Outer Banks

i The "Lost Colony" auf Roanoke Island

Ein Besuch von Roanoke Island ist ein Ausflug an jene Stelle, an der sich die frühsten englischen Kolonisations-Bemühungen abspielten. Die damalige Königin von England, Elizabeth I, genehmigte Sir Walter Raleigh und seinem Halbbruder Gilbert die Landnahme an den Küsten Virginias und südlich davon.

In dieser Zeit verfügte noch immer Spanien über die Vorherrschaft auf den Weltmeeren. England schickte sich an, diese Machtstellung zu brechen. Bald verließen schnelle Galeonen die englischen Werften, und Sir Francis Drake gehörte zu jenen Seefahrern, welche Kurs auf die Neue Welt nahmen. Doch nicht so sehr Silber und Gold lockten ihn an, vielmehr die Entdeckung "juvenilen" Landes. Sein Halbbruder Gilbert gelangte bis nach Neufundland und segelte die Ostküste südwärts, wurde allerdings von heftigen Stürmen zur Umkehr gezwungen, sank allerdings. Den Freibrief der Krone, das einsame Land in Besitz zu nehmen, konnte er nicht einlösen...

Im Jahre 1584 brach Sir Walter Raleigh auf. Seine kleine Expedition erreichte im Juli die Outer Banks. Wie seine Reiseberichte wiedergeben, wohl an jener Stelle, an der über 300 Jahre später die Gebrüder Wright zum ersten Motorflug rüsteten.

Raleigh kehrte zurück und bereitete systematisch eine Rückkehr zu den Outer Banks vor. Unter dem Befehl seines Cousins Richard Greenville lief im darauffolgenden Jahr eine kleine Flotte von Schiffen aus, hervorragend ausgestattet und diplomatisch geführt. man fand eine geeignete Lücke in den Outer Banks und landete an der Nordspitze von Roanoke Island.

Während die Kolonisten sich sofort an den Bau einer kleinen Siedlung begaben, die sie mit Sandwällen und Palisaden schützten, machte sich Greenville auf den Heimweg nach England. Für den Bau der ersten Blockhäuser stand genügend Zedernholz zur Verfügung. Zunächst war man guten Mutes, hier zu überleben: Es gab reichlich Wild in den Wäldern, man fand sogar wildwachsende Trauben. Doch da die ersten Ankömmlinge sich nicht auf Landwirtschaft und Viehzucht konzentrierten, blieben sie vom Wohlwollen der Indianer abhängig, von denen man Lebensmittel eintauschen mußte. Es kam alsbald zu Streitigkeiten mit den Eingeborenen, man ging auf Raubzüge in die Indianerdörfer...

Im Juni 1586 kam unverhofft Sir Francis Drake vorbei, und zwar auf dem Rückwege von den Westindischen Inseln. Schwankend überlegten die Kolonisten, ob sie nicht Drakes Angebot zur Rückkehr annehmen soll _ten. Doch man entschied sich für das Durchhalten, zumal man von den Landsleuten großzügig mit Lebensmitteln bedacht wurde. Einige Tage später landete Greenville mit Zusatzproviant aus England._

Sobald er England erreichte, trommelte Raleigh eine neue Expedition zusammen. Diesmal sollten ihr Landwirte und Handwerker angehören, die sich zu helfen wußten. Auch Frauen und Kinder dieser Männer waren dabei, als man unter der Führung von Captain John White erneut im Mai 1857 aufbrach. Bald nach der Ankunft wurde das erste weiße Mädchen auf amerikanischem Boden geboren.

White segelte im Herbst nach England zurück, denn die aufstrebende kleine Gemeinschaft brauchte Nachschub. Doch in den nächsten drei Jahren konnte White nicht nach Amerika zurückkehren: England befand sich im Seekampf mit Spanien, die große Armada des spanischen Königs Philipp zwang zur Konzentration aller Schiffe für den Kampf. Erst 1590 kehrte John White an die ersehnte carolinische Küste zurück. Doch als er im August vor Roanoke ankam, entdeckte er keine Lebenszeichen. Auf der Insel angekommen, war kein Lebenszeichen von den Kolonisten mehr zu entdecken. Über dem Hausrat wucherte das Gras, die Hütten waren verfallen. Bis heute ist es nicht gelungen, die Rätsel über den Verbleib jener Frauen und Männer zu lösen...

 Direkt an der Fort Raleigh National Historic Site liegt das **Waterside Theatre**, wo im Rahmen des Dramas "The Lost Colony" die beschriebene Geschichte nachgespielt wird (08.Juni - 25. August: täglich 20.30 h). Telefonische Auskunft: (919) 473-3414

Sehenswertes auf Bodie und Hatteras Island

● **Coquina Beach**: Hier liegen die Reste des Schiffswracks Laura A. Barnes, 1921 hier auf eine Sandbank aufgelaufen.

● **Bodie Island Visitor Center**: Es gibt eine interessante Muschelsammlung zu sehen. Ebenfalls wird man über Zugvögel informiert, die hier Station machen.

● **Pea Island National Wildlife Refuge**: Hier gibt es einen Nature Trail (Naturlehrpfad). In diesem Gebiet sind über 250 Vogelarten heimisch, vor allem viele Wasservögel, zeitweise auch Zugvögel.

● **Cape Hatteras Lighthouse**: Der 1870 erbaute Leuchtturm ist 63 m hoch und damit der höchste der USA. Man kann ihn besteigen (etwa 260 Stufen) und einen herrlichen Blick genießen. Vor über 100 Jahren befand er sich über 450 m vom Meer entfernt. Die starke Brandung hat inzwischen große Teile des Strandes weiterverfrachtet.

Fähre

Von Hatteras Island gelangen Sie mit einer Fähre (südöstlich des Ortes Hatteras am Ende der Straße) hinüber nach Ocracoke Island. Diese Fähre ist kostenlos, die Fahrzeit beträgt etwa 40 Minuten.
Im **Sommer** verkehrt die Fähre von 5 Uhr morgens bis 22.00 h abends.
Im **Winter** verläßt sie Hatteras stündlich von 05.00 - 17.00 h, und zusätzlich um 19.00 h / 21.00 h / 23.00 h.

Ocracoke Island

Hotelübernachtungen in Ocracoke Village:
● **Island Inn****, Tel.: (919) 928-4351. 35 Zimmer (geschlossen Dezember bis Februar).
● **Boyette House****, Tel.: (919) 928-4261; 12 Zimmer

Camping

etwa 6 km nordöstlich von Ocracoke Village

Fähre

Mit der Fähre erreichen Sie von Ocracoke Cedar Island. Fahrzeit: ca. 2 1/4 Stunden. Alle 1 1/4 Stunden (zwischen 7.00 - 20.30 h - außer zwischen 11.00 h und 15.00 h) kann man im Sommer hinüberfahren. Im Winter gibt es nur 3 Abfahrten täglich (7.00 h, 9.30 h und 15.00 h). Fährpreis: etwa 10.- $ pro Auto.

Sehenswertes auf Ocracoke Island

Auch diese Insel gehört noch zum Cape Hatteras National Seashore. Der Ort Ocracoke Village, in dem etwa 650 Menschen leben, lädt zum Besuch des interessanten **Ocracoke Visitor Centers** ein. Hier erfährt man Wissenswertes über die Insel, die Natur sowie die Geschichte.

Seit 1585 blieb die Bucht von Ocracoke (Ocracoke Inlet) geöffnet. Die nördliche Hatteras-Bucht war zunächst offen, dann ab etwa 1730 geschlossen. Damit war Ocracoke Island ein Teil von Hatteras-Island. 1846 wurde diese Verbindung durch einen Hurrikan wieder geöffnet.

Ocracoke war im 18. Jahrhundert ein beliebter Unterschlupf für Piraten. Der berühmteste Pirat war Blackbeard (= Schwarzbart). In den Jahren 1713 - 1718 hatte die Piraterie Hochkonjunktur; regelmäßig wurden Handelsschiffe überfallen. Flache Küstengewässer und eine bestechliche Beamtenschaft begünstigten das Unwesen. Der Gouverneur von Virginia blies daher auf die Jagd nach Blackbeard, den man schließlich 1718 dingfest machen konnte und tötete. Die noch freien Piraten wurden fortan von weiteren Raubzügen abgehalten.
Im Amerikanischen Unabhängigkeitskrieg 1775 - 1783 entwickelte sich der Hafen zu einer wichtigen Nachschubbasis.
Das Ocracoke Island Lighthouse wurde 1823 erbaut.

Weiterfahrt entlang der Küste nach Charleston, wo Sie wieder "Anschluß" an die vorgeschlagene Route finden (siehe Kapitel 7.13 "Von Savannah nach Charleston").

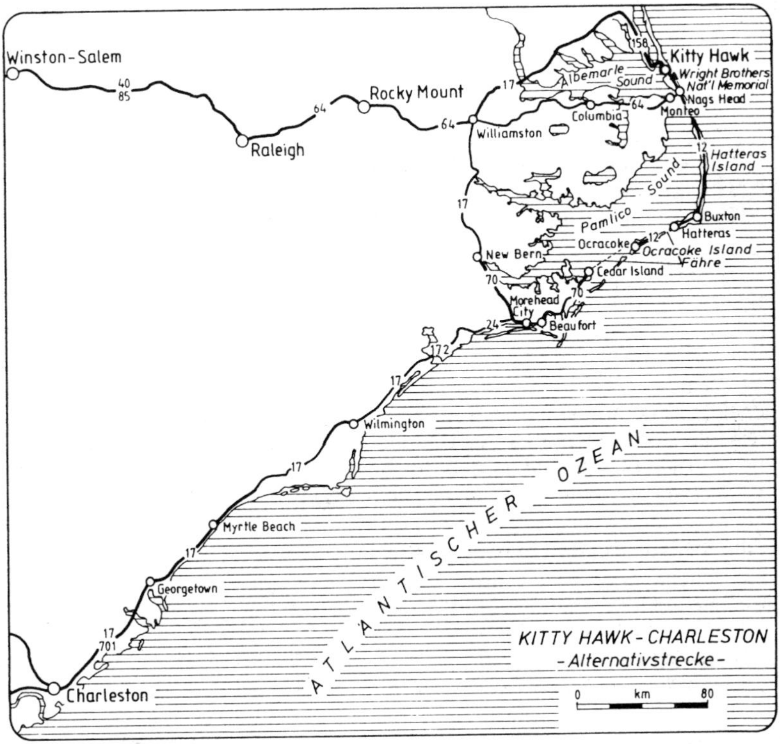

Streckenbeschreibung
Von Cedar Island erreichen Sie über den Highway 70 Morehead City. Westlich Morehead City biegen Sie bitte in die 24 East nach Wilmington ein. Von Wilmington folgen Sie dem Highway 17, der bis nach Charleston führt.

Entfernungen

Ocracoke - Charleston	304 Meilen (489 km)
Ocracoke - Morehead City	43 Meilen (69 km)
Morehead City - Wilmington	88 Meilen (141 km)
Wilmington - Myrtle Beach	79 Meilen (127 km)
Myrtle Beach - Charleston	94 Meilen (151 km)

Sehenswertes auf dem Wege nach Charleston

● **Wilmington**

Hotels
In Wilmington gibt es zahlreiche Hotels und Motels. Eine Auswahl:
● **Howard Johnson Plaza****, 5032 Market Street, Tel.: (919) 392-1101, auch Indoor - Pool.
● **Comfort Inn-Executive Center****, 151 S College Road, Tel.: (919) 791-4841, Schwimmbad.

Restaurants
● **Stemmerman's**, 138 S. Front Street, Tel.: (919) 763-7776; in einem umgebauten, aus dem Jahre 1855 stammenden Lebensmittelladen; sehr gutes Restaurant, frische Fischgerichte.
● **Hieronymus Seafood**, 5035 Market St., Tel.: (919) 392-6313; Spezialitäten: Fisch, Prime Rib, eigene Bäckerei.

Allgemeine Informationen

Der Ort, in dem heute etwa 44.000 Menschen leben, wurde bereits 1732 gegründet. Wilmington ist der Haupthafen North Carolinas und blickt auf eine bewegte Geschichte zurück. Im Jahre 1765, bereits acht Jahre vor der Boston Tea Party, verhinderten die Bürger Wilmingtons die Entladung ihrer Gebührenmarken für den Stamp Act. 1781 nutzten die Briten unter Cornwallis die Stadt als Haupt-Operationsbasis im Unabhängigkeitskrieg. Im Amerikanischen Bürgerkrieg (1861 - 65) war Wilmington der letzte Hafen, den die Konföderierten halten konnten.

Sehenswertes

* **Cotton Exchange** (alte Baumwollbörse, Front Street) und **Chandler's Wharf** (2 Ann St am Cape Fear River) befinden sich im Hafenviertel. Bei beiden Stellen handelt es sich um restaurierte Häuser, wo Restaurants und Geschäfte zum Schlendern und Verweilen einladen.
* **Orton Plantation** (Lage: zwischen Wilmington und Southport an der NC 133, Tel.: 919/ 371-6851) ist eine großzügig angelegte Reisplantage aus dem 18. Jahrhundert. Das malerische Herrenhaus ist eine private Residenz und steht daher für Besichtigungen nicht offen. Die wunderschönen Gärten aber können zwischen März und November von 08.00 - 17.00 h besichtigt werden.

Hinweis
Ein besonderer Tip, um herrliche Urlaubstage auf einer Insel zu verleben, wo kein Autoverkehr herrscht, ist **Bald Head Island**. Hier gibt es über 14 Meilen Sandstrand, Zedern, Palmen, Pinien, Eichen - schlicht: ein Naturparadies, in das Sie sich einmieten können (Ferienwohnungen und Ferienhäuser, pro Tag etwa 120 - 200 $). Zu erreichen von Southport aus (südlich von Wilmington, über US 17 South, später NC 87).

Buchung

Bald Head Island, P.O.Box 10999, Bald Head Island, NC 28461, Tel:. (919) 457-5000 oder gebührenfrei 1 - 800 - 722-6450 in North Carolina, von außerhalb North Carolinas: 1 - 800 - 443-6305.

● Myrtle Beach/South Carolina

An sich zum Zwischenstop nicht sonderlich zu empfehlen. Meilenweit reihen sich Hotels- und Motels am Strand, viel Rummel, wenig Ruhe (an manchen Wochenenden im Sommer über 300.000 Besucher bei 18.500 Einwohnern). Wenn Sie einen Übernachtungsstop einplanen und im Meer baden möchten, empfiehlt sich eher

● **Surfside Beach,** 10 Meilen südlich von Myrtle Beach, wo ein Holiday Inn preiswert Unterkunft gewährt.

● Georgetown

Übernachtung

● **Days Inn**,** an der US 17 gelegen, Tel.: (803) 546-8441. Auch von Mobile Guide empfohlen.

Der Ort mit über 10.000 Einwohnern ist ein Hafen mit langer Geschichte. Die Stadt, 1734 gegründet, wurde nach dem englischen König George II benannt. Am 13. Juli 1777 kam hier LaFayette an, der die amerikanischen Truppen im Unabhängigkeitskrieg unterstützte. Im 18. und 19. Jahrhundert war dieses Gebiet Zentrum des Reisanbaus. Im **Rice Museum** (Front & Screven Sts. kann man die Bedeutung des Reisanbaus studieren (täglich geöffnet).

Auf der Direktstrecke von Kitty Hawk ins Landesinnere gelangen Sie nach

● Rocky Mount

Rocky Mount, ein zentraler Ort mit etwa 42.000 Einwohnern, liegt inmitten eines hügeligen Farmlandes. Auf dem doch weiten Weg ins Landesinnere nach Charlotte ist die Stadt als ein Übernachtungspunkt gewählt - mehr nicht. Es gibt keine "Attraktionen".

7.9   VON ROCKY MOUNT NACH CHARLOTTE

7.9.1   TOURISTISCHE HIN- WEISE

Informationen
Visitors Bureau, 800 S. Salisbury St., P.O.Box 1879, Raleigh, NC 27602, Tel.: (919) 833 - 3005
Charlotte Convention & Visitors Bureau, 229 N. Church St., Tel.: 334-2282

Streckenbeschreibung
Von Rocky Mount folgt man der Straße 64 direkt nach Raleigh. Von Raleigh fährt man über die Straße 1 South wieder auf die 64 West. Bei Asheboro gelangt man auf die Nr. 49, die direkt nach Charlotte führt.

Entfernungen
Rocky Mount - Charlotte insgesamt:
206 Meilen (= 331 km)
Rocky Mount - Raleigh
53 Meilen (= 85 km)
Raleigh - Charlotte 153 Meilen (= 246 km)

Übernachtungen in Charlotte:
● **Marriott-City Center*****, 100 W. Trade Street, Tel.: (704) 333-9000 oder gebührenfrei 800/228-9290. Geschmackvoll eingerichtete Zimmer, 2 gute Restaurants (Sweetbay mit seinem hervorragendem Nachtisch-Buffet) und Chardonnay.
● **Embassy Suites*****, 4800 S Tryoan St., Tel.: (704) 527 - 8400; Suiten-Hotel mit entsprechend großzügigen Räumlichkeiten
● **Days Inn***, 122 W Woodlawn Road, Tel.: (707) 527 - 1620, zentrale Lage an dem Interstate 77.
● **Motel 6***, 3433 Mulberry Church Road, Tel.: (704) 394-0899. Sehr preiswert und sauber.

Wer viel Zeit hat und Sinn für etwas Besonderes, dem kann man in **Raleigh** folgendes **Bed & Breakfast Haus** empfehlen:
● **The Oakwood Inn**, 411 North Bloodworth Street, Raleigh, NC 27604, Tel.: (919) 832 - 9712. Es handelt sich um ein viktorianisches Haus mit sechs Gästezimmern (etwa 90 $ inkl. ausgiebigen Frühstück), die alle stilgerecht eingerichtet sind. Das Haus liegt im historischen Viertel von Raleigh, Oakwood genannt. Hier gibt es eine Reihe weiterer alter, restaurierter Häuser.

Restaurants in Charlotte:
● **Bobby Mc Gee's**, am Embassy Suites Hotel (Adresse siehe oben) gelegen. Ein ungewöhnliches Restaurant: Hier bedienen Kellnerinnen und Kellner in Phantasiekostümen, sind stets gut gelaunt und machen Spaß. Das Essen ist sehr vielseitig, gut und preiswert.

● **La Tache** (im Registry Inn Motor Hotel), 321 W. Woodlawn Road, am Interstate 77, Tel.: (704) 525-4441. Sehr teures Restaurant mit ausgezeichneten Fleisch- und Fischgerichten.
● **Eli's on East**, 311 East Boulevard, Tel.: (704) 375-0756. In einem alten Haus (1908) untergebracht, wird u.a. ein französisches Menu angeboten. Abends meist Klaviermusik. Nicht zu teuer, bei Einheimischen beliebt.

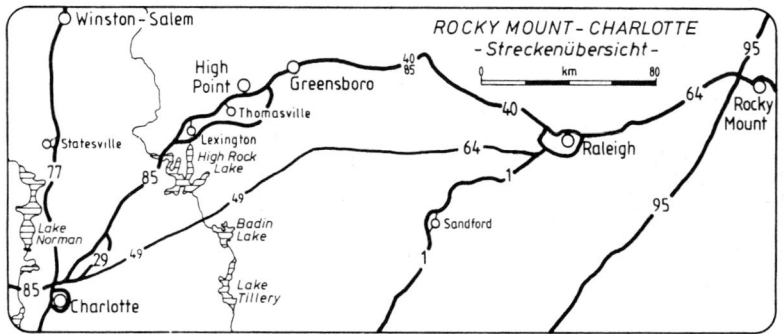

7.9.2 RALEIGH

Allgemeine Informationen

In der Hauptstadt North Carolinas, bereits 1792 gegründet, leben heute über 222.000 Einwohner. Gemeinsam mit dem 25 Meilen nordwestlich liegenden Durham ist hier in den letzten zwei Jahrzehnten ein prosperierendes wirtschaftliches Zentrum entstanden (insgesamt 300.000 Einwohner, Arbeitslosenquote nur 2.3 %). Im Piedmont-Gebiet liegend, befindet sich die Hauptstadt im sogenannten "**Research Triangle**" (= Forschungsdreieck):
● Raleigh ist Sitz der North Carolina State University (bereits 1887 gegründet, heute 26.000 Studenten);
● Durham ist Sitz der Duke University (1838 gegründet, 9.500 Studenten);
● in Chapel Hill wurde bereits 1795 die University of North Carolina at Chapel Hill gegründet (24.000 Studenten).

Der elitäre Anspruch durch soviel Bildungsmöglichkeiten spiegelt sich auch im wirtschaftlichen Bereich wider: der Research Triangle Park ist ein 6.000 acres großes Gelände, wo sich 50 Firmen der Forschung und Entwicklung u.a. auf dem elektronischen Sektor verschrieben haben.
Ein gemeinsamer Flughafen, der 1990 weiter ausgebaut wurde, liegt zwischen Raleigh und Durham. Dadurch ist diese Region praktisch mit allen Teilen der USA täglich zum Teil durch mehrere Flüge verbunden (Drehkreuz u.a. von American Airlines).

Die Stadt Raleigh wurde schon 1792 gegründet und nach Sir Walter Raleigh benannt. Sie wurde von Anfang an als Hauptstadt geplant. Der North

Carolina General Assembly (Generalversammlung) folgend, sollte sie innerhalb von 10 Meilen Umkreis der historischen Isaac Hunter's Tavern errichtet werden. Die Gründer fanden schon innerhalb von vier Meilen einen geeigneten Platz. Sie legten einen quadratischen Platz (square) an und verkauften das umliegende Land an Privatleute, um das Kapitol sowie den Gouverneurs-Sitz finanzieren zu können. Das Kapitol wurde später - 1831 - durch ein Feuer beschädigt, und auch die Gouverneurs-Residenz wurde im Verlaufe des Bürgerkrieges zerstört. Beide Gebäude wurden allerdings später wiederaufgebaut.

Viele der umliegenden privaten Häuser sind dagegen erhalten geblieben. Nach dem Bürgerkrieg (North Carolina gehörte den Konföderierten Südstaaten an, die den Bürgerkrieg verloren) regierten den Staat Abenteurer und bestechliche Beamte (sog. "carpetbaggers" und "scalawags", also Lumpen), die sich außerordentlich hohe Gehälter genehmigten. Sie richteten im Kapitol eine Bar ein und schliefen manchmal ihren Rausch auf den Treppen des Kapitols aus...

Diese Zeiten sind nun längst vergangen. Im Jahre 1990 wurde das gesamte Gelände um das Kapitol erneuert und z.T. neu angepflanzt.

Raleigh und das benachbarte Durham sind zwar noch heute ein wichtiges Zentrum der traditionellen Tabakverarbeitung; darüberhinaus ist es aber gelungen, moderne und "saubere" Industrie (vor allem Betriebe, die sich mit der Produktion elektronischer Bauelemente befassen) zu etablieren.

Wer war Sir Walter Raleigh ?

Sir Walter Raleigh

Raleigh wurde um 1552 geboren. Er war in seiner Zeit berühmter englischer Seefahrer, aber auch Schriftsteller, der 1584 in den Adelsstand erhoben wurde. Raleigh wurde von Königin Elisabeth I gefördert. Sie war es, die ihn mit Entdeckungsfahrten nach Nordamerika beauftragte, um der Weltvormachtstellung der Spanier entgegenzutreten. 1579 landete Raleigh zum ersten Mal an der nordamerikanischen Küste. Vorübergehend faßte er an Virginia's Küste Fuß (1585/86). Im Jahre 1600 wurde Raleigh Gouverneur von Jersey, der Kanalinsel. 1603 wurde er wegen Hochverrats zum Tode verurteilt, doch seine Strafe wurde zunächst ausgesetzt. Im Tower einsitzend, schrieb er ein 5-bändiges Geschichtswerk ("History of the World"). Schließlich wurde das Todesurteil doch am 29.10.1618 vollstreckt. Auf diese doch letztlich unehrenhafte Weise verschied der wissenschaftlich ebenso wie künstlerisch begabte Raleigh.

Sehenswertes

● **State Capitol, Union Capitol Square**

Öffnungszeiten
Montag - Samstag: 08.00 - 17.00 h
Freitag: 09.00 - 17.00 h
Sonntag: 13.00 - 17.00 h
Führungen

State Capitol in Raleigh

Das State Capitol wurde 1833 - 1840 im neugriechischen Stil erbaut. Alle staatlichen Angelegenheiten von North Carolina wurden hier bis 1888 bearbeitet, später wurden Behörden in anderen Gebäuden untergebracht. Doch auch heute noch amtieren hier der Gouverneur sowie der Staatssekretär. Unter der etwa 33 m hohen Kupferkuppel steht eine Statue von George Washington.

● **North Carolina State Museum of Natural Sciences**

Öffnungszeiten
Montag - Samstag: 09.00 - 17.00 h
Sonntag: 13.00 - 17.00 h

Lage: Bicentennial Mall, 102 N Salisbury Street, nördlich des Capitol Square gelegen.

Hier erwarten den Besucher interessante Exponate zur Naturgeschichte North Carolinas, u.a. Mineralien, Edelsteine, indianische Funde, Tiere, insbesondere Vögel und Schlangen. Interessant ist ein fossiler Wal, den man in der Landesmitte North Carolinas fand - ein Beweis dafür, daß die Küstenlinien einst weit ins Landesinnere reichten.

● **North Carolina Museum of History**

Lage: 109 E Jones Street zwischen Governor's Mansion und Legislative Building.
Den geschichtlich interessierten Besucher wird die Ausstellung zur Geschichte North Carolinas, dem Unabhängigkeits- und Bürgerkrieg im besonderen, anziehen.

7.9.3 CHARLOTTE

Allgemeine Informationen

Charlotte wurde bereits 1748 gegründet. Mit einer Bevölkerung von 315.000 Einwohnern ist dies die größte Stadt North Carolinas mit einem bedeutenden Flughafen, der Verbindungen in alle Teile der USA ermöglicht.

Charlotte ist in den vergangenen zehn Jahren "über sich selbst hinausgewachsen": Hohe Wolkenkratzer unterstreichen in zunehmendem Maße den Anspruch als Wirtschaftsmetropole: Der erst 1990 fertiggestellte NCNB Charter Properties Office Tower ist mit seinen 50 Stockwerken das höchste Gebäude zwischen Philadelphia und Atlanta. In und um die Stadt liegen heute zahlreiche Textilfabriken, außerdem entwickelte sich Charlotte immer mehr zu einem Finanz- und Handelszentrum.

Die Stadt blickt auf eine bewegte Geschichte zurück. Benannt wurde sie nach der Frau Georg III, Queen Charlotte. Als Lord Cornwallis die Stadt für kurze Zeit im Jahre 1780 besetzte, war er über den unerwartet heftigen Widerstand der Patrioten erschrocken, so daß er die Stadt ein "Hornissennest" ("hornet's nest") nannte. Diese Bezeichnung war so einprägend, daß sie nun das Stadtwappen ziert... Doch er hätte wissen sollen, worauf er sich einließ: Schon ein Jahr vor der in Philadelphia unterzeichneten Declaration of Independence (Unabhängigkeitserklärung), wurde das sog. "Mecklenburg document" hier unterzeichnet, das die Unabhängigkeit von Großbritannien erklärte. Heute erzählen so manche Bewohner, daß Thomas Jefferson diese Formulierungen als Vorlage seiner Unabhängigkeitserklärung benutzt habe.
Nach dem Bürgerkrieg nahm die Industrialisierung ihren Aufschwung. Der Catawba River sicherte Wasserkraft, und es entstanden die ersten Textilwerke - heute gibt es davon über 600 im Umkreis von 100 Meilen.

Im Jahre 1799 wurde hier Gold entdeckt. Die Umgebung von Charlotte war bis zur Entdeckung der kalifornischen Lager 1848 der größte Goldproduzent der USA. Zwischen 1837 und 1861 sowie 1867 und 1913 gab es hier eine Münzprägeanstalt.

Sehenswertes

● **Mint Museum of Art**

Öffnungszeiten

Dienstag:	10.00 - 22.00 h
Mittwoch - Samstag:	10.00 - 17.00 h
Sonntag:	13.00 - 17.00 h

Lage: 2730 Randolph Rd., Tel.: (704) 337-2000
Amerikanische und europäische Kunst, u.a. feine Töpferwaren, Porzellan, Landkarten, zeitgenössische Kostüme, Landkarten, präkolumbianische und afrikanische Kunst, Münzsammlungen.

● **Discovery Place Science and Technology Center**

Öffnungszeiten

Montag - Samstag:	09.00 - 18.00 h
Sonntag:	13.00 - 18.00 h

Lage: 301 N Tryon St., Tel.: 372-6261
Dieses "Museum zum Anfassen" hat schon einen Preis für seine publikumsbezogene Gestaltung gewonnen. Es gilt einen tropischen Regenwald zu erfahren, ein Aquarium sowie ein Life - Center.

● **James K. Polk Memorial State Historic Site**

Öffnungszeiten

April - Oktober:	Montag - Samstag:	09.00 - 17.00 h
	Sonntag:	13.00 - 17.00 h
November - März:	Dienstag - Samstag:	10.00 - 16.00 h
	Sonntag:	13.00 - 16.00 h

Lage: 12 Meilen südlich an der US 521 bei Pineville, Tel.: 889-7145, Visitors Center.
Rekonstruierte Blockhäuser aus dem 19. Jahrhundert mit einer separaten Küche, die authentisch möbliert ist. Ein 25-minütiger Film informiert über den 11. US-Präsidenten.

Wer war James Knox Polk ?

James Knox Polk wurde am 2. November 1795 im Mecklenburg County/ North Carolina geboren. Studierter Anwalt, vertrat er als Abgeordneter die Demokratische Partei im Kongreß zwischen 1825 - 1839. Seit 1835 war er ihr Kongreßsprecher. In den Jahren 1839 - 1841 avancierte er zum Gouverneur von Tennessee. Schließlich gewann er die Präsidentschaftswahlen und wurde 11. US-Präsident in den Jahren 1845 - 1849. Er verfolgte eine Politik der Expansion. In seiner Amtszeit fiel Oregon durch die britisch-amerikanische Einigung an die USA, und ebenso konnte er einen Gebietszuwachs für die USA im Mexikanischen Krieg (1846-48) erringen (Texas, New Mexico, Colorado, Arizona, Utah, Nordkalifornien). In seine Amtszeit fielen auch eine drastische Zollsenkung sowie eine durchgreifende Reform des Bundesfinanzwesens.

Der als tatkräftig anerkannte Präsident starb am 15.6.1849 in Nashville/Tennessee.

7.10 VON CHARLOTTE ZUM GREAT SMOKY MOUNTAINS NATIONAL PARK

7.10.1 ÜBERBLICK

Dieser Etappenabschnitt führt in die herrliche Bergwelt der südwestlichen Appalachen (Blue Ridge) und dem hier befindlichen Great Smoky National Park. Unterwegs locken idyllische Bergresorts zu einem möglichen Zwischenstop. Bei Asheville liegt das berühmte Biltmore House, ein imposantes 250-Zimmer-Schloß, der ehemalige Sommersitz G.W. Vanderbilts.

Im Great Smoky National Parks empfängt uns eine imposante Bergwelt mit reißenden Bächen und vielen Wanderwegen. Der meist besuchte Nationalpark der Vereinigten Staaten, an dessen Nordgrenze die Bundesstaatengrenze zwischen North Carolina und Tennessee verläuft, ist besonders in Herbstmonaten ein Erlebnis, wenn der artenreiche Mischwald sich verfärbt.

7.10.2 TOURISTISCHE HINWEISE

Informationen
Asheville Area Chamber of Commerce, 151 Haywood St., P.O.Box 1011, Asheville, NC 28802, Tel.: (704) 258 - 5200
The Superintendent, Great Smoky National Park, Gatlinsburg, Tennessee 37738, USA

Streckenbeschreibung
Von Charlotte fahren Sie zunächst auf dem Interstate 85 West. Später - hinter Gastonia - zweigt die Straße 74 ab, der Sie bis Asheville folgen. Hinter Asheville folgen Sie zunächst weiter der Nr. 40 West, biegen aber später hinter Dellwood in die 19 ein, die nach Cherokee führt.

Entfernungen
Charlotte - Cherokee (Gesamtstrecke)   193 Meilen (= 311 km)
Charlotte - Asheville   143 Meilen (= 230 km)
Asheville - Cherokee   50 Meilen (= 81 km)

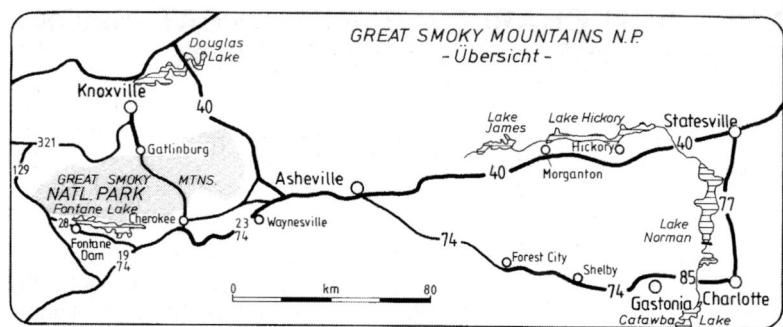

Übernachtungen
- **In Asheville:**

Ein besonders empfehlenswertes Bed & Breakfast House ist das **Cedar Crest**, 674 Biltmore Avenue, Asheville, NC 28803, Tel.: (704) 252 - 1389. Doppelzimmer etwa 100 $, sehr schön innen und außen restauriertes Haus mit großer Veranda.

- **Zwischen Asheville und Cherokee:**

Cataloochee Ranch ist ein richtiger Bergbauernhof mit rustikalen Unterkünften. Die herrliche Umgebung ist ein idyllischer Platz, um einige Tage Ferien zu genießen. Doppelzimmer etwa 100 -120 $. Zu erreichen wie folgt: Zunächst fahren Sie die 40 West und nehmen dann den Exit 27, folgen dann der US 19 South durch das Maggie Valley westlich bis zur Fie Top Road. Nach weiteren 3 Meilen erreichen Sie die Ranch.

Jugendherberge
Smokeseege Lodge (AYH), P.O.Box 179, Dillsboro, Tel.: (704) 586 - 8658; an der Route 441, 11 Meilen südlich von Cherokee gelegen.

7.10.3 ASHEVILLE

Asheville, ein Städtchen von etwa 54.000 Einwohnern, das auf eine Gründung im Jahre 1794 zurückgeht, ist heute einer der Haupt-Fremdenverkehrsorte in den Blue Ridge Mountains. Viele Besucher, die aus dem nördlich gelegenen Shenandoah National Park kommen, legen hier Zwischenstation ein. Besonders sehenswert ist hier das

Biltmore Estate

Öffnungszeiten

täglich 09.00 - 17.00 h

Lage: An der US 25, über Ext 50 auf dem Interstate 40 erreichbar, Tel.: (704) 255-1700.

Dieses großartige Schloß wurde von George Vanderbilt zwischen 1890 - 1895 fertiggestellt. Im Stil der französischen Renaissance erbaut, wurde neben italienischem Marmor heimischer Stein verbaut. Über 250 Zimmer standen dem Besitzer zur Verfügung, die entsprechend eingerichtet waren und z.t. noch heute sind. Nahezu keine Stelle in diesem Prachtbau ist "gewöhnlich". Vanderbilt galt als leidenschaftlicher Sammler von alten Möbeln. U.a. erstand er das Schachspiel samt Tisch, welches Napoleon auf St. Helena benutzte.

Biltmore Haus und Gärten in Asheville

Vanderbilt stellte Gifford Pinchot ein, den späteren Gouverneur von Pennsylvania. Pinchot war in jenen Jahren auf dem Gebiet der Forstwirtschaft und des Naturschutzes ein führender Mann. Er beaufsichtigte die Pflege der zum Biltmore Estate gehörenden Wälder, und Vanderbilt ließ hier später die erste forstwirtschaftliche Fachschule der USA eröffnen.

Auch die Außenanlagen lohnen einen Besuch. Im Frühjahr erblühen über 50.000 Tulpen, ebenso sind mehr als 200 Arten von Azaleen zu bewundern.

Wer waren die Vanderbilts ?

Den sagenhaften Reichtum dieses Clans begründete der am 27. Mai 1794 im Ort Richmond (Staten Island) geborene Cornelius Vanderbilt. Den Grundstock des Vermögens erwirtschaftete er zunächst aus dem Bau und dem Betrieb von Dampfschiffen. In seiner Zeit sorgte er für Schlagzeilen z.B. über die Schnellroute New York - San Francisco, die über Nicaragua führte.

Neue Tendenzen mit der rechten Spürnase auffindend, konzentrierte er sich schon früh auf das Eisenbahn-Geschäft und kaufte lukrative Eisenbahngesellschaften auf. (New York and Harlem Railroad; Chicago Railroad). Auch bei Börsenspekulationen bewies er eine glückliche Hand, und als er am 4. Januar 1877 starb, hinterließ er ein Vermögen von 105 Millionen $.

Wie viele reiche Leute seiner Zeit, spendete er einen Teil seines Geldes für öffentliche Angelegenheiten. So steuerte er zur Gründung der Vanderbilt University in Nashville/Tennessee über 1 Million $ bei.

Cornelius Vanderbilt

Das Unternehmen blieb über lage Jahrzehnte weiter in Familienhänden. Seinem Sohn William Henry folgten dessen Söhne Cornelius und William Kissan sowie William Henry, der Biltmore bei Asheville erbaute.

7.10.4 GREAT SMOKY MOUNTAINS NATIONAL PARK

Touristische Informationen

Informationen

Dem Besucher stehen verschiedene Visitor Centers zur Verfügung:

● **Oconaluftee Visitor Center** (am Südeingang/North Carolina, von Cherokee aus erreichbar, Frühjahr bis Herbst geöffnet). Diesem Besucherzentrum ist ein Freilichtmuseum angegliedert (Pioneer Farmstead), wo man Gebäude und Gerätschaften aus der frühen Siedlerzeit besichtigen kann.

● **Sugarlands Visitor Center** (am Nordeingang/Tennessee, von Gatlinsburg aus erreichbar, ganzjährig geöffnet).

● **Cades Cove Visitor Center** (im Westen des Nationalparks gelegen, vom Frühjahr bis zum Herbst geöffnet).

In den Besucherzentren erhält man kostenlos hervorragende Karten sowie ausgezeichnete Informationen zu Spezialthemen.

Übernachtungen

● **Im Parkgebiet:**

Le Conte Lodge. Dieses Berghotel kann nur nach einer Halbtagswanderung erreicht werden und steht Gästen von Mitte März bis Mitte November zur Verfügung. Reservierung unbedingt erforderlich über Le Conte Lodge, Gatlinburg, TN 37738.

Rustikale Hotelunterkünfte stehen auch im **Wonderland Hotel**/Elkmont vom 1. Juni bis 31. Oktober zur Verfügung.

● **Außerhalb des Parkgebietes:**
In **Cherokee** (= am Südeingang zum Nationalpark gelegen)
In diesem Ort voller Rummel und Unrast (besonders an Wochenenden) ist es schwer, eine Empfehlung zu geben. Am besten noch erscheint mir das etwas außerhalb gelegene **Holiday Inn****, 1 Meile westlich des Ortes an der US 19 gelegen, Tel.: (704) 497-9181. Typische Motelanlage, gutes Restaurant, aber kein Alkoholausschank (Gebiet der Indianerreservation!)
● **Weitere Übernachtungsmöglichkeiten:**
In **Gatlinburg** (diverse Motels) bzw. in **Fontana Village** (siehe Beschreibung am Ende dieses Kapitels), in Maggie Valley.

Camping
Im Park sind insgesamt 10 Campingplätze vorhanden. Folgende drei Plätze sollten (vor allem in den Hochsommermonaten) vorreserviert werden:
Smokemont, Elkmont und **Cades Cove.** Reservierungen bei: Ticketron, Dept. R, 401 Hackensack Ave., Hackensack, NJ 07601 (Tel.: 804/456-2267).

Wanderungen
Im Parkgebiet gibt es über 1.000 km Wanderwege. Der größte Anteil entfällt auf den Appalachian Trail, der von Maine bis in den Südteil der Appalachen führt. Dieser Trail durchzieht (wie den Shenandoah National Park auch) das Gebiet des Great Smoky National Parks von Nordost nach Südwest und führt dabei über die höchsten Gipfel (u.a. den Clingman's Dome).
Daneben gibt es eine Vielzahl kurzer Trails, die meistens durch dichten Wald und an Bächen entlang zu Wasserfällen führen.

Ziel	Rundweg-Entfernung	Wanderzeit*	Schwierig-keitsgrad	Beginn des Wanderwegs
Rainbow Falls	9 km	1/2 Tag	mittel	Cherokee Orchard Road
Grotto Falls	5 km	3 Stunden	leicht	Roaring Fork Motor Nature Trail
Ramsay Cascades	13 km	1 Tag	anstrengend	Greenbrier Cove
Hen Wallow Falls	6.5 km	4 Stunden	mittel	Cosby Campground
Mingo Falls	800 m	1/2 Stunde	mittel	Cherokee Indian Reservation, Big Cove Road
Indian Creek Falls	3 km	2 Stunden	leicht	Deep Creek Road
Juneywhank Falls	2.5 km	2 Stunden	mittel	Deep Creek Road
Toms Branch Falls	800 m	1/2 Stunden	leicht	Deep Creek Road
Abrams Falls	8 km	1/2 Tag	mittel	Cades Cove Loop Road
Laurel Falls	4 km	3 Stunden	leicht	Laurel Falls Parking Area

*alle Wanderzeiten sind reichlich bemessen

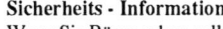

Sicherheits - Information
Wenn Sie Bären sehen sollten, verlassen Sie bitte nicht Ihren Wagen. Bei Wanderungen ist ebenso Vorsicht geboten: Sie sollten sich, wenn Sie auf Bären stoßen, auf jeden Fall zurückziehen, der Bär wird das gleiche tun. Füttern und sonstige Anlockungen sind zu unterlassen - Bären sind wilde Tiere, sie wollen nicht gestört werden und wollen auch Menschen nicht belästigen.

Reiten

Im Nationalpark gibt es über 100 km Reitwege. Gesattelte Pferde werden an folgenden Stellen in der Zeit vom 1. April bis 31. Oktober vermietet: **Cades Cove, Smokemont, Cosby** und an der US 321 in der **Nähe von Greenbrier**

Klima

Während der Sommermonate ist es warm und niederschlagsreich. Im Juli und August häufen sich Gewitter. In der Winterzeit kann es sehr kalt werden und viel Schnee fallen.

Eisenbahnfahrt

Ab Bryson City (westlich von Cherokee) kamm man mit der "Great Smoky Mountains Railway" fahren. Die Fahrt nennt sich "The Nantahala Gorge Excursion". Auskunft: 1 - 800 - 872 - 4681 (gebührenfei) oder (704) 586 - 8811.

Allgemeine Informationen

Wildbach im Great Smoky Mountains National Park

Der Great Smoky Nationalpark ist ein sich von Osten nach Westen hinziehender Zentralbereich der Appalachen. Die Great Smoky Mountains werden abgekürzt oft nur "Great Smokies" genannt, was soviel heißt wie "Große Rauchberge": Aus den Tiefen der sehr dichten Wälder, die äußerst viel Regen abbekommen (2.160 mm Niederschlag/Jahr), steigen fast stetig Dunstschwaden empor, was an Rauch erinnert. Die hier heimischen Indianer - die Cherokee - nennen die Berge in ihrer Sprache "Shaconage", wörtlich übersetzt "ewig blauer Dunst".

Das 2.107 qkm große Nationalparkgebiet liegt teilweise auf der Seite North Carolinas, teilweise auf der Seite von Tennessee. Ganzjährig

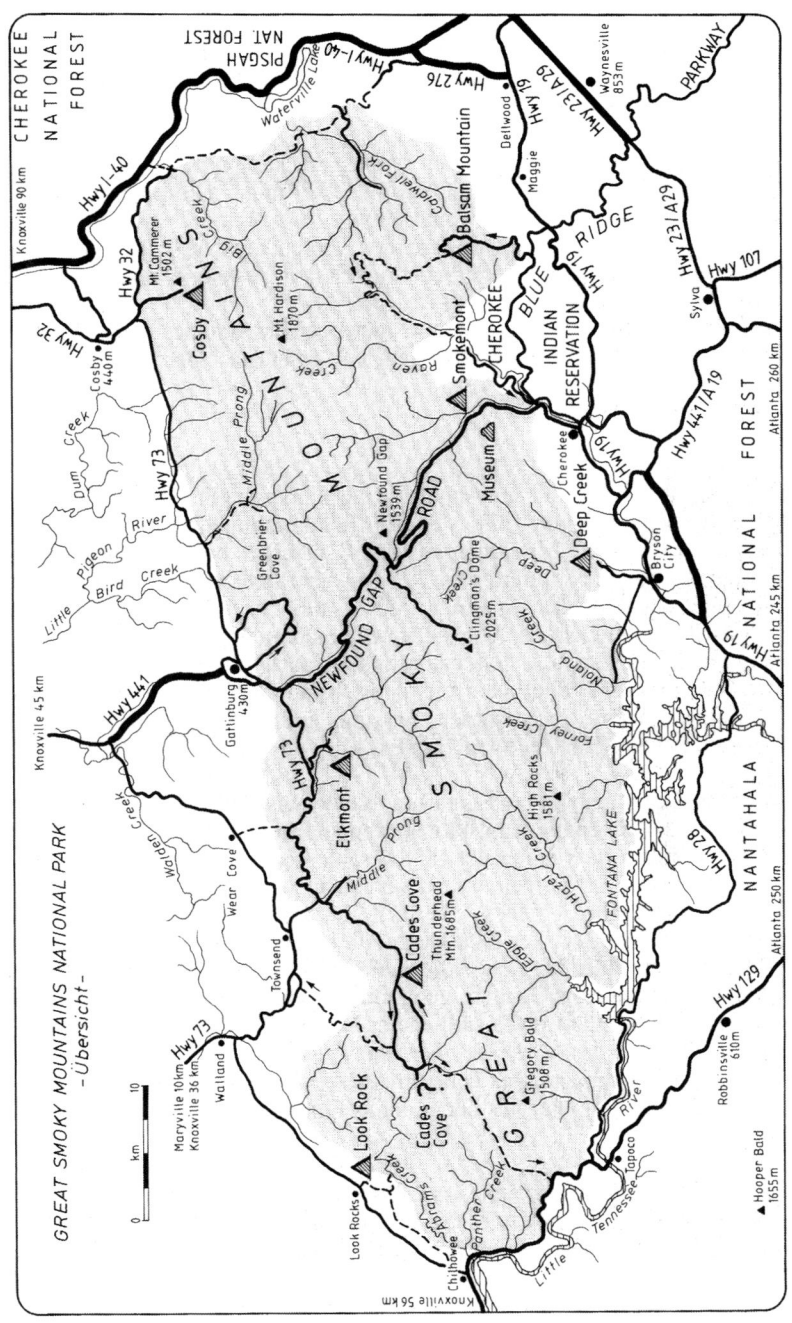

387

geöffnet und durch bequeme Bergstraßen erschlossen, werden jährlich über 10.2 Millionen Gäste registriert (1987) mehr, als in jedem anderen amerikanischen Nationalpark. Besonders im Herbst, wenn die Laubfärbung einsetzt, gibt es einen großen Andrang.

Die Great Smokies gehören zu den größten zusammenhängenden Waldgebieten der USA. Höchster Punkt ist mit 2.024 m der **Clingman's Dome**, gefolgt vom 2.018 m hohen Mount Guyot. Kein Wunder, daß es hier vor allem in den Sommermonaten viel regnet. Reißende Bäche führen die Güsse in die Täler, während die hohe Feuchtigkeit dem Artenreichtum der Vegetation zugute kommt.

Wie der Shenandoah Nationalpark werden auch die Smokies vom 3.200 km langen Appalachian Trail durchzogen, und zwar auf einer Länge von 71 Meilen (114 km).

Geschichte

Die Landschaft der südlichen Appalachen war ursprünglich Siedlungsgebiet der **Cherokee-Indianer**. Unter dem Einfluß der allmählich eindringenden weißen Siedler und Missionare nahmen sie nicht nur den christlichen Glauben an, sondern imitierten die Lebensweise der Eroberer, indem sie die "Errungenschaften" der damaligen Zivilisation kritiklos annahmen. Sie bauten Häuser und Kirchen wie die weißen Siedler, errichteten Mühlen und Schmieden und zeigten sich insbesondere auch bildungsbeflissen: Der Cherokee Sequoya, väterlicherseits deutschstämmig, wandelte die Cherokee-Sprache in eine Schriftsprache um, und bereits 1828 erschien die erste Indianerzeitung "The Cherokee Express".

War das Zusammenleben zwischen den Weißen und den Rothäuten zunächst friedlich, so nahmen die Konflikte in dramatischer Weise zu, als hier Gold gefunden wurde. Im Rahmen des 1838 beschlossenen Removal Act entledigte man sich der Aufsässigen, indem man sie in Lager steckte, um sie später nach Oklahoma abzuschieben. Über 13.000 Cherokee mußten den Leidensweg antreten, 4.000 starben unterwegs. Nur eine Minderheit von etwa 1.000 Widerständlern flüchtete sich in die undurchdringliche Bergwelt. Nach drei Jahren erhielten sie die Genehmigung, ihr Land wieder zu besiedeln. Später wurden sie in westlich sowie südlich des Nationalparks liegende Reservate abgeschoben, wo sie noch heute leben. Ihre alte Kultur und Lebensweise sind praktisch völlig zerstört. Der Tourismus bietet ihnen Verdienstmöglichkeiten, die jedoch z.T. eher abstoßend sind (Fototermin mit "Indianerhäuptling").

Die weißen Siedler bevorzugten ein Gebiet im Westen des heutigen Nationalparks. Sie nannten es **Cades Cove** und machten das Land ab 1821 urbar. Ihre Nachfahren lebten bis zur Schaffung des Nationalparks im Jahre 1936. Noch heute zeugen z.T. restaurierte Häuser, Bauernhöfe und Blockhütten, alte Kirchlein und Friedhöfe von diesen Siedlern.

Altes Bauernhaus im Gebiet Cades Cove

Um die Jahrhundertwende wurde der ursprüngliche Waldreichtum durch ständiges Abholzen derart zerstört, daß 1920 2/3 der ursprünglichen Wälder der Axt zum Opfer gefallen waren, ohne daß wieder aufgeforstet wurde.

Naturschützer engagierten sich ab 1923 in der gegründeten Great Smoky Mountains Conservation Association, um eine Deklarierung dieses Gebietes zum Nationalpark zu erreichen. Durch private Spenden (über 1 Million $) sowie jeweils 2 Millionen Dollar der Bundesstaaten Tennessee und North Carolina wurde ein finanzieller Grundstock erbracht, den Rockefeller durch eine großzügige Spende verdoppelte. Mit diesem Geld konnte man das private Farmland aufkaufen, und ab 1934 wurde das Gebiet endlich zum Nationalpark erklärt.

Geologie

Die geologische Entwicklung dieses Gebietes ist identisch mit der des Shenandoah - Parks (siehe Kapitel 7.6.3).

Vorherrschend treffen wir im südöstlichen Gebiet der Smokies auf freigelegte Granite, Gneise sowie metamorphe Schiefer, während in den übrigen Parkteilen die uralte, präkambrische Sandsteinschicht präsent ist, die im Verlaufe der über 600 Millionen Jahre Faltungs- und Verwitterungsprozessen ausgesetzt war. Auf den relativ fein verwitterten Böden findet eine reich differenzierte Pflanzenwelt einen idealen Nährraum.

Tier- und Pflanzenwelt

Der im letzten Jahrhundert betriebene Raubbau durch Abholzung hat die Lebensbedingungen von Bisons, Grauwölfen, Wapiti-Hirschen und Berglöwen derart verändert, daß diese Tiere heute hier ausgerottet sind. Andere Tierarten sind jedoch weiter bzw. wieder vertreten, so Füchse, Luchse, Hirsche, Rehe, Otter, Opossums, Biber - und Schwarzbären.

Schwarzbären sind sicherlich die Spezies, welche jeder Besucher am liebsten sichten möchte. Doch ihre Anzahl ist in den vergangenen 40 Jahren sehr stark zurückgegangen. Schuld daran sind europäische Wildschweine, die verwildert sind und deren Population stark angestiegen ist. Da sie den gleichen Lebensraum, die gleiche Nahrung wie Schwarzbären brauchen, ist deren Anzahl stetig gesunken. Die Parkverwaltung bemüht sich zugunsten der Bären um eine Dezimierung der Wildschweine durch entsprechend hohe Abschußquoten.

Auch der Ornithologe kommt nicht zu kurz. Über **236 Vogelarten**, allen voran wilde Truthühner, Krähen, Raben und verschiedene Raubvögel sind zu beobachten. Etwa 1/3 der Vogelwelt ist ganzjährig im Park heimisch. Von den 23 unterschiedlichen Schlangen sind nur 2 giftig - und sehr scheu. Die vielen Wildbäche mit ihrem doch sauberem Wasser bieten Lebensraum für drei Arten von Forellen. Die heimische Bachforelle allerdings ist in ihrem Lebensraum stark bedroht worden, da sie ihre traditionellen Laichplätze durch Uferabholzung sowie durch die von Menschen (den Holzfällern) eingesetzte aggressive Regenbogenforelle verloren hat. Ebenso tritt ihr die Regenbogenforelle als unliebsame Konkurrenz in der Suche nach Nahrung entgegen.

95 % des Nationalparkgebiets sind bewaldet, vor allem mit **Laubbäumen**, die sich auf 80 Arten verteilen und unterhalb von 1.300 m wachsen. Darüber beginnt die Nadelwaldzone mit Tannen und verschiedenen Kieferarten.

Die häufigsten Laubbäume sind Buchen, Eichen, Birken, Roßkastanien, Ahornarten und Birken. Seit Ende der 30er Jahre sind allerdings keine Edelkastanien mehr anzutreffen, die dem Mehltau zunehmend zum Opfer gefallen sind.

Den Artenreichtum der Pflanzen- und Tierwelt spiegelt folgende Übersicht am besten wider:

1.534	Arten blühender Pflanzen	71	Säugetierarten
53	unterschiedliche Farne	35	Reptilien
135	Baumarten	236	Vogelarten
		46	Fischarten

Umweltproblematik

Absterbende Bäume

Wenn man sich die Bewaldung vor allem während dem Hochstand der Vegetation im Sommer genauer anschaut, dann ist man - mit zunehmender Höhe - immer mehr über **geschädigte** oder abgestorbene **Bäume** erschrocken. Das führt soweit, daß ich vor dem Besuch des Clingman's Dome, dem höchsten Berg im Nationalpark, an sich warnen möchte. Wenn man dort am Parkplatz aussteigt, ist man von einem äußerst stark geschädigten Baumbestand umgeben, und wenn man höher zum Aussichtsturm aufsteigt, dann wird man eigentlich immer weiter enttäuscht und erschrocken: Es gibt hier praktisch keinen einzigen gesunden Baum mehr! Der Wald ist im Sterben begriffen.

Was ist die Ursache ?

Schon seit langem beobachten Forscher, daß die Fernsicht immer schlechter wird. Seit 1960 nahm sie um über 30 % ab. Dieses Problem wird besonders im Sommer akut, wenn die Luftzirkulation gering ist und die Umweltverschmutzung in den Luftmassen dadurch zunimmt. Ursprünglich rührte der leichte blaue Dunst, der den Smokies den Beinamen gegeben hat, von der üppigen Vegetation her. Heute allerdings wurde diese natürliche Erscheinung durch einen weißlichen Smog ersetzt, der vor allem aus Schwefelteilchen besteht. Diese **Schwefelteilchen** stammen aus der Verbrennung von fossilen Brennstoffen, vor allem aus Kohle- und Erdölkraftwerken, die in der näheren und weiteren Umgebung ihren Standort haben. Diese Umweltverschmutzung kommt also genau aus den Regionen, aus denen die meisten Parkbesucher kommen (Georgia, Alabama, Michigan, Ohio, Illinois, Tennessee).

Die Luftverschmutzung in den untersten Schichten stammt dagegen vor allem von Autoabgasen und Haushalten. Insgesamt leiden darunter heute bereits 73 Pflanzenarten! Das Pflanzensiechtum zeigt erste Anzeichen, indem Bäume langsamer wachsen und auf den Blättern Flecken zu beobachten sind.

Besonders ernst wird der "**saure Regen**" genommen. Der Niederschlagsreichtum der Smokies bewirkt auch, daß außerordentlich viel Säure auf die Wälder niederfällt. Langsam sterben Fichten und Tannen ab. Beschleunigt wurde und wird dieser Prozeß noch durch das Auftreten der bereits um 1900 eingeschleppten **Fichtenbaumlaus**, von der in ganz USA Nadelbäume be-

391

fallen sind. In besonderem Maße sind jene Nadelbäume geschädigt, die auf den niederschlagsreichen Gipfeln stehen. Noch 1985 waren nahezu 90 % aller Fichten hier gesund, während 1989 es nur noch 53 % waren.

Die Great Smokies - ein warnendes Umweltbeispiel also? Mitnichten, auch im heimischen Europa haben wir solche traurigen Ergebnisse der Industrialisierung zu verzeichnen. Doch hätten wir als Besucher die im "großen, weite Amerika" erwartet? Wahrscheinlich nicht! Dieses Beispiel mag uns veranschaulichen, wie auch bereits in den berühmten Naturparks Amerikas die ökologische Zeitbombe tickt!

Fahrten im Nationalpark

Wildwasser - Fahrten

● Zunächst gibt es die **New Found Gap Road**, die über den New Found Gap (1.539 m) führt und prächtige Panorama-Blicke gestattet. Diese Straße ist aber leider doch sehr viel befahren, da sie die Hauptverbindung zwischen Cherokee und Gatlinburg ist.

● Zum **Clingman's Dome**, dem höchsten Berg im Great Smoky National Park (2.024 m), gelangt man über eine nach Westen von der New Found Gap Road abzweigende Straße (= Clingman's Gap Road). Den hier befindlichen Aussichtsturm erreicht man nach etwa 20 Minuten Aufstieg. Der sich bietende Ausblick ist zwar grandios, die absterbenden Wälder ringsherum wirken aber doch sehr trist und stimmen nachdenklich...

● Südöstlich von Gatlinsburg zweigt der **Roaring Fork Motor Nature Trail** ab. Dies ist eine Art "Autolehrpfad", auf dessen Verlauf Sie über die Vegetation und die Lebensweise der ersten Siedler informiert werden. Hierzu gibt es eine vom National Park Service herausgegebene Spezialkarte ("Auto Touring", in den Visitor Centers erhältlich, kostenlos). Diese Rundstraße ist in ihrem östlichen Teil als Einbahnstraße angelegt.

● **Little River Road/Cades Cove.** Diese Straße im nordwestlichen Teil des Nationalparks folgt zunächst dem reißenden Little River. Später zweigt sie - als Einbahnstraße - in die Cades Cove ab. Dies ist das bereits beschriebene Gebiet, in dem sich im 19. Jahrhundert Siedler niedergelassen hatten und deren Farmen im Zuge der Etablierung des Nationalparks aufgekauft wurden. Einige übrig gebliebene Bauten (Blockhäuser, Kirchen,

Alte Kirche / Cades Cove

Mühle) sowie Friedhöfe zeugen von jener Zeit. Die 18 km lange, als Einbahnstraße angelegte Rundstrecke führt durch eine offene Landschaft, wo mit einigem Glück Weißwedelhirsche beim Äsen beobachtet werden können.

Von dieser Straße zweigt ein Weg (Parson Branch Road) ab, der in die Straße 129 mündet. Wenn man später nach links in die Straße 28 abbiegt, gelangt man zum **Fontana Village** und **zum Fontana** Dam.

 Ein besonderer **Tip**
In Fontana Village liegt eine herrliche Ferienanlage, die einen Aufenthalt wirklich lohnt:
Peppertree Fontana Village**, Tel.: (704) 498-2211 oder gebührenfreie Reservierung über 800 / 438-8080. Es stehen sowohl Hotelräume als auch Cottages zur Verfügung. Alle denkbaren Aktivitäten werden angeboten: Tennis, Paddelboote, Swimmingpool, Sauna, Grillmöglichkeiten, Fahrradfahren, Tennis, Reiten...
Übrigens: Fontana Village ist 1947 aus einer Ansiedlung der Bauarbeiter entstanden, die den Fontana-Damm errichteten.
Man kann übrigens hier wohnen und von hier aus den Great Smoky National Park erleben - meiner Meinung nach eine besonders lohnenswerte Alternative, da man dem "Rummel" in den zentralen Orten wie Cherokee oder Gatlinsburg entgeht.

 Eine Arbeitsbeschaffungsmaßnahme: Die Tennessee Valley Authority

In den Jahren der großen wirtschaftlichen Depression unterzeichnete Präsident Franklin D. Roosevelt am 18. Mai 1933 ein umfangreiches Gesetz, das zur Gründung der Tennessee Valley Authority (kurz: TVA) führte. Diese Behörde sollte ein riesiges Projekt durchführen: Als umfangreiches Arbeitsbeschaffungsprogramm der Regierung ausgelegt, sollte der bis dahin gefährliche Tennessee River gebändigt werden. Bis dato galt er als wenig nützlich: seine Sandbänke verhinderten Schiffahrt, sein Hochwasser konnte unberechenbar werden und gefährdete nicht nur Menschen, sondern spülte ebenso fruchtbaren Ackerboden in den Mississippi.

Um den Fluß zu zähmen, wurden bis 1945 auf einer Gesamtlänge von über 1.000 km 16 Staudämme und Seen angelegt. Der Flußverlauf wurde somit kontrolliert. Die Ergebnisse:
● *Auf Teilstrecken wurde der Tennessee **schiffbar**.*

- *An den Staustufen wurde **Elektrizität** gewonnen.*
- *Wertvolles **Ackerland** war nun **vor Überflutungen geschützt** und gleichmäßige Erträge wurden so gesichert.*
- *Im Kontext dieser infrastrukturellen Maßnahmen wurden **zahlreiche weitere Arbeitsplätze** geschaffen, u.a. durch die nun zur Verfügung stehende Elektrizität. (Aluminiumindustrie).*
- *Im Gefolge der Wasserregulierung **verlor die Malariamücke ihren Lebensraum.** Vorher galt das Gebiet als Malariagegend, in der jeder 3. Bewohner unter Fieberanfällen litt.*

Doch so reibungslos, wie es sich liest, verlief nicht die Realisierung dieses Reiseprojekts:
- *Bauern, deren Land überflutet wurde, protestierten, da sie mit den **Entschädigungszahlungen nicht zufrieden** waren.*
- *Bauern, die nur Land gepachtet hatten, **verloren völlig ihre Lebensgrundlage.***
- ***Schwarze** fühlten sich von der TVA diskriminiert, da sie nur zu einem **unproportional geringen Umfang Arbeit** erhielten.*
- *Die von der TVA errichteten Kohlekraftwerke erwiesen sich zunehmend **als wahre Dreckschleudern,** die extrem die Umwelt belasteten.*

Einer Über-Industrialisierung setzten sich Umweltschützer immer mehr zur Wehr. Ihr größter Erfolg war die Verhinderung des Baus von 17 Kernkraftwerken im Tennessee-Valley.

7.11 VOM GREAT SMOKY MOUNTAINS NATIO-NAL PARK NACH ATLANTA

7.11.1 ÜBERBLICK

Der Weg von den Höhen der Great Smokies in die weiten Ebenen von Atlanta führt über den malerischen Höhenzug der Blue Ridge Mountains. Inmitten dieser herrlichen Landschaft liegt der hübsche Erholungsort **Highlands**, wo man - je nach Zeit - doch zumindest einen Tag gut verweilen und die Landschaft auf einer Wanderung erleben kann. Die in der Nähe liegenden **Dry Falls** sind ein kleines Naturwunder für sich: man kann hier sozusagen hinter einen Wasserfall gehen.

Atlanta selbst ist zweifelsohne ein Höhepunkt für sich. Die aufstrebende Metropole der Südstaaten rüstet sich architektonisch für die Olympischen Spiele 1996. Als Wirkungsstätte Martin Luther Kings ist die Stadt Anziehungspunkt vieler schwarzer Touristen und symbolisiert die Liberalität des "Neuen Südens".

7.11.2 TOURISTISCHE HINWEISE

Informationen
Atlanta Convention and Visitors Bureau (ACVB), 233 Peachtree St. NW, Suite 2000, Atlanta, GA 30043, Tel.: (404) 521-6600 (Montag - Freitag 08.30 - 17.30 h)
Informationen über die Südstaaten: Information About the South, Travel South USA, 3400 Peachtree Rd., NE, Suite 1517, Atlanta, GA 30326, Tel.: 231-1790 (Montag - Freitag 09.00 - 17.30 h)

Entfernungen
Cherokee - Highlands   58 Meilen (= 93 km)
Highlands - Atlanta   etwa 120 Meilen (= 193 km)

Streckenbeschreibung
Von Cherokee fahren Sie zum 5 Meilen weiter südlich befindlichen Anschluß an die Straße 74, der Sie bis Sylvia folgen. Von hier biegen Sie in die 107 South ein, die am malerischen Thorpe Dam vorbeiführt. In Cashiers stoßen Sie auf die 64 West, die Sie nach Highlands führt.

395

Von Highlands geht es über die 106 in südöstliche Richtung bis Dillard. Hier stoßen Sie auf die 23/441 South, der Sie bis Cornelia folgen. Weiter geht es über die 365, 23, 985 und 85 mitten nach Atlanta hinein.

Flughafen
Der **Hartsfield Atlanta International Airport** liegt 9 Meilen (= 40 km) südlich der Stadt. Von hier gehen sehr viele internationale Verbindungen sowie Flüge in alle Teile der USA ab (Heimatflughafen der Delta Airlines).

Eine **Taxifahrt** in die Stadt dauert etwa 25 Minuten. Der **Atlanta Airport Shuttle** fährt alle 20 Minuten ins Zentrum (außer nachts). **MARTA-Busse** bringen Fluggäste alle 18 Minuten zum Bahnhof Lakewood Rapid, von wo aus man mit dem Schnellzug zum Stadtzentrum fährt. Gebührenfreie Telefon-Nr. von Fluggesellschaften zwecks Reservierung/Auskunft:

American Airlines	(800) 433-7300	**Northwest**	(800) 225-2525
British Airways	(800) 247-9297	**Pan Am**	(800) 221-1111
Continental	(800) 525-0280	**TWA**	(800) 221-2000
Delta	(800) 523-7777	**United**	(800) 241-6522
Eastern	(800) 327-8376	**USAir**	(800) 428-4322
Lufthansa	(800) 645-3880		

Wichtige Telefon - Nummern:

Polizei, Feuer, Ambulanz	911	**Arzt**	881-1714
Apotheke (24 Stunden - Dienst)	876-0381	**Zahnarzt**	270-1635
Verlorene Kreditkarten:			
American Express	(800) 221-7282	**VISA**	(800) 227-6811

Nahverkehrssysteme
Wie in den anderen Städten auch, sollte man auf die Benutzung eines Mietwagens zumindest im Innenstadtbereich verzichten. Atlanta verfügt über ein U- und S-Bahn-Netz, MARTA genannt (= Metropolitan Rapid Transit Authority). Im Rhythmus von 9 Minuten sind die Bahnhöfe verbunden. Das Streckennetz verläuft in einer Nord-Süd- und einer Ost-West-Achse. Daneben gibt es das MARTA-Bussystem, das quasi alle Stadtteile und Außenbezirke verbindet.

Übernachtungen
in Highlands:
● **Colonial Pines Inn**, Route 1, Box 22 B, Hickory St., Highlands, N.C. 28741, Tel.: (704) 526 - 2060. Dies ist ein hervorragendes Bed & Breakfast House. Sie wohnen in einem beispielhaft restauriertem "Südstaaten"- Stil-Haus, das mit ausgewählten Antiquitäten möbliert ist. Ein Supertip!

in Atlanta:
● **Hyatt Regency Atlanta****, P.O.Box 1732, Atlanta, GA 30371, Tel.: (404) 577-1234. Ein typisches Hyatt-Hotel mit eindrucksvoller, riesiger Lobby, Glasaufzügen, Springbrunnen sowie erstklassigen Restaurants und großen Zimmern. Zentral im Stadtinneren gelegen, Service ausgezeichnet.
● **Marriott Marquis****, 265 Peachtree Center Ave., Atlanta, GA 30343, Tel.: (404) 521-0000. Ein Wahrzeichen Atlantas mit 48 Stockwerke hohem Innen-Atrium. Erstklassiger Service, geräumige Zimmer, zentrale Lage.
● **Westin Peachtree Plaza****, 210 Peachtree St., Atlanta, GA 30343, Tel.: (404) 659-1400. Imposanter Bau mit einer blitzenden Glasfassade, welche die Skyline Atlantas beherrscht. Innen elegante Marmorböden. Ausgezeichnete Restaurants (Sun Dial Restaurant und Savannah Fish Company).

● **Quality Inn Habersham Hotel****, 330 Peachtree St. NE, Atlanta, GA 30308, Tel.: (404) 577 - 1980, gebührenfrei 800/241-4288. Kleines Hotel in der Stadtmitte. Zimmer wurden kürzlich renoviert und sind groß. Selten: kostenloses Parken und Frühstück inbegriffen.

● **Holiday Inn Downtown****, 175 Piedmont Ave. NE, Atlanta, GA 30303, Tel.: (404) 659 - 2727. In Fußweite zur City.

● **Red Roof Inn***, 5171 Indian Trail Industrial Parkway, Norcross 30071. 18 Meilen NE über Interstate 85, Exit 38 Indian Trail/Liburn Road, dann ein Block nach Westen, Tel.: (404) 448-8944. Sehr preiswert und dabei sauber.

● **Kings Inn***, 6597 GA 54, Morrow 30260, 172 Block W Interstate 75, Exit 76, Tel.: (404) 961-6338. Äußerst preiswert und sauber.

● **YMCA**, 22 Butler St., Tel.: 659-8085, zwischen Edgewood und Auburn, 3 Blocks von der Stadtmitte entfernt - nur Männer werden akzeptiert.

Bed & Breakfast

● **Shellmont Bed and Breakfast Lodge**, 821 Piedmont Avenue N.E, Atlanta, GA 30308, Tel.: (404) 872-9290. Wunderschön restauriertes viktorianisches Haus mit nur 4 Gästezimmern (etwa 80/90 $), einst von einem der besten Architekten Atlantas, W.T. Downig, erbaut (1891).

● **Ansley Inn**, 253 Fifteenth Street, Atlanta, GA 30309, Tel.: (404) 872-9000, gebührenfrei 800/446-5416. 11 Gästezimmer zu 80 - 200 $. Ein luxuriöses Haus mit gediegener Inneneinrichtung.

Zentrale Buchungs- und Informationsstelle über Bed & Breakfast-Häuser in und um Atlanta ist: Bed & Breakfast Atlanta, 1801 Piedmont Ave., Suite 208, Atlanta, GA 30324, Tel.: (404) 875-0525

Restaurants
in Highlands

● **On the Verandah**, Restaurant and Wine Bar, am Highway 64 West, Highlands, N.C., direkt am Lake Sequoyah gelegen. Sehr gutes Restaurant mit einer Reihe ausgezeichneter Fischspezialitäten wie z.B. North Carolina trout (Forellen).

in Atlanta:

Neben Miami und New Orleans verfügt Atlanta über das größte und vielseitigste Restaurant-Angebot. Eine Auswahl besonderer Plätze:

● **Abbey**, 163 Ponce de Leon Ave. NE, Tel.: 404/876-8532. In einer ehemaligen Kirche bedienen Kellner in Mönchskutten. Französische Küche, sehr gute Weine, teuer.

● **Aunt Fanny's Cabin**, 2155 Campbell Road, Smyrna, Tel.: 404/ 436-5218. Auch hier ist die Bedienung verkleidet, und zwar in der Art der Sklaven und Diener der Zeit vor dem Bürgerkrieg. Ein nostalgisches Restaurant im Stil der Südstaaten mit lokaler Südstaaten-Küche (u.a. fried chicken, Smithfield ham, rainbow trout). Relativ preiswert und gleichzeitig ein Erlebnis!

● **La Grotta Ristorante Italiano**, 2637 Peachtree Road, NE, Tel.: 404/231-1368. Norditalienische Küche mit Pasta, Fisch und Kalbfleischgerichten. Teuer.

● **Morton's of Chicago**, 245 Peachtree Center Ave., im Marquis Tower Office Building, Tel.: 577-4366. Bei Bestellungen kommt der Kellner mit einem Handwagen angefahren und zeigt Fleischstücke, die man aussuchen kann. Schwere Holztische und Holzdiele unterstreichen Rustikalität. Teuer.

● **Mary Mac's Tea Room**, 224 Ponce de Leon, Tel.: 404/875-4337. Seit mehr als 25 Jahren ist dies eine Art Institution, wenn es um Südstaaten-Küche geht. Über 200 Gäste können sich hier an Hähnchen, Maispüree und Maisbrot laben. Diese Kneipe ist auch bei Einheimischen äußerst beliebt. Preiswert!

● **Avanzare** (im Hyatt Hotel, Untergeschoß, liegend, Adresse siehe bei Hotels). Sehr gute italienische Küche, hervorragendes Preis-Leistungs-Verhältnis. Interessant: Lassen Sie sich einen Platz vor dem riesigen Wandaquarium reservieren!

Taxi
London Taxi Tel.: 681-2280 **Yellow Cab** Tel.: 521-0200
Checker Tel.: 351-1111

Busverbindungen
Greyhound/Trailways, 81 International Boulevard, Tel.: 522-6300, 1 Block vom Peachtree Center. Beispiele für Verbindungen: 7 mal täglich nach New Orleans, 8 mal täglich nach Washington, 8 mal täglich nach Chatanooga.

Eisenbahn
Amtrak, 1688 Peachtree St., NW, am Interstate 85, 3 Meilen nördlich von Downtown. Verbindungsbeispiele: 2 mal täglich nach New Orleans, 2 mal täglich nach Washington, 1 mal täglich nach Charlotte

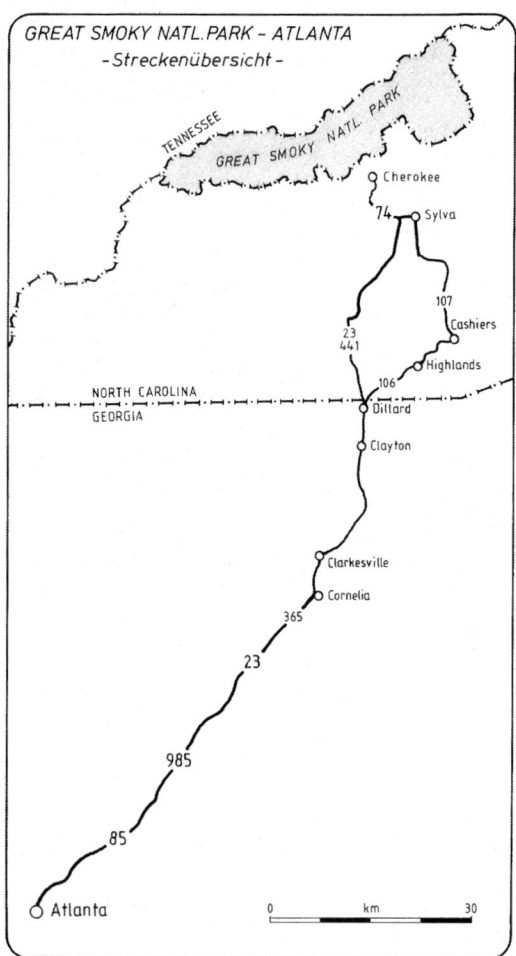

7.11.3 UNTERWEGS NACH ATLANTA

Highlands

Highlands ist mit seinen fast 700 Einwohnern und seiner Lage knapp 1.300 m über dem Meeresspiegel ein idealer Erholungsort. Eine würzige Waldluft, viele herrliche Wanderwege sowie malerische Wasserfälle zeichnen Highlands und seine Umgebung aus. An der Straße 64 liegen die **Bridal Veil Falls** (= Brautschleierwasserfälle) sowie die **Dry Falls**. Letztere sind ein Unikum in der Natur: Man kann hinter das herabstürzende Wasser gehen.

Highlands ist ein Ort des "gehobenen" Tourismus. Erstklassige Bed & Breakfast-Häuser, gepflegte Hotels sowie gute Restaurants runden diese Empfehlung ab.

Georgia - Telegramm

Abkürzung: GA
Namens - Ableitung: nach dem englischen König Georg II benannt
Beinamen: Empire State of the South, auch als Peach State bezeichnet (peach = Pfirsich)
Größe: 152.576 qkm
Einwohner: 6.1 Millionen (davon 27 % Schwarze)
Bevölkerungsdichte: 40/qkm
Hauptstadt: Atlanta (430.000 Einwohner)
Weitere Städte: Columbus (170.000 Ew), Macon (120.000 Ew), Savannah (142.000 Ew), Albany (74.000 Ew)
Unionsbeitritt: 1788
Wirtschaft: vielseitige Landwirtschaft (Erdnüsse, Baumwolle, Pfirsiche, Rinder- und Geflügelzucht, Milchwirtschaft); differenzierte Industriestruktur (Holz- und Papierindustrie, Textilwerke, Nahrungsmittelproduktion, Rüstungsbetriebe)
Bodenschätze: sehr guter Marmor, Bauxit
Touristisches Potential: Im Norden locken die Blue Ridge Mountains, im Süden liegt das große Naturschutzgebiet der Okefenokee Swamps (= größtes Moorgebiet der USA). Die Atlantikküste mit den vorgelagerten Inseln bietet hervorragende Bade- und Erholungsmöglichkeiten an. Alte Städte wie vor allem Savannah lassen den Zauber des Alten Südens verspüren und sind ein architektonisches Kleinod. Im Südwesten liegt Plains, Heimatort von Jimmy Carter.
Touristische Informationen: Georgia Department of Industry, Trade and Tourism, 285 Peachtree Center Ave., NE, P.O.Box 1776, Atlanta, GA 30301-1776, Tel.: (404) 656-3593

☞ Redaktions - Tips

★ Übernachtung im extravaganten Hyatt Regency Atlanta oder im gediegenen Bed & Breakfast House "Ansley Inn";
★ Abendessen im Avanzare (italienische Küche) oder im Aunt Fanny's Cabin;
★ Besuch des CNN Centers, High Museum of Art, Martin Luther King Jr. Historic District sowie von Underground Atlanta.

7.11.4 ATLANTA

Allgemeine Informationen

Atlanta, das Tor zum Süden der USA und quicklebendiges Beispiel für den wirtschaftlichen Aufschwung des amerikanischen Südostens, ist mit seinen etwa 430.000 Einwohnern letztlich (noch) eine übersichtliche Stadt geblieben. 67 % der Bevölkerung sind Schwarze, und seit vielen Jahren stellen sie den Bürgermeister (abwechselnd Maynard Jackson und Andrew Young). In Atlanta gibt es eine breite schwarze Mittelschicht sowie eine schwarze Elite. Die Stadt ist ein wichtiger Verkehrsknotenpunkt, vor allem des Luftverkehrs: Seit Jahren von Weltreisenden zum angenehmsten Flughafen der Welt gewählt, wird die Stadt von 12 international operierenden Fluggesellschaften angeflogen, die alleine 25 Ziele in Übersee bedienen (u.a. Nonstop-Flüge nach Frankfurt und London). Die innerstädtische Verkehrsstruktur weist Atlanta als Stadt mit Weitblick aus: Ein dichtes öffentliches Bus- und Bahnnetz (MARTA) verbindet alle Stadtteile und Außenbezirke.

Modernes Atlanta

Schon beim Anflug auf Atlanta gewinnt man den Eindruck, daß es sich um eine "moderne" Stadt handelt: Wolkenkratzer, darunter architektonisch faszinierende Konstruktionen, stehen in einem spannenden Gegensatz zum Grün des Umlandes. Wer Mitchells Roman "Vom Winde verweht" gelesen hat, wird beim Erkunden der Stadt feststellen, daß das moderne Atlanta noch viel vom Charme des "Alten Südens" der Melanie Wilkes bewahren konnte. Doch auch Züge des "**Neuen Südens**" werden erlebbar. Ein kultivierter Lebensstil, eine spürbare Gastfreundschaft, doch ebenso eine allerorts zu vernehmende Dynamik und Kreativität geben der

Stadt ein unverwechselbares Gepräge. Assoziationen mit so berühmten Namen wie dem des US-Präsidenten Carter und des schwarzen Bürgerrechtlers Martin Luther King stellen sich ein, wenn man von Atlanta spricht.

Die Stadt sorgte im September 1990 für neue Schlagzeilen: Nur 12 Jahre nach den Sommerspielen in Los Angeles gelang es einer amerikanischen Stadt erneut, den Zuschlag für die Sommerolympiade 1996 zu erhalten. Der schwarze Bürgermeister Atlantas, Maynard Jackson, meinte denn auch, daß das Leben in dieser Stadt dadurch mit einem Ausrufezeichen versehen worden ist. Jackson selbst prägte ein ausgezeichnetes Motto: "The world has one dream - to be on one team!" (die Welt hat einen Traum - zu einer einzigen Mannschaft zuzugehören). Dieser Wahlspruch blieb auch bei den Olympiabossen nicht ohne Wirkung. Der Werbetrick allerdings hat eine alltägliche Grundlage: Die ehemalige Wirkungsstätte des Martin Luther King hat sich zu einem Musterbeispiel friedlichen Zusammenlebens der verschiedenen Rassen entwickelt, wo Toleranz und Harmonie zu den vorgelebten Werten gehören und den humanen Fortschritt des "neuen Südens" definieren.

Blick auf die Innenstadt von Atlanta

Atlanta hat ein sehr angenehmes Klima. Die Stadt liegt auf dem selben Breitengrad wie z.B. Kreta oder San Diego. Dank ihrer Lage im mittleren Teil Georgias - auf einer Höhe von 320 m über dem Meeresspiegel - gibt es hier vier voneinander klar abgrenzbare Jahreszeiten:
● Im **Frühjahr** (März-Mai) und im **Herbst** (September/November) ist es angenehm warm mit Temperaturen von 11 - 21 Grad.

● Im **Winter** (Ende November/Februar) kann das Thermometer manchmal unter den Gefrierpunkt sinken, doch in der Regel ist es mild mit Tagestemperaturen bis zu 15 Grad.

● Die **Sommer** (Juni/August) sind heiß: 21 - 32 Grad und auch die Zeit mit den meisten Niederschlägen.

Wirtschaftlich ist Atlanta - wie schon erwähnt - eine aufstrebende Metropole. Populärstes Unternehmen ist sicherlich die Coca Cola Company. Viele Großunternehmen haben hier ihren Sitz, so z.B. Subaru, Yamaha, IBM, Panasonic oder Canon. Ebenso ist Atlanta Hauptsitz von Delta Airlines, Cable News Network (CNN), Georgia-Pacific und Lockheed-Georgia. Trotz allem Positiven: Auch Atlanta kennt eine - wenn nicht so krasse - Armut der schwarzen Bevölkerung, und die Auburn Avenue (wo das Geburtshaus von Martin Luther King liegt) gehört bei Anbruch der Dunkelheit zu sog. "no-go-areas".

Atlantas Schattenseite: Schwarzen - Slum

i *Atlanta - Stadt der Olympischen Sommerspiele 1996*

Vom 20. Juli bis zum 4. August 1996 - nur 12 Jahre nach den Sommerspielen in Los Angeles - finden wiederum Olympische Wettkämpfe auf amerikanischem Boden statt. Olympia, bereits jetzt im Vorfeld der Spiele publicity-trächtig ausgeschlachtet, wird Atlanta innerhalb von nur 16 Tagen voraussichtlich 3.4 Milliarden Dollar ein-

spielen. 1.4 Milliarden entfallen auf Fernseh-Rechte, Werbung und Eintrittskarten, die davon übrigbleibenden 244 Millionen $ sollen dem Amateursport zugutekommen. Die erhöhten Steuereinnahmen sind zum Ausbau des Krankenpflege- und Bildungswesens vorgesehen. Atlanta gewann das Rennen um die Olympischen Spiele gegen Konkurrenten wie Toronto, Melbourne und Athen. Über 60 der 92 IOC-Mitglieder besuchten Atlanta, um die Stadt hinsichtlich Olympia-Eignung zu überprüfen.

Vor 4 Jahren dachte der ehemalige Footballspieler und Anwalt Billy Payne öffentlich darüber nach, wie es wäre, wenn Olympia nach Atlanta käme... Der damalige Bürgermeister Andrew Young (unter Präsident Jimmy Carter Chefdelegierter bei den Vereinten Nationen) griff diese Idee begeistert auf. Sich seine internationalen Kontakte und Bekanntschaften zunutze machend, rührte er kräftig die Werbetrommel. Er reiste rund um die Welt und pries Atlanta als einen idealen Austragungsort an: Hier gehörten Rassendiskriminierungen der Vergangenheit an, und im übrigen wolle man die kommerzielle Überstrapazierung der Sommerspiele in Los Angeles an diesem Ort nicht wiederholen. Doch weitere handfeste Argumente machten den Olympiabossen die Entscheidung für Atlanta leicht:
- *Eine hervorragende touristische **Infrastruktur** (schon jetzt in Atlanta und Umgebung über 88.000 Hotelbetten),*
- *eine hohe **Finanzkraft,***
- *eine **freundliche Bevölkerung.***

Ein total überdachtes Stadion ist zur Zeit in Bau, ein weiteres mit 85.000 Sitzplätzen sowie ein Schwimmstadion und eine Radrennbahn sind geplant. Die dafür nötigen 1.2 Milliarden $ sollen ausschließlich aus Spenden kommen.

Auf dem Bau- und Dienstleistungssektor rechnet man mit 84.000 neuen Arbeitsplätzen. Ein weiteres Plus: Es soll ein Olympia der kurzen Wege werden, denn 19 Disziplinen können im Umkreis von nur 5 km absolviert werden. Die Segelregatten müssen allerdings im 380 km entfernten Savannah am Atlantischen Ozean stattfinden.

Geschichte

Ursprünglich lebten in der Umgebung Atlantas Cherokee-Indianer, und zwar am Ostufer des Chattahoochee Rivers. Ab 1937 entwickelte sich im Bereich des Bahnhofs der Western and Atlantic Railroad eine kleine Siedlung. Sie hieß ab 1843 Marthasville, benannt nach dem damaligen Gouverneur. Ab 1845 nannte man den entstehenden Ort Atlanta, die weibliche Form von "Atlantic".

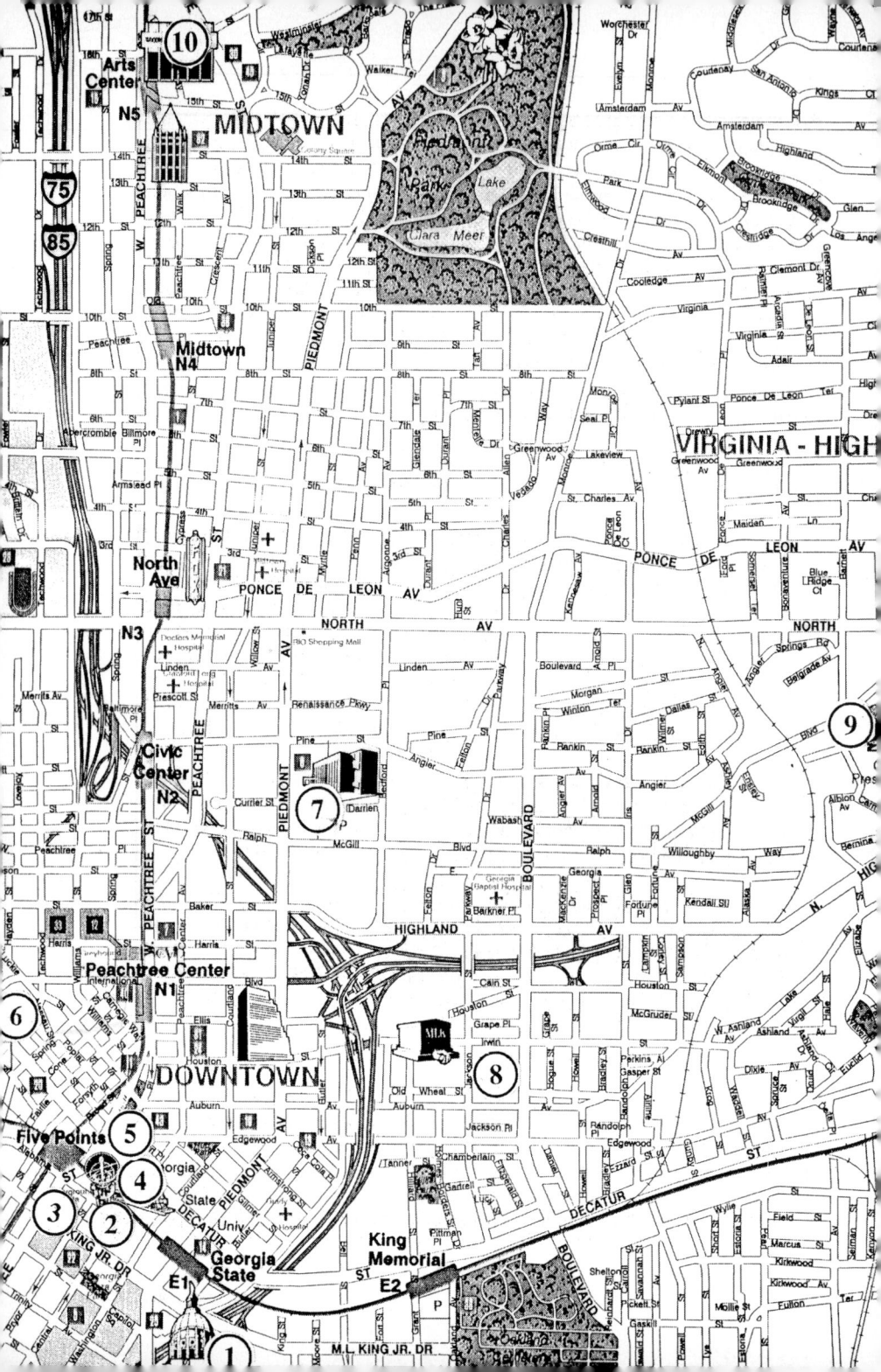

Im Amerikanischen Bürgerkrieg (Sezessionskrieg, 1861 - 1865) war Atlanta Hauptstandort der Konföderierten Truppen. Doch 1864 fiel die damals 10.000 Menschen zählende Stadt, nachdem die Nordstaaten-Truppen unter General Sherman einmarschierten. Vorher allerdings hielten die Bewohner von Atlanta einer 107-tägigen Belagerung stand. Sherman ließ Atlanta niederbrennen: etwa 90 % aller Gebäude wurden vernichtet. Nach 2 Monaten der Zerstörung setzte Sherman den Marsch Richtung Atlantikküste fort. Jene bewegten Bürgerkriegszeiten beschreibt der Roman "Vom Winde verweht" ("Gone with the wind"), den die Atlanterin Margaret Mitchell (natürlich) vom Standpunkt einer Südstaatlerin schrieb. 1929 wurde in Atlanta Martin Luther King geboren.

Sehenswertes im Innenstadtbereich/Downtown

● **Georgia State Capitol** (Capitol Square) ①
MARTA: 1 Block südlich der Georgia State Station

Georgia State Capitol

Wie alle "Kapitole" folgt auch dieses seinem Washingtoner Beispiel. Die vergoldete Kuppel (72 m hoch) des in den Jahren 1884 - 1889 erbauten repräsentativen Baus ist ein Wahrzeichen, das jedoch in Anbetracht der immer höher werdenden Cityhäuser etwas untergeht. Im 4. Stock dieses Gebäudes kann man das überschaubare State Museum of Science and Industry besuchen. Hier werden Mineralien, indianische Funde, Fossilien und zoologische Exponate gezeigt.

● **The World of Coca Cola Pavilion** (55 Martin Luther King Jr. Drive, Tel.: 404/676-5151; Öffnungszeiten: Montag bis Samstag 10.00 - 21.30 h, Sonntag 12.00 - 18.00h). ②
MARTA: Five Points Station

In einem atriumähnlichen Gebäude hat sich die seit 1886 in Atlanta ansässige Coca-Cola Company selbst ein Denkmal gesetzt. Hier erfährt man alles über

"World of Coca-Cola Pavilion

den sagenhaften Trank: Über 1.000 Stücke sogenannter Coca Cola-Memorabilia, ein Film, audiovisuelle Einführung in die "Geschichte" von Coca Cola sowie ein Andenkenladen lassen nichts unversucht, Sie von diesem Getränk zu überzeugen. Sollte das hier nicht gelingen, dann gehören Sie zu den wenigen, die 'Coke' nicht mögen: In über 160 Ländern der Welt wird Coca Cola angeboten und 448 Millionen mal täglich serviert.

● **Underground Atlanta** (zwischen Central Avenue, Peachtree Street, Wall Street und Hunter Street gelegen, Haupteingang von Central and Alabama Avenues; Eingangsmöglichkeit aber auch, wenn man vom Coca Cola Pavilion quer über den Platz läuft) ③
MARTA: Five Points Station

Eingang zu Underground Atlanta

Underground Atlanta ist ein alter Teil der Stadt, der Mitte des 19. Jahrhunderts entstanden war und unterhalb des jetzigen Stadtniveaus liegt. Im Amerikanischen Bürgerkrieg dienten hier die Häuser als Lazarett für Verwundete beider Seiten. Dieser Stadtteil verkam, wurde von Hochstraßen und Brücken regelrecht begraben und vergessen, bis man sich besann, durch eine Restaurierungsaktion dem modernen Stadtinneren doch etwas historisches Flair zu verleihen. Ab 1969 begann man, dieses Gebiet auszugraben und zu restaurieren. Seit Sommer 1989 präsentiert sich Underground Atlanta im Stil der Jahrhundertwende. Hier haben sich nun unzählige Restaurants, Unterhaltungslokale und Spezialgeschäfte etabliert. Es ist ein regelrechter lebendiger Markt entstanden, wo viele Menschen in ihrer Freizeit flanieren. Sehr unterhaltsam!

● **The New Georgia Railroad** (1 Martin Luther King Jr. Drive, Tel.: 404/656-0768) ④
MARTA: 2 Blocks südlich auf der Alabama Street von der Five Point Station aus)

Von diesem restaurierten Güterbahnhof fährt gewöhnlich samstags die Dampflokomotive Nr. 750 ab. Die Tour führt in einer 18-Meilen-Schleife um Atlanta herum.

● **Zero Mile Post** (unter der Central Avenue Bridge Nähe Decatur Street) ⑤
Hier liegt der Endpunkt der 1837 fertiggestellten Eisenbahnverbindung, die letztlich den Ausschlag für die Entwicklung der Stadt gab.

● **CNN Center** (1 CNN Center, Marietta Street at Techwood Drive, Tel.: 404/827-1825) ⑥
MARTA: Omni Station

CNN: der "heiße" Draht in die (Nachrichten-) Welt

Dies ist das Hauptzentrum von Cable News Network und Headline News. Das Kabelfernseh-Unternehmen strahlt US-weit Nachrichtensendungen aus und "beliefert" andere Fernsehstationen weltweit mit entsprechendem Nachrichten- und Filmmaterial. Man kann hier an interessanten Führungen teilnehmen und einen Blick hinter die Kulissen werfen, um sich ein Bild von der Redaktions- und Produktionsarbeit zu machen. Führungen finden Montag - Freitag stündlich statt und dauern 45 Minuten.

● **SciTrek Science and Technology Museum of Atlanta** (395 Piedmont Avenue, Tel.: 404/522-5000, geöffnet Dienstag - Sonntag 10.00 - 17.00 h). ⑦ MARTA: Bus #31 (Morningside) von der Five Points Station

Dieses Technik-Museum ist ein Musterbeispiel der Museums-Didaktik für Heranwachsende: Physikalische und chemische Experimente können eigenständig nachvollzogen werden. Für Kinder jeden Alters eine interessante, lehrreiche Erfahrung. Hervorragender Museumsladen mit beispielhaftem technischen Spielzeug.

Sehenswertes östlich der Stadtmitte/Downtown

● **The Martin Luther King Jr. Historic District** (Auburn Avenue zwischen Jackson and Randolph Streets, Tel.: 404/524-1956) ⑧ MARTA: Bus #31 von Five Points oder Edgewood/Candler Park Station.

Dieses historisch bedeutsame Gebiet ist engstens mit dem Namen des schwarzen Bürgerrechtlers und Friedensnobelpreisträgers verbunden. Sehr viele schwarze Touristen besuchen die Stätte jenes Mannes, der auch heute noch ein Hoffnungsträger vieler Unterdrückten ist.

Zu den sehenswerten Stellen gehören:

Geburtshaus Martin Luther Kings

* **Martin Luther King Jr. Birth Home**, 501 Auburn Ave.
Das Geburtshaus wurde 1895 erbaut und ist mittlerweile so gut restauriert, daß es ein authentisches Bild jener Zeit abgibt, als der junge Martin hier lebte, und zwar in den Jahren 1929 - 1941. Das Haus wurde vom Großvater Williams im Jahre 1909 erworben. Am Thanksgiving Day 1926 heiratete Luther King Sen., damals junger Geistlicher, dessen Tochter Alberta. Das junge Paar bewohnte das obere Stockwerk. King sen. arbeitete wochentags und predigte sonntags. Die Abende verbrachte er regelmäßig im Morehouse College, um sein Theologiestudium zu beenden. Die drei Kinder aus dieser Ehe, unter ihnen Martin Luther King (2. Kind), wurden in diesem Haus geboren. Die

Familie lebte hier weiter, auch nachdem der Großvater Williams verschieden war. Erst 1941 zogen sie mit dem damals 12jährigen Martin in ein neues Haus unweit dieser Stelle.

* Interpretation and Visitor Service Office (443 Edgewood Ave.)
In diesem alten, 1905-10 erbauten Haus sind Prospekte und sonstige Unterlagen über die Gedenkstätte erhältlich.

* Gravesite
Auf dem gleichen Gelände liegt auch die Grabstätte Kings. Er wurde 1977 hierher umgebettet.

* Martin Luther King Jr. Center for Non - Violent Social Change
Dieser 1968 gegründeten Gesellschaft für friedlichen sozialen Wandel steht Martin Luthers Kings Witwe Coretta King vor. Eine interessante Ausstellung informiert über Leben und Wirken Kings.

* Ebenezer Baptist Church (403-13 Auburn Ave.)
In dieser Kirche predigte Martin Luther King als Geistlicher, dem Beispiel seines Großvaters und Vaters folgend. Diese Kirche wurde 1922 erbaut. Stets betrachtete sie sich mehr als nur ein Gotteshaus. Sie stand und steht allen Menschen offen. Über 80 Jahre stellte ein und die gleiche Familie die Pfarrer. Erst 1975 ging Kings Vater in den Ruhestand. Martin Luther King jun. predigte hier das erste Mal als Siebzehnjähriger und diente seinem Vater als Co-Pastor zwischen 1960 - 1968. Als King jun. starb, besuchten Tausende hier seinen Leichnam, um von ihm Abschied zu nehmen. Was man normalerweise nicht weiß: Die Mutter von Martin Luther King wurde in dieser Kirche beim Orgelspielen im Jahre 1974 erschossen.

Atlantas berühmtester Bürger: Martin Luther King

Martin Luther King Jun. wurde am 15. Januar 1929 hier in der Auburn Avenue in Atlanta geboren. Seine Kindheit verlief wie die jedes anderen Kindes auch. Er wuchs als 2. Kind in einer Geschwisterreihe von 3 Kindern inmitten einer schwarzen Nachbarschaft auf. Mit 19 Jahren graduierte er am Morehouse College, und bereits mit 27 Jahren erreichte er den Abschluß seiner theologischen Studien, indem er promovierte. Er zog mit seiner Braut, der geborenen Coretta Scott, nach Montgomery in Alabama, um Pastor an der Dexter Avenue Baptist Church zu werden.

Schon ein Jahr nach seinem Zuzug in Montgomery hatte er ein Schlüsselerlebnis: Rosa Parks, eine Schwarze, wurde verhaftet, da sie sich weigerte, im hinteren Teil eines Busses Platz zu nehmen. Es bildete sich spontan eine Gruppe, die es sich zum Ziel setzte, Rosa zu verteidigen und die Busgesellschaft zu boykottieren. Führer dieser jeder Gewalt entsagenden Gruppe wurde Martin Luther King. Redebegabt, gelang es ihm, sich Gehör für die Benachteiligten zu verschaffen. Bald hörte man ihm nicht nur im heimischen Montgomery, sondern auch in anderen Teilen der USA zu. Ja, sogar in Übersee nahm man seinen Einsatz wahr. Sein Engagement nahm immer mehr einen politischen Charakter an und beanspruchte so sehr seine Zeit, daß er seinen Dienst als Geistlicher 1960 aufgeben mußte. Er zog nach Atlanta und wurde Präsident der schwarzen Bürgerrechtsbewegung "Southern Christian Leadership Conference" (SCLC). Diese neue Organisation, die sich eines immensen Zulaufes erfreuen konnte, verschrieb sich von Anfang an dem passiven Widerstand. In den Folgejahren war er neben seinem Vater zweiter Geistlicher an der Ebenezer Baptist Church.

Martin Luther King Jun. setzte sich für gewaltlosen Widerstand und zivilen Ungehorsam überall dort ein, wo seiner Ansicht nach diskriminierende Gesetze galten. 1960 verurteilten ihn Richter wegen eines angeblichen Eindringens in ein Warenhaus und eines Verkehrsvergehens zu 4 Monaten Haft im Reidsville State Prison in Georgia. In Amerika herrschte damals der Wahlkampf zwischen dem demokratischen Präsidentschaftskandidaten John F. Kennedy und dem Republikaner Nixon. Kennedy ergriff Partei für die Ideen Martin Luther Kings, Nixon dagegen nicht.

Martin Luther King

In den Folgejahren rief er zu weiteren gewaltlosen Protesten und Boykotten auf, allerdings wurden diese von der Polizei z.T. mit Gewalt beantwortet. Weiße Radikale waren auf den Plan gerufen, Häuser und Kirchen der Schwarzen niedergebrannt, Bürgerrechtsvertreter ermordet. Im Frühsommer 1963 wurde ein Protestmarsch nach Washington geplant, auf dem Gleichheit und Arbeitsplätze für Schwarze gefordert werden sollten. Diese Aktion, an der die großen Bürgerrechtsbewegungen teilnahmen und dem sich 250.000 Menschen aller Rassen anschlossen, fand am 28. August statt. An diesem Tage hielt Martin Luther King seine berühmte "I have a dream" - Rede ("Ich habe einen Traum..."):

"I have a dream that one day on the red hills of Georgia, sons of former slaves and the sons of former slaves owners will be able to sit down together at the table of brotherhood... I have a dream that my four little children will one day live in a nation where they will not be judged by the color of their skin, but by the content of their character. This is our hope. This is the faith that I go back to the South with - with this faith we will be able to hew out of the mountain of despair a stone of hope."
Übersetzt:
"Ich habe einen Traum, daß auf den roten Hügeln Georgias eines Tages die Söhne früherer Sklaven mit den Söhnen ehemaliger Sklavenhalter gemeinsam

am Tische der Brüderlichkeit zusammensitzen werden... Ich habe einen Traum, daß meine vier kleinen Kinder eines Tages in einer Nation leben werden, in der sie nicht nach ihrer Hautfarbe, sondern nach ihrem Charakter beurteilt werden. Dies ist unsere Hoffnung. Dies ist mein Glaube, in dem ich in den Süden zurückkehre - mit diesem Glauben werden wir fähig sein, aus einem Berg der Verzweiflung einen Stein voller Hoffnung zu schlagen".

Das Jahr 1963 war ein besonders wichtiges Jahr für Martin Luther King: Im Herbst erhielt er den Friedensnobelpreis zuerkannt, und im Dezember des gleichen Jahres wählte ihn das Time - Magazin zum "Mann des Jahres".

In den Folgejahren wurde seine Stimme immer mehr gehört. 1967 sprach er sich gegen das Vietnam-Engagement der Amerikaner aus. Im Jahre 1968 reiste er nach Memphis/Tennessee, um Arbeitern bei einem Streik beizustehen. Auf einem Motelbalkon wurde er am 4. April 1968 vom Attentäter James Earl Ray erschossen. In den darauffolgenden Tagen gab es in vielen Teilen der USA gewaltsame Rassenausschreitungen.

Mit seinem Tode verloren die Schwarzen Amerikas den erfolgreichsten und populärsten Fürsprecher. Sein Lebenswerk wird von seiner Frau Coretta Scott King weitergeführt.

Buchtips:
Martin Luther King hat eine Reihe sehr lesenswerter Bücher geschrieben. Seine Werke: "Stride towards Freedom" (1958), "Strength to Love" (1963), "Why We Can't Wait" (1964).

● **Jimmy Carter Library and Museum** (1 Copenhill, Tel.: 404/331-3942, Öffnungszeiten täglich 09.00 - 17.00 h) ⑨
MARTA: Bus #16 zur Cleburne Avenue von Five Points Station

Dem 39. Präsidenten der USA, Jimmy Carter, ist ein eigenes Museum schon zu Lebzeiten gewidmet. An seine Jahre im Weißen Haus 1977 - 81 erinnern zahlreiche Ausstellungsstücke und Filme. Georgia hält treu zu seinen Söhnen vom "platten" Erdnußland in Plains.

Jimmy (eigentlich James Earl) Carter, 1924 geboren, konnte am 2. November 1976 Präsident Ford knapp schlagen. Sein Amt trat er im Januar 1977 mit einem hohen, ja fast missionarischem Eifer an. Carter gelang es, in Camp David zwischen Israel und Ägypten Frieden zu stiften. Ein Erfolg seiner Amtszeit ist auch der Abschluß des SALT II - Abkommens mit der UdSSR. Die Geiselnahme von 66 amerikanischen Diplomaten im Iran sowie die gescheiterte Befreiung schadeten seinem Ansehen sehr. Am letzten Tage seiner Amtszeit erreichte er jedoch ihre Freilassung.

- **Atlanta Cyclorama** (Grant Park, Georgia and Cherokee Avenues, Tel.: 404/658-7625, geöffnet täglich von 09.30 - 16.30 h) ⑩
  MARTA: Bus # 97 (Atlanta Avenue/Georgia Avenue) oder Bus # 32 (Eastland) von Five Points Station

Luzern hat ein Cyclorama, Waterloo eins und auch Atlanta. Das 15 m hohe Rundgemälde mit einem Umfang von 120 m erzählt die Ereignisse des Jahres 1864 während der Schlacht von Atlanta. Ein erklärender Kommentar sowie dreidimensionale Figuren ergänzen die Darstellung aus dem Amerikanischen Bürgerkrieg.

Sehenswertes nördlich der Stadtmitte

- **The High Museum of Art** (1280 Peachtree Street, Tel.: 404/892-3600, geöffnet Dienstag - Samstag 10.00 - 17.00 h, Sonntag 12.00 - 21.00 h) MARTA: Art Center Station.

Dieses Museum, in einem architektonisch eindrucksvoll gestaltetem Gebäude untergebracht, ist eine äußerst lohnende Gemälde-, Photo- und Kunstsammlung. U.a. gibt es hier auch sehr interessante Ausstellungen zur Kunst Afrikas. Für Kinder befindet sich im Erdgeschoß ein "Selbsterfahrungs-Museum" mit Animation zu Experimenten.

- **Atlanta Historical Society/Buckhead** (3101 Andrews Drive, NW an der West Paces Ferry Road, Tel.: 404/ 261-1837)
  MARTA: Fahrt mit der Bahn bis Lenox Station, von hier Bus #40 (West Paces Ferry Road)

Hier werden Führungen durch ein altes Farmhaus (Tullie Smith House, 1840) sowie eine Villa (Swan House) aus den zwanziger Jahren dieses Jahrhunderts angeboten. Damit werden dem Besucher die Lebensweisen zweier unterschiedlicher Gesellschaftsschichten aus Atlantas Vergangenheit gezeigt. Die Gebäude liegen inmitten einer großzügigen Parkanlage. In der McElreath Hall ist ein kleines lokales Museum mit Exponaten vom Bürgerkrieg sowie aus der Stadtgeschichte untergebracht.

Sehenswertes in der näheren Umgebung

- **Stone Mountain Memorial State Park** (16 Meilen östlich der Stadt gelegen, zu erreichen über Interstate 78 East (Stone Mountain Village, Main Street, Stone Mountain)
  MARTA: Bus #120 von der Avondale Station.

Der Stone Mountain ist für Atlanta das, was der Ayers Rock für Australien ist. Er ist der größte freistehende Granitfelsen der Welt. An seiner Ostwand wurde 1923 bis 1970 ein 24 m x 55 m großes Relief herausgehauen, welches die großen Führerpersönlichkeiten der Konföderation darstellt (Präsident

Jefferson Davis, General Jackson und Robert R. Lee). Das gesamte Parkgelände bedeckt eine Fläche von 13 qkm und gedenkt der gefallenen Südstaaten-Soldaten des Bürgerkrieges. Auf die Bergspitze (263 m über dem Gelände) führen ein Wanderweg und eine Seilbahn. Mit einer Dampflok kann man den Felsen umfahren. Eine rekonstruierte Plantage ("Antebellum Plantation") veranschaulicht das Leben auf dem Lande vor dem Bürgerkrieg.

● **White Water** (250 North Cobb Parkway, Marietta, Tel.: 404/424 - Wave, geöffnet Memorial Day - Labor Day täglich.) Über Interstate 75 erreichbar, etwa 15 Meilen nordwestlich Atlantas.

Dies ist ein guter Tip für heiße Sommertage. Hier kann man in einem riesigen Wellenbad toben, in einem dahinplätschernden Fluß treiben oder eine gewaltige Wasserrutsche benutzen. Besonders für Kinder ein tolles Vergnügen.

● **Six Flags Over Georgia** (7561 Six Flags Road, SW, am Interstate 20 West bei Mableton gelegen, 19 km westlich von Atlanta; Tel.: 404/789-3400.

Nach den 6 Flaggen benannt, unter denen der Staat seit 1732 gestanden hat (England, Frankreich, Spanien, Konföderierte Staaten, Georgia, Vereinigte Staaten). Ein typisch amerikanischer Themenpark mit Karussells, abenteuerlichen Achterbahnen und musikalischen Inszenierungen im Broadway-Stil. Wer Rummel und Trubel mag, für den mag dies ein "Muß" sein...

● **Lake Lanier**

Der große Lake Lanier, etwa 50 Meilen nordöstlich von Atlanta gelegen und über Interstate 85/985 North oder über Straße 19 erreichbar, hat eine Uferlänge von 864 km. Hier gibt es Badestrände, Campingplätze, Ferienhäuser und alle Arten von Wassersport.

Ein Tip für Erholungssuchende:
Stouffer Pineisle Resort*** (Drawer 545, 3 Meilen nördlich auf der Georgia 13, dann 3 Meilen westwärts auf der Georgia 347 bei Bufort; Tel.: 404/945-8921. Hier sind alle "Land"- und Wassersportarten möglich. Eine ideale Stätte für ein paar aktive Tage in Stadtnähe. Im "The Grille Room" darf der Gast eine hervorragende Küche erwarten (Steaks, Seafood).

7.12 VON ATLANTA NACH SAVANNAH

7.12.1 ÜBERBLICK

Savannah, die erste wirklich planmäßig erbaute Stadt in Nordamerika, läßt den Besucher die Stimmung des "Alten Südens" nachhaltig verspüren. Eichengesäumte Alleen, herrlich angelegte Plätze sowie z.T. wunderschön restaurierte Antebellum Häuser laden zu Rundgängen ein. Atmosphärische Restaurants sowie gemütliche Hotels und Bed & Breakfast-Häuser vereinen sich zu einem großartigen Erlebnis. Im Gegensatz zu Charleston ist Savannah nicht "über - restauriert": "Patiniertes" liegt in unmittelbarer Nähe zum beispielhaft Erneuertem.

7.12.2 TOURISTISCHE HINWEISE

 Information
Savannah Area Convention and Visitors Bureau, 222 West Oglethorpe Ave., Savannah, GA 31499, Tel.: (912) 944 - 0456

Savannah Visitors Center, 301 W. Broad St. and Liberty St., Tel.: (912) 944-0456). Das Besucherzentrum ist in einem restaurierten Bahnhof untergebracht. Hier gibt es kostenlose Karten und Broschüren sowie eine Diashow. Geöffnet Montag bis Freitag von 08.30 - 17.00 h. Gleich daneben befindet sich die **"Savannah Exposition"**, eine interessante Ausstellung mit Fotos und Exponaten zur lokalen Geschichte. Hier werden auch 2 kurze Filme gezeigt, welche die Historie der Stadt veranschaulichen. Täglich geöffnet von 09.00 - 16.00 h.

 Entfernungen

Atlanta - Savannah   256 Meilen (= 412 km)

 Streckenbeschreibung
Von Atlanta folgen Sie zunächst dem Interstate 75 South, später dem Interstate 16 West, der Sie direkt nach Savannah führt.

 Wichtige Telefon - Nummern

Polizei/Notruf	911	Memorial Medical Center	356-8000
Candler General Hospital	354-9211	St. Joseph's Hospital	925-4100
Immediate Med	927-6832		

Eisenbahn
Die AMTRAK-Station liegt 4 Meilen außerhalb der Stadt am 2611 Seaboard Coastline Dr., Tel.: (912) 234-2611 oder gebührenfrei 800/ 872-7245. Verbindungen (Beispiele): nach Charleston 3 mal täglich, nach Washington 8 mal täglich.

Busverbindungen
Greyhound: 610 E. Oglethorpe Ave., Tel.: (912) 232 - 2135 ("ungemütliche" Umgebung...). Verbindungen (Beispiele): 11 mal täglich nach Jacksonsville/Florida, 3 mal nach Charleston, 8 nach Washington

Fahrradverleih:
Historic Savannah Foundation beim Hyatt Regency, 2 W. Bay St., Tel.: (912) 233-3957. Ebenfalls am **DeSoto Hilton**, 15 E. Liberty St., Tel.: (912) 232-4624

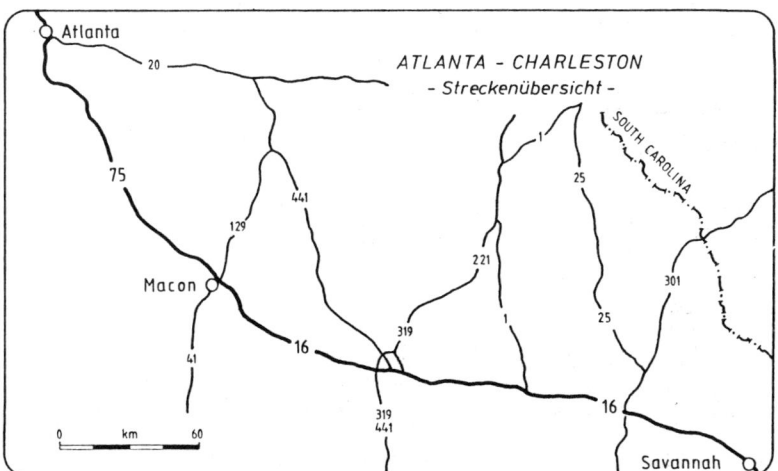

Übernachtungen:
● **Sheraton Savannah Resort and Country Club*****, 612 Wilmington Island Road, Savannah, GA 31410, Tel.: (912) 897-1612. Außerhalb der Stadt gelegen, über die Wilmington River Bridge erreichbar und auf Wilmington Island gelegen. Es gibt Hotelräume, Cottages und Villas (Ferienhäuser) zu mieten. Alle Sportarten sind möglich. Eine gute Alternative für den, der außerhalb der Stadt in der Natur wohnen möchte und Wert auf Bewegung legt.
● **DeSoto Hilton****, 15 E. Liberty St., P.O.Box 8207, Savannah, GA 31412, Tel.: (912) 232-9000 oder gebührenfrei 800/445-8667. Das Hotel liegt im historischen Bezirk und zentral zu allen Sehenswürdigkeiten. Sehr gutes Restaurant (Pavilion Restaurant). Außenschwimmbad.
● **Hyatt Regency Savannah****, 2 W. Bay St., Savannah, GA 31401, Tel.: (912) 238-1234 oder gebührenfrei 800/228-9000. Hinter einer Fassade, die sich sehr gut zu den restaurierten Gebäuden an der Riverfront Plaza einfügt, erwartet den Gast der typisch hohe Hyatt-Komfort mit ausgezeichnetem Service und geschmackvoll eingerichteten Räumen. Hallenschwimmbad.
● **Courtyard by Marriott****, 6703 Abercorn St., Savannah, GA 31405, Tel.: (912) 354-7878 oder gebührenfrei 800/321-2211. Besonders geräumige Zimmer mit separater Sitzmöglichkeit und Balkonen, preiswerte Suiten (unter 80 $).

● **Knights Inn***, 5711 Abercorn St., Savannah, GA 31402, Tel.: (912) 354-0434. Schöne Räume, Schwimmbad.

Bed & Breakfast - Häuser
Reservierungen über: Bed & Breakfast Reservation Service, R.S.V.P. Savannah, 417 East Charlton Street, Savannah, GA 31401, Tel.: (912) 232-7787
Savannah verfügt über wunderschön restaurierte Bed & Breakfast-Häuser. Besonders zu empfehlen:

● **Presidents' Quarters**, 225 East President Street, Savannah, GA 31401, Tel.: (912) 233-1600 oder gebührenfrei 800/ 233-1776. Wunderschön eingerichtete Räume in einem 1865 erbauten Haus, das durch umfangreiche Umbau- und Renovierungsarbeiten 1986 als Bed & Breakfast-House erbaut wurde. Nachmittags gibt es im kleinen Foyer Kaffee, Tee, Sekt, Wein, Kuchen und Kleinigkeiten zum essen. In legerer Weise treffen sich hier die Hotelgäste zum Plausch. Kleines Schwimmbad. Sehr zu empfehlen - inmitten des historischen Bezirks.

● **Magnolia Place**, 503 Whitaker Street, Savannah, GA 31401, Tel.: (912) 236-7674 oder gebührenfrei 800/ 238-7674. Ein wunderschön restauriertes viktorianisches Haus, das 1878 erbaut wurde und mit geschmackvollen Antiquitäten möbliert ist. Ein hübscher Garten liegt beim Haus. Nachmittags Bewirtung wie in Presidents' Quarters. Gleich um die Ecke liegt das berühmte Wilke's Boarding House Restaurant (siehe bei Restaurants).

Restaurants
● **Olde Pink House Restaurant and Planters Tavern**, 23 Abercorn St., Tel.: (912) 232-4286. Das Haus wurde bereits 1771 erbaut, und hier befindet sich heute ein elegantes Restaurant. Vielleicht ist es weniger das (gute) Essen, daß den Aufenthalt so angenehm macht als vielmehr die Atmosphäre des "alten" Savannah. Man ißt übrigens bei Kerzenlicht.

● **Crystal Beer Parlor**, 301 W. Jones St., Tel.: (912) 232-1153. Eine populäre Kneipe, die auch bei Einheimischen sehr beliebt ist. Gutes, preiswertes Essen mit herzhaften Spezialitäten wie der ausgezeichneten Seafood Gumbo oder den guten Shrimp Salad Sandwiches. Bier in geeisten Krügen.

● **Elizabeth on 37th**, 105 E., 37th Street, Tel.: (912) 236-5547. Regionale Küche und wunderbare Nachtische. Nach Meinung des Gastro-Kritiker der New York Times bestes Restaurant in der Stadt, in einem alten herrschaftlichen Haus untergebracht.

● **Mrs. Wilkes Boarding House**, 107 W. Jones Street, Tel.: 232-5997. Dies ist eine Institution! Hier werden Frühstück und Lunch serviert. Zur Mittagszeit warten Menschenschlangen auf Einlaß! Was ist das Besondere? Mrs. Wilkes bietet für etwa 7 $ ein äußerst vielseitiges Lunch an. Man sitzt an großen Tischen und bedient sich aus Schüsseln. Das Essen ist sehr schmackhaft, die Atmosphäre ungezwungen, und man kommt miteinander automatisch ins Gespräch. Gehen Sie vor 11.15 h oder erst nach 14.00 h hin, um nicht zu lange zu warten.

Camping
Safari Bellaire Woods Campground, 2 1/2 Meilen westlich des Interstate 95 und 4 1/2 Meilen westlich der US 17 an den Ufern des Ogeechee Rivers gelegen (= 12 Meilen vom Savannah Historic District). Swimmingpool, Boot und Kanuverleih. Reservierung: Tel.: (912) 748-4000

Tip:
Gemütlich ist es, sich mit einer Pferdekutsche zu den Sehenswürdigkeiten fahren zu lassen. Die beliebten "Carriage Tours of Savannah" beginnen am City Market oder am Madison Square (zwischen 09.00 - 15.00 h, Kosten etwa 10.00 $).

7.12.3 SAVANNAH

Überblick

Savannah, bereits 1733 gegründet und am gleichnamigen Fluß liegend, zählt heute etwa 150.000 Einwohner. Ihren Namen leitet die Stadt aus dem "Savanna" ab, das die ursprünglich subtropische Graslandschaft bezeichnete. Es gibt nur noch sehr wenige Gründungen an der Ostküste, die ihren alten Charme in die heutige Zeit so ungebrochen hinüberretten konnten.

Am Savannah Fluß

Noch immer ist der Hafen als größter und am schnellsten wachsender an der Südatlantik-Küste bedeutend. Die Industrie ist vor allem durch holzverarbeitende Betriebe sowie Papierfabriken (Union Camp ist die größte Packpapier-Fabrik der USA) vertreten, ebenso gibt es hier Düngemittelfabriken und Zuckerraffinerien (Savannah Foods). Die Firma Gulfstream Aerospace produziert Düsenmaschinen für den Geschäftsverkehr. Wirtschaftlich stellt der Tourismus ebenso ein immer wichtiger werdendes wirtschaftliches Standbein dar. Außerdem ist Savannah ein regionales Finanz-, Medizin-, Versicherungs- und Immobilienzentrum für 17 Landkreise im Gebiet der Georgia/South Carolina - Küste.

Geschichte

Am 12. Februar 1733 landete General James Edward Oglethorpe mit 120 Kolonisten bei Yamacraw Bluff am Savannah River. Er kam aus Gravesend

417

in England, und seine Aufgabe war es, hier die letzte der 13 britischen Kronkolonien, Georgia, zu gründen. Dafür gab es vielfache Gründe:

- Georgia sollte als **Puffer** zwischen dem spanischen Florida und den nördlichen englischen Kolonien dienen.
- Der **Handel** sowie die **Seefahrt** zwischen dem Mutterland und der Neuen Welt sollte intensiviert werden.
- Mittellosen Engländern sollte ein **neuer Lebensraum** erschlossen werden, der ihnen Wohlstand gewähren sollte.

Bei der Anlage der Stadt ging Oglethorpe sehr planvoll vor. Er erkannte, daß der Ort hervorragende Vorteile bot: Man konnte mit Seeschiffen bis hierher fahren. Als Vorlage nutze Oglethorpe eine Skizze aus Robert Castell's Buch "Village of the Ancients". Das, was heute Stadtplaner unter "Daseinsgrundfunktionen und ihre räumliche Verteilung" verstehen, setzte schon vor über 250 Jahren Oglethorpe bei der Stadtplanung von Savannah um:

- Er legte 24 "town squares" (= öffentliche Plätze mit Grünanlagen) an.
- Jede Siedlerfamilie erhielt ein Grundstück mit einem Gartenteil (5 acres).
- Am Hafen entstand ein Geschäftsviertel.
- Außerhalb der Stadt wurden Farmgrundstücke vergeben (45 acres groß).

Der Tiefseehafen zog in der Folgezeit spanische, portugiesische, deutsche, schottische und irische Einwanderer an. Entlang der Ufer entstanden Kaianlagen, Grundlage des aufstrebenden Seehandels. Nach England wurden landwirtschaftliche Produkte exportiert, zunächst Reis, später Baumwolle. Während des Unabhängigkeitskrieges verbleib Savannah unter englischer Kontrolle (1778 - 1782). 1819 startete von hier aus die "Savannah" als erstes Dampfschiff zur Atlantiküberquerung und kam planmäßig in Liverpool an. Durch den florierenden Baumwollhandel verdoppelte sich die Einwohnerzahl. Der Reichtum gestattete vielen Bürgern und Geschäftsleuten, sehr schöne Häuser zu bauen.

Während des Amerikanischen Bürgerkrieges (1861 - 1865) konnte Savannah lange Jahre nicht eingenommen werden, obwohl die Stadt unter der Seeblockade der Unionsstaaten litt. Als General Sherman im Dezember 1864 anrückte (nachdem er Atlanta zerstört hatte), kapitulierten die Bewohner Savannahs und verhinderten so eine Zerstörung der Stadt. General Sherman sandte damals seine berühmte Weihnachtsnachricht an Präsident Lincoln: *"Als Weihnachtsgeschenk überreiche ich Ihnen die Stadt Savannah mit 150 schweren Kanonen, Munition und etwa 25.000 Ballen Baumwolle."*

Ende des 19. Jahrhunderts verfielen die Baumwollpreise so sehr, daß das "Goldene Zeitalter von King Cotton" rapide zu Ende ging. Die Stadt verfiel, es entstanden Slums, mit der Wirtschaft ging's bergab. Erst um 1920 - 1930 begannen zaghafte Versuche, die herrliche Bausubstanz der Stadt zu retten.

Die beiden Weltkriege brachten den Schiffswerften Aufträge, Holzhandel sowie Papierfabriken nahmen zunehmend eine führende Rolle ein.

Um das architektonische Erbe der Stadt zu retten, schlossen sich sieben Damen der Stadt zusammen und gründeten 1955 die **Historic Savannah Foundation**. Fortan verbesserte sich das Stadtbild

Am Hafen in Savannah

zusehends. Seither wurden über 1.000 Gebäude originalgetreu restauriert, 1977 die Uferfront vom Zerfall gerettet.

Die Historic Savannah Foundation ist eine gemeinnützige, nicht gewinnorientiert arbeitende Organisation. Ihr Ziel ist es, einzelne Hausbesitzer zu ermuntern, ihre alten Häuser zu restaurieren. Dazu werden Hilfen angeboten und kostenlos Vorschläge erarbeitet. Viele Gebäude wurden vor dem Abriß dadurch gerettet, indem die Foundation die alten Häuser zunächst aufkaufte und wartete, bis sich Käufer fanden, die bereit waren, das Objekt zu restaurieren. Und es scheint, daß immer mehr Privatleute sich dem Trend anschließen, heruntergekommene Häuser liebevoll instand zu setzen. Wer sagt, Amerika sei "kulturlos", wird u.a. durch diese Bewegung hier in Savannah eines Besseren belehrt: Amerika entdeckt immer mehr seine Vergangenheit und ist bereit, dieses Erbe zu pflegen. Belohnt werden all diese Anstrengungen durch den Zustrom von Gästen, die entlang der alten Alleen entlangspazieren, um die "Ante Bellum"-Häuser zu bewundern. Und hatte man sich zunächst auf die 1966 vom National Park Service ausgewiesene 2 ½ Quadratmeilen große "Registered National Historic Landmark" konzentriert, so beginnt man jetzt, auch das südlich dieses Gebietes liegende viktorianische Viertel zu restaurieren.

Sehenswertes im historischen Bezirk

Savannah läßt sich am besten erleben, wenn Sie sich Zeit lassen und einfach die alten, eichengesäumten Alleen entlanggehen. Der **Savannah Historic District** wird im Westen von der W. Broad Street, im Osten von E. Broad Street, im Süden von der Huntingdon Street und im Norden vom Savannah River begrenzt. Gute Karten der Innenstadt sowie den ausgezeichneten Stadtführer "Sojourn In Savannah" erhalten Sie im Besucherzentrum (siehe Adresse unter "Touristische Hinweise") bzw. in Buchhandlungen sowie Souvenirshops der Stadt, etwa 5. $).

Auf jeden Fall sollten Sie sich anschauen:

● **Factors Walk** (direkt am Ufer des Savannah Rivers gelegen) ①

Dieses frühere Viertel, wo die Baumwollgeschäfte abgewickelt wurden, ist seit 1977 zum größten Teil restauriert. In den alten Backsteingebäuden, deren Fassaden nicht immer sehr einladend aussehen, dafür aber "originalgetreu" sind, haben heute Geschäfte und Restaurants Platz gefunden. Die Häuser sind direkt an der ehemaligen Steilküste gebaut worden, die Stadt selbst liegt etwa 3 Stockwerke über dieser Uferpromenade. Auf jeder Abstufung verlaufen parallel Straßen und Wege (Riverstreet ganz unten am Fluß, gefolgt von Lower und Upper Factors Work), die miteinander über Stufen und Eisenbrücken verbunden sind.

Auf dem Factors Walk

● **Owen Thomas House** (124 Abercorn St. am Oglethorpe Square) ②

 Öffnungszeiten
Dienstag - Samstag:　10.00 - 17.00 h
Sonntag und Montag:　14.00 - 17.00 h

Dieses alte Herrenhaus wurde 1816 von William Jay erbaut und gilt als das beste Beispiel der "Regency"-Architektur in Amerika. Ein Großteil des Mobiliars stammt von den Erstbesitzern. Marquis de LaFayette war um 1820 Gast in diesem Haus.

● **Davenport House** (324 East State Street am Columbia Square) ③

Öffnungszeiten
Montag - Samstag: 10.00 - 16.30 h

Dieses Haus wurde 1815 - 20 erbaut und stellt ein hervorragendes Beispiel der sogenannten "Federal"-Architektur dar. Es sollte ursprünglich abgerissen werden, doch die Bürger von Savannah protestierten dagegen, was Anstoß zu Restaurierungsvorhaben war (1954). Man kann das Haus besichtigen, wobei vor allem das Davenport Porzellan sehenswert ist.

● **Andrew Low House** (329 Abercorn Street) ④

Öffnungszeiten
Montag - Samstag: 10.30 - 16.30 h
Sonntag: 11.00 - 16.00 h

1848 von Andrew Low, einem Baumwoll-Kaufmann, erbaut.

● **Green - Meldrim House** (Madison Square) ⑤

Öffnungszeiten

Dienstag, Donnerstag, Freitag und Samstag: 10.00 - 16.00 h

Ebenfalls das Haus eines reichen Baumwoll-Händlers. Hier schlug General Sherman sein Hauptquartier auf, als er die Stadt Savannah 1864 einnahm. Heute ist das Gebäude das Gemeindehaus der St. John's Episcopal Church. Gut restauriert und elegant eingerichtet.

● **Scarbrough House** (41 West Broad Street) ⑥

Öffnungszeiten

Bitte unter (912) 233-7787 erfragen

Das Regency-Stil-Haus wurde 1818 erbaut und 1976 restauriert. Es ist nun Museum und Sitz der Historic Savannah Foundation. Hier erhält man sehr gute Informationen zur lokalen Architektur und Geschichte. Ursprünglicher Besitzer war William Scarbrough, ein Kaufmann und Förderer der ersten Dampfschiffe, die zur Atlantiküberquerung aufbrachen.

● **Telfair Academy of Arts and Sciences** (121 Barnard Street am Telfair Square) ⑦

Öffnungszeiten
Dienstag bis Samstag: 10.00 - 17.00 h
Sonntag: 14.00 - 17.00 h

Im Jahre 1818 erbaut, sind im Haus heute viele Originalmöbel sowie europäische und amerikanische Malereien und Skulpturen zu sehen. Dies ist das älteste Museum in den Südstaaten.

Gemütlich: Lunch bei Selma Wilkes

Sehenswertes am Stadtrand

● **Fort Pulaski** (15 Meilen = 24 km östlich der Stadt gelegen, über den Highway 80 East erreichbar).

Dieses Fort, direkt an der Mündung des Savannah Rivers gelegen, wurde zwischen 1829 und 1847 als äußerst massive fünfeckige Anlage erbaut. Es sollte mit seinen Kasematten und Kanonen die Flußmündung und damit den Hafen und See-Zugang sichern. Im Verlaufe des Amerikanischen Bürgerkriegs (1861 - 65) wurde das Fort nach einem 30-stündigen Beschuß im Jahre 1862 von den Unionstruppen erobert, allerdings nicht Savannah, das erst durch die Landoffensive unter General Sherman 2 Jahre später besetzt wurde.
Im Visitors Center kann man die Geschichte jener Tage verfolgen. Öffnungszeiten täglich: 08.30 - 17.30 h (im Sommer bis 19.00 h).

7.12.4 HILTON HEAD

Überblick

Wenn Sie einige Tage an der Küste ausspannen möchten und eine Gegend suchen, die zwar allen Komfort, doch nicht Massen-Verbauung von Uferzonen garantiert, so sind Sie mit Hilton Head Island auf das Beste beraten. Sie können die Insel sowohl auf dem Wege nach Charleston besuchen oder nach einer Besichtigung von Charleston, wenn Sie Richtung Florida weiterreisen.

Strandparadies auf Hilton Head

Hilton Head Island ist mit 108 qkm die größte der Küste vorgelagerte Insel zwischen New Jersey und Florida. Das Eiland ist knapp 20 km lang und an der breitesten Stelle 8 km breit. 1989 lebten hier 22.000 Einwohner, während 1.2 Millionen Besucher (1988) kamen. Besonders erholsam sind die breiten Sandstrände im Zusammenklang mit dem subtropischen Klima. Es ist ein Feriengebiet der gehobenen Klasse und nicht auf den "kleinen" Geldbeutel abgestimmt, obwohl das Preis-Leistungsverhältnis stimmt. Obgleich es hier sehr viele Übernachtunsgmöglichkeiten gibt, liegt doch zwischen den Hotels und Ferienwohnungen viel unverbaute Natur.

Alle Sportarten sind hier möglich, u.a. stehen 23 18-Loch-Golfplätze und über 300 Tennisplätze zur Verfügung. Da der Strand überall öffentlich zugänglich ist, kann man sehr ausgedehnte Strandwanderungen unternehmen. Daneben gibt es Reitmöglichkeiten, Fahrradwege, Segelmöglichkeiten... kurz: ein Ferienparadies, wie wir es in dieser Qualität und Vielseitigkeit kaum ein zweites Mal an der Ostküste antreffen.

Touristische Informationen

Informationen

Chamber of Commerce, Hilton Head Island, SC 9938, Tel.: (803) 785-3673

Anfahrt von Savannah aus:
Über Interstate 95 North, Abfahrt Hardeville, dann über die Straßen 170 und 46 sowie 278 direkt auf die Insel.

Übernachtungsempfehlungen
● **Hyatt Regency Hilton Head***, P.O.Box 6167, Hilton Head Island, SC 29938, Tel.: 803/785-1234. Hervorragende Strandlage, alle Sportmöglichkeiten, sehr gute Restaurants.
● **Palmetto Dunes***, P.O.Box 5606, Hilton Head Island, SC 29938, Tel.: 803/785-7300, gebührenfrei 800/845-6130. Vermietung sehr schöner Ferienhäuser mit allem Komfort, private Strände, alle sportlichen Aktivitäten. Besonders für Familien eine tolle Alternative zu den Hotels.
Als preiswerte Alternative:
● **Holiday Inn Oceanfront***, P.O.Box 5728, Hilton Head Island, SC 29938, Tel.: (803) 785-5126. Schwimmbad, Fahrradvermietung, Tennis, am Strand gelegen.
l **The Red Roof Inn***, William Hilton Parkway, Hilton Head Island, SC 29928, Tel.: (803) 686-6808. Die preiswerteste Motelalternative, um auf der "Millionärsinsel" Urlaub zu machen.

Camping
Outdoor Resorts RV Resort & Yacht Club, 43 Jenkins Road, Hilton Head Island, SC 29928, Tel.: (803) 681-3256, gebührenfrei: 800/845-9560. Am Intercoastal Waterway gelegen, 2 Schwimmbäder, Tennis, Restaurant.

7.13   VON SAVANNAH NACH CHARLESTON

7.13.1 ÜBERBLICK

Charleston, ursprünglich als "Charles Towne" bezeichnet, wurde schon 1670 von aristokratischen englischen Kolonisten angelegt. Die Stadt gehört heute wegen ihrer Geschichte, ihrer herrlichen Architektur und der zur Erholung einladenden Umgebung zu einem der lohnendsten Ziele an der amerikanischen Küste.

Im Vergleich zu Savannah ist Charleston "herausgeputzter". Die Restaurierungsarbeiten haben nahezu keinen Fleck der Innenstadt ausgespart. So präsentiert sich dem Besucher ein regelrechtes "Kleinod des Alten Südens", fesch zurechtgemacht und fähig, längst vergangene Zeiten zumindest optisch nachvollziehbar zu machen. Mehr als 800 Häuser sind vor 1840 erbaut worden.

7.13.2 TOURISTISCHE HINWEISE

Information
The Visitors Reception and Transportation Center, Ecke Ann & Meeting Streets, 32 Ann Street, Charleston, SC 29403

Entfernungen
Savannah - Charleston	110 Meilen (= 177 km)
Charleston - Hilton Head Island	110 Meilen (= 176 km)
Charleston - Georgetown	60 Meilen (= 97 km)
Charleston - Myrtle Beach	95 Meilen (= 153 km)

Streckenbeschreibung:
Von Savannah folgen Sie zunächst dem Interstate 95 North. Bei Exit 33 geht es über die US 17 East nach Charleston.

Wichtige Telefon - Nummern
Notruf: Arzt/Feuer/Polizei	911	**Greyhound**	722-7721
Taxi	Yellow Cab 577-6565	**AAA**	766-2394
	Safety Cab 722-4066		

426

Eisenbahn
AMTRAK: 4565 Gaynor Ave., Tel.: (803) 744-8264, 8 Meilen westlich Downtown der "Durant Ave." Ein Bus bringt die Passagiere zum historischen Teil der Stadt. Verbindungen (Beispiele): nach Richmond 3 mal täglich, nach Savannah 3 mal, nach Washington 3 mal.

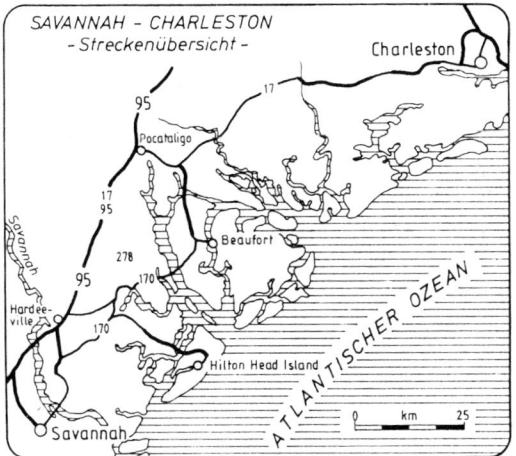

Busverbindung Greyhound: 89 Society Street, Tel.: (803) 722-7721, zwischen King und Meeting Street. Verbindungen (Beispiele): nach Myrtle Beach 3 mal täglich, nach Savannah 3 mal, nach Washington 3 mal.

Fahrradverleih: The Bicycle Shoppe, 283 Meeting Street, Tel.: (803) 722-8168

Schwimmen Öffentliche Strände gibt es auf Edisto Island, Isle of Palms, Sullivan's Island, Beachwalker Park auf Kiawah Island und Folly Beach County Park.

Bootsverleih
All Aboard Boats Sales Inc., 1078 Highway 17 N Bypass, 526 Mill St., Mt Pleasant, Tel.: 881-7337.

Besichtigungstouren
Gray Line Tours (die Touren beginnen am Francis Marion Hotel, King & Calhoun Streets, Tel.: 722-4444)
Charleston Carriage Company (96 N Market St., Tel.: 577-0042): Besichtigung im Rahmen einer Pferdekutschenfahrt.

Übernachtungen
● **Mill House Hotel***, 115 Meeting St., Charleston, SC 29401, Tel.: 803/577-2400 oder gebührenfrei 800/465-4329. Zentral gelegenes Luxushotel mit sehr großen Räumen und gediegener Innenausstattung. Schwimmbad sowie ein ausgezeichnetes Restaurant.
● **Omni Hotel at Charleston Place***, 130 Market St., Charleston, SC 29401, Tel.: 803/722-4900 oder gebührenfrei 800/228-2121. Nahe dem Old Market gelegen, bietet das Hotel große Zimmer. Swimmingpool im Haus, ebenso Restaurants (eher mäßig im Vergleich zur Hotelkategorie, was man auch vom Service/1990 sagen muß).
● **Best Western King Charles Inn***, 237 Meeting Street, Charleston, SC 29401 Tel.: 803/723-7451 oder gebührenfrei 800/528-1234. Schöne Zimmer, zentrale Lage zum historischen Teil der Stadt, Swimmingpool.

● **Motel 6***, 2058 Savannah Hwy., Charleston SC 29407, Tel.: 803/571-0560). Saubere Zimmer, Swimmingpool.

Bed & Breakfast Häuser
Besonders schön ist es, in einem der zahlreichen Bed & Breakfast-Häuser in Charleston zu wohnen. Es handelt sich durchgängig um hervorragend restaurierte Häuser, die einfach für sich ein Erlebnis sind!

● **Two Meeting Street Inn**, 2 Meeting Street, Charleston, SC 29401, Tel.: (803) 723-7322. In dem 1890 erbauten Haus stehen 9 Gästezimmer zur Verfügung inkl. einem wunderschönen Garten sowie einer hervorragenden Lage an der Battery, Tip Nr. 1, die dafür auszugebenden 135 $ /Zimmer sind eine gute Investition (inkl. Frühstück).

● **John Rutledge House Inn**, 116 Broad Street, Charleston, SC 29401, Tel.: (803) 723-7999 oder gebührenfrei 800/476-9741. Das Haus wurde ursprünglich 1753 erbaut und 1853 erneuert. Besonders schön sind die schmiedeeisernen Gitter. Zimmerpreise ab 100 $/DZ.

● **Belvedere Bed & Breakfast**, 40 Rutledge Ave., Charleston SC 29401, Tel.: (803) 722-0973. Ein wunderschönes Herrenhaus, das den Colonial Lake überblickt. Nur 3 Gasträume, pro DZ 95 $. Frühstück erst ab 08.30 h. Joggingmöglichkeiten um den See.

● **Maison Dupré**, 317 East Bay Street, Charleston, SC 29401, Tel.: (803) 723-8691. Aus drei Häusern bestehend, ist dies eine wirklich "verspielte" Alternative für die Liebhaber solcher Häuser. Besonders gern von Künstlern während ihrer Gastspiele in Charleston frequentiert. Ab 135 $/DZ.

Weitere Bed & Breakfast Häuser (Vermittlung und Reservierung) über: Charleston East Bed and Breakfast, 1031 Tall Pine Road, Mt. Pleasant, Tel.: (803) 884-8208.

Ferienhausvermietung
Strandhäuser, u.a. auf den benachbarten Inseln, vermietet: O'Shaughnessy Resort Rentals, P.O. Box 465, Isle of Palms, SC 29451, Tel.: (803) 886-8600.
Kiawah Island Resort, P.O.Box 12357, Tel.: 803/768-2121, gebührenfrei 800/845-2471 in SC, von außerhalb SC 800/654-2924. In einer großzügig angelegten, etwas steril wirkenden Ferienanlage (150 Hotelzimmer, 300 Ferienhäuser) kann man richtigen Inselurlaub genießen. Schöne Sandstände, alle sportlichen Aktivitäten sind möglich.

Restaurants
● **Barbadoes Room** (im Mill House Hotel, Queen and Meeting Streets, Tel.: 803/577-2400). Sehr gutes Restaurant, das u.a. die lokale "Low Country Kitchen" anbietet. Spezialität u.a. "Shrimp Middleton mit Knoblauch und Dijon Senf, mit Weißwein flambiert". Bekannt ist das sonntägliche Bruch (ab 11.00 - 15.00 h).

● **Robert's of Charleston**, 112 N. Market St. an der Meeting Street im Planters Inn, Tel.: 803/577-7565. Das relativ kleine Restaurant (56 Sitzplätze) ist ein absoluter Tip. Einen Besuch - besonders an Wochenenden - können Sie nur realisieren, wenn Sie mehrere Wochen vorher reserviert haben. Wieso? Robert Dickson ist der Besitzer, Koch und "Star". Zunächst wird jeden Abend ein sechsgängiges Menü inkl. Wein (etwa 60.- $) serviert. Jeden Gang begleitet Robert mit einem Song aus Musicals oder Opern, so daß das Abendessen zu einem Erlebnis wird.

● **Colony House**, 35 Prioleau St., Tel.: 803/723-3424. Das elegante Restaurant liegt in einem ehemaligen Lagerhaus. Erstklassige Küche bei entsprechenden Preisen. An Gerichten werden raffiniert zubereitete Meeresfrüchte (z.B. Seafood Kabob, aus Fischen und Shrimps bestehend und mit knusprigem Schinken überzogen, dazu Sauce Béarnaise) serviert.

● **Noelle's** (im Nicholas Trott House, 83 Cumberland St., Tel.: 803/723-2843). Gute Küche mit karibischem Einschlag (die Besitzer stammen aus der Karibik), mit "Atmosphäre".

● **Primrose House Restaurant**, 332 East Bay St., Tel.: 803/723-2954. Hier wird lokale Küche angeboten, u.a. nach historischen Rezepten ausgerichtet.

Von Savannah nach Charleston

Camping
The Campground at James Island County Park, 871 Rieverland Dr., Charleston, SC 29412, Tel.: (803) 795-9884. Erst 1990 eröffnet, schöne Lage in der Natur, auch eingerichtete Cabins werden vermietet, Fahrradverleih, Spielplatz.
Lake Aire RV Park and Campground, 8913 Highway 17 South and Hwy. 162, 15 Minuten nach Charleston; Tel.: 803/571-1271. Schön gelegener Park an einem See; Bootsverleih, täglicher Shuttle-Service in die Stadt sowie zu den örtlichen Stränden.

Feste
Jedes Jahr findet seit 1977 im Mai/bis Juni, etwa 15 Tage, das **Speleto Festival USA** statt, von Gian Carlo Menotti begründet. Dadurch soll die Verwurzlung Europas in Amerika betont werden. Das gemeinsame kulturelle Erbe wurde lange Zeit durch eine Politik der Isolierung vernachlässigt. Das mittelalterliche Spoleto in Umbrien ist im ausgehenden Mittelalter durch die Auflösung des Kirchenstaates bedeutungslos geworden. Ein ähnliches Schicksal ereilte ja auch Charleston nach dem Amerikanischen Bürgerkrieg. Menottis Anliegen war es, beim europäischen Festival in Spoleto dem Publikum die amerikanische moderne Musik und in Charleston beim amerikanischen Spoleto den Amerikanern die europäische klassische Musik näherzubringen. Zur Zeit des Festivals finden Theater-, Opern-, Ballett-, Jazz- und Chorveranstaltungen statt.
Programme, Informationen und Reservierungen: Spoleto U.S.A., P.O.Box 157, Charleston, SC 29402, Tel.: (803) 722 - 2764.

South Carolina - Telegramm

Abkürzung:	SC
Namens - Ableitung:	nach dem englischen König Karl I. genannt
Beinamen:	Palmetto State (nach der Palmetto - Palme)
Größe:	80.582 qkm
Einwohner:	3.4 Millionen (30 % Schwarze)
Bevölkerungsdichte:	42 Ew/qkm
Hauptstadt:	Columbia (100.000 Ew)
Weitere Städte:	Charleston (700.000Ew), Greenville (58.000 Ew), Spartanburg (44.000Ew), Rock Hill (36.000 Ew).
Unionsbeitritt:	1788 (8.)
Wirtschaft:	● Landwirtschaft: Tabak, Baumwolle, Fichtenholz, Mais, Süßkartoffeln, Sojabohnen, Erdnüsse, Pfirsiche, Melonen, Rinderzucht
	● Industrie: Textilerzeugung, Chemiefabriken, Holzverarbeitung, Papierherstellung, Nahrungsmittelproduktion, Elektrogeräte
Bodenschätze:	Kaolin
Touristisches Potential:	Herrliche Küstenstrände am Atlantik mit vielen Badeorten und vorgelagerten Inseln; alte Hafenstadt Georgetown
Touristische Informationen:	Department of Parks, Recreation & Tourism, 1205 Pendleton St., P.O.Box 71, Columbia 29202, Tel.: (803) 734-0235

429

7.13.3 CHARLESTON

Allgemeine Informationen

Charleston, heute etwa 70.000 Einwohner zählend, liegt auf einer Halbinsel, vom Cooper River im Osten sowie vom Ashley River im Westen umgeben. Die Stadt, die auf eine Gründung im Jahre 1670 zurückgeht, atmet die Luft vom nur wenige Meilen entfernten Atlantischen Ozean. Im Mündungsbereich der beiden Flüsse ins Meer befindet sich das historische **Fort Sumter**, lange Zeit den Schutz des Hafens gewährleistend. Charlestons Vergangenheit und der Charme der Stadt als "Perle des Südens" werden insbesondere im restaurierten historischen Teil der Stadt offenkundig. Hier kann man nachvollziehen, welche Reichtümer die früheren Kaufleute mit Baumwolle, Reis und Indigo verdient hatten. Die Bewohner der Stadt sind sich ihrer Historie sowie auch der heutigen Bedeutung Charlestons sehr wohl bewußt und stolz. Der örtlichen Meinung nach läge Charleston dort, wo der Ashley und Cooper den Atlantik bilden...

Blick auf Charleston

Die hervorragende Lage Charlestons wurde früher eher durch den geschützten Hafen, heute aber mehr durch seine "Bilderbuch"-Architektur sowie die umliegende Erholungslandschaft an den umgebenden Lagunen und vorgelagerten Inseln definiert. Charleston ist Stützpunkt der US-Navy sowie der US Air Force. Die Wirtschaft wird vor allem vom umliegenden Agrarland bestimmt, doch zunehmend auch vom Tourismus.

Geschichte

Die Gründung Charlestons hängt mit einer Schenkung von King Charles II. von England im Jahre 1663 zusammen. Acht seiner Freunde, den sogenannten "Lord Proprietors" (= Lordeigentümern), vermachte er den Landstreifen zwischen dem 29. und 36. Breitengrad, also das Gebiet zwischen dem heutigen Virginia und Florida. Daß gerade der Abschnitt um Charleston besiedelt werden sollte, geht auf Lord Ashley zurück, der zu den Lord Proprietors gehörte. Vom berühmten Staatsphilosophen John Locke ließ Ashley, dessen Gesundheit es verbat, selbst in die Neue Welt zu reisen, eine Verfassung ausarbeiten. Ihr Ziel sollte es sein, ein begrenztes, elitär ausgerichtetes demokratisches System zu begründen.

Die ersten 147 Siedler gelangten auf drei Schiffen zu Beginn des Jahres 1670 an das Westufer des die Halbinsel umgebenden Flusses und nannten ihn "Ashley". Dieses Gebiet tauften sie zunächst als "Albermale Point" (nach einem ihrer Schiffe, später nannten sie die Stelle dem König zu Ehren "Charles Towne"). Etwa 10 Jahre danach siedelten sie auf die eigentliche Halbinsel über, die vom Ashley und Cooper River umgeben ist. Hier entwickelte sich das heutige Charleston.

Ab 1730 regierte über die Stadt ein königlicher Gouverneur, dem der vom König zusammengesetzte Kronrat bei den Regierungsgeschäften half. Den "Untertanen" stand Mitspracherecht durch ihre Vertretung im Commons House zu. Doch hier durften nur Mitglieder der britischen Staatskirche vertreten sein, die zugleich mindestens über 50 Morgen Land verfügten. Im Parlament durften nur jene sitzen, die gar 500 Morgen Land sowie 10 Sklaven ihr eigen nannten.

Bereits in den ersten Jahrzehnten siedelten in Charleston viele Negersklaven, Plantagenbesitzer aus der Karibik und Hugenotten aus Frankreich.

In South Carolina - so erhofften zunächst die Engländer - sollten jene Produkte angebaut werden, die im kühleren Norden von Amerika nicht gediehen. Man dachte hierbei an Zitrusfrüchte, Datteln, Feigen und Zuckerrohr, doch man erzielte hiermit keine befriedigenden Ergebnisse. Den Reichtum Charlestons stellten stattdessen später vier Produkte sicher:
● **Reis**
Um 1680 wurde per Zufall Reis versuchsweise angebaut. Der Arzt Dr. Henry Woodward bekam Reis aus Madagaskar von einem Kapitän geschenkt. Statt ihn aufzuessen, experimentierte er mit den Reiskörnern, die im subtropischen Klima und den sumpfigen Küstenniederungen hervorragend keimten. Nach einigen Jahren wurde Reis in so großen Mengen erzeugt, daß nicht genug Transportraum auf den Schiffen zur Verfügung stand.
● **Indigo**
Schon die Ägypter kannten diesen Farbstoff. Lange Zeit lieferte Indien, später die französischen Besitzungen in Westindien, den bläulichen Farbstoff, der aus Waid und Färberknöterich gewonnen wurde. In diesen Pflanzen ist sog. "Indican" enthalten, eine indigo-bildende Substanz. Beim Stehenlassen von mit Wasser besprizten Pflanzen wird dieses Indican in Glucose und Indoxyl gespalten und durch Sauerstoff aus der Luft zu Indigo oxidiert. Als

431

durch den englisch-französischen Krieg (1756 - 1763) die Engländer von der Indigo-Einfuhr abgeschnitten wurden, kam den neuen Anbaugebieten in South Carolina eine nahezu monopolartige Stellung zu (die erst durch die künstliche Produktion ab 1880 gebrochen wurde).

● **Hirschfelle**
Sie wurden von im Westen lebenden Indianern durch Tauschhandel erworben und nach Europa exportiert.

● **Baumwolle**
Sie gedieh in diesen südlichen Breiten hervorragend, und schon ab 1748 wurde sie nach England exportiert. Baumwolle galt damals als Luxusartikel für die "besseren" Kreise, während die ärmeren Menschen Leinen trugen. "Sozialisiert" wurde Baumwolle erst, als große Mengen davon in Amerikas Baumwollgürtel (Texas bis zu den Carolinas) angebaut wurden und ihre Massenverarbeitung durch neue Spinnmaschinen möglich wurde.

Reis, Indigo, Baumwolle und Hirschfelle sorgten für hervorragende Einkünfte, doch ebenso die stetig ausgenutzte billige Arbeitskraft der Negerklaven. Kein Wunder, daß sich Charleston bald zu einer ausgesprochenen Stadt mit einer kulturell sehr interessierten Oberschicht entwickelte. Die Söhne der Reichen studierten bevorzugt in England, aber auch in Holland und in der Schweiz. Doch nach ihrer Ausbildung standen ihnen im heimischen Carolina nicht entsprechende Posten zu - diese wurden nach wie vor durch Abgesandte aus dem britischen Mutterland besetzt. Dies konnte nicht lange gutgehen. Aufgebracht durch den "Stamp Act" brach man mit fünf Delegierten zum 1. Kontinentalkongreß 1774 auf. Und es war der Charlestoner Kaufmann Christopher Gadsden, der mit unter den ersten war, die den Vorschlag einer Trennung vom Mutterland guthießen. Von daher verwundert es nicht, daß im Verlaufe des Unabhängigkeitskrieges die Engländer es bevorzugt auf Charleston abgesehen hatten: Sie verwüsteten Plantagen, ließen Häuser plündern und Vieh töten. 1780 belagerten sie die Stadt, die sich kurz danach ergeben mußte. Viele Tote sowie die Plünderung der Waffenlager waren zu beklagen. Erst im Herbst 1882 zogen die Engländer ab, doch auch das erst ein Jahr nach der Kapitulation von Yorktown.

Auch im Bürgerkrieg (1861 - 1865) spielte Charleston eine - wenn auch nicht ruhmreiche - Rolle. Dadurch, daß South Carolina wie die anderen Südstaaten auch ihren Reichtum nicht zuletzt der ausgebeuteten Arbeitskraft der Negersklaven verdankten, lehnten sich die Charlestoner gegen die Forderung der Nordstaaten auf, die Sklaven frei zu lassen. Diese Meinungsdifferenz führte schließlich zum Amerikanischem Bürgerkrieg, der praktisch vor den Toren der Stadt begann. Die Unionstruppen hielten das Fort Sumter besetzt, worauf die Südstaatler es von Charleston aus unter Beschuß nahmen. Hier endete 1865 der Bürgerkrieg, nachdem General Sherman den Bewohnern der Stadt alle Verbindungswege abgeschnitten hatte und sie somit zur Aufgabe zwang.

Nach dem Bürgerkrieg verlor Charleston seine herausragende Rolle sehr schnell. Die Grundlagen des Reichtums schwanden:

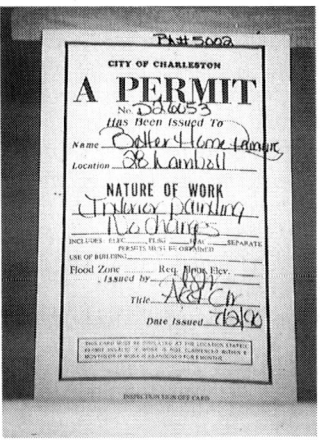

Erlaubnis für Restaurationsarbeiten

Restaurationsprojekt

● Die Sklaven waren befreit und standen nicht mehr als billige Arbeitskräflte zur Verfügung.

● Indigo war wegen der Möglichkeit, den Farbstoff künstlich zu erzeugen, nicht mehr gefragt (die Indigosynthese wurde von A. von Baeyer erfunden).

● Die Reisfelder litten unter Zerstörung durch häufig auftretende Orkane, während neue Reisplantagen im Mississippi-Delta entstanden.

● Der Handel mit Hirschfellen nahm rapide ab, da die Wildbestände zurückgegangen waren.

Galt Charleston nach Ausbruch des Bürgerkriegs als eine der reichsten Städte in Amerika, führte es nur 30 Jahre später die Rangskala der ärmsten an.

Dem Verfall der Stadt konnte bis zum Ende des 1. Weltkrieges kein Einhalt geboten werden. Erst um 1920 wurde die Preservation Society of Charleston gegründet, die sich zum Ziel setzte, die alten Häuser sowie die sie umgebenden Anlagen zu restaurieren und zu pflegen.

ℹ *Architektonische Grundbegriffe*

Orte wie Savannah und noch mehr Charleston verweisen auf die Entwicklung der Architektur in Amerika. Gerade in Charleston lassen sich verschiedene Stilepochen und Bauelemente exemplarisch beobachten.

● *Colonial Style: Dies sind Häuser aus der frühen Siedlungsperiode zwischen dem 16. und 17. Jahrhundert. Es handelt sich stets um rechteckige Grundrisse, die Häuser sind aus Holz gebaut und besitzen einen gemauerten Kamin. Später wurde unter dem Einfluß holländischer und deutscher Siedler aus Ziegelsteinen gebaut.*

- **Georgian Style:** *In diesem Baustil wurden die "vornehmeren" Häuser vor allem in den Südstaaten gebaut, wo die Pflanzer und Kaufleute zu großem Reichtum kamen. Es handelt sich um dunkle Backsteinbauten mit hellen Fenstern und Türen.*
- **Federal Style:** *So nannte man den Georgian Style nach der Unabhängigkeit. Viele Häuser wurden weiter vorwiegend aus Holz gebaut. Raffinierte Anstriche vermittelten den Eindruck von "Mauern" (z.B. bei Washingtons Landsitz Mount Vernon zu sehen!). Manchmal wurden den Holz-Häusern Ziegelwände vorgeblendet, um den Eindruck von "Solidität" vorzutäuschen (wird z.T. noch heute gemacht!)*
- **Palladio:** *Dieser Baustil fand vor allem im 17. und 18. Jahrhundert seine Verbreitung in Holland und Frankreich, gelangte dann nach England und etwas später nach Amerika. Charakteristisch sind bei diesem Stil:*
* *von Säulen gestützte Dreiecksgiebel;*
* *Kolossalanordnung von Säulen, die oft über mehrere Stockwerke greifen;*
* *Freitreppen.*

Haus im Palladio - Stil

Thomas Jefferson *und sein von ihm entworfenes "**Monticello**" gelten als erste überzeugende und berühmte Beispiele dieses Stils.*
Der Palladio-Stil selbst geht zurück auf Andrea Palladio, einem venezianischen Baumeister und Architekten (1508 - 1580). Er griff antike Bauregeln, z.B. aus der griechischen Tempelarchitektur, auf und transferierte sie auf weltliche Bauten.

● **Piazza:** *Typisch für die Häuser des Alten Südens ist der z.t. über mehrere Stockwerke reichende Säulenumgang. Zwischen ihm und den Hausmauern gibt es die wunderschönen, luftigen Veranden.*
● **Greek Revival:** *Damit bezeichnet man die Bauperiode der sog. "Ante Bellum" -Häuser, jener Bauten also, die vor dem Amerikanischen Bürgerkrieg entstanden sind. Hier wurden klassische altgriechische Architekturelemente wie Säulen, Portikus und Architrave aufgegriffen und nicht nur bei öffentlichen Gebäuden, sondern auch bei den herrschaftlichen Plantagenhäusern umgesetzt.*
● **Gothic Revival:** *Damit bezeichnet man die Wiederverwendung gotischer Bauelemente, was vor allem Niederschlag bei Kirchen, aber auch öffentlichen Gebäuden wie z.B. Universitäten und Bahnhöfen sowie Hotels fand.*

Sehenswertes in der Innenstadt - Rundgang

Lassen Sie Ihr Auto auf jeden Fall stehen und gehen Sie zu Fuß! Dabei können in Ruhe die bekannten und eher verborgenen Sehenswürdigkeiten der Stadt entdecken. Im folgenden Dreieck sollten Sie schlendern: Market Street im Norden, Logan- und Legare Street im Westen und die East Battery/ East Bay im Osten.

Während die Tradd Street eher an die bescheideneren Anfangsjahre der Stadt erinnert (sehr schöne, restaurierte Häuser auch hier!), so kann man entlang Broad Street und Meeting Street viele der alten Wohnhäuser der Wohlhabenden sehen.

 Es gibt sogenannte **"Architectural Walking Tours"** (2 Stunden). Informationen und Anmeldung: Lobby vom Planters Inn an der Ecke Market & Meeting Streets, Tel.: (803) 893 - 2327.

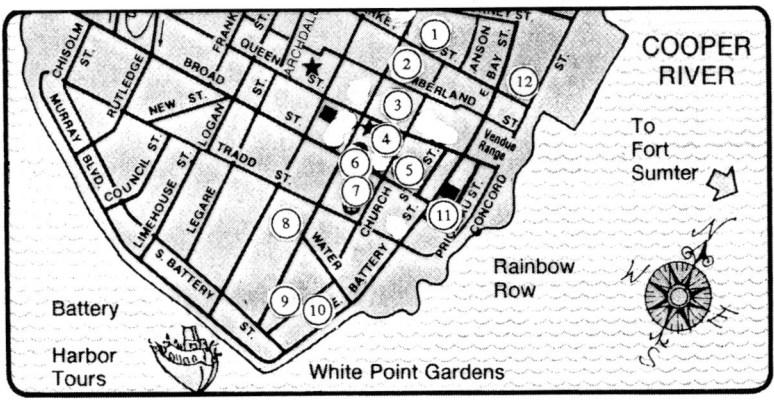

435

Beginnen Sie beim

- **Old City Market** ① (Lage: Market Street zwischen Meeting und East Bay Street). Hier gibt es eine Vielzahl von Restaurants, Boutiquen und einen Flohmarkt - alles voller Trubel und Leben. Von hier folgen Sie zunächst der Meeting Street nach Süden.

- Die **Circular Congregational Church** ② (138 - 150 Meeting St, geöffnet Montag bis Freitag 09.00 - 13.00 h) bildete sich 1681 und nannte sich "The Independent Church of Charles Towne". Der Grundbau wurde 1806 vom Baumeister Robert Mills errichtet, fiel aber 1861 einem Feuer zum Opfer. Die jetzige Kirche stammt aus dem Jahre 1891.
Nun biegen Sie nach links in die Queen Street ein und erreichen

- **Thomas Elfe Workshop** ③ (54 Queen St., Führungen Montag - Freitag 10.00 h / 11.00 h / 12.00 h / 14.30 h / 15.30 h / 16.30 h, Samstag 10.00 h / 11.00 h). Hier wohnte einst der Tischler Thomas Elfe. Das Haus wurde vor 1760 gebaut und gilt als ein gutes Beispiel eines "single house". Drinnen sind 4 Zimmer zu sehen, die mit Zypressenholz getäfelt sind. Die jetzigen Besitzer haben das Haus sehr geschmackvoll restauriert und eingerichtet.

Interessant ist übrigens die Herkunft der Steine, die das Kopfsteinpflaster der Queenstreet bilden: Es handelt sich hierbei zum großen Teil um Ballaststeine, die der Beschwerung leere Schiffe dienten.

- **Dock Street Theatre** ④ (Ecke 135 Church & Queen Streets, geöffnet Montag bis Freitag 12.00 - 18.00 h). Dieses Gebäude steht an jener Stelle, an der das erste Theater am 12.2.1736 auf amerikanischem Boden eröffnet wurde. Dieses Theater hatte nur eine "Lebenszeit" von 15 Monaten. Fortan fanden Vorstellungen in verschiedenen Gebäuden der Stadt statt. Das gegenwärtige Gebäude wurde Anfang des 19. Jahrhunderts als das "Planter's Hotel" gebaut, wurde aber im Bürgerkrieg zerstört. Erst um 1930 wurde es als Theater wiederaufgebaut, wobei die Eingangshalle und die Fassade des alten Hotels in den Neubau einbezogen wurden. 475 Personen Platz bietend, ist der Theatersaal mit schwarzem Zedernholz getäfelt.

Dock Street Theatre

- **French Hugenot Church** ⑤ (136 Church Street/Ecke Queen Street). Diese Kirche wurde 1844/45 im Gothic Revival Stil vom Architekten Edward White gebaut. Die Hugenotten suchten schon 1687 religiöse Freiheit. Bis heute erhielt sich hier die orthodoxe Hugenotten-Liturgie. Die Gottesdienste werden aber bereits seit 1828 nicht mehr in französischer Sprache abgehalten.

● **Old Slave Museum** (6 Chalmers Street). Bis zum Amerikanischen Bürgerkrieg fanden hier Sklavenversteigerungen statt. Heute ist an dieser Stelle das älteste amerikanische Museum für afro-amerikanische Kultur untergebracht, in dem es Ausstellungsstücke aus der Sklavenzeit zu sehen gibt (alte Dokumente, handwerkliche Gegenstände).

● **St. Michael's Protestant Episcopal Church** ⑥ (Ecke Broad und Meeting Street). Die Kirche, 1752 - 1761 erbaut, ist die älteste Kirche in der Stadt. Die Glocken überquerten im Laufe der Geschichte 5 mal den Atlantik: Während des Unabhängigkeitskrieges nahmen sie die Engländer wieder mit in ihre Heimat. Während des Bürgerkrieges wurden sie wiederum nach Columbia gebracht, wo sie bei einem Brand so stark beschädigt wurden, daß man sie zum Neugießen nach England bringen mußte. Seit 1867 schlagen sie ununterbrochen die Stunden an.

● **South Carolina Society Hall** (72 Meeting Street). Das 1804 erbaute Haus wurde von Gabriel Manigault entworfen. Der Portico wurde 1825 von Frederick Wesner hinzugefügt.

● **Heyward - Washington House** ⑦ (87 Church Street, geöffnet Montag - Samstag 10.00 - 17.00 h, Sonntag 13.00 - 17.00 h). Das Haus wurde 1770 erbaut und gehörte dem Plantagenbesitzer Daniel Heyward. Sein Sohn Thomas Heyward übernahm 1772 das Haus; Thomas Heyward war Mitunterzeichner der Unabhängigkeitserklärung. Die mit Zypressenholz getäfelten Wände sowie das gediegene Mobiliar legen Zeugnis der gehobenen Wohnkultur am Ende des 18. Jahrhunderts ab.
Während eines Besuches im Jahre 1791 wohnte hier George Washington. Das Haus gehört heute zum Charleston Museum.

● **Catfish Raw**. Gleich neben dem Heyward-Washington-House liegt der idyllische Fußweg, vor dessen Erreichen man einen kleinen Rundbogen durchschreitet.

● **Nathaniel Russell House** ⑧ (51 Meeting Street, geöffnet Montag bis Samstag 10.00 - 17.00 h, Sonntag 14.00 - 17.00 h). Dieses Haus gilt als eines der besten Beispiele für den Adams-Stil. Es wurde 1809 für den reichen Kaufmann Russell erbaut, der es für 80.000 $ - damals unbeschreiblich viel Geld - aus grauen und roten Backsteinen erbauen ließ. Eine Besonderheit ist die ursprünglich ohne Abstützung konstruierte Spiraltreppe. Die sehr schöne Innenausstattung entspricht der des beginnenden 19. Jahrhunderts (u.a. authentische Möbel, Silberwaren, Porzellan). In diesem Haus ist heute die Historic Charleston Foundation untergebracht.

- **Calhoun Mansion** ⑨ (16 Meeting Street, geöffnet täglich 11.00 - 16.00 h). Dieses viktorianische Haus wurde 1876 erbaut. Es ist als eines der wenigen Gebäude in den Jahren des wirtschaftlichen Niedergangs (also nach dem Amerikanischen Bürgerkrieg) entstanden. Pompöse Dimensionen (5 m hohe Innenräume, ein Ballsaal sowie ein fast 25 m hohes Treppenhaus) waren die Größenordnungen, in denen der Bauherr, der Bankier George Walton, zu denken pflegte...

- **Edmonston - Alston House** ⑩ (21 E. Battery, geöffnet Montag - Samstag 10.00 - 17.00 h, Sonntag 14.00 - 17.00 h). Von diesem Haus ist dem Besucher ein wunderschöner Blick auf den Hafen von Charleston gewährt. Es wurde vom reichen Kaufmann und Werftbesitzer Charles Edmonston erbaut und 1838 von William Alston , einem reichen Reisplantagen-Besitzer, gekauft, der es im bereits erwähnten Greek Revival Stil umbaute. Beim Rundgang sieht man verschiedene Dokumente, Porträts, zeitgenössische Möbel, Silber, Porzellan usw.. Besonders interessant ist die Bibliothek, verweist sie doch auf das hohe Bildungsniveau ihrer Besitzer.

- **White Point Gardens.** An der Südspitze der Stadt, direkt am Wasser gelegen, befindet sich ein herrlicher Park mit alten, schattenspendenden Bäumen und vielen Azaleen. Hier sind auch die Kanonen zu sehen, die das gegenüberliegende Fort Sumter unter Beschuß nahmen und damit am 12. April 1861 den Amerikanischen Bürgerkrieg eröffneten.

- Auf dem Weg zurück zum Ausgangspunkt (Old City Market) sehen Sie an der East Bay Road/Mündung Broad Street rechterhand das **Old Exchange Building** ⑪ (1771 fertiggestellt, mit dem ehemaligen Provost Dungeon im Keller = Gefängnis für die Unabhängigkeitskämpfer) sowie das **US Custom House** ⑫ (200 East Bay, ebenfalls rechterhand, erbaut 1879 als Zollhaus)

Weitere sehenswerte Gebäude im Innenstadtbereich:

- **Joseph Manigault House** (350 Meeting Street, geöffnet Montag - Samstag 10.00 - 17.00 h, Sonntag 13.00 - 17.00 h; Führungen). Dieses 1803 erstmals im Adams-Stil erbaute Haus in Charleston wurde von Gabriel Manigault entworfen, weist einen bogenförmigen Vorbau im Norden und Osten sowie eine typische Piazza im Westen auf. Ein bemerkenswertes Baudetail ist der "geheime" Aufgang zwischen dem 2. und 3. Stock. Das Haus ist mit besonders schönen Möbeln jener Zeit ausgestattet.

- **Rutledge House** (116 Broad Street). Dieses Haus, in dem Edward Rutledge (Präsident von Carolina nach 1776) lebte, ist besonders wegen der schönen schmiedeeisernen Gitter sehenswert. Heute können Sie hier sogar nächtigen, da das Haus zu einem sehr empfehlenswerten Bed & Breakfast House umfunktioniert wurde (siehe auch unter Übernachtungen).

● **Mile Brewton House** (27 King Street). Dieses 1769 erbaute Haus wird oft als das schönste Haus der Kolonialzeit bezeichnet.

Sehenswerte alte Plantagenhäuser

Wie schon im geschichtlichen Überblick deutlich wurde, war die Umgebung Charlestons von großen Reis- und Baumwollplantagen beherrscht. Diese Anlagen sind in den Jahren 1750 - 1860 entstanden. Die großartigen Herrenhäuser sind zum Teil wieder restauriert und geben daher einen Eindruck vom Leben ihrer unwahrscheinlich reich gewordenen Besitzer.

● **Boone Hall Plantation** (6 Meilen = ca. 10 km nordöstlich von Charleston gelegen, über US 17 erreichbar).

Öffnungszeit			
01. April bis Labor Day:	Montag bis Samstag	08.30 - 18.30 h	
	Sonntag	13.00 - 17.00 h	
in der übrigen Jahreszeit:	Montag bis Samstag	09.00 - 17.00 h	
	Sonntag	13.00 - 16.00 h	

Boone Hall Plantation: Eichenallee

Wer kennt sie nicht, jene berühmte "Avenue of Oaks" aus dem Film "Vom Winde verweht". Die uralten Bäume, mit dem so melancholisch herabhängendem Spanish Moss, begleiten den Besucher bis zum prächtigen Herrenhaus, dessen blendend weiße Säulen schon von weitem leuchten. Im April, wenn die Azaleen und Kamelien blühen, erahnt man das Lebensgefühl jener Zeit.

Boone Plantation ist heute ein 738 Morgen großer Besitz, dessen Name auf John Boone zurückgeht. Major Boone war einer der ersten Siedler, die mit der englischen Flotte hier im Bereich des Low Country im Jahre 1681 ankamen. Boone erhielt damals sagenhafte 17.000 Morgen Land als ein Geschenk der Lord Proprietors. Im 18. und 19. Jahrhundert wurde auf dem Land fast ausschließlich Baumwolle angebaut. Sein Sohn Thomas Boone errichtete das Herrenhaus. Ziegeln und Kacheln wurden auf dem Farmgelände hergestellt, die ebenso zum Bau des Räucherhauses, der Sklavenunterkünfte und der Gartenmauern verwendet wurden. Sohn Thomas pflanzte 1743 die bereits erwähnte Avenue of Oaks an. Nach dem Niedergang des

Baumwollabsatzes baute man auf Boone Hall Pecannüsse an. Noch heute stehen auf 140 Morgen Pecan-Bäume.

Das Herrenhaus (Plantation Mansion) wurde um 1750 im georgianischen Stil erbaut und 1935 total restauriert. Es ist von schönen Gärten umgeben, in denen Azaleen und Kamelien blühen.

● **Drayton Hall** (etwa 9 Meilen = 14 km nordwestlich an der SC Route 61, Ashley River Road gelegen

Öffnungszeit
Tägliche Führungen: stündlich von 10.00 - 15.00 h
März bis Oktober: 10.00 - 17.00 h

Plantagenhaus Drayton Hall

Dieses Plantagenhaus, zwischen 1738 und 1742 erbaut, gilt als das älteste und schönste Beispiel des "Georgian Paladian" - Stils in Amerika. Beim Bau wurden großzügig heimische Baustoffe verwendet, doch zur Gestaltung von Details benutzte man Englischen Kalkstein sowie westindisches Mahagony.

Es ist das einzige Plantagenanwesen, das nicht während des Bürgerkrieges beschädigt wurde. Weshalb General Sherman das Haus nach dem Sieg der Unionstruppen nicht zerstörte, hat einen Grund: Man ließ Sherman mitteilen, daß man das Haus als Krankenhaus für Pockenkranke nutzte - Warnung genug, sich dem Anwesen nicht zu nähern. Drayton Hall verblieb 7 Generationen im Familienbesitz, bevor es der Staat South Carolina sowie der Trust for Historic Preservation übernommen haben.

Die Draytons, zu den allerersten Siedlern zählend, wurden eine berühmte Familiendynastie in South Carolina. John Drayton erwarb 1738 dieses Land, das südlich der väterlichen Plantage (die nun als Magnolia Gardens berühmt ist) lag.

● **Magnolia Plantation and Gardens** (auf der SC 61 wie Drayton Hall, 10
Meilen = 16 km nordwestlich außerhalb der Stadt gelegen)

Öffnungszeiten

täglich 09.30 - 17.00 h

Dies ist die älteste Plantage, sie wurde bereits ab 1670 von der Drayton-
Familie angelegt. Für den Blumenfreund ist dies ein Eldorado: Magnolien,
Azaleen und Kamelien blühen in herrlichen Farben. Vom ersten, 1680
erbauten Haus steht, nichts mehr, es fiel einem Brand zum Opfer. Das zweite
Haus wurde von den Truppen des General Sherman am Ende des Amerikanischen Bürgerkrieges zerstört, während die herrlichen Gärten nahezu
unberührt blieben und von den 300 Sklaven weiter gepflegt wurden. Das
dritte, eher bescheiden ausgelegte Haus, wurde vom Urgroßvater des heutigen Besitzers erbaut. Dieser mußte, um den Bau zu finanzieren, einen Teil
des Landes verkaufen.
So ist Magnolia Plantation eher ein botanisches Erlebnis. Schöne Wander-
und Fahrradwege (es gibt einen Fahrradverleih) laden zur Erkundung ein.

● **Middleton Place** (an der SC 61 gelegen, 14 Meilen = 22 km nordwestlich
von Charleston.

Öffnungszeiten

täglich 09.00 - 17.00 h

An den Ufern des Ashley Flusses

Ebenso wie Magnolia
Plantation lohnt Midd-
leton Place insbeson-
dere wegen seiner Gar-
tenarchitektonik. Man
sagt, daß die hier an
den Ufern des maleri-
schen Ashley Rivers
angelegten Gärten die
ältesten der USA über-
haupt seien.
Middleton geht auf
Henry Middleton zu-
rück, den Präsidenten
des 1. Kontinentalkon-
gresses, der sich gegen
die   Vorherrschaft
Englands wandte. Sohn
Arthur war Mitunterzeichner der Unabhängigkeitserklärung, und der spätere
William Middleton unterzeichnete 1860 den Vertrag, durch den South

Carolina sich von den Nordstaaten trennte. Kein Wunder, daß beim Sieg der Unionsstaaten Middleton besonders in Mitleidenschaft gezogen und das Haupthaus zerstört wurde.

Über 100 Sklaven sollten über 10 Jahre (ab 1741) an der Gartenanlage gearbeitet haben, denn es galt, Terrassen anzulegen, Teiche auszuheben und Alleen anzupflanzen. Geld wurde mit dem Anbau von Reis verdient, und an den Ufern des Ashley kann man zaghaft die schon lange nicht mehr bebauten Felder erkennen. Im Middleton Place House kann man die politische Rolle der Gründerfamilie nachvollziehen, zeitgenössisches Mobiliar sowie zahlreiche Porträts und Silber sehen.

Für Kinder ist ein Besuch von Middleton interessant, da sie hier im Rahmen eines Freilichtmuseums einem Hufschmied zusehen, das Mahlen von Getreide beobachten können und sehen, wie Kühe gemolken werden.

Weitere Sehenswürdigkeiten außerhalb der Stadt

● **Fort Sumter**

Information
Mit Booten vom Charleston Harbour aus erreichbar, im Sommer bis zu 6 Fahrten täglich. Auskunft: Fort Sumter Tours, 205 King Street, Suite #204, Tel.: (803) 722-1691

Das Fort liegt auf einer kleinen Insel, die dem Hafen von Charleston vorgelagert ist. In der Geschichte des Amerikanischen Bürgerkrieges kommt dem Fort eine Schlüsselstellung zu. South Carolina war im Dezember 1860 bereits aus der Union ausgeschieden. Im April 1861 verlangten die Unionstruppen die Räumung des Forts, nahmen es 34 Stunden unter Dauerbeschuß, und die Südstaaten-Soldaten mußten schließlich später weichen. Die Unionstruppen zogen sich wieder zurück, und die Südstaaten hielten die Festung bis 1865.

● **Charles Towne Landing** (1500 Old Town Road, an der SC 171 am Ashley River gelegen)

Hier kann man sich von der Rekonstruktion der frühen carolinischen Siedlung ein Bild machen. Dies ist eine Gedenkstätte, die an die ersten, 1670 angekommenen Siedler erinnert. Befestigungen, die man zum Schutze vor Indianern erbaute, sind ebenso zu sehen wie ein Nachbau der 'Adventure', eines alten Handelsschiffes aus dem 17. Jahrhundert. In einem kleinen Zoo kann man die Tiere sehen, die den ersten Siedlern in dieser Landschaft wohl begegnet sind (Wölfe, Puma, Bären). Ein Pavillon beherbergt eine Ausstellung zur Geschichte South Carolinas. Die großzügigen Gärten laden zum Spazierenghehen ein. Kanu- und Fahrradverleih !

● **Yorktown - Flugzeugträger** (2 Meilen nördlich, Abzweigung von der US 1, im Hafen von Charleston in Mt Pleasant/Patriot's Point

Besichtigungen
täglich: 09.00 - 18.00 h
November bis März: 09.00 - 17.00 h

Schon von der hohen Brücke, die über den Cooper River führt, sieht man die berühmte "Yorktown", die den Beinamen "Fighting Lady" (= kämpfende Dame) trägt. "Fighting Lady" nennt man sie deshalb, weil der 1943 in Dienst gestellte Flugzeugträger (41.000 BRT) stets unversehrt blieb. Die Nachfolge-Flugzeugträger wie Enterprise und Nimitz können nicht mehr in Flußmündungen hineinfahren, da sie zu groß sind.

7.14 VON CHARLESTON NACH ST. AUGUSTINE

7.14.1 ÜBERBLICK

Die Fahrt von Charleston nach St. Augustine ist mehr als die schnelle Bewältigung von knapp 300 Highway-Meilen. Dies ist gleichzeitig eine Reise durch so stark von England beeinflußten Südostküstenstaaten in das eher von den Spaniern beeinflußte Florida. Es ist sozusagen eine "Kulturgrenze", die überquert wird, geographisch unsichtbar, doch spätestens beim Bummel durch das alte St. Augustine nachvollziehbar.

Viele Reisende, die sich nun schon so tief in den Süden entlang der Atlantikküste vorgewagt haben, werden der Verlockung nicht widerstehen können, doch zumindest einen Zipfel Floridas zu erhaschen. Rückflugmöglichkeiten ab Orlando oder Miami ermöglichen dies. Um ganz tief im Süden Floridas die berühmten Everglades Sümpfe zu besuchen, dazu wird jedoch meistens die Urlaubszeit nicht reichen. Unterwegs von Charleston nach St. Augustine können Sie die Erfahrung der Everglades zumindest teilweise aufholen, indem Sie einen Abstecher zu den Okefenokee Swamps in Süd-Georgia einplanen.

7.14.2 Touristische Hinweise

Entfernungen:

Charleston - St. Augustine   290 Meilen (467 km)

Streckenbeschreibung
Von Charleston gelangen Sie über die US 17 zum Interstate 95 South, dem Sie bis kurz vor St. Augustine folgen. Sie fahren am Exit 95 nach St. Augustine ab.
Abstecher zum Okefenokee Swamp: Sie verlassen den Interstate 95 bei Exit 6 (in der Nähe von Brunswick) und folgen der US 82 West nach Waycross (etwa 50 Meilen). Der geeignetste Zugang ist dann über US 1/23 und GA 177, etwa 8 Meilen südlich von Waycross gelegen.

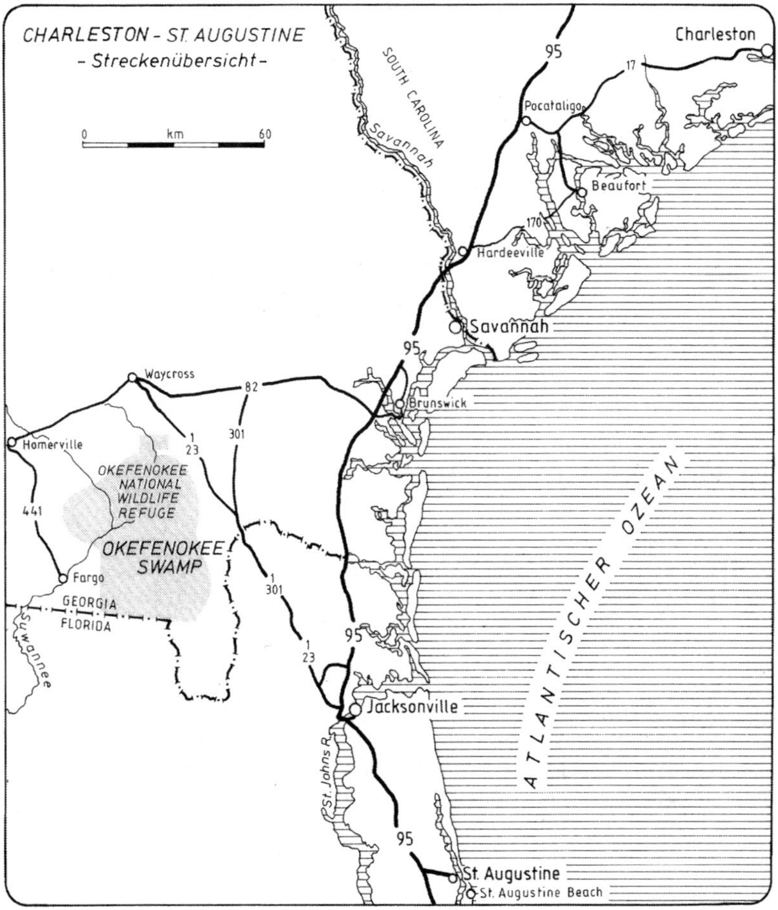

Übernachtungen in Waycross
● **Holiday Inn***, 1725 Memorial Drive (US 1/23), Tel.: (912) 283-4490. Kinderspielplatz und Schwimmbad, sehr gut geführtes Motel.

Übernachtungen in St. Augustine
Motels/Hotels (Auswahl):
● **Best Western Spanish Quarter Inn**, 6 Castillo Dr., St. Augustine, Fl 32084, Tel.: (904) 824-4457. Preiswertes Motel, Swimmingpool
● **The Ponce de Leon Resort and Convention Center**, US Highway 1 North, P.O. Box 98, St. Augustine, Fl. 32085, Tel.: (904) 824 - 2821; großzügige Anlage im Grünen, herrlicher Swimmingpool, Golfplatz
● **Days Inn**, 2800 Ponce de Leon Blvd., St. Augustine, Fl 32084, Tel.: (904) 829 - 6581, sehr preiswert, Swimmingpool.

● **Kenwood Inn**, 38 Marine, St. Augustine, Fl. 32084, Tel. (904) 824-2116; preiswert, Swimmingpool.

Individuelle Häuser:

● **Carriage Way**, 70 Cuna St., St. Augustine, Fl 32084, Tel.: (904) 829-2467. Sehr schön restauriertes altes Holzhaus mit Balkonen, nur 7 Zimmer, gemütlich. Mittlere Preise.

● **Casa de la Paz**, 22 Avenida Menendez, St. Augustine, Fl. 32084, Tel.: (904) 829-2915. Sehr privat, nur 5 Zimmer, am Wasser gelegen, teuer.

● **Casa de Solana**, 21 Aviles St., St. Augustine, Fl 32084, Tel.: (904) 824-3555. 4 Suiten, vornehm, teuer.

● **St. Francis Inn**, 279 George St., St. Augustine, Fl 32084, Tel.: (904) 824-6068. 11 Zimmer, kleiner Swimmingpool. Altes, gepflegtes Haus, teuer.

● **Victorian House**, 11 Cadiz St., St. Augustine, Fl. 32084, Tel.: (904) 824-5214. Altes, restauriertes B & B - Haus mit nur 6 Räumen, preiswert.

● **Westcott House**, 146 Avenida Menendez, St. Augustine, Fl 32084, Tel.: (904) 824-4301. Sehr schön und aufwendig restauriertes Haus mit nur 8 Zimmern, teuer.

Übernachtungen in St. Augustine Beach:
Wenn Sie lieber ein Hotel am Strand haben möchten, können Sie südlich der Stadt in St. Augustine Beach übernachten (eine Reihe von Hotels und Motels), z.B.

● **Holiday Inn Beachside**, 3250 A 1 A South, Tel. (904) 471-2555.

Restaurants

● **Le Pavilion**, 45 San Marco Ave., Tel.: (904) 824-6202, französische Küche, u.a. sehr gute Fischgerichte, Lamm, Austern. Den angebotenen Sauerbraten und das Wiener Schnitzel braucht man nicht zu essen. Mittlere Preise.

● **Columbia**, 98 St. George St., Tel.: (904) 824-3341
Spanische Atmosphäre und spanische Gerichte. Sehr gute Zubereitungen, u.a. Paella, verschiedene Fischgerichte (gut: Snapper) und der berühmte Salat mit einem Dressing, das vor Ihren Augen zubereitet wird.

● **Chimes**, 12 Avenida Menendez, Tel.: (904) 829-8141, gute Fischgerichte, eigene Bäckerei, mittlere Preise.

● **Antonio's**, 798 Ponce de Leon Blvd., Tel.: (904) 824-0971, Italienische Gerichte, preiswert.

Strände

Schöne Sandstrände findet man entlang von St. Augustine Beach südlich der Stadt.

Camping

● **Anastasia State Recreation Area**, St. Augustine - Anastasia Island, Tel.: (904) 471-3033. Schattig, in der Nähe von "The Cross and the Sword".

● **St. Augustine Ocean Resort**, mit Swimmingpool und Zugang zum Strand, St. Augustine Beach, Tel.: (904) 824-1806

● **North Beach Camp Resort**, 2300 Coastal Highway (A 1 A - nördlich St. Augustine). Swimmingpool und Strandnähe. Tel.: (904) 824-1806

Florida - Telegramm

Abkürzung:	FL
Namens - Ableitung:	abgeleitet vom spanischen "Pascua Florida" (Palmsonntag, an dem am 27.3.1513 Florida durch die Spanier entdeckt wurde.
Beiname:	Sunshine State
Größe:	151.939 qkm (22.*)
Einwohner:	11.7 Millionen
Bevölkerungsdichte:	77 Ew/qkm
Hauptstadt:	Tallahassee (82.000 Ew)
Weitere Städte:	Jacksonville (541.000 Ew), Miami (347.000 Ew), Tampa (272.000 Ew), St. Petersburg (237.000 Ew)
Unionsbeitritt:	1845
Wirtschaft:	Vielseitige **Landwirtschaft**: Anbau von Zitrusfrüchten, praktisch alle Gemüsearten, Zuckerrohr, Baumwolle, Tabak, Rinder- und Geflügelzucht. Differenzierte **Industriestruktur**: Nahrungsmittel, Papierherstellung, Chemiewerke, Nahrungsmittelproduktion, Druckereien. Zunehmender Tourismus, vor allem entlang der Ost- und Westküste sowie um Orlando
Bodenschätze:	Phosphate, etwas Erdöl und Erdgas, Kies
Touristisches Potential:	Florida bietet praktisch ganzjährig hervorragende Urlaubsmöglichkeiten: * Badestrände an der Atlantik- und Golfküste; * urtümliche Sumpflandschaften, so z. B. im Everglades National Park; * kristallklare Quellen und Flüsse in Zentral- und Nordflorida; * weltberühmte Themenparks wie Disney World, Epcot Center und Sea World; * touristisch wenig frequentierte Gegenden wie Zentralflorida mit seiner herrlichen Seenplatte sowie Nordflorida (= "Panhandle") mit seinen weiten, z.T. noch unberührten Stränden.
Touristische Informationen:	Florida Division of Tourism, 126 Van Buren St., Collins Building, Suite 500, Tallahassee, Fl 32399-2000.

 Alle wichtigen Florida-Informationen und ausführliche Beschreibungen sowie touristische Informationen erfahren Sie im **Reise-Handbuch Florida** von Michael Iwanowski, 2. Auflage 1991, 388 Seiten, 36.80 DM, Reisebuchverlag Iwanowski, Raiffeisenstr. 21, D 4047 Dormagen 1, Tel. 02106/61919 (Vorwahl ab Juli 1991: 02133), Fax 02106/63130

7.14.3   ABSTECHER ZUM OKEFENOKEE SWAMP

Allgemeine Informationen

Ein Besuch der Okefenokee Swamps ist für jeden Naturfreund ein Muß. Hier gewinnt man einen Eindruck jener Landschaftsform, die so typisch für die Niederungen im Süden der Vereinigten Staaten ist. Das fast flache Land mit seinem geringen Gefälle fördert im Zusammenklang mit dem subtropischen Klima die Bildung von **Sumpfgebieten**. Der Okefenokee Swamp bedeckt eine Fläche von 2.079 qkm, mißt an der breitesten Stelle (West - Ost) 32 km und an der längsten (Nord - Süd) 64 km.

Wie ein Schwamm speichert das Sumpfgebiet Wasser, um es als Quellgebiet an den malerischen Suwannee River abzugeben, der in den Golf von Mexico mündet. Die flachgründigen Seen, mit tiefbraunem Wasser gefüllt, sind von Inseln durchsetzt, auf denen Kiefern, Zypressen oder Magnolien wachsen. Das Flachwasser ist Heimat von wunderschönen Seerosen, Wasserhyazinthen und Schilfdickichten.

Sumpfzypressen

Die meisten Wasserpflanzen sterben in der kalten Jahreszeit ab. Ihre Reste erhöhen allmählich den Seeboden, bis dieser die Wasseroberfläche erreicht. Diese "Pflanzenrest-Inseln" bieten nun wieder Landpflanzen hervorragende Wachstumsmöglichkeiten: Bald wachsen hier Gräser, später Büsche und Bäume. Der torfige Boden allerdings vermag noch lange Zeit nicht wirklich fest zu sein; geht man auf ihm, so federt man ab. Die Indianer nannten deshalb diese Stellen in ihrer Sprache "das Land der bebenden Erde".

Je unzugänglicher die Gebiete sind, desto mehr stellen sie ein Paradies für alle wasserliebenden Tiere dar. Neben vielen (scheuen) Alligatoren leben hier unzählige Gänse, Wasservögel, Ottern, Schildkröten, Frösche - und etwa 150 Bären, die sich in den bewaldeten Zonen versteckt halten. Wie alle sumpfigen Niederungen ist dies natürlich auch die Heimat vieler Mücken...
90 % des Gebietes stehen als Okefenokee National Wildlife Reserve unter Naturschutz.

Aktivitäten/Erkundungsmöglichkeiten

Es gibt 3 mögliche Zufahrten zu den Sumpfgebieten:

448

● **Okefenokee Swamp Park** (8 Meilen südlich von Waycross über US 1/
23 und GA 177 erreichbar)
Obwohl dieses Gebiet außerhalb des deklarierten Naturschutzgebiets liegt,
gibt es hier einige Erkundungsmöglichkeiten der typischen Sumpfland-
schaft:
* geführte Bootstouren (im Eintrittspreis inbegriffen);
* Stege, auf denen man in den Sumpf gelangen kann;
* ein 27 m hoher Beobachtungsturm;
* Informationsmöglichkeiten über Tier- und Pflanzenwelt.
● **Suwannee Canal Recreation Area** (am Suwannee Canal, 11 Meilen
südwestlich von Folkston) gelegen, über GA 23/121 erreichbar.
● **Stephen C. Foster State Park** (Westzugang, erreichbar über GA 177, 18
Meilen nordöstlich von Fargo)
Hier kann man Boote und Kanus mieten, ebenso sind Zeltplätze sowie
Cabins vorhanden.

 Für Naturfreunde ist das **"Wilderness Canoeing"** ein besonderer Tip. Es gibt
insgesamt 15 verschiedene Trails, die 2 - 5 Tage beanspruchen. Auf kleinen Holzplatt-
formen kann man zelten. Informationen: Refuge Manager, Rte 2, Box 338, Folkston
31537, Tel.: (912) 496-3331.

7.14.4 ST. AUGUSTINE

Geschichtlicher Überblick

Die älteste von Europäern gegründete Stadt Amerikas - wer vermutet sie
schon in Florida?

Ponce de León, der spanische Eroberer, betrat hier 1513 zwischen dem
Gebiet des Mantanzas Inlet und dem San Sebastian River floridianischen
Boden. Ja, er wurde - ungewollt - zum Namensgeber des Bundesstaates. Da
es kurz nach Ostern war und alles blühte, war das Land für ihn "Pascua
Florida", was soviel wie "blühende Weide" bedeutet. Das Land, das er
betrat, eignete sich nicht zum Ackerbau, auch gab es hier keine Schätze,
Gold schon gar nicht. Dennoch hatte de León so seine Vorstellungen... Als
Gouverneur von Puerto Rico hatte er von den dortigen Indianern vernom-
men, daß es hier einen Jungbrunnen geben solle, der allen Männern ewige
Jugend verleihe...

Nachdem León ein zweites Mal Florida besucht hatte, wurde er in Indianer-
Kämpfe verwickelt und entkam schwerverletzt.

Der damaligen Rechtsauffassung zufolge hatte bereits León das Gebiet in
spanischen Besitz gebracht. Eine zweite Inbesitznahme im Namen der
spanischen Krone fand am 8. September 1565 statt, als Admiral Pedro
Menéndez de Avilés St. Augustine als erste dauerhafte europäische Siedlung
auf dem amerikanischen Kontinent gründete. Man stelle sich vor: James-

Pedro Menéndez de Avilés

town wurde erst 42 später gegründet. 1564 hatten die Franzosen im Gebiet des heutigen Jacksonsville an der Mündung des St. Johns River das Fort Caroline aufgebaut. So war die Gründung von St. Augustine nichts anderes als die Betonung des spanischen Besitzanspruchs gewesen. Menéndez schuf damit eine Ausgangsbasis gegen die Franzosen. Und nur 12 Tage später griffen die Spanier das Fort Caroline an und besetzten die Festung. Die Franzosen hatten das Pech, aufgrund eines Hurrikans ihre Flotte zu verlieren. Ein Ausweichen auf das Meer war nicht möglich, sie mußten sich auf dem Land den Spaniern stellen. Im Süden von Anastasia Island, südlich von St. Augustine, kam es dann zu einem tödlichen Gefecht, in dem beinahe alle Franzosen umkamen.

Florida gelangte nun in die Hand der Spanier. St. Augustines strategische Funktion war es, fremde Mächte vor einer Inbesitznahme fernzuhalten. St. Augustines Hafen hatte eine geographisch herausragende Bedeutung, war er doch der nördlichste in der Neuen Welt, der die Ansprüche der spanischen Krone zu verteidigen hatte. Bis 1763 vermochten die Spanier ihre Stellung mithilfe des inzwischen erbauten steinernen Fort Castillo de San Marco zu halten. Dann nahmen die Engländer bis 1783 die Stadt ein. Von 1783 bis 1821 erlangten die Spanier ihren Einfluß wieder, ab 1821 gehört die Stadt zum Gebiet der Vereinigten Staaten.

In der jüngeren Stadtgeschichte spielte der Eisenbahnkönig Henry Flagler eine entscheidende Rolle: In den 80er Jahren des vergangenen Jahrhunderts baute er St. Augustine zum Hauptquartier seiner Florida East Coast Railroad Company aus.

Heute zählt die Stadt etwa 12.000 Einwohner. Die Wirtschaftsgrundlage sind kleine Werften, Fischverarbeitung, Buchbindereien, Druckereien... und Tourismus.

Ponce de León

Der spanische Konquistador wurde 1474 in Santervas/Spannien geboren. 1493 begleitete er Kolumbus auf dessen zweiter Reise nach Westindien. Auf der Insel Hispaniola in der Karibik diente er als Soldat. Von 1502 bis 1504 kämpfte er hier gegen Eingeborene. 1508 erkundete er Puerto Rico, entdeckte Gold und gewann die Insel für Spanien. 1512 landete er auf der sagenumwobenen Insel Bimini, wo er den legendären Jungbrunnen suchte, der angeblich ewige Jugend bescherte. 1513 erreichte er Florida in der Nähe des heutigen

St. Augustine und erklärte das Gebiet zum spanischen Besitz. Hier wurde er auch des Jungbrunnens fündig...
Ponce de León unternahm noch mehrere Schiffsreisen nach Florida, erkundete den Küstenverlauf und verschaffte Spanien einen ersten Überblick über die indianischen Siedlungen. Ihm wurde angetragen, die Indianer Südfloridas niederzumetzeln, da diese Kannibalen seien. Nach einer Reihe von Schlachten segelte León an die Südwestküste und landete wahrscheinlich in der Umgebung des heutigen Port Charlotte. Hier revanchierten sich nun die Indianer für die erlittene Schmach. León wurde ernstlich von einem Pfeil verwundet. Die Überlebenden seines Trupps segelten zurück ins spanische Kuba, wo León 1521 starb.

Stadtrundgang

Einen guten Überblick über die Stadt kann man sich verschaffen, wenn man an einer Kutschfahrt teilnimmt, die innerhalb von ca. 1 Stunde an den wichtigsten Sehenswürdigkeiten von St. Augustine vorbeiführt. Diese Fahrten beginnen und enden an der Avenida Menendez in der Nähe des Castillo de San Marcos.

Ausgangspunkt für einen Stadtrundgang ist am besten das

● **Castillo de San Marcos.**

Öffnungszeiten:
im **Sommer**   09.00 - 17.45 h
im **Winter**   08.30 - 17.15 h

Dies ist die älteste Steinfestung auf dem Boden der USA. Die Anlage hat die Form eines vierstrahligen Sterns und ist von einem breiten Wassergraben umgeben. An jeder Ecke dieses "Sterns" befinden sich kleine Wachttürme, auch als "Pfefferbüchsen" bezeichnet.
Zu Beginn im Jahre 1565 stand hier ein Holzfort, das durch weitere 8 Forts ersetzt wurde. Alle Holzbauten fielen jedoch entweder Indianerübergriffen, Angriffen der Engländer oder Bränden zum Opfer. Ab 1672 baute man es deshalb zu einer wuchtigen Steinfestung aus. Als Baumaterial verwendeten die Spanier einen auf der benachbarten Insel Anasthasia gebrochenen Muschelstein, den sog. "Conquina". Diese zementähnliche Mischung aus Muschelresten hatte den Vorteil, daß sich das Gestein leicht verarbeiten ließ. Außerdem ist dieses Material etwas elastisch, so daß Kanonenkugeln bei ihrem Aufprall abgefedert wurden. Benannt wurde das Fort nach dem Heiligen Markus (San Marcos).

	Die Chronologie des Forts in Stichworten
1565 - 1675	In dieser Zeit existieren an dieser Stelle 9 Holzforts, die nacheinander Angriffen, Bränden oder der Verwitterung zum Opfer fielen. Die Königin Mariana ordnete deshalb 1669 die Errichtung einer steinernen Festung an. Der Vizekönig von Mexico spendete 1670 die Summe von 12.000 Peseten und später jährlich 10.000 Peseten zum Bau.
1672	Baubeginn
1695	Die Festung ist in ihren Grundzügen fertiggestellt (Mauern, Bastionen, Unterkünfte).
1704-1705	Um einen weiteren Schutz vor Angriffen zu gewährleisten, wird an der nördlichen Stadtgrenze ein Erdwall aufgeschüttet.
1718 - 1719	Ausbau des Erdwalls an der West- und Südseite der Stadt.
1738	Kasematten werden gebaut.
1752 - 1756	Der Bau der Kasematten wird fertiggestellt. Über dem Tor wird das königliche Wappen angebracht.
1763 - 1783	Die Engländer besetzen das Fort
1821	Das Fort fällt an die Amerikaner.
1825	Das Castillo de San Marcos wird in Fort Marion umbenannt. Francis Marion (1731 - 1795) gilt als einer der großen Helden der amerikanischen Revolution, der sich als "Swamp Fox" einen Namen machte.
1837	Das Fort dient als Gefängnis. Der berühmte Seminolen-Führer Osceola sitzt ein.
1924	Die Festung wird zum National Monument erklärt.
1942	Das Fort erhält seinen ursprünglichen Namen Castillo de San Marcos zurück.

Castillo de San Marcos

452

Vom Fort aus hat man einen schönen Überblick auf die mittelalterlich wirkende Stadt. Beim Rundgang entdeckt man die alten, längst patinierten Kanonen.

1 km

ST. AUGUSTINE

● **Visitor Information Center**

 Öffnungszeiten:

täglich 08.30 - 17.30 h

Das Besucherzentrum liegt gegenüber dem Castillo an der San Marco Avenue. Hier erhalten Sie kostenlose Karten, ebenso gibt es hier einen Film über St. Augustine zu sehen.

● **Fountain of Youth**

 Öffnungszeiten:

täglich 09.00 - 17.00 h

Der Brunnen befindet sich nördlich des Visitor Information Center in der Magnolia Ave.. Es handelt sich um den legendären Jungbrunnen, den Ponce de León 1513 aufsuchte. Auch Sie dürfen von diesem Wasser trinken und hoffen, daß es Ihnen Ihre Jugend wiederbringt...

● **St. George Street**

Gehen Sie nun wieder am Visitor Information Center vorbei direkt in südliche Richtung in die als Fußgängerzone gestaltete St. George Street.

* Zunächst - bevor Sie die Straße erreichen - sehen Sie das alte **City Gate** (Stadttor) mit einem kleinen befestigten Wall, wie er früher das Castillo umgab.
* **Oldest Wooden School House** (rechts). Dieses alte Schulgebäude aus Zypressen- und Zedernholz ist über 200 Jahre alt.
* Spanish Quarter (links). Hier sind einige alte Häuser restauriert. Täglich finden Vorführungen des alten Handwerks statt.

 Öffnungszeiten:

täglich 09.00 - 17.00 h

Später, nachdem Sie rechts das Columbia Restaurant passiert haben, biegen Sie in die King Street nach rechts ab. Sie kommen dann zum

● **Flagler College**

Der Eisenbahn-König Henry Flagler errichtete hier sein luxuriöses Ponce de León Hotel. Da man ein Eisenbahnunternehmen nur sinnvoll betreiben kann, wenn man auch genügend Passagiere hat, baute Flagler bekanntlich entlang der Eisenbahnlinien große Hotels. Seit 1967 ist hier das Flagler College untergebracht.

Flagler College

● **Lightner Museum**

Es liegt gegenüber dem Flagler College und war ebenfalls ein Flagler-Hotel, das "Alcazar" (1888 erbaut). Heute beherbergt es die alten Kunstwerke des Hotels.

Nun gehen Sie am Lightner Museum die Cordova Street bis zur Kreuzung mit der St. Francis Street und biegen hier links ein. Sie kommen so zum

● **Oldest House**

Die Architektur ist ein Gemisch spanischer, britischer und amerikanischer Einflüsse. Während das Untergeschoß aus Sandstein besteht, fügten die

Engländer einen 2. Stock aus Holz an. Das Haus ist etwa 250 Jahre alt und beherbergt ein kleines Museum.

Sie können nun der Straße einfach nach Osten folgen und kommen automatisch in die Avenida Menendez. Zur linken Seite liegt dann die Statue von Ponce de León. Wenn Sie nun wieder nach links gehen, kreuzen Sie die St. George Street und können in einem der hübschen Restaurants - vielleicht im Columbia - verweilen.

Ausflugsziele von St. Augustine aus

● **St. Augustine Alligator Farm**

(4 km südlich der Stadt an der A 1 A gelegen; Tel.: (494) 824-3337; Öffnungszeit: täglich 10.00 - 17.00 h, Vorführungen stündlich).
Diese Alligatoren-Farm wurde bereits 1893 gegründet. U.a. kann man mutigen Alligatoren-Kämpfen (Alligator Wrestling) zuschauen. Es gibt auch Krokodile und Riesen-Schildkröten zu sehen. Ein Besuch ist zu empfehlen!

● **Cross & Sword**

(an der SR 3/Anastasia Island gelegen; von Juni bis Ende August, täglich außer Sonntag um 20.30 h). Hier wird im Rahmen einer Theatergeschichte Floridas und speziell die Historie St Augustines nachgespielt. Autor des Stückes ist der Pulitzer-Preisträger Paul Green. Gute Englisch-Kenntnisse sind allerdings die Voraussetzung, um die Details zu verstehen.

7.15 VON ST. AUGUSTINE ZUM KENNEDY SPACE CENTER

7.15.1 ÜBERBLICK

Vom spanisch geprägten St. Augustine zum Kennedy Space Center - größer könnte der Gegensatz nicht sein. Hier die älteste, von Europäern gegründete Stadt Amerikas - dort das Tor zum Weltraum. An der gleichen Atlantikküste, an der weiter oben in North Carolina die Gebrüder Wright sich anschickten, den ersten Motorflug zu wagen (1903), starteten an der Atlantikküste Floridas die ersten Menschen zum Mond (1969). Das NASA Kennedy Space Center, von den Organisatoren zum Spaceport USA deklariert, ist zu einem äußerst attraktiven touristischen Ziel geworden. Hier wird den amerikanischen Besuchern die Größe der USA als technische Führungsnation vorgeführt. Daran änderte auch das tragische Unglück der Challenger vom 28. Januar 1986 nichts. Der reibungslose Flugverlauf der Discovery im Oktober 1988 und die ebenso optimale Landung der Raumfähre "Atlantis" haben die Amerikaner in einen neuen Rausch versetzt...

Der Besucher hat die Chance, sich im Verlaufe von 4 - 5 Stunden einen Überblick über die faszinierende Raumfahrtgeschichte und ihre technische Fortentwicklung direkt am Ort zu verschaffen. Nirgendwo sonst auf der Welt ist dies möglich.

7.15.2 TOURISTISCHE HINWEISE

Entfernungen

St. Augustine - Kennedy Space Center   115 Meilen (= 185 km)

Streckenbeschreibung

Von St. Augustine folgen Sie dem Interstate 95 South bis Exit 79. Von hier aus weiter in östliche Richtung über den NASA Causeway zum Spaceport USA Visitors Center.

Informationen
Über die nächsten Raketenstart - Termine erhalten Sie die Informationen über die gebührenfreie Telefon-Nr.: 1 - 800 - 432-2153

 Übernachtungen:
In **Titusville** gibt es eine Vielzahl von Übernachtungsmöglichkeiten. Eine Auswahl:
- **Days Inn***, 3480 Garden St., Tel.: (305) 269 - 9310
- **Holiday Inn***, 4951 S. Washington Ave. (= US 1), Tel.: (305) 269-2121
- **Howard Johnson***, 1829 Riverside Dr., Tel.: (305) 267-7900
- **Ramada Inn***, 3500 Cheney Hwy., Tel.: (305) 269-5510
- In **Cocoa Beach** (südlich des Kennedy Space Centers) befindet sich das **Hilton*****, 1550 N. Atlantic Ave., Tel.: (305) 799 - 0003. Das Hotel liegt direkt am Strand und bietet deshalb nach strapaziösen Besichtigungen einen besonders schönen Aufenthalt.

 Restaurant
In Titusville:
- **Jack Baker's Lobster Shanty**, Titusville, 801 Marina Road, Tel.: (305) 269-1012; Salatbar, Maine Lobster und andere Fischgerichte.

In **Cocoa Beach:**
- **Bernard's Surf**, 2 S. Atlantic Ave., Cocoa Beach, Tel.: (407) 783-2401; sehr gute Fischgerichte.

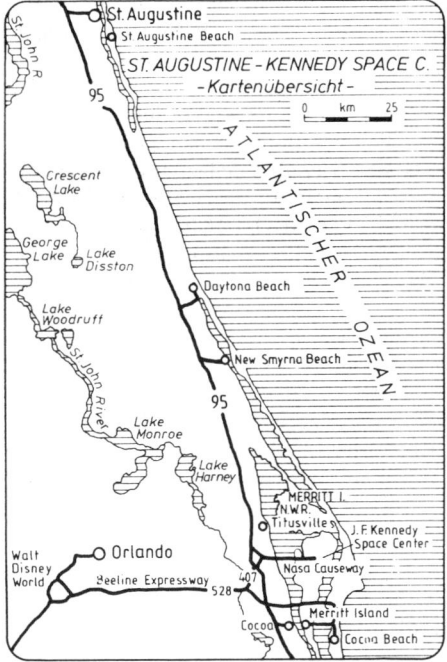

Weitere Hinweise:

- **Ankunft:** Vom Parkplatz gelangen Sie zu Fuß zunächst an der Freiluftausstellung alter Raketen vorbei zum Ticket-Verkauf. Lösen Sie hier die Tickets für die Bustour (siehe unten - zu empfehlen die rote Tour A) sowie die Eintrittskarten für den Film im IMAX-Theater (siehe unten).
- **Besuchszeit:** Sie sollten für einen Besuch etwa 4 - 5 Stunden veranschlagen. Während der Saisonzeiten (Besucherandrang etwa parallel zu Walt Disney World) gibt es auch hier zum Teil erhebliche Wartezeiten. Ratsam ist es, möglichst früh zu kommen. Öffnungszeiten: 09.00 h bis zum Sonnenuntergang.
- **IMAX-Theater:** Hier wird ein sehr guter, eindrucksvoller Film gezeigt. Titel: "A Dream is alive". Das IMAX-Theater ist Teil des Galaxy Centers, wo auch eine interessante Ausstellung zur Raumfahrt untergebracht ist.
- **Gift Gantry:** Innerhalb des Visitors Centers gibt es einen Souvenirshop. U.a. wird hier eine goldbeschichtete Überlebensfolie angeboten.

● **Busrundfahrten:** Es werden zwei Busrundfahrten angeboten, die "Red Tour" (rote Tour" und die "Blue Tour" (die blaue Tour). Beide kosten je etwa 4 $.

Rote Tour: Sie führt u.a. in eine Ausstellungshalle mit der Mondlandefähre und führt zu einem Aussichtspunkt in der Nähe der Abschuß-Stelle für die Space Shuttle. Ebenfalls kommt man an der Montagehalle für die Raketen sowie an einem Ausstellungsgelände alter Raketen, u.a. der Saturn 5, vorbei.

Blaue Tour: Sie führt zur Cape Canaveral Luftwaffenstation und ist eher für besonders stark technisch Interessierte zu empfehlen. Hier sieht man u.a. auch die alten Abschußrampen.

● **Fototip:** Sehr schöne Motive findet man im Rocketgarden (Raketengarten) direkt am Eingang. Ebenso sollten Sie versuchen, ein Bild mit einem Astronauten zu schießen. Meist bewegt "er" sich in der Nähe des Galaxy Centers, also dort, wo es auch den IMAX-Film zu sehen gibt.

Überblick

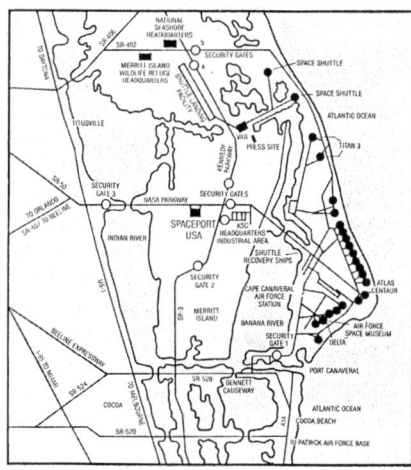

Floridas Atlantikküste war schon immer ein prädestinierter Platz für entscheidende historische Entwicklungen: Hier gründeten die Spanier die älteste Siedlung auf dem Kontinent, von hier aus starteten 1969 die ersten Menschen zum Mond. Das NASA Kennedy Space Center, von den Organisatoren zum Spaceport USA deklariert, ist zu einem äußerst attraktiven touristischen Ziel geworden. Hier wird den amerikanischen Besuchern die Größe der USA als technische Führungsnation vorgeführt. Daran änderte auch das tragische Unglück der Challenger vom 28. Januar 1986 nichts.

Der reibungslose Flugverlauf der Discovery im Oktober 1988 und die ebenso optimale Landung der Raumfähre "Atlantis" haben die Amerikaner in einen neuen Rausch versetzt...

Der Besucher hat die Chance, sich im Verlaufe von 4 - 5 Stunden einen Überblick über die faszinierende Raumfahrtgeschichte und ihre technische Fortentwicklung direkt am Ort zu verschaffen. Nirgendwo sonst auf der Welt ist dies möglich.

7.15.3 GESCHICHTE DER UNBEMANNTEN UND BE-MANNTEN RAUMFAHRT

Raketen waren lange Zeit eher Thema der utopischen Literatur. Der Traum, die Welt in Blitzeseile zu umrunden, ja gar zu fernen Planeten und Sternen zu reisen, beflügelte die Phantasie. Erst im 20. Jahrhundert gelang es Wissenschaftlern in Europa, die **Grundlagen für den Raketenantrieb** zu entwickeln. Was man im Kennedy Space Center nicht erfährt: alle grundlegenden Entwicklungen, welche die spätere Raumfahrt erst ermöglichten, wurden in Europa gemacht. Namen wie Ganswindt, Hohmann und Oberth, später von Opel, Winkler und von Braun - um nur einige zu nennen - gehören in die Liste der Pioniere.

Im Verlauf des 2. Weltkrieges wurden ab 1942 in Peenemünde an der Ostsee die ersten flugtüchtigen Raketen konstruiert und gebaut. Hier erfolgte der entscheidende Durchbruch zur Verwirklichung der Raumfahrtziele durch die Erfindung des sog. ballistischen "Trägerraketen-Systems" (A 4). Die berühmte V 2, an der **Wernher von Braun** mitwirkte, brachte als eine Langstrecken-Überschall-Rakete den Durchbruch. Die V 2 besaß ein leistungsfähiges Flüssigkeitsraketentriebwerk, ein autonomes Trägheitslenksystem und konnte so senkrecht ohne Rampe starten. 1944 überbrückte eine "A4/V" aus Peenemünde bereits über 300 km in Überschallgeschwindigkeit. Nach dem zweiten Weltkrieg teilten sich die USA und die UdSSR die Beute am deutschen Raketen-Know-How. Beide Weltmächte experimentierten weiter mit dem A-4-System. Bis 1957 erreichten die Raketen lediglich die Schichten der Hochatmosphäre, erst der Sputnik der Sowjets durchbrach das Fenster zum Weltall. Der "**Sputnik-Schock**" aktivierte die Amerikaner. Sie unternahmen verstärkte Aktivitäten in Wissenschaft und Technik, um mit den Russen gleichzuziehen, ein Wettlauf, der noch immer andauert und der mal dem einen, mal dem anderen einen Vorsprung gewährt. Gerade haben die Sowjets mit der Space Shuttle gleichgezogen: Auch sie besitzen nun eine wiederverwendbare Raumfähre ("Buran"), deren erster unbemannter Flug erfolgreich Ende Oktober 1988 abgeschlossen wurde. Äußerlich ähneln sich beide fast wie Zwillinge, aber "Buran" kann ferngesteuert starten und landen!

Wer führt im Weltraum, wenn man z.Zt. Bilanz zieht? Weltraum-Experten sehen die UDSSR momentan ganz klar vor den USA. Einige Zahlen verdeutlichen diese Auffassung:
- Etwa zweimal pro Woche schießen die Sowjets Raketen ins All.
- Kosmonauten der UDSSR verbrachten bislang dreimal mehr Zeit im All als ihre amerikanischen Kollegen.
- Sowjetische Kosmonauten waren 1988 erstmals länger als ein Jahr im All.
- Seit drei Jahren arbeitet die Raumstation "Orbit".

Ein wesentlicher Unterschied zur US-Raumfahrt besteht darin, daß die Sowjets mehr auf konventionelle Technik setzen und sich weniger als die Amerikaner auf raffinierte High-Tech-Spielereien verlassen. Ein GEO-Artikel (Nr. 2/1989, S. 72) bemerkt: *"Das Erstaunlichste an der sowjetischen Weltraum-Routine aber ist, daß sie ohne die allerneueste Mikroelektronik abläuft. In den Moskauer Institutlabors dominieren noch Plüschmöbel* _und Nierentisch-Nippes, rauchen Röhren in Dampfradios und wird mancher Hebel schlicht von Hand statt von künstlicher Intelligenz bewegt. Aber sie funktionieren, die sowjetischen Raketen - zum Teil einfach deshalb, weil im wesentlichen immer die gleiche Rakete gebaut wurde, nur immer etwas größer und leistungsfähiger. In der Raumfahrt zahlt sich solch Konservatismus aus._

Kein Experte lacht denn auch heute mehr über die technische Primitivität des sowjetischen Raumprogramms. 'Man braucht nicht den letzten Schrei der Technik, um erfolgreich zu sein', meint heute selbst James Brigg, der NASA-Direktor für die Erforschung des Sonnensystems."

Tabellarische Übersicht über die Entwicklung der Raumfahrt

1943	Start der ersten V 2 in Peenemünde
1945	Nach dem zweiten Weltkrieg emigrieren viele Raketenfachleute in die USA. Hier experimentiert man bis 1951 mit den erbeuteten V" - der richtige Mann ist auch gleich mitgekommen: Werner von Braun
1957	Am 4.10. startet die UdSSR den Sputnik I
1958	Die NASA (National Aeronautics and Space Adminstration) wird gegründet. Der erste amerikanische Satellit "Explorer I" startet am 31.1. 1958.
1959	Lunik 2 (UdSSR) landet hart auf dem Mond. Im gleichen Jahr umrundet Lunik 3 den Mond und macht die ersten Aufnahmen von der Rückseite.
1961	Mit Wostok I (12.4.) ist Juri Gagarin der erste Mensch im Weltall. Flugdauer: 1h 48 min. Die Amerikaner schaffen den Anschluß: Mit Alan Shepard ist am 5. Mai der erste Amerikaner im Weltall (15 min)
1962	John Glen umkreist am 20. Februar als erster Amerikaner die Erde. Der Flug dauert bereits 4 h 55 min.
1963	Mit Valentina Tereschkowa ist die erste Frau im All.
1965	Mariner 4 erreicht den Mars.
1966	Der UdSSR gelingt die erste weiche, unbemannte Mondlandung
1967	Die UdSSR führt im Weltall zwei Raumfahrzeuge zusammen.
1969	D i e Sternstunde der Raumfahrt: Am 20. Juli betreten als erste Menschen Neil Armstrong und Edwin Aldrin den Mond. Das Mutterschiff Apollo 11 umkreist mit dem Astronauten Michael Collins unterdessen den Mond. Weitere Apollo-Flüge folgen (bis 1972 werden insgesamt 17 Apollo-Flüge unternommen).
1973	Die Raumstation Skylab wird auf die Erdumlaufbahn geschickt.
1975	Mit Apollo 18 und Sojus 19 führen Amerikaner und Sowjets ein Koppelmanöver im Weltraum durch.
1981	Mit der Columbia beginnen die ersten Space-Shuttle Flüge. Die wiederverwendbare Raumfähre, die mit Raketenantrieb startet und wie ein Flugzeug landet, soll programmäßige Raumflüge durchführen. Bis 1986 werden 24 Space Shuttle-Flüge erfolgreich durchgeführt. Die ersten Space Shuttles starteten zwar vom Kennedy Space Center aus, landeten aber auf dem kalifornischen Luftwaffenstützpunkt Edwards. Später landen die Space Shuttles auch auf der 5.km langen Landebahn hier auf dem floridianischen Raketengelände.
1983	Vom 28.11. - 8.12. ist der deutsche Physiker Ulf Merbold mit an Bord der Columbia und arbeitet im Spacelab.

1986 Am 28. Januar explodiert die Challenger nach nur einer Minute und 12 Sekunden. Alle 7 Astronauten sterben. Mit an Bord war erstmals eine Privatperson: die Lehrerin Christa McAuliffe. Das Shuttle-Programm wird revidiert.

1988 Nach zweijähriger Pause startet am 1.10. die Discovery ins All. Nach 4 Tagen wird der Flug erfolgreich abgeschlossen. Bereits einige Wochen später bewältigt die Atlantis eine erfolgreiche Geheim-Mission. Unterdessen haben auch die Sowjets mit den Amerikanern gleichgeschaltet: Ihre unbemannte Weltraumfähre Buran ("Schneesturm") genannt und äußerlich dem Space Shuttle sehr ähnlich - landet nach dem Jungfernflug im November glatt in Baikonur.

Wer ist die NASA?

Die NASA wurde auf Betreiben des amerikanischen Präsidenten Dwight D. Eisenhower am 1.10.1958 gegründet. Hinter der Abkürzung verbirgt sich die "National Astronautics and Space Administration". Mit dieser Gründung und ihrer Unterstützung durch den Kongreß entzog Eisenhower den Militärs im Pentagon die Aufsicht über das Raumfahrtprogramm. Der Sputnikschock saß tief...

Aufgaben der NASA sind:
- *Die Erforschung des Mondes und des Planetensystems,*
- *Entwicklung und Einsatz von Trägerfahrzeugen und Antriebssystemen für die Raumfahrt,*
- *internationale Zusammenarbeit, Weitergabe von wissenschaftlichen und technischen Erkenntnissen an die Wirtschaft.*

Die Glanzzeit hatte die NASA zweifelsohne während der sechziger Jahre bis zur Landung der Apollo auf dem Mond. In der Nixon-Ära wurden die Ausgaben für die Raumfahrt drastisch gekürzt. Waren vorher stets Sicherheitsaspekte bei der Planung und Durchführung von Raumflügen maßgebend, setzte man sich nun unter dem Druck geringerer finanzieller Mittel über dieses Thema eher hinweg. Sparen war angesagt. Das Shuttle-Programm versprach kostengünstige Flüge. Die früher üblichen Doppel- und Dreifach-Sicherungen wurden nicht mehr konstruktiv eingebaut; statt für die zuverlässigeren Flüssigstoffraketen entschied man sich für die billigeren Feststoffraketen. Aufgrund eines weiteren Miß-Managements stiegen die Kosten trotzdem ins Unermeßliche, der Beamtenschlendrian hielt Einzug:
- *Ursprünglich sollte ein Shuttle-Flug 28 Mill. $ kosten. Tatsächlich lagen 1983 die Kosten bei 260 Mill. $.*
- *1972 schätzte die NASA den Zeitraum zwischen einer Landung und einem erneuten Space Shuttle-Flug auf 6,7 Tage. Tatsächlich benötigte man fast 52 Tage für eine Wartung, um die Raumfähre wieder startklar zu machen.*

> *1986, als das Challenger-Unglück passierte, handelten die Manager wider besseres Wissen. Obwohl es für einen Start zu kalt war und die Probleme mit den Dichtungsringen an den Feststoffraketen bekannt waren (bei der Hälfte aller davorliegenden Shuttle-Flüge zeigten die Dichtungsringe Spuren von Verkohlung), brach man den Start nicht ab...*

7.15.4 BESICHTIGUNGSPUNKTE IM KENNEDY SPACE CENTER

Zunächst sollten Sie wissen: Das Kennedy Space Center umfaßt eine Fläche von 56.600 ha Land und Gewässer. Alle Flächen, die nicht für die Weltraum-Unternehmungen gebraucht werden, gelten als Naturschutzgebiet. Es sind das Merritt Island National Wildlife Refuge sowie der Canaveral National Seashore. In der unmittelbaren Nähe zu den Errungenschaften moderner Technik und am Tor zum Weltraum existieren also geschützte Zufluchtsgebiete für über 200 Vogelarten, verschiedene Säugetiere und Reptilien. Der Weißkopfadler, die Ibise, Reiher, Störche oder Alligatoren: sie stören sich nicht an den gelegentlichen Starts. Nur zu gerne betont die NASA die friedliche Koexistenz von Natur und Raumfahrttechnologie.

Vorschläge für eine Besichtigungstour

● **Rocket Garden**

Am Raketengarten kommen Sie vorbei, wenn Sie vom Parkplatz kommen und dem Ein-

Im "Raketengarten"

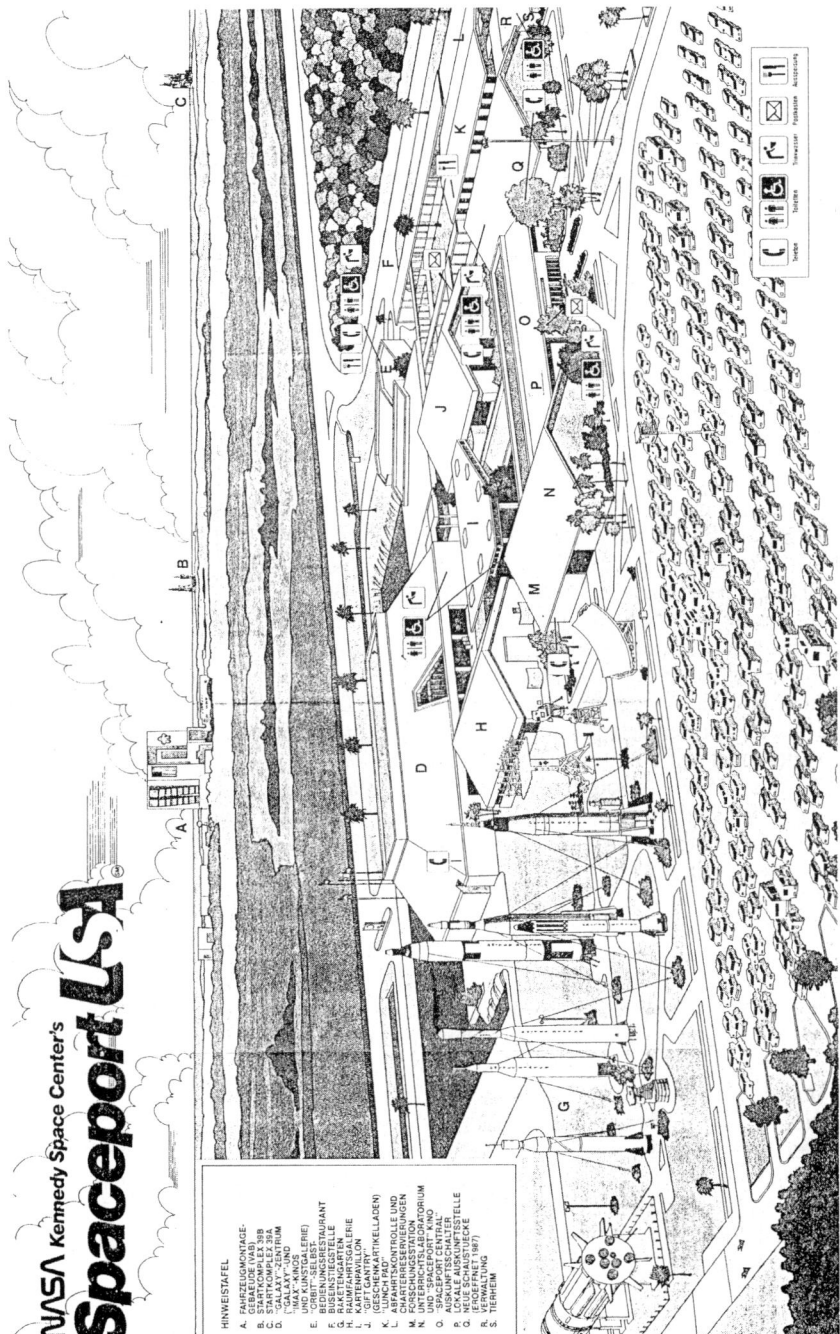

gang zustreben. Alle Raketen - originalgetreue Modelle - sind fotogen senkrecht aufgerichtet. Sehenswert ist vor allem die Weltraumkapsel mit dem Zugangsarm, wie er von der Apollo 11 - Besatzung (Armstrong, Aldrin und Collins) benutzt wurde.

Doch halten Sie sich hier zunächst nicht auf - gehen Sie direkt zum Ticketkauf (für Bus und IMAX-Kino), damit Sie zuerst an der Busrundfahrt teilnehmen können.

● **Busrundfahrt**

1. **Red Tour**
Die Tour dauert etwa 2 Stunden. Unterwegs bekommen Sie - wenn auch nur oberflächlich - Eindrücke von den technischen Installationen; u.a. sieht man

* das **Flight Crew Training Building**: Halle mit Simulatoren für die Apollo-Mondflüge. Hier befindet sich auch ein nachmodelliertes Mondlande-Gebiet.

* den **Complex 39**, wenn auch von weitem. Das ist der Startplatz der früheren Apollo- und heutigen Space Shuttle-Flüge. Hier wurden 52.000 Kubikmeter Stahlbeton verbaut. Beim eigentlichen Start gießen binnen 20 Sekunden Spritzdüsen über 1.1 Millionen l Wasser, um die Flammen zu ersticken und den Rampenbereich abzukühlen. Entlang der in Stellung gebrachten Rakete befinden sich zwei Wartungstürme. Der höhere Turm ist unbeweglich, bleibt also auch während des Starts stehen, der niedrigere ist mittels Rädern wegschwenkbar. Über diese Türme erfolgt der Zugang zur Rakete, um den Astronauten den Einstieg zu gewähren, um die Tanks zu füllen oder um Nutzlasten zu laden.

* das **Vehicle Assembly Building** (= Montagehalle für die Raumfahrzeuge). Dies soll mit einer Höhe von 160 m und einem Grundriß von über 3 ha eines der größten Gebäude der Welt sein. Allein die an der Seite aufgemalte amerikanische Flag-ge ist 5.000 qm, jeder Stern fast 2 m groß.

Außerhalb des Gebäudes ist eine Saturn V-Rakete ausgestellt. Mit Raumkapsel war sie senkrecht 111 m hoch. Die Saturn V beförderte die Apollo-Missionen zum Mond.

* die **Transporter**. Diese riesigen Raupenfahrzeuge bewegen die in der Montagehalle montierte Space Shuttle samt Startblock zum knapp 6 km entfernt liegenden Startplatz. Für diese Wegstrecke werden 6 - 8 Stunden benötigt. Es gibt hier zwei Schleppfahrzeuge, jedes kann 7 Millionen kg ziehen! Die Besatzung besteht aus 26 Mann.

Der Startblock ist wiederverwendbar und wird wieder zur Montagehalle zurückgebracht. Um Reibungshitze zu verringern, ist die Raupenspur breit und der Weg mit Kies ausgelegt.

* die **Shuttle Landing Facility** (= Landebahn für Space Shuttles). Die Bahn ist über 91 m breit und ca. 4,5 km lang. Die Space Shuttle gleitet wie ein Segelflugzeug auf die Bahn hinunter. Dazu ist ein äußerst präzises Landesystem notwendig. Die Sinkgeschwindigkeit einer Raumfähre ist 20 mal höher als die eines Verkehrsflugzeuges: ca. 3 000 m/min sinkt die Space Shuttle. In einer Höhe von 533 m über dem Boden wird das Fahrwerk ausgefahren. Die Landung erfolgt in der Regel computergesteuert und damit automatisch.

2. **Blue Tour**
Auch diese Tour dauert ca. 2 Stunden, ist aber nur für besonders an der Weltraumfahrt interessierte Besucher zu empfehlen. Die Rundfahrt führt:
* zum **Mission Control Center**. Hier wird man per Bild und Ton über die Mercury und Gemini-Projekte informiert.
* zum **Complex 5/6**, wo die ersten bemannten Flüge starteten.
* zum **Air Force Museum** auf dem Militärgelände. Unter Experten gilt dies als ein erstklassiges Ausstellungsareal der verschiedenen Raketen (Atlas, Centaur, Polaris, Titan u.a.).
* zum **Complex 17/36**, von wo aus Wetter- und Kommunikationssatelliten gestartet werden.
* zum **Komplex 14** (Startplatz der Mercury-Flüge) und **Complex 19** (Startplatz der Geminiflüge).

● **Galaxy Center**

Zurück von der Bustour, sollten Sie sich nun dem Galaxy - Center direkt hinter den Kassen zuwenden. Hier gibt es
* eine kostenlose **Multimedia - Show** im Galaxy-Kino. Die z.T. sehr informativen Filme über die Weltraumfahrt wechseln.
* eine **interessante Ausstellung** z. B. eines Flugdecks einer Space Shuttle in natürlicher Größe und ein Mondgelände-Fahrzeug neben weiteren sehr sehenswerten, weltraumbezogenen Exponaten (eine kleine Kunstausstellung über Raumfahrt ist ebenfalls angegliedert).
* das **IMAX-Kino**. Im IMAX-Kino können Sie einen phantastisch gedrehten Film "A dream is alive" (etwa: Ein Traum ist Wirklichkeit geworden) sehen. Beim Start einer Space Shuttle sind Sie von Anfang an dabei. Auf einer fünfstöckig hohen Leinwand erleben Sie den Start einer Raumfähre, aufregende Szenen und Eindrücke vom Flug, herrliche Landschaftsbilder der Erde aus dem Weltall (u.a. Ägäis, Nildelta, Hawaii, Florida...). Auch die Landung einer Shuttle wird eindrucksvoll gezeigt. Der Film dauert eine knappe halbe Stunde.

 Informationen über die Space Shuttle

● *Überblick*

Die Space Shuttle - wörtlich übersetzt Raumpendler - beendet das Wegwerfzeitalter der bemannten Raumfahrt, da sie mehrfach - bis zu 100 mal - wiederverwendbar ist. Die Space Shuttle startet wie eine Rakete, umrundet wie ein Satellit den Globus und gleitet antriebslos wie ein Segelflugzeug auf die Erde zurück.

Beim Start werden zunächst die drei Triebwerke der Shuttle angelassen. Die Raumfähre sitzt huckepack auf zwei Antriebsraketen sowie einem riesigen Tank. Die Feststoff-Raketen, in denen ein Gemisch aus 16 % Aluminiumpulver und 70 % Ammoniumperchlorat verbrannt wird, werden nach ca. 2 Minuten in einer Höhe von ungefähr 50 km abgestoßen. 6 Minuten später wird auch der Riesentank, der die Haupttriebwerke mit flüssigem Brennstoff (flüssiger Sauerstoff und flüssiger Wasserstoff) versorgte, abgesprengt. Beim Rückfall auf die Erde verglüht dieser Tank in den dichteren Schichten der Atmosphäre.

Start der Space Shuttle

Die Shuttle verfügt zusätzlich über kleinere Triebwerke, die mit an Bord befindlichem Treibstoff versorgt werden. Diese Triebwerke bewirken, daß durch einen zusätzlichen Schub der Weltraum erreicht wird. Ebenso dienen sie der Rückkehr aus dem Weltraum, wenn die Shuttle abgebremst wird. Um die Umlaufbahn wieder zu verlassen, auf der die Shuttle mit 28.000 km/h dahinrast, wird der Schwanz der Fähre in Flugrichtung umgedreht, und für 2 ½ Minuten werden die Bremsraketen gezündet. Vom Zeitpunkt des Verlassens des Weltalls ist die Raumfähre antriebslos. In der letzten Phase schwebt die Weltraumfähre auf einem exakt vorberechneten Gleitpfad der Landebahn entgegen. Korrekturen sind nicht mehr möglich. Die Landegeschwindigkeit beträgt ca. 335 km/h.

Beim Wiedereintritt in die Atmosphäre entsteht eine unglaubliche Reibungshitze. Die Außenseite der Shuttle ist deshalb mit über 30.000 Quarzplatten verkleidet. Diese Platten vertragen eine Hitze bis zu 2.000 Grad. Sie haben die phantastische Eigenschaft, Hitze sehr schnell abzugeben. In Versuchen hat man Kacheln, die noch innen glühten, mit bloßen Händen angefaßt. An den Piloten werden sehr hohe Anforderungen gestellt. Die Anforderungen sind vier Mal höher als an die Kommandanten der Apollo-Flüge: Über 1.400 Stunden müssen allein in einem Simulator verbracht werden!

● **Das Shuttle - System**

Die Space Shuttle ist nur ein Teil eines Gesamtkonzeptes. U.a. transportiert die Shuttle das Weltraum-Labor Spacelab. Das Weltraumlabor ist mit dem Cockpit verbunden und bietet bis zu 4 Personen Platz, die wissenschaftliche Experimente durchführen. Die Mitfahrenden sind keine Astronauten, sondern sogenannte "Payload Specialists". Diese Experten können unter den Bedingungen der Schwerelosigkeit beispielsweise Strahlungen des Weltalls messen, die nie durch ein Luftschild dringen. Pharmazeuten können hier Pharmazeutika reiner als auf der Erde herstellen.

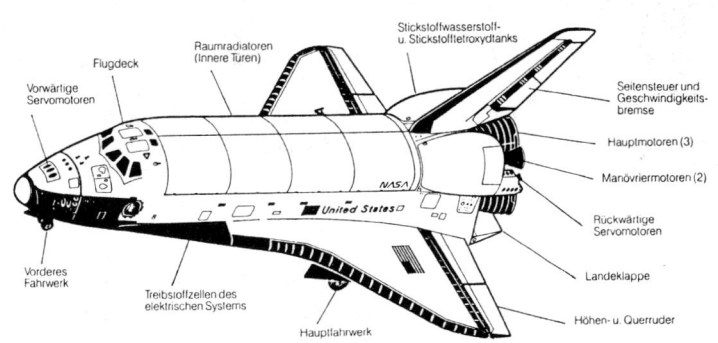

Der erste deutsche Wissenschaftler war der Physiker Ulf Merbold, der 1983 auf der Columbia im Spacelab arbeitete. Das Spacelab (Weltraumlabor) muß man sich als eine Art Container vorstellen, in dem ein Labor untergebracht ist. Dieser Container findet Platz im Bauch der Space Shuttle, denn der Laderaum von 4,6 x 18,3 m ist ja ziemlich groß (Nutzlast der Shuttle: 29 t). Übrigens wurde das Spacelab von der ESA (= European Space Agency) in Kooperation mit der NASA konstruiert.

Die maximale Aufenthaltsdauer einer Space Shuttle beträgt 30 Tage. Allerdings ist eine Verlängerung durch die Ankopplung an eine Solarenergiestation möglich. Die Bauteile dieser Station sollen nach und nach in den Weltraum durch eben diese Shuttles transportiert und erst im All zusammenmontiert werden. Dieser Weltraumtransporter soll es in Zukunft möglich machen, eine große Raumstation aufzubauen. Shuttles können auch defekte Satelliten aufsuchen: Astronauten reparieren diese Flugkörper dann im All (bereits erfolgreich praktiziert - im IMAX-Kino zu sehen!).

● **Das Unglück der Space Shuttle Challenger**

Am 28. Januar erlebte die US-Weltraumfahrt ihren schwärzesten Tag. Der Space Shuttle Challenger explodierte nur 73 Sekunden nach seinem Start in 16 km Höhe. Mit an Bord war die erst 37 Jahre alte Lehrerin Christa McAuliffe. Unter 1.100 Kandidatinnen war sie ausgewählt worden. Ja, und dann geschah das Unfaßbare: es kam zu einer irrsinnigen Explosion. Und auf der Zuschauertribüne mußten der Ehemann, die Kinder und die Eltern dem Desaster zuschauen.

Die Ursachen sind mittlerweile längst geklärt und Verantwortliche gefunden: Eine unvorstellbare Schlamperei hatte das Unglück hervorgerufen. Schuld darin waren simple Dichtungsringe. Am frühen Morgen des Starttages lagen die Temperaturen an der Rampe um minus 10° C, nicht zuletzt wegen der Abstrahlungskälte des auf extreme Temperaturen heruntergekühlten Treibstoffs. Die O-förmigen Dichtungsringe waren nur für wesentlich wärmere Temperaturen geeignet; sie waren bereits geschrumpft und hatten ihre Elastizität eingebüßt. Deshalb trat ein Teil der bis zu 3.000 Grad heißen Gase statt nach hinten zur Seite aus. Hier schmolzen nun die Befestigungsstreben der rechten Zusatzrakete, die bei ihrer Verdrehung den hochexplosiven Treibstofftank leckschlug. 14 km hoch über dem Atlantik konnte Mitastronaut Mike Smith das sich anbahnende Desaster sehen. Ihm blieb nur noch Zeit für ein kurzes "ah, oh...". 73 Sekunden nach dem Start war alles aus: Die Besatzungsmitglieder der Challenger schlugen mit 333.063 km/h auf das Wasser und versanken im 24 m tiefen Meer.
Wie sich später herausstellte, hatte der Ingenieur Roger Boisjoly seine Firma, die Morton Thiokol, welche die Feststoffraketen herstellte, vor den schwachen O-Ringen gewarnt!

Über 2 ½ Jahre wirkte der Schock nach. Die Techniker nutzten die Zeit, die Space Shuttle und ihre Feststoffraketen zu optimieren. Als am 1. Oktober die Discovery zu einem 4-tägigen Flug startete, waren zahlreiche Verbesserungen durchgeführt. Die Firma Morton Thiokol hatte alleine 500 Millionen $ ausgegeben, um die Zusatzraketen zu verbessern.

7.16 VOM KENNEDY SPACE CENTER NACH ORLANDO

7.16.1 ÜBERBLICK

Nur ein "Katzensprung" ist es vom Weltraumbahnhof nach Orlando. Hier können Sie selbst sehen, welche Veränderungen nur eine einzige Maus zu bewirken imstande ist. Walt Disney World mit dem Epcot Center sowie den nachrangigen Themenparks und Attraktionen wie Sea World oder die Universal Studios ziehen wie ein Magnet Millionen von Besuchern an.

7.16.2 TOURISTISCHE HINWEISE

Entfernungen
Kennedy Space Center - Orlando   60
Meilen (= 96 km)

Streckenbeschreibung
Vom Space Center bzw. von Titusville kommen Sie über den Highway 407 South auf den Beeline Express Way 528 West, der nach Orlando führt. Beachten Sie entsprechende Hinweise in der Orlando Area nach Walt Disney World.

Übernachtungen
In und um Orlando gibt es Hunderte von Hotels und Motels entlang der Highways. Für Besucher von Walt Disney World empfiehlt sich, auf dem riesigen Gebiet von Walt Disney World zu übernachten.

Übernachtungen im Gelände von Walt Disney World
Generell sind die Übernachtungen innerhalb des Disney-Komplexes teurer als außerhalb. Allerdings sind diese Übernachtungsmöglichkeiten stets qualitativ hochwertig und ein integrierter Bestandteil des Disney-Komplexes. Wenn man hier wohnt, fühlt man sich weniger als Besucher der Attraktionen. Das alles hat seinen Preis...
Die nachfolgende Tabelle gibt Ihnen eine Übersicht über die Übernachtungsmöglichkeiten im Gelände von Walt Disney World.

Übernachtungen außerhalb von Walt Disney World.
● **Gebiet um den International Drive:** Von hier aus sind es nur 15 Minuten zum Eingang von Walt Disney World. Hotels und Restaurants eher der gehobeneren Kategorie. Sehr zu empfehlen ist z.B. das Ramada Inn; die Preise für ein Zimmer schwanken zwischen 40 $ und 175 $. Empfehlenswert ist auch das Peabody Orlando; teuer.

ÜBERNACHTUNGSMÖGLICHKEITEN IN WALT DISNEY WORLD

Name	Anzahl Ü	Lage	Verbindung	Preis/Nacht
Disney's Contemporary Res.	1 053	um die Seven Seas Lagoon / Bay Lake	Monorail	$ 180 - 720
Disney's Polynesian Resort	855	um die Seven Seas Lagoon / Bay Lake	Monorail	$ 180 - 625
Disney's Grand Floridian Beach Resort	897	um die Seven Seas Lagoon / Bay Lake	Monorail	$ 220 - 720
Disney's Caribbean Beach R.	2 112	an einem See in der Nähe EPCOTs	Shuttle Bus	$ 85 - 104
The Disney Inn	288	Golfplatz, nahe der Attraktionen	Shuttle Bus	$ 175 - 330
Walt Disney World Swan	758	an einer Lagune gelegen	Boot/Bus	$ 180 - 330
Walt Disney World Dolphin	1 509	an einer Lagune gelegen	Boot/Bus	$ 185 - 375
Disney's Fort Wilderness R. and Campground	785 Campingpl. 407 Wohnw.	nahe dem River Country	Boot/Bus	$ 46 - 49 $ 170 - 185
Disney's Port Orleans Res.	1 008	Nähe EPCOT Center	Shuttle Bus	$ 85 - 104
Disney's Village Resort	585	Lake Buena Vista	Bus	$ 175 - 800
Disney's Yacht Club and Beach Club Resorts	1 215	EPCOT Resort Area	Bus	$ 195 - 630
Grosvenor Resort	630	Walt Disney World Village Hotel Plaza	Bus	$ 99 - 360
Buena Vista Palace	1 028	Walt Disney World Village Hotel Plaza	Bus	$ 175 - 290
Hotel Royal Plaza	396	Walt Disney World Village Hotel Plaza	Bus	$ 97 - 404
Howard Johnson	323	Walt Disney World Village Hotel Plaza	Bus	$ 85 - 595
The Hilton	813	Walt Disney World Village Hotel Plaza	Bus	$ 159 - 849
Guest Quarters Suite Resort	229	Walt Disney World Village Hotel Plaza	Bus	$ 139 - 260
Forte Travelodge Hotel	325	Walt Disney World Village Hotel Plaza	Bus	$ 79 - 179
Disney's Dixie Landings Res.	2 048	Nähe EPCOT Cent. Village Hotel Plaza	Shuttle Bus	$ 85 - 104
Disney Vacation Club Res.	Ferienwohnungen	im Disney Village Resort Gebiet	Bus	$ 180 - 750

● Gebiet entlang der von West nach Ost (Highway nach Kissimmee) verlaufenden Straße, südwestlich von Disney World: Hier gibt es besonders viele kleine preiswerte Motels. Die Preise schwanken zwischen 28 $ und 155 $ für ein Zimmer.

● Gebiet entlang der US 441 (Orange Blossom Trail): Besonders in der Kreuzungsgegend mit der Sand Lake Road gibt es nette Hotels und Restaurants. Nur 15 Minuten zum Haupteingang von Disney World. Die Kosten für ein Zimmer schwanken zwischen 33 $ und 99 $.

● Gebiet entlang dem Interstate 4 nordöstlich von Disney World: Zimmerpreise schwanken zwischen 44 und 122 $.

● Stadtmitte Orlando: Halbe Stunde Fahrzeit bis zum Haupteingang. Hier steigen meist Geschäftsleute ab, die Preise sind besonders an Wochenenden relativ günstig.

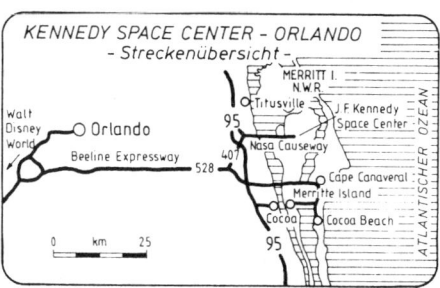

Individuelle Häuser in der näheren und weiteren Umgebung von Orlando

● **in Orlando:**
Fugate House, P.O.Box 2009, Orlando, Fl. 32802, Tel.: (407) 423-8382. Sehr individuelles Haus mit nur 5 Zimmern (nur für Nichtraucher!) - nachmittags gibt's Sherry.

Norment - Parry Inn, 211 N. Lucerne Circle East, Orlando, Fl 32801, Tel.: (407) 648-5188. Das alte restaurierte Haus hat eine sehr private Atmosphäre - nur 6 Zimmer. Zur Begrüßung gibt's Wein.

● **in Winter Park** (½ Autostunde nordöstlich Orlando):
Park Plaza Hotel, 307 Park Ave., South, Winter Park, Fl. 32789, Tel.: (305) 647-1072. Sehr elegantes, kleines Landhotel in einer Kleinstadt, 27 Zimmer.

● **in Mount Dora** (ca. 1 Autostunde nördlich von Orlando):
The Lakeside Inn, 100 South Alexander Street, Mount Dora, Fl. 32757, Tel.: (904) 383-4101. Ein 105 Jahre altes restauriertes Hotel in einem kleinen floridianischen Ort. 87 Zimmer, Swimmingpool, Tennis.

● **in Winter Garden** (½ Autostunde nordwestlich von Orlando):
Meadow Marsh, 940 Tildenville School Rd., Winter Garden, Fl. 32787, Tel.: (407) 656-2064. Altes viktorianisches Haus, schön restauriert.

● **in Kissimmee** (20 Autominuten nach Disney World, südwestlich von Orlando):
The Beaumont House Bed & Breakfast, 206 So. Beaumont Ave., Kissimmee, Fl. 32741, Tel.: (407) 846-7916. Sehr privat, nur 3 Zimmer, Swimmingpool, sehr preiswert (ca. 34 $).

● **in Lake Wales** (ca. 1 Autostunde südlich von Orlando):
Chalet Suzanne Country Inn & Restaurant, US Highway 27 & 17 A, 5 km nördlich von Lake Wales, Fl 33859, Tel.: (813) 676-6011. 30 Zimmer in kleinem "Märchenhäuschen". Alles ist furchtbar kitschig und deshalb schon fast Kunst. Das Restaurant ist über Floridas Grenzen hinweg als Spitzenklasse bekannt (über 15 mal Golden Spoon Winner, ebenfalls stammten einige Speisen für die NASA-Mondflüge aus dieser Küche).

7.16.3 WALT DISNEY WORLD: THE MAGIC KINGDOM

Überblick

Es gibt wohl keine Sehenswürdigkeit auf der Welt, die stärker besucht wird als Walt Disney World südwestlich von Orlando. Jung und Alt kommen hier auf ihre Kosten: Da locken die märchenhaften Kulissen des Magic Kingdom mit seinen perfekten Kulissen, da wetteifert aber auch das Epcot Center mit seinen zum Teil futurologistisch anmutenden Szenerien und dem World Showcase, einer Art Länderdarstellung. Dazu kommen noch die den beiden Komplexen angegliederten Übernachtungsmöglichkeiten. Das gesamte Gebiet gliedert sich wie folgt:

Übersichtstabelle: Walt Disney World		
Vacation Kingdom		**Epcot Center**
Übernachtungen	**Attraktionen im Magic Kingdom**	**Attraktionen im Epcot Center**
Contemporary Resort Hotel, Disney Inn, Carribbean Beach Resort, Polynesian Village Resort, Grand Floridian Beach Resort, Fort Wilderness Campground, World Disney World Village, **Village Hotel Plaza mit den Hotels:** Grosvenor Resort, Buena Vista Palace, Hotel Royal Plaza, Howard Johnson's, The Hilton, Viscount Hotel, Picket Suite Hotel, Walt Disney World, Swan Hotel, Dolphin Hotel, Convention Center	Adventureland Frontierland Fantasyland Tomorrowland Main Street Liberty Square Mickey's Birthdayland	**Future World mit:** Spaceship Earth The Living Seas Universe of Energy World of Motion Journey into Imagination The Land Horizons Wonders of Life **World Showcase mit den Ländern:** Mexico, Norwegen (im Bau), Spanien (im Bau), China, Deutschland, Italien, USA, Japan, Marokko, Frankreich, Großbritannien, Kanada

Einführung

Keine Frage: Disney World ist ein touristisches "Muß", und Jung und Alt kommen an einem Besuch nicht vorbei. Angefangen hat alles 1963: Walt Disney faßte den Entschluß, hier in Mittelflorida den größten Freizeitpark der Welt zu bauen. Die Pläne wurden geheimgehalten, um nicht die Bodenspekulation anzuheizen. 1965 ließ sich aber nichts mehr verbergen, die Grundstückspreise explodierten. Dort, wo ehemals Sümpfe und Orangenhaine das Landschaftsbild bestimmten, tummelten sich nun Bautrupps und Spekulanten. Das von Disney erworbene Gelände, 113 qkm groß, entspricht der doppelten Ausdehnung von Manhattan. Als Disney 1966 einem Krebsleiden erlag, gingen die Projektarbeiten mit über 9.000 Mann weiter. Im Jahre 1967 gestattete das Parlament von Florida den Disney-Leuten, die gesamte Fläche in ein "autarkes Königreich" zu verwandeln. In der Amtssprache liegen Disney World und das Epcot Center im "The Reedy Creek Improvement District". Doch der Marketing-Name Walt Disney Vacation Kingdom ist da griffiger und populärer. Innerhalb des Reedy Creek-Districts liegen zwei Ortschaften, Bay Lake und Lake Buena Vista. In beiden Orten residieren eigene Bürgermeister, die von 22 wahlberechtigten Bürgern gewählt werden und einer eigenständigen Gemeindeordnung unterliegen. Sogar eine eigene "Währung" ist im Umlauf, der Disney-Dollar (entspricht 1 US $), auf dessen Scheinen uns Mickey Mouse begegnet.

Kinderattraktion: Dumbo, the flying elephant

Am 10. Oktober 1971 öffnete Disney World seine Pforten. In seinen Ausmaßen und Attraktionen schlug es von Anfang an sein kalifornisches

Pendant Disney Land: In Anaheim, einem Stadtteil von Los Angeles, gab es keine Expansionsmöglichkeiten mehr.

So bleibt man zusammen!

Skeptiker bezweifelten, daß die erwarteten Besucherströme nach Walt Disney World kommen würden. Sie wurden auf der ganzen Linie widerlegt: In den ersten 15 Jahren verzeichnete Disney World 240 Millionen Besucher - keine andere Touristenattraktion auf der Welt kann solche Zahlen vorweisen. Seit der Eröffnung von Epcot strömen etwa 27 Millionen Besucher in die ehemals gottverlassenen Gebiete Mittelfloridas. Und das alles wegen einer Maus! Auch die Deutschen haben kräftig zugelegt: man schätzt ihren Anteil auf etwa 160.000 Besucher im Jahr. Und es gab bislang einen absoluten Besucherrekord: den 29. Dezember 1986 mit 148.000 Menschen!

Disney World hat Zentralflorida nachhaltig verändert. Seit der Eröffnung stieg die Bewohnerzahl hier um knapp 60 %. Skeptiker betonen die Negativseiten: da sind der wild um sich greifende Hotelboom, der stetig wachsende Verkehr, steigende Kriminalität. Doch man kann es auch anders sehen: Hier ist eine umweltfreundliche, saubere und gewinnbringende Freizeitindustrie entstanden, die heute je nach Saison 17.000 - 22.000 Menschen Arbeit gibt. Außerdem sind in der Nähe Orlandos weitere Fun-Parks entstanden so z.B. Sea World und Wet'n Wild, um nur zwei zu nennen. Gemeinsam mit den unzähligen Hotels, Motels, Restaurants und Fast-Food-Ketten wurden weitere Zehntausende von Arbeitsplätzen geschaffen.

Die Walt Disney Company hat es verstanden, so weit wie möglich schonend mit der Landschaft umzugehen und die Infrastruktur human zu gestalten:

● Angenehm fällt dem Besucher auf, daß es im Bereich des "Königreiches" **keine Reklameschilder** gibt, die entlang der anderen US-Highways die Landschaft so verschandeln.
● 1/3 der Gesamtfläche von Disney World ist zum **Naturschutzgebiet** erklärt.
● Im gesamten Gebiet von Walt Disney World wird **kein Tropfen Benzin** verbrannt.
● Alle Ver- und Entsorgung findet **unterirdisch** statt.
● **Aus dem** in immensen Ausmaßen anfallenden **Abfall wird Energie gewonnen.**
● Es gibt **keine Überland-Leitungen**, die die Landschaft optisch verschandeln.

● Alle **Abwässer werden biologisch gereinigt** und dienen u.a. der Berieselung einer Baumschule. Die hier angepflanzten Eukalyptus-Bäume wachsen pro Jahr um 30 cm !

● Jährlich durchgeführte Infrarot-Aufnahmen von Satelliten helfen bei der **Früherkennung von Umweltschäden.**

● Die **Formgebung** auch noch so alltäglicher Einrichtungen wie z.B. Mülltonnen wurde **Designern** übergeben.

Monorail in der Lobby des Contemporary Hotels

● Die **Nahtransportmittel** sind in der Lage, reibungslos über 100.000 Besucher am Tage zu befördern. Die 12 km lange Monorail überbrückt auf Pfeilern das Gelände. Sie gleitet äußerst geräuscharm und durchfährt sogar die Lobby des Contemporary Hotels, ohne die Gäste zu stören... (Ein Wink an so manchen Nahverkehrsexperten, der auf den teuren und zeitraubenden U-Bahn-Bau schwört und die Verkehrsprobleme unserer Städte eskalieren läßt...).

● Trotz der vielen Tausend Besucher, die zudem auch noch geballt morgens mit ihren PKWs oder Trailern dem Haupteingang zuströmen, gibt es **keine Staus und keine Parkprobleme**: Eine lückenlose Einweisung und optimale Parkplatz-Zuweisung durch Angestellte funktionieren reibungslos. Vom Parkplatz wird man dann mit einem kleinen Bähnchen zum Eingang gebracht. Eine Lösung von Verkehrsproblemen, unter denen unsere Großstädte stöhnen, wird hier erfolgreich praktiziert!

Die Kritiker halten vor, daß in Disney World die heile Welt vorgegaukelt wird. Die Plastikkultur sowie der Glaube an Fortschritt, technische Machbarkeit und an das Gute sei nichts anderes als eine Flucht aus der konfliktträchtigen Gegenwart und bedrohlichen Zukunft. Disney World, so weiter, sei letztlich eine Art Spiegelbild der naiven amerikanischen Seele und erfülle eine "Eskapismus-Funktion", d.h. es verhelfe den Menschen zur Flucht vor der rauhen Wirklichkeit.

Tatsächlich entspricht dies weitgehend der Leitidee von Walt Disney: Der Besucher sollte seinen Alltag vergessen und sich in einer Welt voller Freundlichkeit und Harmonie wohl fühlen. Und wie so oft bei Amerikanern wurde aus diesem Traum Walt Disneys etwas Übergeordnetes, eine Art Mission. Disney World als Prototyp einer freundlicheren, humaneren und damit menschlicheren Gesellschaft? Sicherlich trifft das zumindest teilweise zu. Jedem Städteplaner müßte geraten werden, sich einmal hier umzusehen und die eine oder andere Idee aufzugreifen. Nicht nur der fußgängerfreundliche Wegbelag ist eine Übernahme wert...

In den vergangenen Jahren gab es zumindestens in bestimmten Jahreszeiten eine Stagnation der Besucherzahlen. Skeptiker sprachen schon von einer "Götterdämmerung" der Fun-Parks. Vielleicht, so meinten sie, ist die passive Auslegung der Vergnügungen zu stark. Nur sehen und berieselt werden sei vielleicht doch "out". Doch keine Sorge! Längst hat das absolut profitorientierte Disney - Management den Trend der Zeit zu mehr aktivem Vergnügen, zur Selbstgestaltung erkannt. Nur ein Beispiel: Ab Frühjahr 1989 wird der Schwimmpark "Typhoon Lagoon" eröffnet: Über 9 riesige Wasserrutschen reizen ebenso zu Mutproben wie das größte künstliche Surfbecken der Welt mit Wellen bis zu 2 Metern!

Walt Disney - der Vater der Mickey Mouse

Walt Elias Disney wurde am 5.12.1901 in Chicago geboren. Er war das vierte von fünf Kindern. Sein Vater war ein energiegeladener Mensch, was sich scheinbar auf Walt - der eigentlich Walter hieß - übertrug: er war ein sehr religiöser, strenger Bauer, später Zimmermann und Bauunternehmer. Walt verbrachte seine Kindheit auf einer Farm in Marceline/Missouri. Und schon

als kleiner Knirps zeichnete er gerne. Doch die Farmerei brachte immer weniger Geld ein, die Familie zog zunächst nach Kansas City, wo der Vater einen Zeitungsvertrieb übernahm, dann aber wieder nach Chicago. Mit 16 Jahren illustrierte Walt eine Schülerzeitung und besuchte abends Zeichenkurse. Nach einem kurzen Intermezzo auf dem europäischen Kriegsschauplatz (1918 in Frankreich als Angehöriger des Roten Kreuzes) kam er zurück in die Staaten, allerdings wartete eine herbe Enttäuschung auf ihn: Seine Freundin hatte geheiratet, ihn dies allerdings nicht wissen lassen. Sein Vertrauen zu Frauen blieb fortan gebrochen.

Walt Disney

In den weiteren Jahren lebte er mehr schlecht als recht als relativ glückloser Illustrator, gründete mit einem holländischen Zeichner eine Firma, verließ diese aber, als ihm die Kansas City Film Ad Company einen neuen Job anbot.

Walt stieg in die Zeichentrick-Filmerei ein, die zwar schon erfunden war, die er aber entschieden verfeinerte. Bislang nämlich stellte man Figuren her, deren Glieder beweglich waren. In jedem Stadium einer Bewegungsphase, die man fein elementarisierte, fotografierte man die Figur. Doch der daraus entstandene Film gefiel nicht sonderlich durch die doch sehr ruckartigen Bewegungen. Disney verfeinerte das Verfahren, indem er dazu überging, jede einzelne, kleinste Bewegungsphase zu zeichnen. Daraus ergaben sich im Filmverlauf viel harmonischere Bewegungen: den Zeichenfiguren wurde so Leben eingehaucht.

Walt Disney gründete 1922 ein eigenes Unternehmen, das Zeichentrickfilme produzierte. Sein Bruder Roy betreute die finanzielle Seite der Firma. Doch man ging bankrott, obwohl man ganz lustige Werbestreifen drehte, die beim Publikum gut ankamen: Der New Yorker Filmverleiher zahlte einfach nicht.

Walt zog an die Westküste, doch hier war man an Zeichentrickfilmen nicht interessiert. Trotzdem gelang ein entscheidender Schritt: Ein New Yorker Filmverleih kaufte Zeichenfilme der Alice-Serie für 1 500 $ / Stück.

Audienz bei Mickey Mouse

Walt heiratete 1925 Lillian Bounds. "Lilly" war Tuscherin in seiner Firma, sie füllte die Rohzeichnungen mit Tusche aus. 1927 schlug die Geburtsstunde der Maus, die die Welt verändern sollte: man nannte sie zunächst Mortimer, doch Lilly erfand einen griffigeren Namen: Mickey Mouse. Nun begann allmählich der Erfolg. Mickey Mäuse wurden zu einem gefragten Publikumsliebling. Ohne einen Disney-Vorfilm in den Kinos vor der Hauptvor-

stellung lief nichts. Und schon 1933 floß reichlich Geld in die Kassen: Über 5 Millionen $ für Mickey Mouse, Donald Duck, Pluto- und Goofy - Filme. Die Filme wurden technisch immer mehr perfektioniert, 1935 landete Disney mit "Schneewittchen und den sieben Zwergen" einen Bombenerfolg (Einnahme: 45 Mill $!).

Der zweite Weltkrieg brachte den großen Einbruch, da aus Europa kein Geld mehr floß. Der Firma drohte der Bankrott, nur eine Umwandlung in eine Aktiengesellschaft konnte den Ruin abwenden. Walt Disney war tief deprimiert. Nach dem 2. Weltkrieg, als die Einnahmen aus dem Europa-Geschäft wieder anstiegen, drehte Disney einige hervorragende Dokumentarfilme:

* *Die Wüste lebt (1953)*
* *Wunder der Prärie (1954)*
* *20.000 Meilen unter dem Meer (1955).*

Seine Persönlichkeit wurde von seinem Lebensweg geprägt: Zunehmend ließ ihn der Erfolg arrogant werden, er trank viel und wurde politisch immer konservativer. Allmählich reifte seine Idee, einen Vergnügungspark zu kreieren, wo man seine Zeichentrickfilm-Figuren anfassen konnte. Sein Bruder Roy und die Aufsichtsräte der Disney Productions wollten diesen Ideen aber nicht folgen und verschlossen sich dem Vorschlag, einen Fun Park zu gründen. So gründete Walt Disney ein eigenes Unternehmen, Disneyland in Los Angeles (Anaheim) wurde gebaut - und zum Bombenerfolg.

Die weitere Geschichte ist eine amerikanische Erfolgsstory wie aus dem Bilderbuch:
Anfang der 60er Jahre reifte bei Walt Disney die Idee, einen ähnlichen, aber viel größeren Vergnügungspark in Florida zu bauen. Hier wollte er auch seinen Traum von einer "Zukunfts-Gemeinde" realisieren, dem späteren Epcot (Experimental Prototype Community of Tomorrow). Er dachte an eine menschenwürdige Modellstadt, wo es keine Ernährungs- und Umweltprobleme gab.

Doch die Ausführung der Florida-Pläne von Disney World konnte er nicht mehr erleben. Am 7. November wurde der Kettenraucher an Lungenkrebs operiert, er starb am 15. Dezember 1966.

Die Geschäfte führte sein Bruder Roy weiter, doch er besaß nicht die Genialität seines Bruders. Die Firma wurde zunehmend von geschulten Managern und einberufenen Aufsichtsräten verwaltet. Der professionell geplante Erfolg blieb nicht aus: zwar ist Epcot nicht das geworden, was Walt Disney vorschwebte. Es ist aber eine Geldmaschine, welche die Aktionäre befriedigt.

Praktische Besuchertips

Öffnungszeiten
Nach den aktuellen Öffnungszeiten sollten Sie sich bei Ihrer Ankunft unter der folgenden Nummer erkundigen: (407) 824 - 4321.

Eine "geschaffte" Mutter

Es gibt generell keine konstanten Öffnungszeiten. Vielmehr richtet man sich nach dem erwarteten Besucherstrom. Wichtig zu wissen ist es, daß man die Besucher schon **v o r** der offiziellen Öffnungszeit hineinläßt (also statt offiziell um 09.00 h schon um 08.00 - 08.30 h). Auf jeden Fall kann man dann schon das Gebiet der Main Street im Magic Kingdom besuchen, die anderen Attraktionen öffnen dann etwas später. Wichtig: Sie haben in diesem Falle schon einen Vorsprung vor den "Massen", die sich an die Öffnungszeiten gehalten haben. Mein Rat: Kommen Sie nach Disney World oder Epcot 1-1 ½ Stunden vor der offiziellen Öffnungszeit. Die Schließzeiten werden dagegen genau eingehalten.

Optimale Besuchszeiten
Florida hat zwei Saisonzeiten:
Wintersaison: von Mitte Dezember bis Ostern
Sommersaison: ("family saison" = Familiensaison) von etwa Mitte Juni bis Ende August.

Absolute Besuchsspitzen verzeichnen Disney World und Epcot um Weihnachten - Neujahr herum.
Die Besucherdichte der einzelnen Attraktionen unterliegt Schwankungen, da in den Sommerferien Familien mit Kindern unterwegs sind und die

kindgemäßen Attraktionen entsprechend größeren Andrang zu verzeichnen haben. Starken Besucherandrang gibt es außerdem in Zeiten von Raketenabschüssen in Cape Canaveral, während Autorennen oder anderen Großveranstaltungen.
Die besucherärmsten Tagen sind generell die (seltenen) Regentage. Die günstigsten Besuchszeiten sind Mitte April bis Anfang Juni und September bis Mitte Dezember. Am wenigsten Besucher gibt es nach dem Thanksgiving Wochenende bis eine Woche vor Weihnachten.

Die **besucherärmsten Tage** - statistisch gesehen - sind:	Die **besucherstärksten Tage** - statistisch gesehen - sind:
1. Freitag 2. Sonntag 3. Samstag (Sommer) 4. Donnerstag	1. Montag 2. Dienstag 3. Mittwoch

● **Anfahrt**

* **Anfahrt von Orlando:** Interstate 4 - Abzweigung auf die US 192, dann auf den World Drive, von hier entweder den Schildern zu Walt Disney World oder Epcot Center oder den anderen Gebieten folgen.
* **Wenn Sie von Norden auf dem Turnpike kommen:** Nehmen Sie die Abfahrt von Clermont, folgen Sie der US 27 nach Süden und biegen Sie dann in die US 192 ein. Von hier aus gibt es entsprechende Beschilderung.
* **Wenn Sie von Süden auf dem Turnpike kommen:** Biegen Sie auf den Interstate 4 West ab und benutzen Sie die Abfahrt am Epcot Center Drive.
* **Wenn Sie von Westen auf dem Interstate 4 kommen:** Benutzen Sie die Abfahrt zur US 192 Nord(west).

● **Parken**

Aufgrund einer optimalen Verkehrsleitung gibt es keine Parkprobleme. Vom Parkplatz holt Sie direkt ein kleines Bähnchen ab, das Sie zum Transportation and Ticket Center bringt. Wichtig: Schreiben Sie sich Ihre Parkplatzkennzeichnung auf!
Wenn Sie nur das Epcot-Center besuchen wollen, dann fahren Sie direkt zu den dortigen Parkplätzen. Sie können, falls Sie Magic Kingdom und Epcot an einem Tage besuchen wollen, auf beiden Parkplätzen parken: Epcot und Magic Kingdom sind durch die Monorail verbunden.

● **Tickets, Preise und der Weg zum Magic Kingdom**

Die Tickets für das Magic Kingdom und für das Epcot Center erhalten Sie im Transportation and Ticket Center. Die Eintrittspreise unterliegen ständigen Veränderungen - nach oben. Sie müssen mit folgenden Ausgaben rechnen (zuzüglich Steuer):

* **1 - Day - Ticket** (Tageskarte): Entweder für Magic Kingdom, Disney-MGM Studios oder EPCOT Center: etwa 35 $, Kinder (3 - 9 Jahre) 30 $
* **4 - Day - World Passport:** Die 3 Parks Magic Kingdom, Disney-MGM-Studios sowie EPCOT Center können beliebig oft besucht werden, Transport eingeschlossen, ca. 120 $, Kinder (3 - 9 Jahre) 95 $
* **5 - Day - World Passport:** 3 Parks (wie oben) sowie River Country, Typhoon Lagoon, Discovery und Pleasure Island, ca. 155 $, Kinder 125 $

Es empfiehlt sich, bei einem geplanten Besuch von Magic Kingdom und EPCOT Center den 4 - Day - World Pass zu kaufen, da man zwischen den

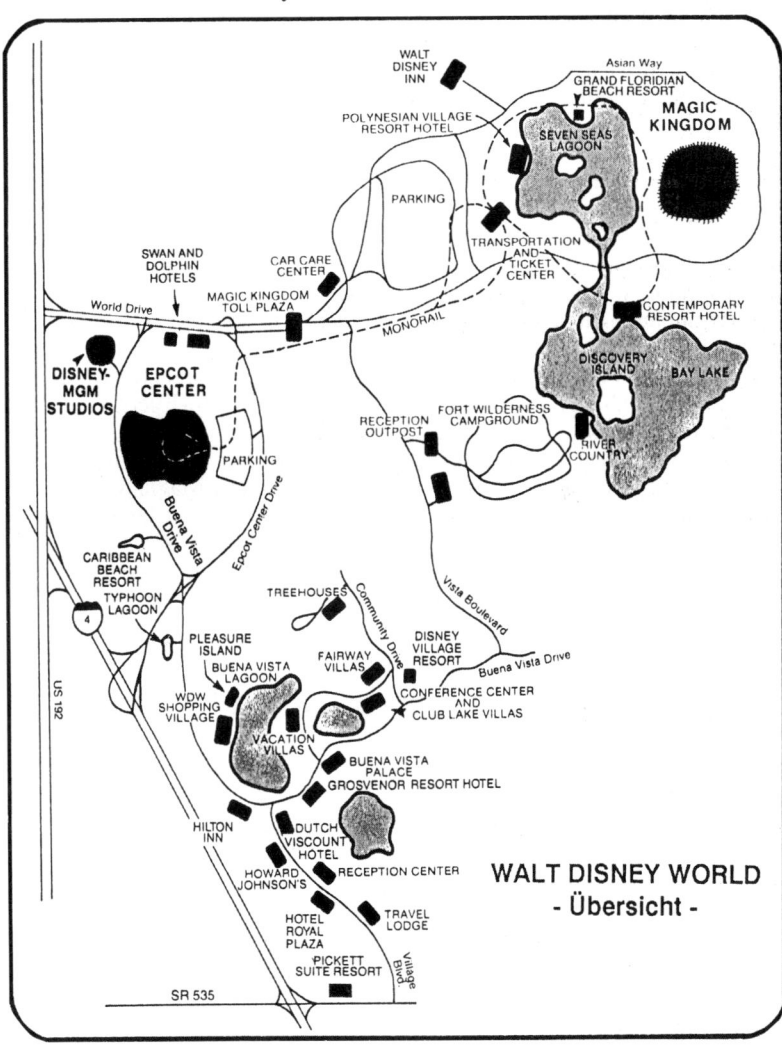

WALT DISNEY WORLD
- Übersicht -

beiden Attraktionen pendeln kann und flexibler in der Tagesgestaltung ist. Wichtig: Man muß einen mehrtägigen World Pass nicht an nachfolgenden Tagen benutzen - Pausen sind erlaubt!

● **Sonstige Tips für den Besuch**

* Zur **Zeitplanung**: Am besten, Sie nehmen sich für das Magic Kingdom 2 Besuchstage vor (+ 1 Tag für Epcot).
* Lassen Sie sich am Eingang eine **Orientierungskarte** geben.
* Achten Sie auf die **Kodak Photo Spots**: Dies sind ideal ausgesuchte Stellen, um gute Fotos zu schießen (Zeichen: rotes Quadrat mit einem weißen Punkt).
* Tragen Sie **bequeme Schuhe.**
* Nehmen Sie ein **Sonnenschutzmittel** mit, da man manchmal sehr lange in der Sonne stehen muß.
* **Frühstücken Sie reichlich**, damit Sie nicht gerade zur Mittagszeit 12.00 - 14.00 h, wenn alles voll ist, Hunger haben.
* **Rollstühle sowie Kinderwagen** sind am Eingang vorhanden.
* Begeben Sie sich nicht in den Streß, unbedingt alles sehen zu müssen (das schaffen Sie sowieso nicht). Fertigen Sie eine eigene **Liste der Sehenswürdigkeiten** an, die Sie interessieren.
* Vereinbaren Sie auf jeden Fall einen **gemeinsamen Treffpunkt und Treffzeit**, wenn Sie sich aus den Augen verlieren.
* **Besuch mit Kindern:** Die meisten Attraktionen im Magic Kingdom sind erst für Kinder ab ca. 8 Jahren interessant. Der Besuch vom Epcot Center mit seinem mehr belehrenden Charakter interessiert erst Kinder ab 10 Jahre. Pädagogisch besser ist es, mit dem für Kinder eher langweiligen Epcot Center zu beginnen und danach erst das motivierendere Magic Kingdom zu besuchen. Stellen Sie sich auf Quengeln ein, denn die oft langen Warteschlangen sind für Kinder doppelt so langweilig wie für Sie. Ratsam: bei Kleinkindern sollten Sie Ihrem Sprößling ein Namensschild verpassen - das erleichtert das Wiederfinden.
* **Schließfächer** finden Sie am Eingang.
* Für Familien: **Scherenschnitt-Portraits** in der Shadow Box auf der Mainstreet machen lassen.
* Unbedingt schönes Souvenir: Ein **Foto mit der Mickey Mouse.**

Attraktionen im Magic Kingdom

Die Orientierung im Magic Kingdom ist leicht:

Die Hauptstraße - die **Main Street** - (Geschäfte, Kino, Bus- und Autofahrten) im Stil der Jahrhundertwende endet an einem Verteiler, von dem aus Wege in die 5 "Gebiete" abzweigen. Geradeaus erblicken Sie das Wahrzeichen, das dem Schloß Neuschwanstein nachempfundene Cinderella Castle. Im Uhrzeigersinn schließen sich die 6 Gebiete des Magic Kingdom an:

Adventureland	Liberty Square	Mickey's Birthdayland
Frontierland	Fantasyland	Tomorrowland

MAGIC KINGDOM

Die Sehenswürdigkeiten der einzelnen "Länder" entnehmen Sie bitte den Übersichtstabellen auf den nachfolgenden Seiten.

Die meisten Überseebesucher dürften wohl nicht mehr als einen Tag zur Verfügung haben, um die Sehenswürdigkeiten des Magic Kingdom zu erleben. Deshalb heißt die oberste Devise: auswählen!

ATTRAKTIONEN IM MAGIC KINGDOM

Gebiet	Attraktion	Kurzbeschreibung	Beste Besuchszeit	Wartezeit	Dauer
MAIN STREET (Straße im Stil der Jahrhundertwende)	*Walt Disney Railroad*	Alte Dampflok-Eisenbahn nach Western Art	nach 11 h	je 100 Leute 8 Minuten	20 Minuten /Gesamt-rundfahrt
	The Walt Disney Story	Rückblick auf die Erfolgsgeschichte von Walt Disney	wenn es heiß ist oder sonst überall voll ist	10 Minuten	23 Minuten
	Main Street Cinema	Kino mit alten Filmen und Disney Cartoons	immer möglich	keine	läuft ständig "rund"
ADVENTURE-LAND (Abenteuer-land)	*Swiss Familiy Tree House*	Baumhaus auf einer "Robinsoninsel"	vor 11.30 h und nach 17 h	je 100 Leute 7 Minuten	12-15 Minuten
	Jungle Cruise	Bootsfahrt durch einen Dschungel mit wasserspeienden Elefanten etc.	vor 11 h oder 2 Stunden vor Schluß	je 100 Leute 3 ½ Minuten	9 Minuten
	Pirates of the Carribean	Piraten der Karibik, Bootsfahrt	zwischen 11.30 h und 16.30 h	je 100 Leute 1 ½ Minuten	8 Minuten
	Tropical Serenade	Audio-Animatronische Vögel, Blumen, viel Musik	vor 11 h und nach 15.30 h	ca. 15 Minuten	16 Minuten
FRONTIERLAND (Wildwest-Land)	*Big Thunder Mountain Railroad*	Achterbahn mit guten Effekten	vor 11 h oder nach 17.30 h	je 100 Leute 2 ½ Minuten	4 Minuten

Gebiet	Attraktion	Kurzbeschreibung	Beste Besuchszeit	Wartezeit	Dauer
FRONTIERLAND (Wildwest-Land)	*Diamond Horse-shoe Revue*	Tanzchor mit Gesang	Reservierung im Hospitality House, Main Street	—	30 Minuten
	Country Bear Jambotree	Country Music mit "automatischen" Bären	vor 12 h oder 2 Stunden vor Schluß	sehr lange, etwa 30-60 Minuten	15 Minuten
	Tom Sawyers Island /Fort Sam Clemens Frontierland Shootin' Gallery	Tom Sawyer Insel Schießstand	Vormittag bis später Nachmittag immer, 25 c/Spiel	man geht einfach durch —	— —
LIBERTY SQUARE (Platz der Freiheit)	*Hall of Presidents*	Audio-Animatronische Figuren der	vor 12 h oder nach 16 h Präsidenten	relativ gering	23 Minuten
	Liberty Suqare Riverboat	Mississippi-Raddampfer	vor 12.30 h oder nach 15.30 h	10-15 Minuten	17 Minuten
	Haunted Mansion	Spukschloß mit Geistern	vor 11.30 h oder nach 15.30 h	je 100 Leute 2 ½ Minuten	9 Minuten
	Mike Fink Keelboats	Keilboot-Tour	vor 11.30 h oder nach 17 h	je 100 Leute 15 Minuten	10 Minuten
FANTASYLAND (Phantasieland)	*It's a Small World*	Puppen singen u. tanzen, während man Boot fährt	zwischen 11 h und 17 h	je 100 Leute 2 Minuten	11 Minuten
	Skyway to To-morrowland	Seilbahn ins Zukunftsland	vor 12 h	je 100 Leute 10 Minuten	5 Minuten

Gebiet	Attraktion	Kurzbeschreibung	Beste Besuchszeit	Wartezeit	Dauer
FANTASYLAND (Phantasieland)	*Peter Pan's Flight*	P. Pan's Flug	vor 11.30 h nach 17 h	je 100 Leute 6 Minuten	3 Minuten
	Magic Journeys	3-dimensionaler Film	Mittag bis 16 h	ca. 10 Minuten	16 Minuten
	Cinderella's Golden Carrousel	Pferdekarussell	vor 11 h oder nach 17 h	je 100 Leute 5 Minuten	2 Minuten
	Mr. Toad's Wild Ride	Mit einem Oldtimer durch London	vor 12 h oder nach 17 h	je 100 Leute 6 Minuten	2 ½ Minuten
	Snow White's Scary Adventures	Reise zu Schneewittchen	vor 11.30 h und nach 17 h	je 100 Leute 6 ½ Minuten	2 ½ Minuten
	20 000 leagues under the sea	20 000 Meilen unter dem Meer (U-Boot-Reise)	vor 10 h oder eine Stunde vor Schluß	je 100 Leute 8 Minuten	8 ½ Minuten
	Dumbo, the Flying Elephant	Karussellfahrt auf Elefanten	vor 11 h oder nach 17 h	je 100 Leute 20 Minuten	1 ½ Minuten
	Mad Tea Party	verrückte Fahrt in großen Teetassen	vor 11.30 h und nach 17 h	je 100 Leute 8 Minuten	1 ½ Minuten
MICKEY'S BIRTH- DAYLAND (Mickey's Geburtstagsland)	*Mickey's Surprise Party*	Mickey's Überraschungsparty mit Disney-Figuren (Musikkomödie)	zwischen 11 h und 17 h	ca 10 Minuten	16 Minuten
TOMORROW- LAND (Zukunftsland)	*Space Mountain*	Achterbahn im "Weltall"	direkt ganz früh oder 18-19 h	100 Leute 3 Minuten	3 Minuten

Gebiet	Attraktion	Kurzbeschreibung	Beste Besuchszeit	Wartezeit	Dauer
TOMORROW-LAND (Zukunftsland)	Grand Prix Raceway	Rennstrecke mit Miniaturwagen	vor 11 h und nach 17 h	je 100 Leute 4½ Minuten	4 Minuten
	Skyway to Fantasyland	Seilbahn zum Phantasieland	vor 12 h, während der Parade	je 100 Leute 10 Minuten	5 Minuten
	Starjets	Flugzeug-Karussell	vor 11 h oder nach 17 h	je 100 Leute 13 Minuten	1½ Minuten
	WEDway People Mover	Waschzuber-Reise	11.30 h - 16.30 h	je 100 Leute 1½ Minuten	10 Minuten
	Carrousel of Progress	Audio-animatronische Vorstellung v. techn. Erfolgen	11.30 h - 16.00 h	mehr als 10 Minuten	18 Minuten
	Dreamflight	über die Luftfahrt, Gegenw. u. Zukunft	11.30 h - 16.30 h	je 100 Leute 2½ Minuten	4½ Minuten
	Circle Vision 360	Reise durch Amerika im 360 ° Kino	11.30 h - 16.00 h	mehr als 10 Minuten	20 Minuten
	Mission to Mars	Reise zum Mars	11 h - 16.30 h	mehr als 10 Minuten	12 Minuten

Tagesplan für Erwachsene:

1. Kommen Sie mindestens **1 Stunde vor der offiziellen Öffnungszeit** an.
2. Fahren Sie statt mit der Fähre (was gemütlicher wäre), vom Transportation and Ticket Center, wo Sie Ihre Tickets erstanden haben, direkt mit der **Monorail zum Magic Kingdom.**
3. Holen Sie sich an der City Hall einen **Plan über die aktuellen Tagesprogramme.** Im Hospitality House lassen Sie sich für die Vorstellung um 12.15 h im Diamond Horseshoe Jamboree vormerken.

Architektur wie in einer mittelalterlichen deutschen Stadt:

Fantasyland

4. Eilen Sie nun zunächst zum **Space Mountain.** Falls Ihnen die sehr rasante Fahrt nicht gefallen sollte, können Sie in der gleichen Zeit zu den 20.000 Leagues Under the Sea gehen.

5. Wenn Sie im Space Mountain waren, nun zu den **20.000 Leagues Under the Sea** in Fantasy Land gehen.

6. Nun zu den **Snow White's Scary Adventures** (Reise zu Schneewittchen und den 7 Zwergen).

7. Anschließend in Fantasyland zum **Peter Pan's Flight** gehen.

8. Verlassen Sie Fantasyland durch das Schloß und wenden Sie Ihre Schritte zum Adventureland. Unternehmen Sie nun den **Jungle Cruise.**
9. Nach dem Jungle Cruise gehen Sie nach links ins Frontierland und fahren Sie mit der **Big Thunder Mountain Railroad.**
10. Besuchen Sie nun den **Country Bear Jamboree.** Allerdings ist diese Show mit viel Country Music nur für diejenigen schön, die genügend Englisch beherrschen.
11. Gehen Sie nun nach links zum Liberty Square und besuchen Sie das Spukschloß "**The Haunted Mansion**".

12. Bald beginnt die von Ihnen bereits morgens vorreservierte, **Diamond Horseshoe Revue** (12.15 h).
13. **Lunch** können Sie nun in Diamond Horseshoe oder in der Liberty Tree Tavern einnehmen.
14. Gehen Sie zum Liberty Square und schauen Sie sich die **Hall of Presidents** an.
15. Gehen Sie nach Adventureland, um die **Pirates of the Caribbean** zu erleben.
16. Gehen Sie nun nach links, dann kommen Sie ins Frontierland. Fahren Sie von hier mit der Walt Disney World Railroad zu **Mickey's Birthdayland**.
17. Gehen Sie von hier aus nach Fantasyland und besuchen Sie die **Magic Journeys**.
18. In Fantasyland suchen Sie "**It's a Small World**" auf.
19. Fahren Sie nun mit dem Skyway (falls nicht zu viel Andrang) zum Tomorrowland und sehen Sie sich "**Dreamflight**" der Delta Airlines an.
20. In Tomorrowland anschließend Fahrt im **WEDway People Mover**.
21. Weiter geht's zum **Carroussel of Progress** (auch in Tomorrowland).
22. Nun unternehmen Sie die "**Mission to Mars**" (Eingang Tomorrowland).
23. Gegenüber liegt das 360-Grad-Kino, wo der herrliche Film "**American Journeys**" gezeigt wird.
24. Falls Sie nun noch Zeit übrig haben sollten, besuchen Sie einige der Attraktionen, die Sie auslassen mußten.

Tagesplan für Eltern mit Kindern im Alter von 4 - 8 Jahren:

Dieser Tagesplan ist sozusagen ein Kompromiß zwischen den Interessen der Eltern und kleinerer Kinder. Beachten Sie den Müdigkeitsgrad und das Interesse der Kleinen. Mein Vorschlag ist eher als ein Optimum zu verstehen, nicht als ein Muß. Verweilen Sie länger, wenn es den Kindern Spaß macht und lassen Sie lieber etwas aus. Am besten wäre es, diesen Plan auf zwei Tage zu verteilen:

1. Kommen Sie mindestens ½ - 1 **Stunde vor der offiziellen Öffnungszeit** an.
2. Benutzen Sie vom Transportation and Ticket Center die **Monorail**.
3. Betreten Sie den Park. An der City Hall sollten Sie sich über das **aktuelle Tagesprogramm** informieren. Im Hospitality House reservieren Sie für 12.15 h Plätze für Diamond Horseshoe Jamboree.
4. Nun schnurstracks zu den **20.000 Leagues Under the Sea**.

5.   Anschließend in Fantasyland **Mr. Toad's Wild Ride.**
6.   Weiter in Fantasyland zu **Snow White's Scary Adventures.**
7.   Auch in Fantasyland: **Peter Pan's Flight.**
8.   Ebenfalls im Fantasyland: **Dumbo the Flying Elephant.**
9.   Nun wechseln Sie ins Adventureland und nehmen am **Jungle Cruise** teil.
10.   Vom Jungle Cruise zum Frontierland, hier Fahrt mit der **Big Thunder Mountain Railroad** (bei zu kleinen Kindern bitte nicht, da die Kleinen zuviel Angst bekommen).
11.   Weiter in Frontierland zu **Country Bear Jamboree.**
12.   Nun zum Liberty Square und hier zum **Haunted Mansion.**
13.   Bald beginnt jetzt die vorreservierte Vorstellung bei **Diamond Horseshoe Jamboree.** Je nach Zeit entweder vorher Lunch in der Liberty Tree Tavern oder nachher in der Adventureland Veranda.
14.   Gehen Sie die rechte Passage vom Diamond Horseshoe zurück nach Adventureland. Hier Besuch des **Swiss Family Treehouse.**

15.   Weiter in Adventureland zu den **Pirates of the Carribbean.**
16.   Nun nach Frontierland. Hier besuchen Sie **Tom Sawyer Island.** Das hier ist eine ideale Tummelwiese für Ihre Kinder. Je nach Ermüdungsgrad sollten Sie nun im weiteren Plan entweder fortfahren oder die interessantesten Stellen besuchen.
17.   Mit dem Floß zurück von Tom Sawyer Island zur Frontierland Railroad Station. Nehmen Sie nun die Walt Disney World Railroad zu **Mickey's Birthdayland.**
18.   Steigen Sie bei Mickey's Birthdayland aus. Besuchen Sie hier **Mikkey's Surprise Party** - Eingang durch das Mickey-House - weiter zu **Grandma Duck's Petting Farm.**

Disneys "lebendige Figuren" begeistern Kinder

19.   Nun hinüber zu Fantasyland. Hier Besuch von **Magic Journeys.**
20.   Weiter eventuell zu "**It's a Small World**".
21.   Entweder mit dem Skyway (Seilbahn) oder zu Fuß durch die Burg nach Tomorrowland. Besuch von **Dreamflight.**
22.   Eventuell weiter zum **Carroussel of Progress.**
23.   Auf dem Rückweg - wenn die Schlange nicht zu lang ist - unternehmen Sie die **Mission to Mars.**
24.   Ausruhen und entlangschlendern auf der **Mainstreet.**
25.   Nun zurück mit der Monorail zum Polynesian Resort Hotel, doch Sie müssen am Transportation and Ticket Center aussteigen, um zu Ihrem Parkplatz zu gelangen.

Das sollten Sie auf keinen Fall versäumen: (Minimalplan)	
Adventureland:	Jungle Cruise
	Pirates of the Carribbean
Frontierland	Big Thunder Mountain Railroad
Liberty Square:	The Haunted Mansion
Fantasyland:	It's a Small World
	Peter Pan's Flight
	20.000 Leagues Under the Sea
Tomorrowland	Space Mountain

7.16.4 WALT DISNEY WORLD: EPCOT CENTER

"Raumschiff Erde" im Epcot Center

Überblick

EPCOT - Experimental Community of Tomorrow - wurde 1982 eröffnet. Der futurologistisch anmutende Park war Walt Disneys letzter großer Traum. Er hatte vor, hier beispielhaft eine Stadt für 20 000 Menschen zu errichten. Sie sollten in Hochhäusern leben, die um einen autofreien Stadtkern lagen. Zur Arbeit sollten sie ausschließlich mit umweltfreundlichen Nahverkehrsmitteln fahren. Dieser Gedanke zur Errichtung einer menschenwürdigen Stadtlandschaft entsprang der Einsicht, daß die Städteagglomerationen der Welt zunehmend menschenunwürdiger und immer stärker umweltzerstörend wurden. Eine Entwicklung, der

491

Disney seine Vision entgegensetzen wollte, um zu zeigen, daß es auch anders geht, wenn man nur radikal umdenken und den technischen Fortschritt für und nicht gegen den Menschen umsetzen kann. Epcot sollte eben eine "Experimetal Community of Tomorrow" werden, ein Experimentierfeld für die Lösung der drängenden Probleme einer industriell geprägten Stadtgesellschaft.

Nach seinem Tode haben sich seine Nachlaßverwalter dieses Traumes angenommen - und die Chance dabei verpaßt, ihn gemäß seinen ursprünglichen Intentionen zu verwirklichen. Statt diese Vision Disneys umzusetzen, haben sie schlicht einen neuen Vergnügungspark geschaffen, der in zum Teil naiver Weise belehrt, wobei systematisch alle Probleme ausgeklammert werden. Nichts ist da von Umweltkatastrophen, von Nahrungsproblemen, von gesellschaftlichen Auswirkungen der Computerisierung zu hören. Stattdessen wird ungebremster Fortschrittsglaube demonstriert, medial faszinierend umgesetzt, alle negativen Aspekte peinlich ausklammernd. Kurz: Epcot ist keine Stadt, schon gar nicht eine "Experimental Community", keine Zukunftsvision. Es ist vielmehr eine klare Werbung für die technischen Errungenschaften der Gegenwart, während die Zukunft nur nebulös, dafür aber in rosaroten Farben skizziert wird. All das mündet dann in platte Feststellungen wie "If we can dream it we can do it" (wenn wir etwas träumen können, können wir es auch verwirklichen).

Warteschlangen

Um die riesige Gesamtinvestition von über 3 Milliarden $ zu finanzieren, schaute man nach Sponsoren aus der Wirtschaft. Daß dadurch natürlich kritische Informationen auf der Strecke bleiben mußten, liegt auf der Hand. So ist es natürlich nicht verwunderlich, wenn der Automobilkonzern General Motors, der die "World of Motion" (Welt der Bewegung) sponserte, nichts auf den Individualverkehr kommen läßt. Der Lebensversicherer Metropolitan Life Insurance widmet sich den "Wonders of Life" (Wunder des Lebens). Und der Lebensmittelgigant Kraft finanzierte "The Land", wo Ernährungs- und Landwirtschaftsprobleme der dritten Welt keinen Platz haben. Exxon zeichnet sich für das "Universe of Energy" verantwortlich, und hier wird nicht von Energieknappheit und Atomunfällen berichtet, sondern man wird eher beruhigt ("there is plenty of energy"). Kurz: Die Wachstumsideologie wird medial optimal umgesetzt, "man" verläßt die Vorstellungen beruhigt, die Welt wurde ja soeben als etwas Perfektes, das noch perfekter sein könnte, in bunten Bildern, glänzenden Effekten und Musik vorgeführt.

Ein weiterer Teil von Epcot ist "**The World Showcase**". Diese "Länder-Dauerausstellung" ist eher die architektonisch und choreographisch bis ins Detail umgesetzte Darstellung von Klischees der einzelnen Länder. In den "Dörfern" wird in länderspezifischem Ambiente massenweise Kitsch verkauft. Sitten und Gebräuche, Handwerk und Kunst werden in exakt jener Art und Weise vorgestellt, wie es den Erwartungen der Besucher und ihren Vorurteilen über das entsprechende Land entspricht. Und die Amerikaner strömen gerne hierhin, da sie in nostalgischer Verklärung die Alte Welt wahrnehmen oder aufgrund der exotischen Kultur von Fernost begeistert sind.

Wie schreibt doch Hermann Schreiber in seinem Geo-Report (11/1982, S. 152): "

Streng genommen ist das, was hier als Kulisse für die Vermarktung nationaler "Spezialitäten" und Andenkenkitsch aufgebaut worden ist, eine Orgie der Klischees und kulturhistorisch eine Farce: Im Grunde stimmt überhaupt nichts, bei aller fotografisch getreuen Kopie im einzelnen." Dem ist wohl nichts hinzuzufügen...

EPCOT wurde Ende 1982 eröffnet. Man plante 5 Jahre das Projekt, brauchte aber nur 3 Jahre für den Bau. Das Gesamtgebiet - etwa doppelt so groß wie das Magic Kingdom - gliedert sich wie folgt:

● In **Future World** (Welt der Zukunft) mit den Themen-Attraktionen:
* Universe of Energy (Universum der Energie)
* Horizons (Horizonte)
* World of Motion (Welt der Bewegung)
* Journey into Imagination (Reise in die Phantasie)
* The Land (Land)
* The Living Seas (Leben im Meer)
* Wonders of Life (Wunder des Lebens)

Gleich am Beginn von Future World steht die große silberne Kugel, das Spaceship Earth (Raumschiff Erde), das zum Wahrzeichen von Epcot wurde.

● **World Showcase** ist eine Art Länderdarstellung. Zur Zeit sind folgende Länder präsentiert: Mexico, USA, China, Japan, Marokko, Frankreich, Deutschland, Großbritannien, Italien, Kanada (Norwegen und Spanien sind in Planung).

Praktische Besuchertips
- bitte auch die Empfehlungen für Magic Kingdom lesen -

Anfahrt/Parken:
EPCOT hat einen eigenen Parkplatz, der in der Nähe des Eingangs liegt. Man braucht also nicht wie im Magic Kingdom die Monorail oder Fähren zu benutzen. Merken Sie sich auf jeden Fall die Parkplatz-Nummer!

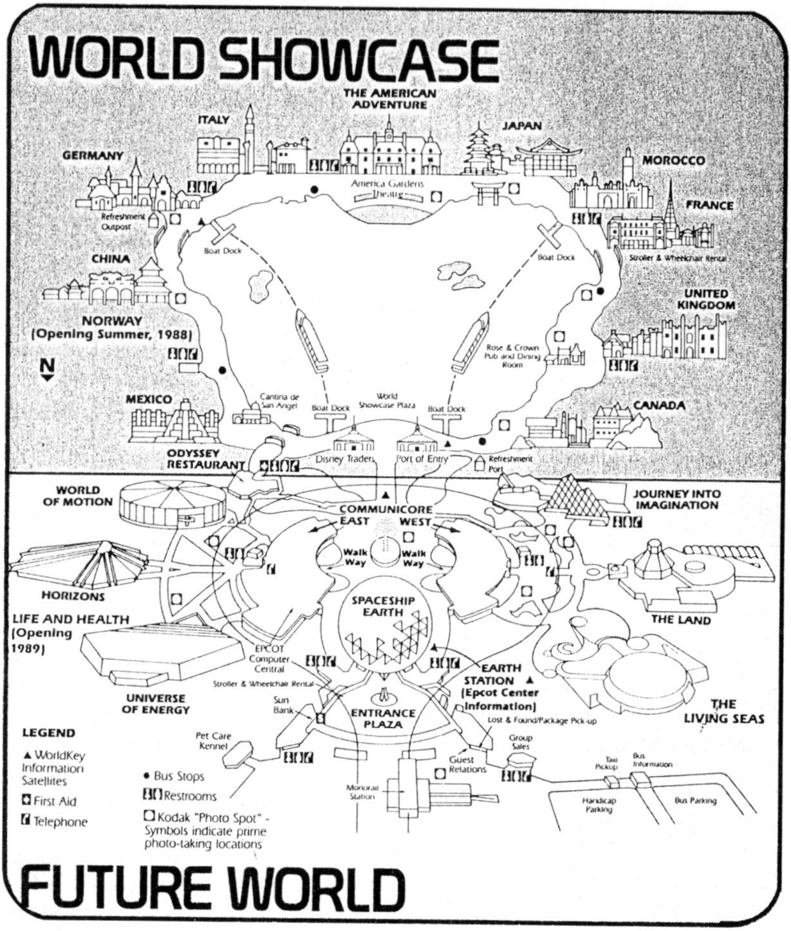

Verbindung mit dem Magic Kingdom:

durch die Monorail. Sehr schönes Panorama.

Orientierung/Information:
Wahrzeichen von Epcot ist die große Aluminiumkugel, das Spaceship Earth (Raumschiff Erde), das auf knapp 5_m hohen Stelzen steht. Hier befindet sich das Informationszentrum. Ebenfalls werden hier die - notwendigen - Tischreservierungen für die (zum Teil sehr guten) Restaurants des World Showcase getätigt.

Rollstühle/Kinderwagen (strollers)/Schließfächer:

Sie gibt es gleich am Eingang.

494

Eintrittspreise:

siehe Magic Kingdom

Öffnungszeiten:

siehe Magic Kingdom

Besuch von Epcot

Generell betrachtet ist EPCOT wesentlich weitläufiger und weniger übersichtlich. Das Spaceship Earth, die praktisch von überall sichtbare Weltkugel, ist nicht Mittelpunkt, sondern liegt praktisch am Eingang des Geländes. Richten Sie sich deshalb auf einige Fußmärsche ein. Die Warteschlangen sind zwar lang, doch die Wartezeiten insgesamt kürzer als im Magic Kingdom. Die Disney-Leute haben dazugelernt und sich bei der Planung von Epcot besser auf "Massen" eingestellt. Problematisch dürfte der Besuch mit kleinen Kindern sein. Etwa ab 10 Jahren dürften manche Darstellungen erst interessant sein.

Die nachfolgende Tabelle gibt Ihnen einen Überblick über Future World.

Was Future World im einzelnen bietet

● **Spaceship Earth**
Die 55 m hohe Aluminiumkugel direkt am Eingang ist das Markenzeichen von EPCOT geworden. Sie nehmen in einem Wagen Platz, der Sie an den verschiedenen Entwicklungsstufen der Menschheit vorbeiführt. Von steinzeitlichen Höhlenbewohnern, hieroglyphenschreibenden Ägyptern, Szenen aus dem alten Griechenland, die Erfindung des Alphabets, des Buchdrucks sowie der audiovisuellen Medien, der Römer und ihre technischen Fähigkeiten (Straßenbau), Entdeckungen und Erfindungen im ausgehenden Mittelalter, Siegeszug der Dampfmaschine, des Telefons bis hin zu den modernen Kommunikationssatelliten: Der Bogen ist von der Prähistorie bis in die Gegenwart gespannt, und alles "rauscht" im Zeitraffer vorbei.
Das Spaceship Earth - das Raumschiff Erde - wird in seiner Bedeutung durch seine Stellung im Weltall relativiert: "A drifting island in the midnight sky" (eine dahinschwebende Insel am mitternächtlichen Himmel").

● **Communicore East**
Dies ist eine Spielwiese der Computer. Werfen Sie einen Blick in den interessanten Souvenirshop Centorium. Hier gib es futurologistisch anmutendes Spielzeug (nicht nur für Kinder!)

● **Universe of Energy**
An sich findet hier biederer Grundschulunterricht statt - medial, aber perfekt umgesetzt. Die Entstehung der Energiequellen wird ebenso gezeigt wie ihre Nutzung in Gegenwart und Zukunft. In unkritischer Weise zeigt (der Ölmulti

ATTRAKTIONEN (VORFÜHRUNGEN) IM EPCOT CENTER: FUTURE WORLD

Attraktion	Kurzbeschreibung	Beste Besuchszeit	Wartezeit	Dauer
Spaceship Earth	Entwicklungsstufen der Menschheit vom Höhlenmenschen bis z. Satellitenzeitalter	gleich morgens oder nach 17.30 h	je 100 Leute 3 Minuten	----
The Living Seas	das Leben der Meere, riesiges Aquarium, über 4 000 Meereslebewesen	vor 10 h oder nach 15 h	je 100 Leute 3 ½ Minuten	3 Minuten
The Land	Bootsfahrt durch die Vergangenheit, Gegenwart und Zukunft der Landwirtschaft	vor 10.30 h oder nach 19.30 h	je 100 Leute 3 Minuten	12 Minuten
Journey into Imagination	Magic Eye Theater: Vorführung eines 3-dimensionalen Films	vor 11 h oder nach 17 h	ca. 15 Minuten	17 Minuten
World of Motion	Transportmöglichkeiten in der Vergangenheit und Zukunft	zwischen 12 h und 14 h	je 100 Leute 2 3/4 Minuten	15 Minuten
Universe of Energy	Energiegewinnung der Vergangenheit, Gegenwart und Zukunft	vor 10 h oder nach 16.30 h	20 - 40 Minuten	6 Minuten
Horizons	Visionen der Zukunft	vor 10.30 h oder nach 15.30 h	je 100 Leute 4 Minuten	15 Minuten
Wonders of Life	**Body Wars:** Flugsimulator durch den menschlichen Körper; **Cranium Command:** Audio-animatronische Figuren zeigen die Funktionen des Gehirns	sehr früh oder sehr spät vor 11 h oder nach 15 h	je 100 Leute 4 Minuten ca. 10 Minuten	6 Minuten 13 Minuten

Exxon ist der Sponsor) der Film den Nutzen der Atom- und Solarenergie. Anschließend weiß man: Es darf weiter verschwendet werden....

- **World of Motion**

General Motors zeigt die Entwicklung von Transportmitteln von der Vergangenheit bis zur Zukunft. Es wird eine Lobeshymne auf den Individualverkehr gesungen ("it's fun to be free). Faszinierend ist nicht - wie bei vielen anderen Vorstellungen auch - der Inhalt, sondern die Art der Darstellung. Die perfektionierten Bewegungsabläufe der Audio - Animatronic - Roboter sind schon so etwas wie "technische Kunst".

- **The Living Seas**

Dies ist wohl die lehrreichste Ausstellung in Epcot. Hier befindet sich das zum 6. Weltmeer deklarierte fast 22 Millionen_l fassende Aquarium. Künstliche Korallenriffe sowie etwa 4.500 Meereslebewesen geben einen "natürlichen" Einblick in das Leben unter Wasser. Mit einem Fahrstuhl, hier "Hydrolator" genannt, gelangen Sie zur "Seabase Alpha". Durch dicke, große Scheiben aus Acrylglas können Sie die Meeresbewohner betrachten und Tauchern zuschauen.

Eingang zu The Living Seas

- **The Land**

"Listen to the land" ist eine Bootsfahrt, bei der Sie die Probleme der Landwirtschaft in verschiedenen Klimaregionen erfahren. In allen Klimabereichen strebt die Menschheit nach Optimierung in der Nahrungsmittelproduktion. Um das Überleben der Menschheit zu sichern, werden schließlich zukunftsweisende Versuche im Rahmen einer sog. "controlled environment agriculture" gezeigt: Klima spielt hierbei keine Rolle mehr, denn das Klima der riesigen Gewächshäuser wird so kontrolliert, daß man das ganze Jahr über kontinuierlich ernten kann. Ebenso wird die Bedeutung der Aquakulturen gezeigt (künstliche Fischzucht in Wassertanks - "aquacells")...

● **Journey into Imagination**
Hier gibt es die Magic Journeys-Reisen ins Land der Illusionen. In zwei Theatern werden z.T. faszinierende Effekte gezeigt:
* Im ersten Theater erhalten Sie eine 3-D-Brille (3-D = dreidimensional) und betrachten durch diese Brille alte und neue Fotografien.
* Im 2. Theater sieht man mit Hilfe der 3-D-Brille den Film "Captain EO" (mit Michael Jackson). Und wie so oft: Nicht der Inhalt ist das Faszinierende, sondern die gezeigten Effekte.

● **Wonders of Life**
Dazu vermerken die Vorankündigungen, daß mithilfe eines Flugsimulators der menschliche Körper erkundet wird (Body Wars). Eine Audio Animatronic-Show (Cranium Command) zeigt die Funktionsweise des menschlichen Gehirns. Sponsor des ganzen ist die Versicherungsgesellschaft Metropolitan Life Insurance Company.

Die nachfolgende Tabelle gibt Ihnen einen Überblick über World Showcase.

Was World Showcase im einzelnen bietet

Das World Showcase ist um eine Lagune gruppiert. Wenn Sie von Future World kommen, liegen im Uhrzeigersinn nun folgende Länder-"dörfer":

● **Mexico**
Das mittelamerikanische Land erkennen Sie schon von weitem am Pyramidenbau. Geschickt wird mexikanische Atmosphäre inszeniert:
* Eine Ausstellung zeigt **präkolumbianische Kunst**. Man lernt, daß Mexico schon in der Zeit vor Kolumbus (1 000 v.Chr. - 1 500 n.Chr.) eine außerordentliche Kulturblüte zu verzeichnen hatte und Städte besaß, die z.T. größer als jede vergleichbare Stadt damals in Europa waren. Das Volk der Olmeken bewohnte an der Golfküste seine Hauptstadt Teotihuacan. Südlich des heutigen Mexico City hatten die Zapoteken und Mixteken ihre Heimat. Die Mayas herrschten auf der Halbinsel Yucatan.
* Die **Plaza de los Amigos** lädt zu einem kleinen Einkaufsbummel ein.
* Das **San Angel Inn Restaurante** bietet gutes und preiswertes mexikanisches Essen an.
* Die Bootsfahrt am **El Rio del Tiempo** (Fluß der Zeit) führt Sie in 7 Minuten an verschiedenen mexikanischen Szenen vorbei.

● **Norwegen**
Hier befindet sich u.a.

ATTRAKTIONEN (VORFÜHRUNGEN) IM EPCOT CENTER: WORLD SHOWCASE

Gebiet	Attraktion	Kurzbeschreibung	Beste Besuchszeit	Wartezeit	Dauer
CHINA	*Wonders of China*	Exzellenter Film über Chinas Menschen und Landschaften	immer möglich	ca 10 Minuten	19 Minuten
FRANK-REICH	*Impressions de France*	Film über Sehenswürdigkeiten in Frankreich	vor 11 h oder nach 19 h	ca 12 Minuten	18 Minuten
MEXICO	*El Rio del Tiempo*	Bootsfahrt durch die Geschichte Mexikos	vor 11 h oder nach 19 h	je 100 Leute 4½ Minuten	7 Minuten
NORWEGEN	*Maelstrom*	Schiffsfahrt durch die Geschichte der Wikinger, die durch Flüsse und stürmisches Meer führt	vor 10 h oder nach 17 h	je 100 Leute 4 Minuten	4 ½ Minuten
USA	*The American Adventure*	Show über Amerikas Geschichte, sehr nationalbewußt	vor 11 h oder nach 19 h	ca 12 Minuten	18 Minuten

* eine Replik der **Akershus-Burg** aus dem 14. Jahrhundert;
* eine **Stabkirche** aus Holz;
* **Gebäudenachbauten** aus Bergen, Alesund und Oslo.
* die Möglichkeit zu der **Bootsfahrt "Maelstrom"** (4 ½ Minuten), wo u.a. Szenen aus der Wikinger Zeit dargestellt werden. Der "Wasserweg" soll eine der interessantesten Bootsfahrten sein, die Disney World anbietet.

● **China**

Hier ist besonders sehenswert der aufwendig gedrehte Film "Wonders of China". Er wird in der nachgebauten Opferhalle des Himmelstempels (Ch'i-nien-tien) gezeigt. Dieser Tempel - Teil einer fast 42 qkm großen Tempelanlage in Peking - gilt als eines der besten Bauwerke der Ming-Dynastie und wurde 1420 fertiggestellt. Während des Neujahrsfestes betete hier der Kaiser für das Wohlergehen seines Landes. Die Architektur birgt viel Symbolisches in sich: so stellt der Rundbau in seiner Kreisform den Himmel dar, die rechteckigen Formen sind Symbole für die Erde. Der Phönix innen stellt Glück und Friedlichkeit dar, während die Drachen traditionell für Stärke und stete Wachsamkeit gegenüber Feinden stehen.

Die chinesisch anmutende Atmosphäre wird von weiteren architektonischen Details wie Lotusblumen-Toren sowie den typisch geschwungenen Satteldächern untermauert.

Der in 360-Grad Technik mit großem technischen Aufwand gedrehte Film ist wohl die beste Werbemaßnahme für das Land. Mensch und Landschaft werden in ihrer Vielfalt eindrucksvoll eingefangen. Auf neun Leinwänden werden u.a. die Wüste von Kansu (Tibet), die tropischen Regenwälder von Kwangtung, der eindrucksvolle Jangtsekiang (an dessen Ufern 10 % der Weltbevölkerung leben!) sowie natürlich eine Reihe kul-

Chinesischer Tempel in World Showcase

turhistorischer Stätten gezeigt. Eindrucksvoll sind die Aufnahmen der Chinesischen Mauer, die sich auf über 10.000 km Länge von der Nordgrenze (Wüste Gobi) bis zum Gelben Meer erstreckt. Peking wird ebenso visualisiert wie die Verbotene Stadt: Die Chinesen des Altertums sahen in ihr den Mittelpunkt der Welt. Hier regierten die Kaiser, über 60 Paläste waren über das Gelände verteilt, und niemandem war es vergönnt, ohne die Genehmigung des Kaisers diese Stätte zu besuchen (ab 1949 dürfen dies alle Chinesen). Landschaftlich sehr sehenswert sind dann vor allem die bizarren Flußlandschaften von Kweilin.

● Deutschland
Vielleicht vermögen wir am deutschen Pavillon am besten zu beurteilen, wie sehr Klischees architektonisch perfekt umgesetzt wurden. Kuckucksuhren, Lederhosen, Butzenscheiben, Marktbrunnen, Bierkrüge, Bratwürste... alles ist "typisch" (?) deutsch - deutscher geht's nicht...

● Italien
Auch Italien wird perfekt (d.h. eng an die gängigen Klischees angelehnt) präsentiert. Markusplatz, ein Nachbau des Dogenpalastes, italienische Waren (Kristall und Lederprodukte) prägen die Atmosphäre.

● USA
Die totale, nationalbewußte Selbstdarstellung wird besonders perfekt betrieben. Eine halbe Stunde dauert die Präsentation des "American Adventure". Dann weiß man's... Geschichte wird stets personalifiziert. Benjamin Franklin und Mark Twain führen durch die Ereignisse. Von der Landung der Mayflower 1620 bis zum Zusammenschluß der 13 Kolonien zu den Vereinigten Staaten, vom Leben der ersten Siedler ebenso wie bis zu den Goldsuchern wird der Bogen gespannt. Kunterbunt durcheinander werden dann berühmte Amerikaner vorgestellt: Ob nun Thomas Edison, Charles A. Lindbergh, Franklin D. Roosevelt, Frank Sinatra, Elvis Presley, John Wayne, John F. Kennedy, Martin Luther King, Muhammed Ali oder Neil Armstrong (erster Mann am Mond) - Amerika zeigt hier, wen es hervorbrachte. Und natürlich wird hier auch Walt Disney nicht vergessen.

● Japan
Japan präsentiert sich mit einem Schloß, das dem Shirasagijo nachempfunden ist (Schloß des Weißen Reihers, über der Stadt Himeji liegend). Der große Torii (nachgebaut dem Torii des Tempels Itsukushina Shrine), der Shishinden (gehörte zum Kaiserpalast von Kyoto) sowie ein Nachbau der Kyoter Kaiservilla Katsura sind weitere Bestandteile "Japans".

● Marokko
Die marokkanische Atmosphäre wird einerseits durch die Architektur, andererseits durch das hier "ansässige" Handwerk erzeugt. Ein Minarett, Mosaiken und Souks, dazwischen Produkte der Handwerkskunst wie Teppi-

che, Keramik, Holz- und Ledererzeugnisse sowie Kleidung aus Baumwolle sorgen für einen interessanten Rundgang.

● **Frankreich**

Natürlich mußte ein Eiffelturm her. Und Häuserfassaden sowie schmiedeeiserne Balkongitter untermauern das Gefühl, sehr nahe der Seine zu sein...

"Eiffelturm" im Epcot Center

Und was wäre Frankreich ohne seine Spezialitäten: Croissants und herrlichen Kuchen gibt's in einer Patisserie, im Maison du Vin kann man sich mit französischen Kreszenzen eindecken. Sehr gut ist das Restaurant "Le Chefs de France" - eine gute Abendempfehlung, um einen EPCOT-Tag zu beschließen.
Ja, und dann stellt sich Frankreich filmisch vor. Der Circle -Vision-Film "Impressions de France" ist wirklich sehenswert.

● **Großbritannien**

Alles typisch "britische" ist hier zusammengetragen. Trotzdem fehlt es an Atmosphäre. Zwar wird im Pub echtes englisches Bier gezapft und in den Souvenirläden gibt es Tee. Doch das ist auch alles...

● **Kanada**

Als ob man auf einer touristischen Messe wäre - Kanada präsentiert sich (zu sehr) werbewirksam. In der Northwest Mercantile Trading Post gibt's die typisch großkarierten kanadischen Wollhemden. Im Restaurant kann man Lachssteak ordern.
Der Film "O Canada" macht mit dem Land der Weite bekannt, mit seiner Bevölkerungsvielfalt, seinen Städten.

Tagesplan für Erwachsene

1. Kommen Sie etwa **45 Minuten vor der offiziellen Öffnungszeit** an. Oft werden die Pforten schon ½ Stunde früher geöffnet.
2. Gehen Sie direkt zum **Spaceship Earth.** Wenn hier die Warteschlangen kurz sind, dann besuchen Sie die Vorführungen. Wenn die Schlangen schon lang sein sollten, kehren Sie hier in den späten Nachmittags-/frühen Abendstunden zurück. Falls Sie mittags oder abends in einem der Restaurants essen möchten, dann sollten Sie hier Ihre Reservierungen vornehmen. Als Dinner-Zeit empfiehlt sich 20.00 - 21.00 h.
3. Gehen Sie nun direkt zu **The Living Seas.**
4. Anschließend zu **The Lands.**
5. Anschließend zu **Journey into Imagination.** Im Magic Eye Theater sollten Sie sich den 3-dimensionalen Film ansehen - interessante Effekte.
6. Gehen Sie nun durch CommuniCore West (ohne anzuhalten) direkt zum World Showcase nach **Frankreich.** Hier ist der Film "Impressions de France" sehenswert.
7. Nun weiter zu der amerikanischen Ausstellung. Hier läuft eine Vorstellung - "**The American Adventure**" - über die amerikanische Siedlerzeit und den Verlauf der amerikanischen Nationalgeschichte.
8. Zurück nun zur japanischen Ausstellung. Von hier weiter zu Italien, Deutschland und China. In China ist der Film "**Wonders of China**" sehenswert.
9. Nun an Mexico vorbei und zurück zu Future World. Besuchen Sie nun "**The World of Motion**".
10. Weiter zu "**Horizons**".
11. Weiter zu "**Universe of Energy**". Nur lohnenswert, wenn die Warteschlange nicht länger als 30 Minuten Wartezeit erfordert.
12. Nun ist die Zeit günstig geworden, im "Spaceship Earth" der Vorstellung zu folgen und/oder "**The Universe of Energy**" aufzusuchen, falls Sie dies nicht schon vorher besichtigt haben.
13. Zurück zum World Showcase. Wenden Sie sich zunächst Großbritannien, später Kanada zu. Hier unbedingt "**O Canada**" anschauen.
14. Danach weiter zu Mexico (hier Bootsfahrt **El Rio del Tiempo**), dann nach Norwegen.
15. Nun wird's Zeit, zum **reservierten Abendessen** zu gehen.

Tagesplan für Erwachsene mit Kindern unter 8 Jahren

Generell gilt, daß die jüngeren Kinder einigen der Vorstellungen in Future World lieber folgen als Rundgänge durch die World Showcase zu machen. Ältere Kinder mögen eher die international geprägte bunte Atmosphäre des World Showcase. Für die jüngeren Kinder sind vor allem die relativ langen Filme des World Showcase langweilig. Ein Kompromißplan für den Besuch mit kleineren Kindern wäre folgender Tagesablauf:

1. Kommen Sie in Epcot ca. **45 Minuten vor der offiziellen Öffnungszeit** an.
2. Wenn die Warteschlange noch nicht zu lang ist, besuchen Sie das **Spaceship Earth.**
3. Informieren Sie sich am Guest Relation Desk in der Earth Station nach dem **Tagesprogramm.** Vieles ist besonders für Kinder interessant.
4. Nun weiter zu the **Living Seas** - wahrscheinlich das Interessanteste für die Kleinen.
5. Weiter zu **The Land.** Unternehmen Sie den Boottrip "**Listen to the Land**".
6. Besuch von **Journey of Imagination.** Im gleichen Pavillon besuchen Sie vielleicht auch den 3-Dimensionen-Film im Magic Eye Theater. Ebenfalls sollten Sie "**The Image Works**" besuchen.
7. Nun gehen Sie zum World Showcase und besuchen den Mexico Stand. Hier sollten Sie die Bootsfahrt "**El Rio del Tiempo**" besuchen.
8. Weiter nach **Norwegen.** Hier nicht die Bootstour "**Maelstrom**" versäumen.
9. Besuchen Sie nun **kurz** die Darstellungen von **China, Deutschland und Italien.**
10. Schlendern Sie durch Japan, Frankreich, England und Canada. Hier eventuell "**O Canada**" ansehen.
11. Nun gehen Sie zurück zu **Future World** und besuchen **The World of Motion.**
12. Weiter zu **Horizons.**
13. Weiter zu **World of Motions.**
14. Wenn Sie und Ihre Kleinen nun noch genügend Aufnahmekapazität haben: Besuchen Sie am besten das, was Ihnen am meisten gefallen hat oder was Sie doch noch gerne gesehen hätten.

Das sollten Sie auf keinen Fall in Epcot versäumen (Minimalplan)

In Future World:	In World Showcase:
The Living Seas	Mexico: El Rio del Tiempo (Bootsfahrt)
Spaceship Earth	China: Wonders of China (Film)
Journey into	Frankreich: Impressions of France
Imagination	(Film)

MGM Disney Studios

Die neuen MGM Disney Studios sind im Vergleich zu den Universal Studios bei Los Angeles eher enttäuschend. Wer Art Deco mag, der kommt auf seine Kosten. Sehenswert sind Indiana Jones Show (= Stuntman Show), Star Tours (= simulierter Flug zum Planeten Ender mit den "Helden" aus "Der Krieg der Sterne") sowie The Great Movie Ride.

7.16.5   ORLANDO

Touristische Hinweise

Information

Orlando Convention & Visitors Bureau, 7680 Republic Drive, Orlando, Fl 32819

Übernachtungen
In unmittelbarer Flughafennähe gibt es eine Vielzahl von Hotels, u.a. :
- **Sheraton Orlando Airport Inn**, 3835 Mc Coy Road, Orlando, Fl. 32812, Tel.: (305) 859-2711

Besonders viele Hotels befinden sich am International Drive, aber selbstverständlich auch entlang aller Ausfallstraßen (hier auch Motels). Weitere Empfehlungen siehe Touristische Hinweise in 7.16.2.

Restaurants
- **Christini's Ristorante Italiano**, 7600 Dr. Phillips Blvd., Tel.: (407) 345-877. Sehr gute italienische Gerichte: Pasta und Kalbfleischzubereitungen.
- **Dux, The Peabody**, 9801 International Drive, Tel.: (407) 352-4000

Überblick

Orlando - heute etwa 150.000 Einwohner zählend - wurde erst im Verlaufe des Seminolen-Krieges besiedelt (1835 - 1842). Benannt wurde der Ort vermutlich nach einem während der Indianer-Kriege gefallenen Soldaten mit dem Namen Orlando. Lange Jahre schlief Orlando seinen Dornröschenschlaf als kleiner zentraler Ort, umgeben von Orangenhainen. Erst die Entwicklung des Raumfahrtzentrums an der Atlantikküste (Kennedy Space Center) und dann viel stärker der Bau von Disney World sollten Stadt und Landschaft nachhaltig verändern. Die Infrastruktur ist ganz auf die Millionen von Touristen abgestellt:
- **61.000 Hotelzimmer** stehen zur Verfügung.
- Der **internationale Flughafen** ist hochmodern angelegt. Orlando ist mittlerweile auch ausgezeichnet an Europa angebunden: Es gibt von Frankfurt aus Nonstop-Flüge nach Orlando (Delta Airlines), ebenso gibt es ab Luxembourg einen Direktflug über Island nach Orlando (Icelandair).

● Neben Walt Disney World mit Magic Kingdom und Epcot haben sich in der Umgebung von Orlando eine **Vielzahl von Freizeit-Parks** etabliert, die weiter unten kurz vorgestellt werden.

Sehenswertes in Orlando

Orlando selbst bietet praktisch nichts, was der Übersee-Besucher als einmalig empfinden mag. "Historischer" Mittelpunkt ist die **Church Street Station**, eine alte Bahnstation, um die herum die Straßenzüge restauriert wurden. Hier gibt es eine Vielzahl von Restaurants und Kneipen. Besonders beliebt sind:
● **Rosie O'Grady's Good Time Emporium** (Dixieland-Jazz).
● **Lili Marlene's Aviators Pub.**
● **Sheraton Orlando Airport Inn**, 3835 Mc Coy Road, Orlando, Fl. 32812, Tel.: (305) 859-2711

● Unbedingt einen Besuch wert ist der Wasserpark **Wet'n Wild** (6200 International Drive, Orlando, Fl 32819, Tel.: (305) 351 - 3200. Wasserrutschen, Wellenbad, unzählige Attraktionen für Jung und Alt - doch Sie dürfen nicht wasserscheu sein! Besonders für Kinder ist dieser Wasserpark ein einzigartiges Vergnügen. **Eintrittspreise** um 13 $, **Öffnungszeiten:** im Sommer von 09.00 - 21.00 h

Sehenswertes in der Umgebung von Orlando

● **Sea World** (östlich des Interstate I, an der SR 528 = Bee Line Express gelegen) Postalische Adresse: 7007 Sea World Drive, Orlando, Fl. 32821, Tel.: (407) 351 - 3600.
Sea World ist täglich von 09.00 - 20.00 h geöffnet, im Sommer sogar länger.
Neben Disney World ist Sea World der meist besuchte Fun-Park.
Im Mittelpunkt stehen Vorführungen mit dressierten Meerestieren: Killerwale, Delphine, Seelöwen und Pinguine gibt es zu sehen. Haien kann man zusehen, indem man durch einen Acrylglastunnel geht, der das Haifischbekken durchquert.
Die Eintrittspreise bewegen sich um 24 $.

● **Gaterland Zoo** (14501 South Orange Blossom Trail, Orlando, Fl. 32821, Tel.: (407) 855 - 5496)
Dies soll der größte Alligator-Zoo der Welt mit mehr als 5.000 Exemplaren sein. Daneben sieht man Flamingos, Zebras, Tapire und Strauße. Als Besonderheit kann man zwischen dem Gebiß eines Alligators ein Souvenirfoto direkt am Eingang machen. Eintritt ca. 4 $.

● **Mystery Fun House** (5767 Major Boulevard, Orlando, Fl 32819, Tel.: (407) 351 - 3355.
Ein Spaß - vor allem für etwas ältere Kinder - in diesem 15-Zimmer-Spukhaus herumzugehen. Stets wartet eine Überraschung.

● **Tupperware World Headquarter** (US 441 - Kissimmee)
Von Montag bis Freitag gibt es Führungen zwischen 09.00 und 16.00 h. Die
Ausstellung ist sicherlich von begrenztem Interesse. Die Geschichte der
Verpackung von alten ägyptischen Behältnissen bis zur Tiefkühltechnik
wird gezeigt.

● **Boardwalk and Baseball** (südwestlich von Orlando am I 4/Highway 27
gelegen). Postalische Adresse: P.O.Box 800, Orlando, Fl 32802, Tel.: (407)
648 - 5151).
Die neueste Touristenattraktion wurde 1987 eröffnet und enthält eine riesige
Achterbahn, weitere Berg- und Talbahnen, eine Holzpromenade mit Live-
Unterhaltung. Außerdem gibt es sechs Baseballsportplätze für Berufs- und
Amateurspieler. Eintritt ca. 18 $.

● **Universal Studios Florida** (erreichbar über Interstate 4, Exit 29 oder 30
B. Postalische Adresse: Universal Studios Florida, 100 Universal Studios
Plaza, Orlando FL 32819, Tel.: (407) 363 - 8000, täglich geöffnet)
Hier erfährt der Besucher "alles" über Filme-machen bzw. Effekt-Produk-
tion. Man kann entlang der Kulissenstraßen entlanggehen und sich den zum
Teil doch zweifelhaften Vergnügungen hingeben. Wenn Sie allerdings ein
Filmfan sind, E. T. ebenso wie Jaws (den Mörderhai) oder die Ghostbusters
kennenlernen möchten, dann sind Sie hier richtig.

7.17 VON ORLANDO NACH MIAMI

7.17.1 ÜBERBLICK

Die letzte Etappe der Ostküstenreise führt nun ins subtropisch geprägte Miami, eine Stadt, die zu Unrecht in der Vergangenheit eher mit Negativ-Erwartungen verknüpft wurde. Die amerikanische Krimiserie "Miami Vice" malt es in allen Farben: das Klischee-Bild von Miami. Die Parallelitäten zur Realität sind stark: Miami ist tatsächlich die vom subtropischen Klima verwöhnte Stadt, das bunte Völkergemisch sorgt durch den starken Einfluß der hier lebenden Lateinamerikaner für eine exotische Note. Die Kriminalitätsrate ist hoch, und der Drogenhandel floriert noch immer genauso wie das Big Business der Banken.

Auf den Reisenden warten in der "heimlichen Hauptstadt Lateinamerikas" indessen interessante Erkundungen:
● eine **hypermoderne City** mit immer neuen extravaganten Hochhäusern;
● "Kleinhavanna" an der **Calle Ocho** mit den hier heimisch gewordenen Exilkubanern, mit duftendem kubanischen Kaffee und interessanten kulinarischen Genüssen;
● der mondäne Stadtteil **Coral Gables** sowie das von einem künstlerischen Ambiente umgebene **Coconut Grove**.

Gleich gegenüber sozusagen wartet Miami Beach mit seinen breiten Stränden, Hotelpalästen - und neuerdings mit dem restaurierten Art-Deco - Gebiet auf.
Wen es weiterzieht: nördlich von Miami Beach liegt das Venedig Amerikas, **Fort Lauderdale**. Und ein Tagesausflug führt Sie in die Siedlung der Millionäre, in das legendäre **Palm Beach**.

7.17.2 TOURISTISCHE HINWEISE

 Entfernungen

Orlando - Miami   230 Meilen (= 370 km)

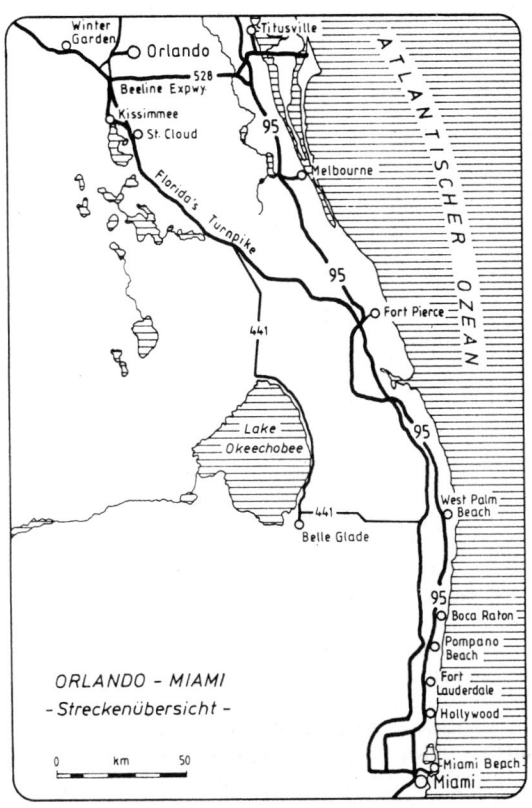

ORLANDO - MIAMI
- Streckenübersicht -

0   km   50

Streckenbe-schreibung
Am besten und schnellsten ist die Verbindung Orlando - Miami über den Florida Turnpike (gebührenpflichtig)

Informationen
Informationen über Miami sowie die Umgebung erhalten Sie bei: The Greater Miami Convention & Visitors Bureau, Barnett Bank Building, 701 Brickell Avenue, Miami, Fl. 33137, Tel.: (305) 573-4300 (27. Stock = gute Aussicht auf Miami und Miami Beach).

Wichtige Telefon - Nummern
Polizei, Feuerwehr, Medizinischer Notdienst: 911
Airlines
(zur "reconfirmation" von Flügen bzw. Buchung):

Delta	448 - 7000
Piedmont	358 - 3396
TWA	371 - 7471
Eastern	873 - 3000

Swissair	(800) 221 - 4750	**United**	377 - 3461
Lufthansa	526 - 6520	**Pan Am**	874 - 5000
Northwest	377 - 0311		

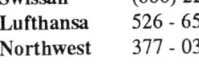
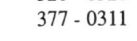

Öffentliche Verkehrsmittel

American Sightseeing Tours	871 - 4992
Gray Line Sightseeing Tours	325 - 1000
Greyhound/Trailways	945 - 0801
Metrobus/Metrorail	638 - 6700

Verlorene Travellers Checks

American Express	(800) 221 - 7282
Bankamerica	(800) 227 - 3460
VISA	(800) 227 - 6811

Verlorene Kreditkarten

American Express	(800) 528 - 2121
MasterCard	(800) 556 - 5678
VISA	(800) 556 - 5678

Konsulate

Deutsches Konsulat   358 - 0290
Österreichisches Konsulat   325-1561
Schweizer Konsulat in Atlanta/Georgia   (404) 872-7874

Wettervorhersage

Tel.: 661 - 5065

Taxi

All American Taxi   947 - 3333
All dade Taxi   638 - 4543
Calle Ocho/Metro Taxi   888 - 8888
Central Cab   532 - 5555   Yellow Cab   444 - 4444

Züge

Amtrak (800) 872 - 7245
Metrorail/Metrobus 638 - 6700

Hotels/Motels

Wie in allen großen amerikanischen Städten gibt es auch in Miami und Miami Beach eine Vielzahl von Hotels und Motels für jeden Geldbeutel. Viele preiswerte Unterkünfte liegen an den Ausfall- und Hauptdurchgangsstraßen. So finden Sie z.B. preiswerte Unterkünfte zwischen dem Miami International Airport und der Innenstadt Miamis bzw. Miami Beach. Wem es nichts ausmacht, außerhalb des Großraumes Miami und damit billiger zu übernachten, der findet zahlreiche preiswerte Hotels und Motels in der Umgebung von Homestead entlang der US 1 (ideal auch als Ausgangspunkt zum Everglades Park, Biscayne National Park, als Startpunkt zu den Keys oder an die Westküste via Tamiami Trail nach Naples. Für denjenigen, der gerne komplette Übersichten liebt, gibt es lückenlose Hotel- und Motelverzeichnisse bei:**The Greater Miami Convention & Visitors Bureau** (Adresse s.o. bei Information) - verlangen Sie den Accommodation Dining and Attraction Guide Art Deco Hotels, P.O. Box 19000 - E, Miami Beach, Fl. 33119
Hier eine **Auswahl** (Hotels in Miami Beach, Coral Gables und Coconut Grove s. weiter hinten bei den entsprechenden Abschnitten):

Zwischen Flughafen und Stadt z.B.
● **Days Inn**, 1050 NW, 14 St, Miami, Fl. 33012, Tel.: (305) 871 - 4221

Stadtmitte Miami
● **Hyatt Regency Miami Hotel**, 100 Chopin Plaza, Miami, Fl. 33131 Tel.: (305) 374-300 - Luxusklasse
● **Intercontinental Miami Hotel**, S.E. 4th Str., Miami, Fl. 33131, Tel.: (305) 577 - 1000 - Luxusklasse
● **Riverparc**, 100 S.E. 4th St., Miami, Tel.: 305 - 374 - 5100; überschaubares, erst 1984 eröffnetes Suiten - Hotel - Luxusklasse
● **Omni Intercontinental Hotel**, 1601 Biscayne Blvd., Miami, Fl. 33132, Tel.: (305) 374 - 0000 - Luxusklasse - Mittelklasse
● **Holiday Inn/Brickell Point**, 495 Brickell Ave, Miami, Fl. 33129, Tel.: (305) 854 - 2070 - Mittelklasse
● **Howard Johnson**, 1100 Biscayne Ave, Miami, Fl. 33132, Tel.: (305) 358 - 3080 - Mittelklasse
● **Dupont Plaza Hotel**, 300 Biscayne Blvd. Way, Miami, Tel.: 305-358-2541 - preiswert

510

Jugendherberge (Youth Hostel)
South Miami Beach Youth Hostel/Clay Hotel, 1438 Washington Ave., Miami Beach, Tel.: (305) 534 - 2988 (leicht mit dem Stadtbus vom Greyhound Miami Beach Terminal zu erreichen/71 St. & Collins Ave.).

Camping
● **Miami North KOA**, 14075 Biscayne Blvd., Miami 33161, Tel.: 800-548-7239 oder 305-940-4141 (Swimmingpool, Spielplatz)
● **Miami South KOA**, 20675 S.W. 162nd Ave., Miami 33187, Tel.: 305-233-5300 (Swimming Pool)
● **Larry and Penny Thompson Park**, 12451 S.W. 184th St., Tel.: 305-232-1049 (See)

Restaurants
Hier sollen nur ausgewählte Restaurants aufgeführt werden, die vom Essen, dem Ambiente und dem Service her besondere Erwähnung verdienen. Allenthalben gibt es ohnehin - wie überall in den USA - unzählige preiswerte Möglichkeiten der Verpflegung, sei es in den Cafeterias der Restaurants oder in den vielen Ketten - Restaurants entlang der (Ausfall-) Straßen (Restaurants in Miami Beach, Coral Gables und Coconut Grove weiter hinten bei den entsprechenden Abschnitten).
● **Sheraton River House**, Daphne's, 3900 NW 21st St., Miami, Tel.: (305) 871 - 3800 (lobster tails, stone crabs, snapper, - teuer)
● **Valenti's**, 5775 Sunset Drive, Miami, Tel.: (305) 667 - 0421 (italienische Küche)
● **The Fish Market**, Omni International Miami, Biscayne Blvd./16. St., Miami, Tel.: (305) 374-0000
● **Casa Juancho**, 2436 S.W. 8th St., Miami, Tel.: (305) 6422452. Gilt als bestes spanisches Restaurant in den USA - nicht allzu teuer
● **Reflections on the Bay**, Bayside Market Place, 410 Biscayne Blvd., Miami, Tel.: (305) 371-6433 - Gewinner eines Golden Spoons (= goldener Löffel) im Jahre 1988

Einkaufen
In Miami und Umgebung gibt es eine Vielzahl gehobener Shopping Malls, d.h. Einkaufszentren mit Einzelhandelsgeschäften, die unterschiedliche Waren anbieten:
● **Omni International Mall**, NE 15th Street & Biscayne Blvd., (am US 1)
● **The Falls**, 8888 Howard Drive, Miami
● **Mayfair in the Grove**, Coconut Grove,3390 Mary Street
● **Miracle Mall**, Coral Gables: sehr luxuriöse Geschäfte
● **Dadeland Mall**, an der US 1 4 SR 826 gelegen (Süd - Miami)
● **Bal Harbour Shops**, , Collins Avenue, Miami Beach
● **Aventura Mall**, North Miami Beach
● Zum Einkaufsbummel eignen sich außerdem die vielen kleinen Geschäfte an der **Calle Ocho** (8. Str.) in Little Havanna sowie kleine Lädchen mit Töpferprodukten, Kunsthandwerk-Erzeugnissen usw. in **Coconut Grove**;

Strände
Man sollte wissen, daß alle Strände (definiert als die Linie, bis zu der das Hochwasser reichen kann) in Florida öffentlich sind, aber... die Zugänge hierzu können durchaus privat sein.
● **Miami Beach:** Besonders ruhig sind die Abschnitte zwischen dem 5000er und 7100er Block. Sonst überall breiter Sandstrand, künstlich aufgeschüttet.
Zwischen der 14 St. und der 6. St. liegt parallel zum Ocean Drive (Art Deco - Gebiet) ein weiter öffentlicher Strand (Public Beach). Dies ist das Gebiet des Lummus Park, wo es u.a. auch Spielgeräte für Kinder gibt. Ein Teil des Strandes wird von Lebensrettern bewacht.

● Gute und sichere Strandabschnitte gibt es desweiteren **parallel zu A1A Richtung Norden** (Gegend Bal Harbour - Sunny Isles - Golden Beach).

● **Key Biscayne** (zu erreichen über den Rickenbacker Causeway) und die Bear Cut Bridge (südlich von Miami Downtown, Richtung Seaquarium): Hier liegen sehr beliebte Strände (Bereich Crandon Park, mit Umkleidekabinen, Picknickplätzen etc.). Weiter südlich liegt der Bill Baggs Cape Florida State Park, wo unter Kiefern gegrillt und gepicknickt werden darf.

● Die wunderschöne Anlage des **Venetian Pools in Coral Gables**, unbedingt ein Muß! (Beschreibung siehe bei Coral Gables).

Jogging

Besonders beliebt bei den Joggern ist der **David Kennedy Park** in Coconut Grove (220 S. Bayshore Dr.). Aber auch die **Strände** sind beliebtes Areal der Jogger.
Weitere Jogging - Gebiete:

● **Greynolds Park** in Miami, 17530 W. Dixie Hwy.

● **Morningside Park**, 750 N.E. 55th. St.

● **Miami and Tropical Park**, 7900 SW. 40th St.

Windsurfing

Die meisten Windsurfer findet man entlang dem Rickenbacker Causeway, der vom Festland nach Key Biscayne führt. Einige Hotels und Verleiher, die dem Windsurfer mit "Gerät" aushelfen:

● **Windsurfing Place**, 6043 N.W. 167th St. Miami, Tel.: 557-5217

● **Upwind Surfing**, 3001 Grand Ave., Coconut Grove, Tel.: 373-7245

● **Sonesta Beach Hotel**, Key Biscayne, Tel.: 361-2021

● **Suez Motel**, 18215 Collins Ave., North Miami Beach, Tel.: 932-0661

Golf

Golf ist in Florida lange nicht von solch einem exklusiven Hauch umweht wie bei uns. Der Key Biscayne Golf Links zählt zu den besten öffentlichen Anlagen. Die Golfanlage des ehemaligen Biltmore Hotels ist einen Besuch für die Freunde des grünen Sports wert. Auch lassen viele private Clubs Gäste zu. Manche Hotels haben mit Golfclubs Arrangements getroffen, damit ihre Gäste Golf spielen können - fragen Sie einmal nach. Genaue und aktuelle Informationen erhalten Sie über das Greater Miami Convention and Visitors Bureau - Adresse siehe am Anfang dieses Kapitels unter "Information".
Einige **öffentlich zugängliche** Golfanlagen:
Biltmore, 1210 Anastasia Ave, Coral Gables, Tel.: 442-6485
Doral Country Club, 4400 N.W. 97th Ave., Miami, Tel.: 592-2000
Kendale Lakes, 6401 Kendale Lakes Dr., Miami, Tel.: 382-3935
Bayshore, 2301 Alton Rd., Miami Beach, Tel.: 532 - 3350

Radfahren

Besonders beliebt sind Strecken in Coral Gables, Coconut Grove sowie Key Biscayne. Fragen Sie nach Möglichkeiten des Fahrrad - Verleihs in Ihrem Hotel nach oder schauen Sie in den gelben Seiten des Telefon - Buchs (Yellow Pages) unter dem Stichwort "bicycles renting" nach. Einige Adressen:

● **Miami Beach Bicycle Center**, 923 W. 39 th Street, Miami Beach, Tel.: 531-4161

● **Gary's Bike Shop**, 18151 NE 19th Ave., North Miami Beach, Tel.: 940-2912

● **Key Biscayne Bicycle Rentals**, 260 Crandon Park Blvd., Key Biscayne, Tel.: 361-5555

Reiten

● **Golden Eagles Ranch**, 41 S.W. 122nd Ave., Miami, Tel.: 221-4312

● **Country Gentleman Stables**, 15500 Quail Roost Dr., Miami, Tel.: 233-6615

Entfernungen
Von **Miami** nach:

Orlando/Disney World	354 km		
Everglades National Park (Eingang)	61 km		
Flamingo (Everglades N. P.)	122 km	**Fort Lauderdale**	40 km
Fort Myers	232 km	**Palm Beach**	104 km
Kennedy Space Center	345 km	**St. Augustine**	394 km
Key West	249 km	**St. Petersburg**	404 km
Naples	171 km	**Tampa**	398 km
Pensacola	1058 km		

Busse
Es gibt in Miami keinen zentralen Greyhound - Terminal. Stationen von Greyhound dafür sind Hialeah, Coral Gables, North Miami Beach und Miami Beach (in der Nähe der 71st Street & Collins Ave.)
Den Nahverkehr besorgen Buslinien im gesamten Raum von Miami/Miami Beach.

Metrorail
Diese Hochbahn verbindet sehr schnell und in dichter Fahrfolge die Gebiete nördlich und südlich der Miami Downtown. Metro Mover (auch People Mover genannt): vollautomatisierte, führerlose Hochbahn, die auf zwei Strecken durch die Innenstadt führt.
Nationale Eisenbahn: Amtrak - Bahnhof in 8303 NW 37th Ave. (also relativ weit von der Innenstadt entfernt)

Mietwagen
Wie überall in den USA sind alle großen und auch z.T. regionalen Mietwagenfirmen am Flughafen, in der Innenstadt sowie in Miami Beach vertreten.

7.17.3 MIAMI

Vorweg: Miami hat in den vergangenen 10 Jahren eine positive Wandlung vollzogen. Früher viel geschmäht, kann die größte Handelsmetropole Floridas dem Besucher ein buntes Kaleidoskop von Eindrücken und Erlebnissen bieten.

Zunächst einmal einige Fakten. Der Name Miami leitet sich vom indianischen Wort "Mayaime" ab, was soviel wie "großes Wasser" bedeutet. Gemeint ist damit der Miami River, der unmittelbar südlich des Stadtzentrums am Brickell Point den Atlantik erreicht.
Über 2.000 km südlich von New York gelegen, liegt Miami im Bereich der Subtropen mit ganzjährig mildem Klima. Man vergegenwärtige sich, daß die Stadt einige Breitengrade südlicher liegt als Kairo!

Zur Orientierung einige Anmerkungen:

● Die Flagler Street verläuft von Ost nach West und unterteilt Miami in Nord- und Süd-Miami. Die Miami Avenue dagegen verläuft von Nord nach

Süd und gliedert die Stadt in einen kleineren östlichen und größeren westlichen Stadtteil.

● Die **Avenues** verlaufen grundsätzlich von Nord nach Süd, die **Streets** von Ost nach West. Je kleiner ihre Nummer ist, desto dichter liegen sie am Stadtzentrum.

Wolkenkratzer in Miami

Im Großraum Miami ("Greater Miami"), dazu zählt fast der gesamte Raum des Dade County mit 27 Städten, leben heute etwa 2 Mill. Einwohner. Miami selbst zählt 400.000 Menschen. Bis zum Jahre 2000 soll die Bevölkerung des Gebietes auf über 5 Millionen steigen.

Auch **wirtschaftlich** befindet sich Miami auf Expansionskurs. Der Umschlagswert der Waren im Hafen von Miami schlägt mit 10 Mrd. US $ zu Buche: Etwa 2.500 Hochseefrachter legen jährlich in Miami an - und eine steigende Zahl von Kreuzfahrtschiffen vor allem mit Destinationen in der Karibik.

Miamis Wirtschaft floriert sowohl durch die Ansiedlung von Leichtindustrie als auch durch den Sitz zahlreicher Banken. Der Geldfluß aus südamerikanischen Ländern ist enorm: die reiche Oberschicht aus allen Teilen Südamerikas, von hohen Inflationsraten gebeutelt, fürchtet um ihr Vermögen und flüchtet damit nach Florida. Die Kapitalflucht aus diesen Ländern wiederum vergrößert das wirtschaftliche Dilemma dieser Staaten: Die Auslandsschulden steigen, die Volkswirtschaften schreiben immer höhere Defizite, die Arbeitslosigkeit klettert... ein Teufelskreis.

Miami hat sich als **Drogenmetropole** Nr. 1 einen fragwürdigen Superlativ hinzugefügt: Man schätzt, daß 75 % der in den USA gehandelten Drogen

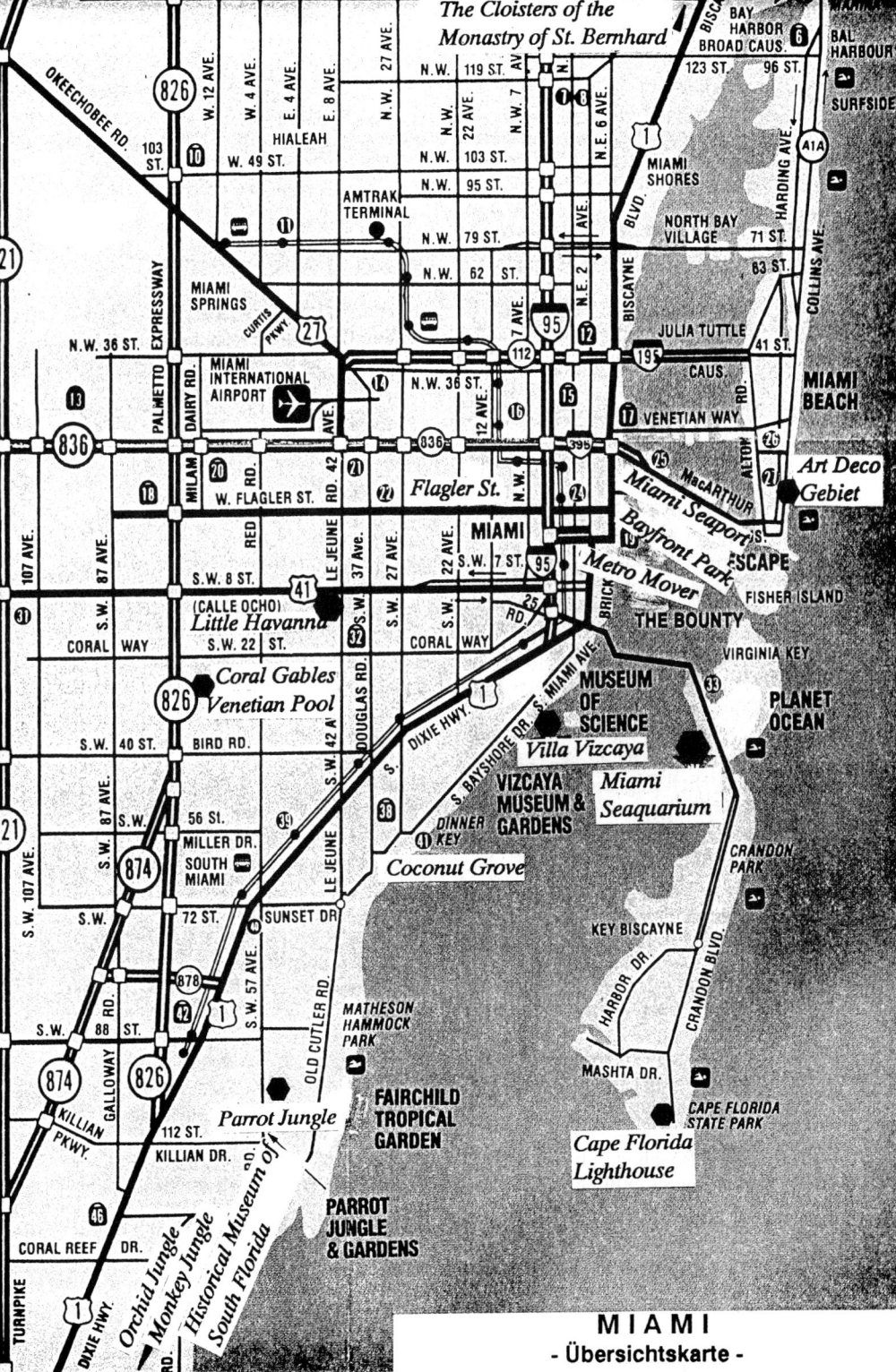

MIAMI
- Übersichtskarte -

über Miami eingeführt werden. Die dadurch gemachten "Narkodollars" dienen u.a. der Finanzierung großer Projekte, so z.B. von Hotels oder Einkaufszentren. Und so mancher der Dealer, Importeure und Großverteiler wohnt in den vornehmsten Gebieten von Miami, so beispielsweise in Coral Gables.

Im Jahre 1987 beschlagnahmten Drogenfahnder im Gebiet von Miami 34.000 kg Kokain - die Hälfte des in den USA entdeckten Kokains. Das entspricht einem "Großhandelspreis" von 464 Millionen Dollar. Über 6 Milliarden Dollar des illegal im Drogenhandel erwirtschafteten Geldes geht in Miamis Banken.

Drogen und Drogenhandel fördern die Korruption. Im Zuge des "Miami River" - Skandals wurden bislang 59 Beamte entlassen. Insider schätzen, daß 10 % des Polizeikorps in Drogengeschäfte verwickelt seien.

Und wenn wir schon bei einer Negativ-Beschreibung sind: Überall, wo viel Geld fließt und viele Menschen angezogen werden, ist auch die Kriminalität hoch. Wie andere US-Städte, hat auch Miami seine "no go-areas", Gebiete also, wohin man auch tagsüber als Fremder besser nicht gehen sollte. Dazu zählt der Nordwesten der Stadt, etwa westlich der Biscayne Ave in der Nähe des Interstate 195. Auch abends sollte man nicht in der ohnehin fast menschenleeren Downtown auf Erkundungen gehen. Trotz des Drogenbooms ist die Mordrate von 576 Toten (1981) auf 382 Morde (1987) im Dade County zurückgegangen.

Miami wird heute als eine der exotischsten Städte Amerikas bezeichnet. Sicherlich liegt dies vor allem an der **Bevölkerungsvielfalt**. Etwa 40 % der Bewohner sprechen spanisch und sorgen gemeinsam mit den "Zugereisten" aus allen Teilen der USA für ein lebendiges und z.T. konträres "social life". Das dokumentiert sich wohl nirgends lebendiger als an der Calle Ocho von Little Havanna, dem Viertel der Exilkubaner. In Miami Downtown, also der Stadtmitte, erlebt der Reisende einen Hauch des futuristischen Amerika: glitzernde Wolkenkratzer und der vollautomatische Metro Mover (auch People Mover genannt, eine Hochbahn) sprechen die Sprache des 21. Jahrhunderts. Im Gegensatz dazu stehen die vornehmen und z.T. recht romantischen Wohnviertel von Coral Gables oder Coconut Grove. Das hochinteressante Seaquarium oder der Metrozoo (Zoo ohne Zäune) sind die beliebtesten Freizeitstätten. Besuchenswert ist auch das Spanische Kloster St. Bernhard oder die Villa Vizcaya, von einem Landmaschinen-Millionär im italienischen Renaissancestil 1916 erbaut.

Miami Beach, durch verschiedene "Causeways" (Dammstraßen) erreichbar, dient ausschließlich dem Tourismus. Von Miami durch den "Intracoastal Waterway" getrennt, liegen auf der Westseite herrschaftliche Villen inmitten schattiger Parks, auf der Ostseite die Hotelburgen. Sehenswert ist hier an sich einzig das im Süden von Miami Beach gelegene Art Deco Gebiet, wo

Häuser und Hotels in den vergangenen Jahren z.T. sehr detailtreu restauriert wurden. Und natürlich lockt hier der kilometerlange, künstlich aufgeschüttete Sandstrand.

Ein Blick in die Vergangenheit

Schon vor etwa 4 000 Jahren siedelten **Indianer** am Fluß des Miami. 1567 schließlich gründeten die Spanier hier eine Missionsstation. Nachdem sie endgültig im Jahre 1821 den Einfluß über diese Region verloren hatten (Annektierung Floridas durch die USA), begann nach der systematischen Vertreibung der Indianer die "Erschließung" der Umgebung von Miami durch Weiße (der Removal Act von 1830 ordnete die Übersiedlung der Indianer in Reservate der Weststaaten an).

Im Jahre 1821 waren südlich des Suwannee Rivers nur 317 Menschen ansässig. Erste Siedlungen entwickelten sich im südlichen Florida (Key West, Indian Key, Cape Florida/auf Key Biscayne), die auf der Nutzung des landwirtschaftlichen Potentials sowie der Bergung alter spanischer Schatzschiffe basierten. 1826 baute die US-Regierung zur Sicherung des Schiffahrtsverkehrs einen Leuchtturm am Cape Florida. Um diese Zeit siedelte hier auch der Plantagenbesitzer **Richard Fitzpatrick**. Er kam aus Carolina und machte mit seinen Sklaven Ländereien um den Miami River landwirtschaftlich nutzbar, indem er Baumwolle und verschiedene tropische Früchte anbaute. Doch den verbliebenen Indianern, die sich der Deportierung in den Westen entziehen konnten, waren die neuen Herren nicht willkommen. Sie töteten 1835 eine Familie, die auf den Plantagen von Fitzpatrick arbeitete. Und 1836 zündeten sie den Leuchtturm am Cape Florida an - eine Provokation der USA. 1839 wollte die Staatsmacht diesem Treiben nicht weiter zusehen, ließ Soldaten kommen und den Indianern den Kampf ansagen. Der Seminolenhäuptling Chekika griff Indian Key an und tötete dabei 7 US-Soldaten. Durch einen Trick wurde der Indianerchef getötet: amerikanische Soldaten verkleideten sich als Indianer und "besuchten" Chekika in den Everglades, um ihn dabei zu töten.

1842 erbte der Neffe **William English** den Besitz von Richard Fitzpatrick. English baute ein Dorf namens Miami am Südufer des Miami Flusses und verkaufte Land: pro Grundstück verkaufte er es für 1 $! Und die US-Regierung verschenkte gar Land an alle, die den ihnen übertragenen Besitz, und sei es mit Gewalt, gegen Indianer verteidigen konnten.
Nach dem amerikanischen Bürgerkrieg (1861 - 65) ging es kontinuierlich aufwärts. 1870 wurde in Miami eine Poststation gebaut, William Brickell gründete eine Handelsniederlassung. Neue landwirtschaftliche Siedlungen entstanden, so Lemon City, Coconut Grove, Buena Vista.

1891 siedelte sich die reiche Witwe **Julia Tuttle** an. Ihr gehörten 65 ha Land, und sie war es, die den Eisenbahnkönig Henry Flagler überzeugte, die zunächst bis Palm Beach führende East Coast Railway bis nach Miami weiterzubauen. Als der enorme Kälteeinbruch im Winter 1894/95 den größten Teil der nördlicher gelegenen Zitrusplantagen vernichtete, konnte sich Flagler der Argumentation nicht verschließen, daß der frostfreie Süden besonders gute Entwicklungschancen habe. Julia Tuttle, eine geschickte, weitsichtige Diplomatin, schickte **Flagler** während des Frosteinbruchs im nördlichen Florida einen Strauß blühender Orangen - Flagler war überzeugt. Im Jahre 1896 ließ er seine Bahn bis Miami weiterbauen, wo er das Royal Palm Hotel erbaute - Grundstein für den beginnenden Tourismus. Am 28. Juli 1896 wurde durch den Zusammenschluß mehrerer Gemeinden die Stadt Miami gegründet (343 Einwohner!). Man begann mit der Anlage von Straßen, Brücken, Geschäften, Hotels - bis zu Weihnachten des gleichen Jahres ein Brand fast alles vernichtete. Das mondäne Royal Palm Beach Hotel wurde jedoch nicht von den Flammen zerstört, sondern im Januar 1897 mit seinen 350 Zimmern eröffnet. Die ersten reichen Feriengäste kamen nach Miami.

1898 wurde die positive Entwicklung jäh unterbrochen: mit der Versenkung des US-Marinekreuzers Maine im Hafen von Havanna brach der Spanisch-Amerikanische Krieg aus. Über 7.000 Soldaten wurden in die Gegend von Miami verlegt, und als nach wenigen Monaten das Kriegsbeil begraben war, gab es zwei Gewinner:
● Flaglers Eisenbahn hatte durch Truppen- und Materialtransporte gutes Geld verdient;
● Miami erlebte einen großen Bevölkerungszuwachs, denn den unfreiwilligen Gästen, den Soldaten, gefiel die floridianische Umgebung sehr. Sie sorgten durch eine Mund-zu-Mund-Werbung für einen weiteren Zuzug.
In den darauffolgenden Jahren erweiterte Flagler die Eisenbahnlinie über Homestead und Florida City bis nach Key West (1912). Der Schienenstrang wurde gleichzeitig Leitlinie für die Besiedlung und landwirtschaftliche Erschließung.

Nach der Jahrhundertwende begann ein gewisser **John Collins** in Miami Beach mit dem Aufbau einer Avokado-Plantage. Der geschäftstüchtige Farmer verdiente daneben sein Geld mit Grundstücksverkäufen und begann 1912 mit dem Bau einer Verbindungsbrücke zwischen Miami Beach und dem Festland. Doch das Unternehmen war eine Nummer zu groß für den ehrgeizbesessenen 70jährigen: das Kapital ging ihm aus. Aus diesem Dilemma half Carl Fisher, der weitsichtig genug war, um das touristische Potential von Miami Beach richtig einzuschätzen. Er finanzierte nicht nur den Brückenbau, sondern er rodete und entwässerte das Land, schüttete Strand auf und legte die Grundlage für die spätere touristische Infrastruktur durch den Bau von Golf- und Tennisplätzen.

Nach dem 1. Weltkrieg strömten viele Menschen nach Miami, das mondäne Coral Gables entstand auf die Initiative des Stadtplaners George Merrick hin. Die Grundstückspreise stiegen ins Unermeßliche. In den folgenden Jahren stoppten jedoch zwei Ereignisse Miamis Entwicklung:

- der heftige Hurrikan im Jahre 1926, der beinahe jedes Gebäude zerstörte;
- der Börsenkrach von 1929, der zur Weltwirtschaftskrise führte und somit weitere Investitionen auf Eis legte.

Doch schneller als andere Regionen konnte sich Miami wieder erholen. Der durch den beginnenden Flugverkehr auflebende Tourismus sorgte bereits 1938/39 für mehr als 800.000 Feriengäste. Das Art Deco-Gebiet im Süden von Miami Beach entstand.

Eine stürmische Weiterentwicklung kennzeichnet die Zeit nach dem 2. Weltkrieg. Den im Krieg hier stationierten Soldaten (die z.T. in Hotels untergebracht waren) folgten nun Feriengäste und neue Einwohner. Die ersten großen Hotels - wie z.B. das Fontainebleau - entstanden. Auch das Verbrechen gedieh, hatte doch schon Al Capone während der 20er Jahre Miami als Standort seiner Unternehmungen auserkoren...

In den Jahren 1965 bis 1980 strömten viele Kuba- und Haitiflüchtlinge nach Florida; das Bevölkerungsbild von Miami wurde dadurch farbiger, die Atmosphäre erhielt lateinamerikanische Züge. Am Beginn der achtziger Jahre entstanden in Downtown, also in der Stadtmitte, viele neue Hochhäuser, deren Skyline für ein neues Stadtgesicht sorgte. Die ultramoderne Metrorail, eine Hochbahn, sowie der vollautomatische Metromover setzten neue Akzente. Liebevoll besann man sich in den vergangenen Jahren auch der alten, heruntergekommenen Viertel: insbesondere begab man sich an die Restaurierung der Bauten im Art Deco-Bezirk von Miami Beach.

i ### Die Rolle der Exilkubaner

Insider meinen, daß man Miami nicht verstehen könne, wenn man vom Thema "Kuba" keine Ahnung hätte. Das politische Trauma ist es, das Little Havanna zusammengeschweißt hat. Und hier ist noch immer der militante Antikommunismus am Werke, der Ronald Reagan und jetzt Bush sowie die nicaraguanischen Contras unterstützt. Extreme Kommunistenhasser setzten auf militärische Aktionen, die Gruppe "Alpha 66" oder die Brigade "2506" halten sich durch Kommandoübungen für den Ernstfall fit... Man muß wissen, daß die "Brigada de Asalto 2506" 1961 vergeblich in der Schweinebucht den Versuch unternahm, das Castro-Regime zu stürzen, um nach Kuba zurückzukehren. Und viele Veteranen träumen noch immer von einer Rückkehr. Doch das Klischeebild des in der Calle Ocho sitzenden Kubaners, der grimmig seinen Kaffee trinkt und Haßreden gegen Fidel Castro hält, stimmt längst nicht mehr mit der Wirklichkeit überein. Man hat sich arrangiert und dem "american way of life" angepaßt. Natürlich: Diejenigen, die Kuba als Erwachsene im Jahre 1959 verließen, sind "kubanisch" geblieben, während ihre Kinder im hohen Maße amerikanisiert sind. In

> *Bilanz 5/88 wird das Spannungsfeld der neuen Generation treffend umrissen:*
> *"Sie nennen sich selber "Yucas" (= Young, upwardly mobile Cuban-Americans). Steve und Lily Prellezo sind typische Vertreter dieser Gattung. Steve Prellezo arbeitet in der Lateinamerika-Abteilung von Merril Lynch, wo er an wohlhabende Südamerikaner US-Papiere verkauft. Lily studiert Englische Literatur. Sie besitzen ein Haus in Coral Gables, einem der ältesten und vornehmsten Viertel Miamis. "Wir flirten auf englisch miteinander", sagt Lily - und beide müssen sich Mühe geben, ihr Spanisch zu erhalten. "Wir müssen uns gegenüber zwei Seiten durchsetzen: gegenüber den älteren Kubanern, weil wir akzentfrei englisch sprechen, und gegenüber den Anglos, weil wir Kubaner sind."*
> *Steve Prellezo ist ein begeisterter Anhänger eines der bekanntesten "Yucas", des Bürgermeisters von Miami, Xavier Suarez... Dieser ist ein Jurist mit Harvard-Abschluß, der in Washington aufwuchs und eingesteht, daß er sein Spanisch neu erlernen mußte, als er nach Miami übersiedelte. Für die Yucas ist er genau der richtige Mann. Denn, so meinen sie, heute schickt es sich für einen kubanisch-amerikanischen Politiker nicht mehr, in Wahlkämpfen gegen Fidel Castro zu polemisieren. Das heißt nicht, daß sie nicht mehr gegen Castro sind. Sie sind immer noch konsequente Antikommunisten und vorwiegend Republikaner. Aber sie verstehen, was viele ältere Exilkubaner nicht verstehen wollen: daß die lokalen Politiker wenig gegen Kuba unternehmen können und daß die schrille Propaganda gegen Castro und die Kommunisten viele Anglos abschreckt. Die Yucas sind vielmehr daran interessiert, die kubanische Machtbasis in der Lokalpolitik zu verstärken, was bedeutet, daß sie die Macht mit den Anglos teilen müssen und deren Unterstützung brauchen."*

Sehenswertes in Miami Downtown (Stadtmitte)

Die Stadtmitte von Miami spiegelt architektonisch die Vielfalt der heutigen Stadt wieder: Hypermodernes gesellt sich zum Alten, Spanisch-Lateinamerikanisches vermengt sich mit dem American Way of Life - was immer man damit auch verbinden mag. Kurzum: Miami ist wieder lebendig und damit attraktiv geworden.

Lassen Sie Ihren Wagen am besten am Bay Front Park stehen. Steigen Sie hier in den Metro Mover ein.

● Metro Mover

Der Metro Mover - manchmal auch als People Mover bezeichnet - ist eine vollautomatisierte Hochbahn, die in zwei Schleifen durch die Innenstadt -

besser: über die Innenstadt - Miamis führt. An der Government Central Station hat man Anschluß an die Metrorail. Der Metro Mover fährt und hält vollautomatisch, es gibt keinen Zugführer. Die Bahnhöfe werden von Videokameras überwacht, doch bevor man auf den Bahnsteig gelangt, muß man einen Quarter in die automatische Kasse werfen, danach kann man durch das Drehkreuz. Man kann - wenn man die Bahnhöfe nicht verläßt - die "inner" und die "outer" line fahren (= geringfügig größerer Fahrkreis). Die Route führt u.a. an dem höchsten Gebäude der Stadt, dem 233 m hohen Southeast Financial Center mit seinen 55 Stockwerken vorbei. Auch der Centrust Tower als zweithöchstes Gebäude mit 171 m Höhe und 35 Stockwerken wird an der Convention Center Station tangiert. Wenn Sie an der Bay Front Station wieder aussteigen, haben Sie gleichzeitig den Bay Front Park erreicht.

Metro Mover

● **Bay Front Park**

Er erstreckt sich ostwärts des Biscayne Boulevards. Im südlichen Teil liegt die Miami Public Library, im nördlichen Teil die John F. Kennedy Torch of Friendship (= eine Fackel, die die Freundschaft mit Lateinamerika symbolisieren soll). Der Park ist sehr schön angelegt (Springbrunnen, Freiflächen, Glasdach) und bietet viele (preiswerte) Einkaufsmöglichkeiten.

Hier liegt auch die **H.M.S Bounty**. Es handelt sich dabei um einen exakten Nachbau der Original-Bounty des Captain Bligh. Sie wurde für den Film "Die Meuterei auf der Bounty" (mit Marlon Brando) gebaut. Man bekommt einen Eindruck, wie klein an sich die Schiffe waren, die sich damals auf den Weltmeeren tummelten, um neuen, unbekannten Wegen zu folgen.

 Einen guten Blick über Miamis Hochhauswelt gewinnen Sie, wenn Sie zum Sonnendeck des Everglades Hotels (244 Biscayne Blvd.) hinauffahren.

Gleich östlich des Bay Front Parks liegt der

● **Miami Seaport**

Es ist der neuangelegte Hafen für die Kreuzfahrtschiffe. Miami hat sich in den letzten Jahren zum größten Passagierhafen der Welt entwickelt, bald 2 Millionen Besucher gelangen per Kreuzfahrtschiffen nach Miami.

Lateinamerikanische Atmosphäre können Sie anschließend in der Flagler Street schnuppern.

● **Flagler Street**

Sie sollten sich dabei vergegenwärtigen, daß praktisch bald 30 % der Bewohner des Großraums Miami Spanisch sprechen. Und hier in der Flagler Street - benannt nach dem Eisenbahnkönig Henry Flagler, der Miami im April 1896 an seine zunächst nur bis Palm Beach führende East Coast Railway anschloß - spürt man allenthalben lateinamerikanischen Einfluß: Spanisch rangiert mindestens gleichberechtigt neben Englisch. Und in der Parallelstraße, der S.-W. 8th Street, wird karibisch-spanischer Einfluß noch deutlicher.

● **Little Havanna** (Klein-Havanna)

Little Havanna liegt entlang der "Calle ocho" (die 8. Straße). Diese Straße ist auch der Beginn des "Tamiami-Trails (Verbindungshighway zwischen Tampa und Miami). Hier ist nun Spanisch die Sprache Nr. 1. Dies ist das Viertel der Exil-Kubaner, das auf einem ca. 9 qkm großen Stadtgebiet zwischen der West Flagler Street, dem Coral Way sowie des Interstate 95 und der 27th Avenue liegt. Etwa 200.000 Menschen leben hier, die Schulen sind zweisprachig, die weißen Amerikaner werden als "Anglos" bezeichnet. Die Calle Ocho ist die Hauptstraße, nur für (stadteinwärts gerichteten) Einbahnverkehr zugelassen.

Die Atmosphäre lebt von der spanischen Sprache, den kleinen Obstständen, Hinterhoffabriken - und vom Duft kubanischen Kaffees. In kleinen Schreinen wird die Verehrung spezieller Heiliger deutlich. Der Heilige Lazarus genießt dabei eine Vorzugsstellung. In der Rolle einer religiösen Symbolfigur vermag er in besonderer Weise Entbehrung und Schmerz zu verkraften. Die religiöse Verwurzelung der Kuba-Flüchtlinge treibt manch seltsame

Blüten: "La Virgen de la Caridad del Cobre" kann man an der Ecke der Tankstelle von Armando Tundidor (1599) bewundern: Unter einer Reklametafel für Phillips 66 dreht sich in einem schmiedeeisernen Schrein die Jungfrau.

In "Little Havanna"

Der politische Bezug zur Vergangenheit der Flüchtlinge wird am Cuban Memorial Plaza offensichtlich: Das Bay of Pigs Denkmal erinnert an die vergebliche Landung kubanischer Soldaten in der Schweinebucht 1961. Wir als Besucher dieser kubanischen Enklave mögen vielleicht mehr mit kulinarischen Dingen etwas anfangen. Einige kubanische **Restaurants** mit typischen Gerichten mögen Gaumenfreunden empfohlen sein :

● **Malaga**, 740 vS.W. 8th St., Tel.: 858-4224. Dieses kubanische Restaurant offeriert u.a. als kubanische Spezialität "white bean soup" (Weiße Bohnensuppe) und "arroz con pollo" (Hähnchen und Reis).

● **La Carreta**, 3632 S.W. 8th St., Tel.: 444-7501. Hier können Sie kubanische Sandwiches probieren (knuspriges, kubanisches Brot dient als Grundlage).

Sollten Sie Lust auf Fischgerichte haben, so werden Sie entlang der Calle Ocho in folgenden Restaurants auf Ihre Kosten kommen:

● **El Pescador** bietet die Sopa Marinero, eine Art Bouillabaisse, an.

● **La Mar pescaderia** ist auf "Ceviche" spezialisiert, einer Vorspeise aus rohem Fisch und Zitronensauce.

● **La Concha** bietet Krebs- und Krabbengerichte an.

Sollte Ihnen die Zeit zu einem Essen nicht reichen, sollten Sie auf jeden Fall außer kubanischem Kaffee einmal "Churros" probieren. Dies sind süße Spiralen aus einer Art Paste, die mit Zucker bestreut werden und die man in ein Tässchen kubanischer Schokolade taucht.

Die mondänen Außenbezirke Coral Gables und Coconut Grove sowie Key Biscayne

● **Coral Gables**

Nach dem Besuch der Innenstadt und Little Havannas können Sie Ihren Weg fortsetzen nach **Coral Gables**, dem mondänen, im Grünen liegenden Stadtteil Miamis.

Hotels
● Hier liegt das **Hotel The Biltmore**, 1200 Anastasia Avenue, Coral Gables, Fl. 33134, Tel.: (305) 445-1926. Ein wirklich sehenswerter Bau, sehr luxuriös ausgestattet und 1986 nach umfangreichen Renovierungsarbeiten wieder eröffnet. Allerdings im Jahre 1990 wieder vorübergehend geschlossen.
● **Hotel Place St. Michel**, 162 Alcazar Ave., Tel.: (305) 444-1666, Mittelklasse. Individuell geführtes Haus, nahe zu den Venetian Pools (siehe weiter unten).

Restaurants
● **Cervantes'**, Coral Gables, 2121 Ponce de Leon, Tel.: (305) 446-8636. Spanische Küche, teuer.
● **The Bistro**, Coral Gables, 2611 Ponce de Leon Blvd., Tel.: (305) 442-9671. Französische Küche - täglich geöffnet
● **Café Tanino**, Coral Gables, 2312 Ponce de Leon Blvd., Tel.: (305) 446-1666. Italienische Küche - täglich geöffnet.
● **Christy's**, Coral Gables, 3101 Ponce de Leon Blvd., Tel.: (305) 446 - 1400. Atmosphäre gleicht einem Privat-Club. Steaks und Seafood.
● **Le Manoir**, Coral Gables, 2534 Ponce de Leon Blvd., Tel.: (305) 442 - 1990. Gute französische Küche in einer früheren Bäckerei. Am Freitag Bouillabaisse. Sehr teuer, Sonntags geschlossen.
● **Vinton's**, 116 Alhambra Circle, Coral Gables, Tel.: (305) 445-2511. Schweizer Restaurant, teuer, aber sehr gut.
● **Le Festival**, Coral Gables, 2120 Salzedo St., Tel.: (305) 442-8545. Französische Küche, nicht allzu teuer. September - November geschlossen.

Der Weg nach Coral Gables

Sie kehren von der S.W. 8th. Street (= Calle Ocho) um, benutzen die Parallelstraße (S.W. 7th Street), um wieder nach Westen zu fahren und gelangen damit auf die US 41, die später wieder auf die S.W. 8. Street (= Tamiami Trail) mündet, sobald diese nicht mehr Einbahnstraße ist.

Wenn Sie Coral Gables in Höhe der Douglas Road/Tamiami Trail erreichen, liegt links "La Puerta del Sol", das "Sonnentor". Ein 30 m hoher Wasserturm, Uhrenturm und eine Stadtuhr sorgen für mediterranes Flair.
Coral Gables wurde von George Edgar Merrick in den 20er Jahren geplant und erbaut. Coral Gables war damals die erste Privatsiedlung, wo u.a. schlüsselfertige Luxusappartements angeboten wurden. Das Giebelhaus des Ortsgründers bestand aus Korallensteinen, und daraus leitet sich der Name Coral Gables ab. Dieses Haus liegt am Coral Way und wurde bereits 1906

erbaut. Merricks Anliegen war es, daß die Siedlung mediterran wirken sollte. Und so spürt man allenthalben spanische, italienische oder südfranzösische Bauelemente in der Architektur.

Später biegen Sie in die S.W. 42nd (= Le Jeune Road) ein und gelangen direkt nach Coral Gables. An der Kreuzung mit dem Coral Way liegt die City Hall. Hier erhalten Sie auch einen Plan von Coral Gables. Westlich der City Hall liegt die Miracle Mile (= Coral Way) mit ihren luxuriösen Geschäften. Doch besonders sehenswert in Coral Gables ist der **Venetian Pool**, einem venezianischen Lido vergleichbar. Das öffentliche Schwimmbad ist sicherlich eines der schönsten Swimmingpools der Welt. Ein alter Korallensteinbruch wurde zu einer tropischen Wasserlandschaft mit herrlich alten Bäumen, Blumen, Farnen und Wasserfällen gestaltet. (Hinweisschilder, De Soto Boulevard.)

Venetian Pool

Das **Biltmore Hotel** (1200 Anastasia Avenue) ist schon von weitem an seinen hohen Türmen erkennbar. Am 15. Januar 1926 öffnete das Hotel nach nur 10 monati-ger Bauzeit. Der 100 m hohe Glokkenturm, dem Giralda - Glockenturm von Sevilla nachempfunden, ist so etwas wie ein Wahrzeichen geworden. 1983 wurden umfangreiche Renovierungen vorgenommen, und nach seiner Wiedereröffnung im Jahre 1986 zählt das Biltmore wieder zu den ersten Adressen der USA. Erstklassige Restaurants, ein herrlich großer Swimmingpool und das Ambiente der "Goldenen Zwanziger" können jedem Anspruch gerecht werden. Ein 18-Loch Golfplatz liegt vor der Tür. Allerdings wurde dieses Hotel wegen wirtschaftlicher Schwierigkeiten vorübergehend geschlossen.

Im Süden von Coral Gables, südlich also der Golfplätze des Biltmore Golf (öffentlich) und des Riviera Country Club Golf Course (privat), die vom Coral Gables Canal getrennt werden, liegt die 1926 gegründete University of Miami (18.000 Studenten). Auf deren Gelände liegt auch die Lowe Art Gallery mit der Kress-Sammlung alter Maler und oft wechselnden Ausstellungen zeitgenössischer Kunst.

Nicht mehr weit ist es zum südlich gelegenen Interstate 1, der Miami mit den Florida Keys verbindet. Sie biegen nach links in diese Straße ein und folgen ihr bis zur Kreuzung mit der Douglas Road, wo Sie nun rechts abbiegen. Die Douglas Road führt Sie direkt nach

● Coconut Grove

Hotels
● **The Mayfair House**, 3000 Florida Ave., Tel.: 441-0000, Luxusklasse. Ein interessantes Haus mit einer unglaublichen Formenvielfalt, Farben, Wasserfällen und Galerien, umgeben von exklusiven Geschäften, Bistros und Cocktailbars.
● **The Grand Bay**, 2669 South Bayshore Drive, Coconut Grove, Tel.: 858-9600, Luxusklasse. Vom eleganten Hotel aus, in dem sich auch die High Society trifft, bietet sich ein sehr schöner Blick auf die Biscayne Bay.
● **Grove Isle Hotel**, Grove Isle, Tel.: (305) 858-8300: Kleines, sehr gepflegtes und entsprechend teures Hotel.

Restaurants
● **Café Sci Sci**, Coconut Grove, 3043 Grand Ave., Tel.: (305) 446-4864. Italienische Küche, gediegene Atmosphäre. Täglich geöffnet.
● **Ristorante La Bussola**, Coconut Grove, 270 Giralda Ave., Tel.: (305) 445-8783. Gehobene italienische Küche, mehrfach prämiert.
● **Grand Café**, Coconut Grove, im Grand Bay Hotel, 2669 S. Bayshore Drive, Tel.: (305) 858-9600. Teures, eher formelles Restaurant mit gehobener Küche (französisch), wo auch der Bürgermeister ißt. Alles ist perfekt.

Coconut Grove

Der südwestlichste Stadtteil Miamis, benannt nach den Kokusnußpalmen der Umgebung, gilt als bevorzugtes Wohngebiet von Künstlern. Das Ortsbild bestimmen kleine Straßen, spanisch anmutende Privathäuser, vornehme Landsitze und schattige Alleen. Kleine Cafés, Restaurants und Boutiquen setzen die Akzente, die das buntgemischte Publikum mag; Künstler und altgewordene Hippies, die reiche Schikeria und sportbesessene Jugend bestimmen das Bild.
Im **Mayfair in-the-Grove-Einkaufszentrum** sind exklusive Geschäfte unterge-

bracht, der Yachthafen Dinner Key Marina ist ein Schauplatz exklusiver Yachten. Hier findet stets im Oktober die größte Bootsausstellung der Welt statt.

Wenn Sie vom Coconut Grove dem S. Bay Shore Drive stadteinwärts folgen, gelangen Sie nach etwa 5 km zur Villa Vizcaya.

● **Villa Vizcaya** (3251 South Miami Avenue)

Öffnungszeiten

täglich 09.30 - 16.30 h (außer Weihnachten)

Erbaut wurde das der italienischen Renaissance nachempfundene Anwesen in den Jahren 1912-1916. Erbauer war der reiche Erntemaschinen-Produzent

Villa Vizcaya

James Deering. Den Namen entlehnte er dem Baskischen "Vizcayia", was soviel wie "erhobener Platz" bedeutet. Das Gebäude hat 34 Zimmer und beherbergt heute das **Dade County Art Museum**. Die Sammlung enthält französische, spanische und italienische Kunstwerke, vor allem Gemälde, Skulpturen, Teppiche und wertvolle Möbel. Am 10. September 1987 traf Präsident Ronald Reagan Papst Paul II in diesen historisch anmutenden Räumlichkeiten.

Besonders schön sind auch die Außenanlagen der Villa: In Würde gealterte Gärten, verschlungene Wege und die Lage an der Biscayne Bay machen einen Aufenthalt sehr reizvoll.

Sobald Sie Vizcaya verlassen, erreichen Sie wieder den Interstate 1, und nach etwa 3 km können Sie über den Rickenbacker Causeway (Straßengebühr) zum Seaquarium auf Virginia Key fahren.

● **Seaquarium**

Öffnungszeiten

täglich: 09.00 - 18.30 h

Das Seaquarium gilt als größtes Seewasseraquarium der Welt. Über 10.000 verschiedene Seelebewesen sind hier untergebracht; u.a. kann man hier Seekühe und Schildkröten, Haie und Riff-Fische beobachten. Interessant sind die Vorführungen:

* Da füttern z.B. Taucher Haie...

* Der TV-bekannte Delphin "Flipper" begeistert das Publikum mit seinen Kunststücken.

* Der Killer-Wal Hugo, fast 4 ½ Tonnen schwer, liefert eine beeindruckende Show.

* Kinder, und natürlich auch Erwachsene, dürfen Seelöwen füttern.

In typisch amerikanischer Weise ist hier die Tierwelt "ver-showt".

Neben all dem Spektakulären sollte man wissen, daß unmittelbar ans Seaquarium meeresbiologische Forschungsstätten grenzen.

Aber: Gegen Sea World in Orlando ist das Seaquarium eindeutig zweitrangig.

Sie sollten berücksichtigen, daß vor allem an Wochenenden die Anfahrt über den Rickenbacker Causeway wegen Verkehrsstaus sehr lange dauern kann...

Sollten Sie Lust haben, bis zum Key Biscayne zu fahren, dann überqueren Sie weiter südlich des Virginia Keys die Bear Cut Bridge (Gebühr). Nördlich von Key Biscayne liegen auf der Atlantik-Seite sehr beliebte Badestrände im Bereich des Crandon Parks.

Noch weiter südlich liegt **Bill Baggs Cape Florida State Park**, und an dessen Ende das historische

● **Cape Florida Light House**

Es wurde bereits 1825 erbaut und beherbergt eine Ausstellung über die Seminolenkriege.

Weitere Ziele und Attraktionen von Miami

Nördlich der Stadtmitte

● **The Cloisters of the Monastery of St. Bernhard** (am w. Dixie Highway gelegen, parallel zum I 1 in der Höhe der 167th St)

Öffnungszeiten
Montag - Samstag 10.00 - 17.00 h
Sonntag 12.00 - 17.00 h

Das älteste Gebäude in den USA, aber... Wenn wir durch den Eingang in die Klosteranlage treten, so lassen wir die Hektik hinter uns. Die Steinmauern und der anmutige Garten mit den frischen Blumenbeeten wirken wohltuend wie eine Oase der Ruhe. The Monastery of St. Ber-nard de Clairvaux wurde in den Jahren 1133 - 1141 in Sacramenia (in der spanischen Provinz Segovia liegend) erbaut. Benannt wurde es nach dem Zisterziensermönch Bernhard von Clair-vaux. Über 700 Jahre besaßen die Zisterzienser die Klosteranlage. Nach politischen Wirren um 1835 wurde der Besitz beschlagnahmt und verkauft, um als Getreidespeicher und als Stallungen zu dienen.

Besuchenswert: Monastery of St. Bernhard

Im Jahre 1925 kaufte der Großverleger **Randolph Hearst** das Kloster mitsamt Nebengebäuden für 500.000 US $. Er beabsichtigte, es auf seinem kalifornischen Besitz San Simeon wiederzuerrichten. Es sollte, so die Gerüchte damals, die rechte Kulisse für seinen Swimmingpool abgeben.

In Spanien wurde Stein für Stein demontiert, in Heu eingepackt, numeriert und in die Vereinigten Staaten verschifft. Da in Segovia die Maul- und Klauenseuche ausgebrochen war, befürchtete das Department of Agriculture, daß die Schiffsladung wegen der Heu-Verpackung der Steine auch verseucht sei... und beschlagnahmte alles. Die Verpackungskisten wurden aufgebrochen und das Heu verbrannt. Unglücklicherweise versäumten die Arbeiter, die Steine in die gleichen numerierten Kisten zurückzugeben, und nun konnte "The World's Largest and Most Expensive Jigsaw Puzzle" beginnen, also das größte und kostspieligste Puzzle aller Zeiten.

Kurz nachdem die Schiffsladung ankam, geriet Hearst in finanzielle Schwierigkeiten. Die Steine wurden in einem Lagerhaus in Brooklyn aufbewahrt, 26 Jahre lang. 1952, ein Jahr nach dem Tode von Hearst, wurde das Sammelsurium von W. Edgemon und R. Moss zum Zwecke einer Touristenattraktion gekauft und an die Stelle gebracht, an der nun das Kloster steht. Man benötigte 19 Monate und gab 1 ½ Millionen Dollar aus, um das Puzzle zusammenzufügen. Diejenigen Steine, die man nicht einem Bauteil zuordnen konnte, lagern noch immer.

Die Kreuzgänge sind ein Beispiel frühgotischer Architektur. Obwohl man versuchte, sie genau nach dem spanischen Original aufzubauen, sind einige Details doch anders. So waren z.b. die Böden der Kreuzgänge in Segovia mit kleinen Steinen bedeckt, nun wurden sie hier durch kubanische Fliesen ersetzt.
1964 wurde die Anlage von der Episcopal-Kirche aufgekauft. Heute finden in der Kirche sonntags um 07.30 h, 09.00 h und 10.30 h Messen statt.

Südlich der Stadtmitte:

● **Metrozoo** (SW 152nd ST/SW 124th Ave)

Ein landschaftlich "offen" angelegter Zoo, der die Tiere von den Besuchern durch Wassergräben trennt. Bei meinem letzten Besuch im April 1988 wurde gerade die Ankunft der Koalas aus Australien gefeiert.

● **Historical Museum of South Florida** (3280 S. Miami Avenue)

Öffnungszeiten	
werktags	09.00 - 17.00 h
Sonntag	12.30 - 17.30 h

Die Exponate dokumentieren die Geschichte Floridas, beginnend mit den indianischen Siedlungen, der Zeit der Spanier sowie der Inbesitznahme durch die Vereinigten Staaten.

● **Monkey Jungle** (14805 SW 216th Street)

Öffnungszeiten

09.30 - 17.00 h

Hier wurde das Prinzip von Zooanlagen umgekehrt: Während die Affen affig in Freiheit herumtollen, bewegen sich die Besucher in Käfigen.

● **Orchid Jungle** (26715 SW 157th Ave.)

Öffnungszeiten

08.30 - 17.00 h

Der "Dschungel" bezeichnet sich selbst als größter Orchideengarten der Welt.

530

● **Parrot Jungle** (11000 SW 57t7th Ave)

Öffnungszeiten

09.30 - 17.00 h

Er präsentiert Papageien und sogenannte Macaws. Macaws gehören zur Gattung der Ara: dies sind langschwänzige Papageien, die in den tropischen Wäldern Amerikas beheimatet sind und in der Natur in hohlen Bäumen nisten. Viele der Vögel sind sehr zahm und posieren auf dem Arm der Besucher. Täglich finden 6 Papageien-Shows statt.

7.17.3 MIAMI BEACH

Touristische Hinweise

Hotels
Hier gibt es die meisten "Hotelburgen":
● **Alexander**, 5225 Collins Ave., Miami Beach, Fl 33140, Tel.: (305) 865 6500
● **Fontainebleau Hilton Hotel**, 4441 Collins Ave., Miami Beach, Fl. 33140, Tel.: (305) 866 - 8734 - Luxusklasse
Für Individualisten empfehlen sich die sehr schön restaurierten Art Deco Hotels am Ocean Drive im Süden von Miami Beach, direkt an der Uferstraße mit Seeblick gelegen:
● **Carlyle Hotel**, 1300 Ocean Drive, Miami Beach, Fl. 33139, Tel.: (305) 534 - 2135 .- Mittelklasse
● **Cardozo Hotel**, 6801 Ocean Drive, Miami Beach, Fl. 33141, Tel.: (305) 538 - 5741 - Mittelklasse
● **The Edison Hotel**, 960 Ocean Drive, Miami Beach, Fl. 33139, Tel.: (305) 531 0461 - Mittelklasse
● **Hotel Cavalier**, 1320 Ocean Drive, Miami Beach, (305) 531-6424
● **The Clevelander Hotel**, 1020 Ocean Drive, Miami Beach, Tel.: (305) 531-3485
Nördlich von Miami Beach, entlang der A1A, gibt es im Bereich Bal Harbour - Golden Beach noch folgende Unterkünfte (Auswahl):
● **Sheraton Bal Harbour**, 9701 Collins Ave., Fl. 33154, Tel.: (305) 865-7511 - Luxusklasse
● **Sahara Resort Motel**, 18335 Collins Ave., Miami Beach, Fl. 33160, Tel.: (305) 931 - 8335

Restaurants
● **Dominique's Restaurant**, im Alexander - Hotel, 5225 Collins Ave., Miami Beach, Tel.: (305) 861 5252. Sehr teuer, dafür aber mit das Beste, was Miami Beach zu bieten hat. Französische Küche.
● **Café Chauveron**, 9561 E. Bay Harbour Drive, Bay Harbour Island, Miami Beach, Tel.: (305) 866-8779. Sehr teuer, französische Küche. Geschlossen von Juni bis Anfang Oktober.
Gatti, 1427 West Ave., Miami Beach, Tel.: (305) 673 - 1717. Norditalienische Küche - das Restaurant besteht seit 1924. Montags geschlossen, ebenso von Mai bis Oktober.
● **Joe's Stone Crab**, Miami Beach, 227 Biscayne St., Tel.: (305) 673-0365. Das Restaurant, seit 1913 existierend, ist für seine stone crabs (große Steinkrabben) bekannt, die von Joe's eigener Flotte gebracht werden. Ein Nachteil: Keine Reservierungen werden angenommen, und wenn man sich nicht etwa um 17.30 - 18.00 h anstellt, muß man sich in eine immer länger werdende

Warteschlange einreihen. Selbst Präsidenten müssen hier Schlange stehen. Vom 15. Mai bis 15. Oktober geschlossen, sonst täglich geöffnet.

● **Carlyle Grill**, Miami Beach, 1250 Ocean Drive, Tel.: (305) 534 - 2135, das Art Deco - Restaurant bietet eine gute Aussicht auf den Strand, eine gute und preiswerte Küche.

● **Tropics**, Restaurant & Bar, 960 Ocean Drive, Miami Beach, Tel.: (305) 531-5335

● **Rhapsody**, 17001 Collins Ave. / Dunes Hotel, Miami Beach, Tel.: (305) 947-9663; zentral gelegenes, sehr gemütliches französisches Restaurant mit hervorragender Küche und zivilen Preisen

Überblick

Miami Beach ist durch den Intracoastal Waterway, hier Teil der Biscayne Bay, vom Festland getrennt. Die Verbindung über das Wasser stellen Dämme her, sogenannte "Causeways":

* der M. Arthur Causeway   * der Julia Tuttle Causeway
* der Venetian Causeway   * der North Bay Causeway

In der Biscayne Bay liegen heute 28 künstlich aufgeschüttete Inseln, die mittels Brücken oder Dämmen verbunden sind. Hier liegen die exklusiven Villen der wirklich Reichen, während für die "Massen" etwa 60.000 Hotelzimmer zur Verfügung stehen. Miami Beach ist völlig frei jeder Art von Industrie und lebt ausschließlich vom Tourismus.

Miami Beach hinterläßt zwiespältige Eindrücke:

Die Hochhauskette von Hotels, deren zweiter Lack teilweise schon abgeblättert ist, sowie der überproportionale Anteil an z.T. recht verarmten Rentnern vermögen nur gedämpfte Ferien-Hochstimmung aufkommen lassen. Nach dem 2. Weltkrieg, teilweise aber auch schon vorher, war Miami Beach das bevorzugte "Fluchtgebiet" für Reiche aus den kalten Oststaaten. Viele verbrachten hier die Wintermonate, immer mehr fanden Miami Beach auch als Domizil nach ihrem Arbeitsleben attraktiv. Doch je mehr Menschen auf die gleiche Idee kamen, desto mehr wurden Hochhäuser mit Eigentumswohnungen immer billigerer Bauart hochgezogen. Die erste Adresse wurde bald zur zweiten, dann zur dritten...

Heute kann man sich nicht der offensichtlichen Armut der vielen alten Menschen hier verschließen. Längst haben sie den Traum vom unbekümmerten Ruhestand unter südlicher Sonne ausgeträumt. Die inflationären Tendenzen der letzten 15 Jahre haben ihr Erspartes schrumpfen lassen, einst attraktive Altersversicherungen kamen ebenso unter die Mahlräder der Preissteigerungen. Viele sind froh, wenn sie wenigstens ein Mal am Tage etwas Warmes essen können. Im Rahmen der sogenannten "Early Bird Specials" können sie die vakanten Zeiten der Restaurants nutzen, wenn dann das Abendessen - etwa von 16.00 - 17.30h - nur die Hälfte des normalen Preises kostet.

Entlang der **Collins Avenue** reihen sich die Hotelhochhäuser und Appartementbauten aneinander. Der Strand ist - wie überall in Florida - für alle da. Der gelbe Sand wurde aufgeschüttet und stammt von der Biscayne Bay. Ein künstliches Paradies (?) also, wenn man bedenkt, daß dies einst eine mangrovendurchsetzte, moskitoreiche Insel war.

Carl Graham Fisher - der Finanzier von Miami Beach

Carl Graham Fisher wurde 1874 in Greensburg/Indiana geboren. Bereits nach der Klasse 6 mußte er die Schule verlassen... und begann seine Karriere: Im Alter von 37 Jahren war er bereits 5facher Millionär, als Fünfzigjähriger war sein Vermögen schon auf 50 Millionen Dollar angewachsen, im Alter von 65 Jahren starb er als armer Mann.

Mit 19 begann er als Radrennfahrer und besaß ein Fahrradgeschäft in Indianapolis. Sein Unternehmen florierte, und als das Auto populär wurde, verkaufte er ebenfalls in seinem Fahrradgeschäft Fahrzeuge. Stets hielt er nach neuen Geschäften Ausschau. Bald spezialisierte er sich auf Autorennen und eröffnete 1909 die noch heute bekannte Indianapolis-Autorennstrecke mit dem 500-Meilen-Rennen am Memorial Day, heute als Indy 500 bekannt. Mit einem Patent für Auto-Lampen vermehrte er weiter sein Vermögen, ebenso war er maßgeblich am Bau des Lincoln Highways beteiligt, der ersten Teerstraße, die ab 1915 New York mit San Francisco verband.

Carl Graham Fisher

Als er 30 Jahre alt war, verbrachte er in Miami seine Ferien. Da entdeckte er einen schönen Strand, den die Touristen nur per Boot von Miami aus erreichen konnten. Zuvor war John S. Collins, dem Plantagenbesitzer von Miami Beach, das Geld zum Bau einer Holzbrücke ausgegangen. Fisher lieh ihm 50.000 $ und erhielt im Gegenzug eine Meile Grundstücke am Strand. Er erwarb noch mehr und verkündete seinen Plan, das Gebiet in eine tropische Insel zu verwandeln. Fisher gewann mehr Land, indem er aus der Biscayne Bay Boden nahm, um damit die Mangrovenküste von Miami Beach aufzufüllen. Auf diese Weise gewann er etwa 4 qkm neues Land. Da er die reiche Gesellschaft von Palm Beach nicht für Miami Beach erwärmen konnte, gewann er stattdessen durch den Verkauf kleiner Parzellen Tausende von Käufern.
Er schuf - und das machte Miami Beach für die Investoren attraktiv - das, was man heute als touristische Infrastruktur bezeichnen würde: Tennis- und

Golfplätze, Annehmlichkeiten wie Strandkörbe und Duschen. Immer mehr Leute legten hier ihr Geld an - Fisher wurde reicher und reicher. Alleine 1925 verkaufte er Land im Wert von 25 Mill $.

Miami Beach war vom Boom erfaßt: Hotels, Poloplätze, Swimmingpools, Schulen, Kirchen, Appartements und Privathäuser standen Besuchern wie Bewohnern zur Verfügung. Doch die Weltwirtschaftskrise durchkreuzte alle seine Pläne. 1932 hatte er sein gesamtes Vermögen verloren. Verarmt starb er 1939.

Sehenswertes in Miami Beach

● **Collins Avenue**

Die Collins Avenue ist die Hauptverkehrsader von Miami Beach und verläuft von Süden nach Norden. Hier liegen die großen Hotels, u.a. das Fountainebleau Hilton, das größte Ferienhotel der Welt mit über 1.000 Zimmern. Jüngst wurde dieser Mammutbau mit einem Aufwand von 25 Millionen $ renoviert. Mitten im pompösen Swimmingpool des Hotels liegt eine kleine, palmenbewachsene Insel, Wasserfälle ergießen sich in das Becken.

Hier liegen aber auch, besonders im nördlichen Teil, recht schäbige Billigbauten aus den 50er Jahren, die z.T. Hotels, z.T. Appartementhäuser sind.

● **Bass Museum of Art** (2100 Collins Ave.)

Hier befindet sich eine Gemäldesammlung u.a. mit Werken von van Gogh, Botticelli, Picasso, Renoir, El Greco und Rubens. Ebenso sieht man Holzskulpturen sowie zwei der größten Wandteppiche der Welt.

● **Art Deco Gebiet**

Für den Besucher ist dieser südliche Teil von Miami Beach vielleicht der interessanteste. Etwa in Höhe der 5th Street nordwärts beginnt das Gebiet, dessen besterhaltene Häuser vor allem zwischen der Collins Avenue, aber in besonderer Weise am Ocean Drive liegen (Gebiet zwischen 23rd Street, Ocean Drive, 5th Street und Lenox Court = eine Quadratmeile, die zum National Historic District erklärt ist). Die Gebäude stammen aus den zwanziger und dreißiger Jahren. 1979 entsprach die Stadtverwaltung den Vorschlägen der Miami Design Preservation League und stellte das Viertel unter Denkmalschutz. Dies ist eines der vielen Beispiele, - besonders der vergangenen 10 Jahre - daß sich Amerika seiner erhaltenswerten Bausubstanz bewußt wird und vermehrt große Summen in die Restaurierung investiert.

Besonders am Ocean Drive sind nun bereits eine Reihe von Häusern - zumeist heute Hotels - liebevoll innen wie außen restauriert worden. Schauen Sie sich vor allem Cardozo Hotel (1300 Ocean Drive) oder das Carlyle an. Im Cardozo gibt es ein Café, in dem Sie Salate, Sandwiches oder andere Kleinigkeiten bekommen. Im Restaurant Carlyle Grill können Sie dagegen in echter Art Deco Umgebung sehr gut zum Lunch oder Dinner gehen.

---

i *Informationen über den Art Deco - Stil*

Mit Art Deco ist eine Kunstepoche gemeint, die sich zwischen dem 1. Weltkrieg und der Weltwirtschaftskrise zur Blüte entwickelte. Der eher einfach-kühle Stil des Funktionalismus wurde hierbei um jugendstilähnliche Elemente erweitert. Sind für den Funktionalismus eher gerade und geometrische Figurationen typisch, so werden sie im Art Deco durch verzierte Glasfenster, pastellene Farben und verspielte Innendekorationen bereichert, die sich in der Art z.B. von esoterischen Wandbildern mit Flamingos, Spiegel mit eingesetzten Nymphen, Meerjungfrauen und tropischen Vögeln" (APA-Guide Florida, S. 167) präsentieren. Ebenso finden des öfteren Glasbausteine Verwendung.

Aufgrund der stromlinienförmigen Gebäudeformen und Fassadenmomente werden die Art Deco-Gebäude auch als "Streamline Moderne" bezeichnet.

Die Art Deco Richtung von Miami Beach bezeichnet man als "Tropical Art Deco". Viele Motive, die an Seefahrt und Meer erinnern, wurden in die Gestaltung übernommen. So erinnern Bullaugen an alte Dampfer, ebenso vorspringende Überdachungen an Schiffsdecks.

Die Miami Design Preservation League (Euclid Avenue) hat sich zum Ziel gesetzt, diese kunsthistorisch bedeutsame Bausubstanz vor Baulöwen zu schützen und Besitzer zu motivieren, lieber in eine Restaurierung zu investieren. Besonders gute Beispiele dieses Stils sind:

● das **Cardozo oder Carlyle Hotel** (Ocean Drive 1300): innen wie außen hervorragend restauriert, ebenso das **Edison Hotel** (960 Ocean Drive)
● **Friedman's Bakery**, Ecke 7th and Washington Ave.
● **Breakwater Hotel**, 940 Collins Ave.: ins Glas geätzte Motive aus Fauna und Flora;
● **Club Ovo**, 1450 Collins Ave. (am Espanola Way): Rundturm und Glasbausteine.

LITERATURVERZEICHNIS

Kein Reiseführer kann für sich in Anspruch nehmen, alle individuellen Interessen hinreichend abzudecken. Die folgende Auswahl meiner Ansicht nach gut recherchierter Bücher dient sicherlich der vertiefenden oder ergänzenden Information. Alle hier aufgeführten Autorinnen und Autoren bemühen sich, aus ihrem Blickwinkel und auf der Grundlage ihrer eigenen Aufgabenstellung spezifische Aspekte des Reisegebiets dem Leser nahezubringen.

☞ Deutschsprachige Reiseführer

● **Allgemein:**

Baedekers USA, Stuttgart 1986. Sicherlich das Standardwerk für Gesamt-USA. Sehr ausführlich vor allem im landeskundlichen Teil, zeitlich relativ unabhängig im touristischen Teil.
Grundmann, Hans - R., Die schönsten Autorouten durch die USA, Reihe: DuMont Taschenbücher, DuMont Buchverlag Köln 1990. Ein gut bebildertes Taschenbuch, das in großen Zügen die Vereinigten Staaten als Ganzes touristisch aufbereitet.
Jeier, Thomas, Amerika mit dem Wohnmobil, München 1983. In lockerem Stil beschriebene Reiserouten und -erlebnisse. Weniger zum Nachfahren, mehr zum Appetit-Machen.
Rau, Werner, Quer durch die U.S.A., Reihe: Rau's Reisebücher, Band 28, Stuttgart 1989. Ähnlich wie der o.a. DuMont-Führer, doch nur mit knappen landeskundlichen Teil. Die Ostküste wird neben New York auf etwa 65 Seiten abgehandelt.
Stone, David, USA-Handbuch, Verlag Gisela Walther, Bremen 1988. Übersichtlicher Reiseführer, nach Bundesstaaten geordnet mit vielen Tips für den preiswerten Aufenthalt.

● **Spezifisch:**

* *Ostküste*:

Axel Pinck (Hrsg.), USA und die Südstaaten, VSA-Verlag Hamburg 1990. Mehr landeskundliche Darstellung mit Artikeln von verschiedenen Autoren.
Baxter Reiseführer Ostküste der USA Band 1 und 2, Rail-Europe Verlag, 1988 und 1989. Reiseführer für Individualreisende, ohne Bilder, doch mit vielen Tips.
Krum, Werner, USA-Ostküste, Prestel-Verlag München 1988. Meiner Meinung nach das beste Buch zum Einstimmen, weniger zum praktischen Reisen. Sprachlich hervorragend und sensibel geschrieben mit einem wahren Fundus an Hintergründen vor allem zur Historie.

Marx, Henry, Die Ostküste der USA, Kohlhammer Verlag Stuttgart 1984. Darstellung der historischen Orte und Städte entlang der Ostküste mit sehr ausführlichen geschichtlichen Informationen.

Uthmann, Jörg von, USA-Ostküste; Reihe: Merian Besser Reisen, Hamburg 1990. Ausgezeichnetes Taschenbuch zur schnellen präzisen Informationen mit nachvollziehbaren Tips.

* *New York*:

Mayor, Bruini, New York, Prestel-Verlag München, 1988. Ausgezeichnetes "Lesebuch" zum Vor- und Nachbereiten eines intensiven New York-Aufenthaltes.

Millau, Gault, Guide New York. Heyne Verlag, München 1989. Deutschsprachiger Restaurant- und Hotelführer mit besonders verläßlichen (und teuren !) Empfehlungen.

Stromer, Klaus, USA-Städte; Reihe: Stromer's Reiseführer, Verlag Baumann und Stromer Zürich 1989. U.a. sind hier Boston, New York City, Washington D.C. und Miami beschrieben. Für die Leseratten mehr letzte Ergänzung, weniger als Basisinformation.

Wille, Werner W., New York. Rowohlt-Verlag Hamburg 1989. Etwas schrill, doch vielleicht dadurch lebendige Szenen-Beschreibungen von New York.

Weitere Literaturangaben zu New York finden Sie am Ende des Kapitels 7.1, S. 206.

* *Florida*:

Apa Guide, Florida, Nelles Verlag 1987. Journalistisch und medial geschickt aufgemachtes Buch zu verschiedenen Themen einschließlich Reisebeschreibungen.

Dzygoluk Rosemarie, Florida praktisch und preiswert, Reihe: Baxter, Auflage 1987. Ein praxisnaher, handlicher Reiseführer mit präzisen Informationen.

Krum Werner, Florida, Prestel-Verlag 1985. Sehr informative kulturhistorische Abhandlungen.

Merian-Heft "Florida". Artikel rund um Florida: Von geschichtlichen Abrissen, geographischen Beschreibungen bis zu Spezialthemen wie Schlangen.

● **Landeskunde:**

Kronzucker, Dieter, Unser Amerika, Rowohlt Verlag Reinbek, 1989. Ausgezeichnete Artikel zum Leben in Amerika und über Amerikaner. Ein unbedingtes Muß, um Land und Leute zu verstehen.

Land, Hans A., Reisebegleiter USA, J. Latka Verlag 1990. Ebenso empfehlenswert wie Kronzuckers Buch, doch eher nach allgemeinen Aussagen suchend und zum Teil systematisierend.

Watzlawik, Paul, Gebrauchsanweisung für Amerika, München 1987. Ein "respektloses" Brevier über den amerikanischen Alltag.

● **Roman:**

Meissner, Hans Otto, Der Kaiser schenkt mir Florida, Stuttgart 1983. Hier wird die Geschichte des Entdeckungszuges des Hernando de Soto erzählt.
Michener, James A., Patrioten, Droem Knaur München 1989. Romanhafte Darstellung des amerikanischen Nationalbewußtseins am Beispiel von mehreren Generationen einer Familie. Indirekt auch eine Einführung in die amerikanische Geschichte.

☞ Englischsprachige Reiseliteratur

Berger, Terry & **Reid**, Robert, Bed and Breakfast Guide South East (Virginia, North und South Carolina, Georgia, Florida, Lousiana). Prentice Hall, New York 1990. Hervorragend bebilderter Führer mit selektierten "Traumhäusern", die ein Verweilen zum Erlebnis machen.
Birnbam Steve, Walt Disney World (The Official Guide) 1988. Sehr kommerziell und disney-freundlich (unkritisch) aufgemachter Führer.
Fodor's 90': Florida, Fodor's Travel Publications New York 1990. Spezieller Florida-Führer, zuverlässige Hotel- und Restaurantbeschreibungen.
Fodor's 90': The Carolinas & the Georgia Coast, Fodor's Travel Publications New York 1990. Aktuelle Informationen vor allem zu Hotels und Restaurants.
Fodor's 90': Virginia, Fodor's Travel Publications New York 1990. Aktuelle Informationen, vor allem zu Hotels und Restaurants inklusive Shenandoah National Park
Golan, Jay, Philadelphia, Frommers New York 1989. Ausführlicher Stadtführer mit guten Hotel- und Restaurantbeschreibungen. Für den längeren Stadtaufenthalt gedacht.
Harvard Student Agencies, Let's Go USA, The Budget Guide to USA. Unschlagbare, jährlich aktualsierte Auflage mit Billigtips für Reisende mit dem kleinen Geldbeutel.
Heatwole, Henry, Guide to Shenandoah National Park and Skyline Drive, Luray 1988. Präzise, eher wissenschaftliche Darstellung von Flora, Fauna und Geologie. In den Geschäften des Nationalparks erhältlich.
Hiller Herbert L., Guide to the small and historic lodgings of Florida. Sarasota 1988. Ein sehr empfehlenswerter Übernachtungsführer für individuelle Häuser.
Mobil Travel Guides: Diese kompakten, im DIN A 4-Format verfaßten Autoreiseführer zeichnen sich durch aktuelle Ratschläge für preiswertes Übernachten und Essen aus. Daneben werden die regionalen Sehenswürdigkeiten kurz dargestellt. Das Reisegebiet der Ostküste wird durch 2 Bände abgedeckt:
Mobil Travel Guide Middle Atlantic (Bundesstaaten Maryland, New Jersey, North Carolina, Pennsylvania, South Carolina, Virginia, West Virgi-

nia sowie Washington DC).

Mobil Travel Guide Southeast (Bundesstaaten Alabama, Florida, Georgia, Kenntucky, Mississippi, Tennessee). Erhältlich in der jeweils aktuellen Jahresausgabe an den meisten großen Mobil - Tankstellen in den USA sowie in den Buchhandlungen.

Poole, Susan, Frommer's Southern Atlantic States, Frommer's New York 1991. Fundgrube für gute, ausgewählte Beschreibungen von Urlaubszielen, Hotels und Restaurants (z.t. sehr ausführlich).

Preston, Patricia Tunison und **Frommer's** John, Mid - Atlantic States. Frommer's New York 1991, Inhaltsstruktur wie bei Poole.

The Sierra Club Guides to the National Parks: Band East and Middle West, New York 1986. Ausführlicher, ausgezeichneter Reiseführer für die Nationalparks, u.a. auch Shenandoah und Great Smoky Mountains. Gute Beschreibungen von Fauna und Flora sowie hervorragend bebildert.

Tolf Robert and **Buchan** Russell, A Guide to the best Restaurants, Resorts and Hotels. New York 1988. Tolf ist der bekannteste Gastrokritiker Floridas und ein ausgezeichneter Kenner von Restaurants und Hotels.

Stichwort-, Orts- und Namensregister